'이론'과 '기출'을 톱니바퀴처럼 동시 회독하면서
학습 효율은 높이고 기억은 오래가는 특별한 경험을 할 수 있습니다.

핵심이론 | 기출선지 | 대표기출

2영역 사회복지조사론

02 사회복지조사의 이해

기출키워드 5
사회복지조사의 유형 ★빈출

최근 7개년 평균 출제문항 수 **1.9문항** (22회 1, 다음회 1)

01 조사 목적에 따른 분류

- **탐색적 조사**: 사전지식이 부족하거나, 본조사에 앞서 조사 설계 방향을 설정할 때 탐색적인 목적이 있음
  - 예비조사(Pilot study), 문헌조사 등
- **기술적 조사**: 가장 경제적이고 빠름, 학술지 논문, 통계자료 등(2차 자료)
- **특수조사**: 전문인조사, 연구팀, 기자 등에서 정보를 확보
- **특수조사**: 유사상황 분석(70~80%) → 논리적 추론 → SARA(플레이어)
- **기술적 조사**: 현상의 모양·크기·비율 등 파악하여 현상이나 주제를 정확하게 기술(Description)하는 것을 목적으로 하는 조사
  - 인과관계보다 현재상태를 파악하는 데 관심이 있음
  - 연구문제, 가설 설정
- **설명적 조사**: 변수 간 인과관계를 검증하거나 특정 현상을 설명하기 위한 조사로, 현상의 원인: 결과 관계를 설명하는 데 초점을 둠
  - 집단적 조사, 예측적 조사
  - 실천에의 효과성

02 시간적 차원에 의한 분류

구분	횡단조사	종단조사
정의	특정 시점에 여러 대상 집단을 한 번에 조사	동일한 집단이나 유사한 집단을 시간을 두고 반복 조사
목적	현재 상태나 특성 파악	변화 과정, 인과관계, 추세 분석
조사 시점	한 시점	두 시점 이상(시간 경과에 따라 반복 조사)
장점	시간과 비용이 적게 소요됨	변화·발달·인과관계 추적 가능
단점	실시가 간편함	시간·비용 부담이 큼
	인과관계 파악이 어려움	시간에 따른 변화를 이해할 수 있음
	일시적 정보만 제공	일부 종단연구에서는 패널 동의 문제가 발생할 수 있음

➕ 종단조사의 유형
- **패널조사**: 동일한 집단(동일인)을 사전에 여러 시점에 걸쳐 조사
- **경향조사**: 같은 모집단에서 시기를 달리하는 시점에 표본을 추출하여 시간 경과에 따른 경향을 파악
- **동년배조사(코호트조사)**: 동일한 특성을 가진 코호트(예: 같은 출생연도)를 공유한 사람들을 시간 간격을 두고 추적 조사
  - 베이비부머 집단의 교육 상태를 10년 등 시간의 추적 조사

대표기출로 확인

01 다음에서 설명하는 조사유형에 해당하는 것은? [20회]

- 둘 이상의 시점에서 조사가 이루어진다.
- 동일 대상 반복측정을 원칙으로 하지 않는다.

① 추세연구, 횡단연구
② 패널연구, 추세연구
③ 횡단연구, 동년배(cohort)연구
④ 추세연구, 동년배연구
⑤ 패널연구, 동년배연구

02 사회조사의 목적에 관한 설명으로 옳지 않은 것은? [21회]

① 지진해일 발생 이후 지역주민의 삶에 대한 연구는 탐색적 연구이다.
② 외상후스트레스로 퍼해받은 문제의 원인을 밝히는 연구는 설명적 연구이다.
③ 사회복지협의회의 희망복지센터의 실태를 파악하는 연구는 기술적 연구이다.
④ 지역사회에서 노인의 이동수단에 관한 연구는 기술적 연구이다.
⑤ 지역사회 주민을 동원하여 얻을 수 있는 요인을 알아보는 것은 기술적 연구이다.

기출선지로 확인

📚 조사목적에 따른 구분

01 사회복지개입의 효과성 실시에서 사회복지가 반드시 선행되어야 한다. [21회]
02 지역사회의 욕구를 조사하는 것은 기술적 연구이다. [21회]
03 지진해일 발생한 해의 욕구조사들의 변화를 보고하는 것은 설명적 연구이다. [21회]
04 지역사회에 비해 대도시의 이동이 비율이 높은 이유를 보고하는 것은 설명적 연구이다. [21회]

📚 시간적 차원에 의한 분류

05 종단연구 — 시간 흐름에 따른 대상자의 변화를 측정한다. [18회]
06 추세연구, 패널연구, 코호트(동년배)연구 — 동년배에서 조사가 이루어진다. [21회]
07 추세연구, 패널연구 — 동일대상 반복측정을 원칙으로 하지 않는다. [20회]
08 패널조사: 동일한 표본을 대상으로 시간을 달리하여 조사 [22회]
09 코호트조사는 추세조사, 패널조사보다 더 많이 쓰이는 방법이다. [18회]
10 일정 주기별 인구변화에 대한 조사는 경향성 조사이다. [18회]
11 코호트조사: 일정연령이나 일정연령 범위 내 사람들의 집단이 조사대상이 종단연구 [22회]
12 동년배조사를 조사대상을 언제나 동일한 사람을 조사해야 하는 것은 아니다. [18회]

'기분좋은' 사회복지사 1급
기출문제집 + 핵심요약집으로
단번에 합격!

기출만 파면 합격

영역별·회차별 기출문제집 + 핵기총 BOOK

한끝 핵심요약집

핵심이론 + 기출선지 + 대표기출 한 권으로 끝!

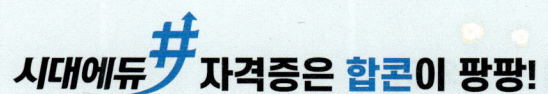

사회복지사 1급
합격콘텐츠 서비스

1 출제가능성 99% 시험에 꼭 나오는 기출키워드 무료강의 ▶

※ 무료강의는 2025년 6월 3주차부터 순차 업로드 예정

youtube.com/@SD-jt6ex
유튜브(YouTube)
검색 [시대에듀]

2 복지 in 연구소 김진훈 소장의 조사론·정책론 기획특강 ▶

※ 무료강의는 2025년 6월 4주차 업로드 예정

youtube.com/@in5308
유튜브(YouTube)
검색 [복지 in 연구소]

3 제23회 기출해설 무료강의 ▶

최신시험 제23회 영역별 기출해설 무료특강(8강)

※ [사회복지사 1급 기출만 파면 합격 영역별·회차별 기출문제집 + 핵기총 BOOK] 기반 기출해설 강의입니다.

youtube.com/@SD-jt6ex
유튜브(YouTube)
검색 [시대에듀]

4 즉문즉답 1:1 고객 문의

공부하다가 잘못된 내용이 있거나 모르는 내용이 있으면 바로 질문하세요.
실시간으로 빠르고! 자세하게! 답변해 드립니다.

forms.gle/73HCRYET1EzU7X5X8

#나의 합격증 **미리 채우기**

사회복지사자격증

성   명 :
생 년 월 일 :
등   급 :

위 사람은 「사회복지사업법」 제11조에 따른 사회복지사 자격이 있음을 증명합니다.

2026년   월   일

보건복지부장관

#파이팅 #나의각오

2026 최신간

사회복지사 1급
한끝 | 핵심요약집

핵심이론 + 기출선지 + 대표기출 한 권으로 끝!

시대에듀
합격력 끌어올림!

사회복지사 1급
한끝 핵심요약집 차례

7개년 기출분석노트 ☑ 영역별·키워드별 기출분석 ☑ 최근 출제경향&1트 합격전략

1영역 인간행동과 사회환경

기출키워드		
01	인간발달의 개념 [빈출★]	32
02	인간발달이론 [빈출★]	34
03	피아제의 인지발달이론	36
04	스키너의 행동주의이론 [빈출★]	38
05	반두라의 사회학습이론	42
06	콜버그의 도덕성 발달이론	44
07	프로이트의 정신분석이론 [빈출★]	46
08	에릭슨의 심리사회이론	50
09	아들러의 개인심리이론	52
10	융의 분석심리이론	54
11	매슬로우의 욕구이론	56
12	로저스의 현상학이론 [빈출★]	58
13	일반체계이론 [빈출★]	60
14	생태체계이론 [빈출★]	62
15	가족체계	64
16	집단체계	66
17	지역사회체계	68
18	문화체계	70
19	태아기	72
20	영아기 [빈출★]	74
21	유아기 [빈출★]	76
22	아동기	78
23	청소년기 [빈출★]	80
24	청년기	84
25	장년기	86
26	노년기	88

2영역 사회복지조사론

기출키워드		
01	과학적 탐구로서의 사회복지조사	92
02	사회과학에서의 연구윤리	94
03	과학적 조사방법 및 과학철학 [빈출★]	96
04	사회복지조사의 특성	102
05	사회복지조사의 유형 [빈출★]	104
06	사회복지조사의 절차	108
07	변수 [빈출★]	110
08	분석단위	112
09	가설 [빈출★]	114
10	조사설계의 의미와 타당도 [빈출★]	118
11	인과관계의 성립 및 추리방법	122
12	순수실험설계, 유사실험설계, 전실험설계 [빈출★]	124
13	단일사례설계	130
14	측정수준 [빈출★]	134
15	측정의 신뢰도와 타당도 [빈출★]	136
16	측정의 오류	140
17	척도의 유형	142
18	표본추출의 개요	144
19	표집의 설계 [빈출★]	146
20	질문지법 [빈출★]	150
21	관찰법	154
22	내용분석법	156
23	욕구조사	158
24	평가조사	160
25	질적연구의 특성	162
26	질적연구의 유형	166
27	질적연구의 방법	168

요약 ▶ 선지 ▶ 기출로 바로 연결되는 3단 직행 학습!

3영역 사회복지실천론

기출키워드	제목	페이지
01	사회복지실천의 이념적 배경	174
02	사회복지실천의 개념 및 방법	176
03	사회복지실천의 가치	178
04	사회복지사 윤리강령	180
05	윤리적 갈등과 해결지침 `빈출★`	184
06	서구 사회복지실천의 역사 `빈출★`	186
07	우리나라 사회복지실천의 역사	190
08	사회복지실천현장의 구분 `빈출★`	192
09	사회복지사의 역할	196
10	강점관점	198
11	다문화 사회복지실천	200
12	통합적 접근의 특징	202
13	통합적 접근방법의 특징	204
14	통합적 접근의 주요 관점	206
15	통합적 실천모델 `빈출★`	208
16	전문적 관계의 특징	212
17	전문적 관계형성의 기본요소 `빈출★`	214
18	관계형성의 7대 원칙(비스텍) `빈출★`	216
19	관계형성의 장애요인	218
20	면접기법 및 질문 `빈출★`	220
21	면접의 유형	222
22	사례관리 `빈출★`	224
23	사정단계 `빈출★`	230
24	자료수집단계	232
25	개입단계 `빈출★`	234
26	계획수립단계	236
27	접수단계	238
28	종결단계	240

4영역 사회복지실천기술론

기출키워드	제목	페이지
01	사회복지실천기술에 대한 이해 `빈출★`	244
02	정신역동모델	246
03	심리사회모델	248
04	인지행동모델 `빈출★`	250
05	동기강화모델	252
06	과제중심모델	254
07	기타 실천모델 `빈출★`	256
08	가족 관련 개념 및 특징 `빈출★`	260
09	가족사정 `빈출★`	264
10	구조적 가족치료 `빈출★`	268
11	다세대 가족치료	270
12	경험적 가족치료	272
13	전략적 가족치료	274
14	집단의 유형	276
15	집단의 역동성	278
16	집단 사회복지실천	280
17	집단의 치료적 효과	282
18	집단 지도자의 역할 및 기술	284
19	집단발달단계 `빈출★`	286
20	기록의 유형 및 특징	292
21	기록의 목적 및 용도	294
22	단일사례설계 `빈출★`	296

사회복지사 1급
한끝 핵심요약집 차례

5영역 지역사회복지론

기출키워드	항목	페이지
01	지역사회의 개념 빈출★	300
02	지역사회의 유형	304
03	지역사회복지 관련 개념	306
04	지역사회복지 이념	308
05	지역사회복지실천	310
06	영국의 지역사회복지 역사	312
07	한국의 지역사회복지 역사 빈출★	316
08	지역사회복지 주요 이론 빈출★	318
09	로스만의 모델	326
10	웨일과 갬블의 모델	328
11	테일러와 로버츠의 모델	330
12	지역사회복지 실천모델별 사회복지사의 역할 빈출★	332
13	사정단계	334
14	문제확인단계	336
15	실행단계	338
16	네트워크(연계) 기술	340
17	자원개발·동원 기술	342
18	역량강화 기술	344
19	조직화 기술	346
20	옹호 기술	348
21	지역사회보장계획 빈출★	350
22	지역사회보장협의체 빈출★	352
23	지방분권화 빈출★	354
24	사회복지협의회	358
25	사회복지관 빈출★	360
26	사회적 경제 빈출★	362
27	공공 전달체계의 개편 빈출★	364
28	사회복지공동모금회	366
29	지역사회복지운동	368
30	주민참여 8단계	370

6영역 사회복지정책론

기출키워드	항목	페이지
01	사회복지정책의 특성 빈출★	374
02	사회복지정책의 가치 빈출★	378
03	사회복지의 국가 개입 빈출★	382
04	영국의 사회복지	384
05	미국과 독일의 사회복지	388
06	복지국가	390
07	사회복지정책 발달이론	396
08	사회복지정책 이데올로기	404
09	복지국가 유형화이론	406
10	사회복지정책의 평가	410
11	사회복지정책의 결정	414
12	길버트와 테렐의 사회복지정책 분석 빈출★	416
13	사회복지정책의 대상 빈출★	426
14	사회보장의 개념 빈출★	428
15	사회보장제도의 유형 및 특징 빈출★	430
16	공적연금의 특징	434
17	국민연금제도	438
18	국민건강보험제도	440
19	산업재해보상보험제도	444
20	고용보험제도	446
21	노인장기요양보험제도	448
22	공공부조제도 빈출★	450
23	근로장려금	454
24	빈곤의 개념과 측정 빈출★	456

요약 ▶ 선지 ▶ 기출로 바로 연결되는 3단 직행 학습!

7영역 사회복지행정론

기출키워드		페이지
01	사회복지행정의 특성 빈출★	464
02	사회복지행정의 과정	466
03	한국 사회복지행정의 역사 빈출★	468
04	미국 사회복지행정의 역사	470
05	현대조직이론 빈출★	472
06	인간관계이론	474
07	고전이론	476
08	조직환경이론	478
09	조직의 구조적 요소	482
10	조직문화	486
11	조직구조의 유형	488
12	사회복지조직의 유형	490
13	전달체계 구축의 원칙 빈출★	492
14	전달체계의 구분 및 역할	494
15	기획 기법	496
16	의사결정 기술 및 의사결정모형	498
17	리더십이론 빈출★	500
18	리더십 유형	506
19	인적자원관리 빈출★	508
20	동기부여	512
21	슈퍼비전	514
22	재정관리 빈출★	516
23	환경변화의 흐름 및 대응 빈출★	520
24	일반환경과 과업환경	524
25	사회복지조직의 정보관리	526
26	프로그램 개발	528
27	프로그램 평가 빈출★	532
28	성과평가 및 시설평가	534
29	사회복지조직의 책임성	536
30	사회복지조직 마케팅의 특징 및 전략 빈출★	538
31	마케팅 기법	540

8영역 사회복지법제론

기출키워드		페이지
01	법의 체계	544
02	헌법상의 사회복지법원	546
03	한국 사회복지법 발달사 빈출★	548
04	사회보장기본법 빈출★	550
05	사회복지사업법 빈출★	558
06	사회보장급여 빈출★	564
07	산업재해보상보험법	568
08	국민연금법	570
09	고용보험법 빈출★	574
10	국민건강보험법	578
11	노인장기요양보험법	582
12	국민기초생활 보장법 빈출★	588
13	의료급여법	596
14	긴급복지지원법	598
15	기초연금법	600
16	장애인복지법	602
17	노인복지법	604
18	아동복지법 빈출★	606
19	한부모가족지원법	610
20	가정폭력 및 성폭력 관련법	612
21	기타 사회복지서비스 관련법 빈출★	616

사회복지사 1급 시험 소개

01 시험 기본정보

시행처	한국산업인력공단
자격요건	① 사회복지학과 석사, 박사학위 취득자 ② 사회복지학 타전공 석사, 박사학위 취득 + 사회복지 교과목 이수자 ③ 4년제 사회복지학과 학사학위 취득자 ④ 4년제 타전공 학사학위 취득 + 사회복지 교과목 이수자 ⑤ 사회복지사 2급 취득 후 실무 경력 1년(2,080시간) 이상 보유자 ※ 위 5가지 조건 중 하나만 만족하면 시험 응시 가능

시험시간

총 200분

구분	과목	시험시간	소요시간
1교시	사회복지기초	9시 30분~10시 20분	50분
	쉬는 시간	10시 20분~10시 40분	20분
2교시	사회복지실천	10시 50분~12시 5분	75분
	쉬는 시간	12시 5분~12시 25분	20분
3교시	사회복지정책과 제도	12시 35분~13시 50분	75분

시험과목 및 문항 수

객관식 5지선다형, 200문항(8과목, 과목당 25문항)

구분		과목	문항 수
1교시	사회복지기초	인간행동과 사회환경	25문항
		사회복지조사론	25문항
2교시	사회복지실천	사회복지실천론	25문항
		사회복지실천기술론	25문항
		지역사회복지론	25문항
3교시	사회복지정책과 제도	사회복지정책론	25문항
		사회복지행정론	25문항
		사회복지법제론	25문항

합격 기준

과목마다 만점의 40% 이상 득점하고 전 과목 총점 60% 이상 득점
[과락 기준]

시험과목	과락기준	소요시간
1교시 사회복지기초(50문항)	20점(1~19점 과락)	총 200문항의 60%인 120문항 이상
2교시 사회복지실천(75문항)	30점(1~29점 과락)	
3교시 사회복지정책과 제도(75문항)	30점(1~29점 과락)	

※ 1문항당 1점

응시료	25,000원

요약 ▶ 선지 ▶ 기출로 바로 연결되는 3단 직행 학습!

02 시험일정(제23회 시험 기준)

접수 기간	2024.12.02.~2024.12.06.
시험 일정	2025.01.11.
합격예정자 발표	2025.02.12.
응시자격 서류제출	2025.02.12.~03.04.
최종합격자 발표	2025.03.30.

※ 2026년 시험 일정은 큐넷 홈페이지(q-net.or.kr)를 참고해 주세요.

03 시험 합격률

구분	연도	접수자	응시자	합격자	합격률
제23회	2025년	32,445명	25,305명	9,930명	38.8%
제22회	2024년	31,608명	25,458명	7,554명	29.6%
제21회	2023년	30,528명	24,119명	9,673명	40.1%
제20회	2022년	31,016명	24,248명	8,753명	36.1%
제19회	2021년	35,598명	28,391명	17,158명	60.4%
제18회	2020년	33,787명	25,462명	8,388명	32.9%
제17회	2019년	28,271명	22,646명	7,734명	34.1%

요약 ▶ 선지 ▶ 기출로 바로 연결되는 3단 직행 학습!

Feel Good~!

7개년 기출분석노트

최신 7개년 영역별 · 키워드별 기출분석&합격전략

최신 7개년 영역별·키워드별 기출분석&합격전략
1영역 인간행동과 사회환경

구분	기출키워드	25년 (23회)	24년 (22회)	23년 (21회)	22년 (20회)	21년 (19회)	20년 (18회)	19년 (17회)	7개년 평균 출제문항 수
01 인간발달과 사회복지	인간발달의 개념	0	0	1	1	0	1	1	3.3문항
	인간발달의 특징과 원리 빈출★	1	1	0	2	1	1	1	
	인간발달이론 빈출★	3	2	1	1	1	1	2	
	사회복지실천에 있어서 인간행동의 이해	0	0	1	0	0	0	0	
	합계	4	3	3	4	2	3	4	
02 인지발달이론 및 행동이론	피아제의 인지발달이론	1	1	1	1	1	1	0	3.1문항
	스키너의 행동주의이론 빈출★	2	1	1	2	1	1	0	
	반두라의 사회학습이론	0	1	1	0	1	1	1	
	콜버그의 도덕성 발달이론	1	0	0	1	0	0	1	
	합계	4	3	3	4	3	3	2	
03 정신역동이론	프로이트의 정신분석이론 빈출★	1	1	1	1	1	1	2	3.6문항
	에릭슨의 심리사회이론	0	1	1	1	1	1	1	
	아들러의 개인심리이론	1	1	0	1	1	1	0	
	융의 분석심리이론	0	1	1	1	1	1	1	
	합계	2	4	3	4	4	4	4	
04 인본주의이론	매슬로우의 욕구이론	1	0	1	1	1	1	0	1.7문항
	로저스의 현상학이론 빈출★	1	1	1	1	1	2	0	
	합계	2	1	2	2	2	3	0	
05 사회체계이론 ★★★	일반체계이론 빈출★	1	2	0	1	1	1	1	3.9문항
	생태체계이론 빈출★	4	2	3	3	4	1	3	
	합계	5	4	3	4	5	2	4	

요약 ▶ 선지 ▶ 기출로 바로 연결되는 3단 직행 학습!

구분	기출키워드	25년 (23회)	24년 (22회)	23년 (21회)	22년 (20회)	21년 (19회)	20년 (18회)	19년 (17회)	7개년 평균 출제문항 수
06 환경체계	가족체계	0	0	0	0	0	1	0	1.4문항
	집단체계	0	0	1	0	0	1	0	
	지역사회체계	0	1	0	0	0	0	1	
	문화체계	0	1	2	1	0	0	1	
	합계	0	2	3	1	0	2	2	
07 인간의 성장발달단계 ★★★	발달단계 통합	1	1	1	1	1	0	1	8.0문항
	태아기	0	1	0	1	1	1	1	
	영아기 빈출★	1	1	2	0	1	1	1	
	유아기 빈출★	1	1	1	1	1	1	1	
	아동기	1	1	1	1	0	1	1	
	청소년기 빈출★	1	1	1	1	1	2	1	
	청년기	1	1	0	1	1	1	1	
	장년기	1	1	1	1	0	1	1	
	노년기	1	0	1	0	2	0	1	
	합계	8	8	8	6	9	8	9	
총 출제문항 수		25	25	25	25	25	25	25	25

최근 출제경향 & 1트 합격전략

☑ 인간행동과 사회환경은 학자별 이론의 개념 및 특징이 가장 중요합니다.

☑ 태내기, 영아기, 유아기, 아동기, 청소년기, 청년기, 중년기, 노년기의 각 발달단계에 대한 문제가 매년 평균 1~2문제씩 출제되고 있으므로 숙지해야 합니다.

☑ 다른 영역과 다르게 사례의 비중이 높지 않으므로 암기에 중점을 두고 학습하는 것이 좋습니다.

최신 7개년 영역별·키워드별 기출분석&합격전략

2영역 사회복지조사론

구분	기출키워드	25년 (23회)	24년 (22회)	23년 (21회)	22년 (20회)	21년 (19회)	20년 (18회)	19년 (17회)	7개년 평균 출제문항 수
01 사회복지조사와 과학적 연구	과학적 탐구로서의 사회복지조사	1	1	0	0	2	0	0	2.0문항
	사회과학에서의 연구 윤리	0	1	1	0	0	1	0	
	과학적 조사법 및 과학철학 빈출★	1	1	1	2	0	1	1	
	합계	2	3	2	2	2	2	1	
02 사회복지조사의 이해 ★★★	개념 통합	0	0	0	0	0	0	1	5.3문항
	사회복지조사의 특성	0	0	0	1	0	0	0	
	사회복지조사의 유형 빈출★	2	1	2	2	2	3	1	
	사회복지조사의 절차	1	0	0	0	1	0	1	
	변수 빈출★	1	1	0	2	1	2	2	
	정의	1	0	1	0	0	0	0	
	분석단위	0	1	0	0	0	0	0	
	가설 빈출★	1	1	1	1	0	2	1	
	합계	6	4	4	6	4	7	6	
03 조사설계와 인과관계	조사설계의 의미와 타당도 빈출★	1	1	2	0	2	2	1	1.6문항
	인과관계의 성립 및 추리방법	0	1	0	0	0	0	1	
	합계	1	2	2	0	2	2	2	
04 실험설계의 유형	개념 통합	1	0	0	0	1	0	0	2.7문항
	순수실험설계	1	1	1	1	1	1	0	
	유사실험설계	1	0	0	1	0	0	1	
	전실험설계	0	1	0	0	0	0	1	
	단일사례설계 빈출★	1	1	2	0	1	1	0	
	합계	4	3	3	2	3	2	2	
05 측정과 척도 ★★★	개념 통합	0	1	0	1	1	0	1	5.0문항
	측정수준 빈출★	1	2	2	1	0	1	1	
	측정의 신뢰도와 타당도 빈출★	2	2	2	3	2	2	2	
	측정의 오류	0	0	1	0	0	1	0	
	척도의 유형	1	0	1	1	2	0	1	
	합계	4	5	6	6	5	4	5	

요약 ▶ 선지 ▶ 기출로 바로 연결되는 3단 직행 학습!

구분	기출키워드	25년 (23회)	24년 (22회)	23년 (21회)	22년 (20회)	21년 (19회)	20년 (18회)	19년 (17회)	7개년 평균 출제문항 수
06 표본추출	개념 통합	0	0	1	0	0	0	0	3.1문항
	표본추출의 개요	1	1	0	0	0	0	0	
	표집의 설계 빈출★	2	2	2	4	3	2	4	
	합계	3	3	3	4	3	2	4	
07 자료수집방법	개념 통합	1	0	0	1	0	1	2	2.7문항
	질문지법 빈출★	1	0	1	1	2	2	0	
	면접법	0	1	0	0	0	0	0	
	관찰법	0	1	1	0	0	0	0	
	내용분석법	1	1	0	0	1	1	0	
	합계	3	3	2	2	3	4	2	
08 욕구조사와 평가조사	욕구조사	1	0	1	0	1	0	0	0.6문항
	평가조사	0	0	0	1	0	0	0	
	합계	1	0	1	1	1	0	0	
09 질적연구	개념 통합	0	0	0	0	0	1	0	2.0문항
	질적연구의 특성	0	1	1	0	1	1	1	
	질적연구의 유형	1	0	1	1	0	0	1	
	질적연구의 방법	0	1	0	1	1	0	1	
	합계	1	2	2	2	2	2	3	
	총 출제문항 수	25	25	25	25	25	25	25	25

최근 출제경향 & 1트 합격전략

- ☑ 사회복지조사론은 수험생들이 대체로 어려워하고, 가장 점수가 낮게 나오는 영역이니 과락을 주의해야 합니다.
- ☑ 오류(생태학적 오류, 개별주의적 오류, 환원주의 오류, 제1종/제2종 오류, 체계적/비체계적 오류, 인과/구성의 오류)와 신뢰도 및 타당도(개념, 유형, 저해요인)는 반드시 출제되니 필수로 암기해야 합니다.
- ☑ 측정의 개념과 척도의 유형은 사례형이나 보기 제시형으로 매년 출제되고 있고 표본추출과 가설 및 변수도 출제 가능성이 높으니 반드시 눈여겨 보아야 합니다.
- ☑ 양적조사 및 질적조사는 표로 정리하여 차이점을 숙지하면 효과적입니다.
- ☑ 기타 단일사례설계, 내용분석법, 관찰법은 다른 영역(실천론, 실천기술론 등)과 중복되는 내용이니 소홀히 여기지 말고 꼼꼼히 보아야 합니다.
- ☑ 사례형, 보기 제시형으로 출제되고 있으니 기출문제를 통해 유형을 익히고, 회독하면서 학습효과를 높이는 것이 중요합니다.

최신 7개년 영역별 · 키워드별 기출분석&합격전략

3영역 사회복지실천론

구분	기출키워드	25년 (23회)	24년 (22회)	23년 (21회)	22년 (20회)	21년 (19회)	20년 (18회)	19년 (17회)	7개년 평균 출제문항 수
01 사회복지 실천의 개념 및 정의	사회복지실천의 이념적 배경	1	1	1	0	1	0	0	1.1문항
	사회복지실천의 목적과 기능	0	0	0	0	0	0	1	
	사회복지실천 방법의 분류	0	0	1	0	0	0	0	
	사회복지 전문직	0	0	0	0	1	0	1	
	합계	1	1	2	0	2	0	2	
02 사회복지 실천의 윤리	사회복지실천의 가치	1	1	1	1	1	0	0	2.6문항
	사회복지사 윤리강령	1	1	0	1	1	1	1	
	윤리적 갈등과 해결지침 빈출★	0	2	0	1	1	2	1	
	합계	2	4	1	3	3	3	2	
03 사회복지 실천의 발달	개념 통합	1	0	1	0	0	0	1	1.7문항
	서구 사회복지실천의 역사 빈출★	0	1	1	3	0	2	0	
	우리나라 사회복지실천의 역사	0	1	0	0	1	0	0	
	합계	1	2	2	3	1	2	1	
04 사회복지 실천현장과 사회복지사의 역할	사회복지실천현장의 구분 빈출★	1	1	1	1	1	1	1	1.6문항
	사회복지사의 역할	1	0	1	0	1	0	1	
	합계	2	1	2	1	2	1	2	
05 사회복지의 통합적 실천의 이해 ★★★	개념 통합	0	0	1	0	0	0	0	4.6문항
	사회복지실천의 주요 관점	1	1	0	1	2	0	2	
	통합적 접근과 방법의 특징 빈출★	1	2	0	1	1	1	0	
	통합적 접근의 주요 관점	0	0	0	1	0	1	1	
	통합적 실천모델 빈출★	4	2	2	1	2	2	2	
	합계	6	5	3	4	5	4	5	

요약 ▶ 선지 ▶ 기출로 바로 연결되는 3단 직행 학습!

구분	기출키워드	25년 (23회)	24년 (22회)	23년 (21회)	22년 (20회)	21년 (19회)	20년 (18회)	19년 (17회)	7개년 평균 출제문항 수
06 사회복지 실천의 방법 ★★★	전문적 관계의 특징	0	1	1	1	1	1	1	8.7문항
	전문적 관계형성의 기본요소 빈출★	2	1	3	1	1	0	1	
	관계형성의 7대 원칙(비스텍) 빈출★	1	1	1	1	1	2	1	
	관계형성의 장애요인	0	1	0	0	0	0	0	
	면접기법 및 질문 빈출★	1	1	2	2	2	2	1	
	면접의 유형	0	1	0	1	0	1	1	
	사례관리 빈출★	4	2	5	2	3	3	3	
	합계	8	8	12	8	8	9	8	
07 사회복지 실천의 과정 ★★★	사정단계 빈출★	2	1	0	1	1	1	2	4.7문항
	자료수집단계	0	1	1	1	1	1	0	
	개입단계 빈출★	2	1	2	1	0	1	0	
	계획수립단계	0	1	0	1	0	1	0	
	접수단계	1	0	0	1	1	1	2	
	종결단계	0	0	0	1	1	1	1	
	합계	5	4	3	6	4	6	5	
	총 출제문항 수	25	25	25	25	25	25	25	25

최근 출제경향 & 1트 합격전략

☑ 사회복지실천론은 **사회복지실천의 방법**이 가장 중요합니다. **4체계 모델, 강점관점의 특징, 임파워먼트 모델의 특성, 통합적 접근의 등장배경, 내용 등은 필수적으로 이해 및 암기**해야 합니다.

☑ 사회복지실천론은 은근히 까다롭고 어려운 영역이니, **학자별, 모델별, 단계별 구분을 확실하게** 해두어야 합니다.

☑ 사회복지실천의 과정을 초기단계, 중간단계, 종결단계로 구분하여 **각 세부적인 과정까지 학습**해야 합니다. 특히 단계별 주요 과업은 꼭 암기해야 합니다. 그 외에 **원조관계의 장애요인, 원조관계의 요소** 등도 자주 출제되니 숙지해 두세요.

최신 7개년 영역별 · 키워드별 기출분석&합격전략
4영역 사회복지실천기술론

구분	기출키워드	25년 (23회)	24년 (22회)	23년 (21회)	22년 (20회)	21년 (19회)	20년 (18회)	19년 (17회)	7개년 평균 출제문항 수
01 사회복지사의 전문성	사회복지실천기술에 대한 이해 빈출★	0	1	2	1	1	3	0	1.9문항
	사회복지실천의 전문적 기반	1	1	1	1	1	0	0	
	합계	1	2	3	2	2	3	0	
02 개인 대상 실천기법 ★★★	개념 통합	0	1	0	1	1	0	1	7.1문항
	정신역동모델	1	1	1	0	1	1	1	
	심리사회모델	1	1	1	1	0	1	1	
	인지행동모델 빈출★	1	1	4	3	1	2	2	
	동기강화모델	1	0	0	0	0	0	0	
	과제중심모델	1	1	0	1	1	0	1	
	기타 실천모델 빈출★	3	2	2	1	2	3	1	
	합계	8	7	8	7	6	7	7	
03 가족 대상 실천기법 ★★★	개념 통합	1	1	1	0	1	0	1	8.0문항
	가족 관련 개념 및 특징 빈출★	2	2	2	1	1	2	1	
	가족사정 빈출★	0	0	1	1	2	2	1	
	구조적 가족치료 빈출★	1	0	1	1	1	1	2	
	다세대 가족치료	1	1	0	1	0	0	1	
	경험적 가족치료	1	1	1	1	1	1	0	
	전략적 가족치료	1	1	0	1	1	1	1	
	해결중심 가족치료	1	1	2	2	2	1	1	
	이야기치료모델과 문제의 외현화	0	0	0	0	0	0	1	
	합계	8	7	7	8	9	8	9	

요약 ▶ 선지 ▶ 기출로 바로 연결되는 3단 직행 학습!

구분	기출키워드	25년(23회)	24년(22회)	23년(21회)	22년(20회)	21년(19회)	20년(18회)	19년(17회)	7개년 평균 출제문항 수
04 집단 대상 실천기법 ★★★	개념 통합	0	0	0	0	0	0	1	6.0문항
	집단의 유형	1	1	0	1	1	2	0	
	집단역동성	1	1	0	1	2	0	1	
	집단 사회복지실천	0	0	1	0	0	0	0	
	집단의 치료적 효과	1	1	1	1	0	1	0	
	집단 지도자의 역할 및 기술	0	0	0	0	1	1	1	
	집단발달단계 빈출★	2	4	3	4	2	2	3	
	합계	5	7	5	6	7	5	7	
05 사회복지실천 기록 및 평가	기록의 유형 및 특징	1	1	1	1	0	1	1	2.0문항
	기록의 목적 및 용도	0	0	0	0	1	0	0	
	단일사례설계	2	1	1	1	0	1	1	
	합계	3	2	2	2	1	2	2	
	총 출제문항 수	25	25	25	25	25	25	25	25

최근 출제경향 & 1트 합격전략

- ☑ 사회복지실천기술론은 최근 사례형 문항 출제비중이 높아지면서 난도 높게 출제되고 있습니다. 기출문제를 통해 사례 제시형 문항을 지속적으로 회독하여 풀이감각을 높이는 것이 중요합니다.
- ☑ 사회복지사의 윤리적 사항, 실천현장의 분류, 초기단계-중간단계-종결단계의 특성을 반드시 숙지해야 합니다.
- ☑ 각 모델별(정신역동모델, 심리사회모델, 위기개입모델, 해결중심모델, 과제중심모델, 권한부여모델) 주요 개념, 특징, 각 단계별 주요 행동 등을 반드시 암기해야 합니다.
- ☑ 가족치료모델(구조적 가족 치료모델, 경험적 가족 치료모델, 전략적 가족 치료모델, 이야기 치료모델)의 특징, 주요 개념 등을 이해하는 것이 중요합니다.
- ☑ 집단의 유형과 그 특성은 자주 출제되고 있으니 눈여겨 보아야 합니다.

최신 7개년 영역별·키워드별 기출분석&합격전략
5영역 지역사회복지론

구분	기출키워드	25년 (23회)	24년 (22회)	23년 (21회)	22년 (20회)	21년 (19회)	20년 (18회)	19년 (17회)	7개년 평균 출제문항 수
01 지역사회의 이해	지역사회의 개념 빈출★	1	1	1	2	1	2	2	1.7문항
	지역사회의 유형	1	0	0	0	1	0	0	
	합계	2	1	1	2	2	2	2	
02 지역사회복지와 지역사회복지실천	지역사회복지 관련 개념 및 이념	1	1	1	0	0	0	0	1.3문항
	지역사회복지실천	0	2	1	1	0	1	1	
	합계	1	3	2	1	0	1	1	
03 지역사회복지의 역사	영국의 지역사회복지 역사	1	1	1	1	1	0	1	2.0문항
	한국의 지역사회복지 역사 빈출★	1	1	1	1	1	2	1	
	합계	2	2	2	2	2	2	2	
04 지역사회복지 이론과 실천모델 ★★★	지역사회복지 주요 이론 빈출★	2	3	3	2	2	3	1	5.7문항
	로스만의 모델	1	0	1	1	0	0	1	
	웨일과 갬블의 모델	1	0	1	1	1	1	1	
	테일러와 로버츠의 모델	1	0	1	1	0	0	0	
	포플의 모델	1	1	0	0	1	0	0	
	지역사회복지 실천모델별 사회복지사의 역할 빈출★	2	3	1	0	0	1	1	
	합계	8	7	7	5	4	5	4	
05 지역사회복지 실천과정과 실천기술 ★★★	개념 통합	1	1	0	0	0	2	1	4.9문항
	사정단계	1	1	1	1	1	0	1	
	문제확인단계	0	0	1	0	1	0	0	
	계획수립 및 자원동원 단계	0	0	0	0	0	1	0	
	실행단계	0	0	1	1	0	0	0	
	네트워크(연계) 기술	0	1	1	0	1	1	1	
	자원개발·동원 기술	1	0	1	0	1	0	0	
	역량강화 기술	0	1	0	0	1	0	0	
	조직화 기술	1	0	0	1	1	1	1	
	옹호 기술	0	0	0	1	1	0	1	
	협상 기술	0	0	0	0	0	1	0	
	합계	4	4	4	5	6	6	5	

요약 ▶ 선지 ▶ 기출로 바로 연결되는 3단 직행 학습!

구분	기출키워드	25년 (23회)	24년 (22회)	23년 (21회)	22년 (20회)	21년 (19회)	20년 (18회)	19년 (17회)	7개년 평균 출제문항 수
06 지역사회복지 네트워크	지역사회보장계획 빈출★	1	1	1	1	1	1	2	3.8문항
	지역사회보장협의체 빈출★	1	0	1	1	1	1	2	
	지방분권화 빈출★	2	1	1	1	2	1	0	
	사회복지협의회	0	0	0	1	1	1	1	
	합계	4	2	3	4	5	4	5	
07 지역사회복지 실천의 추진 체계 및 지역 사회운동 ★★★	개념 통합	1	0	0	0	0	0	0	5.6문항
	사회복지관 빈출★	1	2	1	1	1	1	1	
	사회적 경제 빈출★	1	1	1	1	1	1	1	
	공공 전달체계 빈출★	0	1	1	1	1	2	1	
	자원봉사센터	0	0	1	0	0	0	0	
	사회복지공동모금회	0	1	0	1	1	0	1	
	지역사회복지운동	1	0	1	1	1	1	1	
	주민참여 8단계	0	1	1	1	1	0	1	
	합계	4	6	6	6	6	5	6	
	총 출제문항 수	25	25	25	25	25	25	25	25

최근 출제경향 & 1트 합격전략

- ☑ 지역사회복지론은 단기간에 점수가 가장 안 나오는 영역입니다. 내용이 쉬운 듯하면서도 외국의 개념, 모델들이 가장 많아 이해, 암기하는 데 어려움을 겪는 영역입니다. 따라서 막연하게 암기하기보다는 외국 지역사회의 개념 및 모델 등을 그들의 관점에서 생각하며 접근하는 것이 좋습니다.

- ☑ 지역사회복지 실천기술 및 추진체계, 지역사회운동 등도 우리나라뿐만 아니라 외국 사례(자선조직협회, 인보관 운동, 탈시설화, 지역사회보호, 성차별 반대운동, 반전운동 등)를 함께 이해하면서 학습해야 합니다.

- ☑ 최근에는 사례형 문항의 출제비중이 높아지고 있으므로 기출키워드에 따라 세밀하게 살피면서 학습하는 것이 효과적입니다.

최신 7개년 영역별 · 키워드별 기출분석&합격전략

6영역 사회복지정책론

구분	기출키워드	25년 (23회)	24년 (22회)	23년 (21회)	22년 (20회)	21년 (19회)	20년 (18회)	19년 (17회)	7개년 평균 출제문항 수
01 사회복지 정책의 개념	사회복지정책의 특성 빈출★	1	0	1	0	2	0	5	3.4문항
	사회복지정책의 가치 빈출★	2	0	1	1	1	1	2	
	사회복지의 국가 개입 빈출★	0	1	2	1	2	0	1	
	합계	3	1	4	2	5	1	8	
02 사회복지 정책의 역사적 전개	통합 개념	1	0	0	1	0	1	0	1.7문항
	영국의 사회복지	0	1	2	0	1	1	0	
	미국과 독일의 사회복지	0	1	0	0	0	0	0	
	복지국가	2	0	0	0	0	1	0	
	합계	3	2	2	1	1	3	0	
03 사회복지 정책의 이론과 사상	사회복지정책 사상	1	0	0	0	0	0	0	2.4문항
	사회복지정책 발달이론	0	1	2	1	1	1	0	
	사회복지정책 이데올로기	0	0	1	2	0	0	2	
	복지국가 유형화이론	0	2	1	1	1	0	0	
	합계	1	3	4	4	2	1	2	
04 사회복지 정책의 정책과정	사회복지정책의 평가	0	0	1	0	1	0	1	1.0문항
	사회복지정책의 결정	1	0	1	1	0	0	1	
	합계	1	0	2	1	1	0	2	
05 사회복지 정책의 분석틀 ★★★	길버트와 스펙트(테렐) 의 사회복지정책 분석 유형(3P)	0	0	1	0	1	1	0	5.0문항
	길버트와 테렐의 사회 복지정책 분석 빈출★	5	7	1	4	4	4	0	
	사회복지정책의 대상 빈출★	0	1	1	1	2	1	1	
	합계	5	8	3	5	7	6	1	
06 사회보장	사회보장의 개념 빈출★	2	2	0	2	1	1	2	3.1문항
	사회보장제도의 유형 및 특징	4	0	3	1	1	1	2	
	합계	6	2	3	3	2	2	4	

요약 ▶ 선지 ▶ 기출로 바로 연결되는 3단 직행 학습!

구분	기출키워드	25년 (23회)	24년 (22회)	23년 (21회)	22년 (20회)	21년 (19회)	20년 (18회)	19년 (17회)	7개년 평균 출제문항 수
07 사회보험 제도와 공공 부조제도 ★★★	사회보장제도 통합	0	1	0	0	0	1	0	6.5문항
	사회보험제도 통합	0	2	0	0	0	0	0	
	공적연금의 특징	0	0	1	0	1	0	1	
	국민연금제도	1	0	0	1	0	0	1	
	국민건강보험제도	1	0	1	1	1	1	0	
	노인장기요양보험제도	1	0	0	1	0	1	1	
	산업재해보상보험제도, 고용보험제도 통합	0	0	1	0	0	0	0	
	산업재해보상보험제도	1	0	0	1	0	1	1	
	고용보험제도	0	0	0	1	1	1	0	
	공공부조제도 통합	0	1	0	0	0	0	1	
	국민기초생활보장제도 빈출★	0	1	1	1	1	2	1	
	기초연금제도	1	0	0	0	0	0	0	
	의료급여제도	0	0	0	1	0	0	0	
	긴급복지지원제도	0	1	0	0	1	0	0	
	취업지원제도	0	0	1	0	0	0	0	
	사회적 기업	0	0	0	0	0	0	1	
	근로장려금	0	1	1	0	0	1	0	
	합계	5	7	6	7	5	9	7	
08 빈곤과 소득불평등	빈곤의 개념 빈출★	1	1	1	1	2	2	1	1.7문항
	빈곤과 소득불평등의 측정	0	1	0	1	0	1	0	
	합계	1	2	1	2	2	3	1	
	총 출제문항 수	25	25	25	25	25	25	25	25

최근 출제경향 & 1트 합격전략

☑ 사회복지정책론은 수험생들이 가장 어려워하는 영역 중 하나입니다. 이념, 이론, 과정, 모형, 원칙, 제도, 평가 등을 종합적으로 파악해야 하기 때문입니다.

☑ 최근 시험에서 사회복지제도의 출제비중이 높았습니다. 특히 사회보장급여법(약칭), 사회보장위원회, 긴급복지지원제도, 기초연금제도 등이 보기 제시형 문항으로 난도 높게 출제되었습니다.

☑ 꾸준히 빈출되는 개념인 노인장기요양보험제도, 공적연금제도, 에스핑-안데르센 국가 모형, 길버트-스펙트 산출분석 모형도 사례형 또는 보기 제시형 문항으로 출제되니 꼼꼼하게 보아야 합니다.

☑ 실제 생활과 관련 있는 빈곤율, 소득분위, 기준중위소득, 근로장려세제 등이 자주 출제되니 눈여겨 보아야 합니다.

최신 7개년 영역별·키워드별 기출분석&합격전략
7영역 사회복지행정론

구분	기출키워드	25년 (23회)	24년 (22회)	23년 (21회)	22년 (20회)	21년 (19회)	20년 (18회)	19년 (17회)	7개년 평균 출제문항 수
01 사회복지 행정의 개념	사회복지행정의 특성 빈출★	1	1	2	1	1	2	1	1.6문항
	사회복지행정의 과정	0	0	1	1	0	0	0	
	합계	1	1	3	2	1	2	1	
02 사회복지 행정의 역사	한국 사회복지행정의 역사 빈출★	1	1	3	1	1	2	1	1.7문항
	미국 사회복지행정의 역사	1	0	1	0	0	0	0	
	합계	2	1	4	1	1	2	1	
03 사회복지 행정의 이론적 배경	개념 통합	1	0	0	0	0	0	0	3.3문항
	현대조직이론 빈출★	1	1	1	4	1	1	1	
	인간관계이론	0	1	1	0	0	0	1	
	고전이론	0	1	1	1	1	0	1	
	조직환경이론	0	1	0	1	1	1	0	
	합계	2	4	3	6	3	2	3	
04 사회복지 조직의 구조와 유형	조직의 구조적 요소	1	1	1	0	0	1	1	2.2문항
	조직문화	0	1	0	0	0	1	0	
	조직구조의 유형	1	1	1	1	0	1	1	
	사회복지조직의 유형	1	0	1	0	1	0	0	
	합계	3	3	3	1	1	3	2	
05 사회복지 서비스 전달체계	개념 통합	0	0	0	1	0	0	0	1.8문항
	전달체계 구축의 원칙 빈출★	1	2	0	0	3	0	2	
	전달체계 구분 및 역할	1	1	0	0	1	0	1	
	합계	2	3	0	1	4	0	3	
06 사회조직의 기획과 의사결정	기획 기법	1	1	0	0	1	1	1	1.3문항
	기획 과정	0	0	0	1	0	0	0	
	의사결정 기술	0	1	0	0	0	0	0	
	의사결정모형	1	0	1	0	0	0	0	
	합계	2	2	1	1	1	1	1	
07 사회복지 조직의 리더십	리더십이론 빈출★	1	1	1	2	1	2	1	1.6문항
	리더십 유형	0	0	0	1	1	0	0	
	합계	1	1	1	3	2	2	1	

요약 ▶ 선지 ▶ 기출로 바로 연결되는 3단 직행 학습!

구분	기출키워드	25년 (23회)	24년 (22회)	23년 (21회)	22년 (20회)	21년 (19회)	20년 (18회)	19년 (17회)	7개년 평균 출제문항 수
08 사회복지 조직의 인적 자원관리와 재정관리 ★★★	인적자원관리 빈출★	1	3	2	1	3	3	2	5.3문항
	동기부여	1	1	0	1	0	1	2	
	슈퍼비전	1	0	1	0	0	0	0	
	재정관리 빈출★	3	2	1	2	2	2	2	
	합계	6	6	4	4	5	6	6	
09 사회복지 조직의 환경관리와 정보관리	환경변화의 흐름 및 대응 빈출★	1	1	2	1	1	2	0	1.9문항
	일반환경과 과업환경	0	0	0	0	1	0	1	
	사회복지조직의 정보관리	1	0	1	1	0	0	0	
	합계	2	1	3	2	2	2	1	
10 프로그램 개발과 평가	프로그램 개발	0	0	0	0	0	2	2	1.7문항
	프로그램 평가 빈출★	1	1	1	1	1	0	2	
	합계	1	1	1	1	2	2	4	
11 사회복지 조직의 책임성과 평가	성과평가	0	0	0	0	0	0	1	1.0문항
	시설평가	0	0	0	1	1	1	0	
	사회복지조직의 책임성	1	0	0	1	0	1	0	
	합계	1	0	0	2	1	2	1	
12 사회복지 조직의 마케팅	사회복지조직 마케팅의 특징 및 전략 빈출★	2	1	2	0	2	0	1	1.6문항
	마케팅 기법	0	1	0	1	0	1	0	
	합계	2	2	2	1	2	1	1	
	총 출제문항 수	25	25	25	25	25	25	25	25

최근 출제경향 & 1트 합격전략

- ✔ 사회복지행정론은 리더십 이론, 조직이론, 예산의 모형, 마케팅, 기획과 의사결정 등에서 평이하게 출제됩니다.
- ✔ 최근에 그동안 출제가 많이 되지 않았던 섬김 이론, 퀸의 경쟁가치 등의 이론이 출제되고 있다는 점에 주목할 필요가 있습니다.
- ✔ 최근 사회복지조직의 동향 등이 자주 출제되고 있으니 관련 연대, 제정 및 실시 연도도 암기해 두어야 합니다.

최신 7개년 영역별·키워드별 기출분석&합격전략

8영역 사회복지법제론

구분	기출키워드	25년 (23회)	24년 (22회)	23년 (21회)	22년 (20회)	21년 (19회)	20년 (18회)	19년 (17회)	7개년 평균 출제문항 수
01 사회복지법 개관	법의 체계	1	1	0	1	2	0	0	2.1문항
	법의 적용	0	0	0	0	0	1	0	
	자치법규	1	0	1	0	1	0	0	
	헌법상의 사회복지법원	0	1	1	1	0	1	2	
	합계	2	2	2	2	3	2	2	
02 사회복지법 발달사	한국 사회복지법 발달사 빈출★	2	1	2	1	1	1	1	1.3문항
	합계	2	1	2	1	1	1	1	
03 사회보장 기본법	개념 통합	0	1	0	0	0	1	1	3.0문항
	사회보장기본법의 개요	1	0	0	1	1	0	0	
	사회보장수급권	1	1	1	0	2	0	0	
	사회보장제도의 운영	1	1	1	1	0	1	1	
	사회보장 기본계획	1	0	0	0	0	0	0	
	사회보장위원회	1	0	1	1	0	0	0	
	합계	5	3	3	3	3	2	2	
04 사회복지 사업법	개념 통합	0	1	0	1	1	0	1	3.3문항
	사회복지사업법의 개요	0	0	0	0	2	0	0	
	복지의 책임과 원칙	0	0	2	0	0	0	0	
	사회복지사	1	0	1	0	0	0	0	
	사회복지법인	1	1	0	1	0	1	1	
	사회복지시설	1	1	1	1	0	1	1	
	사회복지사업법 관련 법률	0	1	0	0	0	1	0	
	합계	3	4	4	3	3	3	3	
05 사회보장 급여법	사회보장급여 빈출★	0	2	1	2	1	2	1	1.3문항
	합계	0	2	1	2	1	2	1	
06 사회보험법 ★★★	산업재해보상보험법	1	0	1	1	1	1	1	4.3문항
	국민연금법	0	1	0	1	1	0	1	
	고용보험법 빈출★	1	2	1	1	1	1	1	
	국민건강보험법	1	1	0	1	1	1	1	
	노인장기요양보험법	1	1	1	1	0	1	1	
	합계	4	5	3	5	4	4	5	

요약 ▶ 선지 ▶ 기출로 바로 연결되는 3단 직행 학습!

구분	기출키워드	25년 (23회)	24년 (22회)	23년 (21회)	22년 (20회)	21년 (19회)	20년 (18회)	19년 (17회)	7개년 평균 출제문항 수
07 공공부조법	국민기초생활 보장법 빈출★	2	2	3	1	2	2	1	3.7문항
	의료급여법	1	1	0	1	0	0	0	
	긴급복지지원법	0	0	1	1	0	1	1	
	기초연금법	1	1	0	1	1	1	1	
	합계	4	4	4	4	3	4	3	
08 사회복지 서비스법 ★★★	개념 통합	0	0	0	0	2	0	1	5.6문항
	장애인복지법	1	0	0	1	0	1	1	
	노인복지법	1	1	0	1	1	1	1	
	아동복지법 빈출★	1	1	2	1	0	1	1	
	한부모가족지원법	1	1	1	1	0	0	0	
	다문화가족지원법	0	0	0	0	0	1	0	
	가정폭력 및 성폭력 관련법	1	0	0	0	1	2	2	
	기타 사회복지서비스 관련법 빈출★	0	1	2	1	2	1	1	
	합계	5	4	5	5	6	7	7	
09 판례	판례	0	0	1	0	1	0	1	0.4문항
	합계	0	0	1	0	1	0	1	
	총 출제문항 수	25	25	25	25	25	25	25	25

최근 출제경향 & 1트 합격전략

- ✔ 사회복지법제론은 최근에 난도 높게 출제되고 있습니다.
- ✔ 전반적인 내용이 골고루 출제되나, 특히 각 법률의 정의, 용어, 급여의 유형, 실태조사 및 기본계획의 주체, 기간 등이 자주 출제되니 반드시 숙지해야 합니다.
- ✔ 사회복지서비스법에서 각 법률의 시설 유형(장애인복지법, 노인복지법, 아동복지법 등)을 눈여겨 보아야 합니다.
- ✔ 시험에서 지문의 주어 또는 서술어를 살짝 바꾸거나 숫자를 변형하여 출제되고 있으니 주의해야 합니다.

1영역 인간행동과 사회환경

최근 7개년(23~17회) 기출키워드

'★' 별 표시는 7개년간 자주 출제된 이론과 키워드입니다. 빈출 이론과 키워드를 중심으로 전략적, 효율적으로 학습해 보세요.

구분		기출키워드	최근 7개년 평균 출제문항 수	최근 3개년 출제		
				23회	22회	21회
01 인간발달과 사회복지	1	인간발달의 개념 ★	1.7문항	☺	☺	☺
	2	인간발달이론 ★	1.6문항	☺	☺	☺
02 인간발달이론 및 행동이론	3	피아제의 인지발달이론	0.9문항	☺	☺	☺
	4	스키너의 행동주의이론 ★	1.1문항	☺	☺	☺
	5	반두라의 사회학습이론	0.7문항			☺
	6	콜버그의 도덕성 발달이론	0.4문항	☺		
03 정신역동이론	7	프로이트의 정신분석이론 ★	1.1문항	☺	☺	☺
	8	에릭슨의 심리사회이론	0.9문항		☺	☺
	9	아들러의 개인심리이론	0.7문항	☺	☺	
	10	융의 분석심리이론	0.9문항		☺	☺
04 인본주의이론	11	매슬로우의 욕구이론	0.7문항	☺		☺
	12	로저스의 현상학이론 ★	1문항	☺	☺	☺
05 사회체계이론	13	일반체계이론 ★	1문항	☺	☺	
	14	생태체계이론 ★	2.9문항	☺	☺	☺
06 환경체계	15	가족체계	0.1문항			
	16	집단체계	0.3문항			☺
	17	지역사회체계	0.3문항		☺	
	18	문화체계	0.7문항		☺	☺

과락은 피하고! 합격선은 넘는! 1트 합격 TIP

- 학자별 이론의 개념 및 특징이 가장 중요합니다.
- 태내기, 영아기, 유아기, 아동기, 청소년기, 청년기, 중년기, 노년기의 각 발달단계에 대한 문제가 매년 평균 1~2문제씩 출제되고 있으므로 숙지해야 합니다.
- 다른 영역과 다르게 사례형 문제의 비중이 높지 않으므로 암기에 중점을 두고 학습하는 것이 좋습니다.

구분		기출키워드	최근 7개년 평균 출제문항 수	최근 3개년 출제		
				23회	22회	21회
07 인간의 성장발달단계	19	태아기	0.7문항		☺	
	20	영아기 ★	1문항	☺	☺	☺
	21	유아기 ★	1문항	☺	☺	☺
	22	아동기	0.9문항		☺	☺
	23	청소년기 ★	1.1문항	☺	☺	☺
	24	청년기	0.9문항	☺	☺	
	25	장년기	0.9문항	☺	☺	☺
	26	노년기	0.7문항	☺		☺

▶ 출제가능성 99%
시험에 꼭 나오는 기출키워드

1영역 강의 ①   1영역 강의 ②

01 인간발달과 사회복지

기출키워드 1

인간발달의 개념 ★빈출

최근 7개년 평균 출제문항 수 **1.7문항**

01 인간발달의 개념

- 인간이 출생 전(태내기)부터 사망에 이르기까지 신체적·인지적·정서적·사회적 영역에서의 연속적이고 체계적인 변화 과정
- 양적 변화(예 키·체중 증가)와 질적 변화(예 사고능력, 도덕성의 발달)를 모두 포함함

02 성장·성숙·학습의 비교

구분	성장(Growth)	성숙(Maturation)	학습(Learning)
의미	신체적 변화 중심의 양적 증가	유전적 요인에 따른 기능의 질적 발달	경험이나 훈련에 의한 행동의 비교적 영속적인 변화
영향 요인	유전 + 환경	유전 중심	환경 중심
과정	자연적 + 후천적	유전적 프로그램	훈련, 자극, 반복
특징	생물학적 요인이 크며, 측정 가능한 변화가 중심	환경의 자극 없이도 자연적으로 일어나는 변화	환경적 영향이 크며, 성숙과 상호작용함
사례	키·체중 증가, 근육량 증가 등	걷기, 말하기, 이차성징 등	사회성, 언어표현, 도덕성, 규범 인식 등

03 인간발달의 원리

적기성	각 발달과업은 적절한 시기에 이뤄져야 효과적임, 해당 시기를 놓치면 이후 발달이 어려워질 수 있음 예 애착 형성 시기, 언어 습득 시기 등(결정적 시기 또는 민감기와 관련 있음)
누적성	• 발달은 이전의 경험이나 행동이 누적되어 현재와 미래의 발달에 영향을 미침 • 과거의 결핍이나 외상은 장기적 결과를 초래할 수 있음
기초성	• 초기 발달이 이후 전 생애 발달의 기초가 됨 • 태내기, 영아기의 신체·정서·사회적 환경이 평생에 걸쳐 영향을 미침
불가역성	발달은 시간의 흐름에 따라 되돌릴 수 없는 방향성을 가짐 예 성장한 신체는 다시 유아기로 돌아가지 않음[단, 일부 영역은 부분적 회복 가능(재활, 치료 분야)]
연속성과 분절성	발달은 연속적으로 진행되지만, 시기별로 질적으로 다른 특성(단절성)을 가짐 예 유아기의 자기중심성 → 아동기의 탈중심화
상호관련성	발달 영역은 신체·인지·정서·사회성 간의 상호영향을 주고받음 예 신체적 발달은 자아개념과 사회성에도 영향을 미침
개별성	• 사람마다 발달 속도와 양상이 다름(예 걷기나 말하기의 시기는 개인차가 있음) • 표준은 있지만 유연한 범위 내에서 다양하게 나타남
방향성	• 발달은 일정한 방향을 가짐 • 두미 방향(머리 → 발) • 근원 → 말단 방향(중심 → 손가락 끝) • 일반적 → 특수한 행동(큰 움직임 → 정교한 움직임)

기출선지로 확인

성장·성숙·학습

01 성장은 키가 커지거나 몸무게가 늘어나는 등의 양적 변화를 의미한다. 18회

02 성장(Growth)은 시간의 경과에 따라 나타나는 양적 변화이다. 20회

03 성숙은 유전인자에 의해 발달 과정이 방향 지어지는 것을 의미한다. 18회

04 성숙(Maturation)은 경험이나 훈련의 결과와 상관없이 진행된다. 23회

05 학습은 직·간접 경험 및 훈련 과정을 통한 변화를 의미한다. 18회, 20회

인간발달의 원리

06 발달에는 결정적 시기가 있다. 18회, 19회

07 특정단계의 발달은 이전의 발달과업 성취에 기초한다. 18회, 20회

08 멈추는 일 없이 지속된다. 17회

09 유전과 환경의 영향을 모두 받는다. 17회

10 생애 전 과정에 걸쳐 진행되는 환경적·유전적 상호작용의 결과이다. 20회, 21회

11 발달의 정도와 속도는 개인마다 다르다. 17회

12 발달에는 개인차가 있다. 18회, 20회, 21회

13 일정한 순서와 방향성이 존재한다. 17회

14 순서대로 진행되고 예측 가능하다는 특징이 있다. 20회, 21회, 22회

15 대근육이 있는 중심부위에서 소근육의 말초부위 순으로 발달한다. 20회

대표기출로 확인

01 인간발달의 원리에 관한 설명으로 옳은 것은? 19회

① 무작위적으로 발달이 진행되기 때문에 예측이 불가능하다.
② 발달에는 결정적 시기가 있다.
③ 안정적 속성보다 변화적 속성이 강하게 나타난다.
④ 신체의 하부에서 상부로, 말초부위에서 중심부위로 진행된다.
⑤ 순서와 방향성이 정해져 있으므로 발달속도에는 개인차가 존재하지 않는다.

> ① 일정한 주기에 의거하여 지속적으로 누적되므로 예측이 가능하다.
> ③ 안정적 속성과 변화적 속성 모두를 포함하고 있다.
> ④ 인간발달은 신체의 상부에서 하부로, 중심부위에서 말초부위로 진행된다.
> ⑤ 인간발달의 순서와 방향성이 정해져 있고 발달속도에는 개인차가 존재한다.
>
> 정답 ②

02 인간발달 및 그 유사개념에 관한 설명으로 옳지 않은 것은? 20회

① 성장(Growth)은 시간의 경과에 따라 나타나는 양적 변화이다.
② 성숙(Maturation)은 환경과의 상호작용에 의한 사회적 발달이다.
③ 학습(Learning)은 경험이나 훈련의 결과로 나타나는 행동변화이다.
④ 인간발달은 유전과 환경의 상호작용 결과이다.
⑤ 인간발달은 상승적 변화와 하강적 변화를 모두 포함한다.

> 성숙(Maturation)은 환경과의 상호작용에 의한 사회적 발달보다 부모에게 물려받은 유전적 기제에 의해 나타나는 신체 및 심리적 변화이다.
>
> 정답 ②

01 인간발달과 사회복지

기출키워드 2

인간발달이론 ★빈출

최근 7개년 평균 출제문항 수 **1.6문항**

01 사회복지실천에서의 인간행동의 이해

환경 속의 인간	• 인간은 생물학적·심리적·사회적 존재로서 환경과 끊임없이 상호작용하며 살아가는 존재 • 사회복지학에서는 인간을 개인 차원이 아닌 환경과의 상호작용 속에서 이해하는 것이 핵심 • 주요 이론적 관점: 생태체계이론, 사회체계이론, 삶의 스트레스와 대처이론, 사회적 구성주의 등 • 인간행동은 개인의 능력, 가치, 동기뿐 아니라 제도적·문화적·사회경제적 환경요인의 영향을 받음 • 클라이언트 문제 해결 시 개인과 환경의 적합성을 조정하는 것이 사회복지사의 핵심 역할로 간주
전 생애발달에 대한 이해	• 인간발달은 태내기부터 노년기까지의 전 생애에 걸쳐 발생하는 연속적이며 체계적인 변화 • 발달은 신체적·인지적·정서적·사회적 측면에서 진행되며, 단계적 특성이 뚜렷하게 발생 • 발달에는 유전적 요소(예 기질, 유전자 등)와 환경적 요소(예 양육, 문화, 사회자원 등)가 복합적으로 작용 • 발달의 일반 원리에는 누적성, 적기성, 불가역성, 개별성, 상호관련성 등이 있음 • 주요 발달단계: 태내기(수정~출산), 영아기, 유아기, 아동기, 청소년기, 청년기, 중년기, 노년기 • 각 단계마다 발달과업이 존재하며, 성공적인 과업 성취는 다음 단계의 적응에 영향을 줌 • 주요 이론: 프로이트(심리성적이론), 에릭슨(심리사회적 이론), 피아제(인지발달이론), 콜버그(도덕성 발달이론), 발데스(생애발달이론) 등 • 사회복지실천에서는 개인의 발달단계와 발달단계별 욕구와 과업을 고려한 개입이 요구됨
이상행동·부적응행동에 대한 이해	• 이상행동은 일반적인 사회규범에서 벗어난 사고, 감정, 행동을 의미, 기능 손상 상태를 포함함 • 주요 관점: 정신역동, 인지행동, 생물학적, 인본주의, 사회문화적 관점 → 각각 원인과 개입 전략이 다름
인간의 성격에 대한 이해	• 성격은 개인의 고유하고 일관된 행동 양식과 내적 특성을 의미함 • 성격이론으로는 정신분석이론, 특질이론, 인본주의이론, 사회학습이론 등이 있으며, 사회복지실천 시 개인 이해에 활용

02 인간발달이 사회복지실천에 미친 영향

발달단계별 이해 제공	인간의 생애주기를 단계별로 이해함으로써 각 시기별 특성과 발달 과업 파악 가능
정상 행동과 문제 행동 구분	연령에 따른 정상 행동과 문제 행동을 구분할 수 있어 클라이언트의 상태 진단 가능
개입 시기의 적절성 판단	개입의 적기성을 고려하여 효과적인 개입 시점을 설정 가능
개입 방향 설정	발달이론을 바탕으로 심리적·정서적·인지적·사회적 기능에 대한 개입 방향성 구체화
가족 및 환경적 맥락 고려	개인의 발달은 가족, 사회, 문화 등 환경적 요인과 상호작용하므로 보다 넓은 시각에서 접근 가능
예방적 접근 가능	특정 발달 시기에서 문제 발생 가능성을 예측하고 사전 예방 개입 가능
개별화된 서비스 가능	대상자의 발달단계에 맞는 맞춤형 서비스 설계 가능
정책 및 프로그램 개발	발달단계별 욕구에 따라 프로그램과 정책 설계의 기초 이론으로 활용
실천이론과의 통합 가능	심리사회모델, 인지행동모델, 생태체계이론 등과 통합하여 복합적 사례에 대한 실천 가능
클라이언트 이해도 향상	클라이언트를 생애 전체 맥락에서 이해하게 되어 관계 형성과 신뢰 구축에 도움

기출선지로 확인

사회복지실천에서의 인간행동의 이해

01 인간행동은 개인의 성격특성에 따라 다르게 표출된다. 17회

02 성격을 이해하면 행동의 변화추이를 예측할 수 있다. 17회

03 인간행동의 이해와 개입을 위해서는 성격의 이해가 필요하다. 17회

04 성격이론은 인간행동의 수정 방법을 찾는 데 도움이 된다. 17회

사회복지실천에서의 유용성

05 생애주기에 따른 변화와 안정 요인을 이해하게 한다. 17회

06 발달단계별 발달과제는 문제 해결의 목표와 방법 설정에 유용하다. 21회

07 발달단계별 발달 저해 요소들을 이해하는 데 유용하다. 21회

08 개인 적응과 부적응의 판단 기준이 된다. 17회

인간발달이론이 사회복지실천에 미친 영향

09 발달단계별 욕구를 기반으로 사회복지서비스를 개발할 수 있다. 21회, 23회

10 모든 연령 계층의 클라이언트와 일할 수 있는 기반이 된다. 17회, 21회

대표기출로 확인

01 인간발달이론이 사회복지실천에 미친 영향으로 옳지 않은 것은? 22회

① 스키너(B. Skinner) 이론은 행동결정요인으로 인지와 정서의 중요성을 이해하는 계기를 제공하였다.
② 융(C. Jung) 이론은 중년기 이후의 발달을 이해하는 데 도움을 제공하였다.
③ 에릭슨(E. Erikson) 이론은 생애주기별 실천 개입의 기반을 제공하였다.
④ 프로이트(S. Freud) 이론은 인간행동의 무의식적 측면을 심층적으로 분석할 수 있는 기반을 제공하였다.
⑤ 매슬로우(A. Maslow) 이론은 인간의 욕구를 파악할 수 있는 근거를 마련하였다.

> 행동주의를 확장하여 인지와 정서의 중요성을 제시한 학자는 반두라이다. 반면 스키너는 행동주의를 표방하며 외부의 자극을 지속적으로 받을 시 성격 및 행동이 발현되는 강화가 이루어진다고 강조하였다.
>
> 정답 ①

02 학자와 주요 개념의 연결로 옳은 것을 모두 고른 것은? 22회

ㄱ. 로저스(C. Rogers) - 자기실현 경향성
ㄴ. 벡(A. Beck) - 비합리적인 신념
ㄷ. 반두라(A. Bandura) - 행동조성
ㄹ. 아들러(A. Adler) - 집단무의식

① ㄱ ② ㄱ, ㄴ ③ ㄴ, ㄷ
④ ㄱ, ㄴ, ㄷ ⑤ ㄴ, ㄷ, ㄹ

> ㄴ. 벡(A. Beck) - 인지적 왜곡(오류)
> 반면 비합리적인 신념은 엘리스이다.
> ㄷ. 반두라(A. Bandura) - 인지행동주의(사회학습이론): 관찰 및 모방
> 반면 행동조성은 스키너의 행동주의이론의 개념이다.
> ㄹ. 아들러(A. Adler) - 개인심리이론: 열등감(보상)
> 반면 집단무의식은 융의 분석심리이론의 개념이다.
>
> 정답 ①

02 인간발달이론 및 행동이론

기출키워드 3

피아제의 인지발달이론

최근 7개년 평균 출제문항 수 **0.9문항**

01 피아제의 인지발달이론의 특징

주요 내용	• 인간은 환경에 능동적으로 적응하며, 스스로 지식을 구성해 나간다는 구성주의(Constructivism) 관점 제시 • 인지 발달은 도식(Schema), 동화(Assimilation), 조절(Accommodation), 평형화(Equilibration)라는 일정한 4단계(Stage)를 거치며, 각 단계는 질적으로 서로 다름
		도식	인간이 세상을 이해하기 위해 사용하는 정신적 틀 또는 조직화된 사고 구조
		동화	기존의 도식을 사용하여 새로운 정보를 해석하는 과정
		조절	기존 도식을 변형하거나 새로운 도식을 만들어 새로운 정보를 받아들이는 과정
		평형화	동화와 조절 사이의 균형을 맞추어 인지적 안정성을 유지하려는 과정

주요 내용	• 연령에 따라 획득 가능한 인지 능력이 달라지며, 상위 단계로 진행되기 위해 하위 단계에서 충분한 탐색 경험이 필요 • 탈중심화(Decentration), 보존개념(Conservation) 등도 단계별로 등장
특징	• 발달단계는 불변의 순서로 진행되며, 문화나 환경보다는 아동의 자기탐색과 상호작용 경험을 중시함 • 각 단계마다 고유한 사고 유형이 있으며, 어떤 문제를 해결할 수 있는가에 초점을 둠 • 단계별로 적절한 놀이·상담·학습 과제를 활용해야 함
의의	• 현장에서는 아동의 인지수준에 맞춘 개입 및 교육 전략 수립에 활용됨

02 인지발달단계

감각운동기 (0~2세)	• 오감과 운동을 통한 탐색 • 반복적 놀이 중심의 개입 • 대상 영속성(Object Permanence) 획득
전조작기 (2~7세)	• 상징적 사고 가능 • 자기중심성(Egocentrism), 물활론적 사고(Aanimism), 직관적 사고 지배, 비가역적 사고
구체적 조작기 (7~11세)	• 현실적인 시각 자료, 실물 활용, 구체적인 설명 필요 • 탈중심화 가능 – 보존개념 획득(동일성·가역성·보상성 원리 이해) • 분류, 서열화, 가역적 사고 가능
형식적 조작기 (11세 이상)	• 추상적 사고 가능 – 가설 설정, 조합적 사고 • 청소년기 자아중심성 현상 등장 • 문제 해결 중심의 개입 가능

기출선지로 확인

피아제의 인지발달이론

01 인지이론은 인간의 사고가 감정과 행동을 결정한다고 본다. 23회
02 인지구조는 각 단계마다 사고의 방식이 질적으로 다르다. 15회
03 인지능력의 발달은 아동과 환경 간의 상호작용에 의해 단계적으로 성취되며 발달단계의 순서는 변하지 않는다. 18회
04 상위 단계는 바로 하위 단계를 기초로 형성되고 하위 단계를 통합한다. 15회
05 인지는 동화와 조절의 과정을 통하여 발달한다. 21회
06 조절(Accommodation)은 새로운 정보를 접했을 때 기존의 도식을 변경하는 것을 말한다. 22회
07 인간은 자신과 환경 사이에 조화로운 관계인 평형화(Equilibration)를 이루고자 하는 경향성이 있다. 22회

인지발달단계

08 감각운동기에 대상영속성(Object Permanence)을 획득한다. 22회
09 전조작기 - 상징놀이를 한다. 20회
10 전조작기 - 비가역적 사고를 한다. 20회
11 전조작기 - 물활론적 사고를 한다. 20회
12 전조작기 - 직관에 의존해 판단한다. 20회
13 구체적 조작기 - 인지적 능력이 급속도로 발전하는 단계이다. 15회
14 구체적 조작기 - 비논리적 사고에서 논리적 사고로 전환된다. 15회, 23회
15 구체적 조작기 - 보존(Conservation) 개념 획득을 위해서는 동일성·가역성·보상성의 원리를 이해해야 한다. 22회
16 구체적 조작기 - 순서대로 나열하는 것이 가능해진다. 23회
17 구체적 조작기 - 자기중심성에서 벗어나 타인의 입장을 고려할 수 있게 된다. 23회

대표기출로 확인

01 피아제(J. Piaget)의 인지발달이론에 관한 설명으로 옳은 것은? 21회
① 전 생애의 인지발달을 다루고 있다.
② 문화적·사회경제적·인종적 차이를 고려하였다.
③ 추상적 사고의 확립은 구체적 조작기의 특징이다.
④ 인지는 동화와 조절의 과정을 통하여 발달한다.
⑤ 전조작적 사고 단계에서 보존개념이 획득된다.

> ① 피아제는 청소년기까지의 인지발달을 다루고 있다.
> ② 문화적·사회경제적·인종적 차이를 고려함에 미흡한 점이 있었다.
> ③ 추상적 사고의 확립은 형식적 조작기의 특징이다.
> ⑤ 보존개념이 획득되는 것은 구체적 조작기이다.
> 정답 ④

02 피아제(J. Piaget)의 이론에서 '구체적 조작기'에 관한 설명으로 옳지 않은 것은? 23회
① 물활론적 사고를 한다.
② 논리적 사고가 가능해진다.
③ 보존개념을 획득한다.
④ 순서대로 나열하는 것이 가능해진다.
⑤ 자기중심성에서 벗어나 타인의 입장을 고려할 수 있게 된다.

> 물활론적 사고를 하는 시기는 전조작기(2~7세)이다.
> 정답 ①

02 인간발달이론 및 행동이론

기출키워드 4

스키너의 행동주의이론 ★빈출

최근 7개년 평균 출제문항 수 **1.1문항**

01 스키너의 행동주의이론의 특징

주요 내용	• 인간은 자극에 대한 반응뿐만 아니라, 결과(결과적 자극)에 의해 행동을 학습함 • 행동은 강화(Reinforcement)되면 증가하고, 처벌(Punishment)되면 감소함 • 자발적으로 일어나는 행동에 대해 후속 결과가 행동의 빈도를 결정 • 학습은 조작적 행동과 그 결과 간의 상호작용으로 이루어짐 • 파블로프의 고전적 조건형성과 달리, 스키너는 자율적 행동과 결과의 연계를 중시함
주요 개념	• 강화: 행동의 빈도를 증가시키는 자극 제공 또는 제거 → 정적 강화: 원하는 자극 제공 　예 칭찬 → 부적 강화: 불쾌 자극 제거 / 시끄러운 알람 해제 • 처벌: 행동의 빈도를 감소시키는 자극 제공 또는 제거 → 정적 처벌: 불쾌 자극 제공 　예 체벌 → 부적 처벌: 긍정 자극 제거 / 용돈 삭감 • 소거(extinction): 강화를 주지 않음으로서 행동도 점차 사라지는 현상
핵심 기법	• 행동수정(Behavior Modification): 원하지 않는 행동을 감소시키고 바람직한 행동을 증가시키는 실천 전략 • 체계적 둔감법: 강도가 약한 것에서 출발하여 점차 강한 것으로서 최종에 이르게 함 • 강화 스케줄(고정 / 변동 간격·비율) 활용: 강화의 빈도와 패턴에 따른 행동 유지 효과 조절 • 토큰경제(Token Economy): 일정 행동에 대해 보상으로 토큰을 주고, 이를 원하는 보상으로 교환해 줌 • 프리맥 원리(Premack Principle): 선호 활동을 강화물로 사용하여 비선호 활동을 증가시킴

기출선지로 확인

행동주의이론의 개념

01 인간의 행동은 환경적 자극에 의해 동기화된다.
18회

02 인간행동에 대한 환경의 결정력을 강조한다.
21회

03 인간행동은 예측 가능하며 통제될 수 있다고 본다.
22회, 23회

04 인간행동은 내적 충동보다는 외적 자극에 반응하여 나타난다.
23회

05 경험주의에 근간을 두고 구체적으로 관찰할 수 있는 행동에 초점을 둔다.
23회

06 변별자극은 어떤 반응이 보상될 것이라는 단서 혹은 신호로 작용하는 자극이다.
18회

대표기출로 확인

01 행동주의이론의 주요 개념에 관한 설명으로 옳은 것을 모두 고른 것은?
18회

ㄱ. 인간의 행동은 환경적 자극에 의해 동기화된다.
ㄴ. 변별자극은 어떤 반응이 보상될 것이라는 단서 혹은 신호로 작용하는 자극이다.
ㄷ. 강화에는 즐거운 결과를 의미하는 정적 강화와 혐오적 결과를 제거하는 부적 강화가 있고 이 두 가지는 모두 행동의 빈도를 증가시킨다.

① ㄱ   ② ㄴ   ③ ㄱ, ㄴ
④ ㄴ, ㄷ   ⑤ ㄱ, ㄴ, ㄷ

ㄱ. 인간의 행동은 환경적 자극에 의해 동기화되며, 강화에 의해 성격 형성이 된다고 주장하였다.
ㄴ. 변별자극은 어떤 반응이 보상될 것이라는 단서 혹은 신호로 작용하는 자극이다.
ㄷ. 강화는 모두 행동의 유지 및 증가를 목표로 한다. 정적 강화는 유쾌한 자극을 주는 것이고 부적 강화는 불쾌한 자극을 없애는 것이다.

정답 ⑤

02 행동주의이론에 관한 설명으로 옳은 것을 모두 고른 것은?
23회

ㄱ. 인간을 주관적인 존재로 규정하였다.
ㄴ. 인간행동은 인간이 지닌 자유의지의 결과이다.
ㄷ. 선행조건과 결과에 따라 행동이 형성된다는 입장을 가지고 있다.
ㄹ. 경험주의에 근간을 두고 구체적으로 관찰할 수 있는 행동에 초점을 둔다.

① ㄱ, ㄴ   ② ㄱ, ㄷ   ③ ㄴ, ㄷ
④ ㄷ, ㄹ   ⑤ ㄱ, ㄴ, ㄹ

ㄱ. 인간을 기계적, 수동적 존재로 규정하였다.
ㄴ. 인간행동을 인간이 지닌 자유의지의 결과로 보는 것은 인본주의이론(매슬로우, 로저스)이다.

정답 ④

기출키워드4 스키너의 행동주의이론 ★빈출

02 행동주의이론의 주요 개념

정적 강화	바람직한 자극을 제공하여 행동 증가 예) 아이가 숙제를 하면 칭찬을 해주거나 간식을 제공 → 숙제 행동 증가	
부적 강화	불쾌한 자극을 제거하여 행동 증가 예) 아이가 숙제를 하면 잔소리를 줄이거나 추가학습 시간을 면제 → 숙제 행동 증가	
정적 처벌	불쾌한 자극을 제공하여 행동 감소 예) 아이가 숙제를 하지 않으면 혼냄 → 숙제 미이행 행동 감소	
부적 처벌	긍정 자극을 제거하여 행동 감소 예) 아이가 숙제를 하지 않으면 스마트폰 사용 금지 → 숙제 미이행 행동 감소	
소거	강화를 주지 않음으로써 행동도 점차 감소 예) 아이가 떼를 써도 무시함 → 점점 떼쓰는 행동 감소	
강화계획	고정간격 강화계획	• 일정한 시간 간격이 지나야 강화가 제공됨 • 시간 간격이 고정되어 있음(예) 5분마다, 하루마다) • 강화가 가까워질수록 반응률이 증가하는 '스캘럽 현상(사전 예측)'이 나타남 　예) 신호가 바뀔 때쯤 슬슬 악셀을 밟는 것, 시험이 다가올수록 공부량 증가
	가변간격 강화계획	• 평균적(전체적으로는 일정한 경향을 보이지만, 개별 간격은 불규칙함을 의미)으로 일정한 시간 간격마다 강화가 제공됨 • 강화 시점이 예측 불가능하므로 꾸준한 반응 유도 • 반응률은 중간 수준이며, 소거 저항성이 높음 　예) 불규칙적으로 오는 거래처의 독촉 전화로 인한 스트레스 발생(전화를 받지 않음)
	고정비율 강화계획	• 일정한 횟수의 반응(행동) 후 강화가 제공됨 • 반응 횟수가 고정되어 있음(예) 5번 행동마다 보상) • 반응률이 높고, 강화 후 일시적 반응 중단(휴지기)이 발생 　예) 제품 10개 조립할 때마다 수당을 받는 경우
	가변비율 강화계획	• 평균적(장기간 관찰 시 평균적으로 일정한 반응 횟수로 강화가 제공되지만, 각 강화까지 필요한 반응 횟수는 매번 달라 예측할 수 없음을 의미)으로 일정 횟수의 반응 후 강화 제공 • 반응 횟수가 예측 불가능하여 매우 높은 반응률 유도 • 소거에 가장 강한 강화계획으로 알려짐 　예) 슬롯머신, 복권 등 도박 행동 유발에 효과적
행동형성 (행동조성)	• 목표 행동을 정하고 현재 수준을 파악한 뒤, 점진적 접근 방식으로 근사 행동부터 차례로 강화 • 기준에 도달하면 다음 단계로 넘어가며, 이전 단계 행동은 더 이상 강화하지 않음 • 실수나 실패에 대한 처벌 없이 긍정적 피드백을 중심으로 진행 • 자발적 행동 유도를 통해 학습자의 자기주도성을 강화시킴 • 점진적이고 체계적인 절차를 통해 복잡한 행동도 학습 가능함 • 행동연쇄나 모델링과 병행될 경우 효과가 더욱 커짐 • 특수교육, 언어교정, 사회기술훈련, 동물 훈련 등 실천 영역에서 다양하게 사용 　예) 아이가 혼자 양치질하는 행동을 가르칠 때 　　→ 칫솔을 손에 쥐고 흥미를 가지게 하는 행동부터 칭찬 → 칫솔에 치약을 바르면 칭찬과 격려 제공 → 칫솔로 입 안을 스스로 닦으려는 시도를 칭찬 → 올바른 양치 습관이 형성될 때까지 단계적으로 칭찬과 격려 제공	

기출선지로 확인

강화 및 행동조성

07 강화에는 즐거운 결과를 의미하는 정적 강화와 혐오적 결과를 제거하는 부적 강화가 있고 이 두 가지는 모두 행동의 빈도를 증가시킨다. 18회

08 정적 강화물의 예시로 음식, 돈, 칭찬 등을 들 수 있다. 22회

09 부적 강화는 바람직한 행동의 빈도를 증가시키는 데 초점을 둔다. 22회

10 강화계획은 행동의 반응 가능성을 증가시키고 유지시키기 위한 방법이다. 21회

11 고정간격(Fixed-interval)계획은 정해진 시간 간격이 지난 후 강화를 주는 것이다. 23회

12 가변간격 강화계획 – 1년에 6회 자체 소방안전 점검을 하되, 불시에 실시하여 소방안전 관리를 철저히 하도록 장려한다. 20회

13 강화계획 중 반응률이 가장 높은 것은 가변비율(Variable-ratio)계획이다. 22회, 23회

14 행동조성(Shaping)은 복잡한 행동의 점진적 습득을 설명하는 개념이다. 19회

15 행동주의이론은 선행조건과 결과에 따라 행동이 형성된다는 입장을 가지고 있다. 23회

고전적 조건형성의 학습 원리

16 일관성의 원리: 무조건자극과 조건자극은 조건이 형성될 때까지 지속적으로 제시되어야 한다. 20회

17 계속성의 원리: 자극과 반응 과정의 반복 횟수가 많을수록 조건형성이 잘 이루어진다. 20회

대표기출로 확인

03 고전적 조건형성의 학습 원리에 관한 설명으로 옳은 것을 모두 고른 것은? 20회

> ㄱ. 시간의 원리: 무조건자극보다 조건자극이 늦게 제공되어야 조건형성이 이루어진다.
> ㄴ. 강도의 원리: 무조건자극에 대한 반응이 조건자극에 대한 반응보다 약해야 한다.
> ㄷ. 일관성의 원리: 무조건자극과 조건자극은 조건이 형성될 때까지 지속적으로 제시되어야 한다.
> ㄹ. 계속성의 원리: 자극과 반응 과정의 반복 횟수가 많을수록 조건형성이 잘 이루어진다.

① ㄱ, ㄴ ② ㄴ, ㄹ ③ ㄷ, ㄹ
④ ㄱ, ㄴ, ㄷ ⑤ ㄱ, ㄷ, ㄹ

> ㄱ. 시간의 원리: 조건자극이 무조건자극보다 먼저 제공되어야 조건형성이 이루어진다.
> ㄴ. 강도의 원리: 조건자극보다 무조건자극이 더 강해야 조건형성이 이루어진다.
>
> 정답 ③

04 스키너(B. Skinner)의 이론에 관한 설명으로 옳지 않은 것은? 22회

① 강화계획 중 반응률이 가장 높은 것은 가변비율(variable-ratio)계획이다.
② 정적 강화물의 예시로 음식, 돈, 칭찬 등을 들 수 있다.
③ 인간행동은 예측가능하며 통제될 수 있다고 본다.
④ 인간의 창조성과 자아실현을 강조한다.
⑤ 부적 강화는 바람직한 행동의 빈도를 증가시키는 데 초점을 둔다.

> 인간의 창조성과 자아실현을 강조한 것은 인본주의 이론이며 대표적인 학자는 욕구위계이론의 매슬로우, 현상학 이론의 로저스이다.
>
> 정답 ④

02 인간발달이론 및 행동이론

기출키워드 5

반두라의 사회학습이론

최근 7개년 평균 출제문항 수 **0.7문항**

01 반두라의 사회학습이론의 특징

주요 내용	• 인간은 타인의 행동과 그 결과를 관찰함으로써 학습함(관찰학습, 모델링) • 인지(주의, 기억, 동기)의 개입을 인정하여 행동주의를 확장함 • 행동은 개인, 환경, 행동요인의 상호작용 결과로 설명됨(상호결정론) • 직접 경험 없이도 학습 가능함
주요 개념	• 모델링(Modeling): 타인의 행동을 관찰하고 내면화 또는 모방하는 것 • 관찰학습(Observational Learning): 타인의 행동 결과를 통해 간접 학습하는 것 • 자기효능감(Self-efficacy): 특정 과업을 성공적으로 수행할 수 있다는 신념 - 자기효능감 형성요인: 대리경험, 정서적 각성, 성취경험, 언어적 설득 • 대리강화(Vicarious Reinforcement): 타인의 보상을 통해 학습 동기의 유발 • 상호결정론(Reciprocal Determinism): 개인·환경·행동 간의 상호작용 • 자기조절(Self-regulation): 스스로 목표 설정·평가·보상하는 능력
핵심 기법	• 긍정적 모델 제시: 모방할 수 있는 역할모델 제공 • 대리강화 환경 구성: 타인의 보상을 관찰하게 함 • 자기효능감 향상: 작은 성공 경험의 제공, 격려, 유사 모델 제시 • 자기조절 훈련: 목표 설정 → 자기관찰 → 피드백 → 자기평가 → 자기보상 • 집단상담, 행동지도, 아동·청소년 개입 등 다양한 현장에서 활용

02 관찰학습단계

1단계 주의집중	• 모델의 행동에 주의를 기울임 • 모델의 매력·권위·유사성 등이 중요
2단계 파지·기억·보존	• 행동을 기억하고 상징적으로 저장 • 언어·이미지로 부호화
3단계 운동재생	• 기억한 행동을 실제로 수행 • 신체적·인지적 능력 필요
4단계 동기화	• 행동 수행 의지 • 보상 기대, 자기효능감이 영향을 미침

기출선지로 확인

반두라의 사회학습이론

01 인간은 스스로 자신의 행동을 강화할 수 있음을 강조한다. _{19회}

02 인간의 성격은 개인적·행동적·환경적 요소들 간의 지속적인 상호작용에 의하여 발달한다. _{18회}

03 학습은 사람, 환경 및 행동의 상호작용에 의해 이루어짐을 강조한다. _{19회, 21회}

04 개인의 신념, 기대와 같은 인지적 요인을 중요시하였다. _{22회}

05 모델이 관찰자와 유사할 때 관찰자는 모델을 더욱 모방하는 경향이 있다. _{21회}

06 자기강화란 자기 스스로 목표한 일을 달성하고 자신에게 강화물을 주어서 행동을 유지하고 변화해 나가는 과정이다. _{18회}

07 자기효능감은 자신이 바라는 목적을 이루기 위해 특정 행동을 성공적으로 수행할 수 있다는 신념이다. _{18회}

08 대리적 강화(Vicarious Reinforcement)의 중요성을 강조하였다. _{22회}

09 자신이 통제할 수 있는 보상을 자신에게 줌으로써 자기 행동을 유지시키거나 개선시킬 수 있다. _{21회}

관찰학습단계

10 관찰학습은 단순한 환경적 자극에 대한 반응을 통하여 행동을 학습하는 것이 아니라 타인의 행동을 관찰함으로써 행동을 습득하는 것이다. _{18회}

11 관찰학습은 주의집중과정 → 보존과정(기억과정) → 운동재생과정 → 동기화과정을 통해 이루어진다. _{21회}

대표기출로 확인

01 반두라(A. Bandura)의 사회학습이론으로 옳지 않은 것은? _{18회}

① 자기강화란 자기 스스로 목표한 일을 달성하고 자신에게 강화물을 주어서 행동을 유지하고 변화해 나가는 과정이다.
② 자기효능감은 자신이 바라는 목적을 이루기 위해 특정 행동을 성공적으로 수행할 수 있다는 신념이다.
③ 관찰학습은 단순한 환경적 자극에 대한 반응을 통하여 행동을 학습하는 것이 아니라 타인의 행동을 관찰함으로써 행동을 습득하는 것이다.
④ 관찰학습의 마지막 단계는 운동재생단계이다.
⑤ 인간의 성격은 개인적, 행동적, 환경적 요소들 간의 지속적인 상호작용에 의하여 발달한다.

> 관찰학습의 마지막 단계는 동기화(자기 강화)이다.
> 관찰학습의 단계: 주의집중 → 파지(보존, 기억) → 운동재생 → 동기화(자기강화)
> 정답 ④

02 반두라(A. Bandura)의 사회학습이론의 주요 개념으로 옳지 않은 것은? _{21회}

① 모델이 관찰자와 유사할 때 관찰자는 모델을 더욱 모방하는 경향이 있다.
② 자신이 통제할 수 있는 보상을 자신에게 줌으로써 자기 행동을 유지시키거나 개선시킬 수 있다.
③ 학습은 사람, 환경 및 행동의 상호작용에 의해 이루어짐을 강조한다.
④ 조작적 조건화에 의해 행동은 습득된다.
⑤ 관찰학습은 주의집중과정 → 보존과정(기억과정) → 운동재생과정 → 동기화과정을 통해 이루어진다.

> 조작적 조건화에 의해 행동이 습득된다고 강조한 학자는 스키너(행동주의)이다.
> 정답 ④

02 인간발달이론 및 행동이론

기출키워드 6

콜버그의 도덕성 발달이론

최근 7개년 평균 출제문항 수 **0.4문항**

01 콜버그의 도덕성 발달이론의 특징

주요 내용	• 도덕 판단의 이유와 동기 중심 평가가 핵심 • 인간의 도덕성은 인지 발달 수준에 따라 단계적으로 발달한다고 봄 • 피아제의 자율·타율 도덕 발달이론을 확장하여 3수준 6단계 이론을 제시함 • 후인습적 수준 5~6단계는 이상적이지만 실제 도달하는 사람은 적음 • 도덕 판단은 단순한 규칙 수용에서 사회계약과 양심에 따른 판단으로 고도화됨 • 각 단계는 앞 단계에 기반하며, 순서를 건너뛸 수 없고 순차적으로 발달함 • 도덕성은 내용보다 사고 과정(Reasoning)이 중요함 • 도덕 판단은 연령, 환경, 교육, 인지 수준에 따라 변화하며, 딜레마 상황을 통해 도덕적 추론 능력을 평가함(대표 사례: 하인즈 딜레마)
의의	• 사회복지현장에서는 클라이언트의 도덕적 사고 수준을 이해하고, 발달단계에 맞는 개입 전략을 구상하는 데 활용됨 • 아동이나 청소년 대상의 도덕적 딜레마 토론 활동을 통해 사고 확장 유도 • 비행청소년 개입 시 도덕적 판단 능력 향상 프로그램의 구성에 활용됨 • 윤리교육, 시민교육, 청소년 사회교육 등에서 활용됨

➕ 피아제의 도덕성 발달단계

타율적 도덕성 단계(5~10세)	• 규칙을 고정되고 절대적인 것으로 여기며, 권위는 무조건 따라야 할 존재로 인식됨 • 결과 중심적 판단을 하여 결과가 클수록 더 나쁜 행동이라 보고, 처벌은 자동적이고 피할 수 없는 것이라 생각함 • 도덕은 외부 규칙에 의해 통제되며, 정의는 처벌 중심으로 이해됨
자율적 도덕성 단계(10세 이후)	• 규칙이 협의를 통해 바뀔 수 있는 것으로 이해되며, 행위자의 의도를 중심으로 도덕 판단을 함 • 권위보다 상호 합의와 공정성을 중시하고, 정의는 협력과 반성을 기반으로 함 • 도덕은 내면화된 원칙에 따라 스스로 판단하게 됨

02 콜버그의 도덕성 발달단계

수준	단계	명칭	도덕 판단 기준
전인습적 수준	1단계	처벌 회피 지향	처벌을 피하기 위해 규칙을 따름
	2단계	도구적 상대주의 지향	이익과 보상을 위해 규칙을 따름
인습적 수준	3단계	대인관계 조화 지향	타인의 기대, 착한 사람으로 보이기 위해 규칙을 따름
	4단계	법과 질서 지향	사회 질서 유지, 법 준수를 위해 규칙을 따름
후인습적 수준	5단계	사회계약 지향	사회적 합의와 권리 존중, 법도 바뀔 수 있다는 생각
	6단계	보편적 윤리 원칙 지향	양심과 보편 윤리(정의·인권)에 따라 판단

기출선지로 확인

콜버그의 도덕성 발달이론

01 도덕 발달은 개인의 인지구조와 환경 간 상호작용의 결과이다. 11회

02 도덕적 판단에 위계적 단계가 있음을 강조한다. 11회

03 개인이 도달하는 최종 도덕 발달단계는 다를 수 있다. 11회

04 아동은 동일한 발달단계 순서를 거친다. 11회

05 모든 문화권에 보편적으로 적용하기에는 한계가 있다. 12회

06 여성이 남성보다 도덕수준이 낮다는 성차별적 관점을 지닌다. 12회

07 도덕적 행동에 영향을 미치는 여러 상황적 요인을 고려하지 않는다. 12회

08 도덕적 사고를 지나치게 강조하고 도덕적 행동이나 감정을 무시한다. 12회

콜버그의 도덕성 발달단계

09 도덕적 딜레마가 포함된 이야기를 아동, 청소년 등에게 들려주고, 이야기 속 주인공의 행동에 대한 도덕적 판단과 그 근거를 질문한 후 그 응답에 따라 도덕성 발달단계를 파악하였다. 20회

10 전인습적 수준에서는 행동의 원인보다 결과에 따라 옳고 그름을 판단한다. 20회

11 법과 질서 지향단계는 인습적 수준에 해당한다. 20회

12 보편적 윤리 지향단계에서는 정의, 평등 등 인권적 가치와 양심적 행위를 지향한다. 20회

13 후인습적 수준: 사회질서의 유지를 위해 법과 규칙은 준수되어야 하지만, 민주적인 절차를 통해 바뀔 수 있다고 생각한다. 23회

14 후인습적 수준에서는 인간의 존엄성과 양심에 따라 자율적이고 독립적 판단이 가능하다. 17회

대표기출로 확인

01 콜버그(L. Kohlberg)의 이론에 관한 설명으로 옳은 것은? 23회

① 전인습적 수준: 사회적인 인정에 관심을 가지고 착한 행동을 함으로써 타인의 인정을 받고자 한다.
② 인습적 수준: 개인의 양심에 비추어 옳고 그름을 판단한다.
③ 인습적 수준: 행동의 결과가 가져오는 보상이나 처벌에 의해 옳고 그름을 판단한다.
④ 후인습적 수준: 사회질서의 유지를 위해 법과 규칙은 준수되어야 하지만, 민주적인 절차를 통해 바뀔 수 있다고 생각한다.
⑤ 후인습적 수준: 규칙을 준수하고 사회질서를 유지하는 것이 도덕적 행동이라 생각한다.

> ① 사회적인 인정에 관심을 가지고 착한 행동을 함으로써 타인의 인정을 받고자 하는 것은 인습적 수준의 3단계이다.
> ② 개인의 양심에 비추어 옳고 그름을 판단하는 것은 후인습적 수준의 6단계이다.
> ③ 행동의 결과가 가져오는 보상이나 처벌에 의해 옳고 그름을 판단하는 것은 전인습적 수준의 1단계이다.
> ⑤ 규칙을 준수하고 사회질서를 유지하는 것이 도덕적 행동이라 생각하는 것은 인습적 수준의 4단계이다.
>
> 정답 ④

03 정신역동이론

기출키워드 7 프로이트의 정신분석이론 ★빈출

최근 7개년 평균 출제문항 수 **1.1문항**

01 프로이트의 정신분석이론의 특징

구분	내용
특징	• 인간의 성격은 유아기 경험에 의해 결정된다는 결정론적 관점을 가짐 • 성격의 구조는 원초아(Id), 자아(Ego), 초자아(Superego)로 구성 • 인간의 무의식(Unconscious)은 의식보다 더 강력하게 행동을 지배함 • 5단계 발달이론에서 성적 에너지(리비도: Libido)는 각 단계마다 특정 신체 부위(성감대)에 집중되며, 이를 잘 해결하지 못하면 고착(Fixation)이 일어날 수 있음 • 인간발달은 총 5단계의 심리성적 발달단계를 거치며, 각 단계는 특정 갈등과 성감대를 중심으로 전개됨
핵심 개념	• 원초아(Id): 쾌락 원칙에 따라 무의식적으로 작용하는 본능적 충동 • 자아(Ego): 현실 원칙에 따라 원초아의 욕구를 조절 • 초자아(Superego): 내면화된 규범과 도덕의 체계 • 고착: 발달단계의 욕구가 적절히 충족되지 못해 특정 성격의 특성이 과도하게 남는 상태 • 방어기제: 불안을 줄이기 위해 무의식적으로 사용하는 심리적 전략(예 억압, 투사, 반동형성 등)
의의	• 프로이트이론은 정신분석학의 기반으로, 직접적 개입보다는 내면 탐색 중심의 접근에 초점을 둠 • 사회복지실천에서는 클라이언트의 과거 경험과 무의식적 동기 이해, 방어기제 분석, 전이·역전이의 인식 등에 활용됨 • 아동 또는 청소년이 지속적인 퇴행·고착·불안반응을 보일 경우, 적절한 단계별 욕구 미충족을 유추해 개입함 • 발달단계별로 적절한 정서적 지지 및 자기 통제 능력 향상 전략과 연결하여 실천 가능

02 심리성적 발달단계

구분	특징	주요 과업 및 심리적 갈등
구강기(출생~1세)	• 자극의 초점: 입 • 수유, 빠는 행동 중심	수유에 대한 만족 / 좌절
항문기(1~3세)	• 자극의 초점: 항문 • 배변 훈련 중심	배변 훈련 시 통제력 vs 반항심
남근기(3~6세)	• 자극의 초점: 생식기 • 성 정체감의 형성	오이디푸스 / 엘렉트라 콤플렉스 경험
잠복기(6~12세)	• 성적 관심이 잠재됨 • 사회적 기술 및 지적 발달	성적 에너지 억제, 학업 및 친구 관계 확대
생식기(12세 이후~)	• 자극의 초점: 생식기 • 성적 성숙, 친밀한 관계 형성	성 정체성과 성숙한 관계 형성

기출선지로 확인

프로이트의 정신분석이론

01 정신분석이론은 유년기의 경험을 강조한다. 23회

02 프로이트(S. Freud) 이론은 인간행동의 무의식적 측면을 심층적으로 분석할 수 있는 기반을 제공하였다. 22회

03 프로이트(S. Freud)는 실수행위를 통해 무의식이 작용하는 증거를 파악하였다. 23회

04 프로이트(S. Freud) – 자유연상 20회

05 성격구조를 원초아, 자아, 초자아로 구분하였다. 17회, 21회

06 자아(Ego)는 2차적 사고과정과 현실원칙에 의해 지배된다. 23회

07 초자아(Superego)의 특질은 자아 이상(Ego ideal)과 양심(Conscience)으로 구성된다. 23회

불안

08 현실적 불안: 자아가 지각한 현실세계에 있는 위협 상황에 대한 두려움이다. 17회

09 신경증적 불안: 원초아의 충동이 의식될지도 모른다는 위협을 느낄 때 생기는 두려움이다. 17회

10 도덕적 불안: 원초아와 초자아 간의 갈등에서 느끼는 양심에 대한 두려움이다. 17회

심리성적 발달단계

11 남근기: 동성 부모에 대한 동일시의 기제가 나타나는 시기이다. 19회

12 남자아이는 남근기에 오이디푸스 콤플렉스(Oedipus Complex)로 인한 거세불안을 경험한다. 23회

13 잠복기에 원초아(Id)는 약해지고 초자아(Superego)는 강해진다. 20회

대표기출로 확인

01 프로이트(S. Freud)의 정신분석이론에 관한 설명으로 옳은 것은? 21회

① 인간이 가진 자유의지의 중요성을 강조하였다.
② 거세불안과 남근선망은 주로 생식기(Genital Stage)에 나타난다.
③ 성격구조를 원초아, 자아, 초자아로 구분하였다.
④ 초자아는 현실원리에 지배되며 성격의 실행자이다.
⑤ 성격의 구조나 발달단계를 제시하지 않았다.

① 프로이트는 인간 행동이 무의식적인 본능과 충동에 의해 지배된다고 보았으며, 자유의지보다는 본능과 무의식의 힘을 강조하였다.
② 거세불안과 남근선망은 주로 남근기에 나타난다.
④ 자아는 현실원리에 지배되며 성격의 실행자이다.
⑤ 프로이트는 성격 구조와 심리성적 발달단계를 제시하였다.

정답 ③

02 프로이트(S. Freud)의 이론에 관한 설명으로 옳지 않은 것은? 23회

① 초자아(Superego)의 특질은 자아 이상(Ego ideal)과 양심(Conscience)으로 구성된다.
② 프로이트(S. Freud)는 실수행위를 통해 무의식이 작용하는 증거를 파악하였다.
③ 내면화(Introjection)는 심리적 갈등이 근육계통의 증상으로 나타나는 방어기제이다.
④ 자아(Ego)는 2차적 사고과정과 현실원칙에 의해 지배된다.
⑤ 남자아이는 남근기에 오이디푸스 콤플렉스(Oedipus Complex)로 인한 거세불안을 경험한다.

'내면화(Introjection)'는 타인의 가치나 신념을 무비판적으로 받아들여 자신의 것으로 삼는 방어기제이다.

정답 ③

기출키워드7 프로이트의 정신분석이론 ★빈출

03 방어기제

억압	받아들이기 어려운 충동이나 기억을 무의식으로 밀어내는 가장 기본적인 방어기제
부정	고통스러운 현실을 인정하지 않음 → 심한 경우 현실 왜곡이 동반됨
퇴행	스트레스 상황에서 이전 발달단계의 행동으로 퇴보함 예 아동기 행동 반복
투사	용납할 수 없는 자신의 생각·행동을 무의식적으로 다른 사람의 탓으로 돌리는 것
반동형성	받아들일 수 없는 감정이 정반대 행동이나 태도로 나타남 예 싫은 사람에게 지나치게 친절하게 대함
전치(치환)	감정을 원인이 아닌 대상에게 전이함(보다 덜 위협적인 대상에게 옮겨 표현) 예 상사에게 화난 뒤 가족에게 짜증을 냄
합리화	행동이나 실패를 그럴듯하게 설명하거나 정당화함
지식화	감정을 배제하고 논리적·이성적으로 상황을 설명함
승화	사회적으로 용납되지 않는 충동을 긍정적 활동으로 전환함 예 공격성을 운동으로 표현함
반동형성	감정의 방향을 전환하여 반대 감정으로 나타남
해리	고통스러운 감정이나 기억을 의식에서 분리시켜 마치 자신과 무관한 것처럼 느낌
함입	타인의 가치관이나 감정을 무비판적으로 자기 내부로 받아들임 예 부모의 기준을 내면화함
동일시	중요한 인물의 특징을 자기 것으로 삼아 모방함(정체감 형성에 필수적이나 방어기제로 작동할 수도 있음)
이상화	타인을 지나치게 긍정적으로 평가하며 부정적 측면을 보지 않으려 함
이분법	대상을 '전부 좋음' 또는 '전부 나쁨'으로 극단적으로 나누는 사고 방식(경계성 인격장애에서 주로 보임)
보상	열등감을 극복하려고 다른 면에서 성취를 추구함 예 키는 작지만 공부를 잘함
전이	과거의 중요한 인물에게 느꼈던 감정을 현재 인물(치료자)에게 옮겨 나타냄
역전이	치료자가 클라이언트에게 자신의 감정을 투사하는 현상
유머	불안을 완화하기 위해 유쾌한 표현을 사용하여 감정을 처리함
이타성	자기의 갈등이나 욕구를 타인을 위한 행동으로 승화시켜 해결함 예 자원봉사로 죄책감 해소
상징화	충동이나 감정을 상징적인 대상으로 바꾸어 표현함 예 꿈에서 칼 = 공격성 표현
환상	현실의 욕구 좌절을 상상이나 공상 속에서 충족함

기출선지로 확인

방어기제

14 방어기제는 외부세계의 요구로부터 스스로를 보호하고자 하는 무의식적 시도이다. 20회

15 억압(Repression): 시험을 망친 후 성적발표 날짜를 아예 잊어버린다. 22회

16 투사(Projection): 용납할 수 없는 자신의 충동·생각·행동을 무의식적으로 다른 사람의 탓으로 돌리는 것이다. 17회

17 투사(Projection): 받아들일 수 없는 자신의 욕망이나 충동을 타인에게 돌리는 방어기제 18회

18 투사(Projection): 자신이 싫어하는 직장 상사에 대해서 상사가 자기를 싫어하기 때문에 사이가 나쁘다고 여긴다. 22회

19 반동형성(Reaction Formation): 어떤 충동이나 감정을 반대로 표현하는 것이다. 17회

20 반동형성(Reaction Formation): 관심이 가는 이성에게 오히려 짓궂은 말을 하게 된다. 22회

21 전치(Displacement): 본능적 충동의 대상을 원래의 대상에서 덜 위협적인 대상으로 옮겨서 발산하는 것이다. 17회

22 합리화(Rationalization): 지원한 회사에 불합격한 후 그냥 한번 지원해본 것이며 합격했어도 다니지 않았을 것이라 생각한다. 22회

23 전환(Conversion): 심리적 갈등이 감각기관 또는 수의근계 기관의 증상으로 표출되는 것이다. 17회

대표기출로 확인

03 방어기제와 그 예시로 옳지 않은 것은? 22회

① 합리화(Rationalization): 지원한 회사에 불합격한 후 그냥 한번 지원해본 것이며 합격했어도 다니지 않았을 것이라 생각한다.
② 억압(Repression): 시험을 망친 후 성적발표 날짜를 아예 잊어버린다.
③ 투사(Projection): 자신이 싫어하는 직장 상사에 대해서 상사가 자기를 싫어하기 때문에 사이가 나쁘다고 여긴다.
④ 반동형성(Reaction Formation): 관심이 가는 이성에게 오히려 짓궂은 말을 하게 된다.
⑤ 전치(Displacement): 낮은 성적을 받은 이유를 교수가 중요치 않은 문제만 출제한 탓이라 여긴다.

> 낮은 성적을 받은 이유를 교수가 중요치 않은 문제만 출제한 탓이라 여기는 것은 투사형 합리화에 해당한다. 반면 전치는 투사의 일종이며 주로 약자에게 이루어지는 형태이다.
>
> 정답 ⑤

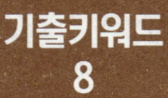

03 정신역동이론

기출키워드 8 : 에릭슨의 심리사회이론

최근 7개년 평균 출제문항 수 **0.9문항**

01 에릭슨의 심리사회이론의 특징

특징	• 프로이트 이론을 수용·확장한 이론으로서, 심리적 요인과 사회문화적 요소의 통합적 관점을 제시함 • 사회적 관계, 문화적 맥락 강조 • 생애주기 접근법의 핵심 이론으로 활용됨 • 에릭슨 이론은 발달단계별 개입 원리 제공
주요 내용	• 전 생애를 아우르는 8단계의 심리사회적 발달 제시 • 각 단계는 특정한 심리사회적 위기를 포함하며, 이를 해결함으로써 자아성장을 도모함 • 자아정체감(Self-identity) 형성이 핵심 주제이며, 특히 청소년기에 중점적으로 형성됨 → 정체감 확립 실패 시 역할혼란(Identity Confusion) 발생
주요 개념	• 자아정체감(Self-identity): 자아가 인격체를 통합하는 과정에서 동질성과 연속성을 유지하며 자신의 동일성과 독특성을 지속적으로 인식하고 강화하는 심리적 자질 • 심리사회적 위기(Psychosocial Crisis): 각 단계의 위기를 해결하면 긍정적인 성격 미덕(Virtue) 획득 → 실패 시 부정적 성향이 형성되며, 다음 단계에 영향을 줌 • 점성원리: 인간의 발달은 유전적으로 미리 정해진 순서에 따라 단계적으로 점진적으로 이루어진다는 원리

02 심리사회적 발달단계

구분	위기	긍정적 결과(미덕)	주요 관계
1단계(영아기)	신뢰감 vs 불신감	희망(Hope)	양육자(대개 어머니)
2단계 (유아기-걸음마기)	자율성 vs 수치심·의심	의지(Will)	부모
3단계 (유아기-학령전기)	주도성 vs 죄책감	목적(Purpose)	가족
4단계 [학령기(아동기)]	근면성 vs 열등감	능력(Competence)	또래, 학교, 교사
5단계(청소년기)	자아정체감 vs 역할 혼란	성실(Fidelity)	또래집단, 역할 모델
6단계 [성인 초기(청년기)]	친밀감 vs 고립감	사랑(Love)	배우자, 친구
7단계 [성인기(중년기)]	생산성 vs 침체감	배려(돌봄)(Care)	가정, 동료
8단계(노년기)	자아통합 vs 절망감	지혜(Wisdom)	인류, 세대 전체

기출선지로 확인

에릭슨의 심리사회이론

01 개인의 성격은 전 생애를 통하여 발달한다.
21회

02 에릭슨(E. Erikson) 이론은 생애주기별 실천 개입의 기반을 제공하였다.
22회

03 각 단계의 발달은 이전 단계의 발달을 토대로 이루어진다.
16회, 21회

04 발달은 점성의 원리에 기초한다.
18회

05 점성원칙: 인간발달은 최적의 시기가 있고, 모든 단계는 예정된 계획대로 전개된다.
14회

06 성격 발달에 있어서 환경과의 상호작용이 중요하다고 본다.
21회

07 청소년기의 주요 발달과업은 자아정체감 형성이다.
16회, 18회, 21회

08 과학적 근거나 경험적 증거가 미흡하다.
19회

심리사회적 발달단계

09 주도성 대 죄의식 – 목적(Purpose)
22회

10 유아기(2~4세, 자율성 대 수치심과 의심): 의지 – 부모
17회

11 학령전기(4~6세, 주도성 대 죄의식): 목적 – 가족
17회

12 아동기(6~12세, 근면성 대 열등감): 능력 – 이웃, 학교
17회

13 청소년기(12~19세, 자아정체감 대 정체감 혼란): 성실 – 또래 집단
17회

14 열등감: 에릭슨의 심리사회이론에서 아동기(7~12세) 발달과업을 성취하지 못할 경우 경험하는 심리사회적 위기
20회

대표기출로 확인

01 에릭슨(E. Erikson)의 이론에 관한 설명으로 옳은 것은?
19회

① 발달에 영향을 미치는 유전적·생물학적 요인을 배제하였다.
② 발달에 영향을 미치는 사회적·문화적 요인을 인정하지 않았다.
③ 성인기 이후의 발달을 고려하지 않았다.
④ 자아(Ego)의 자율적, 창조적 기능을 고려하지 않았다.
⑤ 과학적 근거나 경험적 증거가 미흡하다.

> ① 에릭슨은 발달에 영향을 미치는 유전적·생물학적 요인을 포함하였다.
> ② 에릭슨은 발달에 영향을 미치는 사회적·문화적 요인을 중요시하였다.
> ③ 에릭슨은 전 생애에 걸친 발달을 강조하였고, 성인 초기, 중년기, 노년기까지 발달단계를 제시하였다.
> ④ 에릭슨은 자아(Ego)의 자율적, 창조적 기능을 고려하여 자아정체감을 특히 강조하였다.
>
> 정답 ⑤

02 에릭슨(E. Erikson)의 심리사회적 발달단계 위기와 성취 덕목(virtue)이 옳게 연결된 것은?
22회

① 근면성 대 열등감 – 성실(Fidelity)
② 주도성 대 죄의식 – 목적(Purpose)
③ 신뢰 대 불신 – 의지(Will)
④ 자율성 대 수치심과 의심 – 능력(Competence)
⑤ 정체감 대 정체감 혼란 – 희망(Hope)

> ① 근면성 대 열등감 – 능력(Competence)
> ③ 신뢰 대 불신 – 희망(Hope)
> ④ 자율성 대 수치심과 의심 – 의지(Will)
> ⑤ 정체감 대 정체감 혼란 – 성실(Fidelity)
>
> 정답 ②

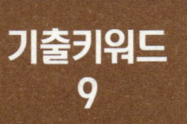

아들러의 개인심리이론

최근 7개년 평균 출제문항 수 **0.7문항**

01 아들러의 개인심리이론 특징

특징	• 아들러식 상담 기법(Adlerian Counseling)은 사회복지실천에서 널리 활용됨 • 클라이언트의 생활양식 탐색 및 재구성을 통해 부적응 행동의 근원을 분석함 • 가계도(Genogram), 초기 기억 분석, 가상 목표 탐색 등으로 개인이 가진 허구적 믿음 탐색 • 클라이언트가 자기 통찰 및 사회적 관심을 회복하도록 돕는 것이 핵심 목표 • 집단상담, 가족상담 등 관계 기반 개입에서 효과적으로 활용 가능
주요 내용	• 인간은 선천적으로 사회적 존재이며, 타인과 관계 속에서의 행동을 이해해야 함 • 열등감(Inferiority)은 모든 인간이 갖고 있는 기본적 동기이며, 이를 극복하고 우월성 추구로 나아감 • 과거보다는 미래의 목표와 목적에 따라 성격이 형성됨(목적론적 성격이론) • 성격은 생활양식(Lifestyle)에 의해 나타나며, 이는 개인이 세상을 해석하고 행동하는 고유한 방식임 • 인간 행동은 무의식보다 의식의 선택과 책임이 중요하다고 봄
주요 개념	• **열등감**: 신체적·심리적·사회적 이유로 자신을 부족하게 느끼는 상태 • **우월성 추구**: 자기완성과 성장, 보상 심리를 향한 노력 • **보상**(Compensation): 열등감 극복을 위한 심리적 전략 • **생활양식**: 주로 5~6세경까지 형성되며, 타인과 상호작용하는 방식의 일관된 패턴 • **사회적 관심**: 이상적인 공동사회의 목표를 달성하고자 사회에 공헌하려는 경향 • 허구적 최종목적론: 미래의 목표가 현재의 행동을 이끈다는 관점

02 생활양식

구분	내용	활동 수준	사회적 관심 수준
지배형	통제적·공격적 성향, 타인을 지배하려는 경향	높음	낮음
기생형 (획득형)	타인에게 의존하며, 스스로 결정하지 못함	비교적 낮음	낮음
회피형	실패나 모욕을 두려워하여 책임과 도전을 회피함	낮음	매우 낮음
사회형	협력적, 타인 배려, 공동체 지향적 행동	높음	높음

기출선지로 확인

아들러의 개인심리이론

01 인간을 사회적 존재로 보았다. 18회
02 열등감은 모든 인간이 지닌 보편적인 감정이다. 19회
03 우월에 대한 추구는 선천적으로 타고나는 것이다. 23회
04 인간은 목적론적 존재이다. 20회, 22회
05 아들러(A. Adler) – 개인심리이론 – 열등감과 보상, 생활양식 17회, 23회
06 아동에 대한 방임은 병적 열등감을 초래할 수 있다. 20회
07 출생순위, 가족과 형제관계에서의 경험은 생활양식에 영향을 준다. 18회
08 출생순위는 성격 형성에 영향을 준다. 23회
09 인간은 사회적 관심에 의해 동기화된다. 23회
10 사회적 관심은 선천적으로 타고나는 것이다. 19회
11 개인이 지닌 창조성과 주관성을 강조한다. 19회
12 개인이 추구하는 목표는 현실에서 검증하기 어려운 가상적 목표이다. 19회, 20회
13 가상적 목표(Fictional Finalism)는 어려움에 부딪힐 때 효과적으로 대처하는 데 도움이 된다. 23회

생활양식

14 지배형 생활양식은 사회적 관심은 낮으나 활동 수준이 높은 유형이다. 20회

대표기출로 확인

01 아들러(A. Adler)의 이론에 관한 설명으로 옳지 않은 것은? 19회

① 개인이 지닌 창조성과 주관성을 강조한다.
② 위기와 전념을 기준으로 생활양식을 4가지 유형으로 구분하였다.
③ 열등감은 모든 인간이 지닌 보편적인 감정이다.
④ 사회적 관심은 선천적으로 타고나는 것이다.
⑤ 개인이 추구하는 목표는 현실에서 검증하기 어려운 가상적 목표이다.

> 위기와 전념을 기준으로 자아정체감을 4가지 유형으로 구분한 것은 마샤(Marcia)의 자아정체감 지위이론이다. 반면 아들러는 생활양식을 활동 수준과 사회적 관심을 기준으로 지배형, 획득형, 회피형, 사회형으로 구분하였다.
>
> 정답 ②

02 아들러(A. Adler)의 이론에 관한 설명으로 옳지 않은 것은? 23회

① 인간은 사회적 관심에 의해 동기화된다.
② 출생순위는 성격 형성에 영향을 준다.
③ 우월에 대한 추구는 선천적으로 타고나는 것이다.
④ 성격유형을 태도와 기능의 조합에 따라 구분했다.
⑤ 가상적 목표(Fictional Finalism)는 어려움에 부딪힐 때 효과적으로 대처하는 데 도움이 된다.

> 아들러는 성격유형을 사회적 관심과 활동수준 2가지 영역으로 구분하여 4가지 형태로 제시하였다.
>
> 정답 ④

03 정신역동이론

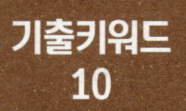

융의 분석심리이론

최근 7개년 평균 출제문항 수 **0.9문항**

01 융의 분석심리이론의 특징

구분	내용
특징	• 프로이트와 달리, 무의식의 창조적·영적 측면을 강조함 • 꿈 분석, 상징 해석 등 정신의 통합적 발달과정에 중점을 둠 • 융은 발달단계를 아동기, 청년 및 성인기, 중년기, 노년기로 구분함
주요 내용	• 인간의 정신은 개인무의식뿐만 아니라 집단무의식(Collective Unconscious)을 포함함 • 인간의 성격은 의식과 무의식의 상호작용을 통해 통합되어야 함(개성화 과정) • 무의식에는 원형(Archetypes)이라는 보편적 상징이 존재 • 성격을 내향형(Introversion)과 외향형(Extraversion)으로 구분하고, 인식기능과 판단기능을 결합하여 8가지 성격 유형 제시 • 인간은 본능적 충동뿐만 아니라 정신적·영적 의미를 추구하는 존재로 봄
주요 개념	• 집단무의식: 모든 인간에게 공통된 유전적 무의식 구조. 신화, 종교, 꿈 속 상징 등에서 나타남 • 원형(Archetype): 집단무의식 내 근본적인 핵 • 자아(Ego): 의식의 중심 • 자기(Self): 의식과 무의식의 결합 • 개성화(Individuation): 무의식과 의식의 조화를 통해 전체적 자아 실현을 추구하는 과정 • 아니마: 남성 속의 여성상 • 아니무스: 여성 속의 남성상 • 음영: 인간의 내면 깊숙한 곳에 있는 감추고 싶은 폭력적·가학적 성향 • 페르소나: 타인에게 비추어지는 자신의 모습
핵심 기법	• 꿈 분석(Dream Analysis): 무의식의 메시지를 상징적으로 해석하는 것 • 적극적 상상(Active Imagination): 무의식과의 대화를 통해 억압된 내용을 의식화 • 개성화 과정 지원: 자아(Self)의 통합적 성장 유도

02 성격 유형

구분	유형	내용	
에너지 방향	외향형(E)	• 에너지가 외부 세계(사람, 활동)로 향함 • 사교적이고 활동적이며 표현적임	
	내향형(I)	• 에너지가 내부 세계(생각, 감정)로 향함 • 조용하고 사색적이며 혼자 있는 시간을 선호함	
정보 수용 방식	감각형(S)	• 오감에 의존해 구체적, 현재 중심의 사실을 수용 • 실제적이고 세부에 주목함	
	직관형(N)	• 직관과 통찰에 의존해 전체적 맥락과 미래 가능성 수용 • 상상력 있고 창의적, 변화와 다양성 중시	
판단 방식	사고형(T)	• 논리와 원칙에 따라 판단	• 객관적·분석적이며 이성적 결정을 중시함
	감정형(F)	• 사람과 관계·감정에 따라 판단	• 공감적이며 조화와 인간관계를 중시함

기출선지로 확인

융의 분석심리이론

01 무의식을 개인무의식과 집단무의식으로 구분하였다. 21회

02 성격 발달은 개성화를 통한 자기 실현의 과정이다. 19회

03 융(C. Jung) 이론은 중년기 이후의 발달을 이해하는 데 도움을 제공하였다. 22회

04 과거의 사건 및 미래에 대한 열망이 성격 발달에 동시에 영향을 미친다. 19회

05 리비도(Libido)는 전반적인 삶의 에너지를 말한다. 19회

06 자기(Self)는 중년기 이후에 나타나는 원형(Archetype)이다. 19회

07 개성화(Individuation)를 통한 자기실현과정을 중요시하였다. 22회

08 그림자(Shadow)는 인간에게 있는 동물적 본성을 포함하는 부정적인 측면이다. 21회

09 페르소나(Persona)는 개인이 외부세계에 보여주는 이미지이며, 사회적 요구에 대한 반응이다. 18회, 21회

성격 유형

10 외향형: 정신에너지(리비도)가 외부 세계를 향하고 있다. 17회

11 사고형: 객관적인 진실과 원리원칙에 의해 판단하며 논리적·분석적이고 규범과 기준을 중시한다. 17회

대표기출로 확인

01 융(C. Jung)이 제시한 성격특성에 관한 설명으로 옳은 것을 모두 고른 것은? 17회

ㄱ. 외향형: 정신에너지(리비도)가 외부 세계를 향하고 있다.
ㄴ. 감정형: 구체적이고 사실적인 측면에 초점을 두고 일관성 있는 현실수용을 중시한다.
ㄷ. 사고형: 객관적인 진실과 원리원칙에 의해 판단하며 논리적, 분석적이고 규범과 기준을 중시한다.
ㄹ. 직관형: 미래의 가능성과 육감에 초점을 두어 변화와 다양성을 중시하며 이성을 필요로 한다.

① ㄱ, ㄷ
② ㄴ, ㄹ
③ ㄱ, ㄴ, ㄷ
④ ㄴ, ㄷ, ㄹ
⑤ ㄱ, ㄴ, ㄷ, ㄹ

> ㄴ. 감각형: 구체적이고 사실적인 측면에 초점을 두고 일관성 있는 현실수용을 중시한다.
> ㄹ. 직관형: 미래의 가능성과 육감에 초점을 두어 변화와 다양성을 중시하며 이성을 필요로 하지 않는다.
>
> 정답 ①

04 인본주의이론

기출키워드 11
매슬로우의 욕구이론

최근 7개년 평균 출제문항 수 **0.7문항**

01 매슬로우의 욕구 위계

구분	내용	사례
1단계 생리적 욕구	• 인간 생존에 필요한 가장 기본적 욕구 • 충족되지 않으면 상위 욕구는 동기화되지 않음	음식, 물, 수면, 호흡, 배설, 성적 욕구
2단계 안전 욕구	신체적·정서적·경제적·환경적 안정과 보호에 대한 욕구	주거, 의료, 직업 안정성, 질서 유지, 법적 보호
3단계 소속·사랑의 욕구	• 타인과의 관계, 소속감, 사랑, 우정 등 사회적 유대에 대한 욕구 • 고립감 해소와 지지체계 형성이 중요	친구, 가족, 연인, 소속 단체
4단계 자아존중의 욕구	타인으로부터 인정받고 스스로 자존감을 갖고자 하는 욕구	성취감, 인정, 칭찬, 직위, 명성
5단계 자아실현의 욕구	• 자기 잠재력의 최대 실현, 창의성, 진정성, 자기 통합을 지향하는 최고 수준의 욕구 • 개인적 성장, 의미 있는 삶의 추구와 연결	자기 개발, 창작, 도전, 가치 실현

기출선지로 확인

매슬로우의 욕구 위계

01 각 개인은 통합된 전체로 간주된다. 18회
02 인간의 창조성은 잠재적 본성이다. 18회
03 인간에 대해 희망적이고 낙관적인 관점을 갖는다. 21회
04 인간의 본성은 본래 선하다고 주장하였다. 23회
05 인간은 삶을 유지하려는 동기와 삶을 창조하려는 동기를 가진다. 21회
06 극소수의 사람들만이 자아실현을 달성할 수 있다. 19회
07 인간은 자아실현을 이루려고 노력하는 존재이다. 21회
08 인간의 욕구는 자신을 성장하도록 동기부여 한다. 18회
09 인간의 욕구는 강도와 중요도에 따라 위계적으로 구성되어 있다. 19회
10 일반적으로 욕구 위계서열이 높을수록 욕구의 강도가 낮다. 21회
11 생리적 욕구는 가장 하위단계에 있는 욕구이다. 19회
12 자존감의 욕구는 소속과 사랑의 욕구보다 상위단계의 욕구이다. 20회
13 자아실현의 욕구는 가장 상위단계에 있는 욕구이다. 19회

대표기출로 확인

01 매슬로우(A. Maslow)의 이론에 관한 설명으로 옳지 않은 것은? 18회
① 인간의 창조성은 잠재적 본성이다.
② 각 개인은 통합된 전체로 간주된다.
③ 안전의 욕구는 소속과 사랑의 욕구보다 상위단계의 욕구이다.
④ 인간의 욕구는 자신을 성장하도록 동기부여 한다.
⑤ 인간 본성에 대해서 낙관적인 태도를 보이고 있다.

> 안전의 욕구는 2단계이고, 소속과 사랑의 욕구는 3단계로, 안전의 욕구가 소속과 사랑의 욕구보다 하위단계의 욕구이다.
>
> 정답 ③

02 매슬로우(A. Maslow)의 욕구이론에 관한 설명으로 옳지 않은 것은? 19회
① 생리적 욕구는 가장 하위단계에 있는 욕구이다.
② 극소수의 사람들만이 자아실현을 달성할 수 있다.
③ 자아실현의 욕구는 가장 상위단계에 있는 욕구이다.
④ 상위단계의 욕구는 하위단계의 욕구가 완전히 충족된 이후에 나타난다.
⑤ 인간의 욕구는 강도와 중요도에 따라 위계적으로 구성되어 있다.

> 매슬로우의 욕구 단계에서 하위욕구가 선행적으로 충족되어야 그다음 상위단계의 욕구를 원하게 된다고 강조하였다. 즉, 최상위 자아실현도 결국 최하위 생리적 욕구부터 충족되지 않으면 요원(so far away)한 욕구인 것이다. 그러나 하위단계의 욕구가 일정 부분 충족되어도 상위욕구가 발생된다고 하였다.
>
> 정답 ④

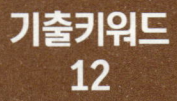

04 인본주의이론

로저스의 현상학이론 ★빈출

최근 7개년 평균 출제문항 수 **1문항**

01 로저스의 현상학이론의 특징

특징	• 인간에 대한 긍정적 관점(비결정론, 낙관주의)에 기초함 • 사회복지사는 전문가적 개입보다는 진정한 관계성을 중시 • 비지시적 접근으로 클라이언트의 자기결정권 존중 • 심리적 문제를 진단하거나 해석하지 않으며, 내담자가 스스로 변화할 힘이 있다고 봄
주요 내용	• 인간은 본래 자기실현 경향을 지닌 성장 지향적 존재임 • 문제의 원인은 조건적인 긍정적 관심, 경험과 자기개념 간의 불일치(부조화)에서 비롯됨 • 사회복지사는 무조건적 수용, 진실성, 공감적 이해를 제공하여, 클라이언트가 스스로 변화하도록 도움 • 원조적 관계를 통해 자기개방과 자기수용이 가능해지고, 심리적 성숙이 촉진됨
심리적 변화 과정	• 불일치 경험: 자기개념과 실제 경험 간의 부조화에서 정서적 문제가 발생함 • ~해야만 사랑(인정)받는다는 조건적 수용이 문제를 유발하고 악화시킴 • 클라이언트 태도: 진정성, 무조건적 수용, 비심판적 태도, 공감적 이해 제공 • 심리적 접촉: 치료자–클라이언트 간 진정한 만남이 이루어져야 함 • 경험 탐색과 자기수용: 클라이언트가 자기감정과 욕구에 민감해지고, 자기개념을 재정립함 • 성장과 변화: 클라이언트가 점차 자기실현을 향해 나아감
핵심 기법	• 공감적 경청: 클라이언트의 감정과 입장을 정확하게 이해하고 전달 • 무조건적 수용: 전인격을 수용함 • 진정성(일치성): 사회복지사가 자기 경험과 감정을 솔직하게 표현 • 반영: 클라이언트의 말을 바탕으로 감정을 되비쳐주어 자기이해를 촉진시킴 • 침묵 존중, 수용적 태도 유지, 내담자가 스스로 통찰과 해답을 찾도록 지원

02 로저스의 완전히 기능적인 사람

경험에 대한 개방성	• 자신의 내적 경험을 왜곡하거나 억압하지 않고 있는 그대로 수용함 • 자기 자신과의 접촉이 높음
실존적 삶	현재 순간을 풍부하게 경험하고, 과거에 얽매이거나 미래에 불안해하지 않으며 '지금–여기'에 집중함
유기체적 신뢰	자신의 감정, 직관, 신체 감각 등 내면의 신호를 신뢰하고, 외부 기준보다 내부 기준을 통해 판단함
자기결정적 삶	타인의 기대나 기준이 아닌 자신이 원하는 방향으로 삶을 스스로 선택하고 조율함
창조성과 적응성	유연하고 창조적으로 문제를 해결하며, 새로운 상황에 개방적으로 적응할 수 있음
풍부한 삶	기쁨, 슬픔, 아픔, 사랑 등 다양한 감정을 깊이 진실하게 경험하며, 삶을 생동감 있게 살아감
계속적인 성장	완전함에 도달한 존재가 아니라, 항상 변화하고 확장되며 '되어가는 존재'로서의 자기실현을 추구함
조건 없는 긍정적 자아	타인의 평가나 조건적 수용에 의존하지 않고, 스스로를 무조건적으로 수용하고 존중함
이상적 자아와 현실 자아의 일치	현실 자아가 이상적 자아와 점점 더 일치되어 가며, 자아불일치에서 오는 불안을 줄여감

기출선지로 확인

로저스의 현상학이론

01 인간은 자아실현 경향을 가지고 있다.
21회, 22회, 23회

02 인간 본성이 지닌 낙관적이고 긍정적인 측면을 강조하였다. 19회, 22회

03 인간을 통합적 존재로 규정하였다. 20회, 23회

04 인간의 내재된 잠재력을 강조한다. 23회

05 인간의 주관적 경험을 강조하였다.
20회, 21회, 22회, 23회

06 인간은 합목적적이며 건설적인 존재이다. 18회

07 비지시적인 상담의 중요성을 강조한다. 18회

08 클라이언트에 대한 공감적 이해의 중요성을 강조하였다. 18회, 22회

09 개입 과정에서 상담가의 진실성 및 일치성을 강조하였다. 19회

10 비심판적 태도는 원조관계에 유용하다. 18회

11 클라이언트의 자기결정권 중요성을 강조한다. 18회

12 무조건적 긍정적 관심과 수용을 강조하였다. 19회

로저스의 완전히 기능적인 사람

13 자아실현을 하는 사람을 완전히 기능하는 인간(Fully Functioning Person)이라는 용어로 정리하였다. 19회, 22회

14 완전히 기능하는 사람은 자신의 경험에 대해 개방적이다. 18회, 21회

15 로저스(C. Rogers) – 인본주의이론 – 완전히 기능하는 사람, 현상학적 장 17회

대표기출로 확인

01 로저스(C. Rogers)의 이론에 관한 설명으로 옳지 않은 것은? 19회
① 개입 과정에서 상담가의 진실성 및 일치성을 강조하였다.
② 자아실현을 하는 사람을 완전히 기능하는 인간(Fully Functioning Person)이라는 용어로 정리하였다.
③ 인간이 지닌 보편적·객관적 경험을 강조하였다.
④ 무조건적 긍정적 관심과 수용을 강조하였다.
⑤ 인간 본성이 지닌 낙관적이고 긍정적인 측면을 강조하였다.

> 로저스의 현상학이론에서는 인간이 지닌 개별적이며 주관적인 경험을 강조하였다. 이에 클라이언트의 생각, 의미, 언어가 중요하고 이를 위해 비지시적, 비심판적 태도를 견지하며 클라이언트에 대한 무조건적 수용을 강조하였다.
> 정답 ③

02 로저스(C. Rogers)의 인본주의이론에 관한 설명으로 옳은 것을 모두 고른 것은? 21회

> ㄱ. 인간의 주관적 경험을 강조한다.
> ㄴ. 인간은 자아실현 경향을 가지고 있다.
> ㄷ. 인간의 욕구발달단계를 제시했다.
> ㄹ. 완전히 기능하는 사람은 자신의 경험에 개방적이다.

① ㄱ, ㄹ ② ㄴ, ㄷ
③ ㄱ, ㄴ, ㄹ ④ ㄴ, ㄷ, ㄹ
⑤ ㄱ, ㄴ, ㄷ, ㄹ

> ㄷ. 인간의 욕구발달단계를 제시한 학자는 매슬로우이다.
> 정답 ③

05 사회체계이론

기출키워드 13

일반체계이론 ★빈출

최근 7개년 평균 출제문항 수　**1문항**　

01　체계이론의 주요 개념

체계	• 상호작용하는 요소들이 구성된 통합된 전체를 의미함 • 인간과 환경 간 상호작용 단위로 개인, 가족, 집단, 조직, 사회 등이 포함됨
하위체계	• 하나의 체계 내부에 있는 부분 체계 • 기능이 분화되어 있으나 상호 연계되어 전체 체계에 영향을 미침
상위체계	• 해당 체계를 포함하는 더 넓은 외부체계 • 지역사회, 정책, 문화, 사회구조 등이 해당됨
경계	• 체계와 외부 환경 또는 다른 하위체계 간의 구분선 • 정보, 자원, 에너지의 흐름을 조절하며 개방·폐쇄 정도에 따라 달라짐
피드백	• 산출된 결과가 다시 체계에 영향을 주는 과정 • 긍정적 피드백은 변화를 촉진하고 부정적 피드백은 안정과 균형 유지에 기여함
항상성	• 외부 변화 속에서도 체계가 기존의 안정된 상태를 유지하려는 경향 • 자기조절 기능을 포함함
안정상태	• 체계가 외부 자극에도 불구하고 일정한 구조와 기능을 지속하는 상태 • 항상성 유지의 결과로 나타남
균형	• 변화와 안정이 조화를 이루는 상태 • 외부 환경 변화에 반응하면서도 기능과 목적을 유지하려는 동적인 안정 상태
적응	체계가 환경 변화에 능동적으로 반응하면서도 생존과 기능 유지를 위해 변화하거나 구조를 재조정하는 과정
총체성	전체 체계는 단순한 부분의 합 이상이며, 각 구성요소 간의 관계와 상호작용이 중요함
홀론	• 체계는 하나의 완결된 단위이면서 동시에 더 큰 체계의 일부 • 개인은 독립성과 상호의존성을 동시에 지닌 존재로 이해됨
시너지	• 하위체계들 간 협력을 통해 더 큰 효과를 창출하는 현상 • 전체가 부분의 단순한 합보다 더 큰 결과를 만들어냄
동귀결성	• 다양한 출발점이나 경로를 통해 동일한 결과에 도달할 수 있음 • 다양한 접근이 동일 목표에 도달 가능함
다중귀결성	• 동일한 출발점에서도 다양한 결과로 이어질 수 있음 • 개인차, 상황 맥락에 따라 결과가 달라질 수 있음을 의미함
엔트로피	• 체계가 무질서하고 혼란된 상태로 향하려는 경향 • 에너지 고갈, 기능 저하 등으로 붕괴 위험이 커짐
넥엔트로피	• 체계가 무질서를 극복하고 질서를 회복하려는 경향 • 외부 자원 활용, 피드백, 적응 등을 통해 체계가 성장하거나 회복됨

기출선지로 확인

체계이론의 주요 개념

01 체계(System)의 속성은 경계의 개방성과 침투성에 따라 결정된다. 23회

02 경계(Boundary)란 체계와 환경 혹은 체계와 체계 간을 구분하는 일종의 테두리를 의미한다. 20회

03 항상성(Homeostasis)은 비교적 안정적이며 지속적인 균형상태를 유지하기 위한 체계의 경향을 말한다. 20회, 22회

04 균형(Equilibrium)은 외부체계로부터의 투입이 없어 체계의 구조 변화가 거의 없이 고정된 평형상태를 의미한다. 20회

05 공유영역(Interface): 두 개 이상의 체계가 공존하는 부분으로 체계 간의 교류가 일어나는 장소 19회

06 호혜성: 한 체계에서 일부가 변화하면 그 변화가 체계의 나머지 부분들의 변화를 초래하게 되는 개념을 말한다. 22회

07 시너지(Synergy)는 체계 내부 간 혹은 외부와의 상호작용이 증가함으로써 체계 내에서 유용한 에너지양이 증가하는 현상이다. 18회, 20회

08 부적 환류(Negative Feedback)는 체계가 목적 달성이 어려운 방식으로 움직이고 있다는 정보를 제공하여 체계의 변화를 도모한다. 22회

09 엔트로피(Entropy)는 폐쇄체계에서 주로 나타난다. 23회

10 넥엔트로피(Negentropy): 체계 내부의 유용하지 않은 에너지가 감소되는 상태 19회

11 넥엔트로피(Negentropy)란 체계를 유지하고, 발전을 도모하고, 생존하는 것을 의미한다. 22회

대표기출로 확인

01 사회체계이론의 개념 중 체계 내부 간 또는 체계 외부와의 상호작용이 증가함으로써 체계 내의 에너지양이 증가하는 것을 의미하는 것은? 18회

① 엔트로피(Entropy)
② 시너지(Synergy)
③ 항상성(Homeostasis)
④ 넥엔트로피(Negentropy)
⑤ 홀론(Holon)

> 체계 내부 간 또는 체계 외부와의 상호작용이 증가함으로써 체계 내의 에너지양이 증가하는 것은 시너지(Synergy)이다.
>
> 정답 ②

02 사회체계이론에 관한 설명으로 옳은 것을 모두 고른 것은? 23회

> ㄱ. 엔트로피(Entropy)는 폐쇄체계에서 주로 나타난다.
> ㄴ. 항상성(Homeostasis)은 체계의 혼란과 무질서를 증가시킨다.
> ㄷ. 체계(System)의 속성은 경계의 개방성과 침투성에 따라 결정된다.
> ㄹ. 균형(Equilibrium)은 주로 외부와의 교류가 활발한 개방체계에서 나타난다.

① ㄱ, ㄴ ② ㄱ, ㄷ ③ ㄴ, ㄹ
④ ㄷ, ㄹ ⑤ ㄴ, ㄷ, ㄹ

> ㄴ. 체계의 혼란과 무질서를 증가시키는 것은 엔트로피(Entropy)이다. 반면 항상성(Homeostasis)은 지속적인 균형상태를 유지하고자 하는 속성이다.
> ㄹ. 균형(Equilibrium)은 주로 외부와의 교류가 거의 없는 폐쇄체계에서 나타난다.
>
> 정답 ②

기출키워드 14: 생태체계이론 ★빈출

05 사회체계이론

최근 7개년 평균 출제문항 수 **2.9문항**

01 생태체계이론의 특징

정의		인간은 환경 속에서 살아가며, 개인과 환경은 상호작용하는 체계로 구성됨
주요 개념	인간-환경 상호작용	인간은 환경을 변화시키기도 하고, 환경에 적응하기도 하는 양방향적 영향 관계 속에 존재함
	적합성	• 개인의 능력과 환경의 욕구 간의 일치 여부 • 적합할수록 적응이 용이하고, 부적합할 경우 문제 발생 가능성이 높아짐
	교환	• 인간과 환경이 서로에게 영향을 주고받는 지속적인 과정 • 환경은 인간의 발달을 촉진하거나 저해할 수 있음
	스트레스	• 환경 요구에 비해 개인의 대처 능력이 부족할 때 발생 • 개인과 환경 간의 부적합성으로 인한 긴장 상태
	대처	• 스트레스 상황에서 개인이 사용하는 반응과 전략 • 효과적인 대처는 개인의 기능을 유지하고 향상시킬 수 있음
	생활공간	• 개인이 실제로 상호작용하는 물리적·사회적 환경의 범위 • 지역사회, 학교, 가정 등이 포함됨
	생태지도	• 클라이언트를 중심으로 한 다양한 체계 간의 관계를 시각적으로 도식화한 그림 • 개입 계획 수립 시 활용되는 실천 도구로서 중요함

02 브론펜브레너의 생태체계 구조

미시체계	개인이 직접 접촉하고 상호작용하는 환경 예 가족, 친구, 학교, 이웃 등
중간체계	두 개 이상의 미시체계 간의 상호작용 예 부모-교사 관계, 가정-학교의 연계 등
외부체계	개인이 직접 참여하지 않지만 영향을 미치는 환경 예 부모의 직장, 지역의 복지정책 등
거시체계	• 문화, 법, 사회적 가치, 경제 체제 등 보다 넓은 수준의 환경 • 개인의 행동과 기회를 간접적으로 규정함
시간체계	시간이 흐르며 나타나는 변화와 전환점 예 발달적 전환기, 역사적 사건, 생애주기상의 변화 등

기출선지로 확인

사회복지실천에서의 생태체계이론

01 생태체계이론은 환경 속의 인간의 관점을 강조한다. 20회, 23회

02 인간과 환경을 서로 영향을 주고받는 단일체계로 간주한다. 19회

03 성격은 개인과 환경 사이의 상호작용의 산물이다. 18회, 19회

04 전체 체계를 고려하여 문제를 이해한다. 17회, 21회

05 각 체계들로부터 풍부한 정보의 획득이 가능하다. 17회, 21회

06 구체적인 방법과 기술 제시에는 한계가 있다. 21회

07 적합성은 인간의 욕구와 환경자원이 부합되는 정도를 말한다. 18회

08 스트레스는 개인과 환경 간 상호교류에서의 불균형이 야기하는 현상이다. 20회

09 피드백은 체계의 순환적 성격을 반영하는 개념으로 안정상태를 유지하는 데 필요하다. 21회

10 생활상의 문제는 전체적 생활공간 내에서 이해한다. 18회, 20회

브론펜브레너(U. Bronfenbrenner)의 생태체계 구조

11 미시체계 - 개인의 성장 시기에 따라 달라지며 상호호혜성에 기반을 두는 체계이다. 20회

12 미시체계 - 인간이 가장 밀접하게 상호작용하는 사회환경을 말한다. 23회

13 중간체계 - 미시체계 간의 상호작용에 초점을 둔다. 22회

14 거시체계 - 역사적·사회적·문화적 요인에 의해서 형성되고 수정되는 특성이 있다. 19회

15 시간체계 - 인간의 생에 단일 사건뿐 아니라 시간의 경과와 함께 연속적으로 일어나는 사건들이 누적되어 영향을 미친다는 것을 보여주고 있다. 22회

대표기출로 확인

01 생태체계이론의 주요 개념에 관한 설명으로 옳은 것은? 21회

① 시너지는 폐쇄체계 내에서 체계 구성요소들 간 유용한 에너지의 증가를 의미한다.
② 엔트로피는 체계 내 질서, 형태, 분화 등이 정돈된 상태이다.
③ 항상성은 모든 사회체계의 기본 속성으로 체계의 목표와 정체성을 유지하려는 의도적 노력에 의해 수정된다.
④ 피드백은 체계의 순환적 성격을 반영하는 개념으로 안정상태를 유지하는 데 필요하다.
⑤ 적합성은 인간의 적응욕구와 환경자원의 부합 정도로서 특정 발달단계에서 성취된다.

> ① 시너지(Synergy)는 체계 내부 간 혹은 외부와의 상호작용이 증가함으로써 체계 내에서 유용한 에너지양이 증가하는 현상이다.
> ② 엔트로피(Entropy)는 외부의 에너지가 유입되지 않고 그 체계 내 무질서, 혼란 등이 발생하는 형태이다.
> ③ 항상성(Homeostasis)은 비교적 안정적이며 지속적인 균형상태를 유지하기 위한 체계의 경향을 말한다.
> ⑤ 적합성(Goodness of fit)은 인간의 적응욕구와 환경자원의 부합 정도로서 인간의 전 생애에 걸쳐서 성취된다.
>
> 정답 ④

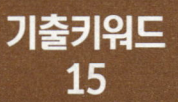

가족체계

최근 7개년 평균 출제문항 수 **0.1문항**

01 가족의 유형

핵가족	• 부모와 자녀로만 구성된 가족 형태로, 현대 산업사회에서 가장 일반적인 가족 구조 • 가족원 수가 적고, 구성원의 정서적 유대는 높지만 기능은 축소됨 • 이동성과 독립성이 강하며, 개인주의적 성향이 높아질 수 있음
확대가족	• 부모, 자녀, 조부모, 형제자매, 기타 친척까지 포함하는 대가족 형태 • 전통 농경사회에서 일반적이었으며, 가족 구성원이 협력하고 상호 부양함 • 세대 간 가치 전수와 공동 양육 기능이 강함
수정확대가족	• 핵가족이 독립적으로 거주하지만, 가까운 거리에서 확대가족과 긴밀한 관계를 유지하는 형태 • 경제적·정서적 지원은 확대가족과 주고받지만, 실질적 거주는 분리됨 • 현대 사회에서 증가하는 가족 유형으로 '비동거형 확대가족'이라고도 함
한부모 가족	• 부모 중 한 사람과 자녀로 구성된 가족 형태로, 이혼, 사별, 미혼 출산 등으로 발생함 • 경제적 어려움, 양육 부담, 사회적 편견 등의 문제에 노출되기 쉬움 • 다양한 복지서비스 및 지역사회 자원이 요구되는 대상 가족 유형임

02 가족체계의 특징

정의		가족은 구성원 간의 지속적인 상호작용을 통해 기능을 수행하는 하나의 정서적·사회적 체계로, 구성원 변화는 전체에 영향을 미침
주요 개념	통합성	가족은 단순한 개인의 집합이 아니라, 구성원 간의 상호작용과 관계를 통해 하나의 독자적 체계로 작동함
	상호작용성	구성원들은 지속적으로 상호작용하며, 이 관계 속에서 개인의 행동과 문제를 해석해야 함
	순환적 인과성	가족 내 문제는 일방적인 원인과 결과로 발생하는 것이 아니라, 반복되는 상호작용의 순환 구조 속에서 발생하고 유지됨
	의사소통	• 명확하고 일관된 의사표현이 기능적인 가족의 특징 • 불분명하거나 모순된 메시지는 정서적 혼란과 갈등을 유발함

	경계	구성원들은 지속적으로 상호작용하며, 이 관계 속에서 개인의 행동과 문제를 해석해야 함
		• 외부체계와의 관계
		  – 가족은 학교, 직장, 지역사회, 제도 등 외부 환경과 끊임없이 상호작용하는 열린 체계임
		  – 개방형 가족체계, 폐쇄형 가족체계, 임의형 가족체계
		• 내부경계와 하위체계
		  – 부부, 부모-자녀, 형제 등
		  – 각 하위체계는 독립성과 협력성을 동시에 지니며 적절한 기능과 경계가 필요함

기출선지로 확인

가족

01 사회통제와 사회화의 기능을 가진다. 9회

02 상호의존성이 강한 구조적 특성을 지니고 있다. 9회

03 아동의 성격 발달에 1차적인 영향력을 지닌다. 9회

04 경계선의 침투성 정도가 구성원의 성격과 행동에 영향을 미친다. 9회

폐쇄형 가족체계

05 외부와의 상호작용을 제한한다. 10회

개방형 가족체계

06 외부로부터 정보를 통해 체계의 기능을 발전시킨다. 15회

07 지역사회와의 교류가 활발하다. 15회

08 에너지, 정보, 자원을 다른 체계들과 교환한다. 18회

대표기출로 확인

01 개방형 가족체계에 관한 설명으로 옳은 것은? 18회

① 외부체계와의 상호작용을 하지 않는다.
② 체계 내의 가족기능은 쇠퇴하게 된다.
③ 에너지, 정보, 자원을 다른 체계들과 교환한다.
④ 주변 환경으로부터 고립되어 있다.
⑤ 지역사회와의 교류가 제한된다.

①, ②, ④, ⑤ 폐쇄형 가족체계의 특징에 해당하며, 개방형 가족체계의 특징으로 바꾸면 다음과 같다.
① 외부체계와의 상호작용을 원만하게 한다.
② 체계 내의 가족기능은 유지 또는 증가한다.
④ 주변 환경으로부터 열려 있다.
⑤ 지역사회와의 교류가 활발하다.

정답 ③

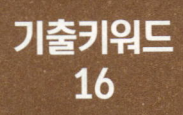

06 환경체계

기출키워드 16 집단체계

최근 7개년 평균 출제문항 수 **0.3문항**

01 집단체계의 특징

정의	공통의 목적을 가진 사람들이 상호작용하고, 규범과 구조를 공유하며 상호 영향 속에서 변화와 성장을 추구하는 체계	
주요 개념	경계	구성원과 비구성원을 구분하는 심리적·사회적 선(Line), 소속감과 응집력에 영향을 줌
	상호작용	• 구성원 간의 지속적인 관계를 맺는 것 • 역할, 동맹, 규범, 피드백 등을 통해 집단 역동이 형성됨
	규범	집단 내에서 용인되거나 기대되는 행동 기준, 응집력과 안정성 유지에 핵심
	역할	구성원들이 집단 내에서 수행하는 기능적 위치(예 리더, 지지자, 조정자, 방해자 등)
	응집력	집단의 결속력이 높을수록 참여도 증가, 자기개방 및 변화 수용력이 증가함
	항상성	기존 구조와 방식을 유지하려는 경향, 집단 변화에 대한 저항으로 작용 가능
	집단발달 단계	• 형성기 → 갈등기 → 규범기 → 수행기 → 종결기 • 단계별로 집단 목표와 지도자 역할이 달라짐

02 집단의 유형

치료집단	정서적 문제 완화, 행동 변화, 치료 목적(예 중독 집단, 우울 집단 등)
자조집단	유사한 문제를 지닌 사람들이 자발적으로 모여 상호 지지(예 알코올중독자 자조모임)
교육집단	정보 전달과 기술 훈련 중심(예 부모교육, 직업훈련, 재가복지 교육 등)
지지집단	정서적 위로와 사회적 지지 제공(예 이혼 여성 집단, 암환자 가족 집단 등)
과업집단	명확한 목표를 달성하기 위해 협력(예 위원회, 팀, 기획단 등)

기출선지로 확인

집단체계의 개념

01 구성원들 간의 관계를 형성하며 상호작용을 통해 성장한다. 14회

02 구성원들이 감정을 공유하며 규범과 목표를 수립한다. 14회

03 역할분화가 이루어진다. 14회

04 사회화의 기능을 수행한다. 14회

05 집단활동을 통해 집단에 관한 정체성인 '우리 의식'이 형성된다. 21회

집단의 유형

06 형성집단(Formed Group) – 치료집단 16회

07 자조집단(Self – help Group)은 유사한 어려움과 관심사를 가진 구성원들의 경험을 나누며 바람직한 변화를 추구한다. 18회

08 과업집단: 조직문제에 대한 해결책 모색이나 성과물 산출을 목적으로 하는 집단 15회

09 자연 집단(Natural Group) – 또래집단 16회

대표기출로 확인

01 집단에 관한 설명으로 옳은 것은? 18회
① 일차집단(Primary Group)은 목적 달성을 위해 인위적으로 만들어진 집단이다.
② 이차집단(Secondary Group)은 혈연이나 지연을 바탕으로 자연발생적으로 이루어진 집단이다.
③ 자연집단(Natural Group)은 특정위원회나 팀처럼 일정한 목적을 갖는 것이 특징이다.
④ 자조집단(Self – help Group)은 유사한 어려움과 관심사를 가진 구성원들의 경험을 나누며 바람직한 변화를 추구한다.
⑤ 개방집단(Open – end group)은 집단이 진행되는 동안 새로운 구성원의 입회가 불가능하다.

① 이차집단(Secondary Group)은 목적 달성을 위해 인위적으로 만들어진 집단이다.
② 일차집단(Primary Group)은 혈연이나 지연을 바탕으로 자연발생적으로 이루어진 집단이다.
③ 형성집단(Formed Group)은 특정위원회나 팀처럼 일정한 목적을 갖는 것이 특징이다.
⑤ 개방집단(Open-end Group)은 집단이 진행되는 동안 새로운 구성원의 입·탈퇴가 가능하다.

정답 ④

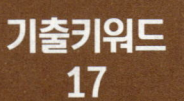

지역사회체계

06 환경체계

최근 7개년 평균 출제문항 수 **0.3문항**

01 지역사회체계의 특징

정의		지역사회는 지리적·사회적·기능적으로 연결된 사람들과 제도들이 상호작용하는 하나의 복합적 사회체계
주요 개념	구성 요소	주민(개인·집단), 기관·조직, 제도, 자원, 네트워크 등 다양한 하위체계로 구성됨
	상호작용성	지역사회 내 구성원과 자원 간의 연계, 협력, 갈등, 의사결정 과정 등 복잡한 상호작용이 이루어짐
	개방체계	외부 환경과 자원, 정책, 경제적 영향 등과 끊임없이 교류하며 변화하는 열린 체계
	경계	물리적·행정적 구획뿐만 아니라, 심리적·문화적·기능적 구분선이 존재함
	통합성	지역사회는 단절된 개별 요소의 집합이 아니라, 상호 의존하는 관계 속에서 통합적으로 작동하는 사회구조
	자원 구조	지역사회 내에는 공공 자원, 민간 자원, 주민 역량, 사회적 자본 등 다양한 자원이 분포되어 있으며, 불균형도 존재함
	문제 발생 방식	특정 개인의 문제가 아닌, 지역 내 구조적 불균형, 소외, 참여 부족 등 사회·환경적 요인으로부터 발생할 수 있음
	체계 간 연계	복지, 교육, 보건, 주거, 고용, 문화 등 다양한 부문 간의 협력과 조정이 필요한 다차원적 체계
	피드백 구조	지역사회의 대응과 변화는 정책, 주민 요구, 참여, 평가 등을 통한 순환 구조 속에서 이루어짐
	변화 가능성	계획된 개입이나 주민조직화, 정책 제안 등을 통해 지역사회는 조직화되고 변화 가능한 체계로 간주됨

기출선지로 확인

다양한 사회체계

01 가상공간은 시공을 초월하여 새로운 공동체 형성을 가능하게 한다. 17회

체계로서의 지역사회

02 지역을 중심으로 형성된 공동체적 특징을 지닌다. 22회
03 구성원에게 사회규범에 순응하도록 규제하는 사회통제의 기능을 지닌다. 22회
04 사회가 향유하는 지식, 가치 등을 구성원에게 전달하는 기능을 지닌다. 22회

대표기출로 확인

01 다양한 사회체계에 관한 설명으로 옳은 것은? 17회

① 조직의 경계 속성은 조직의 유지 및 변화와 관련이 없다.
② 가족체계 내 반복적 상호작용은 구성원들의 행동에 영향을 미치지 않는다.
③ 집단체계의 전체는 하위체계인 개개인의 고유한 특성의 총합과 동일하다.
④ 지역사회는 완전개방체계의 속성을 유지한다.
⑤ 가상공간은 시공을 초월하여 새로운 공동체 형성을 가능하게 한다.

> ① 조직의 경계 속성은 조직의 유지 및 변화와 밀접한 관련이 있다.
> ② 가족체계 내 반복적 상호작용은 구성원들의 행동에 영향을 미친다.
> ③ 집단체계의 전체는 하위체계인 개개인의 고유한 특성의 총합 그 이상이다(시너지 효과).
> ④ 완전개방체계 또는 완전폐쇄체계의 지역사회는 존재하지 않는다.
>
> 정답 ⑤

02 체계로서의 지역사회에 관한 설명으로 옳은 것을 모두 고른 것은? 22회

> ㄱ. 지역을 중심으로 형성된 공동체적 특징을 지닌다.
> ㄴ. 구성원에게 사회규범에 순응하도록 규제하는 사회통제의 기능을 지닌다.
> ㄷ. 사회가 향유하는 지식, 가치 등을 구성원에게 전달하는 기능을 지닌다.
> ㄹ. 외부와 상호작용을 통하여 엔트로피(Entropy) 상태를 유지하는 것이 필요하다.

① ㄱ　　② ㄱ, ㄴ　　③ ㄱ, ㄴ, ㄷ
④ ㄴ, ㄷ, ㄹ　⑤ ㄱ, ㄴ, ㄷ, ㄹ

> ㄹ. 외부와 상호작용을 통하여 넥엔트로피(Negentropy) 상태를 유지하는 것이 필요하다.
>
> 정답 ③

기출키워드 18 문화체계

06 환경체계

최근 7개년 평균 출제문항 수 **0.7문항**

01 문화의 특징

개념	인간이 사회 속에서 학습하고 공유하는 지식, 신념, 가치, 규범, 기술, 언어, 관습 등의 총체적 생활양식
특징	• 학습성: 문화는 유전이 아니라 학습을 통해 전수됨 • 공유성: 문화는 집단 구성원이 함께 소유 • 축적성: 문화는 세대 간 정보·기술이 누적됨 • 변동성: 문화는 시간이 흐르며 변화 가능 • 전체성: 문화는 구성요소가 상호 연결됨 • 상징성: 문화는 언어, 이미지 등 상징으로 전달됨
구성요소	• 상징: 언어, 기호, 표지 등 의미를 담은 표현 • 가치: 무엇이 바람직한지를 판단하는 기준 • 규범: 사회가 기대하는 행동 규칙 • 신념: 진실로 여겨지는 생각 또는 판단 • 기술·도구: 생활에 필요한 물질적 산물(예 집, 기계 등)
유형	• 물질문화: 의복, 주거, 도구 등 유형적 요소 • 비물질문화: 가치, 신념, 종교, 언어 등 • 보편문화: 거의 모든 사회에 존재하는 문화(예 가족제도) • 하위문화: 특정 집단이 공유하는 독특한 문화(예 청소년문화) • 반문화: 기존 문화에 반하는 일탈적 문화
주요 개념	• 문화상대주의: 타 문화를 그 사회의 기준으로 이해해야 함 • 문화우월주의: 자기 문화를 기준으로 타 문화를 열등하게 평가하는 것 • 문화충격: 낯선 문화에 노출되었을 때의 심리적 혼란 • 다문화주의: 다양한 문화가 동등하게 공존해야 한다는 시각 • 문화적 역량: 다양한 문화권에 적절히 개입할 수 있는 능력
문화와 인간행동의 관계	• 문화는 인간의 사고·정서·행동에 영향을 줌 • 사회화를 통해 문화는 개인에게 내면화됨 • 문화는 발달과업 수행 양식에 영향을 미침 • 다문화사회에서는 문화 감수성과 상대주의가 중요함

기출선지로 확인

문화

01 문화는 인간집단의 생활양식의 총체로 정의할 수 있다. 22회
02 문화는 학습되고 전승되는 특징이 있다. 22회
03 사회구성원들 간에 공유된다. 20회
04 구성원 간 공유되는 생활양식으로 다른 사회 구성원과 구별된다. 17회
05 다른 사회의 구성원과 구별되는 공통적 속성이 있다. 21회
06 세대 간에 전승되며 축적된다. 20회
07 주류와 비주류 문화 사이의 권력 차이로 차별이 발생할 수 있다. 22회
08 문화변용은 둘 이상의 문화가 지속적으로 접촉하여 한쪽이나 양쪽에 변화가 일어나는 현상이다. 20회
09 사회화에 대한 지침을 제공한다. 20회

다문화

10 다문화주의는 다양한 문화나 언어를 공유하고 상호 존중하여 적극 수용하려는 입장을 취한다. 22회
11 대표적인 사회문제로 인종차별이 있다. 21회
12 서구화, 근대화, 세계화는 다문화의 중요성을 표면으로 부상시켰다. 21회
13 동화주의는 이민을 받는 사회의 문화적 우월성을 전제로 한다. 21회
14 용광로 개념은 동화주의와 관련이 있다. 21회

대표기출로 확인

01 문화에 관한 설명으로 옳지 않은 것은? 20회
① 사회체계로서 중간체계에 해당된다.
② 사회구성원들 간에 공유된다.
③ 문화변용은 둘 이상의 문화가 지속적으로 접촉하여 한쪽이나 양쪽에 변화가 일어나는 현상이다.
④ 세대 간에 전승되며 축적된다.
⑤ 사회화에 대한 지침을 제공한다.

> 문화는 정치, 경제, 종교, 철학, 예술, 사상 등과 더불어 거시체계에 해당된다.
>
> 정답 ①

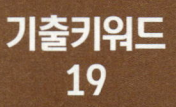

07 인간의 성장발달단계

기출키워드 19

태아기

최근 7개년 평균 출제문항 수 **0.7문항**

01 태아기의 특징

정의	수정 후 출산 전까지의 발달 시기(약 38주간), 인간 발달의 출발점
발달적 특징	• 유전정보에 의해 기본 구조가 결정됨 • 세포 분화 및 장기 형성 – 신체 구조와 기능이 정교화됨 • 인간 발달의 토대가 되는 시기로, 이후 성장과 발달의 기본이 됨 • 초기의 손상이나 스트레스는 장기적 문제로 이어질 수 있음
기간별 특징	• 배란기(수정 후 약 2주간): 수정에서부터 수정체가 자궁벽에 착상하기까지의 시기 • 배아기(2주~8주): 주요 장기 형성 • 태아기(9주~출산): 장기의 성장과 기능화
사회복지실천 과제	• 임산부 대상 조기 개입 프로그램, 산전 교육, 건강관리서비스 제공 필요 • 저소득층 임산부 지원 정책, 산모·태아 복지 증진 필요

02 태아기에 영향을 미치는 주요 요인

유전적 요인	• 염색체 수나 구조 이상, 유전 질환 발생 가능 • 다운증후군: 21번 염색체가 3개인 경우, 총 염색체가 수가 47개(지적장애, 발달 지연 등) • 터너증후군: 여성의 X염색체 결손, 총 염색체 수가 45개(성장·성 발달 저하) • 클라인펠터증후군: 남성이지만 성염색체가 XXY염색체의 형태를 보임(정자 형성 장애 등) • 혈우병: X염색체 열성 유전병(혈액 응고 장애) • 페닐케톤요증(PKU): 대사 이상 유전병, 단백질(아미노산) 분해요소가 결핍(정신지체 유발 가능, 식이조절 필요)
심리사회적 요인	• 산모의 정서 상태: 불안, 우울, 스트레스 → 태아의 정서·신경 발달에 영향 • 가족 지지, 사회적 지지 여부가 출산 준비에 영향을 미침
사회문화적 요인	문화적 출산관, 가족의 태도, 의료서비스 접근성 등도 태내기 발달에 간접 영향을 미침

3회독 Check

기출선지로 확인

태아기의 특징

01 배종기(Germinal Period)는 수정 후 수정란이 자궁벽에 착상할 때까지의 시기를 말한다. 22회

02 임신 3개월이 지나면 태아의 성별구별이 가능해진다. 22회

03 태아의 성장·발육을 위하여 칼슘, 단백질, 철분, 비타민 등을 충분히 섭취하여야 한다. 19회

태아기에 영향을 미치는 주요 요인

04 환경호르몬, 방사능 등 외부 환경과 임신부의 건강상태, 정서상태, 생활습관 등이 태아의 발달에 영향을 미친다. 18회

05 임산부의 심각하고 지속적인 불안은 높은 비율의 유산이나 난산, 조산, 저체중아 출산과 연관이 있다. 19회

06 임신 중 어머니의 과도한 음주는 태아알콜증후군(Fetal Alcohol Syndrome)을 초래할 수 있다. 22회

07 기형발생물질이란 태내 발달에 영향을 미쳐 심각한 손상을 일으키는 환경적 매개물을 말한다. 19회

08 다운증후군은 23쌍의 염색체 중 21번 염색체가 하나 더 존재해서 유발된다. 18회

09 성염색체 이상증세로는 클라인펠터증후군(Klinefelter's Syndrome), 터너증후군(Turner's Syndrome)이 있다. 19회

10 클라인펠터증후군은 X염색체를 더 많이 가진 남성에게 나타난다. 20회

태아기의 검사

11 양수검사(Amniocentesis)를 통해서 다운증후군 등 다양한 유전적 결함을 판별할 수 있다. 22회

12 융모막검사는 정확도가 양수검사에 비해 떨어지고 유산의 위험성이나 사지 기형의 가능성이 있어 염색체 이상이나 노산일 경우에 제한적으로 실시하는 것이 좋다. 18회

대표기출로 확인

01 태내기(수정~출산)에 유전적 요인으로 인해 발생할 수 있는 장애에 관한 설명으로 옳은 것은? 20회

① 다운증후군은 지능 저하를 동반하지 않는다.
② 헌팅톤병은 열성 유전인자 질병으로서 단백질의 대사장애를 일으킨다.
③ 클라인펠터증후군은 X염색체를 더 많이 가진 남성에게 나타난다.
④ 터너증후군은 Y염색체 하나가 더 있는 남성에게 나타난다.
⑤ 혈우병은 여성에게만 발병한다.

> ① 다운증후군은 지능 저하, 발달 지연을 동반한다.
> ② 헌팅톤병은 19세기 의사 조지 헌팅턴이 명명한 퇴행성 뇌질환이며 우성 유전인자 질병으로서 중추신경계에 영향을 미쳐 환자에게 스스로 조절 및 통제 불가능한 이상 운동을 일으킨다. 이때 모습이 꼭 춤을 추는 것과 같다 하여 무도병(춤추는 병)이라 불리기도 한다.
> ④ 터너증후군은 X염색체를 하나만 가진 여성에게 나타난다.
> ⑤ 혈우병은 여성보다 주로 남성에게 발병한다. 이때 여성은 혈우병 인자를 잠복한 상태에서 대부분 그 후대 아들, 손자에게 대물림이 이루어진다.
>
> 정답 ③

07 인간의 성장발달단계

기출키워드 20

영아기 ★빈출

최근 7개년 평균 출제문항 수 **1문항**

01 영아기의 특징

정의	출생 후~약 24개월까지의 시기, 생존과 발달의 기초를 형성하는 시기
발달적 특징	• 피아제의 감각운동기, 에릭슨의 유아기(신뢰감 대 불신감)에 해당 • 빠른 신체적 성장과 감각기관의 기능 발달 • 대근육과 소근육의 조정능력 발달 • 애착 형성, 기본 신뢰감 발달
신체·운동 발달	• 출생 후 체중은 1년 내 약 3배 증가 • 대근육(기기, 걷기 등)과 소근육(잡기, 조작 등) 발달 • 감각기능(시각, 청각, 촉각 등)의 급속한 향상
	생존반사 • 신생아가 출생 직후부터 나타나는 본능적 반응으로, 생명을 유지하고 외부 환경에 적응하기 위한 자동적인 신경 반응 • 중추신경계가 건강하게 발달했음을 나타내는 지표로 사용 • 자극이 사라지면 반사도 곧 중단되며, 특정 시기에 자연스럽게 소멸 • 대표적 생존반사에는 빨기반사, 포유반사, 호흡반사, 눈깜빡임반사 등이 있음 • 생후 수개월 내에 점차 의도적·자발적 행동으로 대체
	원시반사 • 출생 직후 신생아에게 나타나는 무의식적 반사 행동으로, 중추신경계의 성숙 여부를 나타내며, 대부분 생후 몇 개월 내에 소멸함 • 모로반사: 큰 소리나 갑작스런 움직임에 양팔을 벌렸다가 끌어안는 동작(생후 약 4~6개월에 소멸) • 바빈스키반사: 발바닥을 자극하면 엄지발가락이 위로 젖혀지고 나머지 발가락은 벌어짐(생후 약 12개월 이후 소멸)
인지 발달 (피아제)	감각운동기(0~2세)에 해당 → 감각과 운동을 통한 탐색 → 대상영속성 획득 시작 → 모방과 인과성 개념 형성
정서 발달	• 기본 정서 표현: 기쁨, 분노, 공포 등 • 낯가림, 분리불안 등의 사회정서적 반응 등장 • 안정된 양육자와의 애착 형성이 중요
사회성 발달	• 양육자와의 애착이 사회적 관계의 기초 • 애착 유형(안정형, 불안회피형, 불안저항형 등)에 따라 이후 대인관계에 영향
심리사회이론 (에릭슨)	신뢰감 대 불신감(Trust vs Mistrust) → 양육자가 일관되게 반응해 줄 때 기본 신뢰 형성 → 부정적 경험은 불신감·불안 형성
언어 발달	• 옹알이 시작 → 단어 말하기 → 두 단어 조합 • 언어는 애착 형성과 인지 발달과 밀접함
발달 위험요인	• 영양 부족, 양육 방임, 애착 결핍, 감각자극 결핍 등 • 신체적·정서적 학대는 뇌 발달에 장기적 손상 초래 가능
사회복지실천 과제	• 영아기 부모교육, 모자보건서비스, 조기개입 프로그램 • 양육환경 개선, 애착 증진 지원 정책 필요

기출선지로 확인

영아기

01 프로이트(S. Freud)의 구강기, 피아제(J. Piaget)의 감각운동기에 해당된다. 18회, 19회

02 에릭슨(E. Erikson): 주 양육자와의 '신뢰 대 불신'이 중요한 시기이다. 22회

03 제1성장 급등기라고 할 정도로 일생 중 신체적으로 급격한 성장이 일어난다. 18회, 19회

04 외부자극에 주로 반사운동을 한다. 17회

05 인지 발달은 감각기관과 운동기능을 통해 이루어지며 언어나 추상적 개념은 포함되지 않는다. 21회

06 대상영속성이 발달한다. 17회

07 대상이 눈에 보이지 않아도 존재한다는 사실을 인식할 수 있는 대상영속성이 습득된다. 18회

08 낯가림이 시작된다. 21회

09 영아기(0~2세) - 애착발달 22회

10 양육자와의 애착관계형성은 사회·정서적 발달에 매우 중요하다. 18회, 19회, 21회, 23회

11 주 양육자와 관계를 바탕으로 신뢰감을 형성한다. 17회

12 영아기(0~2세)에는 주 양육자와의 안정된 정서적 신뢰관계가 다른 사람이나 사물과의 관계를 형성하는 데 영향을 미치고 이후의 사회적 발달의 밑바탕이 된다. 19회

13 언어 발달은 인지 및 사회성 발달과 밀접한 관련이 있다. 21회

대표기출로 확인

01 영아기(0~2세)에 관한 설명으로 옳은 것은? 22회

① 콜버그(L. Kohlberg): 전인습적 도덕기에 해당한다.
② 에릭슨(E. Erikson): 주 양육자와의 '신뢰 대 불신'이 중요한 시기이다.
③ 피아제(J. Piaget): 보존(Conservation) 개념이 확립되는 시기이다.
④ 프로이트(S. Freud): 거세불안(Castration anxiety)을 경험하는 시기이다.
⑤ 융(C. Jung): 생활양식이 형성되는 시기이다.

> ① 콜버그의 전인습적 도덕기는 4~10세로, 영아기(0~2세)는 이에 해당하지 않는다.
> ③ 피아제의 보존 개념이 확립되는 시기는 구체적 조작기(7~12세)이다.
> ④ 프로이트의 거세불안을 경험하는 시기는 남근기(3~6세)이다.
> ⑤ 생활양식의 개념은 아들러의 이론이다. 아들러는 통상 4~5세경 생활양식이 형성된다고 하였다.
>
> 정답 ②

02 영아기(0~2세)의 특징으로 옳은 것은? 23회

① 애착관계를 형성한다.
② 분류화 개념을 획득한다.
③ 서열화를 획득한다.
④ 오이디푸스 콤플렉스(Oedipus Complex)를 경험한다.
⑤ 상징적 사고가 활발한 시기이다.

> ② 분류화 개념을 획득하는 시기는 피아제가 제시한 구체적 조작기(7~12세)이다.
> ③ 서열화를 획득하는 시기는 피아제가 제시한 구체적 조작기(7~12세)이다.
> ④ 오이디푸스 콤플렉스(Oedipus Complex)를 경험하는 시기는 프로이트가 제시한 남근기(3~6세)이다.
> ⑤ 상징적 사고가 활발한 시기는 피아제가 제시한 전조작기(2~7세)이다.
>
> 정답 ①

07 인간의 성장발달단계

기출키워드 21 유아기 ★빈출

최근 7개년 평균 출제문항 수 **1문항**

01 유아기의 특징

구분	내용
정의	만 2세~만 6세 전후의 시기로, 신체기능과 인지·사회성의 기반이 확장되는 시기
발달적 특징	• 프로이트의 남근기, 피아제의 전조작기, 에릭슨의 걸음마기(자율성 대 수치심 및 회의감), 학령전기(주도성 대 죄책감), 콜버그의 도덕성 발달수준 중 전인습 수준에 해당 • 걷기, 말하기 등 기본 기술이 안정화됨 • 자율성, 독립성, 탐색욕구 증가 • 가족 외 사회적 관계(또래, 교사) 시작
신체·운동 발달	• 신장·체중 증가 속도는 느려지나, 균형감각·운동기능이 향상됨 • 대근육: 달리기, 점프, 계단오르기 등 발달 • 소근육: 그림그리기, 블록 쌓기, 가위질 등 근육 사용이 정교해짐
인지 발달 (피아제)	• 전조작기(2~7세)에 해당 • 상징적 사고: 사물·사건을 언어, 그림, 상상 등으로 표현(예 상상놀이) • 대상영속성: 영아기에 형성되며 유아기에도 확고해짐(물체가 보이지 않아도 존재 인식) • 자기중심성: 다른 사람의 관점을 고려하지 못함 • 물활론: 무생물에도 생명과 감정이 있다고 여김(예 인형이 슬퍼함) • 보존개념 미획득: 모양·길이·양이 변해도 본질은 같다는 개념이 아직 없음(예 컵의 물 높이)
정서 발달	• 기본정서 외 자의식적 정서(예 수치심, 자부심 등) 등장 • 감정 조절 능력 향상, 공감 능력 시작
사회성 발달	• 또래와의 상호작용 증가(평행놀이 → 협동놀이) • 자기주장, 갈등 경험 • 성역할 인식 시작
심리사회이론 (에릭슨)	• 자율성 대 수치심 및 회의감: 목적 있는 놀이와 활동, 상상력 발달 • 주도성 대 죄책감: 자신의 목표 및 계획을 수립하며 이를 달성하고자 노력하고, 또래집단 활동을 통해 주도성이 발달하고 경쟁을 통한 목표성취 과정을 배움
언어 발달	• 단어 수 급증, 문장 구사 능력 향상 – 질문이 많아짐(예 "왜?", "무엇?" 등) • 언어는 사고 확장과 사회적 상호작용 수단
도덕성 발달 (콜버그)	• 전인습 수준 1단계(벌과 복종): 타인의 반응에 따른 행동 조절 • 부모나 권위자 중심의 도덕 판단
자기개념 발달	• 자기 인식 시작, 외적 특성 중심의 자기표현 가능 • 긍정적 자아개념 형성의 초기 단계
발달 위험요인	• 과잉보호, 지나친 통제, 정서적 방임 • 사회적 자극 결핍, 공격적 행동 방치

기출선지로 확인

유아기

01 프로이트(S. Freud)의 남근기에 해당된다. 23회

02 콜버그(L. Kohlberg)의 도덕발달단계에서는 보상 또는 처벌 회피를 위해 행동한다.
17회, 19회

03 에릭슨(E. Erikson)의 주도성 대 죄의식 단계로 부모와 가족이 가장 큰 영향을 미친다.
17회, 19회, 23회

04 영아기(0~2세)보다 성장속도가 느려진다. 20회

05 영아기(0~2세)보다 발달속도가 느려진다. 23회

06 오로지 자신의 관점에 비추어 타인의 감정이나 사고를 예측하는 경향이 있다. 20회

07 전환적 추론이 가능하다. 20회

08 놀이를 통한 발달이 활발한 시기이다. 22회

09 유아기(3~6세)는 사물을 정신적으로 표상할 수 있는 능력이 발달하여 가장놀이를 즐기며, 이는 사회정서 발달에 영향을 미친다. 19회

10 정서적 표현의 특징은 일시적이며 유동적이다.
22회

11 언어발달이 현저하게 이루어지는 시기이다.
22회

12 성적 정체성(gender identity)이 발달하는 시기이다. 17회, 19회

13 성역할의 내면화가 이루어진다. 20회, 23회

14 자신의 성을 인식하는 성 정체성이 발달한다.
22회

15 프로이트(S. Freud)의 오이디푸스 콤플렉스 시기로 이성 부모에게 관심을 갖게 된다. 17회

16 프로이트(S. Freud)의 오이디푸스 콤플렉스와 엘렉트라 콤플렉스가 일어나는 시기이다.
18회, 19회

17 남아는 오이디푸스 콤플렉스를 경험하고 여아는 엘렉트라 콤플렉스를 경험한다. 21회

대표기출로 확인

01 유아기(3~6세)에 관한 설명으로 옳지 않은 것은? 20회

① 영아기(0~2세)보다 성장속도가 느려진다.
② 성역할의 내면화가 이루어진다.
③ 오로지 자신의 관점에 비추어 타인의 감정이나 사고를 예측하는 경향이 있다.
④ 피아제(J. Piaget)의 형식적 조작기에 해당한다.
⑤ 전환적 추론이 가능하다.

> 피아제(J. Piaget)의 전조작기에 해당된다. 프로이트의 남근기, 에릭슨의 주도성 대 죄의식의 시기와 유사하다.
>
> 정답 ④

02 유아기(3~6세)에 관한 설명으로 옳은 것은? 21회

① 남아는 오이디푸스 콤플렉스를 경험하고 여아는 엘렉트라 콤플렉스를 경험한다.
② 콜버그(L. Kohlberg)에 의하면 인습적 수준의 도덕성 발달단계를 보인다.
③ 피아제의 구체적 조작기에 해당되며 상징적 사고가 가능하다.
④ 인지발달은 상위 개념과 하위 개념을 구분하여 완전한 수준의 분류능력을 보인다.
⑤ 영아기에 비해 성장속도가 빨라지며 지속적으로 성장한다.

> 남아가 오이디푸스 콤플렉스를 경험하고, 여아가 엘렉트라 콤플렉스를 경험하는 시기는 남근기(3~6세)이다.
> ② 콜버그(L. Kohlberg)에 의하면 전인습적 수준의 도덕성 발달단계를 보인다.
> ③ 피아제의 전조작기에 해당되며 상징적 사고가 가능하다.
> ④ 인지발달에서 상위 개념과 하위 개념을 구분하여 완전한 수준의 분류능력을 보이는 것은 구체적 조작기(7~12세)이다.
> ⑤ 영아기에 비해 성장속도가 느려진다.
>
> 정답 ①

07 인간의 성장발달단계

기출키워드 22 아동기

최근 7개년 평균 출제문항 수 **0.9문항**

01 아동기의 특징

정의	만 6~12세 전후(초등학교 재학기), 학교생활을 중심으로 사회적 규범과 학습능력이 발달하는 시기
발달적 특징	• 프로이트의 잠복기, 피아제의 구체적 조작기, 에릭슨의 학령기(근면성 대 열등감), 콜버그의 도덕성 발달수준 중 전인습~인습적 수준 초기에 해당 • 신체적 성장속도는 둔화되나 점진적으로 지속성장 • 인지적·정서적·사회적 기술이 확장됨 → 사회 규범과 또래관계의 중요성 증가
신체·운동 발달	• 운동기능 정교화: 달리기, 줄넘기, 글쓰기, 공 던지기 등 숙련도 향상 → 체력과 지구력 증가 • 외모에 대한 자의식 증가
인지 발달 (피아제)	• 구체적 조작기(7~11세)에 해당 • 보존개념 획득: 물의 양, 수, 길이 등은 형태 변화와 무관함을 이해함 • 탈중심화: 다른 사람의 입장과 시각을 고려할 수 있음 • 가역성: 사고의 되돌리기 가능 • 분류·서열화 능력 향상: 사물을 여러 기준으로 분류하고 순서를 매김 • 논리적 사고: 실제 사물에 근거한 논리적 추론 가능(하지만 추상적 사고는 미흡함)
정서 발달	• 자기 통제력 증가, 감정 조절 능력 향상 • 열등감, 수치심 등 복잡한 감정 경험 증가 • 또래와의 비교를 통한 자존감 영향
사회성 발달	• 또래집단의 영향력 강화: 친구 관계와 소속감이 중요해짐 • 사회규칙, 협동, 규범 내재화 • 팀워크, 역할 분담 등 사회기술 습득
자기개념 발달	• 외적 특성에서 내적 특성 중심으로 전환 • 또래 및 부모의 피드백에 따라 자존감이 형성·변화
언어 및 학업능력 발달	• 문해력(읽기·쓰기), 수리력의 급격한 발달 • 논리적 설명, 비교, 요약, 분류 등 언어 사용 능력의 향상
심리사회이론 (에릭슨)	근면성 대 열등감(Industry vs Inferiority) → 학교, 학업, 과제 수행을 통해 유능감 획득 → 실패 시 무능감·열등감 형성
도덕성 발달 (콜버그)	• 전인습 도덕성 후기 또는 인습적 도덕성 초기 진입 • 도구적 상대주의 지향: 이익과 보상 중심, 교환적 사고 • 착한 아이 지향: 타인의 기대에 부응하려는 행동 • 법과 질서 지향: 사회 질서와 규칙을 중시
발달 위험요인	• 학업 실패, 또래관계 좌절, 왕따 경험 • 부모의 과도한 기대, 방임 또는 체벌 • 사회적 비교로 인한 자존감 저하

기출선지로 확인

아동기

01 프로이트(S. Freud): 성 에너지(리비도)가 무의식 속에 잠복하는 잠재기(Latency) 22회

02 피아제(J. Piaget): 보존, 분류, 유목화, 서열화 등의 개념을 점차적으로 획득 22회

03 에릭슨(E. Erikson)은 근면성의 발달을 중요한 과업으로 보았다. 23회

04 콜버그(L. Kohlberg): 인습적 수준의 도덕성 발달단계로 옮겨가는 시기 22회

05 운동기술이나 근육의 협응능력이 정교해진다. 23회

06 보존개념을 획득한다. 19회

07 가역적 사고가 발달한다. 23회

08 분류화·유목화가 가능하다. 19회

09 객관적·논리적 사고가 가능해진다. 21회

10 정서적 통제와 분화된 정서 표현이 가능해진다. 21회

11 동성 또래 관계를 통해 사회화를 경험한다. 17회

12 아동기(7~12세)는 또래친구들과 함께 많은 시간을 보내면서 정서 및 사회적 발달에 영향을 받아 도당기라고도 한다. 19회

13 단체놀이를 통해 개인의 목표가 단체의 목표에 속함을 인식하고 노동배분(역할분담)의 개념을 학습한다. 18회

14 단체놀이를 통해 분업의 원리를 학습한다. 23회

15 조합기술의 획득으로 사칙연산이 가능해진다. 21회

대표기출로 확인

01 아동기(7~12세)의 발달에 관한 설명으로 옳은 것을 모두 고른 것은? 18회

> ㄱ. 에릭슨(E. Erikson)의 심리 사회적 위기 중 솔선성 대 죄의식(Initiative vs Guilt)에 해당된다.
> ㄴ. 조합기술을 획득하기 위해서는 가역성, 보상성, 동일성의 원리에 대한 이해가 필요하다.
> ㄷ. 단체놀이를 통해 개인의 목표가 단체의 목표에 속함을 인식하고 노동배분(역할분담)의 개념을 학습한다.
> ㄹ. 추상적 사고가 가능해져서 미래의 사건을 예측할 수 있는 가설적, 연역적 사고가 발달한다.

① ㄱ　　② ㄷ　　③ ㄱ, ㄷ
④ ㄴ, ㄷ　　⑤ ㄴ, ㄹ

> ㄱ. 에릭슨의 심리 사회적 위기 중 근면성 대 열등감에 해당된다.
> ㄴ. 조합기술보다 보존개념 획득과 연관되며 이를 위해 가역성, 보상성, 동일성의 원리에 대한 이해가 필요하다.
> ㄹ. 추상적 사고가 가능해져서 미래의 사건을 예측할 수 있는 가설적·연역적 사고가 발달하는 시기는 형식적 조작기인 청소년기에 해당된다.
>
> 정답 ②

02 아동기(7~12세)에 관한 설명으로 옳은 것은? 17회

① 자아중심적 사고 특성을 나타낸다.
② 동성 또래관계를 통해 사회화를 경험한다.
③ 신뢰감 대 불신감이 형성되는 시기이다.
④ 심리사회적 유예기간이다.
⑤ 경험하지 않고도 추론이 가능해진다.

> 아동기(7~12세)에는 애정의 대상이 또래친구로 변화되고 특히 이성보다는 동성친구와 더 친밀한 유대관계를 형성하려 한다.
>
> 정답 ②

07 인간의 성장발달단계

기출키워드 23 청소년기 ★빈출

최근 7개년 평균 출제문항 수 **1.1문항**

01 청소년기의 특징

구분	내용
정의	약 12~18세 전후, 아동에서 성인으로 이행하는 전환기로 신체적 성숙과 자아정체성 형성에 중요한 시기
발달적 특징	• 피아제의 형식적 조작기, 프로이트의 생식기, 에릭슨의 청소년기(자아정체감 대 역할혼란), 콜버그의 도덕성 발달수준 중 인습적 수준 이후에 해당 • 제2차 성징이 나타나는 시기(신체적 성숙) • 자율성과 독립성에 대한 욕구 증가 • 자아정체성 탐색과 혼란이 두드러짐
신체 발달	• 급격한 성장(키, 체중), 성 호르몬 증가 • 남녀 모두 제2차 성징 발달(여성: 초경, 남성: 변성 등) • 외모 변화에 대한 민감성과 자아의식 증가
인지 발달 (피아제)	• 형식적 조작기(11세 이후) 진입 • 추상적 사고: 가설 설정, 상징적 의미 이해 • 조합적 사고: 다양한 변수를 조합하여 결과 예측 • 가설-연역적 사고: 문제에 대해 논리적으로 해결방식 고안 • 자기중심적 사고의 재출현: 상상의 청중, 개인적 신화 형성
정서 발달	• 자율성 강화, 정체성 혼란 경험 • 감정 기복 심화, 우울·불안·반항 등 일시적인 정서적 불안정 • 이성에 대한 관심과 연애 감정 발생
사회성 발달	• 부모 중심 관계에서 또래 중심 관계로 전환 • 친구, 연인 관계, 소속감과 사회적 인정 욕구 증가 • 사회규범과 가치관에 대한 의문과 도전
성 정체성과 역할	• 자신의 성 정체성 및 성적 지향 탐색 • 성 역할 고정관념에 도전하거나 수용함 • 성에 대한 정보 습득 및 성 행동 증가 가능성
심리사회이론 (에릭슨)	자아정체감 대 역할혼란: '나는 누구인가?'에 대한 탐색 → 직업, 가치관, 성 역할, 신념 등에 대한 정체성 수립 시도 → 실패 시 정체감 혼란, 방황, 사회적 고립 가능
도덕성 발달 (콜버그)	• 인습적 수준 이후로 발전 가능 • 대인관계 조화 지향(3단계): 타인에게 도움을 주는 행동으로 인정을 받고자 함 • 법과 질서 지향(4단계): 법으로 유대관계를 맺고 법을 준수함으로써 사회질서를 유지한다고 믿음 • 사회계약 지향(5단계): 법은 사회 합의로 변화 가능함을 인식 • 보편적 윤리 지향(6단계): 양심과 인간의 존엄성에 기반한 도덕 판단(이론상 존재 단계)
자기개념 발달	• 추상적·다면적 자기개념의 형성 • 타인의 평가에 민감하며 이상적 자아와 실제 자아 간의 괴리로 혼란 경험

기출선지로 확인

청소년기

01 피아제(J. Piaget)의 인지 발달과정 중 형식적 조작기에 해당된다. 18회
02 프로이트(S. Freud)의 심리성적 발달단계에서 생식기에 해당한다. 22회
03 어린이도 성인도 아니라는 점에서 주변인이라고 불린다. 18회
04 신체적 성장이 급속히 이루어진다는 점에서 제2의 성장 급등기라고 한다. 18회, 21회, 22회
05 이차성징은 여성의 난소·나팔관·자궁·질·남성의 고환·음경·음낭 등 생식을 위해 필요한 기관의 발달을 말한다. 19회
06 특징적 발달 중 하나로 성적 성숙이 있다. 21회
07 심리적 이유기라고도 한다. 17회, 22회
08 정서적 변화가 급격히 일어난다는 점에서 질풍노도의 시기라고 한다. 18회
09 정서의 변화가 심하며 극단적 정서를 경험하기도 한다. 21회
10 추상적 이론과 관념적 사상에 빠져 때로 부정적 정서를 경험한다. 21회
11 애착대상이 부모에서 친구로 이동한다. 17회
12 부모의 권위에 도전하며 잦은 갈등을 겪는 시기이다. 17회
13 청소년기(13~19세)는 또래집단의 지지를 더 선호함으로써 부모로부터 독립하려는 경향을 보인다. 19회
14 동년배 집단에 참여하여 다양한 경험을 한다. 17회
15 상상적 관중을 의식하여 작은 실수에 대해서도 번민한다. 20회
16 다른 사람이 경험하는 위기가 자신에게는 일어나지 않으리라 믿는다. 20회
17 자신의 감정이나 경험이 매우 특별하다고 생각한다. 20회
18 자신이 타인으로부터 집중적인 관심의 대상이 된다고 믿는다. 20회
19 청소년기(13~19세) - 자아정체감 확립 23회

대표기출로 확인

01 청소년기(13~19세)에 관한 설명으로 옳지 않은 것은? 18회
① 신체적 성장이 급속히 이루어진다는 점에서 제2의 성장 급등기라고 한다.
② 어린이도 성인도 아니라는 점에서 주변인이라고 불린다.
③ 상상적 청중과 개인적 우화는 청소년기에 타인을 배려하는 사고가 반영된 예이다.
④ 피아제(J. Piaget)의 인지 발달과정 중 형식적 조작기에 해당된다.
⑤ 정서적 변화가 급격히 일어난다는 점에서 질풍노도의 시기라고 한다.

> 상상적 청중과 개인적 우화는 청소년기의 두드러진 특징이며 이는 자기중심적 사고가 반영된 예이다.
>
> 정답 ③

기출키워드23 청소년기 ★빈출

발달 위험요인	• 정체감 혼란, 진로 불안, 사회적 소외 • 또래 압력, 비행, 약물, 성 문제, 인터넷 중독 등 • 부모와의 갈등, 학업 스트레스
사회복지실천 과제	• 청소년상담, 진로지도, 정체감 형성 지원 • 학교사회복지, 또래관계 증진 프로그램 • 위기개입, 정신건강 서비스, 가족상담 연계 필요

02 마샤의 자아정체감

자아정체감 성취 (위기 있음 / 전념 있음)	• 다양한 가능성을 충분히 탐색한 후 자신의 가치, 직업, 신념 등에 대해 자율적으로 전념한 상태 • 심리적 안정감, 자율성, 자기결정력이 높음
자아정체감 유예 (위기 있음 / 전념 없음)	• 정체감 형성을 위해 탐색은 하고 있으나, 아직 최종적으로 선택하거나 전념하지 않은 상태 • 혼란이나 불안이 있으나, 성장을 위한 중요한 전이 단계
자아정체감 유실 (위기 없음 / 전념 있음)	• 스스로 탐색하지 않고 부모나 사회의 기대에 따라 일찍 전념한 상태 • 외적 안정감은 있으나, 내면의 자기 확신은 결여될 수 있음
자아정체감 혼란 (위기 없음 / 전념 없음)	• 탐색도 없고 전념도 하지 않은 상태로, 방향성 결여와 낮은 자기 통제력이 특징 • 우울, 무기력, 사회적 위축 등이 동반될 수 있음

기출선지로 확인

마샤(J. Marcia)의 자아정체감 유형

20 마샤(J. Marcia)는 자아정체감을 4가지 유형으로 구분했다. 23회
21 정체감 성취(Identity Achievement) 18회
22 정체감 유예(Identity Moratorium) 18회
23 정체감 유실(Identity Foreclosure) 18회
24 정체감 혼란(Identity Diffusion) 18회

대표기출로 확인

02 마샤(J. Marcia)의 자아정체감 유형에 속하지 않는 것은? 18회
① 정체감 수행(identity performance)
② 정체감 혼란(identity diffusion)
③ 정체감 성취(identity achievement)
④ 정체감 유예(identity moratorium)
⑤ 정체감 유실(identity foreclosure)

> 정체감 수행은 마샤가 제시한 4가지 자아정체감 유형에 속하지 않는다.
>
> 정답 ①

07 인간의 성장발달단계

기출키워드 24 청년기

최근 7개년 평균 출제문항 수 **0.9문항**

01 청년기의 특징

정의	약 18세~40세 전후, 성인기로 진입하며 자율성과 책임, 친밀한 관계 형성 및 직업 선택이 중심 과제가 되는 시기
발달적 특징	• 생물학적 성숙 완료, 사회적 독립 추구 • 학업 종료, 직업 진입, 배우자 선택 등 삶의 구조화 시작 • 정체감 확립 이후 타인과의 관계 심화
신체 발달	• 신체능력 최고조 도달(20대) • 질병에 대한 면역력 강함 • 말기에는 신체적 변화의 초기 징후(근력 감소, 시력 저하 등) 시작 가능
인지 발달 (피아제)	• 형식적 조작기 지속되나, 보다 실용적 사고로 전환 • 경험 기반의 문제 해결능력 강화 • 상대주의적 사고 발달 • 사회적 맥락에 따른 판단력 증대
정서 발달	• 자율적 감정조절 능력 발달 • 친밀한 관계에서의 정서 교류 강조 • 사랑, 결혼, 가족 계획 등 감정적 선택 중심
사회성 발달	• 독립적 사회생활 시작 • 직업 선택과 사회적 역할 수행 시작 • 우정·연애·결혼 등 친밀한 관계가 발달의 핵심
심리사회이론 (에릭슨)	친밀감 대 고립감: 타인과의 깊은 정서적 관계 형성 시 친밀감 발달 → 실패 시 고립감, 정서적 거리, 외로움 경험
도덕성 발달 (콜버그)	• 인습적 수준 후반 또는 후인습 수준 진입 • 법과 질서의 유지뿐만 아니라 도덕 원칙과 사회계약 개념의 이해 • 윤리적 판단력 강화 가능
자기개념 및 정체성	• 직업·가족·사회 속에서 역할 수행하며 자기개념 강화 • 자율성과 책임감 확대, 자아존중감 안정화
대인관계 특성	• 진정성, 상호신뢰, 공유 가치 중심의 관계 형성 • 결혼 또는 동반자 관계를 통한 친밀감의 심화
발달 위험요인	정체감 미확립 상태에서 친밀감 시도 시 관계 실패

기출선지로 확인

청년기

01 부모로부터 심리적·경제적으로 독립하여 자율성을 성취하는 시기이다. 20회

02 직업의 준비와 선택은 주요한 발달과업이다. 17회

03 직업 준비와 직업 선택에 대한 의사결정을 하는 시기이다. 22회

04 개인적 욕구와 사회적 욕구 사이에 균형을 찾아 직업을 선택하는 시기이다. 20회

05 자기 부양 능력을 갖추어야 하는 시기이다. 20회

06 사랑하고 보살피는 능력이 심화되는 시기이다. 17회

07 사회적 성역할 정체감이 확립되는 시기이다. 17회

08 친밀감 형성과 성숙한 사회관계 성취가 중요하다. 17회

09 타인과의 관계에서 친밀감을 형성하면서 결혼과 부모됨을 고려하는 시기이다. 20회

10 에릭슨(E. Erikson)은 친밀감 대 고립의 심리사회적 위기가 발생한다고 보았다. 23회

대표기출로 확인

01 청년기(20~39세)에 관한 설명으로 옳은 것은? 22회

① 에릭슨(E. Erikson)은 근면성의 발달을 중요한 과업으로 보았다.
② 다른 시기에 비하여 경제적으로 안정되어 있고 직업에서도 높은 지위와 책임을 갖게 된다.
③ 빈둥지 증후군을 경험하는 시기이다.
④ 또래와의 상호작용을 통하여 자아개념이 발달하기 시작한다.
⑤ 직업 준비와 직업 선택에 대한 의사결정을 하는 시기이다.

> ① 에릭슨이 근면성의 발달을 중요한 과업으로 본 발달단계는 아동기(7~12세)이다.
> ② 다른 시기에 비하여 경제적으로 불안정되어 있고 직업에서도 낮은 지위와 제한된 책임을 갖게 된다.
> ③ 빈둥지 증후군을 경험하는 시기는 중년기(장년기)이다.
> ④ 또래와의 상호작용을 통하여 자아개념이 발달하기 시작하는 시기는 유아기(3~6세)이다.
>
> [정답] ⑤

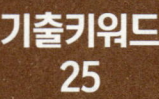

07 인간의 성장발달단계

기출키워드 25

장년기

최근 7개년 평균 출제문항 수 **0.9문항**

01 장년기의 특징

정의	만 40세~65세 전후, 신체적 노화가 시작되며 가족·사회·직업적 책임이 절정에 달하는 시기
발달적 특징	• 신체기능은 점차 쇠퇴하나 사회적 지위와 경험은 정점에 도달 • 자녀 양육, 직업 성취, 노부모 부양 등 복합적 역할 수행 • 자기 삶에 대한 재평가, 성취와 상실의 균형 조절 필요
신체 발달	• 노화의 초기 징후: 시력·청력 감퇴, 대사저하, 탈모, 주름 등 • 여성: 폐경기(50세 전후), 갱년기 증상 • 남성: 테스토스테론 감소, 성기능 변화 가능성
인지 발달 (카텔의 지능이론)	• **결정성 지능(Crystallized Intelligence)**: 경험, 지식, 언어력, 사회적 판단 등 축적된 지능으로 중년기에 정점 → 어휘력, 일반 상식, 직업 기술 등 유지 또는 향상됨 • **유동성 지능(Fluid Intelligence)**: 정보처리 속도, 추리력, 기억력 등 새로운 문제 해결능력으로 중년기부터 점진적 감소 → 신경생리적 기반에 의존, 노화에 민감함
정서 발달	• 감정조절 능력 안정적 • 삶의 만족도는 개인차가 큼: 중년기 위기(Midlife Crisis) 경험 가능 • 자아 통합 또는 자기 재정비 욕구 증대
사회성 발달	• 자녀의 독립, 노부모 부양, 직장 내 역할 변화 경험 • 배우자와의 관계 재정립, 은퇴 준비 과정 시작 • 세대 간 책임감 증가(샌드위치 세대)
심리사회이론 (에릭슨)	**생산성 대 침체감**: 다음 세대를 돌보고 사회에 기여하며 생산성 형성 → 실패 시 자기 몰입, 무의미감, 정체된 삶 경험
직업 및 자기개념	• 안정된 직업적 위치, 최고조의 기술 숙련도 • 일에 대한 재정의 또는 전환 고려 • 자기 존중감은 성취 경험과 밀접하게 연결됨
도덕성 발달 (콜버그)	인습적 수준 후반 또는 후인습 수준 유지 → 사회규범 존중, 공공선에 대한 책임 강조 → 일부는 보편적 도덕원리에 기초한 판단 가능
발달 위험요인	• 자녀의 독립 또는 문제 행동으로 인한 갈등 • 부부관계 소원, 직업 상실, 건강 이상 • 자기존중감 저하, 우울, 갱년기 증상
사회복지실천 과제	• 중년기 상담 및 위기개입(예 갱년기, 가족갈등) • 재취업, 직무재설계, 여가활동 지원 • 노후설계, 부모돌봄 프로그램, 세대 간 관계 증진 사업

기출선지로 확인

장년기

01 남성은 테스토스테론이, 여성은 에스트로겐의 분비가 감소되는 호르몬의 변화과정을 겪는다. 18회

02 성인병 같은 다양한 신체적 질환이 많이 나타나고 갱년기를 경험한다. 18회

03 결정성 지능은 계속 증가하지만 유동성 지능은 감소한다고 본다. 18회

04 결정성(Crystallized) 지능은 계속 발달한다. 23회

05 에릭슨(E. Erikson)의 생산성 대 침체성(Generativity vs Stagenation)의 단계에 해당된다. 18회, 19회

06 에릭슨(E. Erikson)에 의하면 '생산성 대 침체'라는 심리사회적 위기를 극복하게 되면 돌봄(Care)의 덕목을 갖추게 된다. 22회

07 레빈슨(D. Levinson)은 성인 초기의 생애 구조에 대한 평가, 중년기에 대한 가능성 탐구, 새로운 생애 구조 설계를 위한 선택 등을 과업으로 제시하였다. 19회

08 융(C. Jung)은 중년기에 관한 구체적인 개념을 발전시킨 학자이다. 19회

09 융(C. Jung)에 따르면, 외부세계에 쏟았던 에너지를 자신의 내부에 초점을 두며 개성화의 과정을 경험한다. 20회

10 외부세계에 쏟았던 에너지가 자신의 내부로 향한다. 21회

대표기출로 확인

01 중년기(성인중기, 40~64세)에 관한 설명으로 옳지 않은 것은? 18회

① 에릭슨(E. Erikson)의 생산성 대 침체성(Generativity vs Stagnation)의 단계에 해당된다.

② 아들러(A. Adler)는 외부에 쏟았던 에너지를 자기 내부로 돌리며 개성화 과정을 경험한다고 본다.

③ 결정성 지능은 계속 증가하지만 유동성 지능은 감소한다고 본다.

④ 성인병 같은 다양한 신체적 질환이 많이 나타나고 갱년기를 경험한다.

⑤ 남성은 테스토스테론이, 여성은 에스트로겐의 분비가 감소되는 호르몬의 변화과정을 겪는다.

> 개성화는 중년기에 나타나는 대표적 현상으로 융의 분석심리이론의 주요 개념이며, 융(C. Jung)은 고유한 자기의 모습이 되는 것이라 표현하였다. 이는 자기실현이 된 모습이며 모든 콤플렉스를 수용하고 자신의 역기능적 성격과 부조화를 아우르는 역할을 한다고 하였다. 동양에서는 이 시기를 불혹(유혹에 흔들리지 않음), 지천명(하늘의 운명을 이해함)이라 하였다.
>
> 정답 ②

07 인간의 성장발달단계

기출키워드 26

노년기

최근 7개년 평균 출제문항 수 **0.7문항**

01 노년기의 특징

정의	65세 이후 시기로, 신체기능이 현저히 감소하고 생애를 마무리하며 삶의 의미를 돌아보는 시기
발달적 특징	• 은퇴와 소득 감소, 사회적 역할 축소 • 신체적 쇠퇴와 질병 증가, 상실 경험(배우자, 친구 등), 고립 가능성
신체 발달	• 근육량 감소, 골다공증, 시청각 기능 약화, 만성질환(고혈압, 당뇨, 치매 등) 발병률 증가 • 일상생활 활동(ADL)과 도구적 활동(IADL) 수행력의 저하 가능
인지 발달	• 결정성 지능은 상대적으로 잘 유지됨, 유동성 지능은 지속적 감소(정보처리 속도 및 단기기억 저하) • 치매(알츠하이머형, 혈관성 등) 발생 가능성 증가 • 기억: 장기기억은 유지되나, 작업기억과 단기기억은 감소되는 경향
정서 발달	• 상실과 죽음에 대한 적응력 차이 발생, 우울, 외로움, 무력감 경험 가능 • 긍정적 노화(성숙, 삶의 수용)는 정서적 안정감을 높임
사회성 발달	• 은퇴 후 사회적 역할 변화(생산자 → 수혜자) • 사회적 고립, 친구·배우자의 상실 위험, 세대 간 관계 재조정(예 자녀, 손주와의 관계)
심리사회이론 (에릭슨)	자아통합 대 절망: 삶을 수용하며 의미를 찾을 경우 통합감 형성 → 후회와 무의미감을 경험하면 절망에 빠질 수 있음
자기개념 및 정체성	• 이전 역할 상실로 인한 정체성의 재구성 필요 • 자율성 유지 욕구와 의존 사이의 갈등 경험 가능
발달 위험요인	• 신체기능 저하, 경제적 빈곤, 배우자 사망 • 사회적 고립, 우울, 자살 위험 – 치매와 같은 인지장애, 의료접근 제한
사회복지실천 과제	• 지역사회 돌봄 서비스, 방문간호, 치매예방 프로그램 • 노인상담, 정서지원, 상실 대처 프로그램 • 경제적 지원(예 기초연금, 주거보조), 여가·사회참여 기회 확대

02 퀴블러-로스의 비애의 과정

1단계 부정	• 현실을 받아들이지 못하고 상실이나 죽음을 부정함 • 감당하기 어려운 충격으로부터 자신을 보호하려는 심리적 방어기제
2단계 분노	• '왜 나에게 이런 일이 생겼는가'라는 감정이 분출됨 • 상실에 대한 좌절과 억울함이 타인, 자신, 신 등에 대한 분노로 표출
3단계 타협	• 현실을 뒤바꾸기 위한 조건부 거래를 시도함 • 대안적 의료(예 한의학 등), 종교적 기도나 희망적 상상 속에서 상실을 되돌리려 함
4단계 우울	• 상실의 현실을 직면하면서 깊은 슬픔과 무력감을 경험함 • 침묵, 수면장애, 식욕 저하 등 심리적·신체적 반응이 나타남
5단계 수용	• 상실의 현실을 받아들이고 평온하게 수용함 • 정서적으로 안정되며 죽음이나 이별을 준비하고 삶의 마무리를 생각함

기출선지로 확인

노년기

01 신체변화에 대한 적응, 인생에 대한 평가, 역할 재조정, 죽음에 대한 대비 등이 주요 발달과업이다. 18회

02 시각, 청각, 미각 등의 감각기능이 약화되고, 생식기능 또한 점차 약화된다. 18회

03 친근한 사물에 대한 애착이 증가한다. 23회

04 생에 대한 회상경향이 증가한다. 23회

05 노년기 사회적 역할과 관계망의 축소는 고독과 소외를 초래할 수도 있다. 23회

06 분리이론은 노년기를 노인 개인과 사회가 동시에 상호분리를 시작하는 시기로 보는 이론이다. 19회

07 에릭슨(E. Erikson)은 자아통합을 이루지 못하면 절망감을 느낀다고 보았다. 18회

08 에릭슨(E. Erikson)은 심리사회적 위기를 극복하면 지혜라는 능력을 얻게 된다고 보았다. 23회

퀴블러-로스의 죽음에 이르는 5단계

09 퀴블러 로스(E. Kübler-Ross)는 죽음과 상실에 대한 심리적 5단계를 제시하였다. 19회

10 1단계: 죽음을 사실로 받아들이지 않고 부정한다. 17회

11 2단계: 주변 사람들에게 화를 내며 분노한다. 17회

12 3단계: 죽음의 연기를 위해 특정 대상과 타협을 시도한다. 17회

13 5단계: 죽음을 수용하고 임종을 준비한다. 17회

대표기출로 확인

01 노년기(65세 이상)에 관한 설명으로 옳지 않은 것은? 19회

① 분리이론은 노년기를 노인 개인과 사회가 동시에 상호분리를 시작하는 시기로 보는 이론이다.
② 활동이론은 노년기를 잘 보내기 위해서는 은퇴와 같은 종결되는 역할들을 대치할 수 있는 활동을 발견하는 것이 중요하다는 이론이다.
③ 에릭슨(E. Erikson)은 노년기의 발달과제로 자아통합이 중요하다고 주장하였다.
④ 퀴블러 로스(E. Kübler-Ross)는 죽음과 상실에 대한 심리적 5단계를 제시하였다.
⑤ 펙(R. Peck)의 발달과업이론은 생애주기를 중년기와 노년기로 구분하여 설명하였다.

> 펙(R. Peck)의 발달과업이론은 생애주기를 중년기와 노년기를 통합하여 설명하였다.
>
> 정답 ⑤

02 다음이 설명하는 퀴블러 로스(E. Kübler-Ross)의 죽음과 상실에 대한 심리적 단계는? 19회

> 요양병원에 입원하고 있는 A씨는 간암 말기 진단을 받았다. 그는 자신이 죽는다는 것을 인정하고, 가족들이 받게 될 충격을 최소화하기 위해 만남과 헤어짐, 죽음, 추억 등의 이야기를 나누며 시간을 보내고 있다.

① 부정(Denial)
② 분노(Rage and Anger)
③ 타협(Bargaining)
④ 우울(Depression)
⑤ 수용(Acceptance)

> 제시된 내용은 퀴블러 로스의 비애의 과정 중 5단계인 죽음에 대해 인정하고 수용하는 단계이다. 자신에게 발생된 안 좋은 사실들을 받아들이며 모든 것으로부터 초연해지고 순리대로 마무리를 하고자 하는 단계이다.
>
> 정답 ⑤

2영역
사회복지조사론

최근 7개년(23~17회) 기출키워드

'★' 별 표시는 7개년간 자주 출제된 이론과 키워드입니다. 빈출 이론과 키워드를 중심으로 전략적, 효율적으로 학습해 보세요.

구분		기출키워드	최근 7개년 평균 출제문항 수	최근 3개년 출제		
				23회	22회	21회
01 사회복지조사와 과학적 연구	1	과학적 탐구로서의 사회복지조사	0.6문항	☺	☺	
	2	사회과학에서의 연구윤리	0.4문항		☺	☺
	3	과학적 조사방법 및 과학철학 ★	1문항	☺	☺	☺
02 사회복지조사의 이해	4	사회복지조사의 특성	0.1문항			
	5	사회복지조사의 유형 ★	1.9문항	☺	☺	☺
	6	사회복지조사의 절차	0.4문항	☺		
	7	변수 ★	1.3문항	☺	☺	
	8	분석단위	0.1문항		☺	
	9	가설 ★	1문항	☺	☺	☺
03 조사설계와 인과관계	10	조사설계의 의미와 타당도 ★	1.3문항	☺	☺	☺
	11	인과관계의 성립 및 추리방법	0.3문항		☺	
04 실험설계의 유형	12	순수실험설계, 유사실험설계, 전실험설계 ★	1.6문항	☺	☺	☺
	13	단일사례설계	0.9문항	☺	☺	☺

과락은 피하고! 합격선은 넘는! 1트 합격 TIP

- 사회복지조사론은 수험생들이 대체로 어려워하고, 점수가 가장 낮게 나오는 영역이니 과락을 주의해야 합니다.
- 오류(생태학적 오류, 개별주의적 오류, 환원주의 오류, 제1종 오류, 제2종 오류, 체계적 오류, 비체계적 오류, 인과의 오류, 구성의 오류)와 신뢰도 및 타당도(개념, 유형, 저해요인)는 반드시 출제되니 필수로 암기해야 합니다.
- 표본추출과 가설 및 변수도 출제 가능성이 높으니 반드시 눈여겨 보아야 합니다.
- 측정의 개념과 척도의 유형도 사례형이나 보기 제시형으로 매년 출제됩니다.
- 양적조사 및 질적조사는 표로 정리하여 차이점을 숙지하면 효과적입니다.
- 기타 단일사례설계, 내용분석법, 관찰법은 다른 영역(실천론, 실천기술론 등)과 중복되는 내용이니 소홀히 여기지 말고 꼼꼼히 보아야 합니다.

구분		기출키워드	최근 7개년 평균 출제문항 수	최근 3개년 출제		
				23회	22회	21회
05 측정과 척도	14	측정수준 ★	1.1문항	☺	☺	☺
	15	측정의 신뢰도와 타당도 ★	2.1문항	☺	☺	☺
	16	측정의 오류	0.3문항			☺
	17	척도의 유형	0.9문항	☺		☺
06 표본추출	18	표본추출의 개요	0.3문항	☺	☺	
	19	표집의 설계 ★	2.7문항	☺	☺	☺
07 자료수집방법	20	질문지법 ★	1문항	☺		☺
	21	관찰법	0.3문항		☺	
	22	내용분석법	0.6문항	☺	☺	
08 욕구조사와 평가조사	23	욕구조사	0.4문항	☺		☺
	24	평가조사	0.1문항			
09 질적연구	25	질적연구의 특성	0.7문항		☺	☺
	26	질적연구의 유형	0.6문항	☺		☺
	27	질적연구의 방법	0.6문항		☺	

▶ 출제가능성 99%

시험에 꼭 나오는 기출키워드

2영역 강의 ①   2영역 강의 ②

01 사회복지조사와 과학적 연구

기출키워드 1 과학적 탐구로서의 사회복지조사

최근 7개년 평균 출제문항 수 **0.6문항**

01 탐구의 방법

과학적 방법	객관적·사실적·논리적·실증적 방법을 통하여 결론에 이르는 것
비과학적 방법	• 관습에 의한 방법 • 권위에 의한 방법 • 직관에 의한 방법

02 사회과학, 사회복지학 및 과학적 지식의 유형·특징

구분	명칭	내용	사례
학문영역	사회과학	인간의 사회적 행위와 조직에 대해 체계적·경험적으로 연구하는 학문	정치학, 경제학, 심리학, 사회학 등
	사회복지학	• 사회문제 해결과 인간의 복지 증진을 목적으로 하는 실천적 학문 • 사회과학의 하위 영역으로, 정책·실천·행정 등 다양한 분야 포함	빈곤정책, 아동복지, 노인복지, 지역사회복지 등
지식의 유형	자연과학적 지식	실험과 검증을 통해 보편적·법칙적 진리를 추구하는 지식	뉴턴의 운동법칙, 화학반응
	사회과학적 지식	• 사회현상에 대한 설명과 예측을 목적으로 경험적 자료에 기초한 지식 • 완전한 법칙화보다는 경향성 중심	청소년 비행과 가족관계, 사회적 낙인과 자아정체감 형성
	사회복지학의 지식	• 사회복지현장에서의 실천적 문제해결에 필요한 통합적·다학문적 지식 • 과학적 접근 + 인문학적 성찰 + 윤리적 판단 필요	클라이언트 중심 서비스 설계, 사례관리
지식의 특성	과학적 지식의 특징	객관성, 논리성, 검증 가능성, 일반화 가능성, 수정 가능성, 간주관성, 간결성, 재생가능성 등	통계 분석, 실험 설계
	사회복지학 지식의 특징	• 실천적, 맥락의존적, 윤리적 판단 요구 • 과학성과 함께 가치·윤리·정책적 고려 필수	아동학대 의심 사례의 개입과정에서 법적·윤리적 판단 병행
지식 형성 방식	양적연구	가설 검증 중심의 수량화된 데이터 분석을 통한 일반화 지향	설문조사, 실험조사
	질적연구	현상 이해 중심, 맥락적 해석과 참여 관찰 등을 통한 깊이 있는 설명 지향	면접, 참여관찰, 사례연구

기출선지로 확인

사회과학

01 자연과학에 비해 인과관계에 대한 명확한 결론을 내리기 어렵다. 19회
02 끊임없이 변화하는 사회현상을 규명한다. 19회
03 인간의 행위를 연구대상으로 한다. 19회
04 사회문화적 특성의 영향을 받는다. 19회

사회복지학

05 사회복지학은 사회문제에 대처하기 위한 학문이다. 19회
06 사회과학은 사회복지의 실천적 지식의 제공 및 이론적 발전에 기여할 수 있다. 19회
07 사회복지학은 사회과학에 의해 발전된 개념들을 활용할 수 있다. 19회

과학적 지식

08 경험적으로 검증 가능하여야 한다. 22회
09 연구결과는 잠정적이며 수정될 수 있다. 22회
10 연구자의 주관적 가치 판단이 연구과정이나 결론에 작용하지 않도록 객관성을 추구한다. 22회
11 같은 절차를 다른 대상에 반복적으로 적용하여 같은 결과가 나오는지 검토할 수 있다. 22회

대표기출로 확인

01 사회과학과 사회복지학에 관한 설명으로 옳은 것을 모두 고른 것은? 19회

> ㄱ. 사회복지학은 사회문제에 대처하기 위한 학문이다.
> ㄴ. 사회과학은 사회복지의 실천적 지식의 제공 및 이론적 발전에 기여할 수 있다.
> ㄷ. 사회복지학은 응용 과학이 아닌 순수 과학에 속한다.
> ㄹ. 사회복지학은 사회과학에 의해 발전된 개념들을 활용할 수 있다.

① ㄴ, ㄷ ② ㄷ, ㄹ ③ ㄱ, ㄴ, ㄷ
④ ㄱ, ㄴ, ㄹ ⑤ ㄱ, ㄷ, ㄹ

> ㄷ. 사회복지학은 순수 과학의 성격도 있지만 사회에 유용하게 활용할 수 있는 지식기반을 제공해주는 역할이 더 크기에 응용 과학에 더 가깝다.

정답 ④

사회과학에서의 연구윤리

최근 7개년 평균 출제문항 수 **0.4문항**

01 사회과학에서의 연구윤리

구분	내용	유의사항
사전동의 및 자발적 참여	• 연구 참여 전에 충분한 정보를 제공하고, 응답자의 동의를 문서 또는 구두로 받음 • 강요 없이 응답자가 자발적으로 조사에 참여해야 함 • 참여자는 언제든지 연구 참여를 철회할 수 있음	• 참여 전에 연구 목적과 절차를 충분히 설명하여 동의 확보 • 조사 전에 설문지 제공 또는 면접 전에 설명서 제공, 동의서 서명 요구
익명성 보장	응답자의 이름, 신원, 신분 등 신상정보를 비공개로 처리하여 누구인지 알 수 없도록 함	이름 대신 번호나 가명 사용, 개인정보 분리 보관
비밀 보장	수집된 정보가 외부에 누설되지 않도록 보호되어야 하며, 연구 목적 외 사용을 금지함	원자료 비공개, 결과 보고서를 식별 불가능하게 처리

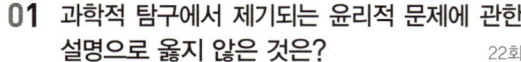

기출선지로 확인

사회과학에서의 연구윤리

01 참여자의 연구참여는 자발적이어야 한다. 21회

02 수업시간에 조사하는 설문지도 응답자의 동의와 자발적 참여가 필요하다. 16회

03 연구참여자에게 연구과정에서 발생할 수 있는 고통을 미리 알리고 사전동의를 구하였다. 18회

04 참여자가 연구에 참여하여 얻을 수 있는 혜택은 사전에 고지한다. 21회

05 참여자가 원할 경우 언제든지 참여를 중단할 수 있음을 사전에 고지한다. 21회

06 고지된 동의는 조사대상자의 판단 능력을 고려하여야 한다. 22회

07 참여자의 익명성과 비밀을 보장한다. 21회

08 연구자는 개인정보 유출 등으로 인해 연구참여자에게 피해를 주지 않도록 신중을 기해야 한다. 22회

09 타인의 연구결과를 인용 없이 사용하는 경우를 표절이라 한다. 16회

10 사회복지조사에서는 비밀유지가 엄격히 지켜질 수 없는 상황이 발생할 수 있다. 22회

11 연구자는 기대했던 연구결과와 다르더라도 그 결과를 사실대로 보고해야 한다. 22회

대표기출로 확인

01 과학적 탐구에서 제기되는 윤리적 문제에 관한 설명으로 옳지 않은 것은? 22회

① 어떤 경우라도 연구참여자 속이기는 허용되지 않는다.
② 고지된 동의는 조사대상자의 판단 능력을 고려하여야 한다.
③ 연구자는 기대했던 연구결과와 다르더라도 그 결과를 사실대로 보고해야 한다.
④ 사회복지조사에서는 비밀유지가 엄격히 지켜질 수 없는 상황이 발생할 수 있다.
⑤ 연구자는 개인정보 유출 등으로 인해 연구참여자에게 피해를 주지 않도록 신중을 기해야 한다.

> 상황과 대상 그리고 피치 못할 경우에는 연구참여자의 기만이 최소한의 범위에서 제한적으로 허용되기도 한다.
>
> 정답 ①

과학적 조사방법 및 과학철학 ★빈출

기출키워드 3

01 사회복지조사와 과학적 연구

최근 7개년 평균 출제문항 수 **1문항**

01 과학적 지식의 특성

논리적	과학적 설명과 판단은 논리(연역적, 귀납적)와 이성에 기반하여 구성됨
결정론적	현상의 결과는 원인에 의해 도출됨
일반적	개별 현상의 연구를 통해 보다 일반적인 법칙이나 이론을 도출하려고 함
간결성	복잡한 현상의 불필요한 요소를 배제하고 간결하게 표현하는 것
구체적	측정 가능하고 명확한 변수로 표현되어야 함
경험적 검증 가능성	주장이나 이론은 반복 가능한 실험이나 관찰을 통해 검증할 수 있어야 함
간주관성	연구자의 연구 동기는 다를지라도 동일 결론에 도달하는 것
수정 가능성	새로운 증거, 반증이 나타나면 기존 이론이나 설명을 수정할 수 있어야 함
재현성(반복 가능성)	연구 결과는 연구자의 주관이 아니라 타인도 동일하게 재현 가능한 방식으로 관찰되어야 함
객관성	개인의 다양한 주관적 판단보다 공통의 관점을 기반으로 함

02 과학적 방법의 논리체계

- 이론적으로는 연역적 방법과 귀납적 방법이 구별될 수 있지만, 실제 연구 과정에서는 어느 한 가지 방법에만 의존하는 것이 아니라 연역, 귀납, 연역 등의 순서로 과정이 순환됨
- 연역법: 이론 → 가설 → 조작화 → 측정 → 가설검증
- 귀납법: 주제 → 관찰 → 패턴(유형) → 결론

+ 과학적 전개 방법

'과학의 논리', '과학적 방법의 논리', '과학적 조사의 논리' 어떤 용어로 표현되었든 이는 귀납법과 연역법을 가리킴

기출선지로 확인

과학적 연구방법

01 철학이나 신념보다는 이론에 기반한다. 15회

02 경험적인 증거에 기반하여 지식을 탐구한다. 15회

03 현상의 규칙성에 대한 관심이 높다. 15회

04 허위화(Falsification)의 가능성에 대해 개방적이어야 한다. 15회

05 연구결과의 일반화를 위해 모집단의 속성이 반영된 충분한 표본을 조사하였다. 23회

귀납법

06 경험적 관찰에서 보편적 유형을 찾는 것은 귀납법이다. 11회

연역법

07 이론적 이해 → 가설 → 조작화 → 측정 → 가설검증 10회

대표기출로 확인

01 과학적 지식의 특성에 관한 설명으로 옳은 것을 모두 고른 것은? 22회

ㄱ. 경험적으로 검증 가능하여야 한다.
ㄴ. 연구결과는 잠정적이며 수정될 수 있다.
ㄷ. 연구자의 주관적 가치 판단이 연구과정이나 결론에 작용하지 않도록 객관성을 추구한다.
ㄹ. 같은 절차를 다른 대상에 반복적으로 적용하여 같은 결과가 나오는지 검토할 수 있다.

① ㄱ, ㄷ
② ㄴ, ㄹ
③ ㄱ, ㄴ, ㄷ
④ ㄴ, ㄷ, ㄹ
⑤ ㄱ, ㄴ, ㄷ, ㄹ

ㄱ~ㄹ. 모두 과학적 지식에 대한 설명이다. 과학적 지식의 특성은 다음과 같다.
• 잠정적, 확률적으로 설명 가능해야 함
• 수정 가능, 반복 가능(재현성)해야 함
• 객관적 타당성(가치 중립적)
• 경험적 검증 가능성 확보

정답 ⑤

기출키워드3 과학적 조사방법 및 과학철학 ★빈출

03 과학철학의 유형 및 특징

귀납주의	• 구체적인 관찰이나 경험적 데이터를 바탕으로 일반화된 이론을 세우는 방법론 • 특정 사례들을 통해 넓은 범위의 원리나 법칙을 추론하는 것으로서 질적조사의 전개방법
연역주의	• 일반적인 원리나 이론을 바탕으로 구체적인 사실을 추론하는 방법 • 이론이나 법칙을 바탕으로 특정한 현상이나 사건에 대해 예측하거나 설명하는 방식 • 논리적이고 체계적인 과정이며 일반적인 원리에서 시작해 구체적인 결론을 도출
논리실증주의	• 진리는 객관적 실재를 정확하게 반영하며, 경험을 통해 검증 가능 • 관찰자는 외부 세계로부터 정보를 '객관적으로' 수집할 수 있음 • 경험적 관찰을 통한 가설의 '검증'이 중심
포퍼의 반증주의	• 과학 이론이 진실인지 아닌지를 판단할 때, 그 이론이 반증 가능해야 한다는 관점 • 과학적 이론은 실험이나 관찰을 통해 반증될 수 있어야 한다는 주장 • 이론이 반증될 수 없으면 그것은 과학적이지 않다는 것으로 봄
쿤의 과학적 혁명론	• 기존 패러다임이 붕괴하면서 신이론과 방법론이 등장하여 과학의 근본적 전환이 일어남 • 과학자 공동체가 공유하는 이론, 방법론, 문제 해결 방식 등 인식과 실천의 총체를 강조 • 패러다임의 변화를 점진적인 것이 아니라 혁신(혁명)적인 것으로 봄

04 쿤의 패러다임

구분	내용	사례
패러다임의 정의	특정 시대의 과학자들이 공유하는 이론, 연구방법, 문제 해결 방식 등을 포괄하는 과학적 사고의 틀	뉴턴 역학, 코페르니쿠스의 지동설 패러다임
과학 발전의 특성	• 과학은 점진적 축적이 아닌 불연속적 혁명(패러다임 전환)에 의해 진보함 • 정상과학 → 특별현상 축적 → 위기 → 혁명 → 새로운 정상과학	아리스토텔레스 물리학 → 뉴턴역학 → 상대성 이론
정상과학의 성격	• 기존 패러다임 내에서 규칙에 따라 문제를 해결해 나가는 과정으로, 이론을 의심하지 않고 적용과 정교화에 집중 • 퍼즐 풀이 방식의 점진적 연구 활동	천문학자들이 프톨레마이오스 체계 내에서 천체 움직임 계산
특별현상의 기능	• 기존 패러다임으로 설명할 수 없는 현상이 누적되면서 위기를 유발함 • 설명 불가능한 현상의 반복 → 이론에 대한 의문 제기	수성 궤도의 이상, 광속 불변성
과학혁명의 의미	• 기존 패러다임이 붕괴되고 새로운 이론과 방법론이 등장하여 과학의 근본적 전환이 일어나는 현상 • 패러다임 붕괴 → 새로운 지적 질서 수립	상대성 이론의 등장, 양자역학의 출현
패러다임 전환의 과정과 조건	• 기존 이론의 실패, 대안 이론의 제시, 사회적 수용 과정 등이 복합적으로 작용하며 전환이 이루어짐 • 논리적 우위 + 사회적 요인 + 세대 교체 등 복합적 전환 메커니즘 작동	지동설이 일찍 제시되었으나, 오랜 기간 천동설 유지

기출선지로 확인

쿤의 과학적 혁명론

08 쿤(T. Kuhn)은 패러다임의 변화를 점진적인 것이 아니라 혁신적인 것으로 봤다. 14회

09 과학은 일정한 방향으로 누적적 진보를 하지 않는다. 11회

10 과학적 진리는 과학공동체의 패러다임에 의존한다. 11회

11 과학적 진리는 사회의 성격에 영향을 받는다. 11회

12 패러다임의 우열을 비교할 수 있는 객관적 기준은 존재하지 않는다. 11회

13 쿤(T. Kuhn)은 당대의 지배적 패러다임에서 벗어나지 않는 것을 정상과학이라고 지칭하였다. 22회

14 현상에 대한 우리의 관점을 조직하는 근본적인 도식을 패러다임이라 한다. 16회

15 학문 공동체의 사회적 성격이 과학이론 선택에 중요한 역할을 한다. 16회

16 상이한 과학적 패러다임은 실재의 본질에 대한 다른 입장을 반영한다. 16회

17 기존 패러다임의 위기가 명백해지면 새로운 패러다임으로 전환된다. 16회

18 쿤(T. Kuhn)은 과학적 혁명에서 패러다임 전환을 제시하였다. 22회

포퍼의 반증주의

19 포퍼(K. Popper)의 반증주의는 연역법에 의존한다. 22회

20 포퍼(K. Popper)는 이론이란 증명되는 것이 아니라 반증되는 것이라고 하였다. 22회

21 논리적 경험주의는 과학의 이론들이 확률적으로 검증되는 관찰에 의해서만 정당화될 수 있다고 주장한다. 20회

대표기출로 확인

02 과학철학에 관한 설명으로 옳은 것은? 20회

① 논리적 실증주의에 가장 큰 영향을 미친 사람은 영국의 철학자 흄(D. Hume)이다.
② 상대론적인 입장에서는 경험에 의한 지식의 객관성을 추구한다.
③ 쿤(T. Kuhn)에 의하면 과학은 기존의 이론과 상충되는 현상을 관찰하는 데서 출발하여 기존의 이론에 엄격한 검증을 행한다.
④ 반증주의는 누적적인 진보를 부정하면서 역사적 사실들과 더 잘 부합하는 새로운 패러다임을 제시하였다.
⑤ 논리적 경험주의는 과학의 이론들이 확률적으로 검증되는 관찰에 의해서만 정당화될 수 있다고 주장한다.

① 논리적 실증주의에 가장 큰 영향을 미친 사람은 프랑스의 콩트(Comte)이다.
② 상대론적인 입장에서는 경험에 의한 지식의 주관성을 추구한다.
③ 기존의 이론과 상충되는 현상을 관찰하는 데서 출발하여 기존의 이론에 엄격한 검증을 행하는 것은 포퍼(Popper)의 반증주의이다.
④ 누적적인 진보를 부정하면서 역사적 사실들과 더 잘 부합하는 새로운 패러다임을 제시하는 것은 쿤(Kuhn)의 과학적 혁명이다.

정답 ⑤

기출키워드3 과학적 조사방법 및 과학철학 ★빈출

과학자 공동체의 역할	• 특정 패러다임을 내면화하고, 그에 따라 교육·연구·출판 등에서 지식과 규범을 재생산함 • 패러다임 유지 및 확산의 제도적·문화적 기반	학회, 학술지, 대학 커리큘럼 등
진리 개념의 상대성	• 진리는 절대불변이 아닌, 패러다임 내에서 유효한 설명 체계로서 정의됨 • 진리는 시대와 패러다임에 따라 정의됨	과거 천동설도 한때 '진리'로 간주됨
비판	• 과학 역시 사회적·역사적·심리적 맥락 속에서 발전하며, 완전한 객관성과 가치중립은 불가능함 • 과학지식의 사회성 인식 → 과학의 절대성 비판	"과학도 하나의 신념 체계일 수 있다."는 포스트모더니즘적 해석

05 해석주의와 실증주의

해석주의	• 사회현상은 인간의 주관적 의미를 이해해야 하며, 맥락 속에서 '의미'를 해석하는 것이 중요 • 진리는 인간의 주관적 의미와 맥락에 따라 구성되며, 복수의 진리 존재 가능 • 인간은 의미를 부여하고 해석하는 주체이며, 자율적이고 상황적 존재
실증주의	• 객관적 사실과 법칙을 발견할 수 있다는 신념 • 사회현상도 자연과학처럼 관찰과 측정으로 분석 가능 • 인간은 외부 자극에 따라 반응하는 존재이며, 합리적·법칙적 존재
비판적 사회주의	• 실증적 분석을 수용하면서도, 사회 구조와 권력 관계를 비판적으로 분석하는 접근 • 혼합적 접근 + 이데올로기 비판·담론분석·역사분석 등 적극적 비판 방법 포함
후기실증주의	실증주의의 엄격하고 공식화된 명제에서 보다 유연하고 탄력적으로 명제를 수용해서 검증하는 것

기출선지로 확인

실증주의

22 인간행위를 예측할 수 있는 확률적 법칙을 강조한다. 17회
23 과학과 비과학을 철저히 구분하려 한다. 17회
24 연구결과를 잠정적인 지식으로 간주한다. 17회
25 이론의 재검증 20회
26 객관적 조사 20회
27 보편적이고 적용 가능한 통계적 분석도구 20회
28 관찰결과의 일반화 가능성을 강조한다. 17회
29 연구결과의 일반화 20회

해석주의

30 해석주의는 주로 언어를 분석 대상으로 활용한다. 13회

후기실증주의

31 지식의 본질을 잠정적, 확률적으로 본다. 18회
32 후기실증주의는 객관적인 지식에 대한 직접 확증은 불가능하다고 본다. 21회

대표기출로 확인

03 사회과학의 패러다임에 관한 설명으로 옳지 않은 것은? 21회

① 실증주의는 연구결과를 해석할 때 정치적 가치나 이데올로기의 영향을 적극적으로 고려한다.
② 해석주의는 삶에 관한 심층적이고 주관적인 이해를 얻고자 한다.
③ 비판주의는 사회변화를 목적으로 사회의 본질적이고 구조적 측면의 파악에 주목한다.
④ 후기실증주의는 객관적인 지식에 대한 직접적 확증은 불가능하다고 본다.
⑤ 포스트모더니즘은 객관적 실재와 진리의 보편적 기준을 거부한다.

> 연구결과를 해석할 때 정치적 가치나 이데올로기의 영향을 적극적으로 고려하는 것은 해석주의에 가깝다.
>
> 정답 ①

02 사회복지조사의 이해

기출키워드 4

사회복지조사의 특성

최근 7개년 평균 출제문항 수 **0.1문항**

01 사회복지조사의 개념

정의	사회문제 및 복지 현상을 과학적이고 체계적인 방법으로 조사하여, 사회복지 실천과 정책 수립에 활용 가능한 기초적·응용적 자료를 생산하는 과정
조사의 목적	• 욕구 파악 • 문제 규명 • 프로그램 개발 및 평가 • 정책 수립 지원 • 이론 개발 및 검증
특징	• 실천적이고 가치 중립적 지향 • 과학적·체계적 절차 활용 • 양적·질적 전개 방법 모두 가능 • 조사 목적이 명확하고 객관성이 높을수록 설계와 분석이 정교해짐 • 타당도, 신뢰도 확보 시 조사 결과의 적용 가능성과 실천 효과가 상승

02 사회복지조사의 성격

사회개량적 성격	사회의 모순이나 병리를 해명하여 사회구조나 제도의 개선을 도모함
사회복지방법의 기반	개인의 생활사, 성격, 환경 등을 조사하여 개별·집단·지역사회 복지사업의 기초자료 제공
목적달성의 성격	사회복지 사업이 초기 목적을 얼마나 달성했는지, 효과는 어떠했는지를 측정
사회사업의 과학화	사회복지 이론을 체계화하고 과학적으로 설명하는 데 필요한 기초자료 제공

03 사회복지조사의 필요성

효과성 증진	사회복지사가 자신의 실천이 효과적인지 확인하고 개선하기 위함
전문성 향상	최신 연구와 사회복지 이슈에 접근하고, 이를 비판적으로 평가하기 위함
책임성 확보	클라이언트에게 책임 있는 전문서비스를 제공하기 위한 기반 마련

기출선지로 확인

사회복지조사의 개념

01 사회복지 관련 이론 개발에 사용된다. 20회
02 연구의 전 과정에서 결정주의적 성향을 지양해야 한다. 20회

사회복지조사의 필요성

03 개입의 효과성을 높이기 위해 9회
04 실천 과정에서 적용한 이론 검증을 위해 9회
05 서비스 이용자에 대한 책임성을 높이기 위해 9회
06 실천지식과 기술을 과학적으로 발전시키기 위해 9회
07 문제해결을 위한 사회복지 개입방법의 타당성을 검증할 수 있다. 23회
08 사회복지서비스를 위한 지식과 기술을 제공할 수 있다. 23회
09 프로그램의 지속 여부를 결정하는 객관적 근거를 제공할 수 있다. 23회
10 클라이언트의 욕구를 파악하여 문제해결의 방향을 제시할 수 있다. 23회

대표기출로 확인

01 사회복지조사에 관한 설명으로 옳은 것을 모두 고른 것은? 20회

> ㄱ. 사회복지 관련 이론 개발에 사용된다.
> ㄴ. 여론조사나 인구센서스 조사는 전형적인 탐색 목적의 조사연구이다.
> ㄷ. 연구의 전 과정에서 결정주의적 성향을 지양해야 한다.
> ㄹ. 조사범위에 따라 횡단연구와 종단연구로 나뉘어진다.

① ㄱ, ㄷ
② ㄴ, ㄹ
③ ㄱ, ㄴ, ㄷ
④ ㄴ, ㄷ, ㄹ
⑤ ㄱ, ㄴ, ㄷ, ㄹ

> ㄴ. 여론조사나 인구센서스 조사는 전형적인 기술적 조사, 횡단조사이다.
> ㄹ. 조사범위에 따라 전수조사와 표본조사로 구분된다. 반면 횡단연구, 종단연구는 시간의 차원에 따른 분류이다.
>
> 정답 ①

02 사회복지조사의 이해

기출키워드 5

사회복지조사의 유형 ★빈출

최근 7개년 평균 출제문항 수 **1.9문항**

01 조사 목적에 따른 분류

탐색적 조사	• 사전지식이 부족하거나, 본조사에 앞서 조사 설계 방향을 설정하는 데 목적이 있음 • 예비조사(Pilot study), 융통성이 많음(수정 가능) • 문헌조사: 가장 경제적이고 빠름, 학술지, 논문, 통계자료 등(2차적 자료) • 전문가조사: 전문인(교수, 연구원, 기자 등)에게 정보를 획득 • 특례조사: 유사상황 분석(70~80%) → 논리적 추론 → 시사(시뮬레이션)
기술적 조사	• 현상의 모양·분포·크기·비율을 파악하여 현상이나 주제를 정확하게 기술(Description)하는 것을 주목적으로 하는 조사 • 인과관계보다 현재상태를 파악하는 데 관심이 있음 • 연구문제, 가설 설정
설명적 조사	• 변수 간 인과관계를 검증하거나 특정 가설을 증명하기 위한 조사로, 현상의 원인·결과 관계를 설명하는 데 초점을 둠 • 집단적 조사, 예측적 조사 • 실천분야의 효과성

02 시간적 차원에 의한 분류

구분	횡단조사	종단조사
정의	특정 시점에 여러 대상 집단을 한 번 조사	동일한 집단이나 유사한 집단을 시간을 두고 반복 조사
목적	현재 상태나 특성 파악	변화 과정, 인과관계, 추세 분석
조사 시점	한 시점	두 시점 이상(시간 경과에 따라 반복 측정)
장점	• 시간과 비용이 적게 소요됨 • 실시가 간편함	• 변화·발달·인과관계 추적 가능 • 시간 흐름에 따른 변화를 이해할 수 있음
단점	• 인과관계 파악이 어려움 • 일시적 정보만 제공	• 시간과 비용 부담이 큼 • 일부 종단연구에서는 패널 탈락 등의 문제가 발생할 수 있음

➕ **종단조사의 유형**

패널조사	동일한 집단(동일한 사람)을 여러 시점에 걸쳐 반복 조사 예) 동일한 학생 집단을 3년간 추적 조사
경향조사	같은 모집단에서 각기 다른 표본을 추출하여 시간 흐름에 따른 경향을 파악 예) 동일한 특성을 가진 집단(예) 같은 출생연도)을 시간 간격을 두고 추적 조사
동년배조사 (코호트조사)	같은 시점에 동일한 특성을 공유한 사람들(예) 출생연도)을 시간 흐름에 따라 추적 예) 베이비부머 집단의 고용 상태를 10년 동안 추적 조사

기출선지로 확인

사회조사 목적에 따른 구분

01 사회복지협의회가 매년 실시하는 사회복지기관 통계조사는 기술적 연구이다. 21회

02 지역사회대상 설문조사를 통해 사회복지서비스의 만족도를 조사하는 것은 기술적 연구이다. 21회

03 지난해 발생한 데이트폭력사건의 빈도와 유형을 자세히 보고하는 것은 기술적 연구이다. 21회

04 지방도시에 비해 대도시의 아동학대 비율이 높은 이유를 보고하는 것은 설명적 연구이다. 21회

시간적 차원에 의한 분류

05 종단연구 – 시간흐름에 따른 조사대상의 변화를 측정하는 연구이다. 18회

06 추세연구, 패널연구, 코호트(동년배)연구: 둘 이상의 시점에서 조사가 이루어진다. 20회

07 추세연구, 동년배연구: 동일대상 반복측정을 원칙으로 하지 않는다. 20회

08 패널조사: 동일한 표본을 대상으로 시간을 달리하여 추적 관찰하는 연구 22회

09 조사대상의 추적과 관리 때문에 가장 많은 비용이 드는 것은 패널연구이다. 18회

10 일정 주기별 인구변화에 대한 조사는 경향연구이다. 18회

11 코호트조사: 일정연령이나 일정연령 범위 내 사람들의 집단이 조사대상인 종단연구 22회

12 동년배집단연구는 언제나 동일한 대상을 조사하는 것은 아니다. 18회

대표기출로 확인

01 다음에서 설명하는 조사유형에 해당하는 것은? 20회

- 둘 이상의 시점에서 조사가 이루어진다.
- 동일 대상 반복측정을 원칙으로 하지 않는다.

① 추세연구, 횡단연구
② 패널연구, 추세연구
③ 횡단연구, 동년배(cohort)연구
④ 추세연구, 동년배연구
⑤ 패널연구, 동년배연구

- 둘 이상의 시점에서 조사가 이루어지는 것은 추세, 패널, 코호트연구이다.
- 동일 대상 반복측정을 원칙으로 하지 않는 것은 추세, 동년배(동류집단, 코호트)연구이다.

정답 ④

02 사회조사의 목적에 관한 설명으로 옳지 않은 것은? 21회

① 지난해 발생한 데이트폭력사건의 빈도와 유형을 자세히 보고하는 것은 기술적 연구이다.
② 외상후스트레스로 퇴역한 군인을 위한 서비스개발의 가능성을 파악하기 위한 초기면접은 설명적 연구이다.
③ 사회복지협의회가 매년 실시하는 사회복지기관 통계조사는 기술적 연구이다.
④ 지방도시에 비해 대도시의 아동학대비율이 높은 이유를 보고하는 것은 설명적 연구이다.
⑤ 지역사회대상 설문조사를 통해 사회복지서비스의 만족도를 조사하는 것은 기술적 연구이다.

외상후스트레스로 퇴역한 군인을 위한 서비스개발의 가능성을 파악하기 위한 초기면접은 탐색적 연구이다.

정답 ②

기출키워드5 사회복지조사의 유형 ★빈출

03 조사방법에 따른 분류

구분	양적조사	질적조사	혼합조사
자료의 성격	수량화된 수치 자료	언어적·서술적 자료	수치 자료 + 서술 자료
목적	변수 간 인과관계 파악, 일반화 가능성	현상의 의미·맥락·경험 이해	인과관계와 의미의 통합적 분석
연구질문 형태	"얼마나?", "어떤 관계인가?" 등 폐쇄형 질문 중심	"왜?", "어떻게?" 등 개방형 질문 중심	두 가지 질문을 모두 포함
자료수집 도구	구조화된 설문지, 표준화된 실험, 통계자료 등	심층면접, 참여관찰, 사례연구 등	설문지 + 인터뷰, 실험 + 관찰 등 도구 병행
자료분석 방식	• 통계적 분석(기술통계, 추론통계) • 통계 기반	• 주제분석, 내용분석, 해석학적 접근 • 의미 해석 중심	양적분석 + 질적코딩 또는 통합적 분석 기법 사용
연구자의 역할	객관적 관찰자(개입 최소화)	현장 내 참여자, 해석자(상호작용 중요)	상황에 따라 객관성과 해석을 균형 있게 조절
표본 구성	대표성 있는 확률표본 사용	목적 표집, 사례 표집 등 비확률표본 사용	연구 목적에 따라 확률 + 비확률표집 혼합 사용
결과의 일반화 가능성	• 통계적으로 일반화 가능 • 일반화 가능성 높음	• 사례 중심의 이론화, 일반화는 제한적 • 일반화 가능성 낮음	• 상호보완적 분석 결과로 이론적 풍부함 제공 • 제한적 일반화 가능
강점	신뢰도, 객관성, 반복 가능성 강조	깊이 있는 맥락적 이해, 주관성·상징성 탐색	폭넓은 시야 확보, 복잡한 문제에 대한 다면적 접근 가능
한계	인간행위의 맥락과 의미를 설명하는 데 제한	일반화 어려움, 분석자의 주관성 개입 위험	설계 및 분석 복잡, 자원 소모 큼

기출선지로 확인

양적조사와 질적조사

13 질적조사에 비하여 양적조사의 표본크기가 상대적으로 크다. 19회

14 양적조사에 비하여 질적조사는 사회 현상의 주관적 의미에 관심을 갖는다. 19회

15 양적조사는 가설검증을 지향하고 질적조사는 탐색, 발견을 지향한다. 19회

혼합연구방법

16 철학적, 개념적, 이론적 틀을 기반으로 한다. 18회

17 양적설계에 질적자료를 단순히 추가하는 것은 아니다. 18회

18 질적연구방법으로 발견한 연구주제를 양적연구방법을 이용하여 탐구하기도 한다. 18회

19 각각의 연구방법을 통해 얻은 결과가 서로 확증되는지 알아보기 위해 사용한다. 18회

대표기출로 확인

03 혼합연구방법(mixed methodology)에 관한 설명으로 옳지 않은 것은? 18회
① 철학적, 개념적, 이론적 틀을 기반으로 한다.
② 설계유형은 병합, 설명, 구축, 실험이 있다.
③ 양적 설계에 질적자료를 단순히 추가하는 것은 아니다.
④ 각각의 연구방법을 통해 얻은 결과가 서로 확증되는지 알아보기 위해 사용한다.
⑤ 질적연구방법으로 발견한 연구주제를 양적연구방법을 이용하여 탐구하기도 한다.

> 혼합연구방법의 설계유형은 삼각화 설계, 내재적 설계, 설명적 설계, 탐색적 설계가 있다. 이외 혼합연구방법의 특징은 다음과 같다.
> - 철학적, 개념적, 이론적 틀을 기반
> - 양적설계에 질적자료를 단순히 추가하는 것은 아님
> - 양적 연구의 결과에서 질적연구로 시작, 질적연구의 결과에서 양적 연구로 시작 가능
> - 연구자에 따라 어떤 연구 방법에 더 비중을 두는가는 차이가 있음
> - 혼합연구방법은 양적연구의 실증주의, 질적연구의 해석주의를 포함한 다양한 연구 패러다임을 받아들임
>
> 정답 ②

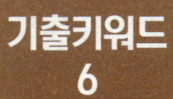

02 사회복지조사의 이해

기출키워드 6 사회복지조사의 절차

최근 7개년 평균 출제문항 수 **0.4문항**

01 사회복지조사의 절차

구분	내용	특징
문제제기	조사할 이슈와 목적을 구체화하는 단계	• 사회문제와 쟁점 명확화 • 조사 목적 설정 • 이론 구축과 가설 구성 진행
가설설정	연구문제에 근거하여 예상되는 변수 간의 관계를 진술하는 단계	• 조사 목적과 연구 문제에 따라 적절한 가설 설정 • 명확하고 검증 가능한 진술 필요 • 경험적 자료 수집 및 분석의 기준 제시
조사설계	조사의 전반적 계획을 수립하는 단계	• 조사문제 접근 전략 • 모집단·표본, 측정방법, 분석방법 결정 • 자료 수집 및 보고 계획 포함
자료수집	현장에서 자료를 수집하는 단계	• 질문지, 면접, 관찰 등 활용 • 욕구 도출 및 정보 수집 수행
자료분석	수집된 자료를 정리하고 해석하는 단계	• 편집: 일관성 있는 자료 구성 • 코딩: 자료에 숫자 부여 • 통계기법: 분석방법 적용
결과보고	조사 결과를 보고서로 작성하고 공유하는 단계	• 이론적·실천적 목적 반영 • 내부 및 외부 공개 • 결과 해석 및 활용 가능성 제시

기출선지로 확인

사회복지조사의 절차

01 문제설정 → 가설설정 → 조사설계 → 자료수집 → 자료분석 → 보고서작성 *19회*

02 연구문제의 발견 및 설정은 조사에서 핵심적인 부분이다. *12회*

03 가설은 연구문제와 그 이론에 따라 구성되는 것이 바람직하다. *12회*

04 연구문제설정은 가설설정과 조사설계의 전 단계이다. *12회*

05 연구문제설정에서 비용, 시간, 윤리성 등이 고려되어야 한다. *12회*

조사설계단계

06 조사대상 변수들 사이의 논리적 구조를 설정하고 가설설정에서 일반화에 이르기까지 필요한 제반활동에 대하여 계획을 세우는 단계 *9회*

대표기출로 확인

01 사회복지조사를 위한 수행단계로 옳은 것은?
19회

① 문제설정 → 가설설정 → 조사설계 → 자료수집 → 자료분석 → 보고서작성
② 문제설정 → 가설설정 → 자료수집 → 자료분석 → 조사설계 → 보고서작성
③ 가설설정 → 문제설정 → 자료수집 → 조사설계 → 자료분석 → 보고서작성
④ 가설설정 → 문제설정 → 자료수집 → 자료분석 → 조사설계 → 보고서작성
⑤ 가설설정 → 문제설정 → 조사설계 → 자료수집 → 자료분석 → 보고서작성

> 사회복지조사를 위한 수행단계는 다음과 같다.
> 문제설정 → 가설설정 → 조사설계 → 자료수집 → 자료분석 → 보고서작성
>
> 정답 ①

기출키워드 7

02 사회복지조사의 이해

변수 ★빈출

최근 7개년 평균 출제문항 수 **1.3문항**

01 변수의 종류

독립변수	• 원인이 되는 변수로 결과에 영향을 줌 • 인과관계 형성 시 필수적인 변수 • 실험처치, 실험자극, 조작 등이 해당
종속변수	• 결과변수라고도 하며 독립변수에 영향을 받는 변수 • 자체적인 의미보다 원인변수인 독립변수와 관계를 드러나게 해줌 • 관찰 대상의 속성이 해당
통제변수	• 원인변수에 영향을 주어 종속변수의 결과에 왜곡·오류를 발생시키는 변수로, 객관적 결과를 위해 연구자가 통제하기로 정한 변수 • 대표적으로 매개, 조절, 외생, 억압변수 등이 있음
매개변수	• 간접적 역할을 하는 변수 • 독립변수의 결과이면서 종속변수의 원인이 되는 변수 • '명품 옷, 고급 차, 펜트하우스에 사는 사람은 돈이 많을 것이다'에서 옷, 차, 집은 매개변수에 해당
조절변수	• 독립변수와 종속변수 간 관계의 강도나 방향을 조절하는 변수 • '학생의 성적은 부모의 관심이 많을수록 높아질 것이다'에서 부모의 관심이 조절 변수에 해당
외생변수	• 가식적 관계를 형성 • 눈에 보이지 않는 외부의 변수가 결과에 영향을 미침 • '그 학생의 시험성적은 컨닝을 하여 올랐을 것이다'에서 컨닝은 외생변수에 해당
억압변수	• 두 변수 간에 상관관계가 있으나 그렇지 않은 것처럼 보이게 하는 제3의 변수 • 종속변수와의 관계가 드러나지 않도록 방해하거나 숨기는 역할을 하는 변수 • '조용히 공부하던 학생들이 선생님이 나가시자 떠들기 시작하였다'에서 선생님은 억압변수에 해당

기출선지로 확인

변수의 종류

01 경험적으로 측정할 수 있는 개념이다. 17회
02 조작적 정의의 결과물이다. 17회
03 두 개 이상의 속성을 가져야만 한다. 17회
04 연속형 또는 비연속형으로 측정될 수 있다. 17회
05 변수들 간의 관계는 그 속성에 따라 직선이 아닌 곡선의 형태로도 나타날 수 있다. 22회
06 선행변수: 독립변수 앞에서 독립변수에 영향을 주는 변수 19회
07 종속변수: 다른 변수에 의존하지만 다른 변수에 영향을 미칠 수 없는 변수 19회
08 통제변수(control variable)는 독립변수와 종속변수의 관계에 영향을 줄 수 있기 때문에 통제대상이 되는 변수이다. 22회
09 매개변수: 독립변수의 결과인 동시에 종속변수의 원인이 되는 변수 19회
10 매개변수(mediating variable)는 독립변수의 영향을 받아 종속변수에 영향을 미치는 변수이다. 22회
11 조절변수(moderating variable)는 독립변수와 종속변수 간의 관계의 강도에 영향을 미칠 수 있다. 22회
12 외생변수: 독립변수와 종속변수 모두에 영향을 미치는 제3의 변수 19회

대표기출로 확인

01 다음 ( )에 알맞은 내용으로 옳은 것은? 19회

- 독립변수 앞에서 독립변수에 영향을 주는 변수를 (ㄱ)라고 한다.
- 독립변수의 결과인 동시에 종속변수의 원인이 되는 변수를 (ㄴ)라고 한다.
- 다른 변수에 의존하지만 다른 변수에 영향을 미칠 수 없는 변수를 (ㄷ)라고 한다.
- 독립변수와 종속변수 모두에 영향을 미치는 제3의 변수를 (ㄹ)라고 한다.

① ㄱ: 외생변수, ㄴ: 더미변수, ㄷ: 종속변수, ㄹ: 조절변수
② ㄱ: 외생변수, ㄴ: 매개변수, ㄷ: 종속변수, ㄹ: 더미변수
③ ㄱ: 선행변수, ㄴ: 조절변수, ㄷ: 종속변수, ㄹ: 외생변수
④ ㄱ: 선행변수, ㄴ: 매개변수, ㄷ: 외생변수, ㄹ: 조절변수
⑤ ㄱ: 선행변수, ㄴ: 매개변수, ㄷ: 종속변수, ㄹ: 외생변수

> ㄱ. 선행변수: 인과관계에서 독립변수에 앞서고 독립변수에 유효한 영향을 미치는 변수이다.
> ㄴ. 매개변수: 독립변수와 종속변수 사이의 매개자 역할의 변수로 주로 눈에 보이지 않는 심리적 요소들이 많다. 이는 독립변수의 결과인 동시에 종속변수의 원인이 된다.
> 예) 완벽주의자는 심리적 부담감이 높기에 우울 증상이 높다. → 완벽주의자(독립) – 심리적 부담감(종속), 심리적 부담감(독립) – 우울 증상(종속)
> ㄷ. 종속변수: 결과변수라고도 하며 독립변수에 의해 발생하는 변수이다.
> ㄹ. 외생변수: 내생변수의 반대 개념이며 연구모형의 밖에서 만들어지는 모형이다.
> 예) 수험생이 고사장 밖 전문가의 도움으로 교실에서 정답을 체크하였고 만점을 받았다.
> [정답] ⑤

02 사회복지조사의 이해

기출키워드 8

분석단위

최근 7개년 평균 출제문항 수 **0.1문항**

01 분석단위의 유형

구분	대상	내용
개인	개인 클라이언트, 서비스 이용자 등	가장 전형적인 조사단위로, 개인의 태도, 행동, 욕구, 특성 등을 분석
집단	부부, 가족, 또래 집단, 동아리 등	구성원 간 상호작용이나 집단 특성, 집단 역동 등을 분석
공식적 사회조직	복지관, 사회복지시설, 학교, 종교기관, 시민단체 등	조직의 구조, 운영 방식, 서비스 효과성 등 조직단위 등을 분석
사회적 가공물	신문 사설, 도서, 그림, 음악, 방송, SNS 등	사회적 의미를 반영하는 자료·콘텐츠를 분석하여 가치·이념 등을 파악

02 분석단위와 관련된 오류

구분	내용	사례
생태학적 오류	• 집단(지역, 조직 등)의 특성을 근거로 개인에게 일반화하여 잘못된 결론을 내리는 오류 • 집단 → 개인의 잘못된 일반화	• 어떤 도시의 범죄율이 높다고 해서 그 도시에 사는 모든 개인이 범죄자일 것이라고 추정하는 경우 • 팀 성적이 나쁘니 해당 선수도 못할 것이라고 판단하는 경우
개별주의적 오류	• 개인의 특성이나 사례를 근거로 집단 전체에 일반화하여 잘못된 결론을 내리는 오류 • 개인 → 집단의 잘못된 일반화	• 서울 사람인 홍길동에게 사기당한 후 모든 서울 사람을 의심하는 경우 • 어떤 교사가 나쁘다고하여 해당 학교 전체가 나쁘다고 판단하는 경우
환원주의	• 복잡한 사회현상을 설명하면서 원인을 지나치게 단순화하거나 제한된 시각으로만 해석하는 오류 • 다양한 요인 무시, 하나의 변수로만 해석	• 청소년 문제를 단순히 가정의 소득 문제로만 설명하는 경우 • 사회문제를 특정 이론(심리, 경제 등)으로만 해석하는 경우

기출선지로 확인

분석단위

01 이혼, 폭력, 범죄 등과 같은 분석단위는 사회적 가공물(Social Artifacts)에 해당한다. 22회

02 생태학적 오류는 집단에 대한 조사를 기초로 하여 개인을 분석단위로 주장하는 오류이다. 22회

분석단위와 관련된 오류

03 환원주의는 특정 분석단위 또는 변수가 다른 분석단위 또는 변수에 비해 관련성이 높다고 설명하는 경향이 있다. 22회

대표기출로 확인

01 분석단위에 관한 설명으로 옳은 것을 모두 고른 것은? 22회

> ㄱ. 이혼, 폭력, 범죄 등과 같은 분석단위는 사회적 가공물(social artifacts)에 해당한다.
> ㄴ. 생태학적 오류는 집단에 대한 조사를 기초로 하여 개인을 분석단위로 주장하는 오류이다.
> ㄷ. 환원주의는 특정 분석단위 또는 변수가 다른 분석단위 또는 변수에 비해 관련성이 높다고 설명하는 경향이 있다.

① ㄴ ② ㄱ, ㄴ ③ ㄱ, ㄷ
④ ㄴ, ㄷ ⑤ ㄱ, ㄴ, ㄷ

> ㄱ~ㄷ. 모두 분석단위에 관한 설명이다.
> ㄱ. 사회적 가공물이란 사람이 만들어 낸 사회적 상호작용, 대중매체(언론, 포털사이트, SNS 등) 등을 말한다.
> ㄴ. 생태학적 오류란 전체를 분석단위로 한 것을 개인에게 적용시키는 오류를 말한다.
> ㄷ. 환원주의(축소주의)는 여러 요인을 대상으로 할 것을 한두 가지로 적용시키는 오류를 말한다.
> [정답] ⑤

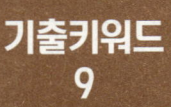

기출키워드 9 · 가설 ★빈출

최근 7개년 평균 출제문항 수 **1문항**

01 검증 과정에 따른 가설의 유형 – 연구가설

정의	• 연구가설은 연구나 실험을 통해 검증하려는 가정이나 예측을 의미하며, 연구의 방향을 제시하고 결과를 예측하게 함 • 검증이 이루어지기 전까지는 잠정적 해답으로 간주되는 가설 • 가설은 다양한 형태로 존재함
역할	연구의 방향을 제시하고, 검증 가능한 형태로 예상되는 차이나 관계를 명확히 설정
표현 방식	• 연구가설, 실험가설, 작업가설 등 다양한 이름으로 표현 • 방향성과 예측 포함 예 '~할 것이다', '증가할 것이다'
예시	'근로하는 노인은 근로하지 않는 노인보다 만족도가 높을 것이다'

02 검증 과정에 따른 가설의 유형 – 영가설

정의	• 연구가설을 반증하기 위해 설정하는 가설 • 변수 간에 차이 또는 효과가 없음을 전제하는 가설
역할	통계적으로 직접 검정되는 기준 가설로, 연구자가 설정한 연구가설의 타당성을 판단하는 기준
표현 방식	'차이가 없을 것이다', '관계가 없을 것이다' 등의 형식으로 표현
검증 목적	기각 여부를 통해 연구가설의 타당성을 검증
연구자의 입장	일반적으로 기각되기를 기대함
예시	'복지 프로그램 참여자와 비참여자의 삶의 만족도에 차이가 없을 것이다'

기출선지로 확인

가설

01 이론적 배경을 가져야 한다. 18회
02 변수 간 관계를 가정한 문장이다. 18회

연구가설

03 연구가설은 연구의 개념적 틀 혹은 연구모형으로부터 도출될 수 있다. 22회
04 연구가설은 경험적으로 검증이 가능하여야 한다. 20회

영가설

05 변수 간 관계가 우연임을 말하는 가설이다. 18회
06 영가설은 변수 간에 관계가 없음을 뜻한다. 21회
07 연구가설에 대한 반증가설이 영가설이다. 21회
08 영가설을 기각하면 연구가설이 잠정적으로 채택된다. 20회
09 영가설은 연구가설과 대조되는 가설이다. 20회
10 통계치에 대한 확률(p)이 유의수준(α)보다 낮으면 영가설이 기각된다. 20회
11 유의확률(p)이 설정한 유의수준(α)보다 낮으면 영가설을 기각한다. 23회

대표기출로 확인

01 통계적 가설검증에 관한 설명으로 옳지 않은 것은? 20회
① 영가설을 기각하면 연구가설이 잠정적으로 채택된다.
② 영가설은 연구가설과 대조되는 가설이다.
③ 통계치에 대한 확률(p)이 유의수준(α)보다 낮으면 영가설이 기각된다.
④ 연구가설은 표본의 통계치에 대한 가정이다.
⑤ 연구가설은 경험적으로 검증이 가능하여야 한다.

> 연구가설은 이론으로부터 나온 가설로, 가설로서 검증될 때까지 임시적·잠정적으로 여기는 이론이다.
>
> 정답 ④

기출키워드9 **가설** ★빈출

03 검증 과정에 따른 가설의 유형 – 대립가설

정의	영가설이 기각될 경우 통계적으로 채택되는 가설로, 연구자가 주장하는 효과나 차이가 존재함을 의미함
역할	실제 차이나 관계가 존재하는지를 밝히기 위해 설정됨
표현 방식	'차이가 있을 것이다', '관계가 있을 것이다' 등의 형식으로 표현
검증 목적	영가설이 기각되었을 때, 연구자의 주장을 뒷받침하는 가설로 채택됨
예시	'스마트폰의 장시간 사용은 학습에 영향이 있을 것이다'

04 제1종 오류와 제2종 오류

제1종 오류	• 참인 영가설을 기각하는 오류 • 제1종 오류가 발생할 확률은 유의수준과 같음(유의수준은 신뢰수준과 대응관계)
제2종 오류	거짓인 영가설을 채택하는 오류
제1종 오류와 제2종 오류의 관계	• 신뢰수준이 높으면 유의수준은 상대적으로 낮아지며 이는 제1종 오류도 낮아진다는 의미 • 신뢰수준이 낮으면 유의수준은 상대적으로 높아지며 이는 제1종 오류도 높아진다는 의미 • 제1종 오류와 제2종 오류는 상대적이며 제1종 오류가 높아지면 제2종 오류는 낮아짐 • 제1종 오류가 낮아지면 제2종 오류는 높아짐

기출선지로 확인

제1종 오류와 제2종 오류

12 신뢰수준을 높이면 1종 오류를 줄일 수 있다.
15회

13 유의확률이 유의수준보다 낮으면 영가설이 기각된다.
15회

14 2종 오류가 증가하면 통계적 검정력은 감소한다.
15회

15 2종 오류는 실제로는 참이 아닌 영가설을 기각하지 못하는 것을 말한다.
15회

대표기출로 확인

02 통계적 가설검증에 관한 설명으로 옳은 것은?
23회
① 가설의 지지여부는 연구가설을 직접 검증하여 반증한다.
② 신뢰수준을 95%에서 99%로 높이면 제1종 오류의 가능성이 높아진다.
③ 연구가설은 두 변수 간의 관계가 오류에 의해 발생하였음을 가정한다.
④ 유의확률(p)이 설정한 유의수준(α)보다 낮으면 영가설을 기각한다.
⑤ 신뢰수준을 낮추면 제2종 오류의 가능성은 높아진다.

> ① 가설의 지지여부는 연구가설을 직접 검증하는 것이 아닌 영가설을 통해 입증한다.
> ② 신뢰수준을 95%에서 99%로 높이면 제1종 오류의 가능성이 낮아진다(신뢰도가 높아지면 응당 실수 유발은 낮아진다).
> ③ 영가설은 두 변수 간의 관계가 오류(우연, 실수)에 의해 발생하였음을 가정한다.
> ⑤ 신뢰수준을 낮추면 제1종 오류의 가능성이 높아진다
>
> 정답 ④

03 조사설계와 인과관계

기출키워드 10 — 조사설계의 의미와 타당도 ★빈출

최근 7개년 평균 출제문항 수 **1.3문항**

01 내적타당도 저해요인

구분		내용
내적 요인 (실험 내부 원인)	역사	사전 – 사후 사이에 발생한 통제 불가능한 사건이 실험결과에 영향을 미침 예 실험기간 중 학교축제가 스트레스를 감소시켰을 가능성이 있는 경우
	성숙	시간의 경과로 인한 심리적·신체적 변화가 종속변수에 영향을 미침 예 아동의 자연 성장이 키 변화에 영향을 미친 경우
	검사 효과	동일한 검사를 반복하게 되어 사후검사 점수가 인위적으로 상승하는 경우 예 시험에 익숙해져 점수가 오른 경우
	도구 효과	검사도구가 변하거나 신뢰도 부족으로 인해 사전·사후 차이가 왜곡됨 예 사전검사는 어려운 시험, 사후검사는 쉬운 시험이었던 경우
	통계적 회귀	극단치(매우 높거나 매우 낮은 경우)가 평균으로 회귀하는 현상 예 성적이 매우 낮은 아동들이 사후검사에서 자연스럽게 평균에 가까워짐
	실험 대상자 상실	중도 탈락자 발생으로 인해 표본의 구성 변화 → 결과 왜곡 가능 예 중도 변경된 표본에 의해 효과가 과대 또는 과소 평가될 수 있음
	선택과의 상호작용	집단 선정의 편의성과 역사 및 성숙 요인 등의 상호작용이 결과에 영향을 미침 예 여아만 실험집단, 남아만 통제집단일 경우 여아 특성이 영향을 미칠 가능성
	인과적 순서 모호성	원인과 결과의 시간 순서가 불명확하여 인과관계 방향이 애매함 예 약물남용 감소 → 프로그램 때문인지, 원래 남용을 하지 않아서 참여했는지 모호한 경우
	개입 확산 (모방 효과)	실험집단의 개입 효과가 통제집단으로 전파되어 비교가 어려워짐 예 실험집단의 내용이 통제집단에 전파된 경우
외적 요인 (집단 선정 원인)	선택적 편의	실험 설계 전 집단 선정의 편향으로 인해 두 집단이 본질적으로 다름 예 자발적으로 참여한 실험집단은 원래 동기나 인식이 높은 사람들일 가능성

02 내적타당도를 높이는 방법

무작위 할당	• 대상자를 실험집단과 통제집단에 무작위로 할당하여 집단 간 동질성을 확보하는 방법으로 외생변수를 통제하고 집단 간 차이를 최소화 함 • 실험 결과의 내적타당도를 향상 시킴 • 집단 수가 적거나 특성이 불균형할 경우 제한적임 예 제비뽑기, 난수표, 컴퓨터 추출 등을 통해 무작위 배정
배합 (Matching)	• 주요 변수(예 성별, 학년)를 기준으로 짝을 맞춰 실험집단과 통제집단에 할당, 연구 결과에 영향을 줄 수 있는 속성을 균등하게 분포시킴 • 특정 변수에 대한 통제를 강화함 • 무작위화와 병행 시 효과 극대화 • 변수 선정 기준이 명확하지 않거나 누락될 경우 타당성이 낮아질 수 있음 예 중·고생, 성별, 학년 등 기준에 따라 동일 비율 배정
통계적 통제	사후에 통계적으로 통제할 수 있음

기출선지로 확인

조사설계에 반드시 포함되어야 할 내용

01 구체적인 자료수집방법 　　　　　　18회
02 모집단 및 표집방법 　　　　　　　　18회
03 자료분석 절차와 방법 　　　　　　　18회
04 주요변수의 개념정의와 측정방법 　　18회

내적타당도

05 내적타당도는 외적타당도의 필요조건이지만 충분조건은 아니다. 　　21회
06 내적타당도는 인과관계를 추론할 수 있는 정도를 의미한다. 　　17회

내적타당도 저해요인

07 실험집단과 통제집단의 참여자 간 프로그램 내용에 대해 소통하면서 상호작용이 이루어졌다. 　　23회
08 프로그램 진행과정에서 일부 대상자가 참여를 중단하였다. 　　23회
09 사전검사 결과 학교 부적응 학생들이 실험집단에 과도하게 모인 것이 확인되었다. 　　23회
10 사전검사와 사후검사 척도가 동일하기 때문에 참여자의 학습효과가 발생하였다. 　　23회
11 사전검사의 실시가 내적타당도에 부정적으로 영향을 미칠 수 있다. 　　17회
12 우연한 사건은 내적타당도에 부정적 영향을 미칠 수 있다. 　　18회
13 사전점수가 매우 높은 집단을 선정하면 내적타당도를 저해한다. 　　18회

내적타당도를 높이는 방법

14 내적타당도를 높이기 위해서는 원인변수 이외의 다른 변수가 결과변수에 개입할 조건을 통제하여야 한다. 　　19회

대표기출로 확인

01 조사설계(research design)에 반드시 포함되어야 할 내용이 아닌 것은? 　　18회
① 구체적인 자료수집 방법
② 모집단 및 표집방법
③ 자료분석 절차와 방법
④ 연구문제의 의의와 조사의 필요성
⑤ 주요변수의 개념정의와 측정방법

> 연구문제의 의의와 조사의 필요성은 조사설계 이전에 고려되어야 할 사항이다.
> 정답 ④

02 조사설계의 내적타당도와 외적타당도에 관한 설명으로 옳은 것은? 　　21회
① 어떤 변수가 다른 변수의 원인임을 정확하게 기술하는 것이 외적타당도이다.
② 연구결과를 연구조건을 넘어서는 상황이나 모집단으로 일반화하는 정도가 내적타당도이다.
③ 내적타당도는 외적타당도의 필요조건이지만 충분조건은 아니다.
④ 실험대상의 탈락이나 우연한 사건은 외적타당도 저해요인이다.
⑤ 외적타당도가 낮은 경우 내적타당도 역시 낮다.

> ① 어떤 변수가 다른 변수의 원인임을 정확하게 기술하는 것은 내적타당도이다.
> ② 연구결과를 연구조건을 넘어서는 상황이나 모집단으로 일반화할 수 있는 정도는 외적타당도이다.
> ④ 실험대상의 탈락이나 우연한 사건은 내적타당도 저해요인이다.
> ⑤ 외적타당도가 낮더라도 내적타당도가 높은 경우가 있다.
> 정답 ③

기출키워드10 조사설계의 의미와 타당도 ★빈출

03 외적타당도 저해요인

구분	내용	영향 요소	사례
표본의 대표성	연구 결과를 모집단에 일반화하려면 표본이 모집단의 속성과 유사해야 함	• 연구 대상자 구성 • 연구 환경 • 절차의 일반성	실험 참여자와 일반 인구의 차이가 크면 결과를 일반화하기 어려움
실험조사의 반응성	조사 대상자가 실험에 참여하고 있다는 사실을 인식함으로써 평소와 다른 행동을 보이는 현상	• 호손 효과(Hawthorne Effect) • 관심에 대한 반응	작업장에서 연구자 관찰 시 생산성이 올라감 → 관찰 자체로 인한 변화
플라시보 효과	실제 개입 없이도, 개입이 있다고 믿는 심리적 기대만으로 행동이나 반응에 변화가 생기는 현상	• 기대감 • 심리적 반응	약물이 없는데 있다(가짜 약 효과)고 믿고 증상이 개선됨 → 심리적 작용이 실제 반응으로 연결

04 외적타당도를 높이는 방법

표본의 대표성 확보	• 확률적 표집: 무작위 추출 등 표본이 모집단을 잘 대표할 수 있도록 함 • 표본의 크기 확대: 표본 수가 충분히 크면 다양한 속성을 반영하여 결과의 일반화 가능성이 높아짐
연구 환경의 유사성 유지	• 실험 환경이 일반적인 현실과 유사하도록 설계 • 지나치게 인위적인 환경에서의 실험은 외적 타당도 저해
반응성 통제	• 피실험자가 실험 중이라는 사실을 과도하게 인식하지 않도록 함 • 호손 효과(Hawthorne Effect), 플라시보 효과 방지
가실험 통제집단 설계 사용	• 통제집단을 포함한 설계로 가실험 효과(반응성 등)를 통제 • 솔로몬 4집단 설계, 사후검사 설계 등 다양한 설계 활용 가능
반복 연구 수행	• 다양한 상황, 표본, 시간대에서 연구 반복 • 동일한 결과가 재현되면 일반화 가능성(외적타당도)이 높아짐
현장 연구 활용	• 자연스러운 실제 환경에서 실험 실시 • 실험실 연구보다 일반화 가능성 높으나, 통제는 어려움

기출선지로 확인

외적타당도 저해요인

15 자신이 연구대상자라는 인식이 외적타당도를 낮출 수 있다. 17회

16 연구참여자의 반응성 19회

17 자발적 참여자만을 대상으로 연구표본을 구성하게 되는 상황 21회

외적타당도를 높이는 방법

18 외적타당도를 높이는 중요한 전략 중 하나는 연구를 반복적으로 실시하여 결과를 축적하는 것이다. 17회

19 외적타당도를 높이기 위해서는 확률표집방법으로 연구대상을 선정하거나 표본의 크기를 크게 하여야 한다. 19회

호손효과

20 통제집단 추가: 호손효과가 발생했을 경우, 이후 연구에서 연구결과의 정확성을 높이기 위해 취해야 할 조치 13회

대표기출로 확인

03 외적타당도와 내적타당도에 관한 설명으로 옳지 않은 것은? 17회
① 사전검사의 실시가 내적타당도에 부정적으로 영향을 미칠 수 있다.
② 외적타당도를 높이는 중요한 전략 중 하나는 연구를 반복적으로 실시하여 결과를 축적하는 것이다.
③ 내적타당도가 높으면 외적타당도 또한 높다.
④ 자신이 연구대상자라는 인식이 외적타당도를 낮출 수 있다.
⑤ 내적타당도는 인과관계를 추론할 수 있는 정도를 의미한다.

> 내적타당도가 높다고 해서 반드시 외적타당도가 높지는 않다.
> 예 동물을 대상으로 한 실험에서 내적타당도가 높게 나왔다고 해서 사람을 대상으로 한 임상실험에서도 같은 결과가 나오는 것은 아니다.
> 정답 ③

04 실험설계에서의 내적타당도 저해요인으로 옳지 않은 것은? 23회
① 실험집단과 통제집단의 참여자 간 프로그램 내용에 대해 소통하면서 상호작용이 이루어졌다.
② 프로그램 진행과정에서 일부 대상자가 참여를 중단하였다.
③ 사전검사 결과 학교 부적응 학생들이 실험집단에 과도하게 모인 것이 확인되었다.
④ 사전검사와 사후검사 척도가 동일하기 때문에 참여자의 학습효과가 발생하였다.
⑤ 일부 참여자들이 프로그램에 참여하고 있다는 것을 의식해서 평소와는 다르게 행동하였다.

> 일부 참여자들이 프로그램에 참여하고 있다는 것을 의식해서 평소와는 다르게 행동(실험자 반응성, 호손효과)하는 것은 외적타당도 저해요인에 해당한다.
> 정답 ⑤

기출키워드 11 · 인과관계의 성립 및 추리방법

03 조사설계와 인과관계

최근 7개년 평균 출제문항 수 **0.3문항**

01 인과관계

정의	X(원인)가 있을 때 Y(결과)가 발생하며, X를 통해 Y를 예측할 수 있는 관계
성립 요건	• **공변관계**: X와 Y는 상관관계가 있어야 함 • **시간적 선행성**: X가 Y보다 먼저 발생해야 함 • **진실한 관계**: 외생변수를 통제해도 관계가 유지되어야 함

02 인과관계 추리방법

구분	내용	예시
일치법	결과가 발생한 여러 상황에서 공통적으로 존재하는 요인을 원인으로 간주	• 상황 X: A B C → Z • 상황 Y: C D E → Z ⇒ C는 공통요인 → Z의 원인
차이법	결과가 발생한 경우와 발생하지 않은 경우의 유일한 차이점을 원인으로 간주	• 상황 X: A B C → Z • 상황 Y: A B E → (Z 없음) ⇒ C만 다름 → C가 원인
공변법 (상반변량법)	한 요인의 변화가 다른 요인의 규칙적 변화와 함께 나타날 때 인과관계로 추정	• 식사량 ↑ → 체중 ↑ • 식사량 ↓ → 체중 ↓ ⇒ 식사량과 체중이 공변 → 인과관계 가능성 있음
잉여법	일부 원인이 이미 밝혀졌다면, 나머지 결과는 남은 요인에 의해 발생했을 것으로 추정	• A B C → a b c • B는 b의 원인, C는 c의 원인으로 밝혀짐 ⇒ A가 a의 원인으로 추정됨

기출선지로 확인

인과관계 성립 요건

01 독립변수가 종속변수를 시간적으로 앞서야 한다.
17회

02 독립변수와 종속변수가 일정한 방식으로 같이 변해야 한다.
17회

인과관계 추리방법

03 독립변수와 종속변수 간의 관계는 두 변수 모두의 원인이 되는 제3의 변수로 설명되어서는 안 된다.
22회

대표기출로 확인

01 인과관계 추론에 관한 설명으로 옳은 것은?
22회

① 독립변수들 사이의 상관관계는 인과관계 추론의 일차적 조건이다.
② 독립변수와 종속변수 간의 관계는 두 변수 모두의 원인이 되는 제3의 변수로 설명되어서는 안 된다.
③ 종속변수가 독립변수를 시간적으로 앞서야 한다.
④ 횡단적 연구는 종단적 연구에 비해 인과관계 추론에 더 적합하다.
⑤ 독립변수의 변화는 종속변수의 변화와 관련성이 없어야 한다.

> ① 독립변수와 종속변수의 공변성이 인과관계 추론의 일차적 조건이다.
> ③ 독립변수가 종속변수를 시간적으로 선행한다.
> ④ 종단적 연구는 횡단적 연구에 비해 인과관계 추론에 더 적합하다.
> ⑤ 독립변수의 변화는 종속변수의 변화와 관련성이 있어야 한다(공변성).
>
> [정답] ②

04 실험설계의 유형

기출키워드 12

순수실험설계, 유사실험설계, 전실험설계 ★빈출

최근 7개년 평균 출제문항 수 **1.6문항**

01 순수실험설계(진실험설계, 실험설계) – 통제집단 사전사후검사 설계

특징		과정	내용
사전검사	○	$R\ O_1\ X\ O_2$ $R\ O_3\quad\ O_4$	• 가장 전형적이고 엄격한 실험설계 • 실험집단과 통제집단 모두 사전·사후검사 실시
사후검사	○		
검사효과 통제	×		
외적타당도	다소 낮음		
내적타당도	높음		

02 순수실험설계(진실험설계, 실험설계) – 통제집단 사후검사 설계

특징		과정	내용
사전검사	×	$R\quad\ X\ O_1$ $R\qquad\ O_2$	• 사전검사를 생략하여 시험효과 방지 • 무작위 배정만으로 집단의 동질성 확보 가정
사후검사	○		
검사효과 통제	○		
외적타당도	보통		
내적타당도	높음		

03 순수실험설계(진실험설계, 실험설계) – 솔로몬 4집단 설계

특징		과정	내용
사전검사	A, B 집단만 포함	$R\ O_1\ X\ O_2$ $R\ O_3\quad\ O_4$ $R\quad\ X\ O_5$ $R\qquad\ O_6$	• 통제집단 사전사후검사와 통제집단 사후검사 설계를 결합한 형태 • 검사효과와 상호작용 효과, 외생변수 영향 제어
사후검사	전체 집단 포함		
검사효과 통제	○		
외적타당도	매우 높음		
내적타당도	매우 높음		

기출선지로 확인

순수실험설계

01 사회복지 프로그램의 실행 여부가 독립변수로 설정될 수 있다. 20회

02 사전조사에서 실험집단과 통제집단의 종속변수 측정치는 통계적으로 유의미한 차이가 없어야 한다. 20회

03 실험집단과 통제집단의 동질성 확보가 필요하다. 20회

04 실험집단과 통제집단의 차이는 독립변수의 개입 유무이다. 20회

통제집단 사전사후검사 설계

05 자연적 성숙에 따른 효과의 통제가 가능하다. 21회

06 전형적인 실험설계이다. 22회

07 교육에 참여한 집단이 실험집단이다. 22회

08 내적타당도의 저해요인이 발생할 수 있다. 22회

09 두 집단 간의 사전, 사후 측정치를 비교하여 효과를 판단할 수 있다. 22회

통제집단 사후검사 설계

10 통제집단 사후검사 설계는 사전검사의 영향을 배제할 수 있다. 19회

11 통제집단 사후검사 설계는 무작위할당으로 통제집단과 실험집단을 나누고 실험집단에만 개입을 한다. 15회

솔로몬 4집단 설계

12 외부사건을 통제할 수 있다. 23회

13 내적타당도가 매우 높은 설계 유형이다. 23회

14 통제집단 사전사후검사 설계와 통제집단 사후검사 설계를 병행하는 방식이다. 23회

15 순수실험설계 유형이다. 23회

대표기출로 확인

01 순수실험설계에서 인과성 검증에 관한 설명으로 옳지 않은 것은? 20회

① 사회복지 프로그램의 실행 여부가 독립변수로 설정될 수 있다.
② 사전조사에서 실험집단과 통제집단의 종속변수 측정치는 통계적으로 유의미한 차이가 없어야 한다.
③ 사전조사와 사후조사에서 통제집단의 종속변수 측정치는 통계적으로 유의미한 차이가 있어야 한다.
④ 실험집단과 통제집단의 동질성 확보가 필요하다.
⑤ 실험집단과 통제집단의 차이는 독립변수의 개입 유무이다.

> 사전조사와 사후조사에서 통제집단의 종속변수 측정치는 통계적으로 유의미한 차이가 있어서는 안 된다. 만약 유의미한 차이가 있다면 이는 대개 실험집단이 통제집단을 모방 및 확산했다는 의미이며 내적타당도 저해요인에 해당된다.
>
> [정답] ③

기출키워드12   순수실험설계, 유사실험설계, 전실험설계 ★빈출

04   유사실험설계(준실험설계, 의사실험설계) - 비동일 통제집단설계

특징		과정	내용
사전검사	○	$O_1 \ X \ O_2$ $O_1 \quad\ \ O_2$	• 연구자가 임의적으로 표집대상을 선정함 • 통제집단이 실험집단을 모방하는 경향을 보임(확산, 모방효과)
사후검사	○		
검사효과 통제	○		
외적타당도	다소 높음		
내적타당도	보통		

05   유사실험설계(준실험설계, 의사실험설계) - 단순 시계열설계

특징		과정	내용
사전검사	○	$O_1, O_2, O_3, O_4 \ X \ O_1, O_2, O_3, O_4$	• 종단조사의 일종임 • 사전에 여러 번 검사 후 실험처치가 진행되고 나서 다시 동일한 간격, 횟수로 사후검사를 실시함 • 통제집단은 따로 두지 않음
사후검사	○		
검사효과 통제	×		
외적타당도	다소 낮음		
내적타당도	다소 낮음		

06   유사실험설계(준실험설계, 의사실험설계) - 복수 시계열설계

특징		과정	내용
사전검사	○	$O_1, O_2, O_3, O_4 \ X \ O_1, O_2, O_3, O_4$ $O_1, O_2, O_3, O_4 \quad\ \ O_1, O_2, O_3, O_4$	• 종단조사의 일종임 • 단순시계열설계와 유사하나 통제집단이 추가된다는 특징이 있음
사후검사	○		
검사효과 통제	○		
외적타당도	다소 높음		
내적타당도	보통		

기출선지로 확인

유사실험설계

16 시계열 설계(Time-Series Design)는 검사효과와 외부사건을 통제하기 어렵다. 19회

비동일 통제집단 설계

17 사회복지실천 연구에 응용할 수 있다. 9회
18 시계열 설계와 달리 실험집단과 비교집단으로 구성된다. 9회
19 외부요인을 통제하기 위해 대상집단에 대한 연구자의 이해가 선행되어야 한다. 9회
20 무작위 방법으로 실험집단과 통제집단의 구성이 어려울 경우 사용하는 설계이다. 9회

단순 시계열설계

21 통제집단을 두기 어려울 때 사용할 수 있다. 20회
22 정태적 집단비교설계(Static – Group Comparison Design)보다 내적타당도가 높다. 20회
23 개입효과는 사전검사와 사후검사 측정치의 평균을 비교해서 측정할 수 있다. 20회
24 사전검사와 개입의 상호작용효과가 발생할 수 있다. 20회

대표기출로 확인

02 실험설계의 유형에 관한 설명으로 옳지 않은 것은? 19회
① 다중시계열 설계(multiple time-series design)는 통제집단을 설정하지 않는다.
② 단일집단 사전사후검사 설계(one-group pretest-posttest design)는 검사효과를 통제하기 어렵다.
③ 통제집단 사후검사 설계(posttest-only control group design)는 사전검사의 영향을 배제할 수 있다.
④ 시계열 설계(time-series design)는 검사효과와 외부사건을 통제하기 어렵다.
⑤ 정태적 집단 비교설계(static group design)는 두 집단의 본래의 차이를 확인하기 어렵다.

> 다중시계열 설계(복수시계열 설계)는 단순시계열 설계에 통제집단을 추가한 것이다. 이는 단순시계열 설계의 단점을 보완하기 위해 구성된 것이며 외생변수의 통제가 단순시계열 설계보다 높다.
> 정답 ①

03 다음에 해당하는 설계로 옳은 것은? 17회

> 학교폭력 예방프로그램의 효과를 평가하기 위해 OO시 소재 중학교 중에서 학교와 학생들의 특성이 유사한 A학교와 B학교를 선정하였다. 두 학교 학생들을 대상으로 사전검사를 실시한 다음 A학교에서 학교폭력 예방프로그램을 실시한 후 다시 한 번 두 학교 학생들을 대상으로 사후검사를 실시하였다.

① 비동일 통제집단 설계
② 통제집단 사후검사 설계
③ 정태적 집단(고정집단) 비교 설계
④ 일회검사사례연구
⑤ 솔로몬 4집단 설계

> 제시된 사례에서 실험집단(A학교)과 통제집단(B학교)을 임의로 선정한 후 사전·사후 검사를 진행하였으므로 비동일 통제집단 설계에 해당한다.
> 정답 ①

기출키워드12 순수실험설계, 유사실험설계, 전실험설계 ★빈출

07 전실험설계(원시실험설계, 선실험설계) – 1회 사례 설계

특징		과정	내용
사전검사	×	X O	• 임의 표집, 우발적 표집이라고도 함 • 모집단을 알 수 없고 현장에서 바로 연구자에 의한 표집이 이루어짐
사후검사	○		
검사효과 통제	×		
외적타당도	낮음		
내적타당도	낮음		

08 전실험설계(원시실험설계, 선실험설계) – 단일집단 사전사후검사 설계

특징		과정	내용
사전검사	○	O_1 X O_2	• 사전 검사 후 실험처치가 진행되고 사후검사를 실시하는 형태 • 단일사례 설계의 A-B-A설계와 유사함
사후검사	○		
검사효과 통제	×		
외적타당도	낮음		
내적타당도	낮음		

09 전실험설계(원시실험설계, 선실험설계) – 정태적 집단 비교 설계

특징		과정	내용
사전검사	×	X O_1 O_2	• 통제집단 사전사후 검사설계에서 무작위 추출이 아닌 작위적 추출로 진행되는 형태임 • 실험 처치 후 바로 실험결과를 통제집단과 비교하기에 효율성이 높음
사후검사	○		
검사효과 통제	△		
외적타당도	보통		
내적타당도	낮음		

기출선지로 확인

단일집단 사전사후검사 설계

25 통제집단을 확보하기 어려울 때 사용할 수 있는 설계이다. 17회

26 단일집단 사전사후검사 설계(One-Group Pretest-Posttest Design)는 검사효과를 통제하기 어렵다. 19회

정태적 집단 비교 설계

27 외부요인의 설명 가능성을 배제하기 어렵다. 13회

28 상관관계 연구와 유사한 성격을 지닌다. 13회

29 집단 간 동질성 보장이 어렵다. 13회

30 정태적 집단 비교 설계(Static Group Design)는 두 집단의 본래의 차이를 확인하기 어렵다. 19회

31 정태적 집단 비교 설계는 실험집단과 개입이 주어지지 않은 집단을 사후에 구분해서 종속변수의 값을 비교한다. 15회

대표기출로 확인

04 다음 설계에 관한 설명으로 옳은 것은? 17회

$$O_1 \ X \ O_2$$

* O_1: 사전검사, X: 개입 프로그램, O_2: 사후검사

① 내적타당도가 강한 설계이다.
② 검사효과를 통제하는 설계이다.
③ 진(순수)실험설계에 속하는 설계이다.
④ 통제집단을 확보하기 어려울 때 사용할 수 있는 설계이다.
⑤ 연구결과의 일반화가 용이한 설계이다.

> 제시된 설계는 단일집단 사전사후검사 설계이다. 통제집단을 구성하기 어렵거나 윤리적 문제로 비교가 제한될 때 사용된다.
> ① 내적타당도가 낮은 설계이다.
> ② 검사효과를 통제하기에 제한적인 설계이다.
> ③ 원시(전)실험설계에 속하는 설계이다.
> ⑤ 연구결과의 일반화가 어려운 설계이다.
>
> 정답 ④

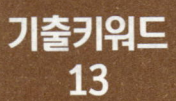

04 실험설계의 유형

단일사례설계

최근 7개년 평균 출제문항 수 **0.9문항**

01 단일사례설계의 개념

정의	단일한 사례를 대상으로 기초선(기존 상태)과 개입 후 상태를 반복 측정하여 개입의 효과를 검증하는 실험설계의 한 유형
목적	개별화된 개입이 대상자에게 효과적인지를 실증적으로 평가하기 위함
특징	• 반복 측정 중심 • 시간의 흐름에 따른 변화 분석 • 개입의 효과성 검증 • 사례 중심 연구에 적합 • 현장 중심의 실천 연구에 적합 • 사회복지 개입의 효과를 체계적으로 평가할 수 있는 실용적 도구

02 단일사례설계의 개입효과 평가 방법

구분	내용	특징
시각적 분석	• 그래프를 통해 개입 전후의 행동 변화 양상을 육안으로 파악 • 주요 기준: 수준, 추이, 변산성, 중첩률, 변화시점 등 • 시각적 분석의 유형 | 기준 | 내용 | |---|---| | 수준(Level) | 각 단계의 평균값 차이 분석 | | 추이(Trend) | 증가/감소 등 시간적 경향성 평가 | | 변산성(Variability) | 자료의 일관성 또는 분산 정도 | | 중첩률(Overlap) | 개입 전·후 데이터 간 겹침 정도(덜 겹칠수록 효과 있음) | | 중단시점의 변화 | 개입 시작 시점에서의 급격한 변화 여부 분석 |	직관적·실무적이며, 이해가 쉬움(주관성 포함)
통계적 분석	• 시각적 분석의 한계를 보완하여 객관적 효과 검증 • 평균 비교: 기초선이 안정하게 형성되어 있는 경우 • 경향선 접근: 기초선이 불안정하게 형성되어 있는 경우	• 수치로 명확히 효과 검증 가능 • 통계 지식 필요
임상적 분석	• 통계적으로 유의미한 변화가 실제 임상현장에서 의미 있는 변화로 간주될 수 있는지를 분석 • 전후 변화가 실제 생활 기능 향상으로 이어졌는지 확인	• 실질적 변화 평가에 초점 • 현장 적합성 높음

기출선지로 확인

단일사례설계

01 시계열 설계의 논리를 개별사례에 적용한 것이다. 22회
02 윤리적인 문제가 발생할 수 있다. 22회
03 실천과정과 조사연구과정이 통합될 수 있다. 22회
04 다중기초선 설계의 적용이 가능하다. 22회
05 사례가 집단일 경우 개별 구성원의 정보들은 평균이나 전체 빈도 등으로 요약되어 단일사례로 취급될 수 있다. 23회

단일사례설계의 결과 분석 방법

06 시각적 분석은 변화의 수준, 파동, 경향을 고려해야 한다. 21회
07 평균비교에서는 평균과 표준편차를 함께 고려해야 한다. 21회
08 경향선 분석에서는 기초선의 측정값을 두 영역으로 나누어 경향선을 구한다. 21회
09 임상적 분석은 결과 판단에 주관적 요소의 개입 가능성이 크다. 21회

대표기출로 확인

01 단일사례설계에 관한 설명으로 옳은 것을 모두 고른 것은? 21회

> ㄱ. BA설계는 개입의 긴급성이 있는 상황에 적합하다.
> ㄴ. ABAC설계는 선행 효과의 통제가 가능하다.
> ㄷ. ABAB설계는 AB설계에 비해 외부사건의 영향력에 대한 통제력이 크다.
> ㄹ. 복수기초선디자인은 AB설계에 비해 외부사건의 영향력에 대한 통제력이 크다.

① ㄱ, ㄴ ② ㄴ, ㄹ ③ ㄷ, ㄹ
④ ㄱ, ㄴ, ㄷ ⑤ ㄱ, ㄷ, ㄹ

> ㄴ. ABAC설계는 선행 효과의 통제가 제한적이다.
> 예) 정서적 불안을 가지고 있는 아동(7세)의 개입 시 3개월 관찰(A) 후 3개월 정서적 기능 향상 프로그램 개입(B). 다시 3개월 관찰 후(A) 부모와의 유대강화 향상 프로그램(C)을 진행한다면, 앞서 진행된 개입(B)은 후행된 개입(C)에 영향을 준다. 이는 선행 효과가 있다고 할 수 있다.
>
> 정답 ⑤

03 단일사례설계의 유형

AB 설계	• 기초선(A)과 개입(B)을 설정하여 변화 여부를 비교 • 가장 기본적이고 간단한 유형
ABA 설계	• 기초선(A), 개입(B), 중단 후 다시 기초선(A)을 측정함 • 변화가 개입 때문인지 확인 가능
ABAB 설계	• ABA 설계에 다시 개입(B)을 추가 → 개입의 재적용 효과를 검토할 수 있음 • 인과성 확인에 강함
BA 설계	• 기초선 없이 바로 개입이 들어가는 형태 • 위기, 긴급상황 시 주로 사용
복수기초선 설계	• 다수 대상, 행동, 환경에 대해 각각 다른 시점에서 개입을 적용해 효과 검토 → 일반화 가능성 높음
ABCD 설계 (다중요소설계)	• 하나의 기초선에 여러 가지의 개입방법을 달리하여 적용시키는 형태(A-B-C-D) • 수정, 보완, 개선 시 유리하지만 이월효과 및 순서효과의 단점도 발생함

기출선지로 확인

단일사례설계의 유형

10 AB 설계는 기초선 단계(A)와 개입 단계(B)로 구성된다. 23회

11 ABAB 설계는 AB 설계에 비해 외부사건의 영향력에 대한 통제력이 크다. 21회

12 BA 설계는 개입의 긴급성이 있는 상황에 적합하다. 21회

복수기초선 설계

13 복수기초선 설계는 AB 설계를 다양한 대상이나 상황 등에 적용하여 동일한 효과를 보이는지를 확인하는 설계방법이다. 23회

14 일부 연구대상자에게 개입의 제공이 지연되는 문제를 갖는다. 17회

15 연구대상자의 수가 증가할수록 내적타당도는 증가한다. 17회

16 동일한 개입을 특정 연구대상자의 여러 표적행동에 적용하여 개입의 효과를 평가할 수 있다. 17회

대표기출로 확인

02 사회복지실천현장에서 단일사례설계에 관한 설명으로 옳은 것을 모두 고른 것은? 23회

ㄱ. AB설계는 기초선 단계(A)와 개입 단계(B)로 구성된다.
ㄴ. 복수기초선 설계는 AB설계를 다양한 대상이나 상황 등에 적용하여 동일한 효과를 보이는지를 확인하는 설계방법이다.
ㄷ. 사례가 집단일 경우 개별 구성원의 정보들은 평균이나 전체 빈도 등으로 요약되어 단일사례로 취급될 수 있다.
ㄹ. 외적타당도가 높아 일반화의 가능성이 높다.

① ㄱ
② ㄴ, ㄷ
③ ㄴ, ㄹ
④ ㄱ, ㄴ, ㄷ
⑤ ㄱ, ㄴ, ㄷ, ㄹ

> ㄹ. 단일사례설계는 사회복지실천 현장에서 주로 활용되며 대상(클라이언트) 인원의 개입이 소수이기에 외적타당도가 다른 실험설계보다 높지 않아 일반화의 가능성이 제한적이다.
>
> 정답 ④

기출키워드 14 — 05 측정과 척도

측정수준 ★빈출

최근 7개년 평균 출제문항 수 **1.1문항**

01 측정의 개념

정의	• 개념이나 속성을 수치나 기호로 체계적으로 표현하는 과정, 사회현상을 정량화하는 기초 단계 • 일정한 규칙에 따라 대상의 특성이나 속성에 숫자나 기호를 부여하는 것 → 규칙은 측정수준(명목·서열·등간·비율)과 척도유형에 의해 결정됨	
목적	연구대상을 수치화하여 비교 가능하게 하고, 분석을 통한 과학적 해석을 가능하게 함	
특징	• 측정수준에 따라 적용 가능한 통계기법이 달라짐 • 측정 수준이 높을수록 정보의 정밀도 증가 • 적절한 척도 선택은 자료 분석의 정확성과 타당성을 결정짓는 중요한 요소	
측정수준의 유형	명목척도	• 범주 간 단지 구분만 가능하며 순서나 간격, 절대 0 없음 • 통계적으로 빈도나 백분율 분석 가능(예 성별, 종교, 혈액형 등)
	서열척도	• 순서를 표현하지만 간격은 불명확 • 중앙값, 순위 분석 가능하나 평균 등 연산은 제한됨(예 학력, 만족도 수준 등)
	등간척도	• 간격이 동일하며 덧셈, 뺄셈 가능 • 절대 0 없음 • 평균, 표준편차 등의 통계분석 가능(예 기온, 지능지수, 시점수 등)
	비율척도	• 절대적 0점이 존재하며 비율 계산 가능 • 모든 수학적 연산 가능 • 통계 분석 범위가 가장 넓음(예 나이, 소득, 무게 등)
조사과정에서의 유의사항	• 연구 목적에 맞는 척도 선택 • 잘못된 척도 사용 시 분석의 타당성 저해 • 척도의 수준에 맞는 통계기법 사용	
연구방법과의 관계	연구설계 시 변수의 속성에 맞는 측정 수준 고려, 가설검증 및 자료분석 계획에 직접적인 영향을 미침	

02 측정의 역할과 기능

역할	표준화된 묘사	개념이나 속성을 일관성 있게 기술, 비가시적 속성도 표현 가능
	간편한 묘사	전화번호, 주민등록번호 등과 같이 속성을 간단하게 표현
	자료 조직화	코딩 등 통계 분석을 위한 자료 정리의 기초 제공
	이론 – 현실 연결(교량)	추상 개념을 경험적으로 측정하여 가설검증, 문제 해결에 기여
기능	일치·조화 기능	이론모델과 현실세계 간 연결, 이론을 측정 가능한 형태로 변경
	객관화·표준화 기능	검증 가능한 자료 확보, 이론의 재현성과 일반화 가능
	계량화 기능	속성을 수치화하여 통계적 분석 가능, 변수의 수준·범주·정도 등을 수치로 표현
	반복·의사소통 기능	타 연구자들이 반복 가능하고, 연구결과를 정확하게 전달할 수 있도록 함

기출선지로 확인

측정

01 일정한 규칙에 따라 측정대상에 값을 부여하는 과정이다. 19회

02 이론적 모델과 사건이나 현상을 연결하는 방법이다. 19회

03 사건이나 현상을 세분화하고 통계적 분석에 활용할 수 있는 정보를 제공한다. 19회

04 측정의 수준에 따라 명목, 서열, 등간, 비율의 4가지 유형으로 분류한다. 19회

05 명목등급 – 베이비붐 세대여부 – 백분율 17회

06 명목등급 – 성별, 현재 흡연 여부 – 교차분석 17회

07 명목변수 – 장애 유형 – 정신장애, 지체장애 등 18회

08 명목척도 – 종교 – 기독교, 불교, 천주교, 기타 22회

09 비율변수 – 장애 등록 후 기간 – 개월 수 18회

10 비율변수 – 장애 등록 연령 – 나이 18회

11 비율척도 – 교육연수 – 정규 학교 교육을 받은 기간(년) 22회

12 서열등급 – 학점(A, B, C…) – 최빈치 17회

13 서열변수 – 장애인의 건강 정도 – 상, 중, 하 18회

14 등간등급 – 온도(℃) – 중위수 17회

측정도구

15 측정도구를 개발하기 위해서 조작화가 요구된다. 17회

16 리커트 척도구성(Scaling)은 서열척도구성이다. 17회

17 수능시험은 대학에서의 학업능력을 예비적으로 파악하는 측정도구이다. 17회

대표기출로 확인

01 측정의 4등급 – 사례 – 가능한 통계분석의 연결이 옳지 않은 것은? 17회
① 명목등급 – 베이비붐 세대여부 – 백분율
② 서열등급 – 학점(A, B, C…) – 최빈치
③ 등간등급 – 온도(℃) – 중위수
④ 비율등급 – 시험점수(0~100점) – 산술평균
⑤ 명목등급 – 성별, 현재 흡연 여부 – 교차분석

> 시험점수(0~100점)는 서열 또는 등간척도(수준)에 해당된다.
>
> 정답 ④

기출키워드 15 측정의 신뢰도와 타당도 ★빈출

최근 7개년 평균 출제문항 수 **2.1문항**

01 신뢰도

정의	동일한 측정 대상에게 동일한 조건 하에서 반복 측정했을 때 일관된 결과를 도출할 수 있는 정도를 의미함
목적	측정 결과의 일관성과 안정성 확보를 통해 연구 결과의 신뢰성을 높이고, 오류 가능성을 줄이기 위함
특징	• 다양한 방식의 신뢰도 검사 존재 • 통계적 분석을 통해 수치로 표현 • 반복성 및 일관성 중시 • 신뢰도 검사는 조사 도구의 적합성을 판단하고, 연구 결과의 타당성 확보에 중요한 역할을 함
조사과정에서의 유의사항	• 시간 간격, 검사 상황을 동일하게 유지 • 응답자의 피로도 고려 • 검사 목적에 맞는 방법 선택
연구방법과의 관계	각 신뢰도 검사는 조사설계와 측정도구 개발과정에서 중요한 절차이며, 양적연구에서 필수적으로 사용됨

02 신뢰도 측정 방법

검사 – 재검사법		동일한 측정도구를 동일한 대상에게 일정 시간 간격을 두고 두 번 실시하여 결과 간 상관을 분석
대안법, 복수 양식법 (유사양식법)		내용이 유사한 두 개의 다른 형태의 도구(검사)를 사용하여 동일 대상에게 실시한 후 일치도를 분석
내적 일관성 신뢰도법	반분법	• 한 검사를 두 부분으로 나누어 각 부분 점수 간의 상관을 통해 일관성 분석 • 문항이 많은 경우 유리함
	크론바흐의 알파계수	• 문항 간 평균 상관관계를 바탕으로 전체 문항의 일관성 분석 • 0~1 사이의 값으로 표현되며 값이 클수록 신뢰도 높음 • 문항 수가 많고 문항 간 상관성이 높을수록 유리함

기출선지로 확인

측정의 신뢰도

01 일관성 또는 안정성으로 표현될 수 있는 개념이다. 　17회

02 측정할 때마다 실제보다 5g 더 높게 측정되는 저울은 신뢰도가 있다. 　20회

03 조사대상자가 알지 못하는 내용에 대해서는 측정하지 않는 것이 좋다. 　20회

신뢰도 측정 방법

04 재검사법, 반분법은 신뢰도를 평가하는 방법이다. 　20회

05 검사 - 재검사법: 동일한 상황에서 동일한 측정도구로 동일한 대상을 다시 측정하는 방법 　21회

06 반분법: 측정도구를 반으로 나누어 두 개의 독립된 척도로 구성한 후 동일한 대상을 측정하는 방법 　21회

07 대안법: 동질성이 있는 두 개의 측정도구를 동일한 대상에게 측정하는 방법 　21회

08 전체 척도와 척도의 개별항목이 얼마나 상호 연관성이 있는지 분석하는 방법 　21회

대표기출로 확인

01 측정도구의 신뢰도에 관한 설명으로 옳은 것은?
　17회

① 일관성 또는 안정성으로 표현될 수 있는 개념이다.
② 측정도구가 의도하는 개념의 실질적 의미를 반영하는 정도와 관련이 있다.
③ 검사 - 재검사 신뢰도는 가장 널리 사용되는 신뢰도 유형이다.
④ 사회적 바람직성 편향은 신뢰도를 낮추는 주요 요인이다.
⑤ 특정 개념을 측정하는 문항 수가 많을수록 신뢰도는 낮아진다.

---

② 측정도구가 의도하는 개념의 실질적 의미를 반영하는 것은 타당도이다.
③ 가장 널리 사용되는 신뢰도 유형은 반분법 또는 내적 일관성법이다.
④ 사회적 바람직성 편향은 타당도를 낮추는 주요 요인이다(체계적 오류 발생).
⑤ 특정 개념을 측정하는 문항 수가 많을수록 신뢰도는 높아진다.

정답 ①

기출키워드15 측정의 신뢰도와 타당도 ★반출

03 타당도

정의	측정도구가 연구자가 의도한 개념을 얼마나 정확하게 측정하고 있는지를 평가하는 절차와 방법
목적	측정도구가 측정하려는 개념을 제대로 반영하고 있는지 확인함으로써, 연구 결과의 타당성과 해석력을 확보하기 위함
특징	• 타당도는 신뢰도와 함께 연구도구의 질적 기준 • 평가자의 주관 개입 가능 • 개념적 정밀성이 요구됨 • 타당도가 낮으면 신뢰도가 아무리 높아도 잘못된 해석 가능
조사과정에서의 유의사항	• 평가 목적에 알맞은 검사방법 선택 • 전문가 참여 시 객관성 확보 필요 • 외부 기준 설정 시 명확한 정의 요구
연구방법과의 관계	정량적 연구에서는 기준 타당도, 정성적 연구에서는 내용 및 구인 타당도가 중시되며, 측정도구 개발과정 전반에 반영됨

04 타당도 측정 방법

타당도 유형	정의	적용 및 예시
내용 타당도 (Content Validity)	전문가 집단이 문항의 적절성, 포괄성, 대표성을 판단하여 내용이 얼마나 해당 개념을 잘 대표하는지 평가	• 주관적 판단에 근거 • 전문가 검토 활용 예 사회복지사 시험문항이 직무역량을 잘 반영하는지 판단
기준 타당도 (Criterion Validity)	특정 기준(외적 준거)과 측정 결과 간의 상관관계를 통해 검증	• 예측 타당도: 측정 결과가 미래의 행동이나 성과를 예측할 수 있는가 예 모의고사 성적 → 실제 시험 성적 예측 • 동시 타당도: 이미 타당성이 검증된 도구와의 관계 분석 예 A척도와 B척도 점수 간 상관관계 분석
구성 타당도 (Construct Validity)	추상적 개념(예 자존감, 스트레스 등)이 이론적으로 구성한 개념에 따라 측정도구가 얼마나 타당하게 개념을 반영했는지 평가	• 이해 타당도: 측정한 개념이 관련된 이론체계(이해틀) 안에서 예측된 관계망을 보이는 정도 • 수렴 타당도: 유사 개념과 높은 상관관계 → 유사한 개념은 비슷한 결과를 나타내야 함 • 판별 타당도: 다른 개념과는 낮은 상관관계 → 구분되어야 할 개념은 구별되어야 함

기출선지로 확인

측정의 타당도

09 이론적으로 관련성이 없는 두 개념을 측정한 두 척도 간의 상관관계 20회

10 어떤 척도와 기준이 되는 척도 간의 상관관계 20회

11 개념 안에 포함된 포괄적인 의미를 척도가 포함하는 정도 20회

12 개별 항목들이 연구자가 의도한 개념을 구성하는 요인으로 모이는 정도 20회

13 타당도가 있다면 어느 정도 신뢰도가 있다고 볼 수 있다. 22회

타당도 측정 방법

14 특정 개념에 포함되어 있는 의미를 포괄하는 정도는 내용타당도이다. 21회

15 개발된 측정도구의 측정값을 현재 사용되고 있는 측정도구와 비교하는 것은 동시타당도(concurrent validity)이다. 21회

16 측정하려는 개념이 포함된 이론체계 안에서 다른 변수와 관련된 방식에 기초한 타당도는 구성타당도(construct validity)이다. 21회

대표기출로 확인

02 다음에서 설명하는 타당도 유형은? 17회

> 최근에 개발된 불안척도를 사용하여 불안으로 치료 중인 집단과 일반인 집단의 불안 수준을 측정하였다. 측정 결과 치료집단의 평균이 일반인 집단의 평균보다 통계적으로 유의미하게 높아 불안척도는 두 집단을 잘 구별하였다.

① 액면(face)타당도
② 내용(content)타당도
③ 기준(criterion)타당도
④ 이해(nomological)타당도
⑤ 수렴(convergent)타당도

> 제시된 사례는 기준타당도 가운데 동시타당도에 대한 사례에 해당한다. 기준타당도는 타당성이 입증된 기존의 측정도구와 연구자가 만든 측정도구의 결과치를 비교하여 타당도를 평가하는 방법으로 예측타당도(기존의 도구를 기준으로 예측할 수 있는 것)와 동시타당도(새로운 도구를 통해 비교할 수 있는 것)로 분류된다.
>
> 정답 ③

03 타당도에 관한 설명으로 옳은 것을 모두 고른 것은? 21회

> ㄱ. 특정 개념에 포함되어 있는 의미를 포괄하는 정도는 내용타당도이다.
> ㄴ. 개발된 측정도구의 측정값을 현재 사용되고 있는 측정도구와 비교하는 것은 동시타당도(concurrent validity)이다.
> ㄷ. 예측타당도(predict validity)의 하위타당도는 기준 관련 타당도와 동시타당도(criterion-related validity)이다.
> ㄹ. 측정하려는 개념이 포함된 이론체계 안에서 다른 변수와 관련된 방식에 기초한 타당도는 구성타당도(construct validity)이다.

① ㄱ, ㄴ ② ㄴ, ㄷ ③ ㄷ, ㄹ
④ ㄱ, ㄴ, ㄹ ⑤ ㄱ, ㄴ, ㄷ, ㄹ

> ㄷ. 기준 관련 타당도의 하위타당도는 예측타당도와 동시타당도이다.
>
> 정답 ④

기출키워드 16 : 측정의 오류

05 측정과 척도

최근 7개년 평균 출제문항 수 **0.3문항**

01 체계적 오류

유형	개념	원인	사례
편향의 오류	일정한 방향으로 일관되게 발생하는 오류로, 측정값이 항상 한쪽으로 치우침	측정도구의 결함, 조사자의 편향, 응답자의 의도적 왜곡 등	체중계가 항상 2kg 더 무겁게 측정되는 경우, 면접조사가 항상 친절한 응답만 유도하는 경우
관찰자 오류	조사자의 주관·해석·태도 등이 영향을 미쳐 생기는 오류	조사자의 편견, 태도, 기대 등	연구자가 자신이 기대한 반응만 측정하는 경우
측정도구 오류	측정 기기나 질문지가 잘못 설계되어 발생하는 오류	부정확한 도구, 불명확한 문항 구성	질문지 문항이 이중질문 또는 모호한 표현인 경우
응답자 오류	응답자가 의도적으로 또는 습관적으로 잘못 응답하는 경우	사회적 적절성(바람직성), 기억 오류, 피로도 등	고등학생 대상으로 흡연 여부 측정 시 전부 미흡연이라고 답하는 경우

02 비체계적 오류(무작위 오류)

유형	개념	원인	사례
무작위 오류	우연히, 예측 불가능하게 발생하는 오류	응답자의 기분, 외부 환경적 요소 등	어떤 날은 응답자가 기분이 좋지 않아 질문을 잘못 이해하거나 무성의하게 응답하는 경우
우연적 오차	일정한 패턴 없이 불규칙하게 발생하는 오류	우발적 상황, 조사 환경의 불일치	전화 설문 중 외부 소음으로 인해 문항을 오해하는 경우

03 체계적 오류와 비체계적 오류의 비교

구분	체계적 오류	비체계적 오류
유형	일관되게 한 방향으로 발생	예측 불가능하게 무작위로 발생, 체계적 오류에 비해 통제하기가 어려움
원인	측정도구, 조사자 편향, 응답자 성향 등	외부 환경, 순간적 감정, 우연한 실수 등
영향	정확도(타당도)에 악영향	일관성(신뢰도)에 악영향

기출선지로 확인

측정의 오류

01 측정의 오류는 연구의 타당도를 낮춘다. 21회

02 측정의 다각화는 측정의 오류를 줄여 객관성을 높인다. 21회

체계적 오류

03 익명의 응답은 체계적 오류를 최소화한다. 18회

04 편견 없는 단어는 체계적 오류를 최소화한다. 18회

05 비관여적 관찰은 체계적 오류를 최소화한다. 18회

06 척도구성 과정의 실수는 체계적 오류를 발생시킨다. 18회

07 연구자의 의도가 포함된 질문은 체계적 오류를 발생시킨다. 21회

08 사회적으로 바람직한 응답은 체계적 오류를 발생시킨다. 21회

비체계적 오류

09 설문문항이 지나치게 많을 경우 발생하기 쉽다. 14회

10 무작위 오류는 수집된 자료를 코딩하는 과정에서 잘못 입력하는 경우에 발생한다. 9회

대표기출로 확인

01 측정 시 나타날 수 있는 체계적 오류에 관한 설명으로 옳지 않은 것은? 18회
① 코딩 왜곡은 체계적 오류를 발생시킨다.
② 익명의 응답은 체계적 오류를 최소화한다.
③ 편견 없는 단어는 체계적 오류를 최소화한다.
④ 척도구성 과정의 실수는 체계적 오류를 발생시킨다.
⑤ 비관여적 관찰은 체계적 오류를 최소화한다.

> 코딩 왜곡(부호화 기입 시 실수)은 비체계적 오류(신뢰도, 일관성)를 발생시킨다.
> ㉮ 교재의 페이지가 일련번호가 아닌 들쭉날쭉이면 일관성(신뢰도)에 문제가 발생하고 이는 비체계적 오류와 연관된다.
>
> 정답 ①

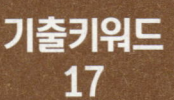

척도의 유형

최근 7개년 평균 출제문항 수 **0.9문항**

01 척도의 개념

정의	개인이나 집단의 태도·의견·가치 등을 수치화하여 측정하기 위한 구조화된 질문지 방식의 측정 도구
목적	주관적 태도를 정량적으로 표현하여 통계적 분석이 가능하게 하고, 사회현상의 이해와 예측에 기여함
특징	• 응답자의 주관적 태도를 계량화 • 구조화된 문항 구성 • 척도 유형에 따라 분석 가능 수준이 달라짐 • 적절한 척도 선택은 연구의 타당성과 신뢰도를 확보하고, 분석 및 해석의 정확성을 높임
조사과정에서의 유의사항	• 척도 선택 시 연구 목적의 적합성 고려 • 문항 수와 구성 방식에 따라 신뢰도 타당도 달라짐 • 사전 예비조사를 통한 문항 검증 필요
연구방법과의 관계	사회복지 현장에서 태도·인식 조사에 활용되며, 양적연구설계에서 변수 측정도구로 자주 사용됨

02 척도의 유형

리커트 척도	• 응답자가 특정 진술에 대해 '매우 그렇다'~'전혀 그렇지 않다' 등의 5~7점 척도로 응답함 • 분석이 용이하고 일반적으로 널리 사용됨
거트만 척도	• 응답 구분 간 위계적 순서가 있으며, 어떤 구분에 동의하면 그보다 낮은 구분에도 동의하는 구조 • 서열척도이고, 누적척도이며 단일 차원적임
보가더스 척도	• 사회적 거리감 측정에 사용 • 특정 대상(집단)에 대해 어느 정도 가까운 관계를 수용할 수 있는지를 파악 • 누적척도이고 서열척도임
의미분화 척도	• 대비되는 형용사 쌍(예 좋다-나쁘다) 사이에서 평정을 통해 의미의 정도를 측정 • 감정적 의미 파악에 적합
서스톤 척도	• 다수의 진술문을 전문가가 평정하여 점수를 부여하고, 응답자는 동의하는 진술을 선택함 • 등간수준척도적 속성을 가짐

기출선지로 확인

리커트 척도

01 척도나 지수 개발에 용이하다. 11회

02 각각의 문항은 측정하고자 하는 개념의 속성에 대해 동일한 기여를 한다. 9회

03 내적 일관성 검증을 통해 신뢰도가 낮은 항목은 삭제할 필요가 있다. 9회

04 각 문항별 응답점수의 총합이 측정하고자 하는 개념을 대표한다는 가정에 근거한다. 9회

05 리커트 척도(Likert Scale)는 문항 간 내적 일관성이 중요하다. 20회

거트만 척도

06 거트만 척도의 각 문항을 서열적으로 구성한다. 12회

07 거트만 척도(Guttman Scale)는 누적 척도이다. 20회

보가더스 척도

08 보가더스의 사회적 거리 척도는 누적 척도의 한 종류이다. 12회

09 보가더스 척도(Borgadus Scale)는 사회집단 간의 심리적 거리감을 측정하는 데 적절하다. 20회

의미분화 척도

10 의미분화 척도는 한 쌍의 반대가 되는 형용사를 사용한다. 12회

서스톤 척도

11 서스톤 척도를 개발하는 과정은 리커트 척도와 비교하여 많은 시간과 노력이 요구된다. 12회

대표기출로 확인

01 척도에 관한 설명으로 옳은 것은? 21회
① 리커트(Likert)척도는 개별문항의 중요도를 차등화한다.
② 보가더스(Bogardus)의 사회적 거리척도는 누적척도이다.
③ 평정(rating)척도는 문항의 적절성 평가가 용이하다.
④ 거트만(Guttman)척도는 다차원적 내용을 분석할 때 사용된다.
⑤ 의미차별(semantic differential)척도는 느낌이나 감정을 나타내는 한 쌍의 유사한 형용사를 사용한다.

① 리커트(Likert)척도는 개별문항의 중요도를 대부분 동일하게 한다.
③ 평정(rating)척도는 문항의 적절성 여부를 판단함에 주관적 견해가 개입될 수 있다.
④ 거트만(Guttman)척도는 단일차원적 내용을 분석할 때 사용된다.
⑤ 의미차별(semantic differential)척도는 느낌이나 감정을 나타내는 양극단에 배치된 형용사를 사용한다.

정답 ②

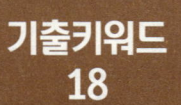

표본추출의 개요

최근 7개년 평균 출제문항 수 **0.3문항**

01 표집 용어

용어	설명
모집단(Population)	연구자가 관심을 가지며, 조사 대상이 되는 전체 집단
표본(Sample)	모집단 중에서 조사 대상으로 선택된 일부 집단
표본추출(Sampling)	모집단으로부터 표본을 선택하는 절차 또는 방법
표집틀(Sampling Frame)	표본을 추출할 때 사용하는 모집단의 목록이나 명부
표집단위 / 표집요소 (Sampling Unit / Element)	실제로 표본조사에서 조사 대상이 되는 기본단위
모수(Parameter)	모집단의 특성을 수치로 나타낸 값
통계치(Statistic)	표본의 특성을 수치로 나타낸 값
표본(표집)오차 (Sampling Error)	표본을 사용함으로써 발생하는 오차로, 표본과 모집단 간의 차이
비표본오차 (Non-sampling Error)	표본추출 이외의 모든 과정(측정, 응답, 처리 등)에서 발생하는 오차
확률표집 (Probability Sampling)	모든 표집요소가 표본에 포함될 기회가 동등하게 보장된 추출방법
비확률표집 (Non-probability Sampling)	표집요소가 표본으로 선택될 확률이 균등하게 보장되지 않는 방법

기출선지로 확인

표본연구

01 전수 연구에서 모수와 통계치의 구분은 필요 하지 않다. 23회

02 표본 연구는 전수 연구에 비해 시간과 비용 측면에서 효율적이다. 23회

03 모집단이 큰 경우에는 표본 연구가 적합하다. 23회

표집오차

04 모집단의 모수와 표본의 통계치 간의 차이다. 16회, 21회

05 표본의 선정과정에서 발생하는 오차이다. 22회

표준오차

06 표준오차는 무수히 많은 표본평균의 통계치가 모집단의 모수로부터 평균적으로 떨어진 거리를 의미한다. 16회

대표기출로 확인

01 다음 사례에 해당하는 표집용어와 관련한 내용으로 옳은 것은? 22회

> A종합사회복지관을 이용하는 노인들을 대상으로 노인맞춤돌봄서비스에 관한 설문조사를 위하여 노인 이용자명단에서 300명을 무작위 표본추출하였다.

① 모집단: 표본추출된 300명
② 표집방법: 할당표집
③ 관찰단위: 집단
④ 표집틀: 노인 이용자명단
⑤ 분석단위: 집단

> ① 모집단: A종합사회복지관을 이용하는 노인들
> ② 표집방법: 단순 무작위
> ③ 관찰단위: 개인
> ⑤ 분석단위: 개인
>
> 정답 ④

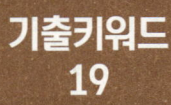

표집의 설계 ★빈출

최근 7개년 평균 출제문항 수 **2.7문항**

01 표본추출의 개념

정의	전체 모집단 중 일부를 선택하여 조사를 실시하고, 그 결과를 전체에 일반화하려는 과정
목적	조사의 시간과 비용을 줄이면서 대표성 있는 결과 확보
필요성	모든 모집단을 조사하는 것은 현실적으로 어렵기 때문에 필요
표본추출 방법	확률표집과 비확률표집으로 구분
표본추출 절차	모집단 → 표집틀 설정 → 표본크기 결정 → 표본추출 방법 선택 → 표본 선정
표본의 요건	대표성, 무작위성, 충분한 크기 등
장점	조사 효율성 증가, 시간·비용 절감, 통계적 추론 가능
단점	대표성 부족 가능성, 표본 오류의 발생 가능성 존재

02 표본의 대표성/표본의 크기/표집오차

구분	내용	관련 요인
표본의 대표성	모집단의 특성을 얼마나 잘 반영하고 있는지 여부 → 표본이 모집단과 유사한 구조와 특성을 지니는가	표집 방법의 적절성(무작위성, 층화 여부 등), 비표본오차 최소화
표본의 크기	조사에 포함된 표본의 수 → 일반적으로 클수록 통계적 안정성 증가, 표집오차 감소	분석 목적, 허용 표집오차, 신뢰수준, 모집단의 이질성 정도
표집오차	무작위 표본을 추출할 때 발생하는 통계적으로 불가피한 오차 → 표본과 모집단 간의 우연한 차이	표본의 크기(크기가 커지면 오차는 낮아짐), 표집 방법의 무작위성
비표집오차	표집 외의 원인으로 발생하는 오차 예 조사자의 실수, 응답자의 허위응답, 문항 오류	질문지 설계, 조사자 훈련, 응답자 태도, 조사환경, 조사 시점

기출선지로 확인

표본의 대표성

01 무작위로 추출된 표본의 크기는 표본의 대표성과 관계가 있다. 17회

02 모집단의 동질성은 표본의 대표성과 관계가 있다. 17회

03 층화표본추출은 단순무작위 표본추출보다 대표성이 높은 표본을 추출하는 방법으로 알려져 있다. 17회

04 표본의 대표성은 표본의 질을 판단하는 주요 기준이다. 17회

05 같은 표본추출방법을 사용한다면 표본의 크기가 클수록 대표성은 커진다. 19회

표본의 크기

06 표본의 크기가 클수록 시간과 비용이 많이 든다. 19회

07 신뢰수준을 높이려면 표본의 크기도 커져야 한다. 19회

08 모집단이 이질적인 경우에는 표본의 크기를 늘려야 한다. 19회

09 모집단 내 편차가 클수록 표본의 크기를 늘려야 한다. 23회

표집오차

10 신뢰수준을 높이면 표집오차는 감소한다. 21회

11 표본으로 추출될 기회가 동등하면 표집오차는 감소한다. 21회

12 동일한 조건이라면 표본크기가 클수록 감소한다. 22회

13 모집단의 동질성에 영향을 받는다. 21회

14 동일한 조건이라면 이질적 집단보다 동질적 집단에서 추출한 표본의 표집오차가 작다. 22회

15 표집방법에 따라 달라질 수 있다. 22회

대표기출로 확인

01 표본추출과정을 올바르게 나열한 것은? 17회

> ㄱ. 모집단 확정
> ㄴ. 표본크기 결정
> ㄷ. 표본추출
> ㄹ. 표본추출방법 결정
> ㅁ. 표집틀 선정

① ㄱ → ㄹ → ㅁ → ㄷ → ㄴ
② ㄱ → ㅁ → ㄹ → ㄴ → ㄷ
③ ㄴ → ㅁ → ㄱ → ㄹ → ㄷ
④ ㄹ → ㄱ → ㅁ → ㄷ → ㄴ
⑤ ㅁ → ㄱ → ㄹ → ㄴ → ㄷ

표본추출 과정은 다음과 같다.
모집단 확정(ㄱ) → 표집틀 선정(ㅁ) → 표본추출방법 결정(ㄹ) → 표본크기 결정(ㄴ) → 표본추출(ㄷ)

정답 ②

기출키워드19 표집의 설계 ★빈출

03 확률 표집

정의	모집단의 각 요소가 선택될 확률이 동일한 표본추출 방식	
표집 방식	무작위 방식(무작위 번호, 층화 등)	
대표성	높음	
일반화 가능성	높음	
연구 적용	양적연구에 적합	
장점	객관성, 신뢰성, 일반화 가능성이 높음	
단점	시간과 비용이 많이 소요됨	
유형	단순무작위표집	• 표집틀에서 사람 및 단위 요소에 번호를 부여하고 이를 무작위로 추출 • 무작위 표본에서 모든 대상이 선발될 기회를 공평하게 가짐
	체계적 표집	• 모집단 목록에서 일정한 순서에 따라 매 K번째 요소를 표본으로 추출 • 모집단을 구성하는 요소들의 공식화된 배열 구성으로 체계적 오류 발생 가능 • 표본추출 시 효율성 증대
	집락표집	• 시·군·구, 읍·면·동처럼 다단계 형식을 가지며 추출 • 최종적으로는 마지막 단계에서 추출되기에 전체를 묘사하지 못한다는 단점 발생
	층화표집	• 여러 개의 계층으로 분류한 후 각 층에서 무작위로 표본을 추출 • 층화를 위한 기준 설정이 매우 중요 • 단순 무작위 추출의 어느 한 쪽의 편향적 선발을 제한할 수 있음

04 비확률 표집

정의	표본이 임의적·주관적으로 선택되며 모집단의 각 요소가 선택될 확률이 동일하지 않음	
특징	비체계적이며 조사자의 판단이나 접근 용이성에 따라 표본을 선정	
장점	시간과 비용이 절약되고 조사 절차가 간단함	
단점	대표성 부족, 결과의 일반화가 어려움	
유형	편의(임의, 우발적) 표집	접근하기 쉬운 대상자 위주로 표본을 선정
	판단(유의, 의도적) 표집	조사자의 판단에 따라 중요한 특성을 가진 집단을 선정
	할당표집(Quota)	사전에 정해진 특성(예 성별, 연령 등)에 따라 비율에 맞춰 표본을 할당
	눈덩이표집	처음 대상자에게서 소개를 받아 다음 대상자를 연결하며 표본을 확대하는 방식

기출선지로 확인

확률 표집

16 무작위추출방식으로 표본을 추출한다. 18회
17 의식적이거나 무의식적인 편향(Bias)을 방지할 수 있다. 18회
18 모집단의 규모와 특성을 알 때 사용할 수 있다. 18회
19 표본오차를 추정할 수 있다. 18회
20 단순무작위표집(Simple Random Sampling)은 모집단으로부터 표본으로 추출될 확률을 알 수 있다. 20회
21 체계적 표집은 표집틀이 있어야 한다. 20회
22 체계적 표집(Systematic Sampling)은 주기성(Periodicity)이 문제가 될 수 있다. 22회
23 집락표집(Cluster Sampling)은 모집단에 대한 표집틀이 갖추어지지 않더라도 사용가능하다. 22회

비확률 표집

24 의도적 표집(Purposive Sampling)은 비확률 표집이다. 22회
25 눈덩이표집(Snowball Sampling)은 질적연구나 현장연구에서 많이 사용된다. 22회

비확률 표집 – 할당표본추출

26 연구자는 모집단에 대한 사전지식을 가지고 있어야 한다. 17회
27 모집단의 주요 특성에 대한 정보를 활용한다. 21회
28 연구자의 편향적 선정이 이루어질 수 있다. 17회
29 모집단의 구성 요소들이 표본으로 선정될 확률이 동일하지 않다. 17회
30 표본추출 시 할당틀을 만들어 사용한다. 17회, 21회
31 지역주민 조사에서 전체주민의 연령대별 구성 비율에 따라 표본을 선정한다. 21회
32 우발적 표집보다 표본의 대표성이 높다. 21회

대표기출로 확인

02 소득주도성장에 대한 국내 일간지의 사설을 내용분석할 때, 다음의 표본추출방법 중 가능한 것을 모두 고른 것은? 17회

> ㄱ. 무작위표본추출
> ㄴ. 층화표본추출
> ㄷ. 체계적표본추출
> ㄹ. 군집(집락)표본추출

① ㄱ, ㄴ ② ㄱ, ㄹ
③ ㄴ, ㄷ ④ ㄴ, ㄷ, ㄹ
⑤ ㄱ, ㄴ, ㄷ, ㄹ

> ㄱ~ㄹ. 모두 가능한 방법이다.
> ㄱ. 무작위표본추출: 국내 수많은 일간지 대상
> ㄴ. 층화표본추출: 발행 부수별, 구독자 인원별, 사설 논조(진보, 보수)별 등
> ㄷ. 체계적표본추출: k번째 연도(k번: 2000년)를 기점으로 배열순 추출
> ㄹ. 군집(집락)표본추출: '국내 총소득 < 서울특별시 총소득 < 강남구 총소득' 순 추출
>
> 정답 ⑤

03 질적조사에서 일반적으로 사용되는 표본추출 방법으로 옳지 않은 것은? 19회

① 이론적(theoretical) 표본추출
② 집락(cluster) 표본추출
③ 눈덩이(snowball) 표본추출
④ 극단적 사례(extreme case) 표본추출
⑤ 최대변이(maximum variation) 표본추출

> 집락(cluster) 표본추출은 양적조사에서 많이 사용되는 표본추출 방법이다. 집락(集落)은 일본식 한자 표현이며 우리식 표현은 '고을, 마을'로 마을 단위(행정구역, 시·도, 시·군·구, 읍·면·동·리) 순으로 추출하는 방법을 의미한다. 여기서 중요한 점은 마지막 행정단위에서 추출한다는 것이다.
>
> 정답 ②

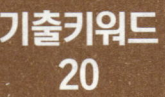

질문지법 ★빈출

최근 7개년 평균 출제문항 수 **1문항**

01 설문조사의 특징

특징	• 체계적이고 표준화된 방법 활용 • 대규모 조사 시 유리 • 분석의 용이성	• 시간 및 비용의 효율성 • 응답자의 편향, 응답률 저조 등의 단점 발생
질문의 형태	• 개방형 질문: 응답 범주 없이 자유롭게 서술하는 방식의 질문으로 쟁점 탐색에 유용하고, 응답자의 다양한 사고와 표현을 들을 수 있음 • 폐쇄형 질문: 미리 제시된 응답 범주 중에서 선택하도록 하는 질문으로 신뢰성 높은 응답의 확보가 가능하며 민감한 항목(소득 등)도 선택지를 통해 응답 가능함	

02 설문조사의 유형

구분	내용	장점	단점
우편조사법	응답자에게 설문지를 우편으로 발송한 다음, 이를 완성하여 연구자에게 반송하는 방법	비용·시간의 절약, 응답자의 편의, 익명성의 보장, 표준화된 어법의 사용, 면접자의 편견 배제, 높은 접근성	융통성 결여, 낮은 회수율, 비언어적 행동 및 환경에 대한 통제 불가능, 무응답 질문, 응답날짜에 대한 통제 불가능
전화조사법 (전화면접법)	조사원이 직접 응답자를 만나는 대신 전화를 이용하여 준대면적 방법을 통해 자료를 수집하는 방법	비용·시간의 절약, 익명성, 면접자의 영향을 받지 않으면서 응답 가능, 민감한 이슈에 대한 답변 가능	응답자의 참여 동기 부족, 부수적 정보에 대한 수집 불가능, 조사내용의 분량이 상대적으로 제한적
인터넷 조사 (전자조사법)	인터넷 등과 같은 컴퓨터 네트워크를 이용하여 자료를 수집하는 방법	경제적, 자료입력의 편리성, 응답의 질이 높아짐	표집대상의 제한성, 응답률·회수율 보장 불가
면접조사 (대인 면접법)	응답자가 기입하는 것이 아니라 조사원이 질문하고 이에 대한 응답자의 대답을 기록하도록 하는 방법	큰 유연성, 높은 응답률, 면접상황 통제 가능, 보충적인 정보 수집 가능	비용의 소요, 익명성의 부족, 낮은 접근성, 조사원의 편견 개입

03 설문지 작성 시 유의사항

구분	내용	유의사항
개념 정의 및 조작화	측정하고자 하는 개념을 명확히 정의하고, 현상과 연결되도록 조작적 정의를 구성	개념의 모호성을 줄이고 측정 가능하도록 해야 함
타당도·신뢰도 확보	문항이 정확히 측정하고자 하는 것을 측정(타당도), 일관된 결과를 도출(신뢰도)하도록 설계	사전조사(Pilot Test) 등을 통해 타당성·신뢰성을 검토
분석기법을 고려한 척도 선택	가설 검증에 필요한 통계분석기법(평균, 회귀 분석 등)에 맞는 척도 수준(명목, 서열, 등간, 비율 등) 선택	분석기법에 부적합한 척도는 해석에 오류를 초래할 수 있음

기출선지로 확인

설문조사의 유형

01 전화조사는 무작위 표본추출이 가능하다. 19회
02 온라인 설문은 표적집단 확인이 대면면접에 비해 제한적이다. 23회
03 질문지법은 문서화된 질문지를 사용한다. 18회
04 어린이나 노인에게는 대면면접조사가 가장 적절하다. 12회
05 면접법은 조사대상자에게 질문내용을 구두 전달한다. 18회

우편설문이 면접조사에 비해 갖는 장점

06 동일 표집조건 시 비용의 절감 16회

면접조사가 우편설문에 비해 갖는 장점

07 보충적 자료수집이 가능하다. 21회
08 대리 응답의 방지가 가능하다. 21회
09 대리응답의 가능성이 낮다. 13회
10 조사 내용에 대한 심층적 이해가 가능하다. 21회
11 높은 응답률을 기대할 수 있다. 21회
12 비언어적 행위의 관찰이 가능하다. 13회
13 질문과정에서의 유연성이 높다. 13회

면접조사가 우편조사에 비해 갖는 단점

14 면접조사는 우편조사에 비해 비용이 많이 든다. 19회
15 대인면접은 표집조건이 동일하다면 우편설문법에 비해 비용이 많이 든다. 13회

대표기출로 확인

01 서베이(survey) 조사에 관한 설명으로 옳은 것을 모두 고른 것은? 19회

> ㄱ. 전화조사는 무작위 표본추출이 가능하다.
> ㄴ. 우편조사는 심층규명이 쉽다.
> ㄷ. 배포조사는 응답 환경을 통제하기 쉽다.
> ㄹ. 면접조사는 우편조사에 비해 비용이 많이 든다.

① ㄱ, ㄴ   ② ㄱ, ㄹ   ③ ㄴ, ㄷ
④ ㄱ, ㄷ, ㄹ   ⑤ ㄴ, ㄷ, ㄹ

> ㄴ. 우편조사는 심층규명이 어려우며, 오히려 심층면접이 용이하다.
> ㄷ. 배포조사는 응답 환경을 통제하는 데 제한적이다.

정답 ②

기출키워드20 질문지법 ★빈출

04 문항의 구성

질문의 배열	• 쉬운 질문을 앞에 배치 • 난이도 있는 질문을 뒤에 배치 • 서술형 질문은 나중에 배치 • 신뢰도 측정을 위한 짝 문항은 떨어지게 배치 • 민감한 질문은 후반부에 배치 • 전반적인 질문 → 구체적인 질문 • 구조적 배열 • 차례대로 연관성 있는 문항 배치
질문의 유형	• **폐쇄형 질문**: 응답자가 주어진 선택지 중에서 하나를 선택해야 하는 질문으로 정량적 데이터를 얻을 수 있음 • **다지선다형 질문**: 여러 개의 선택지 중 하나 또는 복수의 답을 선택하는 질문 • **예/아니오 질문**: 응답자가 예 또는 아니오로 답하는 간단한 질문 형태 • **척도형 질문**: 응답자가 주어진 척도에 따라 자신의 의견이나 경험을 평가하도록 하는 질문 • **이중질문**: 두 가지 이상의 질문이 하나의 문장으로 결합된 질문 • **유도질문**: 응답자가 특정한 답을 하도록 유도하는 질문

05 질문 구성 시 유의사항

명확성 유지	이중 질문을 피함 예 "귀하는 자녀가 있으며, 결혼하셨습니까?"
질문은 짧고 간결하게	긴 문장은 무응답률 상승 → 간단하고 직관적으로 작성 예 "조사과정에서 꼭 필요한 사항이라서 질문합니다. 귀하의 연령은 어떻게 되십니까?"
언어 수준 적절성 유지	• 응답자의 이해도와 언어 사용 능력에 맞는 질문 구성 • 속어나 지나치게 학술적인 용어 지양
사실적인 질문 사용	추상적 개념 대신 경험 가능한 구체적 표현 사용 예 "잘 주무십니까?" → "최근 한 달간 수면시간은 몇 시간입니까?"
유도질문 지양	응답자가 특정 선택을 유도받지 않도록 문항 설계 예 "당신도 당연히 찬성하시겠죠?"
직접·간접질문 적절히 혼합	민감한 주제는 간접질문으로 설계 예 "만약 당신이 사회복지사라면…"
부정형 문장 피하기	긍정 또는 중립형 문장이 이해가 빠르고 명확함 예 "정부는 의사 정원을 늘려서는 안 된다." → "정부는 의사의 증원을 신중히 고려해야 한다."

기출선지로 확인

설문지 작성 – 구성

16 이중(Double-Barreled)질문과 유도질문은 피하는 것이 좋다. 13회

17 객관식 문항의 응답 항목은 상호배타적이어야 한다. 13회

18 명목측정을 위한 질문은 단일차원성의 원칙을 지켜 내용을 구성한다. 18회

19 다항선택식(Multiple Choice) 질문은 응답범주들 중에서 하나 또는 그 이상을 선택하도록 하는 질문이다. 19회

20 질문의 유형과 형태를 결정할 때 조사대상자의 응답능력을 고려할 필요가 있다. 20회

설문지 작성 – 배열

21 응답하기 쉬운 문항일수록 설문지의 앞에 배치하는 것이 좋다. 13회

22 신뢰도 측정을 위해 짝(Pair)으로 된 문항들은 가급적 떨어지게 배치한다. 16회

23 개연성 질문(Contingency Questions)은 사고의 흐름에 따라 배치한다. 18회

24 고정반응(Response Set)을 예방하기 위해 유사질문들은 분리하여 배치한다. 18회

25 민감한 주제나 주관식 질문은 설문지의 뒷부분에 배치한다. 18회

대표기출로 확인

02 설문지 작성 방법에 관한 설명으로 옳은 것은? 19회

① 개방형 질문은 미리 유형화된 응답범주들을 제시해 놓은 질문 유형이다.
② 행렬식(matrix) 질문은 한 주제의 응답에 따라 부가질문을 연결해서 사용하는 질문이다.
③ 많은 정보가 필요할 경우 이중질문을 사용한다.
④ 신뢰도 측정을 위해 짝(pair)으로 된 문항들은 이어서 배치한다.
⑤ 다항선택식(multiple choice) 질문은 응답범주들 중에서 하나 또는 그 이상을 선택하도록 하는 질문이다.

> ① 미리 유형화된 응답범주들을 제시해 놓은 질문 유형은 폐쇄형 질문이다.
> ② 부가질문을 연결해서 사용하는 질문은 부가(부연) 질문이다.
> ③ 이중, 중첩, 폭탄 질문 및 유도 질문, 왜(why) 질문, 부정 질문은 지양한다.
> ④ 신뢰도 측정을 위해 짝(pair)으로 된 문항들은 분리 배치한다.
>
> [정답] ⑤

07 자료수집방법

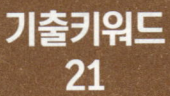

관찰법

최근 7개년 평균 출제문항 수 **0.3문항**

01 관찰법의 개념

정의	조사자가 현장에서 대상자의 행동이나 상호작용을 직접 보고, 듣고, 기록하여 자료를 수집하는 방법
목적	응답자의 자연스러운 행동, 상호작용, 비언어적 정보 등을 실제 상황에서 탐색하기 위함
장점	• <mark>응답자 왜곡 없이 자연스러운 행동 관찰 가능</mark> • 비언어적 정보, 맥락적 요소의 파악에 유리 • <mark>언어로 설명하기 어려운 현상에 적합</mark>
단점	• 조사자의 주관적 해석의 위험성 존재 • 반복 및 재현이 어려움 • 윤리적 문제(사전 동의, 프라이버시) 발생 가능 • <mark>많은 시간과 비용 소요</mark>
유의사항	• 관찰 목적과 기준을 명확히 설정 • 기록 시 체계성과 객관성 유지 • 관찰자와 관찰 대상 간의 관계 조절 중요 • 필요 시 관찰일지·체크리스트 활용
적용 및 사례	• 클라이언트의 집단상호작용 분석 • 기관에서의 서비스 이용행동 관찰 • 지역사회 내 환경 및 복지행동 분석 • 노인복지관에서 노인의 자연스러운 상호작용 관찰 • 그룹홈 청소년의 일상생활 행동 관찰 • 지역 축제에서의 주민참여 행태 분석
기록 방식	• 현장 메모(Field Notes), 관찰일지, 행동기록표 등을 활용 • 비디오 녹화도 가능하나, 사전 동의 필수
자료 분석 방식	• **구조화된 관찰**: 코딩 후 통계처리(양적 분석) • **비구조화된 관찰**: 내용분석, 주제 분석 등 질적 분석

02 관찰법의 유형

참여관찰	조사자가 조사 대상자의 활동에 직접 참여	비참여관찰	조사자가 활동에 직접 개입하지 않음
직접 관찰	행동이나 사건을 직접 시각적으로 관찰	간접 관찰	녹화, 기록 등 2차 자료를 통한 관찰
통제관찰	실험실이나 통제된 환경에서 관찰	비통제관찰	자연 환경에서 관찰

기출선지로 확인

관찰법

01 관찰은 응답과정에서 발생할 수 있는 오류를 줄일 수 있다. 9회

02 행위가 일어나는 현장에서 즉시 자료수집이 가능하다. 16회

03 관찰자의 주관성이 개입될 수 있다. 16회

04 질적 연구나 탐색적 연구에 사용하기 용이하다. 16회

05 관찰법은 유형, 시기, 방법, 추론 정도에 따라 조직적 관찰과 비조직적 관찰로 구분된다. 18회

06 비언어적 상황의 자료수집이 용이하다. 21회

완전참여자

07 관찰대상의 승인을 받지 않고 관찰한다는 점에서 연구윤리 문제가 제기될 수 있다. 22회

대표기출로 확인

01 관찰을 통한 자료수집에 관한 설명으로 옳은 것은? 21회

① 피관찰자에 의해 자료가 생성된다.
② 비언어적 상황의 자료수집이 용이하다.
③ 자료수집 상황에 대한 통제가 용이하다.
④ 내면적 의식의 파악이 용이하다.
⑤ 수집된 자료를 객관화하는 최적의 방법이다.

> ① 관찰자에 의해 자료가 생성된다.
> ③ 자료수집 상황에 대한 통제가 제한적이다(임의적, 통제적 상황보다 자연스러운 상황에서 자료수집).
> ④ 내면적 의식의 파악이 제한적이다. 반면 내면적 의식 파악이 용이한 것은 서베이(servey)이다.
> ⑤ 수집된 자료를 객관화하는 방법은 서베이(servey)이다.
>
> 정답 ②

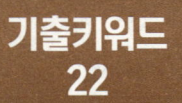

내용분석법

최근 7개년 평균 출제문항 수 **0.6문항**

01 내용분석법

정의	• 문서·기록·미디어 등 언어·비언어적 자료를 객관적·체계적으로 분석하는 방법 • 의사소통 내용을 객관적·체계적·수량적으로 분석
주요 목적 및 기능	• 새로운 가설 탐색 및 평가 • 비반응성 자료수집 가능(호손효과 방지) • 직접 조사가 어려운 경우(예 사망자, 과거 정책 등)에 유용
활용 시기	• 직접 조사가 어려운 상황에서 사용(예 역사적 인물 분석, 교육정책 평가 등) • 설문지·면접으로 정보 확보가 어려운 경우
절차	연구문제 설정 → 자료 수집 → 유목화(類目化) → 분석단위 설정 → 내용 분석 수행 → 해석 및 보고
유목화 기준	• 연구문제와 목적이 부합하도록 함 • 망라성: 모든 항목이 포함되도록 함 • 상호배타성: 항목이 중복되지 않도록 함 • 상호독립성: 한 항목이 다른 항목에 영향을 미치지 않도록 함 • 단일분류 원칙 유지
유목 유형	• 무엇을 말하는가? → 주제, 목적, 행위자, 기준, 가치 등 • 어떻게 말하는가? → 진술형식, 강도, 수단, 형식 등
범주 (Category)	내용을 분류하는 기준 항목 예 의사소통 형식, 진술 구조, 표현 수단(수사, 강조기법 등)
분석단위	• 기록단위(Recording Unit): 측정과 코딩의 실제 단위(단어, 주제, 인물, 문장 등) • 맥락단위(Context Unit): 기록단위 포함하는 상위단위로 의미 판단 보조
장점	• 체계적이고 객관적인 분석 가능 • 시간과 장소에 제한을 받지 않음 • 양적 분석과 질적 분석 가능 • 다양한 기록물에 적용 • 효율성 제고
단점	• 보존된 기록물에 한해서만 조사 가능 • 숨겨진 맥락을 양적 자료로 변환하는 데 어려움이 있음 • 표본의 대표성 문제 발생 • 원자료에 오류가 있을 경우, 분석 결과에도 오류가 발생할 수 있음

기출선지로 확인

내용분석

01 인간의 의사소통 기록을 체계적으로 분석한다. 18회

02 비관여적 조사는 기존의 기록물이나 역사자료 등을 분석한다. 18회

03 연구과정에서 실수를 하더라도 재조사가 가능하다. 22회

04 양적분석과 질적분석 모두 적용 가능하다. 22회

05 기존자료를 활용하여 타당도 확보가 어렵다. 18회

06 선정편향(selection bias)이 발생할 수 있다. 19회

07 연구대상자의 반응성을 배제할 수 있다. 19회

08 서베이(survey) 조사에서 사용하는 표본추출 방법을 사용할 수 있다. 22회

09 숨은 내용(latent content)의 분석이 가능하다. 22회

10 내용분석은 2차적 자료를 분석하고, 내러티브 탐구는 1차적 자료를 분석한다. 23회

11 내용분석은 내러티브 탐구에 비해 보다 많은 사례를 분석할 수 있다. 23회

12 모든 자료를 해석하고 구조화하는 데 연구자의 객관성 유지가 필요하다. 23회

대표기출로 확인

01 내용분석에 관한 설명으로 옳지 않은 것은?
18회

① 역사적 분석과 같은 시계열 분석에 어려움이 있다.
② 인간의 의사소통 기록을 체계적으로 분석한다.
③ 분석상의 실수를 언제라도 수정할 수 있다.
④ 양적조사와 질적조사에 공통으로 사용할 수 있다.
⑤ 기존자료를 활용하여 타당도 확보가 어렵다.

> 역사적 분석과 같은 시계열 분석에 유용하다.
> 이외에 내용분석법의 특징은 다음과 같다.
> - 기록물(문헌, 녹음, 녹취, 영상, 그림 등)을 대상으로 분석한다.
> - 질적자료를 양적조사 형태로 변환한다.
>
> 정답 ①

기출키워드 23 욕구조사

08 욕구조사와 평가조사

최근 7개년 평균 출제문항 수 **0.4문항**

01 욕구조사의 유형

구분	델파이기법	초점집단면접 (FGI)	명목집단기법 (NGT)	지역사회 토론회	지역사회 공청회
정의	전문가들에게 반복적인 설문조사를 실시하여 의견의 수렴을 이끌어내는 방법	소수의 참가자들이 특정 주제에 대해 토론하는 방법	구성원 각자가 독립적으로 의견을 제시하고, 순위 매김하여 집단의 우선순위를 도출하는 방법	지역사회 구성원 간 자유로운 형식의 공개토론을 통해 의견을 교환하는 방법	특정 안건에 대해 주민과 전문가가 공개적으로 의견을 발표하고 청취하는 공식적 의견 수렴 절차
목적	전문가들의 합의된 예측 및 욕구 우선순위 도출	욕구의 배경·인식·의미 등을 심층적으로 파악	참여자들의 욕구 우선순위 도출	지역 주민들의 공감대 형성 및 의견 수렴	정책 또는 사업에 대한 공식적 의견 수렴
특징	• 익명성 보장 • 반복적(라운드 방식) • 피드백 제공	6~12명 내외 참가자, 사회자의 주재로 비구조화된 토론 진행	단계별 진행(아이디어 제시 → 토론 → 개별평가 → 집단결과 도출), 개인적·집단적 의견 반영 가능	• 공개형 • 주민 누구나 참여 가능 • 다소 비공식적 분위기	• 공식적인 회의 형식 • 전문가 및 시민 발언 포함 • 행정기관 주관이 많음
장점	• 전문가 집단의 의견 수렴에 효과적 • 주관성 배제 • 익명성으로 솔직한 응답 유도	• 다양한 의견 도출 • 비표면적 욕구 파악 • 상대적으로 짧은 시간에 심층 정보 확보 가능	• 객관성 확보 • 참여자 모두의 의견 반영 • 명확한 우선순위 도출	• 주민 참여 유도 • 지역 현안에 대한 토론 가능 • 공동체 의식 향상	• 공공성 확보 • 공개성으로 정책 신뢰도 제고 • 행정적 책임성
단점	• 시간과 노력 소요 • 일반 대중의 의견 수렴 어려움 • 응답률 저하 가능성	• 일반화 어려움 • 사회자 역량 필요 • 일부 참가자에 의해 토론이 주도될 가능성 존재	• 정해진 절차로 자유로운 토론 어려움 • 적은 표본 수 • 훈련된 진행자 필요	• 의견의 일관성 부족 • 대표성 문제 • 갈등 발생 가능성	공공주도의 일방적 유인 효과 발생 가능

기출선지로 확인

델파이기법

01 전문가 패널을 대상으로 견해를 파악한다. 21회
02 전문가들의 합의점을 찾는 데 목표를 둔다. 23회
03 전문가 패널의 의견을 수렴하는 방법으로 활용된다. 14회
04 되풀이되는 조사 과정을 통해 합의를 도출한다. 21회
05 반대 의견에 대한 패널 참가자들의 감정적 충돌을 줄일 수 있다. 21회
06 조사 자료의 정리에 연구자의 편향이 발생할 수 있다. 21회
07 참여자의 다양한 아이디어를 수집할 수 있다. 23회
08 결과 도출을 위해 반복해서 진행할 수 있다. 23회
09 반복되는 설문을 통하여 패널의 의견이 수정될 수 있다. 14회
10 비대면을 원칙으로 한다. 23회
11 외형적으로는 설문조사방법과 유사하다. 14회
12 연구자가 사전에 결정한 방향으로 패널의 의견이 유도될 위험이 있다. 14회

초점집단조사

13 집단을 활용한 자료수집방법이다. 19회
14 욕구 조사에서 활용된다. 19회
15 직접적인 자료 수집 방법이다. 19회
16 연구자의 개입에 의해 편향이 발생할 수 있다. 19회

지역사회 공개 토론회

17 이익집단의 영향을 배제할 수 없다. 10회

대표기출로 확인

01 초점 집단(focus group) 조사에 관한 설명으로 옳지 않은 것은? 19회
① 집단을 활용한 자료수집방법이다.
② 익명의 전문가들을 패널로 활용한다.
③ 욕구 조사에서 활용된다.
④ 직접적인 자료 수집 방법이다.
⑤ 연구자의 개입에 의해 편향이 발생할 수 있다.

> 익명의 전문가들을 패널로 활용하는 것은 델파이기법이다.
>
> 정답 ②

02 델파이기법에 관한 설명으로 옳지 않은 것은? 23회
① 참여자의 다양한 아이디어를 수집할 수 있다.
② 기명으로 진행되기 때문에 참여자들의 책임성을 높일 수 있다.
③ 결과 도출을 위해 반복해서 진행할 수 있다.
④ 비대면을 원칙으로 한다.
⑤ 전문가들의 합의점을 찾는 데 목표를 둔다.

> 무기명으로 진행되기 때문에 참여자들의 책임성이 떨어질 수 있다(후광효과 방지).
>
> 정답 ②

08 욕구조사와 평가조사

기출키워드 24

평가조사

최근 7개년 평균 출제문항 수 **0.1문항**

01 평가조사

대상	프로그램의 효과성, 운영과정, 효율성, 내용, 운영자의 전문성 등
목적	• 환류(피드백) • 이론형성 • 설계 목적 • 서비스 전달체계 개선 • 운영책임성 확보 • 진행과정 개선 • 자원배분 근거
특징	• 공공성과 책임성 요구 증대 • 효율적 운영 지원 • 수혜자 중심 운영 • 이론 정립 기여 • 기관의 정체성 확립 • 전문성 강화 • 운영방향의 일관성 확보
평가 기준	• **합법성**: 법률, 규정에 따라 정당하게 운영되었는가 • **노력성**: 활동량, 투입된 시간과 인력 등 노력의 정도 평가 • **효과성**: 목표 달성 정도, 프로그램 성공 여부 • **효율성**: 투입 대비 산출, 비용 – 성과 비율 • **적절성**: 서비스가 충분히, 골고루 제공되었는가 • **접근 편의성**: 물리적·시간적·비용적·심리적 접근 용이성 • 만족성: 이용자의 만족도, 문제해결 정도 • 지속성: 서비스의 연속성, 누락·중단 여부 • 적합성: 개별 클라이언트 요구에 맞는 프로그램인지 • **포괄성**: 다양한 욕구 충족을 위한 서비스의 다양성 • **통합성**: 서비스 간 연계성, 중복·누락 방지 • **형평성**: 수직적(다르게 대우할 것), 수평적(동일하게 대우할 것)
유형	• **형성평가**: 프로그램 진행 중, 과정 개선과 피드백을 목적으로 실시 • **총괄평가**: 프로그램 종료 후, 목표 달성 여부 판단을 목적으로 실시 • 통합평가: 형성 + 총괄 평가를 통합하여 전 과정에서 수행되는 평가 • 프로그램 평가: 특정 프로그램의 설계, 실행, 성과 등을 종합적으로 평가 • 기관 평가: 전체 기관의 운영 및 성과에 대해 종합적으로 평가 • 효과성 평가: 설정된 목표 달성 여부를 확인하는 평가 • **효율성 평가**: 산출 대비 투입, 즉 비용 – 성과 관계를 분석하는 평가 • 공평성 평가: 자원이나 성과가 얼마나 공정하게 배분되었는지를 평가 • 자체 평가: 기관이나 구성원 스스로 수행하는 평가 • 내부 평가: 조직 내부 구성원이 실시하는 평가 • 외부 평가: 외부의 제3자에 의해 객관적으로 수행되는 평가

기출선지로 확인

평가조사

01 유사실험설계를 사용하여 효과를 측정할 수 있다. 15회
02 외생변수에 대한 고려가 필요하다. 15회
03 투입된 비용에 대한 효과를 평가할 수 있다. 15회
04 결과를 해석할 때 정치적 관점이 개입될 수 있다. 15회
05 보고서의 형식은 의뢰기관의 요청에 따를 수 있다. 20회
06 목표달성에 대한 해석이 다양한 이해관계에 영향을 받을 수 있다. 20회
07 질적연구방법을 적용할 수 있다. 20회
08 프로그램의 실행과정도 평가할 수 있다. 20회

외부평가자와 비교할 때 내부평가자의 장점

09 프로그램 관련 정보에 대한 접근성이 용이하다. 10회
10 프로그램에 관한 많은 지식을 갖고 있다. 10회
11 현실적인 제약요건들을 융통성 있게 감안하여 평가할 수 있다. 10회
12 프로그램 운영자로부터 평가에 대한 협조를 구하기가 수월하다. 10회

대표기출로 확인

01 평가연구에 관한 설명으로 옳지 않은 것은? 20회

① 보고서의 형식은 의뢰기관의 요청에 따를 수 있다.
② 목표달성에 대한 해석이 다양한 이해관계에 영향을 받을 수 있다.
③ 질적 연구방법을 적용할 수 있다.
④ 프로그램의 실행과정도 평가할 수 있다.
⑤ 과학적 객관성을 저해하더라도 의뢰기관의 요구를 수용하여 평가결과를 조정할 수 있다.

> 평가연구에서 과학적 객관성은 저해되어서는 안 된다. 이에 의뢰기관의 요구를 수용하되 신빙성, 타당도에 영향을 줄 수 있는 조작 및 조정은 지양해야 한다.
>
> 정답 ⑤

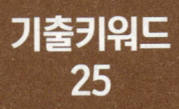

09 질적연구

질적연구의 특성

최근 7개년 평균 출제문항 수 **0.7문항**

01 질적연구

정의	인간의 행동·경험·의미를 깊이 있게 이해하고자 하는 비수량적 탐구방법
목적	• 복잡한 사회현상의 맥락적 의미 해석 • 개인의 주관적 경험, 감정, 신념의 탐색 • 구조화되지 않은 질문을 통해 심층적 의미 도출
특징	• 심층적 이해 중심 • 유연하고 개방된 접근 • 작은 표본 사용 • 과정 중시 • 연구자 참여 강조
양적조사와 차이	양적조사는 수량화·측정 중심, 질적조사는 의미·경험 중심
장점	• 현상의 맥락적 이해에 강함 • 높은 유연성 • 숫자로 설명할 수 없는 심층 정보 수집 가능
단점	• 객관성·일반화 어려움 • 많은 시간과 노력 소요 • 연구자 편향 가능성 존재
자료 형태	언어적·서술적 자료 예 인터뷰 내용, 참여관찰 기록, 문서, 사례 기록 등
사례	• 클라이언트의 복지 경험 탐색 • 아동·노인의 생활세계 이해 • 지역사회 내 욕구조사 심층 분석

02 질적조사의 엄격성을 높이는 방법

삼각화(다원화)	자료, 연구자, 이론, 방법의 다양한 관점에서 분석하여 결과의 신뢰성 확보
연구대상을 통한 재확인(멤버 체크)	연구 참여자에게 해석을 확인받아 왜곡 없이 해석되었는지 점검
풍부한 기술	참여자와 맥락을 구체적으로 서술하여 다른 상황에 전이 가능성 부여
감사자료의 문서화	자료 수집·분석·해석의 전 과정을 문서화하여 검증 가능하게 함
동료 검토	연구자 외 제3자가 과정과 해석을 검토하여 주관성 최소화

기출선지로 확인

질적조사

01 실천, 이야기, 생활방식, 하위문화 등이 질적조사의 주제가 된다. 17회
02 자연주의는 질적조사의 오랜 전통이다. 17회
03 확률표본추출방법이 사용될 수 있다. 17회
04 현장연구라고 명명되기도 한다. 17회
05 풍부하고 자세한 사실의 발견이 가능하다. 18회
06 문제에 대한 통찰력을 제공한다. 18회
07 연구참여자의 상황적 맥락 안에서 이루어진다. 18회
08 현상에 대해 심층적으로 기술한다. 18회
09 관찰로부터 이론을 도출하는 귀납적 방법을 활용한다. 22회

질적조사의 엄격성을 높이는 방법

10 연구자의 원주민화(going native)를 경계하는 노력 14회
11 장기간 관찰 19회
12 부정적 사례(negative cases)분석 19회
13 예외사례 표본추출 21회
14 다각화(triangulation) 19회
15 연구윤리 강화 21회

대표기출로 확인

01 질적연구에 관한 설명으로 옳지 않은 것은? 18회

① 풍부하고 자세한 사실의 발견이 가능하다.
② 문제에 대한 통찰력을 제공한다.
③ 연구참여자의 상황적 맥락 안에서 이루어진다.
④ 다른 연구자들이 재연하기 용이하다.
⑤ 현상에 대해 심층적으로 기술한다.

> 질적연구는 다른 연구자들에 의한 재연이 제한적이다. 이는 연구자 각 개인의 연구주제, 연구방법, 연구과정들의 차이가 있기 때문이다. 반면 재연(재현)이 용이한 것은 양적연구인데 표준화된 도구, 과정을 통해 동일한 결과를 얻기 때문이다(반복성, 재현성).
> 정답 ④

02 질적조사의 엄격성(rigor)을 높이는 방법으로 옳은 것을 모두 고른 것은? 19회

ㄱ. 장기간 관찰
ㄴ. 표준화된 척도의 사용
ㄷ. 부정적 사례(negative cases)분석
ㄹ. 다각화(triangulation)

① ㄱ, ㄴ   ② ㄱ, ㄷ
③ ㄴ, ㄹ   ④ ㄱ, ㄷ, ㄹ
⑤ ㄱ, ㄴ, ㄷ, ㄹ

> ㄴ. 표준화된 척도를 포함한 비표준화된 척도도 사용한다.
> 정답 ④

기출키워드25 질적연구의 특성

03 양적연구와 질적연구의 비교

구분	양적조사	질적조사
이론적 배경	논리적 경험주의, 실제주의, 실증주의	문화적 민속학, 이상주의, 현상학
목적	통계적 기술(Description), 이론검증, 사실구성, 변수들 간의 관계 제시, 예측	• 다양한 현실세계 기술(Description) • 근거 있는 이론을 개발하여 이해를 높임
특징	• 연구자와 연구 대상 교체 가능 • 객관성(연구의 중립성 강조) • 일반화 가능성 높음 • 대상자와의 관계: 제한, 격리, 거리를 유지	• 연구자와 연구 대상 유지 • 주관성(연구자의 해석과 관점 중시) • 일반화 가능성 낮음 • 대상자와의 관계: 공감적, 신뢰 강조, 평등, 긴밀한 접촉
연구체계	제한된 체계	개방적인 체계
설계	구조화, 미리 예정, 세부적, 형식적	융통성, 현상적, 일반적
연구계획서	방대, 세부적인 절차, 방대한 문헌조사, 자료 수집 전에 작성, 가설 설정	• 간략, 사실적, 자료의 수집 후 기록 • 문헌조사 부분이 별로 없음, 일반적 접근
자료표본	양적(Quantitative), 조작화된 변수, 계량화를 위한 부호화(Coding), 통계적, 통제집단 존재, 정확한 표본, 외생변수에 대한 통제	기술적(Descriptive), 개인적 기록, 현장노트, 사진, 사람들의 말, 비대표적·이론적인 표집
자료분석	연역적, 통계적, 자료수집이 끝날 때 이루어짐	지속적, 귀납적, 연속적 비교법
기법	실험, 구조화된 면접과 관찰	참여관찰, 개방적 면접
도구	컴퓨터, 설문지 등	녹음기, 동영상
문제점	다른 변인의 통제가 어려움(우연한 사건), 구체화의 문제, 타당성 확보의 문제	많은 시간 소요, 자료 축소의 어려움, 신뢰도 확보의 문제, 표준화된 절차의 결여, 다수의 표본으로 조사하기 어려움

기출선지로 확인

 대표기출로 확인

> 양적조사와 질적조사의 비교

16 질적조사에 비하여 양적조사의 표본크기가 상대적으로 크다. 19회

17 양적조사에 비하여 질적조사는 사회 현상의 주관적 의미에 관심을 갖는다. 19회

18 양적조사는 가설검증을 지향하고, 질적조사는 탐색, 발견을 지향한다. 19회

19 양적조사에 비하여 질적조사는 조사 결과의 일반화가 어렵다. 19회

03 양적조사와 질적조사의 비교로 옳지 않은 것은? 19회

① 질적조사에 비하여 양적조사의 표본크기가 상대적으로 크다.
② 질적조사에 비하여 양적조사에서는 귀납법을 주로 사용한다.
③ 양적조사에 비하여 질적조사는 사회 현상의 주관적 의미에 관심을 갖는다.
④ 양적조사는 가설검증을 지향하고 질적조사는 탐색, 발견을 지향한다.
⑤ 양적조사에 비하여 질적조사는 조사결과의 일반화가 어렵다.

> 귀납법을 사용하는 것은 질적조사이고, 양적조사에서는 연역법을 주로 사용한다.
>
> 정답 ②

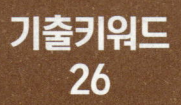

09 질적연구

기출키워드 26

질적연구의 유형

최근 7개년 평균 출제문항 수 **0.6문항**

01 질적연구의 유형

구분	내용	특징	사례
현실기반이론 (근거이론)	• 현장 자료에 근거해 귀납적으로 이론을 개발 • 참여관찰, 개방형 면접 등 사용	• 이론이 미리 정해지지 않음 • 자료 → 개념 → 범주 → 이론 도출 과정 • 실천적 적용성 강조	사회복지시설 내 노인의 삶을 관찰하여 자율성과 통제의 관계를 이론화
민속지학	• 문화의 내부자 관점에서 생활방식과 의미를 분석 • 연구자는 그 문화 속으로 직접 들어가 관찰	• '문화기술지'라고도 불림 • 언어·규범·가치·상징체계를 깊이 있게 분석 • 참여자 관점 강조	장애인 근로자들의 일터 문화, 시설아동의 일상생활 세계의 분석 등
민속학방법론	• 사람들의 일상적 규칙 사용 방식에 대한 분석 • 명명(Labeling), 상호작용, 언어적 이해 초점	• 사회적 규범과 언어 사용의 암묵적 규칙에 초점 • 문화 해석의 미시적 접근	교사들이 문제아동을 '낙인'하는 방식, 조직 내 비공식 규칙의 작동 방식 탐색
현상학	• 개인의 주관적 경험을 깊이 있게 이해하려는 연구방법 • 특정 현상의 '의미'를 중심으로 탐색	• 대상자의 의식적 경험 강조 • 질적 탐구의 철학적 기반 • 다양한 하위 접근 포함	알코올 중독자의 삶의 의미, 자살 유가족의 감정 구조 분석
자기발견적 탐구	연구자가 현상을 직접 경험하고 자기성찰을 통해 탐구	• 연구자 중심, 자기 경험 중시 • 감정, 직관, 내면의 성찰 반영	사회복지사가 자신이 겪은 상담사례를 통해 실천적 통찰 도출
해석학	• 복잡한 경험의 의미 해석에 중점 • 텍스트·언어의 해석과 이해의 과정 강조	• 심층적 해석, 언어·문화·맥락 중요시 • 해석자의 이해과정 포함	상담자의 내담자 진술에 대한 해석과정 연구

기출선지로 확인

질적조사의 유형

01 문화기술지(Ethnography)는 특정 문화를 이해하기 위한 방법, 과정 및 결과이다. 15회

02 현상학은 개인의 주관적인 경험의 본질과 의미에 초점을 둔다. 15회

03 현상학 – 늙어간다는 것이 어떤 의미인지를 이해할 수 있다. 18회

04 근거이론의 목적은 사람, 사건 및 현상에 대한 이론의 생성이다. 15회

05 근거이론 – 지속적 비교 기법을 통해 노인의 재취업경험을 이론화할 수 있다. 18회

06 생애사 – 위안부 피해자 할머니 삶의 중요한 사건을 이해할 수 있다. 18회

대표기출로 확인

01 다음 중 질적연구와 가장 거리가 먼 것은? 20회

① 문화기술지(ethnography)연구
② 심층사례연구
③ 사회지표조사
④ 근거이론연구
⑤ 내러티브(narrative)연구

> 사회지표조사는 통계학적 양적연구방법에 해당한다.
> 정답 ③

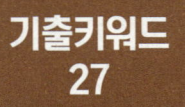

질적연구의 방법

최근 7개년 평균 출제문항 수 **0.6문항**

01 참여관찰법

장점	• 가설을 구성하고 독립변수와 종속변수를 분리시키는 데 필요한 기본적인 정보의 결정에 도움을 줌 • 자료가 연구자에 의해 직접 얻어지므로 연구대상자의 보고능력이나 의지에 방해받지 않음 • 어린이와 같이 언어구사력이 떨어지는 집단에 효과적
단점	• 외적타당도가 떨어짐 • 관찰자의 선입견이 개입될 수 있음 • 관찰자 효과가 나타날 수 있음(호손 효과) • 연구대상 제한: 대상이 소수의 개인이나 집단 등으로 대규모 집단은 어려움 • 직접 현장에 참여하므로 시간적·공간적·물리적 제약이 따름

유형		
	완전 참여관찰자	• 연구자는 대상자와 자연스럽게 생활하고 상호 작용 • 연구 대상자들은 완전 참여자의 신분과 목적을 모름 • 연구자가 아니라 참여자처럼 보이도록 함
	관찰참여자	• 연구자는 조사 대상집단의 일원으로 참여하여 활동 • 연구 대상자들에게 참여자의 신분과 목적을 알림
	참여관찰자	• 연구 대상자들에게 참여자의 신분과 목적을 알림 • 연구자가 조사집단에 완전히 참여하지는 않음
	완전 관찰자	• 연구자는 사회의 일부가 되지 않으면서 사회과정을 관찰함 • 연구자가 비관여적이므로 관찰효과를 일으킬 가능성은 적지만, 연구 대상의 완전한 이해의 가능성도 낮음

단계	연구장소 선택 → 대상에게 접근 → 표집 → 자료수집 → 철수 → 자료분석 보고

02 심층면접법

정의	한 사람 또는 소수의 참여자와 깊이 있는 대화를 통해 경험, 감정, 의미 등을 심층적으로 탐색하는 질적연구방법
목적	참여자의 삶, 인식, 사회적 맥락 등 주관적 경험을 이해하고 해석하기 위함
자료 수집	개방형 질문 중심의 자유로운 대화, 반구조화 또는 비구조화된 면담 형식
장점	• 깊이 있는 정보 수집 가능 • 참여자의 언어와 관점에서 이해 가능 – 유연한 방식
단점	• 일반화 어려움 • 분석에 시간과 해석 능력 필요 • 연구자의 편견 개입 우려
사례	• 가정폭력 경험 여성의 감정 이해 • 사회복지사의 윤리적 갈등 경험 탐색

기출선지로 확인

질적연구의 표집방법

01 판단(Judgemental) 표집   22회
02 결정적 사례(Critical Case) 표집   22회
03 극단적 사례(Extreme Case) 표집   22회
04 최대변이(Maximum Variation) 표집   22회

현장연구조사

05 연구대상자를 자연적 상황에서 탐구할 수 있다.   10회

참여행동연구

06 사회변화와 임파워먼트에 초점을 둔다.   21회

심층면접법

07 심층면접은 주요 자료수집방법 중 하나이다.   17회

대표기출로 확인

01 완전 참여자(complete participant)에 관한 설명으로 옳은 것은?   22회
① 연구대상이 관찰된다는 사실을 알기에 자연적인 상태에서의 관찰이 불가능하다.
② 관찰대상과 상호작용 없이 연구대상을 관찰할 수 있다.
③ 관찰대상의 승인을 받고 관찰대상과 어울리면서도 객관성을 유지할 수 있다.
④ 관찰대상의 승인을 받지 않고 관찰한다는 점에서 연구 윤리 문제가 제기될 수 있다.
⑤ 관찰 상황을 인위적으로 통제한 상황에서 관찰을 진행할 수 있다.

> ① 연구대상이 관찰된다는 사실을 알지 못하여 자연적인 상태에서의 관찰이 가능하다.
> ② 완전 참여자는 관찰대상과 상호작용하며 연구대상을 관찰할 수 있다.
> ③ 관찰대상의 승인을 받지 않고 관찰대상과 어울리면서 객관성을 유지할 수 있다.
> ⑤ 관찰 상황을 인위적으로 통제하지 않고 자연스럽게 생활하며 관찰을 진행할 수 있다.
>
> 정답 ④

기출키워드 27 질적연구의 방법

03 혼합연구방법론

정의	양적연구(수치 기반)와 질적연구(의미 기반)를 동시에 또는 순차적으로 사용하여 연구문제를 입체적으로 탐색하는 방법론
목적	복잡한 현상을 더 깊이 이해하고, 양적·질적방식의 보완을 통해 결과의 신뢰성과 설득력을 높이기 위함
자료 수집	• 양적연구: 설문, 통계자료 등 • 질적연구: 면접, 관찰, 문서 등 → 동시 수집 또는 단계별 진행 가능
장점	• 다양한 데이터 확보 • 양적의 일반성과 질적의 깊이를 동시에 추구 • 결과 해석의 풍부함
단점	• 설계와 분석 복잡 • 시간과 자원이 많이 소요 • 통합 분석이 어려울 수 있음
사례	• 복지 프로그램 효과 조사(설문) + 이용자 만족도 면접 • 정책 만족도 통계 + 담당자의 경험 분석

04 근거이론의 자료분석

개방코딩 (Open Coding)	• 자료를 문장 단위로 세밀하게 읽고 의미 있는 단어/문장(코드)을 찾아 부여함 • 유사한 코드들을 묶어 범주(Category) 생성
축코딩 (Axial Coding)	범주들 간의 관계 구조를 분석하고 핵심 범주를 중심으로 인과관계, 맥락, 상호작용, 결과 등을 도출
선택코딩 (Selective Coding)	• 핵심 범주(Core Category)를 중심으로 이론적 이야기 만들기 • 모든 범주를 하나의 통합된 이야기 구조로 조직

기출선지로 확인

혼합연구방법론

08 양적연구와 질적연구에 대한 전문적 지식이 모두 필요하다. 16회

09 연구에 따라 양적연구와 질적연구의 상대적 비중이 상이할 수 있다. 16회

10 질적연구의 결과에 기반하여 양적연구를 시작할 수 있다. 16회

11 상충되는 패러다임들도 수용할 수 있어야 한다. 16회

축코딩

12 발견된 범주를 가지고 중심 현상을 중심으로 인과적 조건을 만든다. 20회

대표기출로 확인

02 근거이론의 분석방법에서 축코딩(axial coding)에 관한 설명으로 옳은 것은? 20회
① 추상화시킨 구절에 번호를 부여한다.
② 개념으로 도출된 내용을 가지고 하위 범주를 만든다.
③ 발견된 범주의 속성과 차원을 고려하여 유형화를 시도한다.
④ 이론개발을 위해 핵심 범주를 중심으로 다른 범주와의 통합과 정교화를 만드는 과정을 진행한다.
⑤ 발견된 범주를 가지고 중심 현상을 중심으로 인과적 조건을 만든다.

> 발견된 범주를 가지고 중심 현상을 중심으로 인과적 조건을 형성하는 것은 축코딩이다.
> 정답 ⑤

3영역
사회복지실천론

최근 7개년(23~17회) 기출키워드

'★' 별 표시는 7개년간 자주 출제된 이론과 키워드입니다. 빈출 이론과 키워드를 중심으로 전략적, 효율적으로 학습해 보세요.

구분		기출키워드	최근 7개년 평균 출제문항 수	최근 3개년 출제		
				23회	22회	21회
01 사회복지실천의 개념 및 정의	1	사회복지실천의 이념적 배경	0.6문항	☺	☺	☺
	2	사회복지실천의 개념 및 방법	0.6문항			☺
02 사회복지실천의 윤리	3	사회복지실천의 가치	0.7문항	☺	☺	☺
	4	사회복지사 윤리강령	0.9문항	☺	☺	
	5	윤리적 갈등과 해결지침 ★	1문항		☺	
03 사회복지실천의 발달	6	서구 사회복지실천의 역사 ★	1문항		☺	☺
	7	우리나라 사회복지실천의 역사	0.3문항		☺	
04 사회복지실천현장과 사회복지사의 역할	8	사회복지실천현장의 구분 ★	1문항	☺	☺	☺
	9	사회복지사의 역할	0.6문항	☺		☺
05 사회복지의 통합적 실천의 이해	10	강점관점	0.6문항		☺	
	11	다문화 사회복지실천	0.3문항			
	12	통합적 접근의 특징	0.7문항	☺	☺	☺
	13	통합적 접근방법의 특징	0.3문항		☺	
	14	통합적 접근의 주요 관점	0.4문항			
	15	통합적 실천모델 ★	2.1문항	☺	☺	☺

과락은 피하고! 합격선은 넘는! 1트 합격 TIP

- 사회복지실천론에서는 사회복지실천의 방법이 가장 중요합니다. 4체계 모델, 강점관점의 특징, 임파워먼트모델의 특성, 통합적 접근의 등장 배경, 내용 등은 필수적으로 이해하고 암기해야 합니다.
- 사회복지실천론은 은근히 까다롭고 어려운 영역이니, 학자별·모델별·단계별로 확실하게 구분할 수 있어야 합니다.
- 사회복지실천의 과정을 초기단계, 중간단계, 종결단계로 구분하여 각 세부적인 과정까지 학습해야 합니다. 특히 단계별 주요 과업은 꼭 암기해야 합니다. 그 외에 원조관계의 장애요인, 원조관계의 요소 등도 자주 출제되니 숙지해 두세요.

구분		기출키워드	최근 7개년 평균 출제문항 수	최근 3개년 출제		
				23회	22회	21회
06 사회복지실천의 방법	16	전문적 관계의 특징	0.9문항		☺	☺
	17	전문적 관계형성의 기본 요소 ★	1.3문항	☺	☺	☺
	18	관계형성의 7대 원칙(비스텍) ★	1.1문항	☺	☺	☺
	19	관계형성의 장애요인	0.1문항		☺	
	20	면접기법 및 질문 ★	1.6문항	☺	☺	☺
	21	면접의 유형	0.6문항		☺	
	22	사례관리 ★	3.1문항	☺	☺	☺
07 사회복지실천의 과정	23	사정단계 ★	1.1문항	☺	☺	
	24	자료수집단계	0.7문항		☺	☺
	25	개입단계 ★	1문항	☺	☺	☺
	26	계획수립단계	0.4문항		☺	
	27	접수단계	0.9문항	☺		
	28	종결단계	0.6문항			

▶ 출제가능성 99%
시험에 꼭 나오는 기출키워드

3영역 강의 ①

3영역 강의 ②

사회복지실천의 이념적 배경

01 사회복지실천의 개념 및 정의

기출키워드 1

최근 7개년 평균 출제문항 수 **0.6문항**

01 사회복지실천의 이념적 배경

상부상조·상호부조	지역 주민들이 자발적으로 이웃의 빈곤 문제에 직접 대응하던 제도(예 품앗이, 두레)
자선·사랑 등 종교적 윤리	종교기관(예 교회, 수도원 등)을 중심으로 한 구빈활동
인도주의와 박애사상	인간의 존엄성과 인격 존중을 바탕으로 한 인간애 실천(예 영국 자선조직협회)
사회진화론	• '적자생존', '자연도태' 강조 • 부자는 우월하고 빈자는 열등하다는 이론 • 자선조직협회 활동에 영향을 미침
민주주의	국민의 권력 행사와 참여, 클라이언트의 자기결정권 강조
개인주의	개인의 책임 강조, '최소 수혜자 원칙'의 형성, 개인의 권리와 의무 강조
다원주의	다양한 가치관과 신념을 인정하고 존중하며, 사회복지실천에서 개개인의 다양성과 자율성을 중시

기출선지로 확인

사회복지실천의 이념적 배경

01 우애방문자들은 취약계층에게 인도주의적 서비스를 제공하고자 하였다. 10회

02 인도주의 19회

03 사회진화론: 사회복지실천의 사회통제적 측면과 관련성이 가장 높은 이념 22회

04 민주주의 19회

05 개인주의 19회

06 개인주의 사상은 엄격한 자격요건 하에서 최소한의 서비스만 제공하는 경향을 낳기도 하였다. 10회

07 다양화 경향은 다양한 계층과 문제를 인정하는 계기가 되었다. 10회

08 시민의식의 확산으로 주는 자 중심에서 받는 자 중심의 서비스로 전환되었다. 10회

09 문화 다양성 19회

인도주의와 박애사상이 사회복지실천에 미친 영향

10 빈민에 대한 인도주의적 서비스 제공 23회

11 타인을 위하여 봉사하는 정신으로 실천 23회

개인주의가 사회복지실천에 미친 영향

12 개별화 21회

13 개인의 권리와 의무 강조 21회

14 최소한의 수혜자격 원칙 21회

대표기출로 확인

01 사회복지실천의 이념적 배경을 모두 고른 것은? 19회

| ㄱ. 인도주의 | ㄴ. 민주주의 |
| ㄷ. 개인주의 | ㄹ. 문화 다양성 |

① ㄱ, ㄴ
② ㄴ, ㄷ
③ ㄷ, ㄹ
④ ㄱ, ㄴ, ㄹ
⑤ ㄱ, ㄴ, ㄷ, ㄹ

ㄱ~ㄹ. 모두 사회복지실천의 이념적 배경에 해당한다.
ㄱ. 인도주의: 만민평등의 사상으로 차별 없이 인간의 존엄성, 생명보호를 강조하는 것
ㄴ. 민주주의: 스스로 결정하는 자기 결정권을 의미하며 억압, 탄압받지 않는 것을 강조함
ㄷ. 개인주의: 개인의 권리와 의무를 강조하고 최소한의 수혜 자격과 연관 있음
ㄹ. 문화 다양성: 급변하는 시대에 다양한 각 계층을 포용, 수용하고 이는 통합적 접근을 하되 클라이언트의 문제들은 개별화시켜야 한다는 것

정답 ⑤

사회복지실천의 개념 및 방법

기출키워드 2

최근 7개년 평균 출제문항 수 **0.6문항**

01 사회복지실천의 목적과 기능

목적	인간의 복지 증진 및 삶의 질 향상, 사회적 기능 향상, 사회정의 실현 등
기능	• 치료적 기능: 개인 또는 가족의 문제 해결 지원 • 예방적 기능: 문제 발생의 사전 예방 • 개발적 기능: 자원·능력 개발, 잠재력 발휘 촉진 • 옹호적 기능: 권리 보호, 불이익 구조 개선 • 조정·중재 기능: 갈등 조정 및 협력체계 구축

02 그린우드의 사회복지 전문직 기준

체계적 이론	이론적 기반과 지식체계 존재(예 인간행동이론, 체계이론 등)
사회적 인가	교육과 훈련을 통해 습득한 개입기술 사용
윤리강령	윤리강령과 가치(예 클라이언트 존중, 자기결정권 보장 등) 존재
전문적 권위	스스로 판단하고 결정할 수 있는 자율성 보유
전문직 문화	협회 또는 조직체 존재(예 한국사회복지사협회)

03 거시·중간·미시수준 및 직접·간접 실천의 특징

구분		거시수준(Macro System)	중간수준(Meso System)	미시수준(Micro System)
직접 실천		사회정책 개발 및 개혁	지역사회 프로젝트·프로그램 개발	개별 내담자의 상담 및 치료
		법률 및 제도 개선	커뮤니티 기반 활동(예 지역사회 조직화)	개인적인 문제 해결(예 정신건강 상담, 가정 문제 해결)
간접 실천		사회 변화 및 정책 분석	지역사회와 관련된 연구 및 평가	클라이언트의 사례 관리 및 행정적 지원
		사회복지에 관한 법 및 제도 개선을 위한 로비 활동	그룹 작업 및 프로그램 운영	직접적인 서비스 제공을 위한 보조적 작업(예 행정 지원)

기출선지로 확인

사회복지실천의 목적과 기능

01 개인의 문제 해결능력과 대처능력을 향상시킨다. 10회

02 개인과 환경 간 불균형 발생 시 문제를 감소하도록 돕는다. 10회

03 개인과 환경 간의 상호작용에 초점을 두고 사회정책을 개발한다. 10회

04 개인과 환경 간의 상호 유익한 관계를 증진시킨다. 10회, 17회

05 사회정의의 증진 17회

06 클라이언트의 삶의 질 증진 17회

07 클라이언트의 가능성과 잠재력 개발 17회

사회복지 전문직

08 전문적인 이론체계를 갖고 있음 17회

09 개인의 변화와 사회적 변혁에 관심을 둠 17회

10 미시 및 거시적 개입방법을 모두 이해해야 함 17회

거시적 사회복지실천

11 다문화 청소년을 위한 조례 제정을 추진한다. 21회

12 피학대 노인 보호를 위한 제도 개선을 제안한다. 21회

13 장애인복지에 필요한 정부 예산 증액을 촉구한다. 21회

14 고독사 문제 해결을 위한 정책 토론회를 개최한다. 21회

중간 수준의 사회복지실천

15 중시적(Mezzo) 실천: 지역사회보장협의체에서 기관실무자 네트워크 회의 소집 16회

미시적 사회복지실천

16 위탁 가정 아동 방문 15회

17 정신장애인 재활 상담 15회

대표기출로 확인

01 그린우드(E. Greenwood)가 제시한 전문직의 속성 중 다음 설명에 해당하는 것은? 19회

- 자기규제를 통해 클라이언트를 보호한다.
- 전문가가 지켜야 할 전문적 행동기준과 원칙을 기술해 놓은 것이다.

① 윤리강령　　② 전문직 문화
③ 사회적인 인가　　④ 전문적인 권위
⑤ 체계적인 이론

주어진 내용은 윤리강령에 해당하는 내용이다.

정답 ①

02 거시 수준의 사회복지실천에 관한 내용으로 옳지 않은 것은? 21회

① 다문화 청소년을 위한 조례 제정을 추진한다.
② 부모와 자녀의 관계증진을 위한 소집단프로그램을 진행한다.
③ 피학대 노인 보호를 위한 제도 개선을 제안한다.
④ 장애인복지에 필요한 정부 예산 증액을 촉구한다.
⑤ 고독사 문제 해결을 위해 정책 토론회를 개최한다.

부모와 자녀의 관계증진을 위한 소집단프로그램을 진행하는 것은 미시 수준의 사회복지실천에 관한 내용이다.

정답 ②

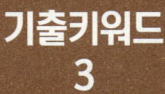

사회복지실천의 가치

최근 7개년 평균 출제문항 수 **0.7문항**

01 가치의 구분

구분	내용	특징
궁극적 가치	사회복지의 핵심 목적이 되는 보편적 가치	인간 존엄성, 사회정의 등 변하지 않는 절대적 가치로 실천의 방향성을 제시함
차등적 가치	사회·문화적 배경이나 개인적 경험에 따라 해석과 수용 여부가 달라지는 가치	상대적인 가치로, 클라이언트 및 사회의 다양성을 인정하고 반영해야 함
수단적 가치	궁극적 가치를 실현하기 위해 사용하는 방법·절차·전략상의 가치	실천 도구 및 과정에서 인간 존엄과 윤리를 반영한 선택 필요

02 레비의 사회복지 전문직의 가치

구분	내용	특징
사람우선 가치	인간을 독립적이고 존엄한 존재로 보고, 권한과 가치를 인정하는 관점	클라이언트를 주체로 존중하고 개별화 원칙을 실천하는 데 기반 제공
결과우선 가치	사회복지서비스의 결과에 대한 책임과 그에 따른 평등한 사회참여 기회 보장을 중시	실천 결과의 효과성과 공평성에 대한 평가와 개선 지향
수단우선 가치	실천 과정과 절차 선택 시 인간 존엄성과 자율성을 최우선으로 고려하는 가치	실천 과정 전반에서 윤리적 판단과 클라이언트 권리 보장을 강조

03 사회복지실천에서의 인권

보편성	모든 사람은 인종, 성별, 국적, 종교 등과 관계없이 동일한 인권을 가지고 있음
불가침성	인권은 타인이 침해할 수 없으며, 국가나 권력에 의해 박탈될 수 없는 권리
평등성	모든 사람은 법 앞에서 평등하며, 인권의 보장은 차별 없이 주어져야 함
상호 의존성	경제적, 사회적, 문화적 권리와 정치적 권리는 상호 연결되어 있어 하나가 보장되지 않으면 다른 권리도 제대로 보장되지 않음
진화성	인권은 시대에 따라 발전하고 변화하며, 새로운 인권 문제들이 등장함
불양도성	인권은 개인이 다른 사람에게 양도할 수 없으며, 자신의 권리를 포기하거나 넘길 수 없음

기출선지로 확인

결과우선 가치

01 동등한 사회참여 기회 제공 21회

수단우선 가치

02 자기결정권 존중 15회

인권의 특성

03 모든 인간에게 해당되는 보편적인 권리이다. 19회

04 개인, 집단, 국가가 상호 간에 책임을 동반하는 권리이다. 19회

05 사회적 약자를 위하여 지켜지고 확보되어야 하는 권리이다. 19회

06 법이 보장하고 있지 않다 해도 인간의 존엄성 보장에 필요한 권리이다. 19회

07 천부성은 인간이 세상에 태어나면서부터 존엄성을 가지고 태어났다는 의미이다. 22회

08 평등권은 경제적, 사회적, 문화적 권리이다. 22회

09 평등권은 국가의 적극적 책임과 의무를 강조하는 것으로 사회보장의 권리를 의미한다. 23회

10 자유권은 시민적, 정치적 권리이다. 22회

11 자유권은 국가의 통치와 간섭으로부터 자유를 보장하기 위한 권리이다. 23회

12 자유권은 국가가 반드시 보호해 주어야 하는 권리이다. 23회

13 평화권은 국가들 간의 연대와 단결의 권리이다. 22회, 23회

대표기출로 확인

01 레비(C. Levy)가 제시한 사회복지 전문직의 가치 중 결과우선 가치에 해당하는 것은? 21회
① 자기 결정권 존중
② 인간 존엄성에 대한 믿음
③ 비심판적 태도
④ 동등한 사회 참여 기회 제공
⑤ 개별성에 대한 인정

> 동등한 사회 참여 기회 제공은 결과우선 가치에 해당된다.
> 정답 ④

02 인권에 관한 설명으로 옳지 않은 것은? 23회
① 평등권은 국가의 적극적 책임과 의무를 강조하는 것으로 사회보장의 권리를 의미한다.
② 자유권은 국가의 통치와 간섭으로부터 자유를 보장하기 위한 권리이다.
③ 평화권은 국가들 간의 연대와 단결의 권리이다.
④ 자유권은 국가가 반드시 보호해 주어야 하는 권리이다.
⑤ 평등권은 구속 및 인신매매로부터의 보호를 의미한다.

> 구속 및 인신매매로부터의 보호를 의미하는 것은 자유권에 더 가깝다.
> 정답 ⑤

02 사회복지실천의 윤리

기출키워드 4 : 사회복지사 윤리강령

최근 7개년 평균 출제문항 수 **0.9문항**

01 사회복지사 윤리강령의 기능 및 목적

핵심 가치 제시	인간 존엄성과 사회정의라는 사회복지의 핵심 가치를 제시하며, 윤리적 실천의 토대를 제공
행동 기준 제시	실천 현장에서 적용 가능한 윤리적 원칙과 윤리기준을 통해 윤리적 판단과 결정이 가능하도록 함
윤리적 갈등 해결	복잡한 윤리적 딜레마 상황에서 사회복지사가 고려하고 따라야 할 기준을 안내
클라이언트 보호와 전문성 유지	사회복지사의 품위와 자질을 유지하고, 자기관리를 통해 클라이언트를 보호하며, 전문성을 유지하도록 유도
직업 정체성 강화	시민에게 전문가로서 사회복지사의 역할과 태도를 명확히 알리는 수단으로 활용

02 기본적 윤리의 전문가로서의 자세

구분	내용	특징
인간 존엄성 존중	모든 인간의 가치와 권리를 존중하며, 다양한 특성과 조건에 따라 차별하지 않음	• 성, 장애 등 차별 금지 • 문화적 민감성 실천
사회정의 실현	자원 접근의 평등, 억압 구조 개선, 포용사회 구현 등을 위해 활동하며, 사회 제도의 개선을 도모	• 불공정 개선 • 구조적 차별 대응 • 사회연대 강조

03 기본적 윤리의 전문성 개발을 위한 노력

구분	내용	특징
직무 능력 개발	클라이언트에게 최상의 서비스를 제공하기 위해 지속적인 학습과 실천 기술 개발, 공유에 노력함	• 평생 교육 강조 • 실천 변화 대응, 다양성 교육 참여, 정보통신 기술 활용
지식기반의 실천 증진	평가와 연구 조사를 통해 실천의 질을 향상하고, 연구 과정에서는 참여자의 권익과 정보 보호를 철저히 준수함	연구 윤리 준수, 비밀보장·자발적 동의 확보

04 기본적 윤리의 전문가로서의 실천

구분	내용	특징
품위와 자질 유지	전문가로서의 품위와 자질을 유지하며 업무에 대한 책임을 다함	성실성·청렴성 유지, 불법·비윤리 행위 금지
자기 관리	정신적·신체적 건강 문제, 법적 문제 등이 실천에 부정적 영향을 주지 않도록 조치하고 노력함	정신적·신체적 건강, 안전 유지·보호

기출선지로 확인

※ 기출선지와 기출문제에 윤리강령 개정내용을 반영하여 수정함

사회복지사 윤리강령의 기능 및 목적

01 외부통제로부터 전문직 보호 20회

02 전문가로서 사회복지사의 기본업무 및 자세 알림 20회

03 사회복지사의 자기규제를 통한 클라이언트 보호 20회

04 윤리적 갈등이 생겼을 때 지침과 원칙 제공 20회

전문성 개발을 위한 노력

05 클라이언트를 대상으로 연구하는 사회복지사는 저들의 권리를 보장하기 위해 자발적이고 고지된 동의를 얻어야 한다. 15회 수정

전문가로서의 실천

06 사회복지사는 클라이언트의 지불능력에 상관없이 복지서비스를 제공해야 하며 이를 이유로 차별대우를 해서는 안 된다. 15회 수정

07 사회복지사는 업무와 관련해 정당하지 않은 방법으로 경제적 이득을 취해서는 안 된다. 17회 수정

대표기출로 확인

01 사회복지사 윤리에 관한 설명으로 옳은 것을 모두 고른 것은? 17회

> ㄱ. 사회복지사는 원조과정에서 자신의 이익을 위해 행동해서는 안 됨
> ㄴ. 로웬버그와 돌고프의 윤리원칙 준거틀은 생명보호를 최우선으로 함
> ㄷ. 윤리강령은 윤리적 갈등이 생겼을 때 법적 제재의 근거를 제공함
> ㄹ. 사회복지사는 국가자격이므로 사회복지사 윤리강령은 국가가 채택함

① ㄱ, ㄴ ② ㄱ, ㄷ ③ ㄱ, ㄴ, ㄷ
④ ㄱ, ㄴ, ㄹ ⑤ ㄴ, ㄷ, ㄹ

> ㄷ. 윤리강령은 윤리적 갈등이 생겼을 때 윤리적 제재의 근거를 제공함
> ㄹ. 사회복지사는 국가자격이지만 사회복지사 윤리강령은 한국사회복지사협회에서 채택함

정답 ①

02 한국 사회복지사 윤리강령 중 다음 내용이 제시되어 있는 윤리기준은? 19회 수정

> • 사회복지사는 클라이언트와의 전문적 관계를 자신의 개인적 이익을 위해 이용해서는 안 된다.
> • 동료의 클라이언트를 의뢰받을 때는 기관 및 슈퍼바이저와 논의하는 과정을 거쳐야 하며, 클라이언트에게 설명하고 동의를 얻은 후 서비스를 제공한다.

① 사회복지사의 기본적인 윤리기준
② 사회복지사의 클라이언트에 대한 윤리기준
③ 사회복지사의 동료에 대한 윤리기준
④ 사회복지사의 사회에 대한 윤리기준
⑤ 사회복지사의 기관에 대한 윤리기준

> 제시된 내용은 사회복지사의 클라이언트에 대한 윤리기준에 대한 내용이다. 그중 직업적 경계 유지에 해당한다.

정답 ②

기출키워드4 사회복지사 윤리강령

구분	내용	특징
이해 충돌에 대한 대처	클라이언트의 이익을 최우선으로 하되 특히 아동, 소수자 등 취약계층의 권리를 우선으로 고려하여 적절한 조치 및 연계를 시행	클라이언트 중심 윤리, 슈퍼바이저와 협의 강조
경제적 이득에 대한 실천	• 클라이언트의 지불 능력에 상관없이 복지 서비스를 제공하며 차별하지 않음 • 이용료 책정이 가능하나 업무와 관련된 부당한 이득을 취하지 않음	차별 금지, 경제적 공정성·청렴성

05 클라이언트에 대한 윤리기준

클라이언트의 권익옹호	사회복지사는 클라이언트의 이익을 최우선으로 삼고 권리를 존중하며 옹호	
클라이언트의 자기 결정권 존중	• 클라이언트를 사회복지 실천의 주체로 인식하고 자기 결정권을 최대한 행사할 수 있도록 도움 • 의사 결정이 어려운 클라이언트의 이익과 권리를 보장하는 조치를 취함	
클라이언트의 사생활 보호 및 비밀 보장	클라이언트의 사생활과 비밀을 보호하되, 클라이언트 자신과 타인에게 해를 끼치는 경우에는 예외로 함	
정보에 입각한 동의	서비스 목적, 내용, 대안, 위험 등을 충분히 설명하고 동의를 얻음	
기록·정보 관리	• 기록은 윤리적 실천의 근거이며 객관적으로 작성되어야 함 • 정당한 비공개 사유가 없는 한 클라이언트의 기록 열람 요청을 허용해야 하며 정보를 제3자에게 제공할 경우 반드시 클라이언트의 동의를 받아야 함 • 클라이언트에 대한 문서 정보, 전자 정보, 민감한 개인 정보를 보호해야 함	
직업적 경계 유지	• 개인적 이익을 위해 전문적 관계를 이용해서는 안 되며, 업무 외의 목적으로 정보통신기술을 사용해 클라이언트와 소통하지 않음 • 사적 금전 거래, 성적 관계 등 부적절한 행위 금지 • 동료의 클라이언트를 서비스할 경우 절차를 거치고 동의를 얻어야 함 • 정보처리기술이 클라이언트의 권리를 침해하지 않도록 유의	
서비스의 종결	서비스가 클라이언트의 이해나 욕구에 부합하지 않을 경우 종결할 수 있으며, 종결 및 중단 시 사전 설명과 적절한 조치를 취함	

06 동료·기관·사회에 대한 윤리기준

동료	• 동료를 존중하고 민주적인 관계를 유지하며, 지지하고 협력하며 윤리적 실천을 촉진함 • 비윤리적이거나 부당한 행위에 가담하거나 이를 묵인하지 않음
슈퍼바이저	• 슈퍼바이저는 슈퍼바이저의 전문적 업무 수행을 공정하게 지원, 평가하며 슈퍼바이저는 이를 존중해야 함 • 지위를 남용하거나 인격적, 성적 수치심을 주는 행위를 하지 않음
기관	• 기관의 사명과 목표 달성을 위해 노력하며, 기관의 발전에 적극 참여함 • 부당한 정책이나 요구에는 전문직의 가치와 지식을 바탕으로 대응
사회	• 지역사회와 사회 전반의 복지와 삶의 질 향상을 위해 적극적으로 활동함 • 사회정의 실현과 생태적 책임을 고려한 실천을 통해 클라이언트와 공동체를 지원

기출선지로 확인

※ 기출선지와 기출문제에 윤리강령 개정내용을 반영하여 수정함

클라이언트에 대한 윤리기준

08 동료의 클라이언트를 의뢰받을 때는 기관 및 슈퍼바이저와 논의하는 과정을 거쳐야 하며, 클라이언트에게 설명하고 동의를 얻은 후 서비스를 제공한다. 19회 수정

09 서비스의 종결 22회, 23회

10 기록·정보 관리 22회, 23회

11 직업적 경계 유지 22회

12 정보에 입각한 동의 22회

13 클라이언트의 자기결정권 존중 23회

14 클라이언트의 권익 옹호 23회

동료에 대한 윤리기준

15 사회복지사는 동료의 윤리적이고 전문적인 행위를 촉진해야 하며, 동료가 전문적인 판단과 실천이 미흡하여 문제를 발생시켰을 때 윤리강령과 제반 법령에 따라 대처한다. 16회 수정

16 사회복지사는 사회복지 전문직의 권익 증진을 위해 동료와 다른 전문직 동료와도 협력하고 협업한다. 16회 수정

사회에 대한 윤리기준

17 사회복지사는 자신이 일하는 지역사회를 이해하고, 클라이언트가 지역사회에서 서로 도우며 함께 살아가도록 지원해야 한다. 18회 수정

대표기출로 확인

03 한국 사회복지사 윤리강령에서 '클라이언트에 대한 윤리기준'에 해당하지 않는 것은?
23회

① 서비스의 종결
② 클라이언트의 자기 결정권 존중
③ 클라이언트의 권익옹호
④ 인간 존엄성 존중
⑤ 기록·정보 관리

> 인간의 존엄성 존중은 기본적 윤리기준 가운데 전문가로서의 자세에 해당된다.
>
> 정답 ④

02 사회복지실천의 윤리

기출키워드 5 — 윤리적 갈등과 해결지침 ★빈출

최근 7개년 평균 출제문항 수 **1문항**

01 사회복지실천과 가치갈등

구분	내용	특징
가치상충	두 가지 이상의 가치가 서로 충돌하는 상황	가장 흔한 갈등 유형으로, 가치 간 우선순위를 결정해야 함
의무상충	기관에 대한 의무와 클라이언트에 대한 의무 간 갈등	기관의 정책이 클라이언트의 이익에 부합하지 않을 때 발생
클라이언트 체계의 다중성	하나 이상의 클라이언트 체계가 동시에 존재하며, 서로 다른 요구를 가질 수 있음	가족이나 집단 단위 실천 시 다중적 이해관계를 조율해야 함
결과의 모호성	클라이언트의 선택이 어떤 결과로 이어질지 예측이 어렵거나 불확실함	실천 후 결과에 대한 책임 소재와 윤리적 판단이 복잡해짐
능력 또는 권력의 불균형	클라이언트의 자기결정능력이 부족하여 전문가에게 의존하게 되는 상황	자기결정권 존중과 보호적 개입 사이에서 균형 필요

02 로웬버그 – 돌고프의 윤리원칙 우선순위

구분	내용	특징
생명 보호의 원칙	인간의 생명을 보호하고, 기본 생존권을 보장해야 함	사회복지실천의 가장 우선적이고 절대적인 가치 기준
평등과 불평등의 원칙	모든 클라이언트를 평등하고 공평하게 대우해야 함	절대적 평등뿐만 아니라 상대적(형평적) 평등도 포함
자율과 자유의 원칙	클라이언트의 자율성과 독립성을 보장해야 함	자기결정권 존중, 개입 시 클라이언트의 선택 우선적으로 고려
최소 손실의 원칙	모든 선택지가 유해할 때 가장 덜 유해한 것을 선택함	윤리적 딜레마 상황에서 현실적인 선택 기준 제시
삶의 질 향상의 원칙	실천 대상자뿐만 아니라 지역사회 전체의 삶의 질 향상 도모	단기적·개별적 이익을 넘어 사회 전체의 발전 지향
사생활 보호와 비밀보장의 원칙	동의 없이 클라이언트의 정보를 외부에 유출하지 않음	개인정보 보호, 신뢰 기반 실천을 위한 핵심 윤리 기준
성실의 원칙	완전개방, 정보공개, 진실성을 바탕으로 실천 수행	거짓 없이 진실만을 알리고, 관련 정보를 정확히 전달해야 함

기출선지로 확인

가치갈등과 윤리적 딜레마

01 윤리기준은 지속적으로 변화된다. 17회

02 가치갈등에 대응하는 첫 단계는 가치갈등의 존재를 인식하는 것이다. 17회

03 의무상충: 소속기관의 예산 절감 요구로 클라이언트에게 필요한 서비스를 제공하지 못할 때, 사회복지사가 겪게 되는 가치갈등 19회

04 클라이언트 체계의 다중성 18회

05 윤리적 결정에 따른 결과의 모호성으로 윤리적 딜레마가 발생할 수 있다. 17회

06 실천 결과의 모호성 18회

07 사회복지사와 클라이언트 간의 힘의 불균형 18회

로웬버그 – 돌고프의 윤리원칙

08 로웬버그와 돌고프의 윤리원칙 준거틀은 생명보호를 최우선으로 함 17회

09 자율성과 자유의 원칙: 로웬버그와 돌고프(F. Loewenberg & R. Dolgoff)의 윤리적 원칙 심사표에서 '도움을 요청해 온 클라이언트의 의사를 존중해 주는 것'에 해당하는 윤리적 원칙 20회

10 윤리적 결정을 위해 로웬버그와 돌고프(F. Loewenberg & R. Dolgoff)의 일반결정모델을 활용할 수 있다. 17회

11 클라이언트의 자기결정권: 특정 문제에 대해 어떠한 서비스를 제공할 것인가 결정할 때, 클라이언트의 의사를 존중해주는 것을 의미하는 윤리적 쟁점 22회

대표기출로 확인

01 사회복지사의 가치갈등이나 윤리적 딜레마에 관한 설명으로 옳지 않은 것은? 17회
① 윤리기준은 지속적으로 변화된다.
② 가치갈등에 대응하는 첫 단계는 가치갈등의 존재를 인식하는 것이다.
③ 윤리적 결정에 따른 결과의 모호성으로 윤리적 딜레마가 발생할 수 있다.
④ 기관의 목표가 클라이언트 이익에 위배될 때 가치상충으로 윤리적 딜레마가 발생할 수 있다.
⑤ 윤리적 결정을 위해 로웬버그와 돌고프(F. Loewenberg & R. Dolgoff)의 일반결정모델을 활용할 수 있다.

> 클라이언트의 이익(의무)과 사회복지사가 소속된 사회복지기관의 이익(의무)이 상충하는 것은 윤리적 딜레마가 아닌 의무 상충 딜레마에 해당된다.
> 정답 ④

02 로웬버그와 돌고프(F. Loewenberg & R. Dolgoff)의 윤리적 원칙 중 다음 사례에서 아동학대전담공무원이 결정을 할 때 최우선적으로 고려해야 할 원칙은? 22회

> 아동학대가 발생한 가정의 학대피해아동을 원가정에서 생활하도록 할 것인가 또는 학대피해아동쉼터에서 생활하도록 할 것인가에 대해 1차 결정을 해야 한다.

① 평등과 불평등의 원칙
② 최소 손실의 원칙
③ 사회정의 실현의 원칙
④ 진실성과 정보개방의 원칙
⑤ 사생활보호와 비밀보장의 원칙

> 주어진 사례는 최소 손실(최소 해악)의 원칙에 대한 내용이다.
> 정답 ②

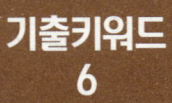

03 사회복지실천의 발달

서구 사회복지실천의 역사 ★빈출

최근 7개년 평균 출제문항 수 **1문항**

01 전문직 실천 이전

구분	제정연도	내용
엘리자베스 빈민법	1601년	• 빈민 구제를 국가(교구) 책임으로 규정함 • 빈민을 노동가능자·노동불능자로 구분 • 구빈세로 재원 조달 • 빈민 감독관 설치
신빈민법	1834년	• 열등처우 원칙 강화 • 작업장활용의 원칙(원외구호 폐지) • 전국 균일처우의 원칙

02 전문직 실천 이후(태동기, 확립기, 분화 및 확립기, 통합기, 발전기, 확장기)

전문직 태동기 (19세기 말~1900년)	자선조직협회	• 산업화와 도시화로 발생한 사회문제를 해결하기 위해 민간 자선단체가 조직화됨 • 기독교적 도덕성에 근거하여 빈곤을 개인 탓으로 보고, 빈곤의 원인을 찾아 원조하며 지역사회 안정을 도모함 • 빈민 지원 시 중복과 누락을 방지하고자 시작 • 우애방문원(Friendly Visitors) 활동 시작, 이는 사례관리의 출발이자 사회복지사의 효시로 간주됨 • 주요 이념: 적자생존, 사회진화론
	인보관	• 빈민과 함께 거주하며 사회환경 개선과 교화를 시도함 • 1884년 영국 런던의 토인비 홀, 1889년 미국 시카고의 헐 하우스 설립 • 사회개혁적 성향을 가진 중산층 대학생, 종교인, 지식인들이 빈민지구로 이주하여 활동 • 주요 이념: 자유주의, 개인주의, 계몽주의
전문직 확립기 (1900~1920년)		• **유급사회복지사의 등장(1905)**: 의사 카보트가 메사추세츠 병원에서 유급 의료사회복지사를 채용하며, 전문적 지식과 기술을 전수하는 교육과 훈련이 필요해짐 • **플렉스너의 문제 제기(1915)**: 플렉스너는 사회복지실천을 전문직으로 인정하지 않음. 전문적 훈련, 기술 부족과 자율성의 결여를 이유로 주장함 → 이에 따라 사회복지계에서 전문직화 논쟁이 일어남 • **리치몬드의 사회진단**: 리치몬드는 프로이트의 영향을 받아 최초의 사회복지실천이론인 『사회진단(Social Diagnosis)』(1917)을 출간하여 사회복지실천의 이론적 기초를 마련함
분화 및 확립기 (1920~1950년)		• 3대 방법론의 분화: 개별사회사업(Casework), 집단사회사업(Group Work), 지역사회조직(Community Organization)으로 사회복지실천의 방법론이 분화됨 • **밀포드 회의(1929)**: 사회복지실천의 3대 방법론 간 공통점이 많다는 사실을 발견하고, 이들을 하나의 전문직으로 발전시킬 가능성을 제시함 • 진단주의와 기능주의 논쟁: 진단주의는 프로이트의 정신분석이론에서 영향을 받았고, 기능주의는 클라이언트의 성장 가능성을 강조하며 서로 대립함

기출선지로 확인

전문직으로서의 사회복지실천

01 우애방문자들의 활동에 보수를 지급하기 시작하였다. 18회

02 우애방문자를 지도·감독하는 체계를 마련하였다. 18회

03 자선조직협회는 교육 프로그램을 마련하였다. 18회

04 의사인 카보트(R. Cabot)가 매사추세츠병원에 의료사회복지사를 정식으로 채용하였다. 18회

자선조직협회

05 우애방문자(friendly visitors)가 활동하였다. 13회

06 자선조직협회는 개별사회사업의 태동에 영향을 주었다. 14회, 21회

07 자선조직협회는 빈곤의 원인을 개인의 나태함과 게으름 등으로 보았다. 14회

08 빈민 지원 시 중복과 누락을 방지하고자 시작되었다. 18회

09 민간 사회복지기관의 활동을 체계적으로 조정하기 위해 등장하였다. 21회

10 적자생존에 기반한 사회진화론을 구빈의 이론적 기반으로 삼았다. 21회

11 과학적이고 적절한 자선활동을 수행하기 위해 클라이언트 등록체계를 실시하였다. 21회

우애방문단

12 우애방문자들은 빈곤가정을 방문하면서 상담 및 교육, 교화를 하는 역할을 수행하였다. 15회

13 우애방문자들은 빈민구제에 도덕적 잣대를 적용하여 빈민을 통제하고자 하였다. 15회

14 우애방문자들의 개입대상은 개인이나 가족이었다. 15회

대표기출로 확인

01 자선조직협회(COS)에 관한 설명으로 옳은 것은? 18회

① 빈민 지원 시 중복과 누락을 방지하고자 시작되었다.
② 빈곤의 원인을 개인의 도덕 문제가 아니라 산업화의 결과로 보았다.
③ 연구 및 조사를 통하여 사회제도를 개혁하고자 설립되었다.
④ 빈민 지역의 주민들을 이웃으로 생각하여 함께 생활하였다.
⑤ 집단 및 지역사회복지의 태동에 영향을 주었다.

②~⑤ 모두 인보관에 대한 설명이다.

정답 ①

02 한국 사회복지실천의 역사적 발달과정을 발생한 순서대로 나열한 것은? 19회

ㄱ. 대학교에서 사회복지 전문 인력의 양성교육을 시작하였다.
ㄴ. 사회복지사업법에 따라 사회복지사 명칭을 사용하기 시작하였다.
ㄷ. 사회복지전문요원(이후 전담공무원)을 행정기관에 배치하기 시작하였다.
ㄹ. 정신건강증진 및 정신질환자 복지서비스 지원에 관한 법률에 따라 정신건강사회복지사 명칭을 사용하기 시작하였다.

① ㄱ-ㄴ-ㄷ-ㄹ ② ㄴ-ㄱ-ㄹ-ㄷ
③ ㄴ-ㄹ-ㄱ-ㄷ ④ ㄷ-ㄴ-ㄹ-ㄱ
⑤ ㄹ-ㄷ-ㄴ-ㄱ

ㄱ. 1947년 ㄴ. 1983년
ㄷ. 1987년 ㄹ. 2017년
따라서 한국 사회복지실천의 역사적 발달과정을 순서대로 나열하면 'ㄱ-ㄴ-ㄷ-ㄹ'이다.

정답 ①

기출키워드6 서구 사회복지실천의 역사 ★빈출

통합기 (1951~1960년 전후)	• **통합적 실천의 중요성 부각**: 3대 방법론의 분절적 실천에 대한 비판이 발생함. 자아심리학·사회과학·가족개념 등을 도입하여 통합적 방법론이 등장 • **펄만의 문제 해결모델(1957)**: 진단주의와 기능주의를 절충하여 문제 해결모델을 제시. 클라이언트가 스스로 문제를 해결할 수 있도록 원조하는 것을 목표로 함
발전기 (1961~1990년대)	• 사회체계이론과 의사소통이론 도입: 1970년대에는 사회체계이론이 사회복지실천의 중요한 이론으로 자리 잡음. 4체계 모델, 단일화 모델, 생활모델 등이 개발됨 • 가족치료 분야 발전: 가족의 복합적 문제를 연구하는 가족치료 분야가 발전함
확장기 (1991~현재)	• 신자유주의의 영향: 복지예산 삭감, 서비스 축소, 민영화 등으로 보수적 분위기 형성, 자원 한계를 극복하기 위해 해결중심모델과 같은 단기 개입이 발달함 • 다중관점의 필요성: 포스트모더니즘 등장과 함께 클라이언트의 상황에 맞는 다양한 접근법과 개입전략이 강조됨. 사회복지실천은 점차 생태체계이론에 기반한 강점관점으로 변화함

기출선지로 확인

인보관운동

15 지역사회 문제에 관한 연구와 조사를 실시함
20회

16 연구 조사 11회

17 함께 거주 11회

18 인보관운동은 빈곤의 원인을 산업화의 결과로 보았다. 15회

19 인보관은 지역주민과 함께 거주하면서 사회개혁을 시도하였다. 14회

20 인보관에서 일하는 사람은 지역사회에서 함께 살면서 활동함 20회

21 인보관은 집단사회사업의 태동에 영향을 주었다. 14회

22 빈민지역의 주택 개선, 공중보건 향상 등에 관심을 둠 20회

23 사회문제에 대한 집합적이고 개혁적인 해결을 강조함 20회

기능주의학파

24 기능주의는 인간의 성장가능성과 자유의지를 강조한다. 12회, 16회, 20회

25 '지금-이곳'에 초점 20회

26 인간과 환경의 관계 분석 20회

대표기출로 확인

03 기능주의(functionalism)에서 강조한 내용으로 옳은 것을 모두 고른 것은? 22회

> ㄱ. 개인의 의지
> ㄴ. 개인에 대한 심리 내적 진단
> ㄷ. 전문가와 클라이언트 사이의 원조관계
> ㄹ. 기관의 기능

① ㄱ, ㄴ
② ㄷ, ㄹ
③ ㄱ, ㄷ, ㄹ
④ ㄴ, ㄷ, ㄹ
⑤ ㄱ, ㄴ, ㄷ, ㄹ

> ㄴ. 개인에 대한 심리 내적 진단은 진단주의에 해당되는 개념이다.
>
> 정답 ③

03 사회복지실천의 발달

기출키워드 7

우리나라 사회복지실천의 역사

최근 7개년 평균 출제문항 수 **0.3문항**

01 우리나라 사회복지실천의 역사

일제강점기 이전 (전근대기)	• 향약, 계, 두레 등 공동체적 상부상조 활동 • 왕실 주도의 빈민 구제 활동(혜민서, 제생원)	
일제강점기 (1910~1945)	• 민간 종교기관 활동 • 총독부 주도의 사회사업(구빈법 등 부재)/ 일본식 자선사업	• 태화여자관 설립(1921) • 조선구호령으로 근대적인 공공부조 실시
해방~한국전쟁기 (1945~1953)	• 미군정 하 사회복지사업 일부 실시	• 한국전쟁으로 외원 중심 복지사업 확대
1950~1960년대	• 한국외원단체협의회(KAVA) 설립(1952) • 「생활보호법」(1961) 제정	• 보건사회부 신설(1955) • 아동복리법(1961) 제정
1970년대	• 새마을운동과 복지사업 연계	• 사회복지관 시범 설치
1980년대	• 사회복지관 설립 및 운영지원에 관한 법적 근거 마련(1983) • 사회복지전문요원 제도 도입(1987) • 공공복지 강화 • 민간 복지시설 확산	
1990년대	• 사회복지전담공무원 제도 도입(1995) • 「사회복지사업법」 전면개정(1997): 시설의 신고제, 평가제 및 1급 국가고시 시험 도입 • 「국민기초생활보장법」 제정(1999)	
2000년대 이후	• 사회복지전문요원 → 사회복지전담공무원 전환(1990년 법적 승인) • 사회복지사 1급 국가시험 시행(2003) • 노인장기요양보험제도 시행(2008) • 지역사회 통합돌봄(커뮤니티케어) 추진(2018)	

02 외원단체 활동의 영향

6·25 전쟁 발발	6·25 전쟁 발발 후, 전쟁으로 인한 급격한 빈곤과 사회적 어려움으로 외원단체의 활동이 필요해짐
외원단체의 지원	미국을 비롯한 외원단체들이 긴급구호와 재건지원 활동을 강화(식량, 의약품, 의류 등)
UN 지원	UN의 긴급구호 및 후속 재건사업이 확대되며, 한국 전쟁 후 복구와 재건을 위한 외원단체들의 활동이 본격화됨
외원단체의 영향	외원단체들이 기여한 자원들은 대부분 기초적인 구호활동, 재건, 식량지원 등이었으며, 이는 사회복지의 기반이 되며 성장
1960년대 이후	1960년대에는 외원단체들이 경제 개발과 교육, 보건 분야에서도 활동을 확장, 국내외 복지 네트워크 확장의 출발점이 됨
한국의 외원단체 활동	한국의 복지정책 및 사회복지 실천 모델에 외원단체들의 영향을 받아 기초적인 복지체계가 마련됨

기출선지로 확인

우리나라 사회복지실천의 역사

01 1980년대 초반에 개정된 「사회복지사업법」에서 사회복지관의 설립·운영을 지원하는 근거가 마련되었다. 10회

02 1987년부터 사회복지전문요원이 공공영역에 배치되었다. 14회

03 건강가정지원센터는 2000년대 중반부터 운영되기 시작하였다. 12회

1960년대와 1970년대 외원단체 활동이 우리나라 사회복지발달에 미친 영향

04 사회복지가 종교와 밀접한 관련 하에 전개되도록 하였다. 22회

05 전문 사회복지의 시작을 촉발하였다. 22회

06 사회복지가 거시적인 사회정책보다는 미시적인 사회사업 위주로 발전하게 하였다. 22회

07 사람들이 사회복지를 구호사업 또는 자선사업과 같은 것으로 인식하게 하였다. 22회

대표기출로 확인

01 1960년대와 1970년대 외원단체 활동이 우리나라 사회복지발달에 미친 영향으로 옳지 않은 것은? 22회

① 사회복지가 종교와 밀접한 관련 하에 전개되도록 하였다.
② 전문 사회복지의 시작을 촉발하였다.
③ 시설 중심보다 지역사회 중심의 사회복지가 발전하는 계기를 만들었다.
④ 사회복지가 거시적인 사회정책보다는 미시적인 사회사업 위주로 발전하게 하였다.
⑤ 사람들이 사회복지를 구호사업 또는 자선사업과 같은 것으로 인식하게 하였다.

> 지역사회 중심보다 시설 중심의 사회복지가 발전하는 계기를 만들었다.

정답 ③

04 사회복지실천현장과 사회복지사의 역할

기출키워드 8

사회복지실천현장의 구분 ★빈출

최근 7개년 평균 출제문항 수 **1문항** 23회기출 22회기출 21회기출

01 기능과 목적에 따른 분류

구분	내용	해당 기관
1차 현장	• 사회복지서비스 제공이 주목적인 기관 • 사회복지사 고유 업무 수행이 핵심 • 기관 설립 목적 자체가 복지 실천인 경우	• 종합사회복지관 • 지역아동센터 • 노인복지관 • 장애인복지관 • 가족복지기관 • 청소년쉼터
2차 현장	• 원래 주요 목적은 다르지만 사회복지 기능을 부수적으로 수행하는 기관 • 타 전문영역(교육, 의료 등)과 협업	• 학교(학교사회복지) • 병원(의료사회복지) • 교정시설(교정복지) • 산업체(직장 내 복지) • 군대(군사회복지) • 노인요양시설 • 정신건강복지센터

02 생활시설과 이용시설

구분	내용	해당 기관
생활시설	• 입소 형태로 생활 지원 • 보호·치료·양육 기능 수행 • 장기 거주 가능	• 아동양육시설 • 장애인거주시설 • 노인요양시설 • 한부모가족복지시설 • 청소년 보호시설
이용시설	• 비입소형 서비스 제공 • 주기적 방문·이용 중심 • 교육, 상담, 급식, 프로그램 운영	• 종합사회복지관 • 지역아동센터 • 노인복지관 • 장애인주간보호센터 • 정신건강복지센터

기출선지로 확인

1차 현장

01 양로시설 — 20회
02 사회복지관 — 20회, 21회
03 지역아동센터 — 20회
04 장애인거주시설 — 20회
05 노인복지관 — 18회, 22회

2차 현장

06 종합병원 — 21회
07 교정시설 — 22회

생활시설

08 장애인거주시설 — 22회
09 노인요양원 — 22회

이용시설

10 다문화가족지원센터 — 17회
11 재가복지센터 — 19회
12 아동상담소 — 19회
13 주간보호센터 — 19회
14 지역사회복지관 — 19회
15 발달장애인지원센터 — 21회

대표기출로 확인

01 사회복지실천현장과 분류의 연결로 옳지 않은 것은? 21회

① 사회복지관 – 1차 현장
② 종합병원 – 2차 현장
③ 발달장애인지원센터 – 이용시설
④ 노인보호전문기관 – 생활시설
⑤ 사회복지공동모금회 – 비영리기관

> 노인보호전문기관은 이용시설에 포함된다.
>
> 정답 ④

기출키워드8 사회복지실천현장의 구분 ★빈출

03 공공기관과 민간기관

구분	내용	해당 기관
공공기관	• 모든 시민을 대상으로 한 보편적 서비스 제공 • 특히 취약계층을 위한 기본적인 사회서비스 제공 • 보편적이고 접근성이 높음 • 주로 정부나 공공기관의 여러 프로그램을 통해 접근 가능 • 정부 예산과 공공 재정에 의해 지원됨 • 세금으로 재원을 마련함	• 국민연금공단 • 건강보험공단 • 고용노동부 등 공공복지기관 • 보건복지부 • 주민센터(행정복지센터)
민간기관	• 특정 대상이나 프로그램에 집중 • 개인적·전문적 서비스를 필요로 하는 특정 집단을 위해 제공되는 경우가 많음 • 서비스 접근성이 제한적일 수 있음 • 대상자의 자원이나 기부, 후원에 따라 서비스 제공 여부가 달라질 수 있음 • 민간 기부금, 후원, 자원봉사 등 다양한 민간 자원에 의존 • 사업 수익 및 후원금 등을 통해 재정 운영	• 민간복지기관 • 종교 단체 운영 복지관 • 자선단체 등 비영리 민간기관 • 사회복지공동모금회 • 한국사회복지사협회

04 서비스 제공 방식에 따른 분류

구분	내용	해당 기관
직접서비스 기관	• 클라이언트에게 직접적으로 서비스를 제공하는 기관 • 개별 사회복지서비스 제공 • 상담, 치료, 교육, 훈련, 지원 등 실질적인 서비스 제공	• 사회복지관 • 병원 • 상담소 • 청소년 보호시설 • 장애인 시설 등
간접서비스 기관	• 클라이언트에게 직접적인 서비스를 제공하지 않지만, 지원 및 협력하는 기관 • 서비스 제공을 위한 자원의 지원 • 기부, 자원봉사, 프로그램 개발 등을 통해 간접적으로 서비스 지원	• 자선단체 • 비영리단체(NPO) • 후원기관 • 연구소 • 학술기관 • 사회복지공동모금회 • 한국사회복지사협회

기출선지로 확인

민간기관
16 한국사회복지사협회   17회

비영리기관
17 사회복지공동모금회   21회

간접서비스기관
18 사회복지공동모금회   17회

대표기출로 확인

02 이용시설 – 간접서비스기관 – 민간기관의 예를 순서대로 바르게 나열한 것은?   17회
① 지역아동센터 – 사회복지협의회 – 주민센터
② 장애인복지관 – 주민센터 – 지역사회보장협의체
③ 청소년쉼터 – 사회복지관 – 사회복지공동모금회
④ 사회복지관 – 노인보호전문기관 – 성폭력피해상담소
⑤ 다문화가족지원센터 – 사회복지공동모금회 – 한국사회복지사협회

> ① 지역아동센터(이용시설) – 사회복지협의회(간접서비스) – 주민센터(공공기관)
> ② 장애인복지관(이용시설) – 주민센터(공공기관, 직접서비스) – 지역사회보장협의체(민관협력기관)
> ③ 청소년쉼터(생활시설) – 사회복지관(민간기관, 직·간접서비스) – 사회복지공동모금회(민간기관)
> ④ 사회복지관(이용시설) – 노인보호전문기관(민간기관, 직·간접서비스) – 성폭력피해상담소(민간기관)
>
> 정답 ⑤

04 사회복지실천현장과 사회복지사의 역할

기출키워드 9 · 사회복지사의 역할

최근 7개년 평균 출제문항 수 **0.6문항**

01 사회복지실천현장에서의 사회복지사 역할

사정자(조사자)	• 클라이언트의 욕구, 문제, 환경을 체계적으로 조사하고 평가 • 문제의 원인을 이해하여 효과적인 개입 기초 마련
계획자	• 클라이언트와 함께 현실적이고 실천 가능한 목표 설정 • 다양한 자원과 개입 방법을 고려한 맞춤형 서비스 계획 수립
중재자(조정자)	• 이해관계자 간 갈등을 조정하고 의사소통을 촉진하여 문제 해결 지원 • 클라이언트가 효과적으로 서비스를 이용할 수 있도록 돕는 다리 역할
옹호자(대변자)	• 클라이언트와 사회적 약자의 권리를 보호하고 확대하기 위해 적극적으로 지지 및 행동 • 제도적, 구조적 변화 촉진을 위해 정책 개선 및 사회적 인식 변화 활동에 참여
중개자	• 클라이언트에게 적합한 사회복지 자원과 서비스를 발굴하여 연결 • 서비스 간의 연계 및 조정을 통해 원활한 지원체계 구축
교육자	• 클라이언트가 자기결정능력과 문제해결능력을 갖추도록 정보와 기술 전달 • 권리, 생활기술, 건강관리 등 다양한 영역에 대한 교육 제공
상담자	• 개인이나 집단의 심리·정서적 어려움을 이해하고 해결하도록 돕는 전문적 상담 수행 • 정서적 지지와 문제해결을 위한 조력자 역할
조직가(촉진자)	• 지역사회와 집단 내 자발적 참여와 협력을 촉진하여 문제해결 능력 강화 • 지역사회 자원 개발, 네트워크 구축, 주민 역량 강화 활동 주도
평가자	• 사회복지 실천과 프로그램의 효과성 및 적절성을 체계적으로 평가 • 평가 결과를 바탕으로 실천 개선과 정책 제안

02 개입 수준에 따른 사회복지사의 역할

개입 수준	주요 대상	사회복지사의 역할
미시 수준	개인, 가족	조정자, 조력자, 상담자, 치료자
중범위 수준	집단, 기관	집단 지도자, 교육자, 자원 개발자, 네트워크 촉진자
거시 수준	지역사회, 정책	옹호자, 정책 제정자, 사회운동가, 주도자
전문가 집단 수준	사회복지사 집단	정책 분석자, 연구자, 교육자, 정책 제안자

기출선지로 확인

사회복지사의 역할

01 조력자(Enabler): 알코올중독자가 자신의 문제를 깨닫고 금주방법을 찾도록 도와주는 것
16회

02 계획자: 변화과정 기획
17회

03 협상가(Negotiator): 갈등상황에 있는 사람들 간의 합의를 이끌어내기 위해 어느 한쪽과 동맹을 맺고 타협하는 역할
23회

04 중개자(Broker): 가족이 없는 중증장애인에게 주거시설을 소개해주는 것
16회

05 옹호자: 미등록 이주노동자 자녀가 교육받을 수 있도록 관계법 개정 제안
10회

06 옹호자(Advocate): 장애학생의 교육권 확보를 위해 학교당국에 편의시설을 요구하는 것
16회

07 옹호자: 클라이언트 권익 변호
17회

08 중재자(Mediator): 갈등으로 이혼위기에 처한 부부관계에 개입하여 상호 만족스러운 합의점을 도출하는 것
16회

09 중재자: 양자 간의 논쟁에 개입하여 중립을 지키면서 상호합의를 이끌어내는 사회복지사의 역할
21회

10 연구자: 개입효과 평가
17회

11 교육자: 지식과 기술 전수
17회

사회복지사의 옹호 활동

12 자신의 권리를 주장할 수 없는 영유아를 대변한다.
19회

13 무국적 아동의 교육 평등권을 위한 법안을 제안한다.
19회

14 이주 노동자에게 최저 임금을 받을 권리를 교육한다.
19회

15 철거민들의 자체 회의를 위해 종합사회복지관의 공간을 제공한다.
19회

대표기출로 확인

01 사회복지사의 역할에 관한 설명으로 옳지 않은 것은?
17회

① 옹호자: 클라이언트 권익 변호
② 계획자: 변화과정 기획
③ 연구자: 개입효과 평가
④ 교육자: 지식과 기술 전수
⑤ 중개자: 조직이나 집단의 갈등 해결

> 조직이나 집단의 갈등을 해결(중립적 입장)하는 것은 중재자의 역할에 해당한다. 반면 중개자는 자원의 연결, 소개, 알선하는 역할을 한다.
>
> 정답 ⑤

02 사회복지사의 역할에 관한 설명으로 옳은 것은?
23회

① 협상가(negotiator): 갈등상황에 있는 사람들 간의 합의를 이끌어 내기 위해 어느 한쪽과 동맹을 맺고 타협하는 역할
② 중개자(broker): 불이익을 받는 집단을 위해 특정 제도를 변화, 개선하는 역할
③ 중재자(mediator): 흩어져 있는 서비스들을 조직적인 형태로 정리하는 역할
④ 조력자(enabler): 관심을 끌어오지 못한 문제에 대중이 관심을 갖도록 집중시키는 역할
⑤ 교육자(educator): 권리침해나 불평등 이슈에 관심을 갖고 연대를 통해 변화를 이끄는 역할

> ② 중개자(broker): 자원의 연결, 소개, 알선
> ③ 중재자(mediator): 조직이나 집단의 갈등 해결(중립적 입장)
> ④ 조력자(enabler): 클라이언트 잠재 역량을 극대화시켜 스스로 문제를 해결하게 하는 역할
> ⑤ 교육자(educator): 강의, 훈련, 프로그램 진행 등으로 가르치는 역할
>
> 정답 ①

기출키워드 10 강점관점

05 사회복지의 통합적 실천의 이해

최근 7개년 평균 출제문항 수 **0.6문항**

01 강점관점

개념	클라이언트를 문제나 결핍이 아닌 강점·가능성의 존재로 바라보고, 그들이 가진 자원과 능력을 활용하여 성장과 변화를 촉진하는 실천 접근법
등장 배경	• 기존 문제중심 접근에 대한 비판(의존성 심화, 무력감 초래) • 인간의 가능성과 회복력 강조 • 1980~1990년대 미국, 샐리비(Dennis Saleebey) 중심으로 체계화
핵심 전제	• 모든 인간은 강점과 자원을 가지고 있음 • 문제는 새로운 기회의 출발점이 될 수 있음 • 환경은 자원과 기회를 제공함 • 클라이언트가 변화의 주체 • 실천가는 협력자·조력자 역할을 함
핵심 목표	• 강점 발견 및 강화 • 클라이언트의 자기결정 촉진 • 자원과 기회의 활용 • 긍정적 자기인식 증진
실천 원칙	• 클라이언트와 파트너십 구축 • 강점 발굴과 자원 동원에 집중 • 긍정적 언어 사용 • 목표지향적 계획 수립 • 클라이언트는 문제의 대상이 아니라 변화 가능성을 지닌 능동적 주체
사회복지사의 역할	• 강점과 자원을 발견 • 동반자적 관계 속에서 지원 • 클라이언트 스스로 역량을 강화하도록 촉진
강점관점과 문제중심 관점의 비교	• 강점관점: 가능성 중심, 협력적 관계 • 문제중심관점: 결핍 중심, 전문가 중심적 접근

기출선지로 확인

강점관점

01 역량강화(empowerment)의 활용   14회

02 희망과 용기의 강조   14회

03 개입의 초점이 가능성에 있다.   15회, 20회

04 개입의 핵심은 개인, 가족, 지역사회의 참여이다.   20회, 22회

05 모든 개인·집단·가족·지역사회는 강점을 가지고 있다.   19회

06 클라이언트를 재능과 자원을 가진 사람으로 규정한다.   20회

07 돕는 목적은 클라이언트의 삶에 함께 하며 가치를 확고히 하도록 지원하는 것이다.   20회

08 외상과 학대 경험은 클라이언트에게 도전과 기회의 원천이 될 수 있다.   15회, 16회, 19회

09 모든 환경 속에는 활용 가능한 자원이 있다.   15회, 19회

10 사회복지사와 클라이언트의 협동 작업이 이루어질 때 클라이언트에게 최선의 도움이 주어질 수 있다.   15회, 19회

11 대표적인 학자로 샐리비(D. Saleebey)와 밀리(K. Miley)가 있다.   16회

12 실천의 초점을 과거에서 현재와 미래로 전환함   17회

대표기출로 확인

01 병리관점과 비교한 강점관점의 특징으로 옳은 것은?   17회

① 클라이언트의 문제에 초점을 둠
② 사회복지사는 클라이언트 삶의 전문가임
③ 변화를 위한 자원은 전문가의 지식과 기술임
④ 실천의 초점을 과거에서 현재와 미래로 전환함
⑤ 강점은 용기와 낙관주의 같은 개인 내적인 요소로 한정함

---

① 클라이언트의 문제에 초점을 두는 것은 병리관점이다.
② 사회복지사를 클라이언트 삶의 전문가(치료자)라고 하는 것은 병리관점이다.
③ 변화를 위한 자원이 전문가(치료자)의 지식과 기술이라고 하는 것은 병리관점이다.
⑤ 강점을 용기와 낙관주의 같은 개인 내적인 요소로 한정하는 것은 병리관점이다.

정답 ④

기출키워드 11: 다문화 사회복지실천

05 사회복지의 통합적 실천의 이해

최근 7개년 평균 출제문항 수 **0.3문항**

01 다문화 사회복지실천

개념	다양한 인종, 민족, 문화적 배경을 가진 사람들의 특성과 차이를 존중하고, 그들의 문화적 다양성을 반영하여 사회복지서비스를 제공하는 실천 접근법
등장 배경	• 이민, 난민, 국제결혼, 외국인 노동자 증가 • 글로벌화와 국내 다문화 사회화 가속 • 기존 단일문화적 실천모델의 한계 인식
핵심 가치	• 문화적 겸손(Cultural Humility) • 문화적 역량(Cultural Competence) • 인권과 평등 – 차별과 편견 반대
실천 원칙	• 클라이언트의 문화적 정체성 존중 • 다양한 문화적 배경을 고려한 개입 • 자기 인식 강화 • 문화적 편견과 선입견 극복 • 포괄적이고 개방적인 태도 유지
실천 과정	• 문화적 자기인식: 실천가 자신의 가치·편견·문화 이해 • 클라이언트 문화 이해: 클라이언트의 문화적 가치·신념·경험 존중 • 문화적 민감성 반영: 실천 전 과정에 문화적 특성을 반영하여 개입 • 자원 연계 및 활용: 다문화 커뮤니티 내 자원 활용 및 권익옹호
필요 역량	• 문화적 지식 • 문화적 기술 • 문화적 태도 • 비판적 사고 능력
대표적 서비스 영역	• 다문화가족지원센터 • 이주민 지원센터 • 난민 지원 프로그램 • 외국인 근로자 지원서비스 • 국제결혼 이주여성 지원

기출선지로 확인

문화적 다양성과 사회복지실천

01 다문화주의는 문화상대주의이다. 17회

사회복지사에게 요구되는 문화적 역량

02 소수인종에 대한 선입관이나 편견을 탐색한다. 16회

03 사회적 차별에 맞서는 단체들의 활동을 분석한다. 16회

04 사회복지 전문직의 윤리적 행동지침을 이해한다. 16회

05 문화적 특성을 이해하기 위해 다양한 문화를 경험한다. 16회

06 문화적 상이성에 대한 수용과 존중 19회

07 자신의 문화적 정체성과 편견에 대한 성찰적 분석 19회

08 다문화 배경의 클라이언트에 관한 지식의 필요성 인식 19회

대표기출로 확인

01 다문화사회복지실천에서 사회복지사에게 요구되는 문화적 역량으로 옳지 않은 것은? 19회
① 문화적 상이성에 대한 수용과 존중
② 주류문화에 대한 동화주의적 실천 지향
③ 자신의 문화적 정체성과 편견에 대한 성찰적 분석
④ 다문화 배경의 클라이언트에 관한 지식의 필요성 인식
⑤ 다문화 배경의 클라이언트에게 개입하고 의사소통할 수 있는 능력

> 주류문화에 대한 교류주의적 실천을 지향한다. 이외 다문화사회복지실천에서 요구되는 문화적 역량은 다음과 같다.
> • 편견을 배제한 수용 자세
> • 문화적 상대주의 고수(상대의 문화를 이해하고 포용하는 것)
> • 주류문화에 대한 적응, 교류주의적 실천 지향
> • 다양한 문화에 대한 인정, 존중, 배려 중심
>
> 정답 ②

05 사회복지의 통합적 실천의 이해

기출키워드 12

통합적 접근의 특징

최근 7개년 평균 출제문항 수 **0.7문항**

01 통합적 접근의 특징

개념	다양한 이론과 실천모델을 상황에 맞게 조합하고, 클라이언트의 복합적 문제를 포괄적으로 다루기 위한 사회복지실천 방법
주요 특징	• 다양성 인정: 다양한 이론·기법을 융합하여 활용 • 상황적 유연성: 클라이언트 특성, 문제 상황에 따라 실천전략 조정 • 문제 중심이 아니라 해결 중심 접근 • 전인적 접근: 심리·사회·환경 등 복합요소를 통합적으로 고려 • 협력적 실천: 다학문적 협력 강조
실천 전략	• 다양한 이론(심리역동, 인지행동, 해결 중심, 과업 중심 등)을 상황에 따라 선택 • 개인·집단·지역사회 개입을 통합적으로 조정 • 미시적 실천(개인 중심) + 거시적 실천(환경 변화) 동시 추진
장점	• 복잡한 문제에 유연하고 효과적인 대응 가능 • 클라이언트 개별성·다양성 존중 • 실제 현장 적용성과 실용성 높음
단점	• 이론적 일관성 부족 가능성 • 실천가의 고도의 전문성과 판단력 요구 • 무분별한 이론 혼합 시 효과 저하 위험

02 통합적 방법론의 등장 배경

개념	• 전통적 방법론(개인, 집단, 지역사회)과 다양한 이론 및 기법을 상황에 맞게 융합·조정하여 통합적으로 적용하는 접근 • 복합적인 문제에 대해 총체적 해결을 추구함
등장 배경	• 클라이언트의 문제가 다차원적이고 복합적으로 나타남 • 기존 개별 방법론(사례, 집단, 지역사회)의 한계 극복 필요 • 전문성과 효율성을 동시에 확보하고자 하는 실천현장의 요구 증가 • 사회 환경의 변화: 가족 해체, 지역사회 붕괴 등으로 복합적 개입 필요
특징	• 다양한 실천 수준의 유기적 연계 • 클라이언트의 자기결정권 존중 • 문제뿐만 아니라 잠재력과 강점을 함께 고려함 • 개별성·참여·환경과의 상호작용 중시 • 단기 성과보다 장기적 변화와 성장 가능성에 주목

기출선지로 확인

통합적 접근의 특징

01 일반주의 접근(Generalist Approach) 11회
02 다중체계 개입(Multi-level Intervention) 11회
03 문제에 대해 광범위하고 포괄적으로 접근한다. 19회
04 미시 수준에서 거시 수준에 이르는 다차원적 접근을 한다. 21회
05 개입에 적합한 이론과 방법을 폭넓게 활용한다. 21회
06 다양하고 복합적인 원인으로 발생하는 문제를 해결하기 위한 접근이다. 21회
07 사회복지실천과정을 점진적 문제 해결과정으로 본다. 19회
08 클라이언트의 참여와 자기결정권 강조 20회
09 궁극적으로 클라이언트의 삶의 질 향상을 돕고자 함 20회
10 생태체계관점을 토대로 한다. 11회, 19회
11 생태체계관점에서 인간과 환경체계를 고려한다. 19회, 21회
12 인간의 행동은 환경과 연결되어 있음을 전제 20회

통합적 접근방법의 등장 배경

13 전통적 방법이 지나치게 분화되어 서비스의 파편화를 초래하였다. 10회, 23회
14 사회복지 지식체계에 사회체계이론 도입 10회
15 클라이언트 문제는 여러 체계의 상호작용 결과라는 인식 확산 10회
16 다양한 실천방법의 공통요소는 '문제 해결'임을 발견 10회
17 전통적인 방법론의 한계로 인해 등장 20회
18 전통적 방법이 공통기반을 전제하지 않아 정체성 확립에 어려움이 발생하였다. 23회
19 전통적 방법이 전문화 중심으로 교육되어 사회복지사의 분야별 이동을 어렵게 하였다. 23회

대표기출로 확인

01 통합적 접근에 관한 사회복지실천의 특징이 아닌 것은? 19회

① 생태체계관점을 토대로 한다.
② 클라이언트의 자기결정을 최소화한다.
③ 문제에 대해 광범위하고 포괄적으로 접근한다.
④ 체계와 체계를 둘러싼 환경 간의 관계를 중시한다.
⑤ 사회복지실천과정을 점진적 문제해결과정으로 본다.

> 클라이언트의 자기결정을 최소화하는 것은 진단주의적 접근방식이다.
>
> 정답 ②

기출키워드 13 — 통합적 접근방법의 특징

05 사회복지의 통합적 실천의 이해

최근 7개년 평균 출제문항 수 **0.3문항**

01 통합적 방법론의 개념

내용	• 다양한 실천 수준(개인·집단·지역사회)에 공통된 개입개념을 가진 접근방식 • 인간과 환경의 상호작용에 초점 • 생태체계적 관점 기반
특징	• 인간 중심 + 환경 중심 통합 • 문제의 총체적·광범위한 분석 • 적응적 개입 중시 • 일반주의 실천 • 순환적 인과성 • 다중체계에 개입

02 통합적 방법론의 원칙

개별화	클라이언트의 문제·욕구·환경·자원 등이 모두 다르다는 전제 아래, 획일적인 개입이 아닌 맞춤형 개입을 강조함
자기결정권	클라이언트가 스스로 자신의 삶에 대해 의사결정할 권리를 갖고 있으며, 사회복지사는 이를 존중하고 지지해야 함. 단, 법적 제한이나 사회적 책임이 필요한 경우에는 적절한 조력과 균형이 필요
참여	클라이언트는 단순한 수혜자가 아니라 변화의 주체로, 개입 과정 전반(계획, 목표설정, 실행)에 능동적으로 참여하도록 유도
인간의 존엄성	• 인간은 고유한 존엄과 가치를 지닌 존재이며, 차별 없이 존중받아야 함 • 클라이언트의 배경이나 상태에 관계없이 평등한 태도로 접근함
종합적 접근	개인의 문제를 심리·사회·환경적 요인이 복합적으로 작용한 결과로 이해하며, 전인적 접근을 통해 해결책을 모색함
환경과의 상호작용	개인은 환경과 끊임없이 상호작용하는 존재이며, 문제 해결은 개인 내부뿐만 아니라 환경적 요인(가족, 제도, 지역 등)의 변화를 함께 고려해야 함

기출선지로 확인

통합적 방법론의 개념

01 사회복지사는 미시적 수준에서부터 거시적 수준의 실천까지 다양한 체계에 개입한다. 16회

02 개인과 체계 간의 상호작용에 초점을 둔다. 16회

03 실천의 유용한 이론적 틀로서 생태체계적 관점에 기초한다. 16회

04 일반주의(Generalist) 실천에서 활용하는 접근방법이다. 16회

05 다양한 클라이언트 체계와 수준에 접근할 수 있다. 18회

06 클라이언트의 참여와 개별성을 강조한다. 22회

07 광범위하고 포괄적으로 문제를 규정한다. 22회

08 클라이언트의 잠재력에 대해 미래지향적 관점을 갖는다. 22회

09 사회복지실천 과정에서 공통적으로 적용 가능한 개념이나 원리 등이 있음을 전제한다. 22회

통합적 접근방법에서의 사회복지사의 활동 원칙

10 클라이언트와 협동노력 강조 15회

11 병리보다 강점을 강조 15회

12 다양한 모델과 기술을 활용 15회

13 경험적으로 검증된 개입방법을 우선 적용 15회

대표기출로 확인

01 통합적 접근방법에 관한 설명으로 옳지 않은 것은? 22회

① 클라이언트의 참여와 개별성을 강조한다.
② 광범위하고 포괄적으로 문제를 규정한다.
③ 클라이언트의 잠재력에 대해 미래지향적 관점을 갖는다.
④ 전통적 접근방법인 개별사회사업과 집단사회사업을 지역사회조직으로 통합하였다.
⑤ 사회복지실천 과정에서 공통적으로 적용 가능한 개념이나 원리 등이 있음을 전제한다.

> 통합적 접근방법은 전통적 접근방법인 개별사회사업과 집단사회사업을 지역사회조직으로 단선적, 획일적으로 통합하는 것이 아닌 대상, 상황, 문제 등에 부합되게 적용해야 된다고 보았다.
>
> 정답 ④

기출키워드 14: 통합적 접근의 주요 관점

05 사회복지의 통합적 실천의 이해

최근 7개년 평균 출제문항 수 **0.4문항**

01 일반체계이론

내용	• 생명체 또는 사회체계의 구성요소 간 상호작용 • 평형 유지를 위한 통제기제 강조
특징	하위체계·전체체계 간의 상호작용 이해
주요 개념	• **체계(System)**: 상호작용하는 여러 구성 요소들이 유기적으로 결합되어 하나의 목표를 달성하는 조직체 • **홀론(Holon)**: 부분이면서 동시에 전체인 개념으로, 작은 체계들 속에서 그들을 둘러싼 큰 체계의 특성이 발견되기도 하고 작은 체계들이 큰 체계에 동화되기도 하는 현상 • **폐쇄체계(Closed System)**: 외부와의 상호작용이 없는 자립적인 시스템으로, 환경과의 교류 없이 내부 법칙에 따라 작동함 • **개방체계(Open System)**: 외부 환경과 상호작용하는 시스템으로, 자원·에너지·정보 등을 외부로부터 받아들이고 외부로 방출시킴 • **엔트로피(Entropy)**: 시스템의 무질서도나 불확실성의 정도를 의미하며, 개방체계에서는 에너지를 지속적으로 받아들이지 않으면 증가함 • **균형(Equilibrium)**: 시스템이 안정적인 상태를 유지하는 상태, 시스템 내부 상호작용이 원활하게 이루어짐 • **항상성(Homeostasis)**: 시스템이 외부 변화에 대응하여 내부 상태를 일정하게 유지하려는 경향 • **안정상태(Steady State)**: 시스템이 지속적으로 외부 영향을 받아도 내부 상태가 일정한 상태로 유지되는 상태 • **시너지(Synergy)**: 시스템의 구성 요소들이 상호작용을 통해 개별적인 효과 이상의 결과를 만들어내는 현상

02 생태체계이론

내용	• 인간은 환경 속에서 상호작용을 통해 성장함 • 상호작용의 결과로 성격이 형성됨
특징	인간·환경의 상호작용에 따른 변화와 적응 강조
주요 개념	• **미시체계**: 개인이 직접적으로 경험하고 참여하는 환경 요소들로 이루어진 가장 가까운 환경 • **중간체계**: 미시체계 간의 상호작용을 다룸(예 학교와 가정 간의 관계, 부모와 교사 간의 상호작용) • **외부체계**: 개인은 직접적으로 참여하지 않지만 그 영향을 받는 환경(예 부모의 직장, 지역사회 조직) • **거시체계**: 문화적·경제적·법적·사회적 가치관을 포함한 가장 넓은 환경(예 국가 정책, 문화적 관습) • **시간체계**: 시간에 따른 환경 변화와 그 변화가 개인에게 미치는 영향을 다루는 체계(예 사회 변화나 삶의 전환 시점)
환경 속의 인간	• 인간과 환경의 상호작용을 문제의 원인으로 봄 • 개인과 환경 모두에 책임이 있음 • 실천의 초점을 개인과 환경의 상호작용에 둠

기출선지로 확인

일반체계이론

01 홀론: 작은 체계들 속에서 그들을 둘러싼 큰 체계의 특성이 발견되기도 하고 작은 체계들이 큰 체계에 동화되기도 하는 현상 12회

02 항상성으로 인해 체계는 행동방식의 규칙성을 갖게 된다. 13회

체계이론이 사회복지실천에 미친 영향

03 사고의 틀을 개인 중심에서 전체 체계로 확대하도록 유도함 17회

04 경계, 환류, 엔트로피 등 기능적인 체계를 설명하는 개념을 제시함 17회

05 사회현상을 분석함에 있어 체계를 둘러싼 변수들이 상호관련된 전체라는 시각을 갖게 함 17회

06 동귀결성(Equifinality)과 다중귀결성(Multi-finality)은 실천의 다양한 영향을 설명할 수 있게 함 17회

생태체계이론

07 생태도를 활용하여 미시, 중간, 거시 체계들 사이의 자원과 에너지의 흐름을 파악한다. 12회

08 미시체계: 개인의 일상생활에 존재하는 실제적인 환경 18회

09 적합성: 개인의 적응 욕구와 환경 또는 사회적 요구 사이의 조화와 균형의 정도를 의미하는 생태체계관점의 개념 23회

환경 속의 인간 관점

10 개인·환경 간 상호작용 증진을 위해 환경변화를 시도함 10회

11 개인·환경 간 상호작용 증진을 위해 개인의 역량을 강화함 10회

12 사회적 맥락을 고려하여 문제를 사정함 10회

대표기출로 확인

01 일반체계이론에서 체계의 작용 과정을 순서대로 옳게 나열한 것은? 20회

ㄱ. 투입   ㄴ. 산출
ㄷ. 환류   ㄹ. 전환

① ㄱ-ㄴ-ㄷ-ㄹ
② ㄱ-ㄴ-ㄹ-ㄷ
③ ㄱ-ㄹ-ㄴ-ㄷ
④ ㄹ-ㄱ-ㄴ-ㄷ
⑤ ㄹ-ㄷ-ㄱ-ㄴ

> 일반체계이론에서 체계의 작용 과정은 '투입(ㄱ)-전환(ㄹ)-산출(ㄴ)-환류(ㄷ)'이다.
> 정답 ③

02 개인의 적응 욕구와 환경 또는 사회적 요구 사이의 조화와 균형의 정도를 의미하는 생태체계관점의 개념은? 23회

① 경계   ② 엔트로피   ③ 상호교류
④ 적합성   ⑤ 대처

> ① 경계: 체계와 체계를 구분하는 보이지 않는 선(line)
> ② 엔트로피: 외부의 에너지가 유입되지 않아 불용한 에너지가 증가하여 혼란스러운 상태
> ③ 상호교류: 인간과 환경 사이의 역동적인 상호작용
> ⑤ 대처: 환경 문제에 적응하고자 노력하는 것
> 정답 ④

05 사회복지의 통합적 실천의 이해

기출키워드 15

통합적 실천모델 ★빈출

최근 7개년 평균 출제문항 수 **2.1문항**

01 임파워먼트모델

정의	개인, 집단 또는 공동체가 자신의 권리와 능력을 인식하고, 이를 바탕으로 문제를 해결할 수 있도록 지원하는 과정
목표	• 클라이언트가 자신의 힘을 인식하고, 자원을 활용하여 문제를 해결할 수 있도록 지원 • 변화와 성장을 위한 지속적인 협력적 관계 형성
가치	• 자기결정권 존중 • 적극적인 참여(자기결정) • 평등한 관계
원칙	• 협력적 파트너십: 클라이언트와 사회복지사가 동반자로서 문제 해결 • 적극적 참여: 클라이언트가 의사결정에 적극적으로 참여함 • 권리 옹호: 사회적 불평등과 권리 문제 해결을 위한 옹호
실천 과정	• 대화: 클라이언트와의 신뢰관계 형성 • 발견: 문제 인식 및 자원 분석 • 발달: 문제 해결을 위한 실행 및 집대성 단계
특징 및 적용	• 클라이언트와의 협력적 관계 형성 • 자원 동원 및 권리 옹호 • 클라이언트가 변화의 주체가 되도록 지원함 • 클라이언트가 문제 해결에 적극적으로 참여하고 자원을 활용하여 변화와 성장을 경험함 • 개인·집단·커뮤니티 차원에서 임파워먼트 적용 가능 • 장애인의 권익 옹호 활동 • 클라이언트가 원하는 변화 달성을 위한 협력적 관계 형성

02 임파워먼트모델의 과정 및 특징

대화단계 (Dialogue Phase)	방향 설정, 파트너십 형성, 현재 상황 파악
발견단계 (Discovery Phase)	강점 발견, 해결 방안 모색, 자원 탐색(사정)
발전단계 (Development Phase)	성과 확대, 기회 확대, 자원 집대성

기출선지로 확인

임파워먼트모델

01 임파워먼트는 개인, 대인관계, 제도적 차원에서 이루어짐 17회, 18회

02 클라이언트를 문제 해결의 협력적 파트너로 인정함 17회, 18회, 23회

03 클라이언트와 문제 해결 방안을 함께 수립한다. 18회

04 클라이언트의 적극적인 참여를 강조한다. 22회

05 클라이언트의 참여를 중시하고 자기결정권을 강조한다. 23회

06 클라이언트를 위해 자원을 동원하거나 권리를 옹호함 17회

07 비장애인이 대부분인 사회에서 장애인 클라이언트의 취약한 권리에 주목하였다. 21회

08 사회복지사와 클라이언트 집단은 장애인의 권익을 옹호하는 데 협력하였다. 21회

09 개입과정은 대화-발견-발달 단계로 진행된다. 18회

10 대화, 발견, 발전의 단계를 통해 클라이언트 집단은 주도적으로 불평등한 사회제도를 개선하였다. 21회

11 클라이언트를 서비스에 대한 권리를 가진 소비자로 본다. 23회

12 클라이언트를 경험과 역량을 가진 원조과정의 파트너로 본다. 23회

임파워먼트모델의 단계별 실천과업

13 발견(Discovery)단계 - 자원역량 사정 23회

대표기출로 확인

01 임파워먼트모델의 실천단계를 대화단계, 발견단계, 발전단계로 나눌 때, 대화단계에서 실천해야 할 과정을 모두 고른 것은? 19회

> ㄱ. 방향 설정
> ㄴ. 자원 활성화
> ㄷ. 강점의 확인
> ㄹ. 기회의 확대
> ㅁ. 파트너십 형성
> ㅂ. 현재 상황의 명확화

① ㄱ, ㄴ, ㄷ ② ㄱ, ㄷ, ㄹ
③ ㄱ, ㅁ, ㅂ ④ ㄴ, ㄷ, ㄹ
⑤ ㄴ, ㄷ, ㄹ, ㅁ, ㅂ

대화단계에서 실천해야 할 과정은 방향 설정(ㄱ), 파트너십 형성(ㅁ), 현재 상황의 명확화(ㅂ)이다.

정답 ③

기출키워드15 통합적 실천모델 ★빈출

03 핀커스 & 미나한의 4체계이론

구분	내용	특징
변화매개체계	사회복지사 및 그가 속한 기관 또는 조직	서비스 제공 주체로서의 실천 전문가 및 소속 조직
클라이언트체계	서비스를 요청하고 받는 개인, 가족, 집단, 기관, 지역사회	서비스의 직접 수혜 대상
표적체계	문제 해결을 위해 변화가 요구되는 대상	문제 해결을 위해 변화가 요구되는 대상
행동체계	실천 과정에서 함께 상호작용하는 주변 인물들(이웃, 가족, 전문가 등)	서비스 실행 과정에서 협력하거나 영향을 주는 참여자

04 콤튼 & 갤러웨이의 6체계이론

구분	내용	특징
변화매개체계	사회복지사 및 그가 속한 기관 또는 조직	서비스 제공 주체로서의 실천 전문가 및 소속 조직
클라이언트체계	서비스를 요청하고 받는 개인, 가족, 집단, 기관, 지역사회	서비스의 직접 수혜 대상
표적체계	변화의 필요성을 느껴 개입 대상이 된 사람 또는 구조	문제 해결을 위해 변화가 요구되는 대상
행동체계	실천 과정에서 함께 상호작용하는 주변 인물들(이웃, 가족, 전문가 등)	서비스 실행 과정에서 협력하거나 영향을 주는 참여자
전문체계	사회복지서비스를 제공하는 전문가 집단 또는 사회복지사를 양성하는 교육기관 등	실천 활동을 가능하게 하는 지식·기술·자격 기반의 전문지원체계
의뢰-응답체계	• 사회복지서비스 제공을 요청하거나 추천하는 사람 또는 기관 • 자의가 아닌 타의에 의해 연계된 클라이언트(예 법원, 경찰, 교사 등 타인의 권고나 결정)	• 서비스 개입의 출발점 역할(자발적 접근을 유도함) • 강제적 연계로 인해 서비스에 수동적으로 참여하게 되는 대상

기출선지로 확인

핀커스 & 미나한의 4체계이론

14 변화매개체계: 사회복지사와 사회복지사가 속한 기관을 의미한다. 14회

15 문제 해결을 위해 사회복지사와 상호작용하는 사람들은 행동체계에 해당한다. 18회

콤튼 & 갤러웨이의 6체계이론

16 변화매개체계 10회

17 클라이언트체계: 서비스나 도움을 필요로 하는 체계 17회

18 표적체계: 목표달성을 위해 변화가 필요한 체계 17회

19 전문가체계: 변화매개체계에 영향을 미치는 교육체계나 전문가단체 17회

20 의뢰-응답체계: 서비스를 요청한 체계와 그러한 요청으로 서비스기관에 오게 된 체계 17회

대표기출로 확인

02 핀커스와 미나한(A. Pincus & A. Minahan)의 4체계 모델을 다음 사례에 적용할 때 대상과 체계의 연결로 옳은 것은? 22회

> 가족센터의 교육 강좌를 수강 중인 결혼이민자 A는 최근 결석이 잦아졌다. A의 이웃에 살며 자매처럼 친하게 지내는 변호사 B에게서 A의 근황을 전해들은 가족센터 소속의 사회복지사 C는 A와 연락 후 가정방문을 하여 A와 남편 D, 시어머니 E를 만나 이야기를 나누었다. C는 가족센터를 이용하면 '바람이 난다'라고 여긴 E가 A를 통제하고 있는 것을 알게 되었다. 또한 D는 A를 지지하고 싶지만 E의 눈치를 보느라 소극적으로 행동하는 것도 파악하였다. A의 도움 요청을 받은 C는 우선 E의 변화를 통해 상황을 개선해보고자 한다.

① 결혼이민자(A): 행동체계
② 변호사(B): 전문가체계
③ 사회복지사(C): 의뢰-응답체계
④ 남편(D): 변화매개체계
⑤ 시어머니(E): 표적체계

> ① 결혼이민자(A): 클라이언트체계
> ② 변호사(B): 행동체계
> ③ 사회복지사(C): 변화매개체계
> ④ 남편(D): 행동체계
>
> 정답 ⑤

03 콤튼과 갤러웨이(B. Comton & Galaway)의 사회복지실천 구성체계 중 '사회복지사협회'가 해당되는 체계는? 21회

① 변화매개체계　② 클라이언트체계
③ 표적체계　　　④ 행동체계
⑤ 전문가체계

> 사회복지사협회 등 전문가나 전문가단체가 해당되는 체계는 전문체계(전문가체계)이다.
>
> 정답 ⑤

06 사회복지실천의 방법

기출키워드 16

전문적 관계의 특징

최근 7개년 평균 출제문항 수 **0.9문항**

01 전문적 관계의 특징

개념	사회복지사가 클라이언트와 계획적·목적적으로 맺는 도움관계로, 일정한 윤리와 원칙에 따라 책임성과 경계를 유지하는 관계
목적	클라이언트의 문제 해결, 성장, 변화 지원 → 클라이언트의 자립과 복지 향상
주요 특징	• **계획성**: 사전 목적과 목표에 따라 체계적으로 이루어짐 • **목적성**: 문제 해결이나 목표 달성이라는 분명한 방향 존재 • **시간 제한성**: 관계의 시작과 끝이 분명함(단기 또는 장기 계획) • **역할 분담**: 사회복지사와 클라이언트의 역할이 명확히 구분됨 • **전문성**: 이론과 기법에 근거한 실천으로 구성됨 • **윤리적 기준**: 비밀보장, 자율성 존중, 경계 설정 등 윤리 수칙 준수
실천 원칙	• **신뢰 형성**: 개방적이고 진정성 있는 태도 • **비밀보장**: 클라이언트 정보 보호 • **자기결정 존중**: 클라이언트의 선택권 인정 • **비판단적 태도**: 선입견 없이 존중 • **목표지향적 접근**: 함께 세운 목표에 따라 실천
사회복지사의 역할	조력자(Helper), 변화촉진자(Change Agent), 옹호자(Advocate), 평가자(Evaluator) 등
일반관계와의 차이	• 감정 중심이 아닌 목표 중심 관계 • 개인적 친밀감보다 전문성과 경계 유지 강조 • 대칭적 관계가 아닌 도움 제공 중심의 비대칭적 관계

기출선지로 확인

사회복지실천의 전문적 관계

01 클라이언트에게 도움을 주기 위해 정해진 기간 동안 관계를 맺는다. 17회

02 계약에 의해 이루어지는 시간제한적인 특징을 갖는다. 18회, 21회

03 사회복지사와 클라이언트 사이에 합의된 목적이 있다. 20회, 21회

04 클라이언트의 문제와 욕구가 중심이 된다. 18회, 22회

05 전문가 자신의 정서를 통제하는 관계이다. 18회

06 사회복지사는 전문성에 바탕을 둔 권위를 가진다. 18회, 21회

07 사회복지사는 소속된 기관의 특성에 영향을 받는다. 21회

대표기출로 확인

01 전문적 원조관계의 특성으로 옳은 것은? 17회
① 사회복지사는 클라이언트에 비해 우월적 지위에 있다.
② 클라이언트에게 도움을 주기 위해 정해진 기간 동안 관계를 맺는다.
③ 사회복지사의 욕구에 부응하기 위해 상호 만족스러운 관계를 형성한다.
④ 관계의 전반적인 과정에 대해 사회복지사와 클라이언트가 공동으로 책임진다.
⑤ 전문적 관계를 통해 사회복지사는 클라이언트의 감정과 행동의 변화를 통제한다.

① 사회복지사는 클라이언트와 파트너십 관계이다.
③ 사회복지사의 욕구보다 클라이언트의 욕구에 부응하기 위해 상호 만족스러운 관계를 형성한다.
④ 관계의 전반적인 과정에 대해 사회복지사는 전문적인 책임을 진다.
⑤ 전문적 관계를 통해 사회복지사가 클라이언트의 감정과 행동의 변화를 통제하기보다 격려, 지지, 조력한다.

정답 ②

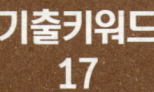

전문적 관계형성의 기본요소 *빈출

최근 7개년 평균 출제문항 수 **1.3문항**

01 전문적 관계형성의 기본요소

진실성	• 사회복지사가 자신의 감정과 태도를 솔직하고 일관되게 표현하여 진실한 관계를 형성하는 것 • 인위적이거나 과장되지 않은 태도가 중요함
수용	• 클라이언트의 존재 자체를 있는 그대로 인정하고 존중하는 자세 • 편견 없이 인간적 존엄성을 존중하는 태도를 기반으로 함
공감	• 클라이언트의 감정이나 생각을 그 사람의 입장에서 이해하려는 노력 • 단순한 동정보다 깊이 있는 감정이입이 필요함
신뢰	• 클라이언트가 사회복지사를 신뢰하고 자신의 문제를 솔직하게 표현할 수 있도록 만드는 관계적 기반 • 일관성과 책임감 있는 행동으로 형성됨
의사소통	• 명확하고 적절한 언어적·비언어적 상호작용을 통해 관계를 형성하고 유지 • 경청, 피드백, 적절한 질문 등이 포함됨
전문성	사회복지사는 전문적 지식, 기술, 윤리기준을 바탕으로 감정에 휘둘리지 않고 체계적으로 클라이언트를 대해야 함
한계 설정	• 감정적으로 과도하게 개입하거나, 역할이 혼동되지 않도록 전문적 거리감을 유지하는 것 • 지나친 친밀감은 경계 침해를 야기할 수 있음
헌신과 의무	• 일관성을 포함하는 개념으로, 원조관계의 지속성과 효과성을 확보하는 데 필수적인 요소 • 사회복지사와 클라이언트가 원조관계의 목적을 달성하기 위해 상호 신뢰를 바탕으로 책임감 있는 태도를 유지함 • 사회복지사는 윤리적 기준과 절차를 준수하며, 클라이언트의 성장과 변화를 위해 지속적으로 노력함

기출선지로 확인

전문적 관계의 기본요소

01 사회복지사와 클라이언트 모두에게 요구되는 의무와 책임감이 있다. 20회

02 진실성: 자기 인식을 바탕으로 사회복지사의 감정과 반응을 있는 그대로 클라이언트에게 전달하는 능력 16회

03 공감: 사회복지사가 클라이언트의 입장에서 이해하는 것 23회

04 공감: 반영 등의 기법을 사용하여 이해하고 있다는 것을 표현하는 것 23회

05 자기노출: 클라이언트와의 관계형성을 위해 사회복지사가 자신의 생각이나 경험을 공유하는 면담기술 23회

06 자기인식: 사회복지사가 자신의 가치, 신념, 행동습관, 편견 등이 사회복지실천에 어떤 영향을 미치는지 정확하게 이해하는 것이다. 21회

헌신과 의무

07 사회복지사와 클라이언트의 책임감을 의미하는 것으로 관계의 목적을 이루기 위해 서로를 신뢰하고 일관된 태도를 유지함 17회

08 클라이언트는 문제와 상황을 솔직하게 말해야 하고, 사회복지사는 클라이언트의 변화와 성장을 위해 노력해야 함 17회

09 원조관계에서 책임감을 갖고 절차상의 조건을 따르는 관계형성의 기본요소 19회, 22회

10 원조관계에서 책임감과 관련이 있다. 22회

11 원조관계의 목적을 달성하기 위해 필요하다. 22회

문화적 민감성

12 다문화 생활경험과 가치에 맞는 개입전략 개발 15회

대표기출로 확인

01 다음에서 설명하는 전문적 관계의 기본요소는? 23회

- 사회복지사가 클라이언트의 입장에서 이해하는 것
- 반영 등의 기법을 사용하여 이해하고 있다는 것을 표현하는 것

① 공감
② 진실성
③ 문화적 민감성
④ 자기를 관찰하는 능력
⑤ 헌신

공감에 대한 설명이다.   정답 ①

06 사회복지실천의 방법

기출키워드 18

관계형성의 7대 원칙(비스텍) ★빈출

최근 7개년 평균 출제문항 수 **1.1문항**

01 비스텍의 관계형성 7원칙

구분	내용	세부 내용
개별화의 원칙	클라이언트를 하나의 독특한 존재로 이해하고 존중하는 것	표준화된 대응이 아닌, 개인의 특성과 상황에 맞춘 개별적 접근
의도적인 감정표현의 원칙	클라이언트가 감정을 자유롭게 표현하도록 허용하는 것	억압되지 않은 감정표현을 통해 문제 해결의 단서 파악 가능
통제된 정서적 관여의 원칙	클라이언트의 감정에 민감하게 이해하고, 그 감정에 대해 신중하고 조절된 반응을 보이는 것	감정에 끌려가지 않고, 클라이언트에 대한 공감을 바탕으로 신중히 반응
비심판적 태도의 원칙	클라이언트의 가치관·행위 등을 도덕적으로 판단하거나 비난하지 않는 것	평가가 아닌 이해 중심의 태도, 신뢰관계 형성에 핵심
클라이언트의 자기결정 존중의 원칙	클라이언트가 자신의 삶을 스스로 선택하고 결정할 권리를 인정하는 것	다른 사람에게 해가 되는 선택일 경우 제한 가능
비밀보장의 원칙	사회복지사가 클라이언트로부터 얻은 정보를 제3자에게 누설하지 않는 것	법적·윤리적 제한 상황(예 자살, 타해 위험 등)을 제외하고는 철저한 보장 필요
수용	클라이언트의 존재와 인격 자체를 존중하고 있는 그대로 받아들이는 것	클라이언트의 그릇된 행동, 생각, 태도 등까지 받아들이는 것을 의미하지는 않으며 무차별성, 형평성에 기인하여 클라이언트를 수용함

기출선지로 확인

비스텍의 관계원칙

01 비심판적 태도: 클라이언트를 비난하지 않아야 한다. 20회, 23회
02 클라이언트의 비밀을 보장해야 한다. 20회

의도적 감정표현

03 클라이언트의 감정을 자유롭게 표현하도록 해야 한다. 20회
04 클라이언트를 있는 그대로 이해한다. 20회, 22회, 23회
05 클라이언트의 부정적인 감정도 받아들인다. 22회
06 편견이나 선입관을 줄여나가면 수용에 도움이 된다. 22회
07 클라이언트가 안도감을 갖게 하여 현실적인 방법으로 문제 대처를 할 수 있도록 돕는다. 22회

통제된 정서적 관여

08 클라이언트는 문제에 대한 공감적 반응을 얻고자 하는 욕구가 있다. 19회
09 사회복지사는 클라이언트 감정에 대해 민감성, 공감적 이해로 의도적이고 적절한 반응을 한다. 19회

클라이언트의 자기결정권

10 문제의 해결자가 사회복지사가 아닌 클라이언트임을 강조함 17회
11 법률에 따라 제한되는 경우를 제외하고 최대한 존중되어야 함 17회
12 사회복지사는 문제 해결을 위해 다양한 대안을 알고 있어야 함 17회
13 경청하고 수용하는 태도 18회
14 클라이언트가 활용 가능한 자원을 찾고 분석하도록 지원하는 능력 18회
15 클라이언트의 잠재력을 개발하는 데 도움이 되는 환경조성 능력 18회

대표기출로 확인

01 비스텍(F. Biestek)이 제시한 사회복지실천의 관계 원칙에 해당하지 않는 것은? 20회
① 클라이언트의 비밀을 보장해야 한다.
② 클라이언트의 욕구를 범주화해야 한다.
③ 클라이언트를 비난하거나 심판하지 않아야 한다.
④ 클라이언트의 감정을 자유롭게 표현하도록 해야 한다.
⑤ 클라이언트를 있는 그대로 인정하고 받아들여야 한다.

> 클라이언트의 욕구를 범주화, 표준화하기보다는 개별화(고유화)시켜야 한다.
>
> 정답 ②

관계형성의 장애요인

06 사회복지실천의 방법
기출키워드 19

최근 7개년 평균 출제문항 수 0.1문항

01 관계형성의 장애요인과 대처방법

구분	내용	대처방법
클라이언트의 불신	과거 인간관계 경험에서 비롯된 사회복지사에 대한 신뢰 부족	여유와 인내를 갖고 진정성 있는 태도로 신뢰관계 형성에 노력
전이	클라이언트가 과거에 타인과의 관계에서 경험하였던 소망이나 두려움 등의 감정을 사회복지사에게 보이는 반응	반응이 비현실적임을 인식하게 하고, 사회복지사에 대해 현실적인 관점을 가질 수 있도록 도움
역전이	사회복지사가 클라이언트에게 느끼는 정서적 반응으로, 자신의 감정이 투사되는 것	상황을 인식하고 필요시 다른 사회복지사에게 의뢰하여 적절한 서비스가 지속되도록 조치
저항	클라이언트가 사회복지사의 영향력을 회피하며 변화를 방해하려는 반응	저항을 자연스러운 것으로 수용하고, 감정에 초점을 맞추어 심각한 경우에만 개입
침묵	클라이언트가 말하지 않음으로써 생기는 정적 상태	의미를 파악하고 실천에 부정적 영향이 없다면 서둘러 침묵을 깨지 않음
양가감정	클라이언트가 느끼는 상반된 감정으로 인한 혼란	감정을 있는 그대로 수용하고 자유롭게 표현할 수 있도록 지지

기출선지로 확인

전문적 원조관계 형성의 장애요인

01 클라이언트의 불신   22회
02 전문가의 클라이언트에 대한 역전이   22회
03 클라이언트의 전문가에 대한 부정적 전이   22회
04 변화에 대한 저항   22회
05 클라이언트를 감동시키려고 노력함   15회

전이

06 클라이언트가 과거에 타인과의 관계에서 경험하였던 소망이나 두려움 등의 감정을 사회복지사에게 보이는 반응   14회

침묵을 다루는 사회복지사의 태도

07 침묵하는 이유를 파악한다.   10회
08 침묵을 기다리는 배려가 필요하다.   10회
09 침묵은 저항의 유형으로 볼 수 있다.   10회
10 침묵이 계속되면 면접을 중단할 수 있다.   10회

양가감정

11 변화를 원하는 것과 원하지 않는 마음이 공존하는 것을 의미한다.   15회
12 클라이언트가 양가감정을 갖는 것은 자연스러운 현상이다.   15회

비자발적 클라이언트에 대한 개입방법

13 클라이언트의 메시지를 이해하기 위해 비언어적인 단서들을 찾는다.   13회
14 클라이언트 저항을 고려하여 대응이나 직면은 자제한다.   13회
15 양가감정을 인식하도록 클라이언트에게 성찰의 기회를 준다.   13회
16 사회복지사 개인의 경험을 노출할 때 역전이를 주의한다.   13회

대표기출로 확인

01 전문적 원조관계 형성의 장애요인이 아닌 것은?   22회
① 전문가의 권위
② 변화에 대한 저항
③ 클라이언트의 전문가에 대한 부정적 전이
④ 전문가의 클라이언트에 대한 역전이
⑤ 클라이언트의 불신

> 전문가의 권위는 전문적 원조관계 형성의 장애요인에 해당하지 않는다.
>
> 정답 ①

06 사회복지실천의 방법

기출키워드 20
면접기법 및 질문 ★빈출

최근 7개년 평균 출제문항 수 **1.6문항**

01 면접(상담)기법

구분	내용	특징
명료화	클라이언트가 자각하지 못하는 모호한 감정이나 생각을 명확히 인식할 수 있도록 돕는 기술	내면의 혼란된 감정이나 의미를 인식하고 자기이해를 높임
직면하기	클라이언트의 말과 행동이 모순되거나 회피적일 때, 그것을 지적해 자각을 유도하는 기술	자기방어·왜곡·회피에 대한 인식을 통해 변화 유도
해석하기	언어적·비언어적 표현에서 의미 있는 단서를 찾아 클라이언트가 깨달을 수 있도록 돕는 기술	무의식적 갈등, 감정의 원인을 자각하도록 도움
요약하기	지금까지의 상담 내용을 정리하여 목표 달성 정도를 클라이언트와 함께 확인하는 기술	상담의 진전 상황을 점검하고, 향후 방향 설정 가능
초점화	클라이언트가 주제에서 벗어나거나 갈피를 못 잡을 때 주의를 집중시켜주는 기술	핵심 문제에 집중하도록 하여 상담의 효과성을 높임
지지하기	클라이언트에게 신뢰·존중·격려를 표현함으로써 자존감과 동기를 높이는 기술	안정감과 자기효능감 향상, 신뢰 형성
재보증(안심)	클라이언트가 불안이나 죄책감을 느낄 때, 그 능력에 대한 신뢰 전달	클라이언트를 안심시키고 불안 해소
격려(응원)	새로운 행동을 시도할 수 있도록 긍정적 메시지 제공	클라이언트의 용기와 행동 변화 촉진
재진술	클라이언트의 표현을 사회복지사의 언어로 바꾸어 전달하는 기술	클라이언트의 의사 표현을 명확히 하고 공감 확인
반영하기	클라이언트의 속마음이나 정서를 사회복지사가 대신 표현하는 기술	감정의 수용과 공감을 통해 신뢰 형성
경청하기	클라이언트의 의사소통(언어적 및 비언어적)을 주의깊게 듣고 보는 것	클라이언트의 생각·감정을 자유롭게 표현하게 하며, 자기 방식으로 문제에 대한 책임감을 느끼게 함

02 면접질문

이중(중첩·폭탄) 질문	클라이언트에게 한꺼번에 2~3개 이상의 질문을 하는 것
부정 질문	부정적으로 클라이언트에게 질문을 하는 것(예 ~안 되겠지요?)
왜 질문	클라이언트로 하여금 왜(Why)라고 묻는 경우 압박으로 작용함(예 왜 그렇게 하셨어요?)
유도 질문	사회복지사가 원하는 방향으로 유인하여 클라이언트의 실제 내용과 다를 수 있음

기출선지로 확인

명료화

01 면접을 위한 의사소통기술 중 클라이언트의 혼란스럽고 갈등이 되는 느낌을 가려내어 분명히 해주는 기술 *18회*

해석하기

02 클라이언트가 보여준 언행들의 의미와 관계에 대한 가설을 제시함 *17회*

03 클라이언트가 자신의 행동, 감정, 생각을 새로운 시각으로 볼 수 있게 함 *17회*

경청하기

04 클라이언트에 관한 중요한 정보를 얻는 방법 중 하나이다. *20회*

05 클라이언트의 언어적·비언어적 표현을 함께 파악해야 한다. *22회*

06 클라이언트의 사고와 감정을 이해하려는 적극적 활동이기도 하다. *20회, 22회*

07 클라이언트와 사회복지사 사이의 신뢰관계 형성에 도움이 된다. *20회*

08 클라이언트에 대한 열린 마음과 수용적인 태도가 필요하다. *22회*

관찰기술

09 클라이언트의 언어적, 비언어적 메시지의 차이를 파악할 수 있는 기술 *23회*

10 사회복지사의 편견에 의해 판단하지 않도록 주의를 기울여야 하는 기술 *23회*

11 클라이언트의 침묵이 언제, 어떤 이야기 도중 발생하였는지를 파악하는 기술 *23회*

면접질문

12 중첩형 질문(Stacking Question)은 클라이언트를 혼란스럽게 만들 수 있다. *20회*

13 클라이언트가 방어적인 태도를 취할 수 있기에 '왜'라는 질문은 피한다. *21회*

대표기출로 확인

01 다음에서 설명하는 면접기술은? *17회*

- 클라이언트가 보여준 언행들의 의미와 관계에 대한 가설을 제시함
- 클라이언트가 자신의 행동, 감정, 생각을 새로운 시각으로 볼 수 있게 함

① 해석 ② 요약 ③ 직면
④ 관찰 ⑤ 초점화

> 제시된 설명에 해당하는 면접기술은 해석이다. 해석은 클라이언트가 보여준 언행들의 의미와 관계에 대한 가설을 제시하며 클라이언트가 자신의 행동, 감정, 생각을 새로운 시각으로 볼 수 있게 해주는 기법이다.
> ⓔ 클라이언트가 사회복지사 앞에서 우물쭈물하는 것을 보고 "중요하게 할 말이 있으세요?"라고 물어보는 것, 안절부절하는 아들을 보면서 "혹시 아빠가 알아서는 안 되는 사고쳤니?"라며 물어보는 것 등
>
> 정답 ①

02 면접에서 피해야 할 질문기술이 아닌 것은? *19회*

① 개방형 질문 ② 모호한 질문
③ 유도 질문   ④ '왜?'라는 질문
⑤ 복합 질문

> 개방형 질문은 클라이언트가 자신의 문제나 생각, 감정에 대해 광범위하고 자유롭게 이야기할 수 있도록 질문하는 질문 유형이다. 이는 다양한 정보가 필요한 경우에 유용하다.
>
> 정답 ①

기출키워드 21 — 면접의 유형

06 사회복지실천의 방법

최근 7개년 평균 출제문항 수 **0.6문항**

01 사회복지면접의 특징

구분	내용	특징
세팅과 맥락	면접은 특정 기관(세팅)과 상황(맥락)에서 이루어짐	면접은 비공식적 만남이 아닌, 서비스 제공 목적을 가진 제한된 공간과 상황에서 진행
목적지향적	면접은 목표 달성을 위한 수단	클라이언트와의 대화는 문제 해결이나 욕구 충족 등 구체적인 목적 중심으로 전개됨
한정적·계약적	면접은 상호 합의된 범위 내에서 수행됨	활동의 범위와 목표는 사전에 정해진 계약에 근거하며, 무제한적 개입이 아님
특정한 역할관계	사회복지사와 클라이언트가 각자의 역할을 수행함	면접자 – 피면접자 간 역할과 책임이 구체적으로 설정되어 있으며, 그에 따라 상호작용함
공식적	면접은 구조화된 공식 활동	비공식적 상담과 달리, 일정한 절차와 규범에 따라 이뤄지는 전문적 활동

02 사회복지면접의 유형

구분	내용	특징
구조화된 면접 (표준화된 면접)	사전에 정해진 표준화된 질문지나 조사표를 사용하여 모든 피면접자에게 동일한 순서·방법으로 질문하는 면접	• 일관성 있는 정보 수집 가능 • 응답 비교와 통계 처리 용이 • 면접자의 자유도 낮음, 창의적 대응 어려움
반구조화된 면접	기본 틀(지침, 주제, 핵심 질문)은 정해져 있으나, 면접 상황에 따라 융통성 있게 질문을 조정할 수 있는 면접	• 일정한 비교 가능 + 심층적 정보 탐색 가능 • 면접자의 재량과 전문성 요구 • 구조와 유연성의 균형
비구조화된 면접 (비표준화된 면접, 개방형 면접)	정해진 질문 없이, 면접자의 판단에 따라 자유롭게 대화하면서 진행하는 면접	• 클라이언트의 심층적 경험, 관점 파악에 효과적 • 면접자의 전문적 역량 중요 • 일관된 비교나 분석은 어려움
정보수집면접	클라이언트의 상황에 대한 정보수집을 목적으로 하는 면접	• 클라이언트의 개인적 배경, 가족, 환경, 건강 상태 등 정보수집 • 정보 제공자와의 대화 형식
사정면접	클라이언트의 문제 및 필요를 파악하고 분석하는 면접	• 문제의 원인 및 심각성 평가, 사정도구 사용 • 문제 분석과 진단적 접근
치료면접	클라이언트의 변화를 위한 지원과 개입 계획을 목적으로 하는 면접	• 심리적 지원, 정서적 개입, 행동 변화 촉진 • 변화와 치료를 목표로 한 심리적 개입

기출선지로 확인

면접의 특징

01 필요에 따라 여러 장소에서 수행됨 12회
02 특정 상황이나 맥락에 관련하여 이루어진다. 12회, 20회
03 시간과 장소 등 구체적인 요건이 필요하다. 18회
04 개입목적에 따라 의사소통 내용이 제한됨 12회
05 클라이언트의 어려움을 극복하는 데 필요한 변화들을 가져오기도 한다. 18회
06 목적은 클라이언트의 삶의 질 향상을 위한 것이어야 한다. 20회
07 사회복지사와 클라이언트 사이의 특정한 역할 관계가 있다. 12회, 18회, 20회
08 클라이언트를 이해하는 데 필요한 정보를 수집하기도 한다. 18회
09 개입에 필요한 자료를 수집하기 위한 도구가 될 수 있다. 20회

면접의 구조적 조건

10 물리적인 환경이 열악한 경우 이에 대해 설명한다. 13회
11 클라이언트의 특성이나 사정에 따라 면접 장소는 유동적으로 정한다. 13회
12 클라이언트의 주의 집중 능력이나 의사소통 능력에 따라 면접시간을 조절한다. 13회
13 클라이언트의 긴장을 완화시키고 집중도를 높일 수 있는 편안한 의자를 제공한다. 13회

면접의 유형

14 정보수집면접: 갈등을 겪고 있는 부부를 대상으로 문제에 대한 과거력, 개인력, 가족력을 파악하는 면접을 진행함 22회
15 치료면접: 학교폭력 피해학생의 자존감 향상을 위해 심리적 지지를 제공하는 면접을 진행함 22회

대표기출로 확인

01 면접에 관한 설명으로 옳지 않은 것은? 18회
① 사회복지사와 클라이언트 사이의 특정한 역할 관계가 있다.
② 시간과 장소 등 구체적인 요건이 필요하다.
③ 목적보다는 과정 지향적 활동이므로 목적에 집착하는 것을 지양한다.
④ 클라이언트의 어려움을 극복하는 데 필요한 변화들을 가져오기도 한다.
⑤ 클라이언트를 이해하는 데 필요한 정보를 수집하기도 한다.

> 면접은 목적지향적 활동으로 목적에 따라 의사소통이 제한된다. 이외 면접에 대한 특징은 다음과 같다.
> - 면접을 위한 시간 및 공간 필요
> - 클라이언트와 사회복지사 간의 언어 및 비언어를 포함한 의사소통
> - 클라이언트의 변화를 도모
> - 클라이언트의 다각적 이해에 유용
>
> 정답 ③

06 사회복지실천의 방법

기출키워드 22

사례관리 ★빈출

최근 7개년 평균 출제문항 수 **3.1문항**

01 사례관리

구분	내용	특징
정의	복합적 욕구나 문제를 가진 클라이언트를 대상으로 통합적 서비스 계획을 수립하고 조정·관리하는 실천방식	다영역(의료, 정신건강, 주거 등)의 자원을 연계하여, 클라이언트 중심의 맞춤형 개입을 수행
주요 목표	• 욕구 사정 • 서비스 계획 개발 • 서비스 접근성 향상 • 옹호 및 대변 • 전달체계 점검·조정 • 개입 성과 평가	사례관리의 목표는 클라이언트의 삶의 질 향상과 자립 촉진에 있음
적용 대상	복합적이고 지속적인 문제를 지닌 취약계층 클라이언트(예 장애인, 노인, 만성질환자, 정신건강 문제, 아동, 위기가정 등)	단순한 서비스 제공이 아닌, 다기관·다전문가의 조정과 통합이 필요한 경우에 활용
사회복지사의 역할	• 사정자　　　• 교육자 • 계획자　　　• 서비스 제공자 • 연계자(중개자)　• 조정자 • 옹호자　　　• 모니터링 및 평가자	다기능적 실천자로서, 서비스의 연결, 감시, 조정, 변화 촉진 등의 역할 수행
핵심 기능	사정 → 계획 → 개입(서비스 연계) → 모니터링 → 재사정 및 종결	순환적 과정으로서, 클라이언트 상황 변화에 따라 유연한 재조정 가능

기출선지로 확인

사례관리

01 통합적 방법을 활용한다. 17회

02 주로 복합적인 욕구나 문제를 가진 사람이 대상 18회

03 직접 서비스와 간접 서비스를 결합한 것이다. 17회

04 기관의 범위를 넘은 지역사회 차원의 서비스 제공과 점검을 강조한다. 17회

05 다양한 욕구충족을 위해 포괄적인 서비스 제공 17회, 18회, 19회

06 클라이언트의 자율성 극대화 및 역량강화 18회, 19회

사례관리자의 역할

07 클라이언트와 가족 간의 문제 해결을 위해 가족상담을 진행한다. 23회

08 중개자: 지역사회 자원이나 서비스 체계를 연계 20회

09 옹호자: 클라이언트의 권리를 대변하는 활동 수행 20회

10 위기개입자: 위기 사정, 계획 수립, 위기 해결 20회

11 교육자: 교육, 역할 연습 등을 통한 클라이언트 역량 강화 20회

12 조정자(Coordinator): 사례회의를 통해 독거노인지원서비스가 중복 제공되지 않도록 하였다. 21회

13 평가자(Evaluator): 사례 종결 여부를 결정하기 위해 목표 달성 여부를 확인하였다. 21회

14 기획가(Planner): 욕구사정을 통해 클라이언트에게 필요한 자원을 설계하고 체계적인 개입 계획을 세웠다. 21회

대표기출로 확인

01 사례관리에 관한 설명으로 옳지 않은 것은? 17회

① 통합적 방법을 활용한다.
② 직접 서비스와 간접 서비스를 결합한 것이다.
③ 포괄적이고 지속적인 서비스를 제공하는 것이다.
④ 전통적인 사회복지방법론과 전혀 다른 실천 방법이다.
⑤ 기관의 범위를 넘은 지역사회 차원의 서비스 제공과 점검을 강조한다.

> 전통적인 사회복지방법론과 전혀 다른 실천 방법이 아닌, 이를 포함시켜 진행되는 통합적 접근방법이다.
>
> 정답 ④

02 사례관리의 목적에 해당하는 것을 모두 고른 것은? 20회

| ㄱ. 서비스의 통합성 확보 |
| ㄴ. 서비스 접근성 강화 |
| ㄷ. 보호의 연속성 보장 |
| ㄹ. 사회적 책임성 제고 |

① ㄱ, ㄴ
② ㄴ, ㄹ
③ ㄱ, ㄷ, ㄹ
④ ㄴ, ㄷ, ㄹ
⑤ ㄱ, ㄴ, ㄷ, ㄹ

> ㄱ~ㄹ. 모두 사례관리의 목적에 해당한다. 이외 사례관리의 목적은 다음과 같다.
> • 서비스의 통합성 확보
> • 서비스 접근성 강화
> • 보호의 연속성 보장
> • 사회적 책임성 제고
> • 성과 관리와 책임성 제고
> • 클라이언트의 삶의 질 향상
>
> 정답 ⑤

02 사례관리의 등장 배경

구분	내용
탈시설화	병원·시설 중심에서 지역사회 중심으로 복지 접근방식이 변화됨에 따라, 클라이언트의 일상생활 지원과 연계서비스 조정의 필요성이 증가함
서비스의 비중앙화 (지방분권화)	국가 중심의 서비스 공급체계에서 지역 중심으로 이양되면서, 지역사회 기반의 개별적 서비스 조정 역할로서 사례관리의 중요성 부각
복합적 욕구 증가	정신건강, 장애, 노인, 가정문제 등 다양하고 중첩된 욕구를 가진 클라이언트 증가 → 다영역적 연계·조정 필요
과도한 책임 전가	복지체계에서 클라이언트 또는 그 가족에게 서비스 선택·활용의 책임이 전가되면서, 전문가의 조정자·옹호자 역할이 요구됨
비용 효율성 추구	복지예산 절감을 위한 움직임에 따라 비용 대비 효과가 높은 개입방식으로서 사례관리가 주목됨
서비스의 단편화 극복	여러 기관의 분절적 서비스 제공으로 인한 비효율과 중복·누락 문제를 해소하기 위한 통합적 접근의 필요성 대두
사회적 지원망 인식 증가	공적 지원 외에도 '비공식적·사회적 자원(예 이웃, 자원봉사자 등)'의 활용 중요성 증가 → 사례관리자가 자원연계 중심 축의 역할 수행
통합적 서비스 필요	단일 서비스로 해결 불가능한 문제를 가진 클라이언트에 대해 개별적 맞춤형, 체계적 서비스 조정 필요
재가복지서비스 활성화	시설이 아닌 지역사회 내에 거주하는 클라이언트 지원을 위해, 복잡한 욕구를 다루는 지속적 사례관리 체계가 필요해짐

03 사례관리 과정

구분	내용	특징
사정단계	클라이언트의 욕구, 문제, 자원, 장애물 등을 파악하는 집중적이고 체계적인 진단 과정	• 클라이언트의 상황, 강점, 환경적 요인 분석 • 다차원적 정보 수집(심리, 사회, 환경 등)
계획단계	수집된 정보를 바탕으로 문제 해결을 위한 구체적 계획 수립(목적 설정 → 우선순위 결정 → 전략 선택 → 실행 준비)	• 목표 및 전략 설정 • 클라이언트 참여 유도 • 서비스 연계 설계
개입단계	계획된 서비스를 실행하는 단계 • 직접적 개입: 실행자, 교육자, 정보제공자 • 간접적 개입: 중개자, 옹호자, 연결자	• 서비스 제공 또는 연계 조정 • 정보 제공, 행동지도, 권리옹호
점검단계	서비스가 적절하게 전달되고 있는지 여부를 확인하는 과정	• 서비스 질 확인 • 변화의 진행 상황 확인 • 서비스 재조정의 필요 여부 판단
평가단계	계획된 개입이 클라이언트의 삶에 어떤 영향을 주었는지를 평가	• 효과성·효율성·책임성 평가 • 성과 반영 → 향후 서비스 개선의 기반 마련

기출선지로 확인

사례관리의 등장 배경

15 지역사회에서 서비스 조정이 필요하게 되었다.
23회

16 서비스 공급주체가 중앙정부에서 지방정부로 변화하였다. 23회

17 시설보호에서 지역사회 보호로 전환 19회

18 복합적인 욕구를 가진 클라이언트 증가
19회, 23회

19 가족의 보호 부담 증가 19회

20 복지국가 재정위기로 정책방향을 저비용·고효율로 전환하였다. 23회

21 중복서비스를 제공하는 전문기관의 확대로 등장
18회

22 통합적 서비스 지원의 필요성 증가 19회

사례관리의 과정

23 사정 – 계획 – 연계 및 조정 – 점검 16회
24 개입단계: 클라이언트와 서비스 제공자 간의 갈등 발생 시 조정 18회
25 사정단계: 클라이언트와 함께 문제 목록 작성
17회
26 사정단계: 클라이언트의 욕구 및 자원 확인 17회

점검단계

27 서비스의 산출결과를 검토 17회
28 서비스 계획의 목표달성 정도를 검토 17회, 21회
29 서비스 계획이 적절히 실행되고 있는지를 검토
17회, 21회, 23회
30 클라이언트의 욕구 변화를 점검하여 서비스 계획의 변경 필요성을 검토 17회, 21회

대표기출로 확인

03 사례관리의 등장배경으로 옳지 않은 것은?
19회

① 가족의 보호 부담 증가
② 장기보호에서 단기개입 중심으로 전환
③ 통합적 서비스 지원의 필요성 증가
④ 복합적인 욕구를 가진 클라이언트 증가
⑤ 시설보호에서 지역사회 보호로 전환

> 장기보호와 단기개입과 같은 개입계획은 사례에 따라 적절하게 수립된다. 오히려 기존의 단편적인 서비스만을 제공하던 지원 방식에서 지속적인 지원에 대한 요구가 증가하면서 이를 사례에 맞게 적용할 수 있는 통합적 서비스 지원의 필요성이 대두되었고 이는 사례관리의 등장 배경에 해당한다.
>
> 정답 ②

04 사례관리 과정과 수행업무의 연결로 옳은 것은?
23회

① 인테이크 – 상담, 교육, 자원 제공
② 사정 – 사례관리 대상자의 적격성 판정
③ 서비스 계획 – 클라이언트의 욕구와 자원에 관한 정보수집
④ 점검 – 서비스가 계획대로 제공되고 있는지 확인
⑤ 평가 – 서비스가 필요한 클라이언트의 욕구 확인

> ① 상담, 교육, 자원 제공은 개입단계이다.
> ② 사례관리 대상자의 적격성 판정은 인테이크(접수)단계이다.
> ③ 클라이언트의 욕구와 자원에 관한 정보수집은 사정단계이다.
> ⑤ 서비스가 필요한 클라이언트의 욕구 확인은 사정단계이다.
>
> 정답 ④

기출키워드22 사례관리 ★빈출

04 사례관리의 개입 원칙

구분	내용	특징
서비스 개별화	클라이언트의 고유한 욕구와 상황에 맞춘 맞춤형 서비스 제공	획일적 서비스가 아닌 개인 중심의 맞춤 실천 강조
서비스 제공의 포괄성	클라이언트의 복합적 욕구를 의료, 주거, 교육, 복지 등 다양한 욕구가 충족되도록 서비스 제공	광범위한 서비스와 조직망을 체계적으로 연결·조정하고 지속적으로 점검하여 포괄적인 지원을 제공
클라이언트의 자율성 극대화	클라이언트가 자신에게 필요한 서비스 선택에 주도적으로 참여	자기결정권 존중, 서비스 이용 과정의 주체성 강화
서비스 지속성 (연속성)	욕구가 변해도 지속적이고 중단 없는 서비스 제공	단발적 지원이 아닌, 장기적 개입과 점검 강조
서비스 연계성	분절화된 서비스를 체계적으로 연결하여 원활한 전달체계 구축	기관 간 조정 및 협력, 서비스 누락 방지
서비스 접근성	이용상 지리적·정보적·심리적 장벽을 제거하여 접근을 용이하게 함	보편적 접근권 보장
서비스 체계성	자원과 서비스 간 중복·누락 없이 조정되도록 조직화	자원의 효율적 분배와 관리체계의 통일성 확보

기출선지로 확인

사례관리의 원칙

31 개별화된 서비스 제공 　　　　　　19회, 22회
32 다양한 욕구를 포괄 　　　　　　　　　　19회
33 포괄성: 기관네트워크를 통해 서비스의뢰를 한다. 　　　　　　　　　　　　　16회
34 통합성: 서비스 조정을 위해 사례회의를 개최한다. 　　　　　　　　　　　　16회
35 클라이언트의 자율성 극대화 　　　　　19회
36 충분하고 연속성 있는 서비스 제공 　　19회
37 서비스의 연계성 　　　　　　　　　　　22회
38 접근성: 사각지대 발굴을 위해 아웃리치를 한다. 　　　　　　　　　　　　16회, 22회

대표기출로 확인

05 사례관리의 원칙에 해당하지 않는 것은? 22회
① 서비스의 개별화　② 서비스의 접근성
③ 서비스의 연계성　④ 서비스의 분절성
⑤ 서비스의 체계성

> 서비스의 분절성은 사례관리의 원칙에 해당하지 않는다. 사례관리는 제공하는 서비스에 있어서 개별화, 접근성, 연계성, 체계성, 자율성, 포괄성, 지속성 등을 기본 원칙으로 한다.
>
> 정답 ④

07 사회복지실천의 과정

기출키워드 23

사정단계 ★빈출

최근 7개년 평균 출제문항 수 **1.1문항**

01 사정단계

구분	주요 내용	특징
사정의 개념	수집된 자료를 분석·해석하여 문제와 욕구를 규명하는 과정	사회복지사와 클라이언트가 함께 판단
특성	• 강점 중심 접근 • 상호작용의 중요성 • 문제 및 자원 파악 • 다양한 관점의 통합 • 자기결정권 존중	• 클라이언트의 강점·자원·능력에 초점 • 스스로 문제를 해결할 수 있는 역량 발견 • 클라이언트와 협력적 관계를 형성하는 과정 • 서로의 이해를 돕고, 변화의 동기를 강화 • 문제를 명확히 진단하고, 이를 해결하기 위한 자원(개인적·사회적 자원)을 파악 • 클라이언트가 이용할 수 있는 자원을 고려 • 다양한 시각에서 각 상황과 배경을 분석 • 문제의 복합성과 다층적인 요소를 반영
과제	• 문제 정의 및 구체화 • 자원 및 강점 파악 • 문제의 원인 분석 • 우선순위 설정 • 욕구 파악 • 클라이언트의 참여 유도 • 상호작용 및 관계 구축	• 클라이언트가 경험하는 문제를 정확히 정의하고 구체화 • 문제의 범위, 심각도, 지속 시간 등을 파악하여 명확하게 설정 • 클라이언트의 사회적 네트워크, 경제적 자원, 개인적인 강점 등을 분석 • 문제의 원인(개인적·사회적·환경적)을 분석 • 여러 가지 문제 중에서 해결해야 할 우선순위를 정함 • 클라이언트가 원하는 변화·목표·기대를 명확히 파악
과정	문제발견 → 자료수집 → 문제형성	자료수집과 사정은 순환적
사정영역	정서·심리, 역할수행, 방어기제, 강점과 대처, 가족구조, 사회적 지지 등	문제뿐만 아니라 강점까지 포함
사정도구	• 가계도: 가족관계 도표 • 생태도: 가족 – 환경 상호작용 • 사회적 관계망 격자: 사회적 지지 분석 • 생활력도표: 생애주기적 사건 연대기 • 소시오그램: 집단 내 상호작용의 시각화	도식화 도구들은 시각적 정보를 제공하며, 클라이언트와 공동작성 가능함

기출선지로 확인

사정의 특징

01 클라이언트의 강점을 포함해야 한다. 22회
02 사회복지사의 지식적 근거가 필요하다. 22회
03 사회복지사와 클라이언트의 상호작용 과정이다. 22회
04 클라이언트와 사회복지사 양자가 참여하는 상호과정이다. 23회
05 클라이언트를 완전히 이해하는 것은 한계가 있다. 22회
06 클라이언트의 생활 속에서 욕구를 발견하고 문제를 정의한다. 23회
07 환경 속의 클라이언트를 이해하고 계획의 근거를 마련하는 이중초점을 지닌다. 23회
08 클라이언트의 독특한 상황과 관련하여 개별화되어야 한다. 23회

사정 과정

09 문제형성: 사정단계에서 클라이언트가 제시한 '남편의 일중독' 문제를 '자신이 남편에게 중요한 존재임을 느끼고 싶어 하는' 욕구로 바꾸어 진술하는 것 17회

사정도구

10 생태도: 개인과 가족에 영향을 미치는 주요 환경체계 확인 19회
11 생활력도표: 개인의 과거 주요한 생애 사건 19회
12 DSM-Ⅴ 분류체계: 클라이언트의 정신장애 증상에 대한 진단 19회
13 소시오그램: 집단성원 간 상호작용 및 하위 집단 형성 여부 19회

가계도

14 가족의 구조적 및 관계적 측면을 볼 수 있다. 17회
15 여러 세대의 가족에 대한 정보를 얻을 수 있다. 17회

대표기출로 확인

01 사정단계에서 클라이언트가 제시한 '남편의 일중독' 문제를 '자신이 남편에게 중요한 존재임을 느끼고 싶어 하는' 욕구로 바꾸어 진술하는 것은? 17회

① 문제발견 ② 문제형성 ③ 정보발견
④ 자료수집 ⑤ 목표설정

> 문제형성이란 클라이언트를 통해 얻은 정보를 기반으로 전문적인 시각에 의거하여 진단을 내리는 것을 의미한다. '남편의 일중독' 문제를 '자신이 남편에게 중요한 존재임을 느끼고 싶어 하는' 욕구로 바꾸어 진술하는 것은 재진술 형태이며 이를 통해 클라이언트의 문제가 무엇인지 구체적으로 형상화할 수 있다.
>
> 정답 ②

자료수집단계

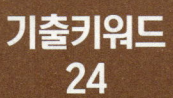

07 사회복지실천의 과정
기출키워드 24

최근 7개년 평균 출제문항 수 **0.7문항**

01 자료수집단계

목적 확인	• 어떤 정보를 왜 수집해야 하는지 목표 설정 • 문제 정의, 욕구 분석, 자원 확인 등을 위한 기반 마련
내용 선정	개인정보(인구학적 특성), 가족관계, 건강상태, 경제상황, 심리사회적 상태, 생활환경, 문화 등 다양한 영역 포함
수집방법 결정	• 면접, 관찰, 질문지, 척도, 기록 검토, 가정 방문 등 다양한 방법 선택 • 방법은 클라이언트 특성과 상황에 따라 조정
신뢰·타당성 확보	• 객관적 자료와 주관적 진술 모두 고려 • 자료의 출처와 일관성 확인, 여러 출처에서 교차 확인(Triangulation)
윤리적 고려사항	• 비밀보장, 동의서 확보, 민감 정보에 대한 접근 시 주의 필요 • 클라이언트의 자기결정권 존중
기록 및 정리	• 수집된 정보를 체계적으로 정리하여 '사정보고서' 또는 '사정기록지' 작성 • SWOT분석 등 도식화 방법 활용 가능

기출선지로 확인

자료수집

01 클라이언트의 참여가 필요하다. 19회
02 실천의 전 과정을 통해 이루어진다. 19회
03 문제와 욕구, 강점과 자원을 모두 포함한다. 19회
04 객관적인 자료뿐만 아니라 클라이언트의 주관적인 인식이 담긴 자료도 포함하여 수집한다. 20회
05 가정방문으로 자연스러운 상호작용을 관찰할 수 있다. 19회
06 가출청소년의 가족관계 파악을 위해 부모와 면담 실시 18회
07 진로 고민 중인 청년의 진로탐색을 위해 적성검사 실시 18회
08 이웃의 아동학대 신고가 사실인지 여부를 확인하기 위해 가정방문 실시 18회

자료수집 포함 내용

09 문제에 관한 정보 12회
10 원가족의 가족관계 12회
11 클라이언트의 기능 12회
12 클라이언트의 한계 12회

자료수집을 위한 자료 출처

13 문제, 사건, 기분, 생각 등에 관한 클라이언트 진술 21회
14 클라이언트와 직접 상호작용한 사회복지사의 경험 21회
15 심리검사, 지능검사, 적성검사 등의 검사 결과 21회
16 친구, 이웃 등 클라이언트의 중요한 타인으로부터 수집한 정보 21회

대표기출로 확인

01 자료수집단계에 관한 설명으로 옳은 것은?
20회

① 클라이언트 개인에게만 초점을 두어 정보를 모은다.
② 다양한 정보원으로부터 자료를 수집하므로 검사 도구를 사용하면 안 된다.
③ 초기면접은 비구조화된 양식만을 사용하여 기본적인 정보를 수집해야 한다.
④ 객관적인 자료뿐만 아니라 클라이언트의 주관적인 인식이 담긴 자료도 포함하여 수집한다.
⑤ 클라이언트로부터 얻은 정보가 가장 중요하므로 클라이언트가 직접 작성한 자료에만 의존한다.

> ① 클라이언트 개인뿐만 아니라 그 주변의 환경도 초점을 두어 정보를 모은다.
> ② 다양한 정보원으로부터 자료를 수집하기에 적절한 검사 도구를 사용해야 한다.
> ③ 초기면접은 구조화, 반구조화 및 비구조화된 양식 등을 사용하여 기본적인 정보를 수집해야 한다.
> ⑤ 클라이언트가 직접 작성한 자료를 포함한 다양한 자료를 탐색해야 한다.
>
> 정답 ④

기출키워드 25 — 07 사회복지실천의 과정

개입단계 ★빈출

최근 7개년 평균 출제문항 수 **1문항**

01 직접적 개입기법

구분	내용	특징
정서·인지 개입	격려, 재보증, 일반화, 환기, 재구조화, 초점화, 직면, 정보제공, 조언	감정 안정 및 인지 왜곡 수정, 문제 상황 명확화
행동 개입	모델링, 타임아웃, 토큰경제, 행동조성, 시연, 역할교환	행동 변화 및 새로운 기술 습득을 통한 자기효능감 강화
문제 해결기술	문제 명확화, 현재 초점, 경청, 한 번에 하나씩, 긍정적 접근	구조화된 문제 해결방식 훈련
사회기술훈련	역할 수행에 필요한 구체적 행동기술 교육	관계형성, 의사소통, 분노조절 등 상황별 훈련
스트레스 관리	긴장완화, 이완훈련, 생활관리 지도 등	신체적·정신적 스트레스 증상 완화 목적

02 간접적 개입기법

개념	클라이언트에게 직접적으로 개입하는 대신, 그들이 처한 환경이나 제3의 당사자와의 상호작용을 변화시키는 기법
목표	• 클라이언트를 지원할 수 있는 사회적·제도적 환경을 개선하고, 자원을 연결해주는 것 • 클라이언트의 문제를 간접적으로 해결하기 위해, 더 넓은 범위의 변화를 추구 • 클라이언트를 위한 사회적 환경이나 제도적 변화를 목표로 함 • 클라이언트 외에도 사회복지기관, 정부, 지역사회, 사회적 그룹 등을 대상으로 함
기법	• 정책적 개입: 클라이언트가 혜택을 받을 수 있도록 정책을 바꾸거나 사회복지 법안을 촉구 • 자원 연계: 클라이언트에게 필요한 외부 자원(서비스, 네트워크, 프로그램)을 파악하여 연결 • 옹호(Advocacy): 클라이언트를 대신하여 그들의 권리를 옹호하고 사회적 문제를 해결하는 활동 • 사회적 캠페인 및 홍보: 클라이언트가 처한 사회적 이슈나 불평등을 해결하기 위한 사회적 캠페인과 교육

03 사회복지사의 역할

자원 연결자	• 클라이언트가 필요로 하는 자원 연계, 외부 자원 및 자원 네트워크를 활용하여 문제 해결 촉진 • 클라이언트의 상황에 맞는 프로그램이나 서비스에 대한 정보 제공 및 연결
프로그램 진행자	• 설정된 목표를 달성하기 위한 실천적 개입을 촉진하기 위해 프로그램 진행 • 클라이언트가 구체적인 행동을 취하도록 지원, 실천 계획을 이행할 수 있도록 방법 제시
조정자	• 다양한 기관과 자원 간의 조정 역할을 수행하며, 클라이언트의 개입을 체계적으로 관리 • 클라이언트의 복잡한 요구를 다룰 때 필요한 자원과 서비스를 통합, 각 기관 간의 연계 강화
교육가(훈련가)	지속적인 교육과 훈련 강화, 클라이언트와의 관계에서 얻은 경험을 토대로 실천 방법 모색
정보 제공자	• 클라이언트가 정보를 이해하고 결정할 수 있도록 돕기 위해 필요한 정보를 제공 • 클라이언트의 결정을 돕는 실용적인 정보 제공, 그 과정에서 클라이언트의 자기결정권 존중

기출선지로 확인

직접적 개입기법

01 재보증(reassurance): 사회복지사가 신뢰를 표현함으로써 클라이언트의 자신감을 향상시키는 기법이다. 14회

02 일반화: 클라이언트 혼자만이 겪는 문제가 아니라는 것을 인식하게 하는 기법 21회, 23회

03 일반화: 클라이언트의 생각과 느낌이 다른 사람과 비슷하다고 말해줌으로써 클라이언트의 소외감을 감소시켜 주는 기술 23회

04 모델링 – 클라이언트가 타인이 하는 바람직한 행동을 보고 모방함으로써 행동의 변화를 가져오는 개입 기술 22회

05 역기능적 가족 규칙 재구성 20회

환경조정이 필요한 상황

06 아동이 가정에서 성적 학대를 받을 때 23회
07 화재로 장애 청소년의 부모가 사망했을 때 23회
08 자연재해로 집을 잃었을 때 23회
09 고령의 노인이 가정에서 학대를 받을 때 23회

간접적 개입기법

10 프로그램 개발 21회

사회복지사 수행과업

11 계획된 방법으로 서비스를 제공 18회
12 계획 수정 필요 시 재사정 실시 18회

대표기출로 확인

01 사회복지사의 직접적인 개입 활동으로 옳은 것은? 20회
① 아동학대 예방 캠페인 진행
② 다른 기관과 협력체계 구축
③ 지역사회 전달체계 재정립
④ 가출청소년 보호 네트워크 형성
⑤ 역기능적 가족 규칙 재구성

> 가족 내 상호작용과 구조 개편을 중심으로 가족 문제를 해결하고 가족의 기능을 개선하는 접근법은 재구성(재구조화)이며 이는 각 구성원의 고유한 역할과 규칙 속에서 기능적 상호작용이 가능하다고 보는 개념이다. 이에 사회복지사는 가족 또는 집단의 하위체계 경계를 구분, 조정해 주고 역기능적 패턴을 개선시키는 직접적 개입을 진행한다.
> ①, ②, ③, ④ 모두 간접적 개입에 해당한다.
> 정답 ⑤

02 사회복지실천의 간접적 개입에 해당하는 것은? 21회
① 의사소통 교육   ② 프로그램 개발
③ 부모 교육   ④ 가족상담
⑤ 사회기술훈련

> 간접적 개입에 해당하는 것은 다음과 같다.
> • 자원의 연결(조정)
> • 클라이언트의 옹호
> • 전달체계 점검
> • 후원자 발굴
> • 프로그램 개발
> • 유관기관의 협력
> • 환경 조작(조정)
> 정답 ②

기출키워드 26 — 계획수립단계

07 사회복지실천의 과정

최근 7개년 평균 출제문항 수 **0.4문항**

01 계획수립단계

목표 설정	• 문제 해결을 위한 장·단기 목표를 설정함 • 목표는 구체적이고 측정 가능해야 함
개입 전략 수립	• 클라이언트의 강점과 자원을 고려하여 개입 전략 설계 • 개입 수준(개인, 가족, 집단, 지역사회) 고려
서비스 및 자원 연결	필요한 사회복지서비스, 기관, 자원과의 연결 계획 수립(예 의료지원, 경제적 지원, 상담서비스 등)
역할과 책임 분담	• 클라이언트와 사회복지사 각자의 역할과 책임을 명확히 규정 • 클라이언트의 참여 촉진 강조
시간계획 수립	• 개입 시작 시점, 중간 평가 시점, 종료 시점 등을 명확히 계획 • 주기적 점검일정 포함
계약 체결 (서비스 계약)	• 클라이언트와의 동의하에 실천계획에 대한 구체적 합의 • 서면 계약 형태로 작성되기도 함

기출선지로 확인

계획수립단계

01 계획단계: 개입의 장단기 목표 합의   14회
02 계획의 목표는 기관의 기능과 일치해야 한다.   20회
03 개입 목표 설정   22회
04 목표설정은 미시적 수준과 거시적 수준에서 클라이언트의 변화를 고려한다.   20회
05 목표는 클라이언트가 바라는 바와 연결되어야 한다.   12회
06 목표는 클라이언트가 원하는 결과를 포함하여 클라이언트의 적극적인 참여를 유도한다.   20회
07 계획단계의 목표는 클라이언트와 사회복지사가 함께 합의하여 결정한다.   20회
08 목적은 장기적이고 긍정적인 결과의 형태로 제시되어야 한다.   12회
09 목표가 여러 개일 경우에는 클라이언트에게 가장 시급한 것을 최우선 순위로 설정한다.   12회
10 목적은 사회복지실천을 통해 변화되기 원하는 방향의 형태로 진술되어야 한다.   12회

대표기출로 확인

01 사회복지서비스 계획수립단계에 관한 설명으로 옳지 않은 것은?   20회
① 계획의 목표는 기관의 기능과 일치해야 한다.
② 목표설정은 미시적 수준과 거시적 수준에서 클라이언트의 변화를 고려한다.
③ 계약서는 클라이언트만 작성하여 과업과 의무를 공식화한다.
④ 목표는 클라이언트가 원하는 결과를 포함하여 클라이언트의 적극적인 참여를 유도한다.
⑤ 계획단계의 목표는 클라이언트와 사회복지사가 함께 합의하여 결정한다.

> 계약서는 클라이언트, 사회복지사 및 관련 이해관계인들이 작성하여 과업과 의무를 공식화한다.
> 정답 ③

07 사회복지실천의 과정

기출키워드 27

접수단계

최근 7개년 평균 출제문항 수 **0.9문항**

01 접수의 내용

문제 제기 및 클라이언트 욕구 확인	• 클라이언트가 경험하는 어려움이나 욕구를 서술함 • 문제를 명확히 확인하여 이해하고 문제의 긴급성과 개입의 필요성 함께 파악
서비스 동의 확인	클라이언트가 제공받을 서비스에 대한 동의를 확인
기관 및 사회복지사 소개	클라이언트에게 사회복지사와 기관을 소개
서비스와 원조 과정 안내	기관의 서비스 및 원조 과정에 대해 클라이언트에게 충분히 설명
서비스 자격요건·절차·비용 설명	자격요건, 이용 절차, 비용 등에 대해 상세하게 안내

02 접수단계의 주요 과업

클라이언트 접촉	• 내담자(클라이언트)가 기관에 자발적으로 오거나 제3자의 소개로 접수됨 • 전화, 방문, 이메일 등 다양한 방식 가능
적격성 판단	클라이언트의 문제와 기관의 자원 및 정책이 부합하는지 평가
욕구에 맞는 기관으로 의뢰	클라이언트의 욕구와 맞는 기관으로 의뢰를 진행
서비스 적합성 확인	의뢰한 기관에서 클라이언트가 적절히 서비스를 받는지 확인
클라이언트의 기본 정보 확인	클라이언트의 이름, 나이 등의 기본 정보를 확인
저항감 완화	클라이언트가 서비스를 받기 전에 나타날 수 있는 저항감을 완화시킴
관계 형성 시작	• 클라이언트와 신뢰관계(라포, Rapport)를 형성하기 위한 기초 작업 • 비밀보장, 존중, 공감적 태도가 중요
초기 정보 수집	• 기본 신상정보(이름, 나이, 주소, 연락처 등) 및 문제 관련 배경정보 수집 • 정보는 기초사정에 활용됨

기출선지로 확인

접수단계의 주요 과업

01 접수: 문제와 욕구를 확인하여 기관의 정책과 서비스에 부합하는지 판단하는 사회복지실천 과정   17회
02 관계형성을 통한 클라이언트의 참여 유도   20회
03 클라이언트의 드러난 문제 확인   20회
04 클라이언트가 어떤 문제를 갖고 있는지, 문제와 관련된 욕구가 무엇인지를 파악한다.   12회
05 서비스에 대한 클라이언트의 동의 확인   20회
06 원하는 서비스가 무엇인지 질문한다.   18회
07 클라이언트가 기관에서 제공하는 서비스를 받을 수 있는지에 대해 결정한다.   12회
08 클라이언트의 문제가 기관의 자원과 정책에 부합되는지 판단   20회
09 욕구에 적합한 기관으로 의뢰   19회
10 기관에서 제공하는 서비스 적격 여부 확인   19회
11 기관 및 사회복지사 자신을 소개한다.   18회
12 이름과 나이를 확인한다.   18회
13 클라이언트의 저항감이 파악되면 완화시킨다.   18회
14 클라이언트에게 기관의 서비스와 원조과정에 관한 안내를 한다.   12회
15 자격요건, 이용절차, 비용 등에 대해 상세하게 설명한다.   12회

의뢰

16 클라이언트가 거부감을 느끼지 않도록 정서적으로 지지함   17회
17 의뢰하는 기관과 서비스의 정보를 클라이언트에게 제공함   17회
18 의뢰된 기관에서 클라이언트가 서비스를 적절히 받는지 확인함   17회

대표기출로 확인

01 문제와 욕구를 확인하여 기관의 정책과 서비스에 부합하는지 판단하는 사회복지실천의 과정은?   17회
① 접수   ② 사정   ③ 평가
④ 자료수집   ⑤ 목표설정

접수단계에 대한 설명이다.   정답 ①

02 접수단계의 주요 과업에 해당하지 않는 것은?   20회
① 관계형성을 통한 클라이언트의 참여 유도
② 클라이언트의 드러난 문제 확인
③ 서비스의 효율성과 효과성 측정
④ 서비스에 대한 클라이언트의 동의 확인
⑤ 클라이언트의 문제가 기관의 자원과 정책에 부합되는지 판단

서비스의 효율성과 효과성 측정은 종결 및 평가단계의 과업이다.   정답 ③

07 사회복지실천의 과정

기출키워드 28 종결단계

최근 7개년 평균 출제문항 수 **0.6문항**

01 사회복지실천의 종결 및 평가

구분	내용	특징
종결시기 결정 시 고려사항	• 목표 달성 정도 • 서비스 시간 및 기관 자원 • 서비스 지속의 이득 체감 여부 • 클라이언트의 의존성 • 적절한 대체 서비스 가능 여부	• 클라이언트의 자립 여부, 서비스 필요성 평가 • 사회복지사와 기관의 자원 투자 고려
정서적 반응 다루기	• 목표 미달성 시: 실망, 분노, 아쉬움 등 • 사회복지사와의 이별 시: 상실감, 의존심 • 부정적 종결반응: 집착, 문제 재발, 새로운 문제 호소, 대리인 발견 등	• 감정 수용 및 표현 유도 • 지지와 격려 제공 • 새로운 사회복지사와의 연계 수용 유도
효과의 유지 및 강화	• 성과 유지 계획 수립 • 문제 해결 원칙 파악 지원 • 사후관리(Follow-up): 1~6개월 후 변화 상태 점검	• 자기 문제 해결력 강화 • 서비스의 책임성과 지속성 확보
의뢰(Referral)	서비스 종결 이후 해결되지 않은 문제나 추가 서비스 필요 시 적절한 기관에 연계	• 서비스 지속성 보장 • 클라이언트의 필요에 맞춘 서비스 자원 연결
평가	• 중요성: 효과성 측정, 효율성 측정 • 자원 사용의 책임성 • 클라이언트에 대한 설명 책임 • 실천 모니터링 • 사회복지사의 능력 향상	• 실천의 질적 향상 및 투명성 확보 • 교육적 도구로도 활용
평가의 유형	• 과정평가: 프로그램 중심으로 평가 • 형성평가: 수정·보완을 목적으로 중간에 평가 • 총괄평가: 종료 후 목적달성 여부 파악	

02 사후관리

구분	내용	특징
개념	개입 이후 클라이언트가 지속적으로 안정적인 삶을 유지할 수 있도록 지원하는 과정	개입 후에도 지속적인 지원과 관찰을 통해 클라이언트의 변화가 안정적으로 유지될 수 있도록 도움
목표	클라이언트가 문제 해결 후에도 계속해서 자립할 수 있도록 돕고, 재발 방지 및 추가적인 지원을 제공	개입 효과를 장기적으로 유지하며 클라이언트의 자원 활용을 돕는 것이 주요 목적
주요 과업	• 클라이언트 상태 평가: 개입 후 클라이언트의 상태를 점검하고, 추가적인 필요가 있는지 평가 • 지원 네트워크 강화: 클라이언트가 지원받을 수 있는 다양한 자원과 네트워크를 연결해 줌 • 재정적·정서적 지원 제공: 클라이언트가 자립할 수 있도록 재정적·정서적 지원을 지속적으로 제공 • 클라이언트의 문제 재발 방지 계획 수립: 클라이언트의 문제가 재발하지 않도록 문제 예방 및 대처 방안을 함께 마련함 • 후속 서비스 제공: 클라이언트가 여전히 도움이 필요할 경우 후속 서비스 및 추가적인 개입을 제공	

기출선지로 확인

종결단계에서의 사회복지사의 과업

01 종결단계: 클라이언트의 혼합된 정서적 반응을 정리하고 사후관리를 계획하는 단계 19회
02 개입목표의 달성 여부를 확인한다. 14회
03 종결유형에 따라 종결 시기를 조정한다. 14회
04 진전수준 검토 16회
05 정서적 반응 처리 16회
06 종결에 의한 클라이언트의 상실감에 공감한다. 17회
07 종결에 대한 정서 다루기 18회
08 종결에 대한 클라이언트 반응 처리 20회
09 클라이언트의 감정을 이해하고 있음을 전달한다. 17회
10 클라이언트의 비언어적 메시지에 민감하게 반응한다. 17회
11 결과의 안정화 16회
12 클라이언트가 이룬 성과를 확인한다. 17회
13 성과 유지 전략 확인 18회
14 필요시 타 기관에 의뢰 18회
15 다른 기관 또는 외부 자원 연결 20회
16 사후관리 계획 수립 16회, 18회, 20회

사후관리

17 클라이언트의 적응 상태를 확인한다. 13회
18 문제가 있는 경우 재개입할 수 있다. 13회
19 클라이언트의 변화 유지에 도움이 된다. 13회
20 종결로 인한 클라이언트의 충격을 완화시켜 준다. 13회

대표기출로 확인

01 종결단계에서 사회복지사의 과업으로 옳지 않은 것은? 20회
① 사후관리 계획 수립
② 목표 달성을 위한 서비스 제공
③ 클라이언트 변화 결과에 대한 최종 확인
④ 다른 기관 또는 외부 자원 연결
⑤ 종결에 대한 클라이언트 반응 처리

> 목표 달성을 위한 서비스 제공은 개입단계의 과업이다.
>
> 정답 ②

4영역
사회복지실천기술론

최근 7개년(23~17회) 기출키워드

'★' 별 표시는 7개년간 자주 출제된 이론과 키워드입니다. 빈출 이론과 키워드를 중심으로 전략적, 효율적으로 학습해 보세요.

구분		기출키워드	최근 7개년 평균 출제문항 수	최근 3개년 출제		
				23회	22회	21회
01 사회복지사의 전문성	1	사회복지실천기술에 대한 이해 ★	1.9문항	☺	☺	☺
02 개인 대상 실천기법	2	정신역동모델	0.9문항	☺	☺	☺
	3	심리사회모델	0.9문항	☺	☺	☺
	4	인지행동모델 ★	2문항	☺	☺	☺
	5	동기강화모델	0.1문항	☺		
	6	과제중심모델	0.7문항	☺	☺	
	7	기타 실천모델 ★	3.4문항	☺	☺	☺
03 가족 대상 실천기법	8	가족 관련 개념 및 특징 ★	1.6문항	☺	☺	☺
	9	가족사정 ★	1문항			☺
	10	구조적 가족치료 ★	1문항	☺		☺
	11	다세대 가족치료	0.6문항	☺	☺	
	12	경험적 가족치료	0.7문항	☺	☺	
	13	전략적 가족치료	0.9문항	☺	☺	

과락은 피하고! 합격선은 넘는! 1트 합격 TIP

- ☑ 사회복지실천기술론은 최근 사례형 문항의 출제비중이 높아지면서 난도가 높게 출제되고 있습니다. 기출문제를 통해 사례 제시형 문항을 지속적으로 회독하여 풀이감각을 높이는 것이 중요합니다.
- ☑ 사회복지사의 윤리적 사항, 실천현장의 분류, 초기단계-중간단계-종결단계의 특성을 반드시 숙지해야 합니다.
- ☑ 각 모델별(정신역동모델, 심리사회모델, 위기개입모델, 해결중심모델, 과제중심모델, 권한부여모델) 주요 개념, 특징, 각 단계별 주요 행동 등을 반드시 암기해야 합니다.
- ☑ 가족치료모델(구조적 가족치료모델, 경험적 가족치료모델, 전략적 가족치료모델, 이야기 치료모델)의 특징, 주요 개념 등을 이해하는 것이 중요합니다.
- ☑ 집단의 유형과 그 특성은 자주 출제되고 있으니 눈여겨 보아야 합니다.

구분		기출키워드	최근 7개년 평균 출제문항 수	최근 3개년 출제		
				23회	22회	21회
04 집단 대상 실천기법	14	집단의 유형	0.9문항	☺	☺	
	15	집단의 역동성	0.9문항	☺	☺	
	16	집단 사회복지실천	0.1문항			☺
	17	집단의 치료적 효과	0.7문항	☺	☺	☺
	18	집단 지도자의 역할 및 기술	0.4문항			
	19	집단발달단계 ★	2.9문항	☺	☺	☺
05 사회복지실천 기록 및 평가	20	기록의 유형 및 특징	0.9문항	☺	☺	☺
	21	기록의 목적 및 용도	0.1문항			
	22	단일사례설계 ★	1문항	☺	☺	☺

▶ 출제가능성 99%
시험에 꼭 나오는 기출키워드

4영역 강의 ①

4영역 강의 ②

01 사회복지사의 전문성

기출키워드 1

사회복지실천기술에 대한 이해 ★빈출

최근 7개년 평균 출제문항 수 **1.9문항**

01 사회복지실천의 전문적 기반

과학적 기반	• 실증적 연구와 이론에 기초하여 사회복지실천을 설명하고 예측함 • 체계적 자료 수집과 분석을 통해 문제를 명확하게 진단하고 평가함 • 전문성과 객관성을 바탕으로 개입계획을 수립함 • 표준화된 절차와 도구(사정 도구, 개입기법 등)를 사용하여 재현 가능성과 신뢰성 강조 • 평가와 피드백을 통해 실천의 효과성 검증
예술적 기반	• 사회복지사의 직관, 감정이입, 창의력, 인간적 통찰력에 기반하여 클라이언트와 관계 형성 • 클라이언트의 고유한 특성과 상황을 고려하여 융통성 있고 창의적인 접근을 사용함 • 감정적 교류, 신뢰 형성, 공감적 경청 등 비공식적 요소들이 중심이 됨 • 대면 관계에서의 비언어적 단서, 상호작용, 관계의 질을 중시함 • 개인의 가치, 문화, 삶의 맥락을 존중하며 맞춤형 개입을 시도함 • 실천의 '예술성'은 숙련된 경험과 성찰을 통해 더욱 정교해짐

02 사회복지지식의 구성 수준

구분	내용	사례
패러다임	추상적 세계관, 지배적으로 나타나는 인식체계	천동설이 아닌 지동설 등
관점(시각)	가치, 주요 관심영역 등이 구체화됨	병리적 관점, 강점관점 등
이론	가설, 개념 등이 구체화됨	정신분석이론, 심리사회이론 등
모델	일관화된 실천활동의 원칙과 방식을 구조화 한 것	정신역동모델, 심리사회모델 등
실천지혜	현장에서 경험적으로 만들어진 암묵적 지식	사회복지사의 노하우, 직관 등

03 사회복지실천의 주요 실천기술

관계형성 기술	• 클라이언트와 신뢰·존중·수용을 바탕으로 한 전문적 관계를 형성하기 위한 기술 • 공감적 경청, 진솔한 반응, 일관된 태도, 감정이입 등을 통해 정서적 유대감 강화 • 클라이언트의 이야기를 비판 없이 수용하고, 변화 동기를 북돋는 환경 조성 • 비언어적 의사소통(시선, 몸짓, 표정 등)도 관계 형성에 중요한 요소로 작용
면접기술	• 클라이언트의 문제·욕구·자원을 파악하기 위한 체계적이고 구조화된 의사소통 기술 • 개방형·폐쇄형 질문, 명료화, 요약, 반영, 재진술, 직면 등 다양한 질문과 반응 기술 활용 • 목적과 단계(초기·중간·종결 단계)에 따라 면접의 구조와 방향을 조절함 • 면접자는 친절하고 수용적인 자세를 유지하며, 클라이언트의 자기결정권을 존중함
비자발적 클라이언트 대상 개입기술	• 법적·제도적 이유로 서비스에 참여하지만 동기가 낮거나 저항하는 클라이언트를 위한 개입 • 초기 단계에서 신뢰와 안정감 형성에 집중하며, 설득과 공감을 통한 접근을 하는 기술 • 선택의 기회를 제시하거나, 클라이언트의 관점을 인정하며 대안을 함께 모색함 • '이중 메시지' 해석, 저항에 대한 이해와 수용을 통해 방어기제를 약화시키고 내적 동기를 유도함 • 작은 성취 경험을 통해 자발적 참여로 전환되도록 점진적 목표 설정이 효과적임

기출선지로 확인

사회복지실천의 전문적 기반

01 연구자료를 수집하고 분석하는 것은 과학적 기반에 해당된다. 19회
02 사회복지 전문가로서 가지는 가치관은 예술적 기반에 해당된다. 19회
03 감정이입적 의사소통, 진실성, 융통성은 예술적 기반에 해당된다. 19회
04 사회복지사에게는 과학성과 예술성의 상호보완적이고 통합적인 실천역량이 요구된다. 19회
05 사회복지실천은 사회복지의 관점과 이론을 토대로 한다. 20회
06 사회복지실천은 클라이언트의 특성을 반영한다. 20회

사회복지실천현장의 지식 유형

07 패러다임은 역사와 사상의 흐름에 영향을 받는 추상적 개념 틀이다. 21회
08 관점은 개인과 사회에 관한 주관적 인식의 차이를 보여주는 사고 체계이다. 21회
09 이론은 현상을 설명하기 위한 가설이나 개념의 집합체이다. 21회
10 모델은 실천과정에 직접적으로 필요한 기술적 적용방법을 제시한 것이다. 21회

실천지혜

11 사회복지사의 직관에 영향을 받는다. 23회
12 개인의 가치체계와 경험으로부터 만들어진다. 23회
13 현장에서 유용하나 공인된 지식은 아니다. 23회

사회복지사가 비자발적 클라이언트와 공감하는 기술

14 원하지 않는 면담이 클라이언트에게 힘들다는 것을 이해한다. 22회
15 클라이언트의 어려움을 사회복지사가 도울 수 있다는 것을 알려준다. 22회
16 클라이언트의 저항을 온화한 태도로 수용한다. 22회

대표기출로 확인

01 사회복지실천기술의 전문적 기반에 관한 설명으로 옳지 않은 것은? 19회
① 이론과 실천의 준거틀을 적절하게 이용하는 것은 예술적 기반에 해당된다.
② 연구자료를 수집하고 분석하는 것은 과학적 기반에 해당된다.
③ 사회복지 전문가로서 가지는 가치관은 예술적 기반에 해당된다.
④ 감정이입적 의사소통, 진실성, 융통성은 예술적 기반에 해당된다.
⑤ 사회복지사에게는 과학성과 예술성의 상호보완적이고 통합적인 실천역량이 요구된다.

> 이론과 실천의 준거틀을 적절하게 이용하는 것은 과학적 기반에 해당된다.
>
> 정답 ①

02 사회복지실천현장의 지식 유형에 관한 설명으로 옳지 않은 것은? 21회
① 이론은 현상을 설명하기 위한 가설이나 개념의 집합체이다.
② 관점은 개인과 사회에 관한 주관적 인식의 차이를 보여주는 사고체계이다.
③ 실천지혜는 실천 활동의 원칙과 방식을 구조화한 것이다.
④ 패러다임은 역사와 사상의 흐름에 영향을 받는 추상적 개념 틀이다.
⑤ 모델은 실천과정에 직접적으로 필요한 기술적 적용방법을 제시한 것이다.

> 실천 활동의 원칙과 방식을 구조화한 것은 모델이다. 실천지혜는 쉽게 말하여 노하우(KNOW-HOW)를 의미한다. 수년간 학습되고 숙련된 과정에서 얻어진 자신만의 감각, 직관, 지식 등을 포괄하는 개념으로 실천현장에서의 경험으로 만들어진 비구조화된 지식이다.
>
> 정답 ③

기출키워드1 사회복지실천기술에 대한 이해

02 개인 대상 실천기법

기출키워드 2

정신역동모델

최근 7개년 평균 출제문항 수 **0.9문항**

01 정신역동모델의 주요 특징

개념	• 인간의 행동은 무의식 속 갈등과 심리적 내면 구조에 의해 결정된다는 결정론적 관점에 기반한 실천모델 • 성격은 아동기의 초기 경험, 특히 생후 5~6세 이전의 경험에 의해 형성됨 • 클라이언트의 무의식과 본능적 충동을 탐색하여 통찰을 통해 현재 문제를 이해하게 함 • 사회복지사는 직접적인 처방보다는 자기이해, 통찰력, 문제인식 능력 향상에 중점을 둠 • 현대 사회복지실천에서는 통합 접근에 흡수되었으나, 개별사회사업의 이론적 기초로 중요한 의의를 가짐
특징	• 인간의 정신은 본능적 충동, 현실 조절 기능, 도덕적 기준 간의 내적 갈등 구조를 가짐 • 정신은 의식·전의식·무의식의 층위로 구성되며, 억압된 감정과 충동이 무의식 속에 자리함 • 초기 경험은 성격 발달과 정서 반응의 핵심이며, 현재 행동의 원인으로 작용함 • 행동은 성적·공격적 충동과 자아 간 갈등에서 비롯되며, 자아는 방어기제를 통해 불안을 완화함 • 대표적 방어기제로는 억압, 반동형성, 투사, 격리, 퇴행, 취소 등이 있음 • 심리적 증상은 내면 갈등의 표현이며, 통찰을 통해 변화 가능 • 전이와 역전이는 치료 관계 속에서 무의식을 드러내는 중요한 단서임
과정	관계 형성 → 자료 수집 → 사정 → 목표 설정 → 개입 → 평가 및 종결
한계점	• 단기적 해결을 원하는 클라이언트에게 적용하기 어려움 • 섣부른 해석이나 직면은 저항을 심화시키거나 역효과를 초래할 수 있음

02 개입기법

자유연상	클라이언트가 떠오르는 생각을 제한 없이 말하게 하여 무의식적 내용을 탐색함
직면	클라이언트가 회피하거나 부정하는 감정·사고·행동을 인식하게 함
해석	클라이언트의 언행 이면에 있는 무의식적 갈등이나 동기를 설명함
훈습	반복적인 해석을 통해 내면 경험을 자각하고 재구성할 수 있도록 원조함
전이분석	과거의 감정이 현재 관계에 재현되는 과정을 이해하고 치료적 관계에서 활용
저항분석	변화에 대한 불안이나 방어적 반응을 인식하고, 저항을 통찰의 계기로 전환
꿈의 분석	무의식에 억압된 욕구나 갈등을 상징적으로 표현한 꿈의 내용을 분석하여 클라이언트의 내면을 이해

기출선지로 확인

개입기법

01 무의식적 갈등이나 불안을 표현하도록 하여 자신의 문제에 대해 이해하고 통찰할 수 있도록 한다. 19회

02 자유연상, 훈습, 직면의 기술을 사용한다. 18회

03 직면: 클라이언트의 이야기와 행동 간 불일치를 보일 때 자기모순을 직시하게 한다. 21회

04 해석의 목적은 통찰력 향상에 있다. 17회

05 해석: 치료적 관계에서 나타나는 클라이언트의 특정 생각이나 행동의 의미를 설명한다. 21회

06 훈습을 통해 클라이언트의 불안은 최소화되고 적합한 방법으로 자신의 문제를 이해할 수 있는 능력을 기르게 된다. 19회

07 훈습은 경험적 확신을 갖도록 전이와 저항에 대한 분석과 해석을 반복적으로 진행하는 것이다. 23회

08 전이는 반복적이며 퇴행하는 특징을 갖는다. 17회

09 전이분석: 클라이언트가 과거의 중요한 인물에 대해 느꼈던 감정을 치료사에게 재현하는 현상을 분석하여 과거 문제를 해석하고 통찰하도록 한다. 21회

대표기출로 확인

01 정신역동모델의 개념과 개입기술에 관한 설명으로 옳은 것을 모두 고른 것은? 17회

> ㄱ. 해석의 목적은 통찰력 향상에 있다.
> ㄴ. 훈습은 모순이나 불일치를 직시하도록 원조하는 단회성 기법이다.
> ㄷ. 전이는 반복적이며 퇴행하는 특징을 갖는다.
> ㄹ. 자유연상을 시행하는 경우 주제와 관련 없는 내용은 억제시킨다.

① ㄱ, ㄴ ② ㄱ, ㄷ ③ ㄴ, ㄹ
④ ㄱ, ㄴ, ㄷ ⑤ ㄱ, ㄴ, ㄷ, ㄹ

> ㄴ. 훈습은 세세하고 면밀하게 클라이언트의 역기능적 면모를 교정하는 기법이다.
> ㄹ. 자유연상을 시행하는 경우 주제와 관련 없어도 자유롭게 언급하게 한다. 반면 주제와 관련 없는 내용을 억제시키는 것은 최면술이다.
> [정답] ②

02 정신역동모델의 개념과 개입기법에 관한 설명으로 옳은 것을 모두 고른 것은? 19회

> ㄱ. 전이는 정신역동 치료에 방해가 되므로 이를 이용해서는 안 된다.
> ㄴ. 무의식적 갈등이나 불안을 표현하도록 하여 자신의 문제에 대해 이해하고 통찰할 수 있도록 한다.
> ㄷ. 클라이언트와 라포가 형성되기 전에 해석을 제공하는 것이 관계 형성에 도움이 된다.
> ㄹ. 훈습을 통해 클라이언트의 불안은 최소화되고 적합한 방법으로 자신의 문제를 이해할 수 있는 능력을 기르게 된다.

① ㄱ, ㄷ ② ㄴ, ㄹ ③ ㄱ, ㄴ, ㄷ
④ ㄴ, ㄷ, ㄹ ⑤ ㄱ, ㄴ, ㄷ, ㄹ

> ㄱ. 전이는 정신역동 치료에 도움이 되기에 활용해야 한다(역전이는 지양).
> ㄷ. 클라이언트와 라포가 형성된 후 해석을 제공하는 것이 관계 형성에 도움이 된다.
> [정답] ②

02 개인 대상 실천기법

기출키워드 3

심리사회모델

최근 7개년 평균 출제문항 수 **0.9문항**

01 심리사회모델의 주요 특징

개념
- 정신분석이론과 자아심리학의 영향 아래 발전된 통합적 실천모델
- 인간은 가족·집단·환경과의 상호작용 속에서 이해되어야 하며, 상황 속 인간에 초점을 둠
- 개입의 초점은 개인의 성장과 발달을 위한 여건 조성과 환경적 자원의 활용에 있음
- 인간의 행동은 단순히 설명될 수 없으며, 예측 가능하고 변화 가능한 특성을 지님
- 과거의 경험은 현재 행동에 영향을 주기 때문에 이를 점검해야 함
- 무의식은 행동에 영향을 미치지만 행동을 결정하는 유일한 요인은 아님
- 개인의 강점과 환경자원을 전략적으로 활용하여 효과적인 대인관계를 형성하고 적응을 돕는 데 목적이 있음

특징
- 인간은 생물심리사회적 존재로서, 심리적 내면뿐 아니라 사회적 맥락에서 통합적으로 이해되어야 함
- 문제에 대한 사정은 클라이언트의 발달력, 생활사건, 기대, 대처방식, 환경자원 등을 포함하여 전인적으로 수행함
- 사회복지사는 단순한 감정지지자 역할을 넘어서, 클라이언트의 현실적 문제에 대한 이해, 구조적 개입, 기능 강화를 도모함
- 상황과 개인 간의 역동을 고려하여 심리사회적 맥락에서 통합적 개입을 실시함
- 과거 경험과 현재 문제 간의 연결 고리를 인식하게 하여 자기이해와 문제 해결을 촉진시킴
- 실제 환경에 대한 구조적 개입이나 사회적 자원 연결에 대한 구체적인 기술이나 전략이 부족함
- 이론과 실천 범위는 통합적 발전을 통해 확장 가능성이 있음

02 개입기법

직접적 개입
- 지지: 클라이언트의 잠재력과 가능성에 대한 신뢰와 존중을 표현하며, 문제 해결 능력에 대한 확신을 전달함
- 직접적 영향: 사회복지사의 의견 제시나 제안·강조·권유·주장 등을 통해 행동을 촉진시킴
- 탐색 – 기술(묘사) – 환기: 감정과 사실을 자유롭게 표현하게 하여 정서적 긴장을 완화시킴으로써 감정전환 도모
- 인간 및 환경 고찰: 클라이언트가 자신의 상황과 환경에 대해 스스로 인식하게 함
- 유형 역동성 고찰: 행동과 감정, 사고 유형의 반복적 패턴을 파악하여 문제의 기저를 이해하도록 함
- 발달적 고찰: 과거 경험이 현재 문제에 어떤 영향을 미쳤는지 이해하도록 유도함

간접적 개입
- 옹호: 클라이언트를 대신하거나 함께 권리와 자원을 주장하는 활동
- 환경조정: 클라이언트를 둘러싼 환경(예 학교, 직장, 가족 등)을 조정하거나 조율하여 문제 해결 유도
- 자원연결: 지역사회 내의 자원(예 복지관, 의료기관 등)과 클라이언트를 연계하여 지원을 받도록 함
- 사례관리: 클라이언트가 다양한 서비스 체계를 효과적으로 이용하도록 계획·조정·점검하는 활동
- 정보제공: 클라이언트나 관련 이해관계자에게 필요한 제도·절차·서비스의 정보를 정확히 전달함

기출선지로 확인

심리사회모델

01 심리사회모델을 체계화하는 데 홀리스(F. Hollis)가 공헌하였다. 22회

개입기법

02 직접적 개입과 간접적 개입으로 구분된다. 20회

03 지지는 이해, 격려, 확신감을 표현하는 기법이다. 20회

04 직접적 영향: 사회복지사와 클라이언트 간의 신뢰관계를 바탕으로 클라이언트에게 제안과 설득을 제공한다. 18회

05 탐색-기술-환기: 클라이언트의 상황에 관한 사실을 드러내고 감정의 표현을 통해 감정의 전환을 제공한다. 18회

06 탐색-기술(묘사)-환기는 자기 상황과 감정을 말로 표현하게 함으로써 감정전환을 도모하는 기법이다. 20회

07 유형의 역동 성찰은 성격·행동·감정의 주요 경향에 관한 자기이해를 돕는다. 20회

08 발달적 성찰: 현재 클라이언트 성격이나 기능에 영향을 미친 가족의 기원이나 초기 경험을 탐색한다. 18회

09 수용: 온정과 친절한 태도로 클라이언트의 감정이나 주관적인 상태에 감정이입을 하며 공감한다. 18회

10 간접적 개입기법으로 '환경조정'을 사용한다. 22회

대표기출로 확인

01 심리사회모델의 기법에 관한 설명으로 옳지 않은 것은? 18회

① 발달적 성찰: 현재 클라이언트 성격이나 기능에 영향을 미친 가족의 기원이나 초기 경험을 탐색한다.

② 지지하기: 클라이언트의 현재 또는 최근 사건을 고찰하게 하여 현실적인 해결방법을 찾는다.

③ 탐색-기술-환기: 클라이언트의 상황에 관한 사실을 드러내고 감정의 표현을 통해 감정의 전환을 제공한다.

④ 수용: 온정과 친절한 태도로 클라이언트의 감정이나 주관적인 상태에 감정이입을 하며 공감한다.

⑤ 직접적 영향: 사회복지사와 클라이언트 간의 신뢰관계를 바탕으로 클라이언트에게 제안과 설득을 제공한다.

> 클라이언트의 현재 또는 최근 사건을 고찰하게 하여 현실적인 해결방법을 찾는 것은 인간-환경 간의 고찰(성찰)에 해당된다.
>
> 정답 ②

02 개인 대상 실천기법

기출키워드 4 인지행동모델 ★빈출

최근 7개년 평균 출제문항 수 **2문항** 23회기출 22회기출 21회기출

01 인지행동모델의 주요 특징

개념	• 부적응적인 인간의 행동은 비합리적이고 비현실적인 사고 및 학습된 반응에 의해 형성됨 • 인지·감정·행동은 상호작용하며, 사고를 변화시키면 감정과 행동도 함께 변화함 • 문제 행동은 인지적 왜곡이나 비합리적 신념에서 비롯되며, 이를 수정하면 행동 변화가 가능함
특징	• 사고와 행동을 변화의 주요 대상으로 삼고, 감정은 인지의 결과로 간주 • 자동적 사고, 인지도식, 신념 체계의 오류를 식별하고 수정할 수 있음 • 행동은 자극과 결과에 의해 형성되고 유지되므로 행동 수정 기법이 중시됨 • 비교적 단기 개입에 적합하며, 클라이언트의 능동적 참여를 강조함 • 과거보다 현재 문제에 집중하며, 단계적이고 구조화된 개입에 효과적임
한계점	• 인간의 감정이나 무의식적 갈등을 충분히 설명하거나 다루는 데 제한이 있음 • 인지적 접근 중심이므로 정서적 수용과 공감이 상대적으로 부족하다는 비판이 있음 • 자기성찰이나 인지 수준이 낮은 클라이언트에게는 적용이 어려울 수 있음

02 개입기법

엘리스의 합리적 정서치료	• 논박(Disputation): 비합리적 신념에 대해 논리적·경험적·실용적으로 도전함 • 인지 재구성: 강박적 사고를 합리적으로 전환하는 과정 • 행동 실험: 신념의 현실 적합성을 검증하여 인지적 재구성을 유도하고, 새로운 행동 패턴을 학습함 • 역할연습 및 과제 부여: 시뮬레이션을 통한 현실 적응 및 수정, 현장에서 수행할 수 있는 숙제·과제를 제시하여 달성하게 하는 기법
벡의 인지치료	• 소크라테스식 대화법: 클라이언트의 사고를 논리적으로 검토하도록 유도하는 대화법(산파술) • 대안적 사고 지시: 기존의 부정적 사고를 긍정적인 형태로 도출하는 기법
기타 개입기법	• 내적 의사소통 명료화: 막연하고 혼란스러운 감정이나 생각을 언어로 명료화함으로써 문제를 정확하게 인식하게 함 • 인지 재구조화: 비합리적 사고나 신념을 현실적이고 유연한 사고로 수정함 • 과제 부여: 세션 외 일상생활에서 실천할 수 있는 활동을 통해 행동 일반화와 변화 유지 유도 • 역할 연습: 실제 상황을 설정하여 새로운 사고와 행동을 연습하고 정착시킴 • 토큰경제: 바람직한 행동에 상징적 보상을 부여하고, 기준 달성 시 실질적 보상으로 교환 • 타임아웃: 문제 행동이 발생했을 때 강화 자극에서 일정 시간 분리하여 행동 빈도를 감소시킴 • 홍수기법: 불안을 유발하는 자극에 반복적으로 강도 높게 노출시켜 회피 반응을 약화시킴 • 모델링: 바람직한 행동을 시범 보이거나 관찰하게 하여 학습하도록 유도 • 체계적 둔감화: 불안 자극에 대해 점진적으로 노출하면서 이완을 통해 불안을 감소시킴 • 시연: 실제 상황을 가상으로 연기함으로써 행동을 연습하고 피드백을 통해 개선 • 사회기술훈련: 대인관계나 사회적 상황에서 필요한 의사소통·문제해결 능력을 학습하고 연습하는 훈련

기출선지로 확인

개입기법

01 구조화된 접근을 한다. 19회

02 교육적 접근을 강조한다. 19회

03 제한된 시간 내에 특정 문제에 초점을 두고 접근한다. 21회

04 과제 활용과 교육적인 접근으로 자기 치료가 가능하도록 한다. 21회

05 클라이언트의 주관적인 경험, 문제 및 관련 상황에 대한 인식을 중시한다. 19회

06 개인의 주관적 경험의 독특성을 중시한다. 21회

07 클라이언트와 사회복지사의 협조적인 노력을 중시하고, 클라이언트의 능동적인 참여를 권장한다. 19회

08 클라이언트의 적극적 참여와 협조적 태도를 중시한다. 21회

09 행동 형성은 강화원리를 따른다. 17회

10 모델링은 관찰학습 과정을 통해 이루어진다. 17회

11 경험적 학습에는 인지불일치 원리가 적용된다. 17회

12 체계적 탈감법은 고전적 조건화에 근거한다. 17회

13 내적 의사소통 명료화: 클라이언트 스스로 자신에 대해 독백하고 사고하는 과정이다. 20회, 22회

14 기록과제 20회

15 자기지시 20회

16 인지행동모델은 왜곡된 사고에 의한 정서적 문제의 개입에 효과적이다. 20회

대표기출로 확인

01 인지행동모델의 개입방법에 해당되는 것을 모두 고른 것은? 20회

ㄱ. 내적 의사소통의 명료화
ㄴ. 모델링
ㄷ. 기록과제
ㄹ. 자기지시

① ㄱ, ㄴ
② ㄷ, ㄹ
③ ㄱ, ㄴ, ㄷ
④ ㄴ, ㄷ, ㄹ
⑤ ㄱ, ㄴ, ㄷ, ㄹ

> ㄱ~ㄹ. 모두 인지행동모델의 개입기법에 해당한다.
> ㄱ. 내적 의사소통의 명료화: 독백처럼 자신에게 문제에 대해 질문하고 답변하는 형태(자기 인터뷰)
> ㄴ. 모델링: 문제 해결을 위해 도움이 되는 특정 대상, 집단, 사물(동·식물 등)을 표방하는 것
> ㄷ. 기록과제: 자신의 문제점을 형식에 얽매이지 않고 기술하는 것
> ㄹ. 자기지시: 스스로 과제를 부여하고 과제 여부 달성을 냉철하게 타인처럼 점검, 평가하는 것
>
> 정답 ⑤

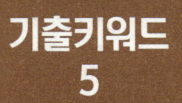

02 개인 대상 실천기법

기출키워드 5

동기강화모델

최근 7개년 평균 출제문항 수 **0.1문항**

01 동기강화모델의 주요 특징

개념	• 클라이언트의 내적 동기를 촉진하고 자발적인 행동 변화를 유도하는 상담 중심 실천모델 • 변화에 대한 저항을 최소화하고, 클라이언트의 자기결정과 자율성을 존중하는 접근 • 주로 중독, 건강 행동 변화, 비자발적 내담자 대상 개입 등에 효과적이며 단기성과도 기대 가능
특징	• 변화에 대한 양가감정(변화하고 싶지만 망설이는 상태)을 중립적이고 공감적으로 탐색 • 설득이 아닌 반영, 요약, 개방형 질문 등을 통해 클라이언트가 스스로 동기를 자각하도록 원조 • 변화는 강요가 아닌 자율적인 자기탐색에서 시작된다는 철학에 기초함 • 클라이언트의 말 속에서 변화의 단서를 이끌어내는 대화를 중시함 • 변화의 동기는 고정된 것이 아니라 대화적 과정을 통해 형성·강화될 수 있다고 봄
변화 단계	• 무관심 단계: 변화의 필요성을 인식하지 못하거나 의욕이 없음 • 숙고 단계: 변화의 필요성을 인식하나 실행을 망설이며 양가감정을 경험함 • 준비 단계: 행동 변화를 위한 구체적인 결심과 계획이 시작됨 • 행동 단계: 실제로 변화 행동을 시작하고 실천함 • 유지 단계: 변화된 행동을 지속하고 재발을 방지하기 위한 노력이 이루어짐
한계점	• 자발적 동기가 매우 낮거나 위기 개입이 필요한 경우에는 제한적 • 변화는 단계적으로 진행되므로, 단기성과를 요구하는 환경과는 부합하지 않을 수 있음 • 치료자의 언어적 민감성과 반영기술, 공감능력이 중요한 만큼 고도의 숙련이 요구됨 • 구체적 행동 수정 기술보다는 동기 탐색 중심이므로 행동주의적 접근과의 병행이 필요할 수 있음

02 개입기법

개방형 질문 사용	변화 동기 탐색을 유도하는 자기성찰 질문을 활용함
반영적 경청	클라이언트의 언어와 감정을 되짚어 주며 자기이해를 돕는 기술
요약	상담 중 핵심 내용을 정리하여 클라이언트의 입장과 진행 상황을 재확인함
변화에 대한 말 이끌어내기	클라이언트가 자발적으로 변화의 이유와 가능성을 언급하도록 유도함
저항에 맞서지 않기	반감을 논박하지 않고 수용과 반영을 통해 저항을 완화함
자기효능감 강화	클라이언트가 스스로 변화할 수 있다는 믿음을 지지하고 강조

✓ 3회독 Check ☐☐☐

기출선지로 확인

동기강화모델의 원리

01 불일치감 인식하기 23회
02 자기효능감 지지하기 23회
03 저항과 함께하기 23회
04 공감 표현하기 23회

대표기출로 확인

01 밀러와 롤닉(W. Miller & S. Rollnick)의 동기강화모델의 원리로 옳지 않은 것은? 23회
① 불일치감 인식하기
② 자기효능감 지지하기
③ 저항과 함께하기
④ 내적 의사소통 명료화하기
⑤ 공감 표현하기

> 내적 의사소통 명료화하기는 인지행동모델의 개입기법이다.
>
> 정답 ④

02 개인 대상 실천기법

기출키워드 6

과제중심모델

최근 7개년 평균 출제문항 수 **0.7문항**

01 과제중심모델의 주요 특징

개념	• 단기간 내 해결 가능한 문제를 중심으로 명확한 목표를 설정하고, 이를 실현하기 위한 구체적인 과제를 수행하도록 돕는 실천모델 • 문제 해결에 초점을 맞추며, 클라이언트의 적극적 참여와 협력을 통해 현실적이고 실천 가능한 목표를 중심으로 단기 개입을 지향함
특징	• 다양한 이론과 모델을 절충적으로 활용 • 목표는 단기적이며, 하나의 문제에 집중하여 개입하는 방식으로 과제 완료 후 종결하는 구조를 가짐 • 단기성과와 문제 해결 중심 접근이 필요한 현장에서는 실용성과 효율성이 높음 • 문제의 원인 분석보다는 문제의 현재적 양상과 해결 가능성에 중점을 둠 • 클라이언트가 실제 생활 속에서 직접 수행할 수 있는 구체적 과제를 설정하고, 각 단계마다 구조화된 접근을 함 • 과제수행을 통해 클라이언트의 행동 변화를 직접적으로 유도하여 실행력과 책임감을 강조하여 클라이언트의 자기결정 능력과 문제 해결 역량을 강화시킴 • 실천 과정에서 실패나 저항이 발생하더라도 그것을 자연스럽게 검토하고 수정하는 유연한 접근을 취함 • 모든 개입과정은 클라이언트와 협력하여 이루어지며, 계약 및 과제 설정을 통해 명확하고 구체적인 실천 방향을 공유함
한계점	• 복잡하거나 다차원적인 문제(예 만성 정신질환, 심리적 외상 등)에는 적용이 어려움 • 과제 이행 중심이기 때문에 클라이언트의 정서적 욕구나 깊은 내면 갈등은 충분히 다루기 어려움 • 자발적 동기나 과제수행력이 부족한 클라이언트에게는 제한될 수 있음

02 과제중심모델의 개입과정

초기단계	문제 확인 및 동기화	• 클라이언트가 인식하고 있는 문제 중 단기간에 해결 가능한 주요 문제를 명확히 확인 • 변화에 대한 의지와 동기를 점검하고 강화
	목표 설정	클라이언트와 협력하여 현실적(구체적)이고 달성 가능한 단기 목표 설정
	과제 설계 및 도출	• 목표 달성을 위해 각 회기마다 수행할 수 있는 구체적 행동 과제를 선정 • 클라이언트의 능력과 자원을 고려하여 설계
중간단계	과제 수행	클라이언트가 실제 생활 속에서 과제를 수행하고, 사회복지사는 지원 및 점검을 통해 과제 수행을 촉진
	점검 및 재조정	과제 수행 결과를 검토하고, 성과나 어려움을 분석하여 필요한 경우 과제나 목표 수정
종결단계	종결 및 평가	목표 달성 정도를 평가하고, 변화의 유지 및 일반화를 위해 필요한 후속 조치 확인

기출선지로 확인

과제중심모델

01 과제중심모델은 여러 모델들을 절충적으로 활용하며 개입의 책임성을 강조한다. 20회

02 다양한 이론과 모델을 절충적으로 활용한다. 19회

03 조사에 근거한 경험적 자료를 중심으로 진행한다. 19회

04 특정 이론보다는 경험적 자료를 통해 개입의 기초를 마련한다. 23회

05 개입 초기에 빠른 사정을 한다. 19회

06 구조화된 접근을 한다. 19회

07 과제중심모델에서는 클라이언트가 인식한 문제에 초점을 두고, 클라이언트의 욕구를 최대한 반영한다. 21회

08 과제중심모델은 펄만(H. Perlman)의 문제해결요소의 영향을 받았다. 17회

과제중심모델 - 과제

09 사회복지사보다 클라이언트가 제시하는 문제나 욕구를 고려하여 선정한다. 20회

10 과거보다 현재에 초점을 둔다. 20회

11 조작적 과제는 일반적 과제에 비해 구체적이다. 20회

12 과제 수는 가급적 3개를 넘지 않게 한다. 20회

대표기출로 확인

01 과제중심모델에 관한 설명으로 옳지 않은 것은? 19회
① 개입 초기에 빠른 사정을 한다.
② 구조화된 접근을 한다.
③ 다양한 이론과 모델을 절충적으로 활용한다.
④ 조사에 근거한 경험적 자료를 중심으로 진행한다.
⑤ 사회복지사는 적극적으로 개입하지 않고 클라이언트가 주체적인 역할을 하도록 한다.

> 사회복지사는 적극적으로 개입하며 클라이언트와 파트너적 관계를 형성한다.
> 정답 ⑤

02 과제중심모델에서 과제에 관한 설명으로 옳지 않은 것은? 20회
① 사회복지사보다 클라이언트가 제시하는 문제나 욕구를 고려하여 선정한다.
② 조작적 과제는 일반적 과제에 비해 구체적이다.
③ 과거보다 현재에 초점을 둔다.
④ 과제 수는 가급적 3개를 넘지 않게 한다.
⑤ 과제달성 정도는 최종평가 시 결정되므로 과제수행 도중에는 점검하지 않는다.

> 과제수행 도중에도 과제달성을 위해 형성(중간)평가를 실시하여 과제달성 정도를 점검한다.
> 정답 ⑤

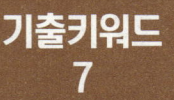

기타 실천모델 ★빈출

최근 7개년 평균 출제문항 수 **3.4문항**

01 해결중심모델

개념	• 클라이언트는 자신의 삶과 변화에 대해 가장 잘 아는 존재이며, 문제의 원인보다는 해결에 초점을 두는 단기 중심 실천모델 • 사회복지사는 전문가가 아니라 클라이언트의 변화를 돕는 자문가로서, 협력적 관계 속에서 클라이언트의 강점과 자원을 활용함 • 치료 목표는 클라이언트가 원하는 것이며, 현재와 미래에 중점을 두고 작은 변화를 통해 해결을 모색함
특징	• 클라이언트의 자기결정권을 존중하며, 문제보다는 해결을 중심으로 접근 • 문제를 분석하거나 과거를 파헤치기보다 이미 작동 중인 해결의 단서와 예외 상황을 발견함 • 병리나 진단보다는 건강한 부분, 강점, 자원, 동기, 관계망 등에 주목 • 사회복지사는 변화를 유도하거나 가르치지 않고, 클라이언트가 스스로 변화의 열쇠를 찾도록 돕는 조력자 역할을 수행 • 탈이론적·비규범적이며, 클라이언트의 견해와 언어를 존중함
개입기법	• 경청과 인정, 초대하기, 격려하기 등 진단적 접근이 아닌 호기심과 공감 중심의 대화 방식 사용 • **상담 전 변화 질문**: 첫 접촉 이후 변화된 점을 발견하여 초기에 동기 형성 • **예외 질문**: 문제가 발생하지 않았던 상황이나 성공경험을 발견하여 반복 가능성 강조 • **기적 질문**: 문제가 해결된 상상을 유도하여 클라이언트가 원하는 구체적인 변화를 언어화하도록 유도 • **척도 질문**: 변화나 문제의 정도, 목표 달성 정도 등을 수치화하여 객관화된 자기평가 유도 • **대처 질문**: 클라이언트가 위기 속에서도 견뎌온 방식과 자원을 확인하여 내면의 회복력 인식 강화 • **관계성 질문**: 주변 인물의 시각을 통해 문제를 다르게 인식하고 해결 동기를 부여
한계점	• 다양한 기법이 혼합되어 있어 절충주의적 접근으로 보일 수 있음 • 문제의 근본 원인을 다루기보다 단기적 응급대응으로 오해될 수 있음 • 변화에 대한 낙관성과 비용효과성에 대한 기대가 현실과 괴리될 가능성이 있음 • 클라이언트 주도의 종결 결정이 사회복지사의 일정과 맞지 않아 실무상 조율에 어려움이 발생할 수 있음

02 클라이언트중심모델

개념	클라이언트를 변화 가능한 잠재력을 지닌 존재로 인식하며, 사회복지사는 비지시적이고 지지적인 태도로 그 변화를 촉진함
특징	• 클라이언트가 스스로 문제를 인식하고, 자기결정과 자기이해를 통해 성장을 이루도록 돕는 것 • 무조건적인 수용(조건 없는 긍정적 존중) • 공감적 이해 • 진실성(일치성) • 비지시적이며, 클라이언트가 주도하는 면접 • 사회복지사는 변화의 촉진자 역할을 하며, 직접적인 해결책을 제시하지 않음 • 자존감 향상, 정서적 안정, 자기수용이 필요한 클라이언트에게 효과적 • 비자발적 클라이언트에게는 제한될 수 있음

기출선지로 확인

해결중심모델

01 클라이언트는 자기 삶의 주체이며, 자신에게 중요한 사람과 일에 대해 가장 잘 아는 전문가이다. 20회

02 문제의 원인과 발전과정에 관심을 두기보다 문제 해결 방안을 모색하는 것이 더 효과적이라고 본다. 19회

03 사회복지사와 클라이언트 간 협력적 관계를 중시한다. 17회, 23회

04 사회복지사는 클라이언트를 변화시키는 전문가가 아니라 변화에 도움을 주는 자문가 역할을 한다. 19회

05 삶에서 변화는 불가피하며 작은 변화가 더 큰 변화로 이어진다. 20회

06 현재에 초점을 맞추며 미래지향적이다. 23회

07 건강한 것에 초점을 둔다. 23회

08 모든 사람은 강점과 자원, 능력을 가지고 있다고 가정한다. 19회

09 탈이론적이고 비규범적이며 클라이언트의 견해를 존중한다. 19회, 21회, 23회

10 다양한 질문기법들을 활용하여 클라이언트와 대화한다. 18회

11 메시지 작성과 전달, 과제를 활용한다. 17회

12 모든 문제에는 예외가 존재한다. 20회

13 임시대응적 기법이라는 비판이 있다. 17회

클라이언트중심모델

14 현재 직면한 문제와 앞으로의 문제를 극복할 수 있도록 성장 과정을 도와준다. 21회

15 실현화 경향 23회

16 자아실현 욕구 23회

17 조건부 가치 23회

18 긍정적 관심 23회

대표기출로 확인

01 해결중심모델에 관한 설명으로 옳은 것은? 18회

① 클라이언트의 문제의 원인을 심리 내부에서 찾는다.
② 의료모델을 기초로 문제 중심의 접근을 지향한다.
③ 다양한 질문기법들을 활용하여 클라이언트와 대화한다.
④ 클라이언트의 준거틀, 인식, 강점보다 문제 자체에 초점을 둔다.
⑤ 신속한 문제해결을 위해 행동변화를 위한 새로운 전략을 가르친다.

> ① 클라이언트의 문제의 원인을 심리 내부에서 찾는 것은 정신역동모델이며, 해결중심모델은 문제의 원인보다 그 해결방법에 초점을 둔다.
> ② 의료모델을 기초로 문제 중심의 접근을 지향하는 것은 정신역동모델이며, 해결중심모델은 포스트모더니즘, 사회구성주의를 기반으로 한다.
> ④ 문제 자체에 초점을 두는 것보다 클라이언트의 준거틀, 인식, 강점에 주안을 두며 해결 방법에 역량을 집중한다.
> ⑤ 신속한 문제해결을 위해 행동변화를 위한 새로운 전략을 가르치기보다는 클라이언트의 자발적 변화를 위한 자문가, 조력자 역할을 수행한다.
>
> 정답 ③

기출키워드7   기타 실천모델 ★빈출

개입기법	• 반영(Reflection): 클라이언트의 속마음을 실제적으로 표현하게 함 • 감정의 수용: 클라이언트의 감정을 적극적으로 이해하며 동정함 • 공감적 경청: 표면적인 경청이 아닌 진심에서 우러난 진지한 경청을 강조함

03 역량강화모델(임파워먼트모델)

개념	개인·집단·지역사회가 자신과 환경을 통제하고 변화시킬 수 있도록 능력을 개발하고 권한을 부여하는 실천모델
주요 내용	• 클라이언트의 강점과 잠재력을 기반으로, 억압적 환경을 인식하고 대응할 수 있도록 지원함 • 문제 중심이 아닌 강점 중심 접근 • 클라이언트의 자기결정권·자율성·참여 강조 • 사회복지사는 정보 제공자, 협력자, 촉진자의 역할 수행
특징	• 사회구조적 문제에 대한 인식과 변화 촉진 • 개인 및 집단, 지역사회 차원의 적용 가능 • 사회적 약자, 소외계층의 역량 개발과 주체성 회복에 효과적
개입 과정	• 대화 단계: 신뢰와 상호존중을 바탕으로 관계 형성, 클라이언트의 경험과 감정 표현 장려 • 발견 단계: 클라이언트의 강점, 자원, 억압구조 등을 인식하고 비판적 자각 유도 • 발전 단계: 목표 설정, 기술 훈련, 자원 연계, 실천 행동 실행 및 결과 평가로 이어지는 실질적 변화 유도

04 위기개입모델

개념	갑작스러운 위기 상황에 직면한 클라이언트가 심리적 균형을 상실했을 때, 이를 빠르게 회복하고 기능 수준을 회복하거나 향상시키기 위한 단기 집중 개입모델
주요 내용	• 위기는 심리적 불균형을 초래하므로 빠른 개입이 중요 • 개입 목표: 안정화, 기능 회복, 자원 활용 • 클라이언트의 감정 표현과 현실적 문제 해결 병행 • 위기 직후 개입 효과가 가장 크며 단기적·구조적 접근 필요
특징	• 단기 개입(보통 수주 내외), 구조적이며 시간 제한적 • 감정 지지와 문제 해결이 동시에 이루어짐 • 긴급성과 실용성 강조 • 실천가는 평가자, 촉진자, 자원 연계자로서의 역할 수행 • 자살, 상실, 재해, 폭력 등 급성 스트레스 상황에 효과적 • 가족, 집단, 지역사회 단위의 위기개입도 가능
위기반응 단계 (골란의 5단계)	① 위험한 사건 단계: 내·외적 충격에 의해 클라이언트가 위기 상황을 인식하는 단계 ② 취약 단계: 최초의 쇼크(충격)에 대한 주관적 반응의 단계 ③ 위기 촉진 단계: 일련의 연쇄적이고 지속적인 스트레스 유발 사건이 발생하는 단계 ④ 위기 단계: 개인의 항상성이 무너지면서 긴장이 최고조에 이르는 단계 ⑤ 재통합 단계: 위기와 관련한 감정을 표출하고 변화를 수용하는 단계

기출선지로 확인

역량강화모델(임파워먼트모델)

19 클라이언트를 자신 문제의 전문가로 인정한다.
19회

20 클라이언트를 개입의 객체가 아닌 주체로 보기에 자기결정권이 잘 보호될 수 있다.
19회

21 사회복지사와 클라이언트 간의 상호 협력적 파트너십을 강조한다.
19회

22 임파워먼트모델에서는 클라이언트가 자신의 삶을 스스로 통제할 수 있도록 원조한다.
21회

23 임파워먼트모델에서는 클라이언트를 일방적 수혜자로 인식하지 않는다.
17회

역량강화모델(임파워먼트모델)의 실천기법

24 강점 사정하기   23회
25 자원 확보하기   23회
26 촉진적 개입하기   23회

위기개입모델

27 클라이언트에게 실용적 정보를 제공하고 지지체계를 개발하도록 한다.
21회

28 사회복지사는 다른 개입모델에 비해 적극적이고 직접적인 역할을 수행한다.
21회

29 단기개입 서비스를 제공한다.   21회

30 위기개입모델에서는 클라이언트의 과거를 탐색하는 데 우선순위를 두지 않는다.
17회

31 위기 이전의 기능 수준으로 회복하도록 돕는다.
19회

위기개입모델의 중간단계 활동

32 위기사건 이후 상황과 관련된 자료를 보충한다.
22회

33 현재 위기와 관련된 과거 경험을 탐색한다.
22회

34 목표달성을 위한 구체적인 과제들에 대해 작업한다.
22회

35 클라이언트의 일상생활에 활용할 수 있는 자원과 지지체계를 찾아낸다.
22회

대표기출로 확인

02 역량강화모델(empowerment model)에 관한 설명으로 옳은 것을 모두 고른 것은? 19회

> ㄱ. 클라이언트를 자신 문제의 전문가로 인정한다.
> ㄴ. 사회복지사와 클라이언트 간의 상호 협력적 파트너십을 강조한다.
> ㄷ. 클라이언트를 개입의 객체가 아닌 주체로 보기에 자기결정권이 잘 보호될 수 있다.
> ㄹ. 클라이언트가 가진 문제의 원인에 초점을 두고 개입한다.

① ㄱ, ㄷ   ② ㄴ, ㄹ   ③ ㄱ, ㄴ, ㄷ
④ ㄱ, ㄷ, ㄹ   ⑤ ㄴ, ㄷ, ㄹ

> ㄹ. 클라이언트가 가진 문제의 원인보다 잠재역량에 초점을 두고 개입한다.

정답 ③

03 위기개입모델에 관한 설명으로 옳지 않은 것은? 21회

① 클라이언트에게 실용적 정보를 제공하고 지지체계를 개발하도록 한다.
② 단기개입 서비스를 제공한다.
③ 구체적이고 관찰 가능한 문제에 초점을 둔다.
④ 위기 발달은 촉발요인이 발생한 후에 취약단계로 넘어간다.
⑤ 사회복지사는 다른 개입모델에 비해 적극적이고 직접적인 역할을 수행한다.

> 위기 발달은 촉발요인이 발생한 후에 실제 위기 상태로 넘어간다.

정답 ④

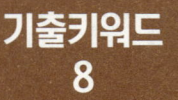

가족 관련 개념 및 특징 ★빈출

최근 7개년 평균 출제문항 수 **1.6문항**

01 가족의 개념

개념	• 결혼, 혈연, 입양 등을 통해 형성된 1차적 사회집단으로, 정서적 유대와 공동의 생활을 통해 구성원의 사회화와 보호를 담당하는 단위 • 현대 사회에서는 법적·생물학적 기준을 넘어 심리적·기능적 연결성도 중요하게 간주
특징	• 소집단이며 밀접한 정서적 관계를 유지함 • 지속적인 상호작용과 생활 공유 • 사회적으로 인정받는 제도적 단위 • 상호의존성과 규범, 역할 기대가 내재되어 있음 • 가족 내 갈등과 지지가 공존함
기능	• 생물학적 기능: 자녀 출산 및 양육 • 경제적 기능: 경제활동과 생계 유지 • 정서적 기능: 애정, 소속감, 지지 제공 • 사회화 기능: 가치와 규범 학습, 인성 형성 • 보호 기능: 신체적·정신적 보호 제공 • 여가 기능: 휴식, 문화생활 공유
내부 역동성	• 권력 구조: 가족 내 권한의 분포와 의사결정 방식 • 의사소통: 명확성·개방성·직접성과 같은 상호 교류 양식 • 역할 구조: 각 구성원이 수행하는 행동적 기대와 책임 • 정서 교류: 지지, 애착, 갈등, 긴장 등 감정적 상호작용 • 경계선: 개인 간의 심리적 거리와 개방·폐쇄 정도
체계로서의 가족	가족은 상호작용하는 구성원들의 체계이며, 전체는 부분의 합보다 크다는 특성을 가짐
가족의 변화	• 생애주기 변화: 결혼, 자녀 출산, 자녀의 성장 및 독립, 노년기 진입 등 • 구조 변화: 이혼, 재혼, 한부모·조손·동거 등 다양한 가족 형태의 등장 • 기능 변화: 경제, 교육, 보호 등 일부 기능의 사회화 및 약화 • 가치 변화: 전통적 가족주의 약화, 개인주의 강화 • 정책적 영향: 가족복지제도, 여성의 사회참여 증가 등 외부 환경 요인 반영

기출선지로 확인

가족의 특성

01 가족의 현재 모습은 세대 간 전승된 통합과 조정의 결과물이다. 18회

02 가족은 생활주기를 따라 단계적으로 발달하고 변화한다. 17회

03 사회 변화에 따라 가족의 구조와 기능도 변화한다. 17회

04 사회변화에 민감한 체계이다. 18회

05 현대 가족은 점차 정서적 기능이 약화되고 있다. 18회

06 기능적인 가족은 응집성과 적응성, 문제 해결력이 높은 가족이다. 18회

07 기능적인 가족은 가족규칙을 융통성 있게 적용한다. 23회

08 밀착된 가족은 경계의 투과성이 높아 체계 간 구분이 어렵다. 23회

09 위기 시 가족은 역기능적 행동을 보일 수도 있지만 가족탄력성을 보일 수도 있다. 17회

사회변화에 따라 달라지는 가족

10 가족 형태가 다양해지는 경향이 있다. 22회

11 저출산 시대에는 무자녀 부부가 증가한다. 22회

12 세대구성이 단순화되면서 확대가족의 의미가 약화된다. 22회

13 양육, 보호, 교육, 부양 등에서 사회 이슈가 발생한다. 22회

대표기출로 확인

01 가족에 관한 체계론적 관점의 기술로 옳지 않은 것은? 20회

① 가족은 하위체계이면서 상위체계이다.
② 가족 규칙은 가족 항상성에 영향을 준다.
③ 가족 내 하위체계의 경계유형은 투과성 정도에 따라 나뉠 수 있다.
④ 가족문제의 원인을 구성원 간 상호작용에서 찾는 것을 순환적 인과관계라고 한다.
⑤ 가족이 처한 상황을 구성원의 인식과 언어체계로 표현하면서 가족 스스로 문제해결의 단서를 찾도록 한다.

> 가족이 처한 상황을 구성원의 인식과 언어체계로 표현하면서 가족 스스로 문제해결의 단서를 찾는 것은 사회구성주의 관점이다.
>
> 정답 ⑤

기출키워드8 가족 관련 개념 및 특징 ★빈출

02 가족체계의 주요 개념

항상성		• 가족체계는 내부의 균형을 유지하려는 성향을 가지며, 변화 속에서도 익숙한 상태로 돌아가려는 경향이 있음 • 지나친 항상성은 변화와 성장을 방해함
가족 경계	구분된 경계	• 가족 구성원 간의 적절한 심리적 거리와 독립성을 유지하며 상호지지와 소속감이 공존하는 건강한 경계 • 개인의 자율성과 가족의 응집력이 균형을 이룸 • 기능적 가족의 특징
	밀착된 경계	• 가족 구성원 간의 경계가 모호하며 서로 과도하게 개입하며 의존하는 상태 • 개인의 자율성이나 분화가 어렵고, 타인의 감정·행동에 쉽게 영향을 받음 • 지나친 감정의 공유로 독립적 기능 저하 가능
	경직된 경계	• 구성원 간 교류와 정서적 접근이 부족하고, 심리적·물리적 거리가 지나치게 멀어진 상태 • 상호이해나 지지가 결여되어 고립감 유발 • 외부 체계와도 단절적 특성을 가질 수 있음
순환적 인과성		가족 내 상호작용은 직선적인 원인·결과 관계가 아니라 순환적이고 반복적인 상호작용 속에서 발생(예 A의 행동이 B를 유발하고, B의 반응이 다시 C에게 영향을 주는 구조)
환류 고리		• 체계 내 변화에 대한 반응 구조로, 변화 촉진 또는 유지의 방향을 결정함 • 부적 환류: 기존 상태를 유지하려는 반응 • 정적 환류: 체계의 변화를 촉진하는 반응
하위체계		• 가족 내 특정 기능이나 관계에 따라 구분된 소집단(예 부모 하위체계, 형제 하위체계, 부부 하위체계) • 각 하위체계는 고유의 역할과 경계를 가짐
개방성·폐쇄성		• 외부 환경과의 상호작용 여부에 따라 구분 • 개방적 체계: 외부와의 정보 교환 및 유연성 보유 • 폐쇄적 체계: 외부와 단절, 변화에 대한 저항

기출선지로 확인

가족에 관한 체계론적 관점

14 가족은 가족 항상성을 통해 다른 가족과 구별되는 정체성을 갖는다. 17회

15 가족규칙은 가족 항상성에 영향을 준다. 20회

16 가족의 항상성은 어떤 행동이 허용되는가를 결정하는 가족규칙을 통해 공고해진다. 23회

17 가족문제의 원인을 구성원 간 상호작용에서 찾는 것을 순환적 인과관계라고 한다. 20회

18 가족은 하위체계이면서 상위체계이다. 20회

19 가족 내 하위체계의 경계유형은 투과성 정도에 따라 나뉠 수 있다. 20회

20 하위체계: 가족 구성원들이 경계를 가지고 각자의 기능을 수행 22회

21 피드백: 가족이 사회환경과 환류를 주고 받으며 변화를 도모 22회

가족 경계

22 하위체계의 경계가 희미한 경우에는 감정의 합일 현상이 증가한다. 21회

가족개입을 위한 전제조건

23 한 사람의 문제는 가족성원 모두에게 영향을 미친다. 21회

24 한 가족성원의 개입노력은 가족 전체에 영향을 준다. 21회

25 가족성원의 행동은 순환적 인과성의 특성을 갖는다. 21회

역기능적 집단의 특성

26 문제 해결 노력의 부족 22회

대표기출로 확인

02 가족경계(boundary)에 관한 설명으로 옳은 것은? 21회

① 하위체계의 경계가 경직된 경우에는 지나친 간섭이 증가한다.
② 하위체계의 경계가 희미한 경우에는 감정의 합일 현상이 증가한다.
③ 하위체계의 경계가 경직된 경우에는 가족의 보호 기능이 강화된다.
④ 하위체계의 경계가 희미한 경우에는 가족 간 의사소통이 감소한다.
⑤ 하위체계의 경계가 경직된 경우에는 가족구성원이 독립적으로 행동하기 어렵다.

> ① 하위체계의 경계가 애매한 경우에는 지나친 간섭이 증가한다.
> ③ 하위체계의 경계가 명확한 경우에는 가족의 보호 기능이 강화된다.
> ④ 하위체계의 경계가 경직된 경우에는 가족 간 의사소통이 감소한다.
> ⑤ 하위체계의 경계가 애매한 경우에는 가족구성원이 독립적으로 행동하기 어렵다.
>
> 정답 ②

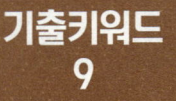

03 가족 대상 실천기법

가족사정 ★빈출

최근 7개년 평균 출제문항 수 **1문항**

01 가족사정의 내용

가족구조	• 가족의 형태, 구성원, 생애주기, 세대 간 위치, 핵가족·확대가족 여부 등을 파악함 • 가족 내 역할 분담, 권력 구조, 의사결정 방식 등 포함
가족 의사소통	• 구성원 간 의사소통 방식의 개방성, 명료성, 정서 표현 여부 등을 평가 • 왜곡된 메시지, 대화 단절, 갈등 회피 등 문제 요소 파악
가족관계	• 부부관계, 부모-자녀 관계, 형제관계 등 가족 내 상호작용의 질 평가 • 애착, 갈등, 연대감, 지지 수준 등을 분석
가족기능	• 자녀 양육, 정서적 지지, 사회화 기능, 보호 및 경제적 기능 수행 여부를 평가함 • 기능적 가족인지, 역기능적 특성이 있는지 확인
가족 생활사건	• 가족이 겪은 주요 변화나 스트레스 사건(예 이혼, 실직, 질병, 죽음 등)을 확인함 • 사건에 대한 가족 구성원의 반응과 적응 상태 파악
가족 대처방식	• 스트레스 상황에 대한 가족 전체 또는 개별 구성원의 대처전략을 파악함 • 회피, 부정, 분노, 협력, 외부지원 요청 등 유형 확인
가족 환경자원	• 가족이 활용 가능한 경제적, 사회적, 지역사회 자원 확인 • 친인척, 친구, 기관, 종교 단체 등 사회적 지지망 포함
문화적 배경	• 가족의 가치관, 신념, 전통, 종교, 문화적 정체성 등 문화적 요인을 사정 • 갈등 유발 또는 해결의 자원이 되는 문화적 요소 파악

기출선지로 확인

가족사정

01 가족체계가 어떻게 기능하는지 발견하는 것이 목적이다. 　21회

02 가족상호작용 유형에 적합한 방법을 찾는 것이다. 　21회

03 가족사정과 개입과정은 상호작용적이며 순환적이다. 　21회

04 가족이 제시하는 문제, 생태학적 사정, 세대 간 사정, 가족 내부 간 사정으로 이루어진다. 　21회

1인 가구의 가족사정

05 원가족 생활주기 파악 　18회
06 원가족 스트레스와 레질리언스 탐색 　18회
07 구조적 관점으로 미분화된 경계 파악 　18회
08 역사적 관점으로 미해결된 과거관계의 잔재 확인 　18회

대표기출로 확인

01 1인 가구의 가족사정에 관한 내용으로 옳은 것을 모두 고른 것은? 　18회

> ㄱ. 원가족 생활주기 파악
> ㄴ. 원가족 스트레스와 레질리언스 탐색
> ㄷ. 구조적 관점으로 미분화된 경계 파악
> ㄹ. 역사적 관점으로 미해결된 과거관계의 잔재 확인

① ㄹ　　　　　　　② ㄱ, ㄷ
③ ㄴ, ㄹ　　　　　④ ㄱ, ㄴ, ㄷ
⑤ ㄱ, ㄴ, ㄷ, ㄹ

> ㄱ~ㄹ. 모두 1인 가구의 가족사정에 대한 설명이다. 1인 가구의 가족사정의 특징은 다음과 같다.
> • 가족의 기능 및 역기능 구조 파악
> • 생태 환경적 측면 이해
> • 내적 및 외적 자원 확인
> • 원가족 생활주기 파악
> • 원가족 스트레스와 레질리언스 탐색
> • 구조적 관점으로 미분화된 경계 파악
> • 역사적 관점으로 미해결된 과거관계의 잔재 확인
>
> 　정답 ⑤

기출키워드9 가족사정 ★빈출

02 가족사정도구

가계도	• 가족 구성원의 세대 간 관계와 구조를 도식화하여 가시적으로 파악하는 도구 • 결혼, 이혼, 사망, 출생, 유산 등 주요 가족 사건을 시각적으로 기록 • 정서적 거리, 관계의 질, 반복적 문제 양상 등도 함께 분석 가능
생태도	• 개인 또는 가족과 외부 환경체계 간의 상호작용을 시각화한 도구로 앤 하트만(Ann Hartman)이 개발 • 중심 원에 가족을, 주변 원에 외부체계를 배치하고 선과 기호로 상호작용의 방향과 질을 표현 • 에너지 흐름(+, −), 연결강도, 관계의 밀도를 함께 표시하여 환경 적합성과 지원 체계를 분석
사회적 관계망도표	• 도식(그림) • 클라이언트를 중심으로 공식적·비공식적 사회적 지지체계와의 관계 구조를 도식화한 도구 • 지지의 종류(정서, 물질, 정보), 방향성(일방, 양방), 빈도, 친밀도 등을 평가함 • 사회적 자원의 활용도와 관계의 질적 수준을 정량화할 수 있음
사회적 관계망표	• 표(표형식 데이터) • 클라이언트가 다양한 관계 영역(가족, 친구, 조직 등)에서 받는 지지 수준을 수치와 범주로 기록 • 각 관계에서 받는 물질적 지지, 정서적 지지, 정보·충고, 비판, 원조 방향, 친밀도 등을 항목별로 점수화 • 지원 체계의 구조적 특징과 지지의 편중 여부를 파악할 수 있음
생활력표	• 클라이언트의 생애를 연도 또는 연령 단위로 구분하여 주요 사건, 문제, 건강, 활동 등을 시간 순으로 정리 • 삶의 전환기, 스트레스 요인, 문제 발생 시점과 맥락을 시계열로 분석 • 반복되는 패턴, 위기의 누적, 변화의 흐름을 종합적으로 파악
생활 주기표	• 개인 및 가족의 생애주기와 발달과업을 정리한 표로, 가족 구성원 각각의 위치와 역할 변화를 구조화 • 가족 전체와 개인 간의 발달 단계 불일치나 전환기 스트레스 요인을 사정 • 가족 발달주기와 과업 달성 정도를 평가하고 개입 시기를 설정함
소시오그램	• 집단 내 구성원 간의 호감, 지지, 선택 등의 대인관계를 시각적으로 표현하는 도구 • 원이나 점으로 사람을 표시하고, 선이나 화살표로 관계의 방향과 강도를 나타냄 • 고립된 구성원, 중심인물, 소외된 관계 등을 분석하여 상호작용의 구조를 파악함
소시오메트리	• 집단 내 인간관계의 선호도와 상호작용을 체계적으로 조사하여 수치화하거나 등급화하는 기법 • 특정 기준(예 함께 일하고 싶은 사람)을 설정하여 상호 선택 결과를 수량화함 • 정서적 응집력, 소속감, 지지의 질, 집단 내 역학관계를 객관적으로 분석함

기출선지로 확인

가족사정도구

09 생태도는 진행과정과 종결과정에서도 활용한다.
17회

10 생활력표를 활용하여 현재의 기능수행에 영향을 미치는 발달단계상 생활경험을 이해한다.
17회

11 가족조각은 가족역동을 시각적으로 표현하여 구성원의 인식을 파악하는 도구이다.
17회

자녀양육의 어려움을 호소하는 가족의 사정도구

12 가계도를 활용하여 구성원 간 관계를 파악한다.
20회

13 양육태도척도를 활용하여 문제가 되는 부분을 탐색한다.
20회

14 자녀 입장의 가족조각으로 자녀가 인식하는 가족관계를 탐색한다.
20회

15 생활력표를 활용하여 현재 어려움에 영향을 주는 발달 단계상의 경험을 이해한다.
20회

대표기출로 확인

02 가족사정에 관한 설명으로 옳은 것을 모두 고른 것은?
21회

ㄱ. 가족체계가 어떻게 기능하는지 발견하는 것이 목적이다.
ㄴ. 가족상호작용 유형에 적합한 방법을 찾는 것이다.
ㄷ. 가족사정과 개입과정은 상호작용적이며 순환적이다.
ㄹ. 가족이 제시하는 문제, 생태학적 사정, 세대 간 사정, 가족내부 사정으로 이루어진다.

① ㄱ, ㄴ   ② ㄷ, ㄹ
③ ㄱ, ㄴ, ㄷ   ④ ㄱ, ㄴ, ㄹ
⑤ ㄱ, ㄴ, ㄷ, ㄹ

ㄱ~ㄹ. 모두 가족사정에 대한 내용이다. 가족사정은 가족을 하나의 단위로 파악하여 내부 및 외부에서 발생하는 상호작용을 파악하기 위해 자료를 수집 및 분석하는 과정이며 이는 구성원 간의 경계, 가족규칙, 가족 문화, 의사소통, 생활환경 및 주기 등을 면밀하게 이해 및 파악하는 것이다.

정답 ⑤

03 보웬(M. Bowen)의 다세대 가족치료의 주요 개념과 기법에 관한 설명으로 옳은 것을 모두 고른 것은?
23회

ㄱ. 자아분화 수준이 더 낮은 성원이 가족투사의 대상이 된다.
ㄴ. 가계도를 작성하고 해석하면서 가족의 정서적 과정을 이해한다.
ㄷ. 성공적인 치료를 위해 사회복지사는 치료적 삼각관계를 형성하여 개입한다.
ㄹ. 자아분화 수준이 낮을수록 가족원의 자율성이 증가하여 독립적으로 행동한다.

① ㄱ, ㄴ   ② ㄴ, ㄷ
③ ㄱ, ㄴ, ㄷ   ④ ㄱ, ㄷ, ㄹ
⑤ ㄱ, ㄴ, ㄷ, ㄹ

ㄹ. 자아분화 수준이 높을수록 가족원의 자율성이 증가하여 독립적으로 행동한다.

정답 ③

03 가족 대상 실천기법

기출키워드 10

구조적 가족치료 ★빈출

최근 7개년 평균 출제문항 수　**1문항**　

01 구조적 가족치료의 특징

정의 및 특징	• 가족의 상호작용 패턴과 구조를 변화시키기 위해 사회복지사가 가족 내 하위체계·위계·경계를 사정하고 재조정하는 실천모델 • 표출된 문제보다 그 이면에 존재하는 상호작용 구조를 변화시키는 데 초점을 둠 • 구조 분석과 개입 전후의 변화를 추적하여 가족기능 향상 여부를 확인
핵심가정	• 가족의 문제는 구조적 결함에서 비롯되며, 기능 회복을 위해 구조 자체의 재조정이 필요함 • 건강한 가족은 분명한 경계, 적절한 하위체계 구분, 효과적인 위계 체계를 지녀야 함
주요 개념	• 가족 하위체계: 부부, 부모-자녀, 형제 등 기능에 따라 구분된 소집단 • 가족 위계: 권력과 책임의 분포가 명확히 설정되어 있어야 함 • 경계: 하위체계 간 상호작용의 범위와 강도를 구분짓는 심리적 경계선 • 경직된 경계: 소통이 단절되고 정서적 거리감이 커지는 상태 • 희미한 경계: 과도한 관여와 경계 모호성으로 인해 역할 혼란이 나타남 • 연합: 일부 구성원 간 비정상적 정서 동맹이 형성되어 다른 구성원이 배제됨

02 개입기법 및 개입도구

개입기법	• 합류하기: 사회복지사가 가족체계 내에 정서적 공감을 바탕으로 자연스럽게 진입하여 신뢰를 구축하는 과정 • 경계 만들기: 하위체계 간 적절한 거리와 상호작용을 확보하기 위해 경계를 명확히 조정하는 개입 • 균형 깨뜨리기: 기존의 역기능적 상호작용을 일부러 흔들어 새로운 반응을 유도하는 전략 • 긴장고조: 의도적으로 갈등 상황을 강조하거나 감정을 직면하게 하여 개입 동기를 높이는 전략 • 실연: 가족 구성원에게 평소의 상호작용 장면을 직접 시연하게 하여 실제 방식과 관계 구조를 관찰하고 개입의 기회를 찾는 기법 • 시연: 사회복지사가 바람직한 상호작용 방식이나 새로운 역할을 직접 보여주어 가족이 이를 학습하도록 유도하는 기법 • 과제 부여: 가족 구성원에게 현실에서 수행 가능한 실천 과제를 제시하여 행동 변화와 구조 재조정을 유도함
개입도구	가족지도(Structural Map): 하위체계 구성, 경계 강도, 상호작용 유형 등을 시각화함

기출선지로 확인

미누친(S. Minuchin)의 구조적 가족치료 기법

01 합류하기, 균형 깨뜨리기, 실연 23회

02 합류 – 사회복지사가 가족의 말투나 몸짓을 따라한다. 17회

03 관계성 질문 – "어머니가 여기 계신다고 가정하고 제가 어머니께 당신의 문제가 해결되면 무엇이 달라지겠냐고 묻는다면 어머니는 뭐라고 말씀하실까요?" 17회

04 균형 깨뜨리기 – 지배적인 남편과 온순한 아내 사이에서 사회복지사는 아내의 편을 들어 자기주장을 할 수 있게 한다. 17회

05 실연: 아무리해도 말이 안 통한다고 하는 부부에게 "여기서 직접 한 번 서로 말씀해 보도록 하겠습니까?"라고 하는 것 19회

대표기출로 확인

01 구조적 가족치료의 모델로 개입하기에 적절하지 않은 것은? 17회

① 아픈 어머니, 철없는 아버지 대신 동생에게 부모 역할을 하며 자신에게 소홀한 맏딸의 문제

② 비난형 아버지와 감정표현을 통제하는 어머니의 영향으로 자기감정을 억압하는 아들의 문제

③ 할머니와 어머니의 양육방식이 달라서 혼란스러운 자녀의 문제

④ 부부불화로 아들에게 화풀이를 하자 반항행동이 증가한 아들의 문제

⑤ 밀착된 아내와 딸이 남편을 밀어내어 소외감을 느끼는 남편의 문제

> 비난형 아버지와 감정표현을 통제하는 어머니의 영향으로 자기감정을 억압하는 아들의 문제는 의사소통으로 문제해결을 강조하는 사티어의 경험적 가족치료모델이 더 적합하다.
>
> 정답 ②

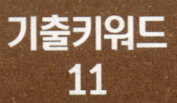

03 가족 대상 실천기법

다세대 가족치료

최근 7개년 평균 출제문항 수 **0.6문항**

01 다세대 가족치료의 개념 및 특징

개념	• 가족 문제를 현재 세대만의 문제가 아닌 여러 세대를 거쳐 반복되는 정서적·행동적 패턴으로 보고, 가족 간 정서적 연결성을 이해하고 해체하는 데 중점을 두는 이론 • 자율성과 분화 수준 향상을 통해 가족 간 과도한 정서적 얽힘에서 벗어나도록 돕는 치료 접근
주요 내용	• 자기분화: 감정과 사고를 구분하고, 타인과의 관계에서 독립적으로 기능하는 능력 • 가족 투사: 부모의 미해결 감정이 자녀에게 반복적으로 투사되는 과정 • 삼각관계: 두 사람 간 긴장이 가족 내 제3자를 끌어들여 긴장을 완화하려는 경향 • 정서적 단절: 갈등이나 정서적 고통을 회피하기 위해 가족과의 관계를 차단하는 행동 • 다세대 전이: 가족의 정서적 패턴이 여러 세대에 걸쳐 반복되는 현상 • 핵가족 정서: 가족 구성원 간 정서적 기능과 상호작용 패턴
특징	• 개인의 자기분화 수준 향상 • 가족 간 과도한 정서적 얽힘 해소 • 세대를 넘나드는 정서적 패턴의 인식 및 중단 • 개인이 자신의 문제에 대해 책임을 갖도록 함
개입방법	• 가계도: 최소 3세대 이상의 가족 구성원, 관계, 질병, 사건 등을 시각화하여 반복되는 가족 패턴 분석 • 치료적 거리 유지: 사회복지사가 감정적으로 휘말리지 않고 내담자의 분화를 돕는 태도 • 코칭(Coaching): 직접 개입보다 내담자가 스스로 가족 관계를 다룰 수 있도록 조언 • 과제 부여: 중요한 가족과의 상호작용에서 감정적 반응보다 자율적 행동을 실천하도록 유도
사회복지사의 역할	• 가족 내 정서적 과잉 개입 없이 중립적이고 객관적인 관찰자 역할 수행 • 내담자가 자신의 가족과의 정서적 거리 조절 및 분화를 해나가도록 안내 • 삼각관계나 투사 과정에 직접 개입하기보다 내담자의 통찰 촉진에 집중

기출선지로 확인

다세대 가족치료

01 자아분화 수준이 더 낮은 성원이 가족 투사의 대상이 된다. 23회

02 성공적인 치료를 위해 사회복지사는 치료적 삼각관계를 형성하여 개입한다. 23회

03 가계도를 작성하고 해석하면서 가족의 정서적 과정을 이해한다. 23회

다세대 가족치료의 기법

04 나-입장취하기(I-position)는 타인을 비난하는 대신 자신이 생각하고 느낀 바를 말하며 탈삼각화를 촉진한다. 15회

05 자아분화 수준이 낮은 부모는 미분화에서 오는 자신들의 불안이나 갈등을 삼각관계를 통해 회피하려 한다. 15회

06 자아분화: 가족의 빈곤한 상황에서도 아동 자녀가 자율적으로 생각하고 행동함 22회

07 자아분화 수준이 높을수록 가족체계의 정서로부터 분화된다. 14회

08 정서적 체계: 부모의 긴장관계가 아동 자녀에게 주는 정서적 영향을 파악함 22회

09 가족 투사 과정: 핵가족의 부부체계가 자신들의 불안을 아동자녀에게 투영하는 과정을 검토함 22회

10 다세대 전이: 가족의 관계 형성이나 정서, 증상이 여러 세대에 걸쳐 전수되는 것을 파악함 22회

대표기출로 확인

01 다음 사례에서 세대 간 반복되는 문제를 해결하기에 가장 적절한 기법은? 17회

> 이혼 이후 대인기피와 우울증세를 보이는 클라이언트의 가계도를 통해 원가족을 살펴보니 이혼과 우울증이 되풀이되고 있다. 클라이언트는 어머니와 밀착적이면서 갈등적이고, 딸과도 지나치게 밀착되어 있다.

① 기적 질문과 척도질문
② 지시와 역설
③ 문제의 내재화
④ 실연
⑤ 분화촉진

> 제시된 사례에서 클라이언트는 가족 내의 정서적 혼란으로 인해 문제상황을 되풀이하고 있으므로 클라이언트가 자아분화를 통해 가족자아 덩어리로부터 벗어날 수 있도록 돕는 개입기법이 필요하다. 이는 보웬의 다세대 가족치료와 관련이 있으며 보웬의 다세대 가족치료의 특징은 다음과 같다.
> • 역기능 원가족으로부터 독립적인 분화가 이루어지지 않는 것에 주안을 둠
> • 자아분화 촉진을 개입목표로 함
> • 탈삼각관계 강조
> • 가계도를 통한 가족문제 사정
>
> 정답 ⑤

03 가족 대상 실천기법

기출키워드 12

경험적 가족치료

최근 7개년 평균 출제문항 수 **0.7문항**

01 경험적 가족치료의 개념 및 특징

개념	• 가족치료: 감정 중심의 상호작용을 통해 가족 구성원들이 자신의 감정과 자아를 솔직하게 표현할 수 있도록 돕는 과정 • 가족과의 깊은 교류(경험)를 통해 정서적 치유와 가족 전체의 성장·변화를 추구함 • 이성적 피드백보다 감정적 경험을 유도하여 문제를 외현화하고 변화를 촉진
주요 내용	**의사소통** • 의사소통 양식의 기능: 언어적 메시지와 비언어적 메시지의 일치 여부를 중심으로 가족 내 소통 구조를 평가함 • 역기능적 의사소통: 언어와 비언어가 불일치하며 감정을 숨기거나 왜곡하는 것 **자아존중감** • 자기 자신을 있는 그대로 받아들이는 능력이며, 치료의 핵심 요소 • 자존감이 높은 사람은 자신과 타인을 있는 그대로 받아들이고 중립적으로 표현
핵심 가정	• 가족의 문제는 억압된 감정, 낮은 자아존중감, 왜곡된 의사소통에서 비롯됨 • 감정의 수용, 자존감 향상, 진실한 표현이 가능할 때 가족은 회복되고 성장함
치료 목표	• 감정 표현을 통해 진정한 소통을 회복하고 자아존중감을 향상시키는 것 • 왜곡된 가족규칙을 재구성하고 건강한 상호작용 방식으로 전환함
가족조각	• 가족 구성원의 신체 동작이나 자세를 통해 가족 내 역할, 관계, 정서적 위치를 표현하게 하는 대표적인 개입기법 • 가족조각 활용 시 가족 간 신뢰가 형성된 상태에서 진행 • 가족 구성원 각각의 위치, 감정, 의사소통 방식, 규칙 소속감, 외부와의 연계를 시각적으로 드러냄

02 사티어의 의사소통 유형

구분	자신	타인	상황
일치형	• 자신의 감정, 생각, 욕구를 솔직하고 진실되게 표현함 • 언어적 메시지와 비언어적 메시지가 일치함	• 타인을 존중하고 수용적 태도로 대함 • 자신의 감정과 생각, 현실 상황을 고려하여 균형 있게 반응함	현재 상황의 맥락이나 현실을 왜곡 없이 정확하게 파악하고 반응함
아첨형	• 자신을 낮추고 무가치하게 여김 • 자기 감정을 무시하거나 억제함	• 타인을 우선시하고 무조건 순응함 • 비판 없이 타인의 요구를 수용함	• 상황을 회피하고 타인에 맞추려 함 • 상황 판단 없이 반응함
비난형	• 자신을 과도하게 드러내거나 방어적으로 반응함 • 자존감은 낮고 불안정함	• 타인을 통제하고 지배하려 하며 비난함 • 상대방의 감정을 고려하지 않음	상황을 비난의 근거로 사용하며 외부 탓으로 돌림
초이성형	• 자신의 감정을 통제하거나 무시함 • 감정보다 논리로 자기 존재를 규정함	타인을 논리적·객관적 대상처럼 다루며 감정적 관계를 회피함	상황을 감정 없이 분석하고 원리나 논리로만 해석함
산만형	• 자신의 감정을 혼란스럽게 표현하거나 회피함 • 중심이 없고 산만함	타인과 관계 형성 자체를 회피하거나 엉뚱한 반응으로 흐림	상황을 파악하지 않고 주제를 흐리거나 초점을 회피함

기출선지로 확인

경험적 가족치료

01 자아존중감을 높이는 것이 중요한 치료목표이다. 23회

02 역기능적 의사소통 유형을 일치형으로 바꾸도록 돕는다. 23회

03 가족규칙을 합리적으로 바꾸고, 자기 인생에 대한 선택권을 스스로 갖도록 한다. 23회

04 역기능적인 상호작용의 개선이나 증상 제거보다 개인의 성장에 더 초점을 둔다. 23회

사티어의 의사소통 유형

05 자아존중감 향상을 목적으로 한다. 15회

06 개인의 내적 과정을 이끌어내기 위해 빙산기법을 활용한다. 15회

07 효과적인 의사소통을 위해 솔직하게 표현하고 타인의 생각과 감정을 수용한다. 15회

08 정서적 경험과 가족체계에 대한 이중적 초점을 강조한다. 15회

09 의사소통 유형은 자존감과 연관하여 설명한다. 19회

10 역기능적 의사소통 유형에서 공통적으로 발견되는 것은 언어적 메시지와 비언어적 메시지의 불일치다. 19회

11 아첨형: 자신 무시, 타인 존중, 상황 존중 16회

12 일치형: 자신 존중, 타인 존중, 상황 존중 16회

13 일치형 의사소통 유형이 치료의 목표다. 19회

14 비난형: 자신 존중, 타인 무시, 상황 존중 16회

15 산만형: 자신 무시, 타인 무시, 상황 무시 16회

16 회유형은 자신을 무시하고 타인을 떠받든다. 20회

대표기출로 확인

01 경험적 가족치료에 관한 설명으로 옳지 않은 것은? 23회

① 자아존중감을 높이는 것이 중요한 치료목표이다.
② 역기능적 의사소통 유형을 일치형으로 바꾸도록 돕는다.
③ 가족규칙을 합리적으로 바꾸고, 자기 인생에 대한 선택권을 스스로 갖도록 한다.
④ 역기능적인 상호작용의 개선이나 증상 제거보다 개인의 성장에 더 초점을 둔다.
⑤ 가족의 상호작용 유형을 확인하고 문제를 외현화한다.

> 문제의 외현화는 이야기치료모델의 핵심 개념으로 문제의 원인과 해결에 초점을 두기보다는 문제 자체에 대한 관심을 덜 가지게 하는 것이 목적이다. 즉, 동떨어진 별개의 것으로 여겨 그 문제의 심각성을 감소시키는 것이다.
> 이는 가족의 상호작용 유형을 확인하는 과정에 필요하지 않으며 가족과 개인의 상호작용이나 경험 등을 변화시킴으로써 성장할 수 있는 경험을 하게 하는 것을 목표로 하는 경험적 가족치료와는 관련이 없다.
> 정답 ⑤

03 가족 대상 실천기법

기출키워드 13

전략적 가족치료

최근 7개년 평균 출제문항 수 **0.9문항**

01 전략적 가족치료의 개념 및 특징

개념	• 단기간 내 실질적 변화를 유도하는 가족치료모델로, 문제의 원인보다는 반복되는 상호작용과 해결 시도의 패턴에 개입하는 이론 • 문제 행동은 질병의 증상이 아니라 관계 속에서 형성·유지되는 기능적 요소로 간주하며, 순환적 상호작용의 고리를 차단하는 것이 핵심이라고 봄
핵심 가정	• 문제는 특정 원인보다 반복되는 상호작용 구조에서 비롯되며, 현재의 해결 시도가 문제를 악화시킬 수 있음 • 문제는 클라이언트가 느끼는 불편함 그 자체이며, 지금 이 순간 도움을 요청한 이유가 중요함 • 문제 해결을 위한 개입은 새로운 방식의 상호작용 경험을 제공하는 데 집중
특징	• 지금까지 시도된 해결 노력이 오히려 문제를 고착화시켰는지 분석하고 그 시도를 중단하도록 유도 • 문제의 순환적 고리를 파악하고 차단하는 전략을 사용함 • 반복되는 상호작용 패턴, 감정 교류, 행동 연쇄를 분석함 • 지금 이 순간 왜 상담을 요청했는지를 파악하여 개입 시점의 적절성을 확보함 • 빠른 변화와 단기성과를 중시하며, 실질적인 행동 변화에 초점을 둠

02 개입기법

증상처방	문제 행동을 오히려 지속하라고 지시하여 문제의 역기능적 구조를 노출시키고 변화의 계기를 만드는 역설적 전략
제지기법	가족 구성원 간의 상호작용 순환고리를 차단하기 위해 기존 반응 패턴을 막고 새로운 반응을 유도
시련기법	문제 상황을 과장하거나 극대화된 행동을 지시하여 역설적으로 자각과 변화 동기를 유발함
행동지시	구체적인 행동 과제를 제시하여 일상에서 새로운 행동 경험을 유도함
재명명	문제 행동이나 증상에 대해 새로운 해석을 부여하여 인식의 전환을 촉진함
역설적 개입	문제 행동을 오히려 계속하라고 강조하여 그 행동의 의도를 인정·강화함으로써 변화를 이끌어냄

기출선지로 확인

전략적 가족치료

01 제지: 가족의 문제가 개선될 때 체계의 항상성 균형이 위험하다고 판단되어 사용하는 전략으로, 변화의 속도가 빠르다고 지적하며 조금 천천히 변화하라고 하는 기법 　19회

02 문제를 보는 시각을 변화시키고 새로운 의미를 발견하는 재명명기법을 사용한다. 　20회

03 가족 구성원들 사이 힘의 우위에 따라 대칭적이거나 보완적 관계가 형성된다. 　22회

04 비언어적 의사소통이 가족의 욕구를 나타내므로 메타 의사소통이 중요하다. 　22회

05 가족이 문제 행동을 유지하도록 지시함으로써 클라이언트가 통제력을 발휘한다. 　22회

치료적 이중구속

06 증상을 이용한다. 　17회

07 지시적 기법을 이용한다. 　17회

08 역설적 기법을 이용한다. 　17회

09 치료자의 지시를 따르지 않아도 문제가 해결될 수 있다. 　17회

대표기출로 확인

01 가족개입의 전략적 모델에 관한 설명으로 옳은 것은? 　20회
① 역기능적인 구조의 재구조화를 개입 목표로 한다.
② 증상 처방이나 고된 체험기법을 비지시적으로 활용한다.
③ 가족문제가 왜 일어났는지 파악하여 원인 제거에 필요한 전략을 사용한다.
④ 가족 내 편중된 권력으로 인해 고착된 불평등한 위계 구조를 재배치한다.
⑤ 문제를 보는 시각을 변화시키고 새로운 의미를 발견하는 재명명기법을 사용한다.

> ①, ④ 구조적 가족치료모델에 해당한다.
> ② 증상 처방이나 고된 체험기법을 지시적으로 활용한다.
> ③ 가족문제가 왜 일어났는지 파악하여 원인 제거에 필요한 전략을 사용하기보다는 어떻게 하면 클라이언트 행동에 변화를 발생하게 할까에 초점을 둔다.
>
> 정답 ⑤

04 집단 대상 실천기법

기출키워드 14

집단의 유형

최근 7개년 평균 출제문항 수 **0.9문항**

01 집단의 개념 및 특징

개념	• 공통된 목적을 가진 두 사람 이상이 상호작용하고, 정서적 유대와 규범·구조를 공유하는 사회적 단위 • 집단사회복지실천은 이러한 집단을 변화와 성장의 수단으로 활용하는 실천 방법
특징	• 상호지지를 통해 정서적 안정과 유대감을 형성함 • 일반화를 통해 유사한 경험을 공유하고 고립감을 해소함 • 희망 증진으로 긍정적 변화 가능성을 높임 • 이타성 향상으로 타인을 돕고 자신도 성장하는 경험 제공 • 새로운 지식과 정보 습득을 통해 문제 대처 능력을 향상시킴 • 집단의 성장과 소속감을 통해 소속된 경험을 제공함 • 정화 기능을 통해 감정을 안전하게 표출하고 해소함 • 과거 경험을 재현하고 새로운 방식으로 대응할 기회를 제공함 • 현실검증 기능을 통해 자신의 태도나 행동을 타인과 비교하고 조정함
집단 이론	• 장이론(Field Theory): 인간의 행동은 심리적 체계인 성격과 문화적·사회적 환경이 상호작용하는 생활공간의 기능으로 설명되며, 상호의존적 요인을 총체적으로 고려해야 함 • 집단상호작용이론: 집단은 특정 문제 해결을 위한 상호작용 체계이며, 정보 교환과 사회정서적 긴장 해소를 통해 집단이 통합되고 기능함
집단 모델	• 사회적 목표모델: 시민의식, 민주적 가치, 사회참여 능력 향상 등 집단을 통해 사회적 목표 달성 추구 • 치료모델: 정서·행동적 문제 해결을 위한 치료적 개입 중심이며, 문제 사정과 개입 평가가 계속적으로 이루어짐 • 상호작용모델: 집단성원 간의 자발적 상호작용을 통해 상호원조 체계를 형성하며, 사회복지사는 중재자 역할을 수행함

02 집단의 유형

자조집단	공통 문제를 가진 사람들이 자발적으로 구성하여 상호지지와 정보 교환 중심으로 운영되는 집단
치료집단	정서적 치유와 정신건강 회복을 위해 전문가 지도 하에 구성되는 집단
교육집단	정보 전달과 기술 습득을 목적으로 구성되는 집단
사회화집단	사회적 기술, 대인관계 능력 향상을 위해 구성되는 집단
과업집단	특정 과업이나 목표 달성을 위해 구성되는 단기 중심 집단
성장집단	집단 참여자의 자기인식을 증가시켜 개인의 잠재력을 최대화하는 데 초점을 둔 집단

기출선지로 확인

집단유형별 특성

01 지지집단은 유사한 문제와 욕구를 가진 사람들로 구성하여 유대가 빨리 형성된다. 19회

02 자조집단: 동병상련의 경험에 기반을 둔다. 23회

03 치료집단은 성원의 병리적 행동과 외상 후 상실된 기능을 회복하는 데 초점을 둔다. 19회

04 교육집단은 지도자가 집단성원의 문제와 욕구를 해결하기 위해 필요한 기술과 정보를 제공한다. 19회

토스랜드와 리바스가 분류한 성장집단

05 촉진자로서의 전문가 역할이 강조된다. 18회

06 성원 간의 상호작용이 중요한 도구가 된다. 18회

07 개별 성원의 자기표출을 긍정적으로 인식한다. 18회

08 공감과 지지를 얻기 위해 동질성이 높은 성원으로 구성한다. 18회

09 성장집단은 집단 참여자의 자기인식을 증가시켜 개인의 잠재력을 최대화하는 데 초점을 둔다. 19회

대표기출로 확인

01 집단유형별 특성에 관한 설명으로 옳지 않은 것은? 19회

① 지지집단은 유사한 문제와 욕구를 가진 사람들로 구성하여 유대가 빨리 형성된다.
② 성장집단은 집단 참여자의 자기인식을 증가시켜 개인의 잠재력을 최대화하는 데 초점을 둔다.
③ 치료집단은 성원의 병리적 행동과 외상 후 상실된 기능을 회복하는 데 초점을 둔다.
④ 교육집단은 지도자가 집단성원의 문제와 욕구를 해결하기 위해 필요한 기술과 정보를 제공한다.
⑤ 자조집단에서는 전문가가 의도적으로 집단을 구성하여 정서적 지지와 문제 해결을 지원한다.

> 자조집단은 집단 구성원들의 상호 원조를 바탕으로 이루어진다. 주로 상호 간의 유사한 문제나 공통의 관심사를 가진 성원들이 주축이 된다.
>
> 정답 ⑤

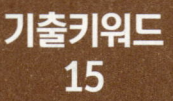

집단의 역동성

최근 7개년 평균 출제문항 수 **0.9문항**

01 집단 역동성의 개념

개념	• 집단 내 구성원 간 메시지 전달, 반응, 정서 표현 등이 오가는 관계적 흐름으로, 집단의 상호작용 방식과 권력 분포를 반영함 • 일방향적이거나 일부 성원에 집중되는 구조는 참여를 제한하며, 다방향적이고 균형 있는 상호작용이 집단 역동성에 긍정적 영향을 미침
집단의 목적	• 집단이 지향하는 공통의 목표와 의도는 집단구성, 활동 내용, 규범 형성, 평가기준 등에 직·간접적 영향을 미침 • 명확하고 현실적인 목적은 집단의 집중도와 효과성을 높이며, 개입 방향을 결정하는 핵심 요소
집단역동의 구성요소	**지위와 역할** • 집단 내 성원들은 자연스럽게 사회정서적 또는 과업 중심의 역할을 수행하게 되며, 역할은 상호작용 속에서 변동 가능 • 사회복지사는 역할이 균형 있게 발현되도록 조정하고, 리더십을 발휘하며 참여를 격려함 **가치와 규범** • 집단 내에서 통용되는 바람직한 행동기준으로, 성원의 행동과 상호작용을 조절하며 집단의 질서와 통합성을 유지 • 사회복지사는 규범을 강제하지 않고 성원들의 참여를 통해 자율적으로 형성되도록 유도함 **긴장과 갈등** • 집단 내에서 자연스럽게 발생하는 상호 차이와 충돌이며, 적절한 중재와 탐색을 통해 학습과 변화의 기회로 전환될 수 있음 • 무시하거나 회피하기보다는 표면화하여 생산적인 방향으로 전환하는 것이 바람직함 **집단응집력** • 집단 구성원 간의 소속감, 유대감, 상호신뢰 수준을 나타내며, 집단의 지속성과 개입 효과에 직접적인 영향을 미침 • 응집력이 강할수록 성원이 집단에 몰입하며 정서적 안정과 행동 변화를 경험할 가능성이 높아짐

기출선지로 확인

집단역동

01 집단성원 간 직접적 의사소통을 격려하여 집단역동을 발달시킨다. 19회

02 개별성원의 목적과 집단 전체의 목적의 일치 여부에 따라 집단역동은 달라진다. 19회

03 집단응집력이 강할 경우, 집단성원들 사이에 상호 의존하려는 경향이 강해진다. 19회

04 긴장과 갈등을 적절하고 건설적인 방법으로 해결할 때 집단은 더욱 성장할 수 있다. 19회

집단응집력

05 구성원 간 신뢰감이 높을수록 응집력이 높다. 20회

06 구성원이 소속감을 가지면 응집력이 강화된다. 20회

07 응집력이 높은 집단이 낮은 집단보다 생산적인 작업에 더 유리하다. 20회

하위집단

08 정서적 유대감을 갖게 된 집단구성원 간에 형성된다. 17회

09 소시오메트리를 통해 측정 가능하다. 17회

집단문화

10 집단 고유의 스타일이나 독특성을 만들어낸다. 23회

11 집단응집력은 집단문화 형성에 영향을 미치는 요인이다. 23회

12 성원들의 가치가 혼합되면서 타 집단과 구분되는 특성이 만들어진다. 23회

13 고정관념이나 편견이 많은 성원들은 집단문화 형성에 방해가 된다. 23회

대표기출로 확인

01 집단역동에 관한 설명으로 옳지 않은 것은? 19회

① 하위집단은 집단에 부정적인 영향을 미치기 때문에 사회복지사가 개입하여 만들어지지 않도록 한다.
② 집단성원 간 직접적 의사소통을 격려하여 집단역동을 발달시킨다.
③ 집단응집력이 강할 경우, 집단성원들 사이에 상호 의존하려는 경향이 강해진다.
④ 개별성원의 목적과 집단 전체의 목적의 일치 여부에 따라 집단역동은 달라진다.
⑤ 긴장과 갈등을 적절하고 건설적인 방법으로 해결할 때 집단은 더욱 성장할 수 있다.

하위집단은 집단에 부정적인 영향보다 긍정적 영향을 주로 미치기에 억지로 제지할 필요는 없다.

정답 ①

02 집단 응집력에 관한 설명으로 옳은 것을 모두 고른 것은? 20회

ㄱ. 구성원 간 신뢰감이 높을수록 응집력이 높다.
ㄴ. 응집력이 높은 집단에서는 자기노출을 억제한다.
ㄷ. 구성원이 소속감을 가지면 응집력이 강화된다.
ㄹ. 응집력이 높은 집단이 낮은 집단보다 생산적인 작업에 더 유리하다.

① ㄱ
② ㄱ, ㄷ
③ ㄴ, ㄹ
④ ㄱ, ㄷ, ㄹ
⑤ ㄱ, ㄴ, ㄷ, ㄹ

ㄴ. 응집력이 높은 집단에서는 자기노출이 확대되는 경향이 있다.

정답 ④

04 집단 대상 실천기법

기출키워드 16

집단 사회복지실천

최근 7개년 평균 출제문항 수 **0.1문항**

01 집단 사회복지실천모델

구분	치료모델	상호작용모델	사회적 목표모델
개념	집단을 치료적 수단으로 활용하여 개인의 심리·사회적 기능 회복 및 행동 변화를 목적으로 하는 모델	집단 내 자연스러운 상호작용과 상호작용 과정을 통한 성장과 변화를 중시하는 모델	집단을 통해 사회 정의·책임·시민의식 고양과 지역사회 변화를 추구하는 사회개혁 지향 모델
주요 내용	• 집단은 구성원의 정서적 지지, 통찰 촉진, 행동 교정을 위한 장으로 활용됨 • 심리치료와 밀접하게 연계 • 구조화되고 목표지향적 개입이 많음	• 집단을 하나의 '사회체계'로 보고, 구성원 간 의사소통, 규범, 역할 형성 과정을 강조함 • 집단 내 상호작용 그 자체가 치료적 도구로 작용함	• 집단은 사회문제에 대한 인식 제고, 연대감 형성, 공동 행동 실천의 장 • 교육, 공동체 조직, 권리 옹호 활동 중심
사회복지사 역할	• 집단 지도자(Leader)로서 치료적 분위기 조성, 치료기법 활용, 개입 주도 • 전문가로서의 권위 강조	촉진자·중재자·조정자로서 집단 내 상호작용을 조율하고 자발성 강조	조직자, 교육자, 지지자, 지도자로서 공동 목표 설정과 행동 계획을 함께 수립하고 실천 지원
사례	• 자존감 향상 집단 • 약물 중독 치료 집단 • 우울증, 불안 치료 집단	• 청소년 또래 집단 • 관계기술 훈련 집단 • 의사소통 기술 강화 집단	• 지역사회 환경개선 운동 • 주민조직화 프로그램 • 인권 및 복지권 옹호 집단

02 집단 대상 사회기술훈련

모델링	참여자들에게 목표행동의 본보기를 보임으로써 관찰과 모방을 통해 그와 같은 행동을 하도록 유도하는 것
역할연습	문제상황을 구체적으로 재현하고 새로운 행동을 연습하는 데 활용됨
피드백	역할연습과정에서 활용되며 참여자들이 각자 맡은 배역을 예행연습할 때 긍정적 환류를 제공하는 것
과제부여	학습한 사회기술의 일반화를 위해 매 회기가 끝날 때마다 습득한 사회기술을 실제 상황에서 연습할 수 있도록 참여자들에게 과제(숙제)를 부여하는 것

기출선지로 확인

집단사회복지실천의 집단 규모

01 일반적으로 사회적 목표모델보다 치료모델의 집단 규모가 더 작다. 17회

사회적 목표모델

02 자원 개발의 과제 21회
03 민주적 의사결정 방식 21회
04 사회복지사의 촉진자 역할 21회
05 성원 간 소속감과 결속력 강조 21회
06 사회적 목표모델은 민주시민의 역량 개발에 초점을 둔다. 22회

사회기술훈련

07 역할연습 12회
08 시연 12회
09 모델링 12회
10 직접적 지시 12회
11 시연 – 역할극 – 평가 – 적용 21회

대표기출로 확인

01 사회목표모델에 관한 내용에 해당하지 않는 것은? 21회
① 자원 개발의 과제
② 민주적 의사결정 방식
③ 인본주의이론에 근거
④ 사회복지사의 촉진자 역할
⑤ 성원 간 소속감과 결속력 강조

> 사회목표모델의 특징은 다음과 같다.
> - 지역사회 목표에 부응하는 모델
> - 시민의식, 민주시민 교양 함양
> - 수준 높은 시민으로서 교양, 의식 등을 강조(민주적 의사결정 방식)
> - 지역에 대한 소속감 중요시
> - 사회복지사의 촉진자 역할 강조
>
> 정답 ③

04 집단 대상 실천기법

기출키워드 17

집단의 치료적 효과

최근 7개년 평균 출제문항 수 **0.7문항**

01 집단치료의 개념

- 집단치료란 심리적 문제를 지닌 개인들이 구조화된 집단에서 상호작용을 통해 자기이해와 행동변화를 이끌어내는 치료적 과정임
- 집단 그 자체가 치료적 환경이자 변화의 도구가 됨

02 집단치료의 효과

말레코프 (Malekoff)	• **소속감**: 집단에서 정서적 안정감과 소속감을 경험함으로써 고립감과 불안 해소 • **희망증진**: 집단성원들이 집단을 통해 문제의 해결점을 찾고 문제를 해결할 수 있는 능력 가능성 확인 • **이타성**: 타인을 위해 도움을 준다는 점에서 독립적인 자신으로 성장시킬 수 있는 계기 유도 • **새로운 지식과 기술 습득**: 집단 내에서 서로 간의 정보 및 기술의 교환을 통해 능력 제고 • **상호지지**: 집단원 간의 협력, 피드백, 도전, 지지 경험 • **정화**: 표현하지 못했던 감정(예 분노, 슬픔, 불안 등)을 안전한 환경에서 자유롭게 표현할 수 있음 • **재경험**: 이전의 역기능적인 경험을 집단 내에서 기능적으로 재현 • **현실감각의 테스트 효과**: 서로 간의 잘못된 생각, 가치를 다른 집단성원들에게 미러링함으로써 자신의 잘못된 생각을 수정할 수 있음
얄롬 (Yalom)	• **보편성**: 나만 그런 것이 아니라는 인식으로 고립감 해소 • **정화**: 감정의 자유로운 표현과 해소를 통해 긴장 완화 • **정보 제공**: 심리적·교육적 정보를 제공하여 자기이해에 도움을 줌 • **이타심**: 타인을 돕는 경험을 통해 자기 가치감 증진 • **사회적 기술 개발**: 상호작용을 통한 사회기술 습득 • **모방 행동**: 타인의 긍정적 행동을 관찰하고 학습 • **대인관계 학습**: 실제 관계에서의 문제를 집단 내에서 재현하고 수정할 수 있음 • **응집력**: 집단 구성원 간 정서적 유대와 소속감 형성 • **실존적 요소 인식**: 삶, 죽음, 자유, 책임, 고립 등의 실존 문제에 대한 통찰 • **희망 고양**: 타인의 변화 경험을 통해 가능성에 대한 희망 획득 • **재현된 가족 경험**: 과거 중요한 인간관계(특히 가족) 경험을 집단 내에서 재현하고 수정할 수 있음

기출선지로 확인

집단치료의 효과

01 희망고취   17회

02 성원 간 관계를 통해 원가족과의 갈등을 탐색하는 기회를 갖는다.   21회

03 이타성 향상   17회

04 타인의 문제에 관심을 갖고 공감하면서 이타심이 커진다.   21회

05 재경험의 기회 제공: 집단 내 상호작용 과정에서 그동안 해결되지 않은 원가족과의 갈등에 대해 탐색하고 행동 패턴을 수정할 기회를 갖게 된다.   17회, 19회

06 유사 경험을 가진 사람들을 만나면서 문제의 보편성을 경험한다.   21회

07 사회복지사나 성원의 행동을 모방하면서 사회기술이 향상된다.   21회

08 실존적 요인   17회

대표기출로 확인

01 다음에서 설명하는 집단의 치료적 효과는?
    19회

> 집단 내 상호작용 과정에서 그동안 해결되지 않은 원가족의 갈등에 대해 탐색하고 행동 패턴을 수정할 기회를 갖게 된다.

① 정화
② 일반화
③ 희망증진
④ 이타성 향상
⑤ 재경험의 기회 제공

> 보기에서 설명하는 집단의 치료적 효과는 '재경험의 기회 제공'에 해당한다.
>
> 정답 ⑤

04 집단 대상 실천기법

기출키워드 18

집단 지도자의 역할 및 기술

최근 7개년 평균 출제문항 수 **0.4문항**

01 집단 지도자의 역할

집단 구성 및 준비	• 집단 목적에 맞는 대상자를 선정하고, 집단 유형과 크기를 결정함 • 회기 수, 장소, 시간, 집단 규칙 등을 사전에 계획 • 구성원 사정(욕구, 동기, 문제 수준 등)을 통해 집단의 목표와 전략을 설정
집단 구조화	• 집단의 목표를 명확히 제시하고 규칙을 설정하여 집단운영의 틀을 마련 • 리더로서의 기대역할, 집단원 간 상호 기대, 활동 범위를 명확히 함
분위기 조성	• 신뢰와 지지를 바탕으로 안전한 정서적 환경을 조성 • 비판 없는 수용적 분위기에서 자기개방을 촉진시킴 • 집단 초기 불안이나 저항을 수용하고 완화
참여 촉진	• 소극적인 성원의 참여를 격려하고 독점적 성원의 발언을 조절 • 침묵, 회피, 소외 등 다양한 반응을 민감하게 파악하고 개입 • 전 구성원이 균형 있게 상호작용하도록 유도
상호작용 중재	• 갈등, 하위집단 형성, 비난 등 부정적인 상호작용을 적절히 조율 • 갈등 상황을 학습의 기회로 전환할 수 있도록 중재 • 집단 규범을 위반하는 행동에 대해 공정하고 일관되게 대응
변화 촉진	• 피드백과 직면, 명료화 등의 기법을 통해 성원의 자기이해를 돕고 행동 변화를 유도 • 문제 상황에 대한 대처 방식, 역할 수행, 사고방식을 전환할 수 있도록 돕는 개입을 수행
종결 지원	• 집단의 종료를 준비하고 구성원이 경험한 변화나 성과를 확인 • 종결에 대한 감정(불안, 상실 등)을 수용하고 다루도록 도움 • 향후 생활에서의 적용 방안과 후속 계획을 함께 논의

02 집단 사회복지사의 기술

경청	성원의 발언과 감정을 주의 깊게 듣고 반응
반영	감정이나 내용의 핵심을 되짚어 전달
직면	모순된 행동이나 회피를 지적하여 자각을 유도하며, 말과 행동의 불일치를 밝히고 이를 해결할 수 있도록 원조
명료화	모호하거나 추상적인 표현을 구체화함
재구조화	기존의 인지 틀을 새롭게 바꾸어 문제 상황을 재해석하도록 돕는 기술
피드백 제공	성원 간 상호 반응을 통해 자기인식과 관계 조절을 유도

기출선지로 확인

집단을 대상으로 한 실천

01 성원 간의 갈등이 심하여 조기종결을 하였다.
18회

02 집단과정을 촉진하기 위해 공동지도자를 두었다.
18회

03 적정규모를 유지하기 위해 신규 회원을 받았다.
18회

04 개별 성원의 의도적인 집단 경험을 유도하였다.
18회

05 집단성원이 전달하는 메시지 사이에 불일치가 있을 경우 이를 확인
16회

집단과정을 촉진하기 위한 직면하기

06 집단성원이 아직 인식하지 못했던 부분을 볼 수 있도록 한다.
19회

07 말과 행동의 불일치를 밝히고 이를 해결할 수 있도록 원조한다.
19회

08 행동을 구체적으로 지적하고 집단에 미치는 영향을 설명한다.
19회

집단사회복지실천 기술

09 집단과정의 명료화 기술은 성원들이 어떻게 상호작용하고 있는지를 인식하도록 돕는 기술이다.
17회

대표기출로 확인

01 집단 사회복지실천 기술에 관한 설명으로 옳은 것은?
17회

① 집단과정의 명료화기술은 성원들이 어떻게 상호작용하고 있는지를 인식하도록 돕는 기술이다.
② 사회복지사와의 의사소통을 집단성원들 간 의사소통보다 중시해야 한다.
③ 사회복지사는 특정한 집단과정에 선택적으로 반응해서는 안 된다.
④ 직면은 집단 초반에 구성원의 참여를 촉진하는 기술이다.
⑤ 집단의 목표는 집단과정을 통해 성취하면 되므로 처음부터 설명할 필요는 없다.

> ② 집단성원들 간 의사소통이 사회복지사와의 의사소통보다 중요하다.
> ③ 사회복지사는 특정한 집단과정에 선택적으로 반응을 표현한다.
> ④ 집단 초반에 구성원의 참여를 촉진하기 위해 직면 기법을 사용하는 것은 적절하지 않다(저항 유발).
> ⑤ 집단의 목표는 처음부터 성취 동기 유발을 위해 설명해야 한다.
>
> [정답] ①

04 집단 대상 실천기법

기출키워드 19 집단발달단계 ★빈출

01 준비단계(계획단계)

특징		• 집단 구성을 위한 기초적 기획 및 구조화 단계 • 집단의 목적 설정, 대상자 선정 기준 마련, 집단의 유형 결정, 배치, 장소·시간 등 운영 조건 설정 • 예비 면접을 통해 참여 의사와 적합성 판단 • 참여자 모집 및 사전 정보 수집 진행
집단구성 시 유의사항	동질성과 이질성	• 동질성이 높은 경우 구성원 간 이해와 협력이 잘 이루어져 목표 설정과 문제 해결이 쉬움 • 이질성이 높은 경우 다양한 시각과 경험이 교류되어 새로운 아이디어와 성장의 기회가 생김
	개방집단과 폐쇄집단	• 개방집단은 입·탈퇴가 자유로우며 집단의 소속감은 폐쇄집단에 비해 낮음 • 폐쇄집단은 입·탈퇴가 제한적이며 일정한 자격요건이 충족되어야 소속될 수 있음 (소속감 높음)
	집단의 크기	• 집단의 크기가 클수록 표본오차는 줄어들고 비표본오차는 커짐 • 집단의 크기는 타당도에 영향을 줌 • 집단의 크기에 따라 효율성이 결정됨(클수록 효율성 감소, 작을수록 타당도 감소)

기출선지로 확인

집단구성

01 인구학적 특성, 문제 유형 간의 동질성과 이질성의 균형을 고려한다. 15회

02 집단크기는 목적을 달성할 만큼 작고 경험의 다양성을 제공할 만큼 크게 구성하는 것이 좋다. 15회

03 아동집단은 성인집단에 비해 모임 시간은 더 짧게 빈도는 더 자주 설정한다. 17회

04 개방형 집단이 폐쇄형 집단에 비해 위기상황에 처한 사람들에게 더 융통성 있는 참여기회를 제공한다. 17회

05 집단성원의 유사함은 집단 소속감을 증가시킨다. 19회

06 개방집단은 새로운 정보와 자원의 유입을 허용한다. 19회

07 비구조화된 집단에서는 집단성원의 자발성이 더욱 요구된다. 19회

08 폐쇄형 집단은 개방형 집단에 비해 집단규범이 안정적이다. 22회

09 집단상담을 위해 가능하면 원형으로 서로 잘 볼 수 있는 공간을 만들 수 있는 장소가 바람직하다. 19회

준비 또는 계획단계에서의 고려할 사항

10 집단성원의 참여 자격 21회
11 공동지도자 참여 여부 21회
12 집단성원 모집방식과 절차 21회
13 집단 회기별 주제 21회

대표기출로 확인

01 집단을 준비 또는 계획하는 단계에서 고려할 사항으로 옳은 것을 모두 고른 것은? 21회

> ㄱ. 집단성원의 참여 자격
> ㄴ. 공동지도자 참여 여부
> ㄷ. 집단성원 모집 방식과 절차
> ㄹ. 집단의 회기별 주제

① ㄱ
② ㄱ, ㄷ
③ ㄴ, ㄹ
④ ㄱ, ㄷ, ㄹ
⑤ ㄱ, ㄴ, ㄷ, ㄹ

ㄱ~ㄹ. 모두 옳은 설명이다.
집단 준비단계에서 고려할 사항은 다음과 같다.
- 집단의 결성 목적
- 집단성원의 참여 자격
- 집단성원 모집 방식과 절차
- 공동지도자 참여 여부
- 집단의 회기별 주제
- 지속 기간

정답 ⑤

기출키워드19 집단발달단계 ★빈출

02 사정단계

특징	• 집단 시작 전 또는 초기 단계에서 집단원 개별 특성과 집단 전체의 욕구 및 기대를 파악하는 단계 • 구성원의 강점, 문제 영역, 대인관계 양상 등 파악 • 사정 결과를 토대로 개입 계획과 집단 목표를 구체화 • 동기 수준, 참여 기대치, 지지체계 등을 분석
집단사정 수준	• 개인적 수준: 집단 구성원의 특성, 문제, 역할, 기능 등을 파악하는 단계 및 수준 • 집단적 수준: 집단 내 상호작용, 의사소통, 역할 분담 등을 분석하는 단계 및 수준 • 환경적 수준: 집단의 외부환경이 집단에 미치는 영향을 평가하고 분석하는 단계 및 수준
집단사정 도구	• 가계도: 클라이언트의 가족 구조와 관계를 시각적으로 나타낸 도구 • 생태도: 클라이언트가 속한 사회적 환경과 그 환경과의 상호작용을 시각적으로 표현한 도구 • 사회적 관계망표: 클라이언트가 속한 사회적 관계망을 시각적으로 표현한 도구 • 생활력표: 클라이언트 생애를 시간 순으로 나타낸 도구로, 주요한 삶의 사건이나 변화를 기록한 것 • 소시오그램: 집단 내에서 개인들이 서로 어떻게 상호작용하고 관계를 맺는지를 시각적으로 나타내는 도구

03 초기단계

• 집단이 실제 운영되기 시작하는 단계로, 준비단계를 거쳐 구성원들이 처음으로 상호작용을 시작하는 단계
• 구성원 간 낯설고 불안한 분위기 속에서 신뢰감 형성이 가장 중요한 과업
• 구성원들은 자기노출에 대해 두려움을 느끼고, 실패에 대한 불안감을 가짐
• 집단의 목적, 규칙, 역할, 기대 등에 대한 명확한 안내가 필요
• 사회복지사는 오리엔테이션을 통해 비밀보장, 집단규범 설정, 참여 유도 등을 수행
• 신뢰 형성과 소속감이 집단유지 및 발전을 위한 핵심 기초가 됨

기출선지로 확인

집단 사회복지실천 사정 활용

14 집단 사회복지사의 관찰 22회
15 외부 전문가의 보고 22회
16 표준화된 사정도구 22회
17 집단성원의 자기관찰 22회
18 상호작용차트: 성원의 집단참여 수준 분석 23회

소시오그램

19 하위집단의 존재 10회
20 성원 간 갈등관계 10회
21 소시오그램: 성원 간의 관계를 표현한 것으로 하위집단의 유무를 알 수 있다. 18회
22 소시오메트리 질문을 활용하여 정보를 파악한다. 20회

저항

23 사회복지사가 제안한 과업의 실행방법을 모를 때 발생할 수 있다. 20회
24 효과적으로 해결하면 집단 활동이 촉진될 수 있다. 20회
25 다른 구성원의 의견을 통해 해결방안을 찾을 수 있다. 20회

초기단계

26 집단성원의 불안감과 저항이 높다. 19회
27 집단에 대한 오리엔테이션이 필요하다. 19회
28 집단과 구성원의 목표를 설정한다. 20회
29 지도자인 사회복지사를 소개하며 신뢰감을 형성한다. 20회
30 구성원 간 유사성을 토대로 응집력을 형성한다. 20회

대표기출로 확인

02 집단 사정을 위한 소시오그램에 관한 설명으로 옳은 것은? 20회
① 구성원 간 호감도 질문은 하위집단을 형성하므로 피한다.
② 구성원 모두가 관심을 갖는 주제를 발견하는 데 목적이 있다.
③ 소시오메트리 질문을 활용하여 정보를 파악한다.
④ 구성원 간 상호작용을 문장으로 표현한다.
⑤ 특정 구성원에 대한 상반된 입장 중 하나를 선택하는 것이다.

> ① 구성원 간 호감도 질문은 하위집단 파악을 위해서 필요하다.
> ② 구성원의 호감도를 통해 집단성원 간의 관계를 파악하는 데 목적이 있다.
> ④ 구성원 간 상호작용을 도표(그림)로 표현한다.
> ⑤ 특정 구성원에 대한 상반된 입장 중 하나를 선택하는 것은 의의 차별 척도이다.
>
> 정답 ③

03 집단 사회복지실천 사정에 활용되는 것을 모두 고른 것은? 22회

ㄱ. 집단 사회복지사의 관찰
ㄴ. 외부 전문가의 보고
ㄷ. 표준화된 사정도구
ㄹ. 집단성원의 자기관찰

① ㄱ, ㄴ   ② ㄱ, ㄹ
③ ㄴ, ㄷ   ④ ㄱ, ㄷ, ㄹ
⑤ ㄱ, ㄴ, ㄷ, ㄹ

> ㄱ~ㄹ. 모두 집단 사회복지실천 사정에 활용 가능하다.
> • 집단 사회복지사의 관찰(자기인식)
> • 외부 전문가의 보고(메타 보고)
> • 표준화된 사정 도구(사정의 객관성 확보)
> • 집단성원의 자기관찰(내적 인식 고양)
>
> 정답 ⑤

기출키워드19 집단발달단계 ★빈출

04 중간단계(개입단계), 종결단계

중간단계 (개입단계)	• 집단응집력이 증가하고 구성원 간 상호작용이 활발해지며, 자발적 자기표현이 나타나는 단계 • 하위집단이 형성되고 갈등, 대립, 역할 확인 등 집단역동이 뚜렷하게 드러남 • 구성원들은 자신과 타인의 독특성을 인정하고, 집단에 대한 공헌의식을 가짐 • 사회복지사는 직면, 피드백, 자기노출 등 다양한 실천기법을 통해 집단과정을 촉진시킴 • 집단 내 대인관계 실험과 재경험을 통해 행동 변화와 사회기술 습득을 유도함 • 집단문화가 형성되며, 구성원들은 점차 사회복지사에게서 자율적으로 독립함
종결단계	• 집단의 목적이 달성되거나 예정된 시간이 도달하여 종료하는 단계 • 구성원들은 집단활동에서 얻은 성과와 의미를 정리하고 이별에 대한 감정을 경험함 • 사회복지사는 성취 평가, 남은 과제 확인, 향후 계획 안내, 사후관리 등을 실시함 • 이별에 대한 불안과 상실감은 자연스러운 반응으로 수용되고 다뤄져야 함 • 집단 내에서 습득한 기술과 변화가 일상생활로 일반화될 수 있도록 격려함 • 필요 시 외부 자원에 대한 의뢰와 후속 서비스 연결이 이루어짐

기출선지로 확인

중간단계

31 성원의 내적 변화를 파악하기 위해 개별상담을 한다. 18회

32 성원들의 참여를 촉진하기 위해 집단의 목적을 상기시킨다. 18회

33 집단성원이 집단과정에 적극 활동하도록 촉진한다. 22회

34 하위집단의 의사소통과 상호작용 빈도를 평가한다. 18회

35 집단성원 간 상호작용을 향상시킨다. 22회

36 집단의 응집력을 향상시킨다. 22회

집단의 성과평가

37 사전사후 검사 21회
38 개별인터뷰 21회
39 단일사례설계 21회
40 초점집단면접 21회

종결단계

41 집단에 대한 의존성을 서서히 감소시켜 나간다. 17회, 22회

42 의뢰의 필요성 검토 17회

43 구성원 간 피드백 교환 17회

44 종결을 앞두고 나타나는 다양한 감정을 토론하도록 격려한다. 22회

45 측정도구를 통해 성원 개인별 변화를 평가한다. 23회

46 집단경험을 통해 학습한 내용의 활용계획을 세운다. 23회

집단 회기를 마무리하는 방식

47 회기에 대한 사회복지사의 관찰과 생각을 전달한다. 17회

48 회기 중 제기된 이슈를 다 마무리하지 않고 회기를 마쳐도 된다. 17회

49 회기에서 다룬 내용을 집단 밖에서 어떻게 적용할지에 대한 계획을 묻는다. 17회

50 다음 회기에 다루기 원하는 주제나 문제를 질문한다. 17회

대표기출로 확인

04 집단 중간단계의 개입 기술에 관한 설명으로 옳지 않은 것은? 22회
① 집단성원 간 상호작용을 향상시킨다.
② 집단성원을 사후관리한다.
③ 집단의 목표를 달성하도록 원조한다.
④ 집단의 응집력을 향상시킨다.
⑤ 집단성원이 집단과정에 적극 활동하도록 촉진한다.

> 집단성원을 사후관리하는 것은 종결단계에 해당된다.
> 정답 ②

05 집단의 종결단계에서 수행하는 과업으로 옳은 것을 모두 고른 것은? 23회

> ㄱ. 성원 간의 이해를 돕기 위해 자기 노출의 기회를 갖는다.
> ㄴ. 집단경험을 통해 학습한 내용의 활용계획을 세운다.
> ㄷ. 공통의 관심사를 찾기 위해 개방적 토론 시간을 늘린다.
> ㄹ. 측정도구를 통해 성원 개인별 변화를 평가한다.

① ㄱ ② ㄴ, ㄷ
③ ㄴ, ㄹ ④ ㄴ, ㄷ, ㄹ
⑤ ㄱ, ㄴ, ㄷ, ㄹ

> ㄱ. 성원 간의 이해를 돕기 위해 자기 노출의 기회를 갖는 것은 초기 및 중간단계이다.
> ㄷ. 공통의 관심사를 찾기 위해 개방적 토론 시간을 늘리는 것은 초기 및 중간단계이다.
> 정답 ③

기록의 유형 및 특징

최근 7개년 평균 출제문항 수 **0.9문항**

01 기록의 유형 및 특징

유형	특징
과정기록	• 면접의 대화 내용과 진행 과정을 시간의 흐름에 따라 상세히 기술하는 기록 방식 • 클라이언트의 언어·비언어적 반응, 실천가의 감정·생각, 반응 이유 등을 포함하여 기록 • 교육 목적, 실습 평가, 자기 성찰에 활용됨 • 매우 구체적이고 분석적이며 시간이 많이 소요됨
요약기록	• 면접의 핵심 내용과 개입 사항을 간결히 정리한 기록 방식 • 반복적인 면접 관리, 행정 문서, 사례회의 자료로 활용됨 • 기록의 효율성과 실용성은 높지만, 구체성이 낮고 해석에 한계가 있음

문제중심기록	• 의료 및 복지 현장에서 주로 사용되는 구조화된 임상 기록 방식
	  – S[주관적 정보(Subjective Information)]: 클라이언트 진술
	  – O[객관적 정보(Objective Information)]: 관찰, 검사 결과 등
	  – A[사정(Assessment)]: 실천가의 판단과 진단
	  – P[계획(Plan)]: 향후 개입 방향
	• 문제 해결 중심으로 명확하고 실무적 활용도 높음

이야기체 기록	• 클라이언트 삶의 이야기, 경험의 의미, 정체성 형성 과정을 중심으로 기술하는 방식 • 클라이언트의 목소리와 관점을 중심으로 기술 • 권력관계, 억압적 경험, 구조적 맥락을 반영함 • 반억압적 접근, 질적 사례연구, 사회 변화 지향 실천에 적합함

기출선지로 확인

과정기록

01 교육과 훈련의 중요한 수단이며, 자문의 근거 자료로 유용 21회

02 면담전개 과정을 시간의 흐름에 따라 기술하는 방식 21회

03 사회복지사 자신의 행동분석을 통해 사례에 대한 개입능력 향상에 도움 21회

요약기록

04 날짜와 클라이언트의 기본사항을 기입하고 개입 내용과 변화를 간단히 기록함 20회

05 시간 흐름에 따라 변화된 상황, 개입 활동, 주요 정보 등의 요점을 기록함 20회

개입단계 기록

06 클라이언트와의 활동 22회

07 개입과정의 진전 상황 22회

08 클라이언트의 문제에 관한 추가 정보 22회

09 클라이언트에게 제공한 자원들 22회

문제중심기록의 특성

10 현상의 복잡성을 단순화시키고 부분화를 강조하는 단점이 있다. 18회

11 문제유형의 파악이 용이하며 책무성이 명확해진다. 18회

12 클라이언트의 주관적 진술과 사회복지사의 관찰과 같은 객관적 자료를 구분한다. 18회

13 슈퍼바이저, 조사연구자, 외부자문가 등이 함께 검토하는 데 용이하다. 18회

대표기출로 확인

01 다음을 문제중심기록의 S-O-A-P 순서대로 배치한 것은? 17회

ㄱ. 질문에만 겨우 답하고 눈물을 보이며 시선을 제대로 마주치지 못함
ㄴ. "저는 이 문제를 해결할 수 없어요. 저를 도와줄 사람도 없고요."
ㄷ. 우울증 검사와 욕구에 따른 인적, 물적 자원연결이 필요함
ㄹ. 자기효능감이 저하된 상태로 지지체계가 빈약함

① ㄱ-ㄴ-ㄷ-ㄹ ② ㄱ-ㄹ-ㄴ-ㄷ
③ ㄴ-ㄱ-ㄷ-ㄹ ④ ㄴ-ㄱ-ㄹ-ㄷ
⑤ ㄴ-ㄹ-ㄱ-ㄷ

ㄴ. S(클라이언트 주관적 정보)
ㄱ. O(사회복지사 객관적 정보)
ㄹ. A(사정, 진단)
ㄷ. P(계획)

정답 ④

05 사회복지실천 기록 및 평가

기출키워드 21

기록의 목적 및 용도

최근 7개년 평균 출제문항 수 **0.1문항**

01 기록의 목적 및 용도

사례관리 및 실천의 연속성 확보	• 클라이언트의 문제, 욕구, 개입 과정을 지속적으로 추적 • 실천가 간 정보 공유 및 개입 일관성 유지 • 실천의 근거와 효과를 확인하고 평가할 수 있도록 지원
의사소통의 수단	• 동료 실천가, 전문가, 기관 간 정보 전달 및 협업 도구로 활용됨 • 사례회의, 슈퍼비전, 다학제팀 회의 등에서 핵심 자료 제공
실천 평가 및 질 관리	• 개입의 결과와 효과를 기록함으로써 성과를 분석하고 실천의 질을 개선함 • 프로그램 개선과 기관 운영 평가에 활용 가능
행정적·통계적 자료 제공	• 기관의 사업 실적 보고, 정부나 후원기관 보고 자료로 사용됨 • 통계 분석을 통한 정책 수립 및 자원 배분 근거 마련
법적 증빙 자료	• 분쟁, 민원, 법적 책임 발생 시 근거 자료로 활용됨 • 기관과 실천가, 클라이언트를 보호하기 위한 객관적 문서화 수단
윤리적 책무 이행	• 클라이언트의 자기결정권과 권리 보장을 위해 기록의 정확성과 투명성이 요구됨 • 비밀보장, 정보공개의 균형을 고려하여 윤리적으로 작성
교육 및 훈련	• 실습생이나 초보 실천가의 전문성 향상을 위한 피드백 자료로 활용됨 • 기록을 통한 자기반성과 실천 능력 강화 가능

기출선지로 확인

기록의 목적과 용도

01 학제 간의 원활한 의사소통 · 14회
02 클라이언트와 목표 및 개입방법 공유 · 14회
03 서비스의 연속성 유지 · 14회
04 슈퍼비전의 도구로 활용 · 14회
05 지도감독 및 교육 활성화 · 16회
06 책임성의 확보 · 16회
07 정보제공 · 16회
08 클라이언트에 대한 이해 증진 · 16회
09 클라이언트와 정보를 공유하고 의사소통하는 도구로 활용한다. · 19회
10 기관의 프로그램 수행 자료로 보고하며 기금을 조성하는 근거로 활용한다. · 19회
11 사회복지사의 전문적 활동을 입증하는 자료로 활용한다. · 19회

대표기출로 확인

01 기록의 목적과 용도에 관한 설명으로 옳은 것을 모두 고른 것은? 19회

> ㄱ. 사회복지사의 전문적 활동을 입증하는 자료로 활용한다.
> ㄴ. 기관 내에서만 활용하고 다른 전문직과는 공유하지 않는다.
> ㄷ. 기관의 프로그램 수행 자료로 보고하며 기금을 조성하는 근거로 활용한다.
> ㄹ. 클라이언트와 정보를 공유하고 의사소통하는 도구로 활용한다.

① ㄷ
② ㄱ, ㄹ
③ ㄱ, ㄷ, ㄹ
④ ㄴ, ㄷ, ㄹ
⑤ ㄱ, ㄴ, ㄷ, ㄹ

> ㄴ. 기관 내외에서 활용하고 다른 전문직과도 공유한다.

정답 ③

05 사회복지실천 기록 및 평가

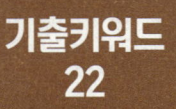

단일사례설계 ★빈출

최근 7개년 평균 출제문항 수 **1문항**

01 단일사례설계의 개념

개념	• 하나의 대상(개인, 가족, 집단, 조직 등)에 대한 반복적 측정을 통해 개입의 효과성을 분석하는 연구설계 • 개인 수준의 실천현장에서 개입의 타당성과 효과성을 과학적으로 검증하는 데 사용됨
목적	• 사회복지 개입 전후의 변화 정도를 정량적으로 확인 • 자료를 시계열로 수집하여 개입 효과를 명확히 입증함 • 개별화된 서비스의 효과성을 실증적으로 검증
장점	• 실천현장에서 적용하기 쉽고 비용이 적게 소요됨 • 소규모 대상에 대한 정밀한 변화 측정 가능 • 반복 측정을 통해 개입의 인과적 관계를 분석할 수 있음 • 개별 사례 중심의 임상적 실천에 적합함
단점	• 일반화 가능성이 낮고 외적 타당도가 제한됨 • 윤리적 문제(개입 중단, 무개입 기초선 유지 등)가 발생할 수 있음 • 대상자의 협조가 없으면 신뢰성 있는 자료 수집이 어려움
자료분석 방법	• 시각적 분석: 그래프의 파동, 경향, 수준 등을 통해 개입 전후의 변화를 시각적으로 비교 • 임상적 분석: 개입을 통해 얻어진 변화가 실제 생활에서 의미 있는 개선인지를 판단함 • 통계적 분석: 평균, 표준편차, 추세선 등을 활용하거나 비모수검정

02 단일사례설계의 유형

A-B 설계	기초선(A)과 개입(B)으로 구성된 가장 단순한 설계
A-B-A 설계	개입 후 다시 기초선으로 회귀하여 효과의 안정성 확인
A-B-A-B 설계	반복적 개입을 통해 신뢰도를 강화
B-A-B 설계	위기, 응급 시 기초선 설정 대신 즉각적인 개입 실시
다중기초선 설계	동일한 개입 방법을 서로 다른 문제, 대상, 상황에 적용하여 개입의 효과성을 파악하는 설계

기출선지로 확인

단일사례설계

01 개입의 효과성을 파악하기 위해 반복측정을 한다. *23회*

02 기초선 자료수집은 개입 이전이나 이후에도 가능하다. *23회*

03 개입과정에서 개입의 강도나 방식을 바꿀 수 있다. *23회*

04 조사대상은 개인뿐 아니라 가족, 집단, 기관도 가능하다. *23회*

기초선 자료수집방법

05 목표달성척도 *11회*
06 개별화된 척도 *11회*
07 표준화된 척도 *11회*
08 클라이언트의 주관적 감정 강도 *11회*

대표기출로 확인

01 다음 사례에 해당되는 단일사례설계의 유형은? *20회*

> 독거노인의 우울감 해소를 위해 5주간의 전화상담(주 1회)에 이어 5주간의 집단활동(주 1회)을 진행했다. 참가자 5명을 대상으로 프로그램 시작 3주 전부터 매주 1회 우울증검사를 실시했고, 프로그램 시작 전, 5주 후, 10주 후에 삶의 만족도를 조사했다.

① AB설계
② ABC설계
③ ABAB설계
④ ABAC설계
⑤ 다중(복수)기초선 설계

> 제시된 사례는 ABC설계에 해당한다. ABC설계의 특징은 다음과 같다.
> - 첫 개입에 대한 효과 미발생 시 다른 방법, 방식으로 개입
> - 최초부터 다중 개입 방법을 계획
> - 클라이언트에게 새로운 방법을 연속적으로 적용 가능함
> - 이월효과, 순서효과 발생
>
> [정답] ②

5영역
지역사회복지론

최근 7개년(23~17회) 기출키워드

'★' 별 표시는 7개년간 자주 출제된 이론과 키워드입니다. 빈출 이론과 키워드를 중심으로 전략적, 효율적으로 학습해 보세요.

구분		기출키워드	최근 7개년 평균 출제문항 수	최근 3개년 출제		
				23회	22회	21회
01 지역사회의 이해	1	지역사회의 개념 ★	1.4문항	☺	☺	☺
	2	지역사회의 유형	0.3문항	☺		
02 지역사회복지와 지역사회복지실천	3	지역사회복지 관련 개념	0.1문항		☺	
	4	지역사회복지 이념	0.3문항	☺		☺
	5	지역사회복지실천	0.9문항		☺	☺
03 지역사회복지의 역사	6	영국의 지역사회복지 역사	0.9문항	☺	☺	☺
	7	한국의 지역사회복지 역사 ★	1.1문항	☺	☺	☺
04 지역사회복지 이론과 실천모델	8	지역사회복지 주요 이론 ★	2.3문항	☺	☺	☺
	9	로스만의 모델	0.6문항	☺		☺
	10	웨일과 갬블의 모델	0.9문항	☺		☺
	11	테일러와 로버츠의 모델	0.4문항	☺		☺
	12	지역사회복지 실천모델별 사회복지사의 역할 ★	1.1문항	☺	☺	☺
05 지역사회복지 실천과정과 실천기술	13	사정단계	0.9문항	☺	☺	☺
	14	문제확인단계	0.1문항			
	15	실행단계	0.3문항			☺
	16	네트워크(연계) 기술	0.7문항		☺	☺

과락은 피하고! 합격선은 넘는! 1트 합격 TIP

☑ 지역사회복지론은 단기간에 점수를 올리기 가장 어려운 영역입니다. 내용이 쉬운 듯하면서도 외국의 개념, 모델의 종류가 가장 많아 이해 및 암기하는 데 어려움이 많기 때문입니다. 따라서 막연하게 암기하기보다는 외국 지역사회의 개념 및 모델 등을 그들의 관점에서 생각하며 접근하는 것이 좋습니다.

☑ 지역사회복지 실천기술 및 추진체계, 지역사회운동 등도 우리나라뿐만 아니라 외국 사례(자선조직협회, 인보관 운동, 탈시설화, 지역사회보호, 성차별 반대운동, 반전운동 등)를 함께 이해하면서 학습해야 합니다.

☑ 최근에는 사례형 문항의 출제비중이 높아지고 있으므로 기출키워드에 따라 세밀하게 살피면서 학습하는 것이 효과적입니다.

구분		기출키워드	최근 7개년 평균 출제문항 수	최근 3개년 출제		
				23회	22회	21회
05 지역사회복지 실천과정과 실천기술	17	자원개발·동원 기술	0.4문항	☺		☺
	18	역량강화 기술	0.3문항		☺	
	19	조직화 기술	0.7문항	☺		
	20	옹호 기술	0.4문항			
06 지역사회복지 네트워크	21	지역사회보장계획 ★	1.1문항	☺	☺	☺
	22	지역사회보장협의체 ★	1문항	☺	☺	
	23	지방분권화 ★	1.1문항		☺	☺
	24	사회복지협의회	0.6문항			
07 지역사회복지실천의 추진체계 및 지역사회운동	25	사회복지관 ★	1.1문항	☺	☺	☺
	26	사회적 경제 ★	1문항		☺	☺
	27	공공 전달체계의 개편 ★	1문항	☺	☺	☺
	28	사회복지공동모금회	0.6문항		☺	
	29	지역사회복지운동	0.9문항	☺		☺
	30	주민참여 8단계	0.7문항		☺	☺

▶ 출제가능성 99%
시험에 꼭 나오는 기출키워드

5영역 강의 ①

5영역 강의 ②

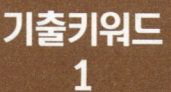

01 지역사회의 이해

기출키워드 1 — 지역사회의 개념 ★빈출

최근 7개년 평균 출제문항 수 **1.4문항**

01 지역사회의 개념과 구분

개념	• 일정한 공간 또는 지역에 거주하는 사람들의 집합 • 주로 생활권, 행정구역, 물리적 거리 중심으로 정의됨 • 직업, 취미 등 기능적 기준에 기반하여 형성 • 동질적 정체성과 정서적 유대감 중심 • 지리성 약화, 사이버공동체, 네트워크 공동체 등 비물리적 형태 등장
지역사회의 구분 (로스)	• **지리적 의미의 지역사회**: 지리적으로 특정한 공간(도시, 마을, 지역)에 모여 사는 사람들의 집합체로, 물리적 근접성과 공동의 생활을 공유함 • **기능적 의미의 지역사회**: 동일한 목적이나 관심, 역할에 따라 형성된 사회적 관계망(예 직능단체, 장애인 부모 모임 등), 지리적 제약 없이 구성 가능

02 학자별 지역사회의 정의

파크와 버제스	• 지역사회라는 용어는 한 지역을 구성하는 사람들과 조직들의 지리적 분포라는 관점 • 모든 지역사회는 사회이지만, 모든 사회가 지역사회는 아니라고 주장
맥키버	• 부락, 읍, 면, 군, 시, 도, 국가 혹은 더 넓은 지역까지도 포함된다는 개념 • 어느 지역사회가 다른 지역사회와 구별되는 특성을 가져야 하며, 공동생활이란 그 지역의 개척자들이 부여한 특별한 의미를 가질 수 있는 자체적인 특성을 지녀야 함
워렌	• 작은 부분체계로 이루어진 하나의 전체적 체계 • 지역사회는 지역적 적합성이 있으면서 주요한 사회적 기능을 수행하는 사회적 단위 및 체계의 결합 • 지역사회 기능 강조
힐러리	지역사회는 세 가지 요소(사회적 상호작용, 공동의 유대감, 지리적 영역의 공유)를 갖추어야 성립되며, 이 요소들이 통합되어 사회적 단위를 이룸

03 워렌 - 좋은 지역사회

정의	\multicolumn{2}{l}{좋은 지역사회란 인간 중심적 가치, 참여, 포용, 협력을 갖춘 사회를 의미함}
좋은 지역사회의 조건	인간 중심	인간적 기초 위에서 상호 존중 필요
	권력의 배분	권력이 특정 집단에 집중되지 않고 광범위하게 배분되어야 함
	다양성의 포용	다양한 소득, 인종, 종교, 이익 집단을 수용하여야 함
	시스템 자원의 통제	자원에 대한 지역 수준의 높은 통제력을 보유하여야 함
	갈등과 협력	협력은 극대화, 갈등은 최소화되어야 함

기출선지로 확인

지역사회

01 지역사회에 대한 정의나 구분은 학자에 따라 매우 다양하다. 18회
02 현대의 지역사회는 지리적 개념을 넘어 기능적 개념까지 포괄하는 추세이다. 18회
03 지역사회를 상호의존적인 집단들의 결합체로도 볼 수 있다. 18회

기능적 공동체

04 멤버십(Membership) 공동체 개념을 말한다. 19회
05 가상공동체인 온라인 커뮤니티도 포함된다. 19회
06 외국인 근로자 공동체의 사례가 포함된다. 19회
07 사회문화적 동질성이 기반이 된다. 19회

힐러리의 지역사회 기본 요소

08 사회적 상호작용, 공동의 유대감, 지리적 영역의 공유 17회

지역사회의 역량을 향상시키는 요소

09 다양성 존중과 사회 가치의 공유 17회
10 구성원의 자율성 유지와 공동 이익의 극대화 17회
11 법적 테두리 내에서 공동선의 추구와 조정 17회

워렌의 좋은 지역사회

12 구성원 사이에 인격적 관계가 이루어질 수 있어야 한다. 11회
13 권력이 폭넓게 분산되어 있어야 한다. 11회
14 다양한 소득, 인종, 종교, 이익집단이 포함되어 있어야 한다. 11회
15 정책형성과정에서 갈등을 최소화하면서 협력을 최대화해야 한다. 11회

대표기출로 확인

01 지역사회의 역량을 향상시키는 요소로 옳은 것을 모두 고른 것은? 17회

ㄱ. 다양성 존중과 사회 가치의 공유
ㄴ. 하위집단의 집합적인 동질성 강조
ㄷ. 구성원의 자율성 유지와 공동 이익의 극대화
ㄹ. 법적 테두리 내에서 공동선의 추구와 조정

① ㄱ, ㄴ ② ㄱ, ㄹ ③ ㄴ, ㄷ
④ ㄱ, ㄷ, ㄹ ⑤ ㄴ, ㄷ, ㄹ

> ㄴ. 상위집단을 포함한 하위집단의 다양성(이질적 특성 포함), 복합성, 통합성 강조
>
> [정답] ④

02 지역사회에 관한 설명으로 옳지 않은 것은? 18회

① 지역사회에 대한 정의나 구분은 학자에 따라 매우 다양하다.
② 현대의 지역사회는 지리적 개념을 넘어 기능적 개념까지 포괄하는 추세이다.
③ 지역사회를 상호의존적인 집단들의 결합체로도 볼 수 있다.
④ 펠린(P. F. Fellin)은 역량 있는 지역사회를 바람직한 지역사회로 보았다.
⑤ 로스(M. G. Ross)는 지역사회의 기능을 사회통제, 사회통합 등 다섯 가지로 구분하였다.

> 길버트-스펙트는 지역사회의 기능을 사회통제, 사회통합, 사회화, 생산·분배·소비, 상부상조 등의 다섯 가지로 구분하였다.
>
> [정답] ⑤

기출키워드1 　 지역사회의 개념 ★빈출

04 　 길버트와 스펙트 – 지역사회의 기능과 제도

구분	내용	특징
생산·분배·소비 (경제 기능)	• 재화와 서비스를 생산·분배·소비하는 기능 • 일상생활에 필요한 자원을 순환시키는 과정	• 수행 주체: 기업, 정부, 전문기관, 종교단체, 교육기관 등 • 지역사회의 물질적 기반 형성
사회화 (가족 기능)	• 지식, 사회적 가치, 행동양식을 전달하는 기능 • 생활양식을 습득하는 과정 포함	• 수행 주체: 가족 중심, 교육기관 등 • 전 생애에 걸쳐 지속되는 내면화 과정
사회통제 (정치 기능)	• 규범을 준수하도록 하는 제도적 장치 제공 • 법과 도덕, 규칙을 통한 사회질서 유지	• 수행 주체: 정부(법·경찰·사법), 가정, 학교, 교회 등 • 강제력과 교육적 통제 병행
사회통합 (종교 기능)	• 사회 구성원 간 결속력과 사기를 진작하는 기능 • 바람직한 행동 유도 및 사회참여 촉진	• 수행 주체: 종교, 가정, 학교, 사회단체 등 • 워렌: 사회참여(Social Participation) 개념 제시 • 국민총화, 국민화합 등 역사적 맥락 포함
상부상조 (복지 기능)	• 구성원 간 상호부조 및 돌봄 제공 • 어려움에 처한 사람을 돕는 역할	• 전통사회: 가족·이웃 중심 • 현대사회: 정부, 민간복지단체, 종교단체 등 공식적 수행 주체 증가

05 　 워렌 – 지역사회 기능의 비교척도

지역적 자치성	지역사회가 주요 기능을 수행하는 데에 있어 다른 지역에 어느 정도 의존하는가를 파악하는 것
서비스 영역의 일치성	지역사회의 상점, 학교, 공공시설, 교회 등의 서비스 영역이 어느 정도 동일지역 안에서 이루어지고 있는지에 관한 것
심리적 동일시	지역주민이 자기 지역을 어느 정도 중요한 준거집단으로 생각하며, 어느 정도 소속감을 갖고 있는지를 의미
수평적 유형	지역사회 내에 있는 다른 단위조직이 기능적으로나 구조적으로 얼마나 강한 관련을 가지고 있는지를 의미

기출선지로 확인

길버트와 스펙트의 지역사회의 기능

16 지역사회의 기능: 생산·분배·소비 기능
20회, 21회, 22회, 23회

17 생산·분배·소비 기능: 지역주민들이 필요한 재화와 서비스를 어느 정도 제공받을 수 있느냐를 결정하는 것 20회

18 사회화 기능: 지역사회가 공유하는 지식, 사회적 가치, 행동 양식을 지역사회 구성원들에게 전달하는 것 22회, 23회

19 사회통제 기능: 구성원들이 사회의 규범에 순응하게 하는 것 20회, 21회

20 상부상조 기능: 사회적 위험으로부터 어려움에 직면하게 되었을 때 구성원 간에 서로 돕는 것 22회

워렌의 지역사회 기능의 비교척도

21 자치성: 지역사회가 타 지역에 의존하지 않는 정도 15회

22 서비스의 일치성: 지역사회 내 서비스 영역이 동일지역 내에서 일치하는 정도 15회

23 심리적 동일시: 지역주민들이 자기 지역을 중요한 준거집단으로 생각하는 정도 15회

24 수평적 유형: 상이한 조직들의 구조적·기능적 관련 정도 15회, 20회

대표기출로 확인

03 길버트와 스펙트(N. Gilbert & H. Specht, 1974)가 제시한 지역사회의 기능은? 22회

> 사회적 위험으로부터 어려움에 직면하게 되었을 때 구성원들 간에 서로 돕는 것

① 생산·분배·소비의 기능
② 사회화의 기능
③ 상부상조의 기능
④ 사회통합의 기능
⑤ 사회통제의 기능

> 길버트와 스펙트(N. Gilbert & H. Specht)는 사회적 위험으로부터 어려움에 직면하게 되었을 때 구성원들 간에 서로 돕는 것으로 복지 제도(상부상조 기능)를 강조하였다.
>
> 정답 ③

04 다음은 워렌(R. Warren)이 제시한 지역사회 비교척도 중 어느 것에 해당하는가? 20회

> 지역사회 내 상이한 단위 조직들 간의 구조적·기능적 관련 정도

① 지역적 자치성
② 서비스 영역의 일치성
③ 수평적 유형
④ 심리적 동일성
⑤ 시민 통제

> 제시된 내용은 수평적 유형에 해당한다. 워렌이 제시한 지역사회 비교척도는 다음과 같다.
> • 심리적 동일성: 지역주민들이 자신의 지역에 어느 정도의 소속감을 가지고 있는가 정도
> • 수평적 유형: 지역사회 내 상이한 단위 조직들 간의 구조적·기능적 관련 정도
> • 지역적 자치성: 다른 지역에 의존하는 정도
> • 서비스 영역의 일치성: 서비스 영역이 동일 지역에서 얼마나 이루어지는가의 정도
>
> 정답 ③

기출키워드 2: 지역사회의 유형

최근 7개년 평균 출제문항 수 **0.3문항**

01 지역사회의 분류

퇴니스의 분류	공동사회	• 자연적, 본질적 유대에 기반한 공동체 • 혈연, 지연, 전통 등 정서 중심의 지역사회로 농촌공동체가 대표적
	이익사회	• 계약, 이해관계, 법에 기반한 결사체적 사회 • 합리적 목적을 위해 결성된 도시사회, 기업, 정당 등의 관계 구조
던햄의 분류	인구 크기에 의한 분류	지역사회의 인구 수, 밀도, 도시화 수준 등을 기준으로 분류하는 방식 예 대도시, 중·소도시, 읍, 자연부락
	산업구조 및 경제적 기반에 의한 분류	주된 경제활동이나 산업기반의 종류에 따라 분류하는 방식 예 농촌, 어촌, 산촌
	인구구성의 사회적 특수성에 의한 분류	주민의 사회적 속성에 따라 분류하는 방식 예 외국인 집단 거주지역, 노인 밀집지역 등
	행정구역에 의한 분류	법적·행정적으로 설정된 구역에 따라 분류하는 방식 예 특별시, 광역시, 시·군·구, 읍·면·동

기출선지로 확인

퇴니스의 지역사회유형

01 퇴니스(F. Tönnies)는 지역사회를 공동사회와 이익사회로 구분했다. 16회

던햄의 지역사회유형

02 던햄(A. Dunham)은 지역사회를 인구 크기, 경제적 기반, 행정구역, 사회적 특수성으로 유형화했다. 16회

03 인구 크기 – 대도시, 중·소도시 등 19회, 23회

04 산업구조 및 경제적 기반 – 농촌, 어촌, 산업단지 등 19회

05 행정구역 – 특별시, 광역시·도, 시·군·구 등 19회, 23회

06 인구 구성의 사회적 특수성 – 외국인촌, 저소득층 지역 19회, 23회

07 경제적 기반 – 농촌, 어촌, 광산촌 23회

대표기출로 확인

01 던햄(A. Dunham)의 지역사회유형에 따른 예시로 옳은 것을 모두 고른 것은? 23회

> ㄱ. 인구 크기 – 대도시, 중·소도시
> ㄴ. 인구구성의 사회적 특수성 – 외국인촌, 저소득층 지역
> ㄷ. 경제적 기반 – 농촌, 어촌, 광산촌
> ㄹ. 행정구역 – 특별시, 광역시·도, 시·군·구, 읍·면·동

① ㄱ, ㄴ　　② ㄱ, ㄷ
③ ㄴ, ㄹ　　④ ㄱ, ㄷ, ㄹ
⑤ ㄱ, ㄴ, ㄷ, ㄹ

던햄의 지역사회유형에 따른 예시는 다음과 같다.

인구 크기 기준	대도시, 소도시 등
경제적 기반 기준	농촌, 어촌, 공단 등
정부 행정구역 기준	시·군·구, 읍·면·동
사회적 특수성 기준	다문화 마을, 코리아 타운, 차이나 타운 등

정답 ⑤

02 지역사회복지와 지역사회복지실천

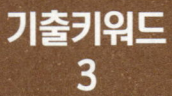

지역사회복지 관련 개념

최근 7개년 평균 출제문항 수 **0.1문항**

01 재가보호와 시설보호

구분	재가보호	시설보호
개념	보호를 필요로 하는 사람이 자신의 가정에서 보호를 받으며 일상생활을 유지하는 방식	보호를 필요로 하는 사람이 일정 기간 동안 전문시설에 거주하면서 보호받는 방식
보호 장소	보호를 필요로 하는 사람의 자택 또는 지역사회 내	노인요양시설, 장애인거주시설 등 보호 전용 시설
보호 관점	자립 유지, 가정생활의 연속성, 정서적 안정 중시	전문적 치료 및 지속적 보호, 안전성 확보 중심
장점	익숙한 환경에서 생활 가능, 비용이 상대적으로 저렴함, 지역사회와의 연계 용이	집중적·전문적 서비스 제공 가능, 24시간 보호 가능, 우수한 위기 대응 능력
단점	보호 수준에 한계 존재, 가족의 부담이 크며 서비스 접근성의 지역 차 존재	시설 내 생활의 단조로움 존재, 개인의 자유 제한, 시설 입소로 인한 사회적 고립

02 지역사회보호

정의	도움이 필요한 사람들이 시설이 아닌 자신의 집이나 지역사회 내에서 생활하면서 필요한 서비스를 제공받는 제도적·실천적 체계
목적	탈시설화, 자립생활, 지역사회 통합을 통해 삶의 질 향상과 비용 효율성을 동시에 추구함
핵심 가치	자립, 자기결정, 인간 존엄, 정상화, 사회통합, 지역책임성
주요 대상	노인, 장애인, 정신장애인, 아동, 만성질환자 등 장기적 돌봄이 필요한 지역사회 거주자
주요 서비스	재가복지서비스, 방문간호, 주간보호, 가정봉사원 파견, 응급안전알림, 자조모임, 지역 자원 연계
실천 방식	공공과 민간의 협력, 통합적 사례관리, 가족·이웃·지역 자원과의 네트워크 형성
정책적 기반	• 1980년대 영국에서 시작 • 우리나라는 장기요양보험제도, 커뮤니티케어 정책 등을 통해 확대 적용
장점	이용자 존중, 지역사회 참여, 서비스 접근성 향상, 시설비용 절감, 가족과의 연속성 유지 가능
한계 및 과제	지역 자원의 불균형, 가족 부담 증가, 서비스 통합 미흡, 전문 인력 부족 등

03 지역사회조직과 지역사회개발

지역사회조직	• 지역사회의 문제를 해결하고 복지를 증진하기 위해 주민과 전문가가 협력하여 조직화하는 과정 • 전문가와 비전문가가 함께 참여하는 공동사업, 전문가의 도움 없이 일반인에 의해서도 수행됨 • 지역사회복지기관의 유지, 발전을 위해 반드시 실시되어야 함 • 지방수준·전국수준, 수평적·수직적으로, 공적 기관·사적 기관에 의해 실시
지역사회개발	• 주민들의 자발적 참여와 자조의 원칙을 중시함 • 모든 주민에게 참여의 기회를 보장하며, 결정은 민주적 절차와 합의에 기초 • 지역사회 전체의 욕구와 생활 전반을 고려하며, 주민의 요구에 기초한 통합적 접근 지향 • 결과(과업)의 성취뿐 아니라, 과정 자체도 중요한 가치로 간주 • 주민 역량 강화와 인식 전환을 위한 교육적 과정을 포함하는 지속적 활동

기출선지로 확인

재가보호

01 재가보호(Domiciliary care)는 대상자의 가정에서 서비스를 받는 것을 의미한다. 16회

지역사회보호

02 지역사회보호(Community Care)는 가정 또는 그와 유사한 지역사회 내의 환경에서 서비스를 제공하는 사회적 돌봄의 형태이다. 16회

03 1950년대 영국의 정신장애인과 지적장애인 시설수용보호에 대한 문제 제기로 등장하였으며, 지역사회복지의 가치인 정상화(Normalization)와 관련이 있다. 22회

지역사회조직

04 지역사회조직(Community Organization)은 전통적인 전문 사회복지실천방법 중 하나이다. 16회

지역사회개발

05 지역사회개발을 통하여 지역사회 구성원들의 사회적 관계를 향상시킬 수 있다. 12회

대표기출로 확인

01 다음이 설명하는 것은? 22회

> 1950년대 영국의 정신장애인과 지적장애인 시설수용보호에 대한 문제제기로 등장하였으며, 지역사회복지의 가치인 정상화(normalization)와 관련이 있다.

① 지역사회보호
② 지역사회 사회·경제적 개발
③ 자원개발
④ 정치·사회행동
⑤ 주민조직

> 지역사회보호는 1950년대 영국의 정신장애인과 지적장애인 시설 수용 보호에 대한 문제 제기로 등장하였으며, 시설보호에 대하여 반대하고, 일상적인 생활 형태를 유지할 수 있도록 사회복지서비스를 제공한다는 개념이다. 이는 지역사회복지의 가치 중 탈시설화 및 정상화와 관련이 있다.
> 현재 정상화(normalization)는 장애인 복지 분야의 서비스의 질을 개선시키는 기준으로 자리 잡았으며 지역사회복지의 핵심개념으로 대두되었다.
>
> 정답 ①

기출키워드 4: 지역사회복지 이념

최근 7개년 평균 출제문항 수 **0.3문항**

01 지역사회복지 이념

구분	정의	적용
정상화	장애인, 노인 등 보호 대상자도 일반 시민과 동일한 생활 조건과 권리를 누려야 한다는 가치	보호대상을 지역사회에 통합시키고 일상적 생활 환경에서 자립과 참여를 지원함
사회통합	특정 집단의 분리·배제를 지양하고, 지역사회 안에서 평등하게 관계를 맺고 소속감을 느낄 수 있도록 하는 과정	소외계층의 사회적 관계망 형성, 고립 해소, 다양성 수용 실천을 통해 공동체 강화
탈시설화	대형 수용시설 중심의 보호에서 벗어나, 지역사회 기반의 자립생활과 복지서비스 체계로 전환하는 접근	인간 존엄성과 선택권 보장, 시설의 비인간화 문제 해결, 재가복지 중심 정책 확대
주민참여	지역사회 문제 해결과 복지계획 수립, 서비스 운영에 있어 주민이 주체적으로 참여하고 결정권을 행사하는 것	복지의 민주화, 주민 역량 강화, 지역 맞춤형 서비스 설계 가능, 공공·민간 협력구조 구축의 핵심 요소
네트워크	• 다양한 이해관계 집단이 독립성을 유지하면서 상호 신뢰를 바탕으로 공통의 목적을 달성하기 위해 연계체계를 구축·유지하는 과정 • 공동의 목표를 달성하기 위해 긴밀한 상호의존 관계를 지니고 있으나, 개별조직은 자신의 고유목표와 이해관계를 가지고 있기 때문에 수평적 관계를 강조함	• 상호의존성과 호혜성 강조 • 제휴, 조정, 협력, 통합

기출선지로 확인

주민참여

01 개인의 자유와 권리 증진의 순기능이 있다. 21회
02 지역주민의 공동체의식을 강화한다. 21회
03 지역주민의 욕구 및 문제를 해결하기 위한 주민의 주체성에 초점을 둔다. 23회
04 의견수렴 과정을 통해 합리적 의사결정을 할 수 있다. 21회
05 지역주민은 지역사회복지의 이용자인 동시에 제공자라는 관점을 강조한다. 23회

대표기출로 확인

01 다음의 설명에 해당하는 지역사회복지 이념은? 21회

- 개인의 자유와 권리 증진의 순기능이 있다.
- 의견수렴 과정을 통해 합리적 의사결정을 할 수 있다.
- 지역주민의 공동체의식을 강화한다.

① 정상화 ② 주민참여
③ 네트워크 ④ 전문화
⑤ 탈시설화

> 보기는 주민참여에 대한 설명이다.
> ① 정상화: 지역사회보호를 위한 탈시설화와 지역주민이 가치 있는 역할을 수행하도록 강조한다.
> ③ 네트워크(조직화): 공급 주체들의 효과성, 효율성, 책임성, 접근 편의성 등의 제고를 위해 상호 간에 연계, 연결하는 것을 의미한다.
> ④ 전문화: 지역사회복지 수행에 있어서 사회복지사, 사회복지수행기관의 전문성을 의미한다.
> ⑤ 탈시설화: 기존의 시설보호에서 서비스가 필요한 중증 대상자를 제외한 클라이언트의 자기결정권 차원에서 재가 보호를 받게 하는 개념이다.
>
> 정답 ②

02 다음에서 설명하는 지역사회복지 이념은? 23회

- 지역주민은 지역사회복지의 이용자인 동시에 제공자라는 관점을 강조한다.
- 지역주민의 욕구 및 문제를 해결하기 위한 주민의 주체성에 초점을 둔다.

① 전문화 ② 정상화
③ 탈시설화 ④ 주민참여
⑤ 사회통합

> 주어진 설명은 주민참여에 대한 설명이다.
> 정답 ④

기출키워드 5 — 지역사회복지실천

최근 7개년 평균 출제문항 수 **0.9문항**

01 지역사회복지실천의 가치

인간 존엄성	모든 주민은 차별 없이 인간으로서 존중받아야 하며, 자기결정권과 기본적 권리를 보장받아야 함
사회 정의	자원과 기회가 공평하게 분배되어야 하며, 소외된 집단의 권리를 옹호하고 구조적 불평등을 해소해야 함
연대와 공동체 정신	지역사회는 협력과 상호책임에 기반하여 구성되며, 주민 간의 신뢰와 소속감을 중시함
참여와 민주성	지역사회 구성원이 복지 계획과 실행과정에서 의사결정권과 참여권을 능동적으로 가져야 함
다양성 존중	인종, 성별, 연령, 장애, 문화 등 차이를 배제하지 않고 인정하며 포용하는 가치 실천이 필요함
자립과 임파워먼트	개인과 지역의 역량 강화를 통해 스스로 문제를 인식하고 해결할 수 있도록 지원해야 함
비판의식 개발	지역사회 구성원을 억압하는 경제적·사회적 구조나 제도, 기관의 성격을 인식하고, 그에 대한 비판적 사고를 지역주민들과 공유하며 이를 변화시키기 위한 공동의 실천 활동을 통해 주민의 자각과 참여를 촉진하는 것

02 지역사회복지실천의 원칙

주민참여 원칙	지역사회의 주체는 주민이며, 모든 과정에서 주민의 자발적 참여와 주도성을 확보해야 함
통합성의 원칙	지역 내 다양한 기관, 자원, 서비스 간에 중복 없이 유기적으로 연계되고 통합되어야 함
책임성과 투명성 원칙	복지 자원 및 사업 집행 과정에서 공공성과 책무성, 정보공개와 정당성 확보가 필수적임
자원 활용 원칙	지역 내 공공·민간·비공식 자원까지 포괄적으로 발굴하고 조정하여 최대한 활용할 수 있어야 함
협력과 연대 원칙	지역사회 구성원, 기관, 단체 간의 협동과 연대 체계를 통해 공동의 목표를 달성함
예방과 역량강화 원칙	문제 발생 이후의 사후 개입보다, 문제 예방과 주민 스스로의 역량 강화 중심의 접근을 우선으로 함
지속 가능성 원칙	일회성이 아니라 장기적으로 유지될 수 있는 구조와 제도, 주민 주도의 실천 기반을 확보해야 함

기출선지로 확인

지역사회복지실천의 가치

01 상호학습이 없으면 비판적 의식은 제한적으로 생성됨 18회

02 억압을 조장하는 사회구조 및 의사결정과정을 주시하고 이해함 18회

03 억압적이고 정의롭지 못한 사회현실 개혁을 위한 끊임없는 노력이 필요함 18회

04 실천가가 주목해야 할 역량강화는 불리한 조건에 처한 주민들의 능력 고취임 18회

지역사회복지실천의 원칙

05 지역사회 구성원 중심의 목표 형성과 평가 17회, 20회, 22회

06 지역사회의 자기결정권 강조 22회

07 사회문제의 구조적 요인을 반영한 개입방안 마련 17회, 20회

08 지역사회 변화에 초점을 둔 단계적 개입 17회, 21회

09 지역사회 특성을 반영한 계획수립 21회

10 지역주민 간의 협력 관계 구축 17회

11 지역주민 간의 상생협력화 20회

12 지역사회 특징을 반영한 실천 20회

13 욕구 가변성에 따른 실천 과정의 변화 이해 21회

14 지역사회 욕구 변화에 따른 유연한 대응 22회

대표기출로 확인

01 지역사회복지실천의 원칙으로 옳지 않은 것은? 21회
① 지역사회 기관 간 협력관계 구축
② 지역사회 특성을 반영한 계획수립
③ 지역사회 문제 인식의 획일화
④ 욕구 가변성에 따른 실천 과정의 변화 이해
⑤ 지역사회 변화에 초점을 둔 개입

> 지역사회 문제의 다양성을 인정해야 한다(다양화).
> 정답 ③

03 지역사회복지의 역사

기출키워드 6
영국의 지역사회복지 역사

최근 7개년 평균 출제문항 수 **0.9문항**

01 자선조직협회와 인보관운동

구분	자선조직협회	인보관운동
개념	• 1869년 영국에서 시작된 자선의 과학화 및 조직화를 지향한 운동 • 무분별한 구호를 방지하고 선별적 원조를 강조	• 1880년대 영국 바넷 목사가 시작한 운동 • 빈민지역에 거주하며 환경 개선 및 주민 자립을 도모한 사회개혁 중심 운동
주요 이념	사회진화론, 적자생존	자유주의, 급진주의, 계몽주의
중심 가치 및 관점	• 선별주의, 도덕적 책임, 개인의 자조 강조 • 과학적·조직적 접근	• 공동체 정신, 평등, 민주주의 • 사회적 정의 및 구조적 문제 인식
참여자 유형	상류층	대학생, 성직자
운동 목적	• 자선단체 간 협력을 통한 자원 낭비 방지 • 도움받을 가치가 있는 자에게 선별적 지원	• 빈곤문제 해결을 위한 사회환경 개선 • 빈민과 함께 거주하며 자립과 자원개발, 교육 중심의 프로그램 운영
핵심 원칙	• 협력과 조직화 • 자조능력 있는 '가치 있는 자'에게만 원조 • 원조 시기와 금액의 적정성 강조	• 클라이언트와의 공동 거주 • 주민의 자립 능력 개발 • 교육과 문화 향상을 통한 공동체 기반 형성
주요 활동	• 빈민 구분(적자생존론 기반) • 구호활동 공식화 • 우애방문원(Friendly Visitors) 제도 운영 • 서비스 조사, 운영 기반 마련	• 교육, 조사, 자원봉사 훈련 • 사회적 기관과의 연계 • 주민 참여와 민주주의 실천 • 법·제도 개선을 위한 조사
지역사회복지에 미친 영향	• 개별사회사업의 모체가 됨 • 리치먼드의 『사회진단』(1917)으로 이론화 • 전문사회사업의 출발점	• 집단사회사업의 효시 • 지역사회복지관의 모형 형성 • 정신적·지적·문화적 삶의 질 향상을 통한 통합적 복지 지향

02 지역사회복지 태동기

• 시설보호 중심의 서비스에서 지역보호 중심 서비스로의 전환
• 환자를 병원·시설보다 지역에서 보호하여야 한다는 지역보호 정책 시작
• 「정신보건법」(1959년 제정): 시설에 수용되어 있던 사람들을 시설보호에서 지역사회보호로 전환시키는 역할 강조

기출선지로 확인

자선조직협회

01 중복구호 방지를 위해 자선조직협회가 설립되었다. 21회

02 자선조직협회는 사회진화론의 영향을 받았다. 20회, 22회

03 자선조직협회에서는 우애방문원들이 가정방문을 하였다. 11회

04 우애방문원은 오늘날 사회복지사의 모태라고 할 수 있다. 11회

인보관운동

05 빈민들과 함께 거주하면서 사회문제를 해결하려 하였다. 13회

06 빈곤문제 해결을 위하여 환경에 관심을 갖고 접근하였다. 14회

07 인보관운동은 사회개혁을 추구했다. 11회

08 사회구조의 변화에 관심을 가졌다. 13회

09 주요 이념은 자유주의, 급진주의이다. 14회

10 성직자나 대학생 등이 중심이 되어 인보관운동을 전개하였다. 11회

11 여성노동자의 권익증진 운동을 펼쳤다. 13회

12 세계 최초의 인보관은 영국의 토인비홀이다. 14회

지역사회복지 태동기

13 1959년 정신보건법(Mental Health Act) 제정으로 지역사회보호가 법률적으로 규정되었다. 17회, 20회, 21회

14 시설보호로부터 지역사회보호로 전환이 이루어졌다. 20회

대표기출로 확인

01 영국의 지역사회복지 역사에 해당하지 않는 것은? 22회

① 자선조직협회(COS)는 사회진화론에 영향을 받았다.
② 토인비홀은 사무엘 바네트(S. Barnett) 목사가 설립한 인보관이다.
③ 헐 하우스는 제인 아담스(J. Adams)에 의해 설립되었다.
④ 시봄(Seebohm) 보고서는 사회서비스의 협력과 통합을 제안하였다.
⑤ 그리피스(Griffiths) 보고서는 지방정부의 책임을 강조하였다.

> 제인 아담스(J. Adams)에 의해 설립된 헐 하우스는 미국의 인보관이다(미국 시카고에 위치).
>
> 정답 ③

기출키워드6 영국의 지역사회복지 역사

03 지역사회복지 형성기

시봄 보고서 (1968)	• 통합된 지역사회서비스 제공을 위해 단일 사회서비스 부서 창설 제안 • 다양한 복지욕구에 포괄적으로 대응하는 조직체계 필요 • 사회복지사 직무 전문화와 지역 수준 행정 강화 • 이후 영국 「사회복지서비스법」(Local Authority Social Services Act, 1970) 제정에 영향을 미침
하버트 보고서 (1971)	• 공공서비스와 민간서비스 외 가족체계와 지역사회의 근린관계(친구 등)에 초점을 둠 • 비공식 서비스 자원 활용을 강조
바클레이 보고서 (1982)	• 사회복지사의 역할과 직무에 대한 광범위한 제안 • 지역사회복지실천이 상담 중심에서 사회적 보호 중심으로 전환 필요 • 사회적 보호는 주로 지역주민의 비공식적 관계망을 통해 이루어짐 • 공식보호서비스와 비공식서비스의 파트너십 강조

04 지역사회복지 발전기

특징	• 그리피스 보고서를 기반으로 1990년 「국민보건서비스 및 지역사회보호법」 제정 및 공표 • 지역사회보호 개혁(1993): 케어 매니지먼트에 시장경제 원리를 도입하고, 서비스 제공자 간 경쟁을 촉진함 • 2008년부터 돌봄서비스의 질 향상을 위해 관리감독 기구에 민간부문이 참여할 수 있도록 함
그리피스 보고서 (1988)	• 지역사회보호의 일차적 책임을 지방당국이 가짐 • 지방당국은 대인사회서비스의 직접적인 제공자가 아닌 계획·조정·구매자로서 역할을 수행 • 주거보호에 대한 욕구는 지방당국에 의하여 사정됨

기출선지로 확인

지역사회복지 형성기 – 시봄 보고서

15 시봄(Seebohm) 보고서는 사회서비스의 협력과 통합을 제안하였다. 15회, 22회

16 사회서비스 부서 창설 제안 15회

17 대인사회서비스 15회

18 지역사회를 사회서비스 제공자로 인식 15회

지역사회복지 발전기

19 그리피스(Griffiths) 보고서 17회

20 1980년대 그리피스(E. Griffiths) 보고서는 복지 주체의 다원화에 영향을 미쳤다. 19회

21 그리피스 보고서(Griffiths Report)에서 지역사회보호의 권한과 재정을 지방정부로 이양할 것을 권고하였다. 20회

22 그리피스(Griffiths) 보고서는 지역사회보호의 일차적 책임주체가 지방정부임을 강조하였다. 21회, 22회

대표기출로 확인

02 영국의 지역사회복지 역사에 영향을 준 사건을 과거부터 시대순으로 옳게 나열한 것은? 23회

> ㄱ. 토인비홀(Toynbee Hall) 설립
> ㄴ. 시봄(Seebohm) 보고서
> ㄷ. 정신보건법(Mental Health Act) 제정
> ㄹ. 바클레이(Barclay) 보고서
> ㅁ. 하버트(Harbert) 보고서
>
> ① ㄱ → ㄴ → ㄹ → ㅁ → ㄷ
> ② ㄱ → ㄷ → ㄴ → ㅁ → ㄹ
> ③ ㄱ → ㄷ → ㄹ → ㅁ → ㄴ
> ④ ㄴ → ㄷ → ㅁ → ㄹ → ㄱ
> ⑤ ㄷ → ㄱ → ㅁ → ㄹ → ㄴ

> 주요 사건을 시대순으로 나열하면 다음과 같다.
> ㄱ. 1884년   ㄷ. 1959년
> ㄴ. 1968년   ㅁ. 1971년
> ㄹ. 1982년
>
> 정답 ②

03 영국의 지역사회복지 역사에 관한 설명으로 옳은 것은? 19회

① 헐 하우스(Hull House)는 빈민들의 도덕성 향상을 위해 노력하였다.
② 우애방문단은 기존 사회질서를 비판하고 개혁을 주장하였다.
③ 인보관 이념은 우애방문단 활동의 기반이 되었다.
④ 1960년대 존슨행정부는 '빈곤과의 전쟁'을 선포하고 다양한 지역사회 개혁을 단행하였다.
⑤ 1980년대 그리피스(E. Griffiths) 보고서는 복지 주체의 다원화에 영향을 미쳤다.

> ① 빈민들의 도덕성 향상을 위해 노력한 것은 자선조직협회이다.
> ② 인보관은 기존 사회질서를 비판하고 개혁을 주장하였다.
> ③ 우애방문단 활동의 기반이 된 것은 자선조직협회이다.
> ④ 1960년대 존슨행정부는 '빈곤과의 전쟁'을 선포하고 다양한 빈곤의 퇴치에 역점을 두었다.
>
> 정답 ⑤

03 지역사회복지의 역사

기출키워드 7
한국의 지역사회복지 역사 ★빈출

최근 7개년 평균 출제문항 수 **1.1문항**

01 한국 지역사회복지 주요 흐름

전통사회	두레, 향약, 품앗이 등 공동체 기반의 상호부조 활동 전개
1921년	우리나라 최초의 근대적 사회복지기관인 태화여자복지관 설립
1945년	광복 후 미군정 시기, 구호 중심의 사회사업 시작
1950년대	KAVA(외국원조단체)에 의한 요보호자 중심의 초기 복지 모델 실시
1970년	• 우리나라 최초의 종합사회복지관 설립(마포사회복지관) → 복지관 중심 지역사회복지실천 시작 • 현대적 개념의 「사회복지사업법」 제정
1970년대	새마을운동 전개 → 지역개발과 지역사회조직화 시도
1989년	전국민 의료보험 실시 → 복지전달체계 기반 강화
1995년	지방자치제 부활 → 지역 중심 복지계획 수립 가능
1997년	「사회복지사업법」 개정 → 지역사회복지 개념 법제화(1급 시험 명문화, 시설 평가제 도입 등)
2000년	아동복지법 전면개정 → 아동의 신체 학대, 성적 학대, 정서적 학대에 대한 처벌 규정 강화
2005년	지역사회복지계획 수립 의무화, 지역사회복지협의체 설치(민관 협의체)
2010년	사회복지통합관리망(행복e음) 개통
2012년	희망복지지원단 도입 → 복지사각지대 발굴 및 통합사례관리 본격화
2015년	「사회보장급여법」 시행, 지역사회복지협의체 → 지역사회보장협의체로 개편
2018년	커뮤니티케어(지역사회 통합돌봄) 추진계획 발표
2019년~현재	• 사회복지사업법 개정(서비스 제공체 확대, 복지서비스 통합, 사회복지사 역할 강화, 질 관리 강화, 정보 시스템 구축) • 커뮤니티케어 시범사업, 지역통합돌봄 중심의 주민 참여형 지역사회복지체계 구축 중

기출선지로 확인

우리나라의 지역사회복지 역사

01 향약은 주민 교화 등을 목적으로 한 지식인 간의 자치적인 협동조직이다. 22회

02 태화여자관은 메리 마이어스(M. D. Myers)에 의해 설립되었다. 22회

03 1950년대 외국원조기관은 구호 및 생활보호 등에 기여하였다. 16회

04 사회복지관 운영은 지역사회 기반의 복지서비스를 촉진시켰다. 19회

05 새마을운동은 정부 주도적 지역사회개발이었다. 19회

06 농촌 새마을운동에서 도시 새마을운동으로 확대되었다. 22회

07 1980년대 민주화 운동으로 전개된 지역사회 생활권 보장을 위한 활동은 사회행동모델에서 비롯되었다. 16회

08 1990년대: 사회복지공동모금제도 실시 18회

09 1990년대 – 재가복지봉사센터 설치·운영 21회

10 2000년대 도입된 지역사회서비스투자사업의 사회서비스이용권 비용 지급·정산은 사회보장 정보원이 담당한다. 16회

11 2000년대: 지역사회복지계획 수립의 법제화 18회

12 국민기초생활보장제도의 시행은 지역사회 중심의 자활사업을 촉진시켰다. 19회

13 2000년대 이후: 시·군·구에 희망복지지원단 설치 17회

14 2000년대 이후: 지역사회서비스투자사업 실시 17회

15 2010년대 – 읍·면·동 복지허브화사업 실시 23회

대표기출로 확인

01 한국 지역사회복지 역사에 관한 설명으로 옳은 것은? 18회

① 2001년 국민기초생활보장제도 시행으로 정부의 책임성 강화
② 2007년 「협동조합기본법」의 제정으로 자활공동체가 보다 쉽게 협동조합을 결성할 수 있게 됨
③ 2010년 사회복지통합관리망(행복e음) 구축
④ 2015년 시·군·구 희망복지지원단 운영으로 통합사례관리 시행
⑤ 2018년 주민자치센터를 행정복지센터로 명칭 변경

> ① 2000년 국민기초생활보장제도 시행으로 정부의 책임성 강화
> ② 2012년 「협동조합기본법」의 제정으로 자활공동체가 보다 쉽게 협동조합을 결성할 수 있게 됨
> ④ 2012년 시·군·구 희망복지지원단 운영으로 통합사례관리 시행
> ⑤ 2016년 주민자치센터를 행정복지센터로 명칭 변경
>
> 정답 ③

02 한국의 지역사회복지 역사에 관한 설명으로 옳은 것은? 21회

① 1960년대 – 지역자활센터 설치·운영
② 1970년대 – 사회복지관 운영 국고보조금 지원
③ 1980년대 – 희망복지지원단 설치·운영
④ 1990년대 – 재가복지봉사센터 설치·운영
⑤ 2010년대 – 사회복지사무소 시범 설치·운영

> ① 2000년대 – 지역자활센터 설치·운영(2006년 자활후견기관에서 명칭 변경)
> ② 1980년대 – 사회복지관 운영 국고보조금 지원
> ③ 2010년대 – 희망복지지원단 설치·운영(2012년)
> ⑤ 2000년대 – 사회복지사무소 시범 설치·운영(2004년)
>
> 정답 ④

04 지역사회복지 이론과 실천모델

기출키워드 8

지역사회복지 주요 이론 ★빈출

최근 7개년 평균 출제문항 수 **2.3문항**

01 구조기능주의

정의	• 사회는 상호 연관된 여러 부분(하위체계)들로 구성되어 있음 • 이들은 상호 의존하며 전체 사회의 기능 유지에 기여함
대표 학자	• 스펜서(Spencer): 사회를 생물학적 유기체에 비유 • 머튼(Merton): 전통 기능주의 정립
세부 내용	• 경제, 종교, 가족, 정부 등 다양한 하위체계로 구성 • 지역사회 내 하위체계는 서로 기능적으로 연결됨 • 사회 전체가 기능하려면 각 체계의 조정과 통합이 필요함 • 각 하위체계는 독립된 실체이자 경계를 지닌 단위 • 하위체계 간의 통합·조정·결속을 통해 사회 전체의 안정 유지 • 전체 사회는 균형과 안정을 추구 • 변화보다 유지·통합 강조 • 지역사회의 갈등을 설명하는 데는 한계가 있음
적용	• 지역사회는 정부, 경제, 사회, 가족, 종교 등 하위체계로 구성된 하나의 체계 • 각 하위체계는 고유의 역할을 수행하면서 지역사회의 통합에 기여함

02 갈등이론

정의	• 지역사회 내 계층·집단 간 이해관계에서 비롯된 갈등을 중심으로 사회를 이해함 • 자원과 권력의 불균형이 갈등을 유발하며, 이 갈등이 사회변화의 동력이 됨
대표 학자	• 칼 마르크스(K. Marx): 경제적 기반이 사회 구조를 결정 • 계급 갈등은 자본주의 사회 구조를 변혁시키는 핵심
세부 내용	• 사회 각 부분은 경제적 이해관계 중심 • 사회 내 여러 집단은 협력하기보다는 경쟁하고, 항상 안정되지 않고 갈등과 불안정이 존재함 • 갈등을 사회변화와 구조 개선의 출발점으로 이해함 • 갈등을 부정적 현상이 아닌 변화의 기제로 간주 • 사회는 균형보다 불균형과 경쟁의 구조 • 균형보다는 긴장과 투쟁에 주목
적용	• 지역사회 내 계층·조직 간의 이해충돌은 필연적 • 갈등을 드러내고 조정하는 구조적 개입 필요 • 변화는 갈등의 결과물

기출선지로 확인

구조기능주의

01 조화, 적응, 안정 균형을 중시한다. 14회
02 사회변화가 점진적으로 이루어진다고 전제한다. 14회

갈등이론

03 지역사회복지실천은 불평등 관계를 바꾸고자 한다. 10회
04 알린스키(Alinsky)의 지역사회조직활동에 영향을 미쳤다. 10회
05 갈등이론은 갈등을 둘러싼 연대와 권력형성의 도구가 될 수 있다는 측면에서 사회행동모델에 유용하다. 13회
06 갈등현상을 사회적 과정의 본질로 간주한다. 18회
07 갈등이론 – 갈등전술, 내부결속 20회
08 갈등이론 – 자원의 불평등한 분배로 인해 이해관계의 대립이 발생한다. 21회, 23회

대표기출로 확인

01 갈등이론에 관한 설명으로 옳은 것을 모두 고른 것은? 18회

ㄱ. 갈등현상을 사회적 과정의 본질로 간주한다.
ㄴ. 사회나 조직을 지배하는 특정 소수집단의 역할이 중요하다.
ㄷ. 사회관계는 교환적인 활동을 통해 이익이나 보상이 주어질 때 유지된다.
ㄹ. 사회문제는 사회변화가 아닌 개인의 사회적응을 통해 해결할 수 있다.

① ㄱ ② ㄱ, ㄴ ③ ㄴ, ㄷ
④ ㄱ, ㄴ, ㄷ ⑤ ㄴ, ㄷ, ㄹ

> ㄴ. 사회나 조직을 지배하는 특정 소수집단의 역할을 중요하게 보는 것은 엘리트이론이다.
> ㄷ. 사회관계가 교환적인 활동을 통해 이익이나 보상이 주어질 때 유지된다고 하는 것은 사회교환이론이다.
> ㄹ. 사회변화가 아닌 개인의 사회적응을 통해 사회문제를 해결할 수 있다는 것은 구조(기능)주의이론이다.
>
> 정답 ①

기출키워드8 지역사회복지 주요 이론 ★빈출

03 사회체계이론

정의	• 사회는 크고 작은 하위체계들이 상호작용하며 구성된 전체 체계 • 지역사회는 이러한 체계들 중 하나로, 상호 연계와 작동 속에서 하나의 공동체를 이룸

세부 내용	• 전체는 부분들의 집합이며, 각 부분은 상호의존 관계에 있음
	• 한 부분의 변화는 전체 체계에 영향을 미침
	• 적용 관점
	  – 수평적 관점: 지역사회 내부의 제도 및 체계들 간 상호작용 강조
	  – 수직적 관점: 지역사회와 외부 체계 간 상호작용 강조
	• 개방적·유기적·상호작용적 시스템
	• 부분 간 상호작용과 영향성 중시

적용	• 지위, 역할, 집단, 제도 등으로 지역사회가 구성됨 • 지역사회는 하나의 조직화된 행위자로 간주

04 생태체계이론

정의	• 인간은 환경과 끊임없이 상호작용하며 적응하는 존재 • 인간과 환경을 하나의 통합된 생태계로 이해
세부 내용	• 환경 속의 인간(PIE) 관점 • 인간과 환경 간의 적합성, 상호교류, 영향 중심 • 인간과 환경의 관계가 긍정적인가 부정적인가를 분석 • 관계 개선과 자원 연결을 통해 개인·집단의 역량 강화 • 환경 변화에의 적응과 환경 변화 유도 모두 포함 • 지역사회의 변화과정을 역동적으로 설명하기 위해, 경쟁, 중심화, 분산, 분리 등의 다양한 개념들을 사용 • 역동적 사회환경 분석에 적합 • 변화에 민감하게 반응하는 실천 기반 이론
적용	• 미시체계: 가족, 친구, 학교 등 직접적 대면 관계 • 중간체계: 미시체계들 간의 상호작용(가정 – 학교, 가정 – 교회 등) • 외부체계: 지역사회의 제도적 환경(학교제도, 언론, 교통, 의료 등) • 거시체계: 법, 제도, 정치, 경제, 문화 등 간접적 영향 요소

기출선지로 확인

사회체계이론

09 사회체계이론: 지역사회를 하나의 체계로 간주하고 지역사회와 환경의 관계를 설명한다. 14회

10 사회체계이론은 보수적 이론으로 비판받지만 지역사회의 구조와 기능을 설명할 수 있다. 13회

생태체계이론

11 생태이론: 지역사회의 변화과정을 역동적으로 설명하기 위해 경쟁, 중심화, 분산, 분리 등의 다양한 개념들을 사용한다. 14회

12 중심화나 분산 등의 개념을 사용하여 지역사회의 변화과정을 역동적으로 설명할 수 있음 11회, 13회

13 지역사회는 공간을 점유하는 인간집합체로서 경쟁, 중심화, 분산 및 분리 등의 현상이 존재한다. 13회

14 생태학적 관점 – 분리(Segregation), 경쟁, 침입, 계승 20회

15 지역사회가 변화에 순응하면 살아남고 순응하지 못하면 도태된다는 자연의 섭리를 강조 11회

대표기출로 확인

02 지역사회복지이론에 관한 설명으로 옳은 것을 모두 고른 것은? 23회

ㄱ. 사회체계이론 – 지역사회 내 갈등이 변화의 원동력이다.
ㄴ. 갈등이론 – 자원의 불평등한 분배로 인해 이해관계의 대립이 발생한다.
ㄷ. 자원동원이론 – 인간행동은 타인이나 사회환경과 상호작용하는 동안에 학습된다.
ㄹ. 사회자본이론 – 신뢰와 네트워크를 통해 지역사회 문제해결을 위한 규범 등이 형성된다.

① ㄱ, ㄷ   ② ㄴ, ㄹ
③ ㄷ, ㄹ   ④ ㄴ, ㄷ, ㄹ
⑤ ㄱ, ㄴ, ㄷ, ㄹ

> ㄱ. 지역사회 내 갈등을 변화의 원동력으로 본 것은 갈등이론이다.
> ㄷ. 인간행동이 타인이나 사회환경과 상호작용하는 동안에 학습된다고 본 것은 사회학습이론이다.
>
> 정답 ②

기출키워드8 지역사회복지 주요 이론 ★빈출

05 자원동원이론

정의	• 사회운동의 성패는 자원의 확보와 활용 능력에 따라 결정됨 • 조직의 정체성, 구성원 충원, 자금조달, 조직구조 등 자원동원이 핵심 • 사회운동조직은 자원(사람, 돈, 정보 등)을 확보하고 조직화할 수 있어야 함
세부 내용	• 명확한 철학과 비전 제시 • 지역사회 내 사회적 약자 권익 옹호 운동의 이론적 기반 제공 • 사회운동의 구조적 조건 중시 • 단순한 불만보다 실천 조직의 자원 능력에 주목(조직원 충원 능력, 재정 확보 능력 등) • 사람·돈·정보 등의 자원을 어떻게 확보하고 관리할지에 대한 전략이 중요함 • 사회적 항의 활동은 대중의 인지·정당성 확보 수단 • 조직 운영력과 외부 채널 활용 능력이 결정적
적용	• 실천을 위해 운동조직의 체계적 준비와 전략적 자원 확보 필요 • 조직원 확보 전략의 필요성 강조

06 교환이론

정의		• 인간은 합리적 존재로서 상호작용을 통해 최대 이익을 추구함 • 사회적·물질적 자원의 교환을 인간관계의 핵심으로 이해함 • 자원의 단절, 불균형이 지역사회 문제의 원인
관점	호만스	• 모든 사회적 관계는 교환적 성격을 가짐 • 개인은 최소 비용으로 최대 보상을 선택
	블라우	• 권력구조와 사회적 지위의 생성에 주목 • 호혜적 교환 → 평등한 관계, 시혜적 교환 → 불평등 관계
세부 내용		• 사회적 관계는 보상과 비용의 계산을 기반으로 성립 및 유지 • 보상이 크고 비용이 작을수록 관계는 지속됨 • 교환이 반복될수록 사회적 유대 강화
적용		• 지역사회는 자원교환의 장이며, 교환자원에는 상담, 기부, 정보, 정치적 권력 등이 포함 • 교환관계가 단절되거나 비효율적일 때 갈등과 위기 발생

07 엘리트주의이론과 다원주의이론

구분	엘리트주의이론	다원주의이론
정의	• 정책결정은 소수 지배 엘리트 집단의 가치와 이해에 의해 주도됨 • 엘리트 계층이 중심이 되어 공공정책 결정(대중은 소외)	• 다양한 집단 간의 경쟁과 견제를 통해 정책이 형성됨 • 이익집단들 간 경쟁과 타협을 통해 정책 결정 • 대중의 영향력 인정
관점	엘리트의 이해를 반영하여 자신들의 이익 수단으로 복지 활용	다양한 집단의 이해와 필요를 반영한 균형 있는 복지정책 형성

기출선지로 확인

자원동원이론

16 자원동원이론은 힘의존이론(Power Dependency Theory)에 영향을 받았다. 11회

17 사회운동을 발전시키기 위하여 회원들을 적극적으로 참여하도록 독려한다. 12회

18 조직의 발전을 위해서 구성원 모집, 자금 확충, 직원 고용에 힘쓴다. 12회

19 외부체계와의 종속관계를 약화시키기 위하여 회원의 수를 늘린다. 12회

교환이론

20 교환이론 – 자원의 교환을 통한 지역사회 발전 강조 22회

다원주의이론

21 지역사회복지정책은 이익집단들 간의 갈등과 타협의 산물로 간주된다. 15회

22 다양한 집단과 조직이 이익을 표출함으로써 정책과정에 영향을 미칠 수 있다. 15회

23 지역사회복지정책 결정은 이익집단들의 상대적 영향력 정도에 따라 달라진다. 15회

대표기출로 확인

03 이론과 주요 개념의 연결이 옳지 않은 것은? 20회

① 사회체계이론 – 체계와 경계
② 생태학적 관점 – 분리(segregation), 경쟁, 침입, 계승
③ 사회자본이론 – 네트워크, 일반화된 호혜성 규범
④ 갈등이론 – 갈등전술, 내부결속
⑤ 사회교환이론 – 자기효능감, 집단효능감

> 자기효능감, 집단효능감은 인지행동주의이다.
> 정답 ⑤

04 다음을 설명하고 있는 이론은? 22회

> 최근 A지방자치단체와 B지방자치단체는 중앙정부로부터 각각 100억 원의 복지 예산을 지원받았다. 노인복지단체가 많은 A지방자치단체는 지역 노인회의 요구로 노인복지 예산 편성 비율이 전체 예산의 50%를 차지하게 되었고, 상대적으로 젊은 층이 많이 거주하고 있는 B지방자치단체는 노인복지 예산의 편성비율이 20% 수준에 그쳤다.

① 교환이론   ② 갈등주의이론
③ 사회체계이론   ④ 사회자본이론
⑤ 다원주의이론

> 주어진 사례를 보면 두 지방자치단체가 정부로부터 동일한 복지 예산을 지원 받았으나, 각 지역 내 이익집단에 의해 예산 편성이 다르게 진행되었음을 알 수 있다. 이는 다원주의이론을 적용한 사회복지실천에 해당한다. 다원주의이론의 특징은 다음과 같다.
> • 다양한 이익집단들이 사회를 이끌어가고 있다고 봄 → 이익집단(정당, 협회, 결사체 등)의 경쟁을 강조
> • 경쟁을 통한 혜택은 소비자(지역주민)가 받음
> • 정책결정 과정에서 정부는 공정한 심판자, 조정가의 역할을 수행
> • 주로 선진국에 보이는 형태(후진국은 엘리트이론)
> 정답 ⑤

기출키워드8 지역사회복지 주요 이론 ★빈출

구분	엘리트주의이론	다원주의이론
세부 내용	• 권력은 소수 특권층에 집중됨 • 폐쇄적이고 상층 중심 • 정치, 경제 등 주요 영역에서 영향력을 행사하는 소수 존재 • 대중보다 우월한 지위와 자원 보유 • 보수적 성향이 강함 • 정책 변화는 엘리트의 필요에 의해 제한적으로 발생 • 엘리트는 대중으로부터 영향을 받기보다 오히려 대중을 통제하고 영향력을 행사함 • 선거, 정당, 압력단체 등은 엘리트를 제어하지 못함	• 권력은 분산되어 있음 • 복수의 집단이 정책 결정에 영향력 행사 가능 • 엘리트 개념은 부정되며, 모든 집단이 일정한 영향력 행사 가능 • 정책 변화와 적응성이 상대적으로 높음 • 집단 간 협상과 다툼 결과로 조정됨 • 대중은 여론, 집단 활동, 선거 등을 통해 영향력 행사 가능 • 선거, 정당, 언론, 시민단체 등이 실질적 견제 기능 수행

08 사회구성론(사회구성주의)

정의	현실과 지식은 객관적으로 주어지는 것이 아니라, 사회·문화적 맥락 속에서 인간이 상호작용을 통해 구성함
세부 내용	• 포스트모더니즘과 상징적 상호작용이론의 영향을 받음 • 개인의 경험과 언어, 맥락이 현실 형성에 핵심 • 클라이언트의 현실도 개인의 맥락에 따라 다르게 해석됨 • 지식과 현실은 사회적으로 만들어진 결과물 • 보편적 진리보다 해석과 의미에 주목 • 다원성과 다양성 강조
적용	• 사회복지사와 클라이언트의 관계는 현실을 공동으로 재구성하는 과정 • 언어, 상징, 대화가 실천의 중심

09 권력의존이론

정의	• 권력은 자원의 희소성과 중요성, 그리고 그 자원을 통제할 수 있는 정도에 따라 발생 • 참여자 간의 권력균형은 자원의 보유·제공 능력에 따라 결정됨
세부 내용	• 조직이나 개인은 서로 필요한 자원에 대해 의존적 관계를 맺음 • 자원 의존관계가 곧 권력관계를 형성함 • 권력은 일방적으로 행사하는 것이 아니라, 서로 주고받는 관계 속에서 계속 변함 • 상호의존적 관계 속 비대칭성 존재
적용	• 지역사회복지 실천에서 주민조직, NGO, 민관협력체 등이 권력과 자원의 불균형을 해소하거나 분산하는 전략을 모색해야 함 • 힘의 크기보다 힘의 원천과 활용 가능성이 중요함 • 권력은 고정된 것이 아니라 교환 가능한 역동적 자산

기출선지로 확인

사회구성(주의)이론

24 사회구성주의이론: 지역사회 문제를 객관적 사실로 인정하지 않고, 특정 집단에 의해 규정된다고 본다. 19회

25 사회구성(주의)이론 – 가치나 규범, 신념, 태도 등은 다양한 문화적 집단에 따라 다르게 구성된다. 20회

권력의존이론

26 사회복지관은 지방정부로부터 보조금 집행에 대한 지도점검을 받았다. 21회

대표기출로 확인

05 지역사회복지 관련 이론과 내용의 연결로 옳은 것은? 19회
① 다원주의이론: 인간과 환경과의 상호작용에 초점을 둔다.
② 구조기능론: 지역사회 내 갈등이 변화의 원동력이다.
③ 사회구성주의이론: 지역사회 문제를 객관적 사실로 인정하지 않고, 특정 집단에 의해 규정된다고 본다.
④ 권력관계이론: 지역사회는 구성 부분들의 조화와 협력으로 발전된다.
⑤ 사회자본이론: 지역사회 내 소수의 엘리트 집단의 권력이 정책을 좌우한다.

> ① 생태학이론: 인간과 환경과의 상호작용에 초점을 둔다.
> ② 갈등이론: 지역사회 내 갈등이 변화의 원동력이다.
> ④ 구조(기능)주의이론: 지역사회는 구성 부분들의 조화와 협력으로 발전된다.
> ⑤ 엘리트이론: 지역사회 내 소수의 엘리트 집단의 권력이 정책을 좌우한다.
>
> 정답 ③

04 지역사회복지 이론과 실천모델

기출키워드 9

로스만의 모델

최근 7개년 평균 출제문항 수 **0.6문항**

01 로스만의 3분형 모델

구분	지역사회개발모델	사회계획모델	사회행동모델
정의	주민의 자발적 참여를 통해 지역사회 문제를 해결하고 공동체를 강화하는 모델	전문가 주도의 합리적 계획으로 사회문제를 해결하려는 모델	소외된 집단의 조직화와 불평등한 권력 구조에 대한 도전을 통해 사회 구조를 변화시키는 모델
모델 유형	과정 중심이면서 과업지향적 소집단 활용	과업 중심(계획과 실천 성과)	과업 중심 + 관계 중심(갈등론 기반)
목표	지역주민의 역량 강화, 자조, 참여, 공동체성 회복	문제 해결 중심: 정책개발, 서비스 설계 및 집행	사회정의, 권력재분배, 억압집단의 권익향상
핵심 요소	참여, 자조, 협력, 사회통합	합리성, 효율성, 전문성	권력구조 변화, 사회정의 실현, 대결전략
주요 전략	상향식 접근, 주민교육, 토착적 리더십 양성	문제 진단 → 계획 → 실행 → 평가의 기술적 과정	조직화, 시위, 캠페인, 대항전술 등을 통한 정치적·사회적 영향
대상	지역사회 전체, 일반 주민	정책결정자, 기관, 전문가, 일부 주민 참여	소외되고 억압받는 계층 및 권력 없는 집단
사회복지사의 역할	조력자, 교육자, 조정자	계획가, 관리자, 전문가	옹호자, 조직가, 행동가, 선동가
적용 사례	지역복지관, 새마을운동, 자원봉사운동 등	도시계획, 복지정책개발, 주택·정신건강정책 등	빈민조직화, 인권운동, 장애인 권리운동, 시위, 캠페인 등
한계점	지역 전체의 협동 유도 어려움, 계층·문화 간 이해 한계	정치적 요소 간과, 전문가 자원 부족 시 비현실적	대립구조 심화, 급진적 변화의 위험성, 법적 갈등 소지

기출선지로 확인

지역사회개발모델

01 지역사회개발모델은 지역사회 역량강화, 통합, 자조를 활동 목표로 둔다. 23회

02 지역사회 변화를 위한 전술로 합의방법을 사용한다. 20회

03 변화를 위한 전략으로 문제해결에 다수의 사람을 참여시킨다. 20회

04 변화의 매개체는 과업지향의 소집단이다. 20회

05 로스만(J. Rothman)의 지역사회개발모델은 지역사회나 문제의 아노미 또는 쇠퇴된 상황을 전제한다. 18회

06 지역사회의 아노미 상황에 사용할 수 있다. 20회

사회행동모델

07 로스만(J. Rothman)의 사회행동모델은 불이익을 받거나 권리가 박탈당한 사람의 이익을 옹호한다. 18회

08 지역사회 내 불평등한 권력구조의 변화를 지향한다. 22회

09 변화를 위한 기본 전략은 '억압자에 대항하기 위한 규합'을 추구한다. 22회

10 사회행동모델에서 사회복지사의 핵심 역할은 옹호자, 선동가, 협상가이다. 23회

11 여성운동, 빈민운동, 환경운동 등 시민운동에도 활용될 수 있다. 22회

12 변화 매개체로 대중조직을 활용한다. 22회

13 사회행동모델에서는 지역사회 내 집단들이 갈등관계로 인해 타협과 조정이 어렵다고 본다. 21회

대표기출로 확인

01 로스만(J. Rothman)의 지역사회복지 실천모델에 관한 설명으로 옳은 것을 모두 고른 것은? 21회

> ㄱ. 지역사회개발모델은 지역사회 구성원의 조직화를 주요 실천과정으로 본다.
> ㄴ. 지역사회개발모델의 변화 매개체는 공식적 조직과 객관적 자료이다.
> ㄷ. 사회계획모델에서 사회복지사의 핵심 역할은 협상가, 옹호자이다.
> ㄹ. 사회행동모델에서는 지역사회 내 집단들이 갈등관계로 인해 타협과 조정이 어렵다고 본다.

① ㄱ, ㄷ　② ㄱ, ㄹ　③ ㄴ, ㄷ
④ ㄱ, ㄴ, ㄹ　⑤ ㄱ, ㄷ, ㄹ

> ㄴ. 사회계획모델의 변화 매개체는 공식적 조직과 객관적 자료이다.
> ㄷ. 사회행동모델에서 사회복지사의 핵심 역할은 협상가, 옹호자이다.
>
> 정답 ②

04 지역사회복지 이론과 실천모델

기출키워드 10

웨일과 갬블의 모델

최근 7개년 평균 출제문항 수 **0.9문항**

01 웨일과 갬블의 지역사회복지 실천 모델

구분	내용	사회복지사의 역할
근린지역 및 지역사회 조직화모델	• 자발적 주민 조직화, 리더십 개발 중심 • 지리적으로 가까운 주민들을 조직화하여 문제 해결 및 삶의 질 향상 • 공공기관, 개발기업 등 외부 세력을 표적체계로 함 • 표적체계: 시, 외부개발자, 지역사회주민	조직가, 교사, 코치, 촉진자
기능적 지역사회 조직화모델	• 지리적 위치보다 공통된 관심사(이슈)를 기반으로 조직화 　예 장애인 부모모임, 학교폭력 반대모임 • 표적체계: 일반대중, 정부기관	조직가, 옹호자, 정보제공자, 촉진자
사회적 및 경제적 개발모델	• 자원동원 능력 강조, 실질적 투자 촉진 • 경제개발과 사회개발의 통합 • 저소득층과 불이익 집단의 삶의 질 및 기회 증진 목적 • 표적체계: 은행, 재단, 외부개발자, 지역사회주민	협상가, 교사, 계획가, 관리자
사회계획모델	• 선출기관 대상 정책개입, 합리적 계획 강조 • 인간서비스 조정, 욕구조사, 정책계획 중심 • 기술적 접근과 휴먼서비스 연계 강조 • 표적체계: 지역사회 지도자, 인간서비스 지도자	조사자, 제안자, 계획가, 정보전달자
프로그램 개발 및 지역사회 연계모델	• 실행력 중시, 기관 간 연계 실천 • 주민욕구 기반 프로그램 기획·연계 중심 • 프로그램과 지역사회 간 상호작용 강조 • 표적체계: 기관 프로그램의 재정 지원자, 기관 서비스 수혜자	관리자, 대변인, 제안서 작성자
정치적 및 사회적 행동모델	• 대중동원, 시위, 캠페인 등 활용 • 권력불균형 해소 및 시민참여 확대 목적 • 사회정의 및 억압구조 개선에 초점 • 표적체계: 선거권자, 선출직 공무원, 잠재적 참여자	내부·외부 조직가, 교육자, 옹호자
연대(연합)모델	• 다양한 조직이 연합하여 사회변화 공동추진 • 집단 간 자원·역량 결합 강조 • 표적체계: 선출직 공무원, 재단, 공무원	중재자, 협상가, 대변인
사회운동모델	• 인권, 반전, 환경 등 보편가치 실현을 위한 운동참여 • 지역·국가·국제적 차원 모두 포함 • 표적체계: 일반 대중, 정치제도	촉진자, 옹호자

기출선지로 확인

근린지역사회조직모델

01 대면접촉이 이루어지는 가까운 지역사회에 초점을 둔다. 19회
02 일차적 구성원은 지역사회 이웃주민이다. 23회
03 조직화를 위한 구성원의 능력개발, 지역주민의 삶의 질 증진을 목표로 한다. 19회
04 사회복지사의 역할은 조직가, 촉진자, 교육자, 코치 등이다. 19회, 23회
05 지방정부, 외부개발자, 지역주민을 변화의 표적체계로 본다. 23회

기능적 지역사회조직모델

06 웨일과 갬블(M. Weil & D. Gamble)의 기능적 지역사회조직모델은 발달장애아동의 부모모임과 같이 공통이슈를 지닌 집단의 이해관계를 기반으로 한다. 18회
07 공통 관심사나 특정 이슈에 대한 정책·행위·인식의 변화에 초점 21회
08 일반 대중 및 정부 기관을 변화의 표적체계로 파악 21회
09 조직가, 촉진자, 옹호자, 정보전달자를 사회복지사의 주요 역할로 인식 21회

정치·사회행동모델

10 기회를 제한하는 불평등에 도전 20회
11 사회적·정치적·경제적 정의를 위한 행동 20회
12 표적체계에 선출직 공무원도 해당 20회

연합모델

13 웨일과 갬블(M. Weil & D. Gamble)의 연합모델의 표적체계는 선출직 공무원이나 재단 및 정부 당국이 될 수 있다. 18회

대표기출로 확인

01 다음에서 설명하는 웨일과 갬블(M. Weil & D. Gamble)의 지역사회복지 실천모델은? 21회

- 공통 관심사나 특정 이슈에 대한 정책, 행위, 인식의 변화에 초점
- 일반 대중 및 정부 기관을 변화의 표적체계로 파악
- 조직가, 촉진자, 옹호자, 정보전달자를 사회복지사의 주요 역할로 인식

① 사회계획
② 기능적 지역사회조직
③ 프로그램 개발과 지역사회 연계
④ 연합
⑤ 정치사회행동

> 제시된 내용은 기능적 지역사회조직모델에 대한 설명이다.
> 정답 ②

02 웨일과 갬블(M. Weil & D. Gamble)의 근린 지역사회조직모델에 관한 설명으로 옳지 않은 것은? 23회

① 조직화를 위한 구성원의 능력개발에 초점을 둔다.
② 일차적 구성원은 지역사회 이웃주민이다.
③ 사회복지사의 주요 역할은 조직가, 교육자, 촉진자, 코치이다.
④ 지방정부, 외부개발자, 지역주민을 변화의 표적체계로 본다.
⑤ 관심 영역은 공통 관심사나 특정 이슈에 대한 정책, 행위, 인식의 변화이다.

> 관심 영역이 공통 관심사나 특정 이슈에 대한 정책, 행위, 인식의 변화라고 하는 것은 기능적 지역사회조직모델이다.
> 정답 ⑤

04 지역사회복지 이론과 실천모델

기출키워드 11

테일러와 로버츠의 모델

최근 7개년 평균 출제문항 수 **0.4문항**

01 테일러와 로버츠의 5분형 모델

구분	내용	특징
프로그램 개발 및 조정모델	· 인보관 운동 및 자선조직협회 활동에 뿌리를 둔 모델 · 다양한 기관 간의 프로그램을 조정하고 개발하여 지역사회 변화 유도	· 행정가 및 실무자의 서비스 체계 조정 역량 중시 · 공공기관, 지역사회 연계기관 중심 실천에 적합 · 후원자가 전적인 결정권한을 가짐
계획모델	· 로스만의 사회계획 모델을 인간 중심적으로 수정함 · 합리적 조사·기획과 정치적 접근의 통합을 강조함	· 전문가 중심의 기술적 계획 능력 + 시민과의 상호작용 필요 · 실현 가능한 정책 설계를 통한 문제 해결 강조
지역사회 연계모델	· 실무자(일선 사회복지사 및 행정가)의 지역사회와의 연계기능 중심 · 클라이언트의 문제와 지역 자원을 연결하여 문제 해결	· 관계형성·조정 중심의 실용 모델 · 클라이언트와 지역사회 간 다리 역할 수행 · 클라이언트와 후원자의 영향력이 동등한 모델
지역사회 개발모델	· 자조, 상호부조, 시민참여, 리더십 개발 등을 통한 공동체 역량 강화 · 지역사회의 문제를 주민 스스로 해결하도록 지원	· 조력자 역할의 사회복지사 중심 · 상향식 접근과 풀뿌리 조직화 중시 · 주민교육, 자원조직화 강조
정치적 권력 강화모델	· 갈등이론과 다원주의 기반 · 소외집단의 권력 획득과 시민참여 확대에 초점을 둠 · 클라이언트가 결정권한의 주체	· 사회정의 실현과 권력재분배에 주안점 · 사회복지사는 선동가·조직가·교육자로서 적극적 역할 수행 · 클라이언트에게 전적인 결정권한이 있는 모델

기출선지로 확인

테일러와 로버츠의 지역사회복지 실천모델

01 계획: 구체적 조사전략 및 기술 강조 　21회

02 지역사회개발: 지역주민의 참여와 자조 중시 　21회

03 정치적 역량 강화: 상대적으로 권력이 약한 시민의 권한 강화에 관심 　21회

지역사회연계모델

04 지역사회연계: 지역사회 문제해결을 위한 관계망 구축 강조 　21회

05 지역사회의 문제해결을 위해 관계망을 형성하거나 조정 　23회

06 사회복지사, 자원봉사자, 행정가 등 다양한 구성원이 참여 　23회

07 지역사회복지 실천 과정에서 클라이언트와 후원자의 영향력이 동등 　23회

대표기출로 확인

01 테일러와 로버츠(S. Taylor & R. Roberts) 모델에 해당되는 것을 모두 고른 것은? 　20회

ㄱ. 프로그램 개발 및 조정
ㄴ. 지역사회개발
ㄷ. 정치적 권력(역량) 강화
ㄹ. 연합
ㅁ. 지역사회연계

① ㄱ, ㄴ
② ㄴ, ㄷ
③ ㄱ, ㄹ, ㅁ
④ ㄱ, ㄴ, ㄷ, ㅁ
⑤ ㄱ, ㄷ, ㄹ, ㅁ

> ㄹ. 연합모델은 웨일 – 갬블의 지역사회복지 실천모델에 해당한다.
>
> 정답 ④

02 테일러와 로버츠(S. Taylor & R. Roberts)의 지역사회복지 실천모델에 관한 설명으로 옳지 않은 것은? 　21회

① 프로그램 개발과 조정: 지역주민의 역량강화 및 지도력 개발에 관심
② 계획: 구체적 조사전략 및 기술 강조
③ 지역사회연계: 지역사회 문제해결을 위한 관계망 구축 강조
④ 지역사회개발: 지역주민의 참여와 자조 중시
⑤ 정치적 역량강화: 상대적으로 권력이 약한 시민의 권한 강화에 관심

> 프로그램 개발과 조정모델은 지역사회의 효율적인 변화를 위해 공공기관을 중심으로 프로그램을 개발하고 조정해 나가는 모델이다. 반면 지역주민의 역량강화 및 지도력 개발에 관심을 두는 모델은 지역사회개발모델이다.
>
> 정답 ①

기출키워드 12 — 지역사회복지 실천모델별 사회복지사의 역할 ★빈출

04 지역사회복지 이론과 실천모델

최근 7개년 평균 출제문항 수 **1.1문항**

01 지역사회개발모델에서 사회복지사의 역할

역할	내용
안내자	지역주민들이 문제를 인식한 후 문제 해결에 따른 목표를 설정하고, 이를 해결하는 방안을 강구하도록 도와주는 역할
조력가	불만을 집약하며 조직화를 격려하고 대인관계를 육성하며, 공동목표를 강조하는 역할
전문가	지역사회진단, 조사 기술, 타 지역사회에 관한 정보, 기술상의 정보 및 조직화에 관한 조언 등을 해주는 역할
사회치료자	주민들의 긴장을 해소하게 하고, 협력적인 작업을 방해하는 요인을 제거하도록 도와주는 역할

02 사회행동모델에서 사회복지사의 역할

역할	내용
조력가	서비스의 수혜자 입장보다 서비스 제공자인 기관의 입장에서 일하는 경향을 비판하고, 취약계층의 복지를 증진시키기 위해 그들의 편에 서서 활동을 전개하는 역할
중개자	클라이언트와 지역사회의 자원을 연결하는 역할
옹호자	수혜를 받아야 할 사회적 약자들이 서비스를 받을 수 있는 권리를 박탈당할 때 서비스를 받을 수 있도록 클라이언트나 시민을 직접 변호하는 역할
행동가	갈등적인 상황에서 직접적으로 행동하며 클라이언트의 행동을 조직화하는 역할

03 사회계획모델에서 사회복지사의 역할

역할	내용
계획가	• 사회문제와 영향을 미치는 요인들에 관한 조사를 수행 • 사회변화를 위한 프로그램 과정을 분석하여 문제 해결에 도움을 줌 • 계획 수립의 과정을 분석하여 효과적인 계획을 수립할 수 있도록 원조
분석가	• 인간적인 측면을 중시하며, 물리적이고 물질적인 측면보다는 사람들의 복지 강조 • 목표를 설정하고 성과를 평가하는 기준으로 사용되며, 궁극적으로는 사회구조적 복지 향상을 추구 • 목표를 달성하기 위한 방법을 검토하고 결정
조직가	• 지역주민이나 단체를 지역사회의 행동체계에 참여시킴 • 주민들의 참여 의식을 고취시켜 스스로 추진할 수 있도록 사기를 진작시키고 능력을 격려함
행정가	• 계획을 수립하고 지역사회가 이를 수용하거나 프로그램을 실제로 운영하며, 주민들의 반응을 관찰하고 대응함 • 계획에서 설정한 목표를 효율적이고 효과적으로 달성하기 위해 인적·물적 자원을 적절히 관리함 • 프로그램 운영 과정에서 발생하는 다양한 행정적인 문제에 대해 적극적으로 대처하며 유연성을 발휘함

기출선지로 확인

지역사회개발모델 중 조력자의 역할

01 지역사회 내 다양한 집단들에 의해 표출된 불만의 집약 *17회, 22회*

02 지역사회조직 과정에서 지역주민들에게 공동의 목표 강조 *17회, 22회*

03 조직화를 격려하는 일 *22회*

04 좋은 대인관계를 조성하는 일 *22회*

조직가의 역할과 기술

05 교사 – 능력개발 *18회*

06 옹호자 – 소송제기 *18회*

07 연계자 – 모니터링 *18회*

08 협상가 – 회의 및 회담 진행 *18회*

대표기출로 확인

01 지역사회복지실천에서 조력자의 역할로 옳은 것을 모두 고른 것은? *17회*

> ㄱ. 지역사회 내 다양한 집단들에 의해 표출된 불만의 집약
> ㄴ. 지역사회문제의 조사 및 평가
> ㄷ. 지역사회 내 불이익을 당하는 주민의 옹호와 대변
> ㄹ. 지역사회조직 과정에서 지역주민들에게 공동의 목표 강조

① ㄱ, ㄴ   ② ㄱ, ㄷ   ③ ㄱ, ㄹ
④ ㄴ, ㄷ   ⑤ ㄴ, ㄷ, ㄹ

> ㄴ. 지역사회문제의 조사 및 평가는 전문가의 역할이다.
> ㄷ. 지역사회 내 불이익을 당하는 주민의 옹호와 대변은 옹호자, 대변인의 역할이다.
>
> 정답 ③

기출키워드 13 사정단계

최근 7개년 평균 출제문항 수 **0.9문항**

01 사정단계의 특징 및 유형

구분	내용
특징	• 문제확인 단계에서 파악된 문제를 해결하고 서비스·프로그램을 개발하기 위한 준비단계 • 목표와 초점의 명확화, 제한된 자원과 역량 고려, 구체적 쟁점이나 문제에 초점을 둠
유형	포괄적 사정(전반적 대상), 하위체계 사정(특정 하위체계 중심), 자원 사정(권력, 전문기술, 인적 및 물적 자원 영역 검토), 협력 사정(지역사회 주민들의 적극적인 동참), 문제 중심 사정 등으로 구분

02 지역사회 욕구조사의 유형 및 특징

구분	내용	특징
설문조사	• 대상자에게 구조화된 문항 제공 • 객관식과 주관식 포함 가능	• 자료 수집이 빠르고 양이 많음 • 표준화 가능성이 높음 • 응답자의 주관적 판단 포함
면접조사	• 조사원이 직접 응답자와 대면하여 조사 • 표준화 면접 또는 심층 면접 방식	• 비언어적 정보 파악 가능 • 반응 유도 가능성 존재 • 시간·비용의 소모가 큼
초점집단	• 유사한 배경을 가진 6~12명 소규모 그룹 구성 • 진행자가 토의 유도	• 다양한 의견 도출에 효과적 • 질적 자료 수집 가능 • 소수의견에 대한 민감성 부족 가능
명목집단	• 소수 인원이 개별적으로 아이디어 제시 후 전체 논의 • 토론 후 투표로 우선순위 결정	• 아이디어의 다양성과 질 확보 • 집단사고 예방 • 체계적, 짧은 시간 내 수행 가능
델파이	• 전문가 집단을 대상으로 반복적 서면 질의 • 익명성과 반복성으로 합의 도출	• 전문가 의견의 통합 가능 • 응답자 피로도 발생 • 비교적 긴 시간 소요
지역사회 토론회	• 지역주민, 전문가 등이 모여 공개적으로 의견을 나눔 • 문제제기 및 정책대안 제시	• 의견 개방성이 높음 • 주민참여 확대 가능 • 발언자 위주의 진행 우려 있음
지역사회 자원조사	• 지역 내 존재하는 복지자원 실태 파악 • 물리적·인적 자원 목록화	• 서비스 격차 파악에 유리함 • 프로그램 설계 기반 제공
통계자료 분석	기존의 공공통계나 행정자료 분석 예 인구통계, 보건지표 등	• 비용·시간의 절약 • 2차 자료이므로 정확한 욕구 반영이 어려움
참여관찰법	연구자가 현장에 직접 참여하여 자료 수집	• 실제 상황 관찰 가능 • 주관적 해석 개입 가능성이 높음

기출선지로 확인

지역사회 사정

01 지역사회의 욕구를 파악한다. 22회

02 명목집단 등을 활용한 욕구의 우선순위를 결정할 수 있다. 22회

03 지역 공청회를 통해 주민 의견을 수렴한다. 22회

04 서베이, 델파이기법 등을 활용하여 자료를 수집한다. 22회

자원 사정

05 사회복지시설 및 기관의 자원봉사자 수 19회

06 관할 지방자치단체의 사회복지분야 예산 규모 19회

07 기업의 사회공헌 프로그램 유형과 이용자 수 19회

욕구사정 방법

08 서베이 – 지역주민으로부터 설문조사를 통해 직접적으로 자료를 수집하는 방법 23회

09 명목집단기법 – 지역사회 내 다양한 의견을 수렴하여 욕구의 우선순위를 결정하는 방법 23회

10 사회지표분석 – 정부기관이나 사회복지관련 조직에 의해 수집된 기존 자료를 활용하는 방법 23회

델파이기법

11 지역사회문제에 대한 전문지식을 갖고 있는 주요 정보제공자 구성 17회

12 응답 내용이 합의에 이르기까지 여러 번에 걸쳐 설문 과정 반복 17회

13 설문구성은 개방형으로 시작해서 이후에는 유사한 응답내용을 폐쇄형으로 구성하여 질문 17회

대표기출로 확인

01 다음에 제시된 지역사회 욕구사정 방법은? 17회

- 지역사회문제에 대한 전문지식을 갖고 있는 주요 정보제공자 구성
- 응답 내용이 합의에 이르기까지 여러 번에 걸쳐 설문 과정 반복
- 설문구성은 개방형으로 시작해서 이후에는 유사한 응답내용을 폐쇄형으로 구성하여 질문

① 델파이기법 ② 초점집단기법
③ 공청회   ④ 지역포럼기법
⑤ 사회지표분석

> 서로 모르는 사이인 전문가들이 우편조사를 통해 의사 결정을 하는 형태는 델파이기법에 해당한다. 이는 후광효과를 방지하여 정확한 의견 전달이 가능하나 의견일치가 지연될수록 피로도가 증가하여 탈락자가 발생할 수 있다는 단점이 있다.
> ② 초점집단기법: 소수로 구성된 집단 성원들의 토론 및 질의응답을 통해 문제에 대한 의견을 듣는 방법
> ③ 공청회: 정부의 프로그램이나 계획에 대해 해당 분야의 전문가 등으로부터 공식 석상에서 의견을 듣는 방법
> ④ 지역포럼기법: 토론자들이 먼저 문제에 대한 토론을 진행한 후 방청한 지역주민들과 질의응답을 진행하는 방법
> ⑤ 사회지표분석: 2차자료를 활용하는 방법으로 통계청, 국가기관, 복지 관련 기관 등에서 발표한 수치화된 자료를 활용하여 욕구를 파악하는 방법
>
> 정답 ①

기출키워드 14 — 문제확인단계

최근 7개년 평균 출제문항 수 **0.1문항**

01 문제확인단계

정의	지역사회 문제를 발견하고 분석하는 초기 단계로, 인구집단 및 표적집단(사회복지사의 개입 대상)을 명확히 이해하는 것이 목적임
접근 방법	• 개방적 태도로 문제 범위를 설정 • 주민의 시각과 욕구를 존중하며 진단 중심 접근 • 객관적 자료와 주관적 경험을 병행하여 파악 • 욕구조사, 주민 인터뷰, 설문조사, 지역회의 • 과거의 문제 해결 노력에 대한 평가
주요 활동	• 인구통계 및 지역 현황 자료 수집 • 실증적 자료 분석 • 과거 지역사회 개입 사례 검토 • 토착 주민, 지역 운동가 등과의 인터뷰 및 대화 • 공식·비공식 기관, 단체 의견 청취
결과	• 지역사회가 공통적으로 인식하는 문제 도출 • 개입 우선순위 설정 • 지역사회 행동을 위한 아젠다(의제) 공식화
사회복지사의 역할	• 분석가: 다양한 정보와 데이터를 통합 분석 • 조정자: 이해당사자 간 의견을 수렴하고 갈등 조정 • 전략가: 아젠다화 과정을 통해 개입 가능성과 방향 설정

기출선지로 확인

문제확인단계

01 관련된 당사자들과 폭넓게 대화를 나눈다. 10회
02 문제의 범위 설정에 있어 초기에는 개방적인 태도를 갖는다. 10회
03 시간과 자원의 양에 따라 표적집단을 결정하는 것이 필요하다. 10회
04 문제확인을 위해서는 다양한 조사방법을 통해 객관적인 자료를 확보해야 한다. 10회
05 이슈의 개념화 20회
06 이슈와 관련된 다양한 가치관 고려 20회
07 이슈와 관련된 이론과 자료 분석 20회

대표기출로 확인

01 다음의 설명에 해당하는 지역사회복지실천 단계는? 20회

- 이슈의 개념화
- 이슈와 관련된 다양한 가치관 고려
- 이슈와 관련된 이론과 자료 분석

① 문제확인단계 ② 자원동원단계
③ 실행단계 ④ 모니터링단계
⑤ 평가단계

> 제시된 설명은 문제(이슈)를 파악하는 과정에 대한 내용이며 이는 문제확인단계에 해당한다.
> 문제확인단계는 문제가 어떤 의미를 갖는지 명확히 판단하는 단계로 이 과정에서 다양한 가치관을 고려하며 객관적이고 실증적인 자료를 수집하고 분석한다.
>
> 정답 ①

기출키워드 15 · 실행단계

05 지역사회복지 실천과정과 실천기술

최근 7개년 평균 출제문항 수 **0.3문항**

01 실행단계

정의	수립된 실천계획에 따라 프로그램, 서비스, 주민참여 활동 등을 현장에서 실제로 수행하는 단계
접근 방법	• **책임성과 투명성 확보**: 실행의 주체와 절차를 명확히 하고 주민에게 공유 • 일관성과 융통성 병행: 계획대로 수행하되 현장 상황에 따라 유연하게 조정 • **주민참여 유지·확대**: 초기 참여를 유지하고 실천과정에 지속적으로 참여시키는 전략 필요 • 중간 점검과 피드백 반영: 실행 중 평가와 피드백을 적극 반영하여 실천의 질 향상
주요 활동	• 계획에 따른 활동 실행 • **주민조직화 및 참여 유도** • 인적·물적 자원 배분 및 활용 • 실행 중간 점검 및 필요시 계획 조정 • 참여자 간의 갈등 관리 • 클라이언트의 적응 촉진 • 재정자원 집행
결과	가시적 변화 창출: 지역 내 실질적 문제 해결과 공동체 역량 향상 도모
사회복지사의 역할	• **실행 관리자**: 활동 흐름 및 일정 조정 • **조정자**: 이해관계자 간 협력 유지 및 갈등 해결 • **기록자**: 실행과정 전체를 문서화 • **지원자**: 참여 유도 및 동기 부여

기출선지로 확인

실행단계

- 01 참여자 간의 갈등 관리 15회, 20회
- 02 클라이언트의 적응 촉진 15회, 20회
- 03 재정자원 집행 20회, 21회
- 04 협력과 조정을 위한 네트워크 구축 20회, 21회
- 05 추진 인력의 확보 및 활용 21회

대표기출로 확인

01 지역사회복지 실천과정에서 다음 과업이 수행되는 단계는? 21회

- 재정자원의 집행
- 추진 인력의 확보 및 활용
- 협력과 조정을 위한 네트워크 구축

① 문제발견 및 분석단계
② 사정 및 욕구 파악단계
③ 계획단계
④ 실행단계
⑤ 점검 및 평가단계

> 제시된 내용은 실행단계에 해당되며 실행단계에서의 과업은 다음과 같다.
> - 재정자원의 집행
> - 추진 인력의 확보 및 활용
> - 협력과 조정을 위한 네트워크 구축
> - 참여자 적응 촉진
> - 참여자의 갈등 관리
>
> 정답 ④

기출키워드 16 네트워크(연계) 기술

05 지역사회복지 실천과정과 실천기술

최근 7개년 평균 출제문항 수 0.7문항

01 네트워크(연계) 기술

정의	지역사회 내 다양한 기관, 조직, 집단 간에 협력적 연계체계를 구축하고 유지하여 복합적인 욕구에 통합적으로 대응하기 위한 실천기술
목적	• 서비스 중복과 누락 방지 • 민·관 협력기반 구축 • 자원의 효율적 관리 • 통합적 서비스 제공 • 지역사회의 공동대응 체계 형성
주요 내용	• 수평적 협력관계 구축(대등한 파트너십) • 공동목표 설정 및 역할 분담 • 정보 공유 및 의사소통 체계 운영 • 자원 데이터베이스 및 맵핑 구축
특징	• 신뢰 기반의 연계 구축: 지속적 대화와 상호존중을 통한 협력관계 형성 • 공동의 목표 설정: 경쟁보다 협력 중심의 문제 해결 구조 강화 • 역할 명확화: 기관 간 책임과 권한을 명확히 하여 혼란 방지 • 정기적 점검 및 피드백 체계: 네트워크 지속성과 효율성 제고 • 복합욕구에 대한 통합적 대응 가능: 클라이언트 중심의 다차원적 개입 실현 • 지역사회 문제 대응력 강화: 민·관·주민이 함께 하는 구조 형성 • 복지 전달체계의 기능성 향상: 중복 방지, 효율성 제고 • 주민참여 기반 확대: 공동체 연대감과 자발적 참여 촉진
사회복지사의 역할	• 중개자: 자원 연결 및 접근 지원 • 촉진자: 협력 촉진 및 관계 유지 • 조정자: 역할 조율, 갈등 조정 • 정보관리자: 자원 정보의 수집·관리·전달

02 사회자본

정의	개인이나 집단이 사회 속에서 신뢰, 규범, 네트워크 등을 통해 자원에 접근하거나 공동의 목표를 달성할 수 있게 하는 사회적 관계망
핵심 요소	• 신뢰(Trust): 타인에 대한 기대와 신뢰성 • 규범(Norms): 상호행동을 조절하는 사회적 규칙 • 네트워크(Networks): 관계의 구조와 연결망 • 호혜성(Reciprocity): 상호 간 도움과 교환의 기대
사회자본의 기능	• 공동체의 협동 촉진 • 정보의 흐름 및 신뢰 기반 형성 • 사회적 안전망 강화 • 사회통합과 시민참여 증진
특징	• 지역사회조직화 및 주민참여 활성화의 기반 • 서비스 접근성 강화 • 클라이언트의 자립 지원 도구로 활용 가능 • 결속형 사회자본의 과도한 폐쇄성은 외부 배타성 유발 가능 • 연계형 자본이 특정 권력층에 집중되면 사회적 불평등의 심화 우려 • 동시에 교환되는 것을 전제로 하지 않음 • 한 번 획득되더라도 언제든지 사라질 수 있음

기출선지로 확인

네트워크(연계) 기술

01 자원의 효율적 관리 19회
02 사회복지시설의 서비스 중복·누락을 방지할 수 있다. 19회, 22회
03 서비스 계획의 공동 수립과 서비스 제공에서 팀 접근 수행 17회
04 사회복지사의 연계망 강화 및 확장 17회
05 클라이언트 중심의 사회적 관계망을 강화시킬 수 있다. 22회
06 사회적 교환은 네트워크 형성과 유지의 작동원리이다. 18회
07 구성원 사이의 신뢰와 호혜성이 형성되어야 네트워크가 지속될 수 있다. 18회
08 참여를 통한 시민 연대의식 강화 19회
09 이용자 중심의 통합적 서비스 제공 17회, 22회
10 참여 기관들은 평등한 주체로서의 관계가 보장되어야 한다. 18회
11 지역주민에게 필요한 자원이나 서비스 연결 19회
12 새로운 인프라 구축에 필요한 시간과 비용을 줄일 수 있다. 22회

사회자본

13 동시에 교환되는 것을 전제로 하지 않는다. 12회
14 한번 획득되더라도 언제든지 사라질 수 있다. 12회
15 보상에 대한 믿음이 존재할 수 있다. 12회
16 관계를 맺고 있는 지역사회주민들과 이익이 공유될 수 있다. 12회

대표기출로 확인

01 지역사회복지 실천에서 연계기술(networking)에 관한 설명으로 옳지 않은 것은? 17회
① 사회복지기관의 서비스 제공과정에서 효율성 증대
② 사회복지사의 연계망 강화 및 확장
③ 이용자 중심의 통합적 서비스 제공
④ 서비스 계획의 공동 수립과 서비스 제공에서 팀 접근 수행
⑤ 지역사회 복지의제 개발과 주민 의식화

> 지역사회 복지의제 개발과 주민 의식화는 임파워먼트 기술에 해당된다.
>
> 정답 ⑤

기출키워드 17 자원개발·동원 기술

05 지역사회복지 실천과정과 실천기술

최근 7개년 평균 출제문항 수 **0.4문항**

01 자원개발·동원 기술

정의	• 지역사회 내의 인적·물적·재정적 자원을 조사·발굴·조직·연계·활용하여 복지실천에 효과적으로 동원하는 실천기술 • 주민의 참여와 공동체 역량 강화에 중점을 둠
목적	• 복지자원의 효율적 활용 • 지역사회 문제 해결력 강화 • 외부 의존 최소화 및 자립적 기반 조성 • 주민참여 확대 및 공동체 활성화
주요 내용	• 자원조사: 지역 내 인적·물적 자원의 체계적 조사 • 자원개발: 미활용 자원 발굴 및 조직화 • 자원연계: 기관·단체·주민 간 협력 관계 구축 • 자원동원: 계획에 따라 실천 현장에서 자원을 실제로 활용
특징	• 주민 주도성과 참여성 강조 • 지역 실정과 욕구에 맞는 자원 발굴 필요 • 민·관 협력, 다기관 네트워크 구축 필요 • 자원의 지속 가능성과 공공성 확보 중요 • 사회자본(신뢰·네트워크 등)과의 연계 고려 • 지역사회의 자생력 및 문제 해결 능력 향상 • 서비스 제공의 다양성과 접근성 강화 • 공동체 의식 및 주민 역량 증진 • 민관 파트너십을 통한 복지체계 강화
자원의 유형	• 인적 자원: 주민, 자원봉사자, 전문가, 리더 • 물적 자원: 공간, 설비, 물품, 시설 • 재정 자원: 기부금, 후원, 공공예산 • 사회적 자원: 네트워크, 신뢰, 지역 연대감 등
사회복지사의 역할	• 조사자: 지역 내 가용 자원 파악 • 개발자: 자원 확충 및 조직화 기획 • 연계자: 자원과 클라이언트 또는 프로그램 연결 • 촉진자: 주민과 기관의 참여 촉진 • 관리자: 확보 자원의 효율적 배분 및 지속적 관리

기출선지로 확인

공익연계 마케팅

01 기업이 전략적으로 이용하는 방법이다. 12회
02 기업의 이미지를 높여 상품판매에도 긍정적인 영향을 준다. 12회
03 사회복지기관의 자원개발에도 기여하며 사회공헌활동도 한다. 12회

인적자원 동원 기술

04 지역사회 기존 조직의 활용 14회
05 개별적 접촉 14회
06 지역사회 네트워크 활용 14회

대표기출로 확인

01 지역사회복지 실천과정에서 사회복지사가 활용한 기술은? 19회

> 사회복지사 A는 가족캠핑을 희망하는 한부모 가족 10세대를 대상으로 프로그램을 계획하고 있다. A는 개인적으로 참여하고 있는 수영 클럽을 통해 프로그램 운영에 필요한 예산과 자원봉사자를 확보하고자 운영진에게 모임 개최를 요청하였고, 성공적인 결과를 얻었다.

① 옹호　　　　　② 조직화
③ 임파워먼트　　④ 지역사회교육
⑤ 자원개발 및 동원

> 주어진 사례를 분석하면 다음과 같다.
>
> 사회복지사 A는 가족캠핑을 희망하는(욕구) 한부모 가족 10세대를 대상으로 프로그램을 계획하고 있다. A는 개인적으로 참여하고 있는 수영 클럽을 통해 프로그램 운영에 필요한 예산(물적 자원)과 자원봉사자(인적 자원)를 확보하고자 운영진에게 모임 개최를 요청하였고, 성공적인 결과를 얻었다.
>
> 이와 같이 지역주민의 욕구를 충족하기 위해 필요한 자원을 발굴하고 동원하는 기술은 자원개발·동원 기술이며 이때 가장 핵심이 되는 자원은 물적 자원과 인적 자원이다.
>
> 정답 ⑤

기출키워드 18 — 역량강화 기술

최근 7개년 평균 출제문항 수 **0.3문항**

01 역량강화 기술

정의	클라이언트(개인, 집단, 지역사회)가 자신의 삶에 영향을 미치는 문제에 대해 스스로 인식하고 통제하며, 결정하고 실천할 수 있도록 역량을 키우는 실천기술
목적	• 자기결정능력과 주체성 향상 • 개인과 집단의 자원 활용 능력 강화 • 억압 구조에 대한 비판적 인식 촉진 • 지속적 변화를 이끌 수 있는 내적 힘 개발
주요 내용	• 의식화(Conscientization): 자신의 문제를 구조적으로 인식하도록 돕는 과정 • 참여 촉진: 클라이언트가 계획과 실행에 능동적으로 참여하도록 격려 • 정보 제공: 문제 해결을 위한 자료와 정보, 제도에 대한 이해 강화 • 기술 습득 지원: 의사소통, 갈등해결, 협상 등 실천기술 향상 지원 • 사회적 지지 연결: 자조집단, 네트워크 등을 통해 심리·사회적 지지 확보
특징	• 비지배적·상호적 관계 형성이 전제됨 • 클라이언트를 능력 있는 존재로 존중 • 과정 중심의 접근: 결과보다는 변화과정에 초점을 둠 • 교육과 참여, 실천을 통합적으로 연결 • 변화는 개인 차원 → 집단 차원 → 구조적 차원으로 확장 가능 • 클라이언트의 자기 효능감 및 주체성 향상 • 사회참여 확대 및 권리의식 고취 • 억압 구조에 대한 비판적 인식과 집단행동 촉진 • 지역사회 내 지속 가능한 변화의 주체화 실현
사회복지사의 역할	• 촉진자: 클라이언트의 잠재력 발견을 도와 참여 유도 • 교육자: 자기 인식 및 변화 기회 제공 • 네트워커: 외부 자원이나 제도적 통로와의 연결 지원 • 조력자: 도전 과정에서의 정서적·사회적 지원 제공 • 옹호자: 구조적 억압에 대한 비판과 개입을 돕는 옹호 역할

기출선지로 확인

임파워먼트 기술

01 권력 키우기   18회
02 의식 고양하기   18회
03 공공 의제 만들기   18회
04 지역사회 사회자본 확장   18회
05 지역주민의 강점을 인정하고 스스로 삶을 결정할 수 있도록 역량을 강화하며, 지역 구성원의 능력에 대한 신념을 중요시한다.   19회

대표기출로 확인

01 임파워먼트 기술에 해당하는 것을 모두 고른 것은?   18회

> ㄱ. 권력 키우기
> ㄴ. 의식 고양하기
> ㄷ. 공공 의제 만들기
> ㄹ. 지역사회 사회자본 확장

① ㄹ
② ㄱ, ㄷ
③ ㄴ, ㄹ
④ ㄱ, ㄴ, ㄷ
⑤ ㄱ, ㄴ, ㄷ, ㄹ

ㄱ~ㄹ. 모두 임파워먼트 기술에 해당한다.
임파워먼트 기술의 특징은 다음과 같다.
- 의식 고양
- 공공 의제 형성
- 지역사회 사회자본 확장
- 지역주민 삶의 질 향상 목표
- 민주적 의사결정
- 자율적 참여 증진

정답 ⑤

기출키워드 19 조직화 기술

05 지역사회복지 실천과정과 실천기술

최근 7개년 평균 출제문항 수 **0.7문항**

01 조직화 기술

정의	지역사회 주민들이 공통의 문제를 해결하거나 공동의 목표를 달성하기 위해 자발적으로 참여하고 조직화되어 활동하도록 유도·조정하는 실천기술
목적	• 주민들의 집단적 참여 유도 • 문제 해결을 위한 조직 구성 및 유지 • 주민 주도의 사회적 행동력 강화 • 공동체 역량 증진 및 사회적 통합 촉진
주요 내용	• 주민 발굴 및 동기화: 지역 문제에 관심 있는 주민 조직화 • 공동목표 설정: 참여자 간 논의를 통해 명확한 목표 설정 • 조직 형성: 위원회, 모임, 추진단 구성 등 구조화 • 역할 분담과 리더 양성: 참여자의 책임과 권한 배분 • 지속적 의사소통 체계 유지: 회의, 협의, 홍보 등 활성화
특징	• 참여 중심 접근: 주민의 주도적 참여 필수 • 집단역학 활용: 집단의 상호작용과 힘을 활용함 • 민주적 의사결정 구조 강조 • 자조조직 형성 및 지역사회 연계 촉진 • 점진적 확대 전략 적용 가능(소모임 → 연합조직 등) • 문제 해결을 위한 주민 역량 강화 • 공동체 의식 형성 및 연대 강화 • 지역사회 내 지속 가능한 조직 기반 마련 → 사회변화 촉진을 위한 집단행동 가능성 증대
사회복지사의 역할	• 촉진자: 주민들의 참여 분위기 조성 • 조정자: 구성원 간 갈등 조정 및 협력 유지 • 정보제공자: 조직의 목표와 활동에 필요한 자료 제공 • 지원자: 조직이 독립적으로 기능하도록 지원

기출선지로 확인

지역사회 조직화 과정에서의 사회복지사

01 지역사회는 여러 갈등을 갖고 있음을 알아야 한다. 14회
02 모든 일에 솔직하고 근면하여야 한다. 14회
03 행사에 참여하여 운영과정을 이해해야 한다. 14회
04 지역사회 관련법, 제도, 규칙 등을 알아야 한다. 14회

조직화 기술

05 지역주민이 주체가 되어 사회복지조직의 목표를 성취하도록 운영한다. 20회
06 지역주민이 자신들의 문제를 함께 풀어나가는 과정을 포함한다. 20회
07 주민회의, 토론 등을 통한 의사소통 23회
08 구성원 간 갈등 조율을 위한 대인관계 기술 23회
09 주민 지도력 발굴 및 향상 교육 23회
10 지역사회 문제와 이슈에 대한 정보수집 및 분석 23회
11 회의 기술 15회
12 협상 기술 15회
13 지역문제 이슈설정 기술 15회
14 지역사회 지도자 발굴 기술 15회

대표기출로 확인

01 다음 설명에 해당하는 지역사회복지 실천기술은? 17회

> A 사회복지사는 지역사회 내 저소득 장애인의 취업 문제를 해결하는 과정에서 당사자들이 문제의식을 갖게 하고, 그들 스스로 문제해결 능력을 향상시키기 위해 노력하였다.

① 중개　② 연계　③ 옹호
④ 조직화　⑤ 자원개발

> 조직화 기술은 클라이언트가 스스로 문제를 인식하고 그 문제를 해결하기 위해 노력을 결집하는 형태로서 이때 사회복지사는 지역에 흩어져 있는 각 기관들을 결집시켜 지역사회 문제나 욕구를 해결해 나갈 수 있도록 하는 역할을 담당한다.
>
> 정답 ④

05 지역사회복지 실천과정과 실천기술

기출키워드 20

옹호 기술

최근 7개년 평균 출제문항 수 **0.4문항**

01 옹호 기술

정의	사회적으로 소외되거나 권리를 침해당한 개인 또는 집단이 자신의 권익을 주장하고, 자원과 기회를 공정하게 접근할 수 있도록 사회복지사가 대리·지원·대변하는 실천기술
목적	• 사회적 약자의 권리 보호 및 회복 • 불평등한 자원 배분 구조의 개선 • 정책 및 제도 변화 유도 • 클라이언트의 자기표현력 향상과 사회참여 확대
주요 내용	• 문제 인식과 이슈화: 차별·불이익 상황을 사회적 의제로 전환 • 정보 제공과 권리 교육: 대상자가 자신의 권리를 인식하고 주장하도록 지원 • 정책 제안 및 로비 활동: 제도 개선을 위한 공공영역 개입 • 대리 및 직접 개입: 클라이언트를 대신하거나 함께 행동 • 연대 조직화: NGO, 언론, 시민단체 등과 협력한 공동 대응
특징	• 권력 불균형에 대한 비판적 시각을 전제로 함 • 대상자의 자기결정권 존중과 강화 • 정치·사회 구조 변화 지향 • 갈등과 대립이 수반될 수 있는 행동 중심의 기술 • 법적·제도적 접근과 결합 가능 • 소외계층의 권리 회복과 자립 기반 강화 • 불공정한 구조에 대한 개선 가능 • 사회의 공정성과 정의 실현에 기여함 • 클라이언트의 사회참여와 자기효능감 향상
사회복지사의 역할	• **대변자**(Advocate): 대상자의 입장을 공식적으로 전달 • **옹호자**: 권리 침해에 대해 사회적 개입 수행 • **교육자**: 권리 인식 및 권리 행사 방법의 교육 • **연대자**: 유관 단체와의 협력 조직화 • **정책 참여자**: 정책 입안 및 제도 개선 과정에 적극 개입

기출선지로 확인

옹호 기술

01 사회정의를 지키고 유지하는 목적 15회
02 지역주민이 정당한 처우나 서비스를 받지 못하는 경우에 활용된다. 15회, 20회
03 소외되고, 억압된 집단의 입장을 주장한다. 20회
04 표적 집단에 대한 강력한 영향력이나 압력 행사 15회
05 보이콧, 피케팅 등의 방법으로 표적을 난처하게 한다. 20회
06 피케팅으로 해당 기관을 난처하게 한다. 19회
07 지역주민으로부터 탄원서에 서명을 받는다. 19회
08 행정기관에 증언 청취를 요청한다. 19회
09 시의원 등에게 정치적 압력을 행사한다. 19회

청원

10 A지방자치단체가 별도의 조치를 해줄 것을 요청하기 위해 다수의 서명지를 전달하는 활동 17회

대표기출로 확인

01 다음에 제시된 지역사회복지 실천기술은? 20회

- 소외되고, 억압된 집단의 입장을 주장한다.
- 보이콧, 피케팅 등의 방법으로 표적을 난처하게 한다.
- 지역주민이 정당한 처우나 서비스를 받지 못하는 경우에 활용된다.

① 프로그램 개발 기술
② 기획 기술
③ 자원동원 기술
④ 옹호 기술
⑤ 지역사회 사정 기술

제시된 내용은 옹호 기술에 해당한다.

정답 ④

06 지역사회복지 네트워크

기출키워드 21

지역사회보장계획 ★빈출

최근 7개년 평균 출제문항 수 **1.1문항**

01 지역사회보장계획

개념	• 특별시장·광역시장·특별자치시장·도지사·특별자치도지사 및 시장·군수·구청장은 지역사회보장에 관한 계획을 4년마다 수립 • 매년 지역사회보장계획에 따라 연차별 시행계획을 수립 • 시장·군수·구청장은 해당 시·군·구의 지역사회보장계획을 지역주민 등 이해관계인의 의견을 들은 후 수립 • 지역사회보장협의체의 심의와 해당 시·군·구 의회의 보고를 거쳐 시·도지사에게 제출 • 시·도지사는 제출받은 시·군·구의 지역사회보장계획을 지원하는 내용 등을 포함한 해당 특별시·광역시·도·특별자치도의 지역사회보장계획을 수립 • 특별자치시장은 지역주민 등 이해관계인의 의견을 들어 지역사회보장계획을 수립 • 시·도지사는 지역사회보장계획을 시·도사회보장위원회의 심의와 해당 시·도 의회의 보고를 거쳐 보건복지부장관에게 제출 • 보건복지부장관은 제출된 계획을 사회보장위원회에 보고
내용	• 지역사회보장 수요의 측정, 목표 및 추진전략 • 지역사회보장의 목표를 점검할 수 있는 지표(이하 "지역사회보장지표"라 한다)의 설정 및 목표 • 지역사회보장의 분야별 추진전략, 중점 추진사업 및 연계협력 방안 • 지역사회보장 전달체계의 조직과 운영 • 사회보장급여의 사각지대 발굴 및 지원 방안 • 지역사회보장에 필요한 재원의 규모와 조달 방안 • 지역사회보장에 관련한 통계 수집 및 관리 방안 • 지역 내 부정수급 발생 현황 및 방지대책

기출선지로 확인

지역사회보장계획

01 사회보장에 관한 기본계획과 연계되도록 하여야 한다. 19회
02 지역사회보장계획의 수립 및 지역사회보장조사의 시기·방법 등에 필요한 사항은 대통령령으로 정한다. 22회

시·군·구 지역사회보장계획

03 지역사회보장 전달체계의 조직과 운영 20회
04 지역사회보장에 관련한 통계 수집 및 관리 방안 20회
05 지역사회보장에 필요한 재원의 규모와 조달 방안 20회
06 사회보장급여의 사각지대 발굴 및 지원 방안 18회, 20회
07 지역 내 부정수급 발생 현황 및 방지대책 18회
08 지역사회보장의 분야별 추진전략, 중점 추진 사업 및 연계 협력 방안 18회
09 지역사회보장조사는 지역사회보장 욕구조사와 자원조사로 구성된다. 23회
10 「사회보장급여의 이용·제공 및 수급권자 발굴에 관한 법률」에 의거한다. 21회
11 4년마다 수립하고 매년 연차별 시행계획을 수립해야 한다. 21회
12 시·군·구는 4년마다 지역사회보장계획을 수립하여야 한다. 23회

자원동원기관

13 기업의 사회공헌센터를 통한 기여 형태는 현금, 물품, 인력 등으로 다양하다. 17회
14 기부식품 등 제공사업은 이용자에게 기초푸드뱅크·마켓을 통해 기부물품을 제공하고 있다. 17회
15 자원봉사센터는 「자원봉사활동기본법」에 근거하여 자원봉사자를 양성·배치하는 역할을 수행한다. 17회
16 사회복지공동모금회는 노블레스 오블리주 실천을 위한 아너 소사이어티(Honor Society)를 운영하고 있다. 17회

대표기출로 확인

01 지역사회보장계획의 수립 과정을 순서대로 옳게 나열한 것은? 17회

> ㄱ. 세부사업 계획 수립
> ㄴ. 지역사회보장협의체 심의
> ㄷ. 지역사회보장조사
> ㄹ. 행·재정계획 수립
> ㅁ. 의회 보고
> ㅂ. 추진 비전 및 목표 수립

① ㄱ-ㄴ-ㅁ-ㄹ-ㅂ-ㄷ
② ㄴ-ㄹ-ㄱ-ㅁ-ㅂ-ㄷ
③ ㄷ-ㄹ-ㅂ-ㄱ-ㄴ-ㅁ
④ ㄷ-ㅂ-ㄹ-ㄱ-ㄴ-ㅁ
⑤ ㄷ-ㅂ-ㄱ-ㄹ-ㄴ-ㅁ

> 지역사회보장계획의 수립 과정은 다음과 같다.
> 지역사회보장조사(ㄷ) → 추진 비전 및 목표 수립(ㅂ) → 세부사업 계획 수립(ㄱ) → 행·재정계획 수립(ㄹ) → 지역사회보장협의체 심의(ㄴ) → 의회 보고(ㅁ)
>
> 정답 ⑤

02 시·군·구 지역사회보장계획에 포함되어야 할 내용으로 옳은 것을 모두 고른 것은? 18회

> ㄱ. 지역사회보장 전달체계의 조직과 운영
> ㄴ. 지역 내 부정수급 발생 현황 및 방지대책
> ㄷ. 사회보장급여의 사각지대 발굴 및 지원 방안
> ㄹ. 지역사회보장의 분야별 추진전략, 중점 추진사업 및 연계협력 방안

① ㄱ, ㄹ
② ㄴ, ㄹ
③ ㄱ, ㄴ, ㄷ
④ ㄱ, ㄷ, ㄹ
⑤ ㄱ, ㄴ, ㄷ, ㄹ

> ㄱ~ㄹ. 모두 시·군·구 지역사회보장계획에 포함되어야 할 내용이다.
>
> 정답 ⑤

06 지역사회복지 네트워크

기출키워드 22

지역사회보장협의체 ★빈출

최근 7개년 평균 출제문항 수 **1문항**

01 지역사회보장협의체

개념	• 중앙정부 중심의 복지 전달에서 벗어나 지역사회 구성원 전체가 참여하는 민관협력 복지공동체 형성 조직 • 지역주민, 시민단체, 사회복지 수요자 및 공급자 등이 함께 참여하는 네트워크형 조직 • 사회복지서비스의 분권화에 따라 지역단위 복지계획 및 서비스 제공을 총괄하는 중추적 기구
목적	• 민주적 의사소통을 통해 지역사회 내 복지문제를 해결하기 위한 체계 구축 → 지역복지계획의 수립 및 실행에 있어 민간참여 기반 마련 • 통합적 복지서비스 제공 기반 마련 → 원스톱서비스, 수요자 중심 서비스 실현 • 지역사회 내 잠재자원 발굴 및 기존 자원의 효율적 연계 체계 구축 • 민관 협력체계 제도화를 통해 지역사회 복지의 실효성 제고
원칙	• **지역성**: 지역의 욕구·자원·문제를 반영하여 계획·실행 • 참여: 공공과 민간의 자발적·적극적 참여를 기반으로 활동 • 협의: 수평적 민관 네트워크 구조 내 민주적 의사결정 구조 유지 • 상호신뢰와 공동책임에 기초한 파트너십 형성 강조
위원 구성	• **위원 구성**: 시장·군수·구청장이 위촉한 사회복지기관 대표, 보건의료기관 대표, 공익단체 추천인, 관련 공무원 등 • **위원 수**: 10인 이상 40인 이하로 구성, 실무협의체 포함 • **임기**: 일반 위원은 2년, 공무원은 재직기간 동안 • 위원장 및 부위원장: 공무원과 민간위원 중에서 공동 선출 가능 • 실무협의체 및 분과로 세분화되어 실질적인 계획 수립과 집행을 보조
기능	• **지역사회보장계획의 수립·실행·평가의 전 과정에 참여** • 복지서비스 제공 주체 간 연계 및 조정, 중복·누락 방지 • 지역사회 자원의 개발 및 배분 기준 마련, 자원 활용도 제고 • 실무협의체 중심으로 통합적 사례관리 및 지역 특성 맞춤형 서비스 기획 • 보건·고용·교육·문화 등 다양한 생활 영역과의 연계 기능 수행
역할	• **대표협의체**: 지역사회복지계획의 총괄 심의, 정책 제안 및 평가 • **실무협의체**: 사업계획 수립, 실천 전략 마련, 자원 연계 조정 및 사례관리 실행 • **실무분과**: 복지대상별 세부 실행 계획 수립(예 노인, 장애인, 아동 등) • 주민 참여 유도 및 의견 수렴, 지역 맞춤형 복지정책의 실행 근거 제공

기출선지로 확인

읍·면·동 지역사회보장협의체의 역할

01 복지대상자 발굴 — 17회
02 지역특화사업 추진 — 17회
03 지역자원의 발굴 및 연계 — 17회
04 지역인적안전망 구축 — 17회

시·군·구 지역사회보장협의체

05 시·군·구 사회보장 추진 — 18회, 20회
06 시·군·구 사회보장급여 제공 — 18회, 20회
07 시·군·구 지역사회보장계획 수립·시행 및 평가 — 18회, 20회
08 읍·면·동 단위 지역사회보장협의체의 구성 및 운영 — 18회, 20회

실무협의체

09 전문성 원칙에 따라 현장 전문가를 중심으로 구성한다. — 21회

지역사회보장협의체의 구성 조직

10 실무분과: 지역사회보장계획의 연차별 시행계획 모니터링 — 17회

대표기출로 확인

01 지역사회보장협의체의 구성 조직 및 역할을 적절하게 연결하고 있는 것은? 17회
① 대표협의체: 통합사례관리 지원
② 실무협의체: 지역사회보장계획의 의회 보고
③ 실무분과: 사회복지법인 이사의 추천과 선임 조정
④ 실무분과: 지역사회보장계획의 연차별 시행계획 모니터링
⑤ 읍·면·동 지역사회보장협의체: 실무협의체 업무 지원

> ① 대표협의체: 사회복지법인 이사의 추천과 선임 조정
> ② 실무협의체: 통합사례관리 지원
> ③ 실무분과: 실무협의체 업무 수행 지원
> ⑤ 읍·면·동 지역사회보장협의체: 읍·면·동 복지업무의 점검, 심의, 통합사례관리 지원
>
> 정답 ④

06 지역사회복지 네트워크

기출키워드 23

지방분권화 ★빈출

최근 7개년 평균 출제문항 수 **1.1문항**

01 지방분권화가 지역사회복지에 미치는 영향

긍정적 영향	부정적 영향
• 지방정부의 자율성 확대 • 지역주민의 욕구에 대한 민감한 반응 가능 • 지역의 특성에 맞는 복지정책의 수립 가능 • 지방정부의 권한과 책임성 강화 • 지역의 다양성 및 특수성 반영	• 중앙정부의 사회복지 책임성 약화 대두 • 사회복지서비스 공급 축소 우려 • 지방정부의 복지 격차 발생(지역 이기주의)

02 지방자치제도

개념	• 지역의 공공사무를 지역주민의 참여와 책임 하에 자율적으로 처리하는 제도 • 지역주민의 자유로운 의사에 따라 지방자치단체가 자체 권한과 재원으로 공공사무 수행 • 지방단체자치 + 주민자치의 결합
기본 원리	• 분권성: 국가권력의 분산으로 주민 자유 보장 • 합법성: 법적 질서에 기반한 권익 보장 • 민주성: 주민참여 기반의 책임성과 통합 • 생산성: 행정의 능률성과 효과성 강조
필수 요소	• 지방자치단체의 독립성과 주민참여 • 지역주민의 직접 또는 간접 참여 • 자치권을 가진 지방자치단체
권한	• 자치권 행사와 자치행정 수행 • 자치입법권, 자치조직권, 자치행정권, 자치재정권 포함 • 자치사무(고유)와 단체위임사무로 구성
정치적 가치	• 민주주의 기반 강화 • 주민 자치역량 확대 • 권력의 분산과 견제 • 중앙정치의 충격 최소화
행정적 가치	• 행정 효율성과 창의성 제고 • 지역 특성에 맞는 행정 수행 • 행정 실험 가능성 • 효율적 기능분담
현실적 가치	• 주민 욕구 충족과 복지 실현 • 관료행정 보완 및 복지사회 실현 • 책임성 기반의 다양한 서비스 제공
발전과정	• 1949년 지방자치법 제정 • 1952~1960년 선거 및 민선 체제 시작 • 1961년 군사정권에 의해 중단 • 1991년 부활, 1995년 전면 실시

기출선지로 확인

지방분권화

01 지역 특성에 맞는 정책을 수립할 수 있다. 19회
02 지방자치단체의 역할과 책임을 강화시킬 수 있다. 19회
03 주민참여로 권력의 재분배가 이루어진다. 21회
04 주민참여 기회가 확대된다. 19회
05 지역 간 복지 수준의 격차가 발생할 수 있다. 19회

지방자치발달이 지역사회복지에 미치는 영향

06 지역주민의 의사를 반영한 행정서비스가 강화된다. 23회
07 지역주민들의 주체적 참여 기회 제공 18회
08 지역사회복지에 대한 자기통치 원리가 중요시된다. 22회, 23회
09 지방자치단체장 후보의 사회복지 관련 선거공약 활성화 18회
10 지역주민들의 지역사회복지에 대한 책임의식 향상 18회
11 지역 간 상대적 박탈감으로 사회적 형평성 문제가 발생된다. 23회
12 지방정부 간 복지 수준 불균형 초래 18회
13 지역 간의 경쟁이 심화되어 지역 이기주의가 나타날 수 있다. 23회

대표기출로 확인

01 지방분권에 관한 설명으로 옳지 않은 것은? 19회

① 주민참여 기회가 확대된다.
② 중앙정부의 책임성이 강화된다.
③ 지역 특성에 맞는 정책을 수립할 수 있다.
④ 지역 간 복지수준의 격차가 발생할 수 있다.
⑤ 지방자치단체의 역할과 책임을 강화시킬 수 있다.

중앙정부의 책임성이 약화된다.

정답 ②

02 지방자치제에 관한 설명으로 옳은 것을 모두 고른 것은? 22회

ㄱ. 지방자치제는 자기통치원리를 담고 있다.
ㄴ. 지방자치는 주민자치와 단체자치를 일컫는다.
ㄷ. 지방자치단체는 사회복지시설을 평가할 수 있다.
ㄹ. 지방자치법을 제정함으로써 지방 분권을 위한 법적 장치가 만들어졌다.

① ㄱ, ㄴ   ② ㄷ, ㄹ   ③ ㄱ, ㄴ, ㄷ
④ ㄱ, ㄴ, ㄹ   ⑤ ㄱ, ㄴ, ㄷ, ㄹ

ㄱ~ㄹ. 모두 지방자치제에 관한 설명에 해당한다. 지방자치제의 특징은 다음과 같다.
- 지방자치제는 민주성 강화, 주민의 자율적인 행정 보장을 목적으로 함
- 지방자치제는 지방 정부가 지역 주민의 의견을 반영하여 정책을 결정하고 집행케 함
- 중앙집권적인 국가 운영 방식과 대비(지역의 고유 특성 반영)
- 1948년 대한민국 정부 수립 이후 실시(1952년 지방선거를 계기로 본격화)
- 1961년 군사 정권의 등장으로 중단
- 1995년 4대 지방 동시선거를 통해 재개
- 지방자치제는 자기통치원리 적용, 사회복지시설 평가 기능 등을 가짐

정답 ⑤

기출키워드23 지방분권화 ★빈출

03 지방자치제도와 지역사회복지

관계	• 지방분권화를 통해 사회복지 권한 이양 • 지역주민의 자발적 참여로 지역복지 활성화 • 지역 맞춤형 복지정책 수립 가능 • 주민참여·자원개발·전달체계 개선 등 실천 기반 강화
서비스 전달체계	• 공공복지체계: 복지사무소 도입 → 욕구 파악, 연계, 자원 활용, 평가 수행 • 민간복지체계: 지역사회보장협의체와 복지협의회 중심으로 민·관 협력 강화 • 민간복지기관: 연구기관과 협력, 통합적 복지 실천 주도
재원 확보	• 공공기관: 중앙정부·지방자치단체 보조금 확보, 지역맞춤형 사업 추진 • 민간기관: 자산·사업수입·보조금·기부금 등 다원화, 공동모금·기부문화 조성 필요
전문인력 배치	• 지역욕구에 맞는 과학적 조사 및 계획 수립 • 특수한 프로그램 개발 및 실행을 위한 전문 인력 필요 • 자원봉사인력 활용을 통한 주민 복지의식 및 참여 강화
영향	• 긍정적 영향: 주민욕구 기반 정책 가능, 독자적 복지계획 수립과 실험, 복지 다양성 증대 • 부정적 영향: 복지 우선순위 후퇴 가능, 지방 재정력 격차로 인한 복지 수준 차이 발생

기출선지로 확인

지방자치제도

14 지방자치는 주민자치와 단체자치를 일컫는다. 22회

15 「지방자치법」을 제정함으로써 지방분권을 위한 법적 장치가 만들어졌다. 22회

16 우리나라는 「지방자치법」의 제정으로 도입되었다. 23회

17 지역복지 실현을 위해 중앙정부와 분담적 관계를 추구한다. 23회

18 사회복지서비스의 책임과 권한이 지방에 이양된다. 23회

19 지역복지 활성화의 토대가 될 수 있다. 23회

20 지방자치단체는 사회복지시설을 평가할 수 있다. 22회

대표기출로 확인

03 지방자치제도에 관한 설명으로 옳지 않은 것은? 23회
① 지역복지 활성화의 토대가 될 수 있다.
② 복지예산의 중앙집중화로 정책 효과성이 강화된다.
③ 우리나라는 지방자치법의 제정으로 도입되었다.
④ 지역복지 실현을 위해 중앙정부와 분담적 관계를 추구한다.
⑤ 사회복지서비스의 책임과 권한이 지방에 이양된다.

> 복지예산의 중앙집중화로 정책 효과성이 강화되는 것은 중앙정부 장점이다.
>
> 정답 ②

06 지역사회복지 네트워크

기출키워드 24

사회복지협의회

최근 7개년 평균 출제문항 수 **0.6문항**

01 사회복지협의회

개요	• 한국사회복지협의회는 기타 공공기관으로 지정 • 사회복지의 균형적 발전을 지원하는 핵심 중간 조직 형태 • 사회복지기관 간 연계·협력·조정 등의 업무를 수행 • 지역사회 내 다양한 복지자원을 조직화하고 조정, 협력체계 구축 • 복지서비스의 중복과 누락을 방지하여 효율성 제고
목적	• 지역사회의 복지 증진과 관련된 사실 발견 • 사회복지기관들 간의 조정과 협력 • 지역사회복지의 센터 역할 • 사회복지기관 간의 서비스 조정 활동 • 사회복지기관 업무의 질적 수준 제고 • 지역복지 위한 공동의 계획 수립 및 실천 • 정보제공, 교육 및 홍보 • 자원동원 및 재정안정 도모

02 사회복지협의회의 기능

정책 제언	• 지역복지 증진을 위한 정책 개발 및 건의 • 지역사회보장계획 수립 시 민간 의견 반영
조정 및 연계	• 복지서비스 중복 방지 및 사각지대 해소 • 민간 복지기관 간 사업 조정 및 연계 강화
자원개발 및 관리	• 지역 내 복지자원 발굴 및 연계 활성화 • 복지정보 공유 및 데이터베이스 구축
복지 네트워크 구축	• 민간복지기관, 공공기관, 시민단체 간 협력 체계 형성 • 지역복지 공동체 형성 주도
교육 및 홍보	• 지역주민과 복지기관 대상 복지교육 실시 • 복지의식 제고를 위한 홍보 및 캠페인
조사 및 연구	• 지역사회 욕구조사, 복지실태조사 수행 • 복지정책 및 실천과제에 대한 연구 지원
사업 개발 및 지원	• 지역 특성에 맞는 복지프로그램 개발 • 민간복지사업의 효과성 향상 도모
모니터링 및 평가	• 지역복지사업에 대한 모니터링 및 평가 실시 • 정책 및 사업의 개선점 도출

기출선지로 확인

사회복지협의회

01 사회복지시설 및 기관 중심의 지역사회복지 증진을 위한 법정단체이다. 17회

02 사회복지사업법에 근거를 둔 법정단체이다. 19회

03 한국사회복지협의회는 기타 공공기관으로 지정되었다. 19회

04 광역 및 지역 단위 사회복지협의회는 독립적인 사회복지법인이다. 19회

05 사회복지기관 간 연계·협력·조정 등의 업무를 수행한다. 19회

06 사회복지에 관한 교육훈련 20회

07 사회복지에 관한 계몽 및 홍보 20회

08 자원봉사활동의 진흥 20회

09 사회복지사업에 관한 기부문화의 조성 20회

대표기출로 확인

01 사회복지협의회에 관한 설명으로 옳지 않은 것은? 19회

① 사회복지사업법에 근거를 둔 법정단체이다.
② 민·관 협력을 위해 시·군·구에 설치된 공공기관이다.
③ 한국사회복지협의회는 기타 공공기관으로 지정되었다.
④ 사회복지기관 간 연계·협력·조정 등의 업무를 수행한다.
⑤ 광역 및 지역 단위 사회복지협의회는 독립적인 사회복지법인이다.

> 민·관 협력을 위해 시·군·구에 설치된 공공기관은 지역사회보장협의체이다. 사회복지협의회의 특징은 다음과 같다.
> - 사회복지사업법에 근거를 둔 민간 단체(공익적 성격 단체)
> - 한국사회복지협의회는 기타 공공기관으로 지정
> - 사회복지기관 간 연계·협력·조정 등의 업무를 수행
> - 광역 및 지역 단위 사회복지협의회는 독립적인 사회복지법인
> - 사회복지기관의 지원 및 유지 기능
> - 사회복지기관의 교육 및 훈련 강화 역할
> - 정책적, 행정적 지원을 받기 위한 공공기관과의 협력
>
> 정답 ②

07 지역사회복지실천의 추진체계 및 지역사회운동

기출키워드 25
사회복지관 ★빈출

최근 7개년 평균 출제문항 수 **1.1문항**

01 사회복지관

정의	지역사회를 기반으로 일정한 시설과 전문 인력을 갖추고, 지역의 인적·물적 자원을 활용하여 주민의 복지욕구를 충족시키는 종합적인 사회복지사업 수행기관(「사회복지사업법」 제2조 근거)
목표	지역주민을 대상으로 보호서비스, 재가복지서비스, 자립능력 배양 교육 등을 제공하여 가족기능 강화, 주민 간 연대감 조성, 지역사회 문제 예방 및 치료를 통해 복지증진 도모
기능	• **서비스 제공 기능**: 일반적 욕구충족, 개인 및 가족 대상 서비스, 의뢰 및 정보 제공 등 • **지역사회조직 기능**: 주민 연대망 조성, 타 기관 협력, 사회행동, 자원동원 등 • **사례관리 기능**: 네트워크 중심의 사례관리 수행
역할	• 지역사회문제 파악 • 서비스센터 기능 수행 • 대변자 역할 • 사회행동센터 기능 • 사회교육센터 기능 • 공동이용센터 기능 • 크리에이션센터(여가·문화) 기능 • 직업안정센터 기능 • 자원동원 기능
운영위원회	• 목적: 기관 운영의 투명성과 공정성을 확보 및 발전된 서비스 제공을 위해 법령에 의거하여 설치된 기구 • 기능: 시설의 주요 운영 방침에 대한 논의·심의·자문 역할 • 위원 수: 위원장을 포함하여 5명 이상, 15명 이하로 구성, 위원은 관련 지방자치단체의 시장·군수·구청장이 위촉 • 운영 위원: 시설의 장, 시설 거주자 대표, 시설 거주자의 보호자 대표, 시설 종사자 대표, 사회복지업무 담당 공무원, 후원자 대표 또는 지역주민, 공익단체에서 추천한 사람, 사회복지 및 시설 운영에 대한 전문지식과 경험이 풍부한 자 등

기출선지로 확인

사회복지관

01 사회복지관: 지역사회 복지문제 예방·해결 23회

02 취약계층 주민에게 우선적인 서비스를 제공하여야 한다. 19회

03 자원봉사자 개발·관리는 지역조직화 기능에 해당한다. 19회

서비스 제공 기능

04 지역사회 보호 20회
05 교육문화 20회
06 자활지원 20회
07 가족기능 강화 20회
08 독거노인을 위한 일상생활 지원 23회

지역사회조직화 기능

09 아동 자립생활 지원을 위한 후원자 개발 21회
10 주민 협력 강화를 위한 주민의식 교육 22회

사례관리 기능

11 지역 내 보호가 필요한 대상자 및 위기 개입 대상자 발굴 22회
12 개입 대상자의 문제와 욕구에 맞는 맞춤형 서비스 제공을 위한 사례 개입 22회
13 지역 내 민간 및 공공자원 연계 및 의뢰 22회
14 발굴한 사례에 대한 개입계획 수립 22회

운영위원회

15 운영위원회는 프로그램 개발, 평가에 관한 사항을 심의한다. 19회

16 운영위원회는 5명 이상 15명 이하의 위원으로 구성한다. 19회

대표기출로 확인

01 다음 사례의 ㄱ, ㄴ과 관련한 사회복지관의 역할을 순서대로 옳게 나열한 것은? 17회

> ㄱ. A종합사회복지관은 인근 독거노인의 복합적이고 장기적인 욕구를 사정하고 통합적인 서비스 제공 및 점검계획을 수립하였다.
> ㄴ. 이후 독거노인의 생활을 지원하기 위해 주민봉사단을 조직하여 정기적인 가정방문을 실시하고 있다.

① 지역사회 보호, 주민 조직화
② 사례개입, 당사자 교육
③ 서비스 연계, 자원 개발 및 관리
④ 서비스 제공, 복지네트워크 구축
⑤ 사례관리, 주민 조직화

주어진 사례를 분석하면 다음과 같다.

> ㄱ. A종합사회복지관은 인근 독거노인의 복합적이고 장기적인 욕구를 사정하고 통합적인 서비스 제공 및 점검계획을 수립 하였다 (사례관리 중 사례발굴).
> ㄴ. 이후 독거노인의 생활을 지원하기 위해 주민봉사단을 조직하여 정기적인 가정방문을 실시하고 있다(주민 조직화).

정답 ⑤

07 지역사회복지실천의 추진체계 및 지역사회운동

기출키워드 26 사회적 경제 ★빈출

최근 7개년 평균 출제문항 수 **1문항**   23회 기출 22회 기출 21회 기출

01 사회적 경제

정의	이윤 중심의 시장경제와 공공 중심의 국가체계 사이에서, 사회적 목적을 우선시하면서 경제적 활동을 수행하는 조직과 영역을 포괄하는 개념
목적	• 일자리 창출과 지역사회 문제 해결 등 공익 지향 • 사회적 약자 지원 및 포용적 성장 실현 • 주민 주도성 및 공동체 기반 강화 • 경제적 수익과 사회적 가치의 조화 추구
특징	• 구성원 참여, 공동 의사결정 구조 • 개인 이익보다 공동체 이익을 우선으로 함(비영리성 또는 제한된 영리성) • 지역 자원 활용 및 지역사회와의 연계

02 사회적 경제의 유형

사회적 기업	취약계층에게 일자리 또는 사회서비스를 제공하며 영리성과 사회성을 동시에 추구하는 기업
마을기업	주민이 주체가 되어 마을 자원을 활용해 지역문제를 해결하고 소득과 일자리를 창출하는 기업
사회적 협동조합	조합원 또는 지역사회의 공동이익과 복리 증진을 목적으로 하는 협동조합
자활기업	국민기초생활보장 수급자 등이 자립을 위해 자활사업단을 기반으로 설립한 기업체

기출선지로 확인

사회적 경제

01 사회통합과 공동체의식 증진에 기여할 수 있다. 23회

02 호혜와 연대에 기초한 사회적 자본으로 시장경제의 대안이 된다. 23회

03 사회적 경제는 자본주의 시장경제의 대안모델이다. 20회

사회적 경제의 유형

04 사회적 경제조직의 유형에는 협동조합, 마을기업, 자활기업 등이 있다. 23회

05 마을기업은 주민이 지역자원을 활용한 수익사업을 통해 지역공동체를 활성화한다. 17회

06 마을기업은 회원 외에도 지역주민의 의견을 적극 반영한다. 18회

07 협동조합은 「협동조합 기본법」에 따라 조합원의 권익옹호와 지역사회에 공헌하는 사업조직을 말한다. 17회

08 협동조합의 발기인은 5인 이상의 조합원 자격을 가진 자가 된다. 18회

09 자활기업은 저소득층이 상호 협력하여 공동사업자의 형태로 탈빈곤을 도모한다. 17회

10 자활기업은 조합 또는 「부가가치세법」상의 사업자로 한다. 18회

사회적 기업

11 사회적 기업은 경제적 이익을 추구한다. 20회

12 유급 근로자를 고용하여 영업활동을 해야 사회적 기업으로 인증받을 수 있다. 21회

13 조직 형태는 「민법」에 따른 조합, 「상법」에 따른 회사, 특별법에 따른 법인 등이 있다. 21회

14 서비스 수혜자, 근로자 등 이해관계자가 참여하는 의사결정 구조를 갖추어야 한다. 21회

대표기출로 확인

01 사회적 경제 영역에 관한 설명으로 옳지 않은 것은? 17회

① 협동조합은 협동조합 기본법에 따라 조합원의 권익옹호와 지역사회에 공헌하는 사업조직을 말한다.
② 마을기업은 주민이 지역자원을 활용한 수익사업을 통해 지역공동체를 활성화한다.
③ 사회적 기업은 취약 계층에게 일자리를 제공하며 사회적기업 육성법에 따라 영리를 추구하지 않는다.
④ 자활기업은 저소득층이 상호 협력하여 공동사업자의 형태로 탈빈곤을 도모한다.
⑤ 사회적 경제는 사회적 목적과 민주적 운영원리를 가진 호혜적 경제활동조직이다.

> 사회적 기업은 취약 계층에게 사회 서비스 또는 일자리를 제공하거나 지역사회에 공헌함으로써 지역주민의 삶의 질을 높이는 등의 사회적 목적을 추구하면서 재화 및 서비스의 생산·판매 등 영업활동을 하는 기업이다.

정답 ③

기출키워드 27: 공공 전달체계의 개편 ★빈출

최근 7개년 평균 출제문항 수 **1문항**

01 지역 공공복지 실천

정의	• 개인·집단·지역사회의 삶의 질 향상 목적 • 정부의 직접적 개입을 통한 서비스 제공 • 지역을 기반으로 한 지역 공공복지 실천 포함
지역 공공복지 실천의 특징	• 실천주체: 지방자치단체 • 수행인력: 사회복지전담공무원 • 기능: 지역주민의 욕구충족 및 문제 해결, 서비스 연계
공공복지 실천의 특징	• 실천주체: 정부 • 조세 기반의 재정 충당 • 엄격한 수급자격, 일정 조건 충족 시 차별 없이 제공
장점	• 사회적 약자 보장 실현 • 법·제도에 따른 포괄적 적용 • 사회연대성 증진
단점	• 민간복지보다 선택권·유연성이 낮음 • 관료주의적 운영, 융통성 부족 가능성 존재
공공복지 실천의 현황	• 국민기초생활보장, 장애인·노인·소년소녀가장 중심 • 사회복지관·재가복지센터 등 민간위탁 확대
공공복지 변화의 방향	• 공공부문 역할 강화 + 민간 협력 • 복지인프라 확충 및 전문 서비스 발굴 • 「사회복지사업법」 개정, 전달체계 개편, 서비스 투자사업 시행 등 추진

02 사회복지전담공무원

정의	「사회보장급여의 이용·제공 및 수급권자 발굴에 관한 법률」에 근거하여 사회복지 업무를 수행하는 지방자치단체의 사회복지직 공무원
제도 발전과정	• 1987년: 사회복지 전문요원 49명 최초 배치 • 1992년: 「사회복지사업법」 개정, 법적 근거 마련 • 2000년: 사회복지직렬이 별정직에서 일반직으로 전환
담당 사회복지사업	• 공공부조: 기초생활보장, 자활사업, 의료급여 등 • 취약계층 지원: 노인, 장애인, 아동, 소년소녀가장 등 • 복합사업: 보육료 감면, 한부모가정, 아동급식 등 • 타 부처 협업: 주거복지(국토교통부), 교육비 감면(교육부), 유공자지원(국가보훈부), 탈북민지원(통일부) 등

기출선지로 확인

최근 지역사회복지 동향

01 '읍·면·동 찾아가는 보건복지서비스' 실시 18회
02 '찾아가는 동주민센터' 사업 실시 20회
03 읍·면·동 맞춤형 복지 전담팀 설치 20회
04 수요자 중심 복지서비스 제공 21회
05 행정복지센터로의 행정조직 재구조화 20회
06 사회복지 전담인력의 확충 21회
07 보건과 연계한 서비스의 통합성 강화 21회
08 사회적 경제주체들의 다양화 18회
09 지역사회복지계획이 지역사회보장계획으로 변경 20회
10 민·관 협력의 활성화 21회

대표기출로 확인

01 한국 지역사회복지의 최근 동향으로 옳은 것을 모두 고른 것은? 18회

> ㄱ. 중앙정부의 '사회서비스원' 운영
> ㄴ. '시·군·구 복지 허브화' 실시
> ㄷ. '읍·면·동 찾아가는 보건복지서비스' 실시
> ㄹ. 사회적 경제주체들의 다양화

① ㄱ, ㄴ ② ㄴ, ㄹ
③ ㄷ, ㄹ ④ ㄱ, ㄷ, ㄹ
⑤ ㄱ, ㄴ, ㄷ, ㄹ

> ㄱ. 지방자치단체의 '사회서비스원' 운영(2020년)
> ㄴ. '읍·면·동 복지 허브화' 실시(2016년)

정답 ③

02 최근 지역사회복지 동향으로 옳지 않은 것은? 20회

① '찾아가는 동주민센터' 사업 실시
② 읍·면·동 맞춤형 복지 전담팀 설치
③ 지역사회통합돌봄사업의 축소
④ 행정복지센터로의 행정조직 재구조화
⑤ 지역사회복지계획이 지역사회보장계획으로 변경

> 지역사회통합돌봄사업의 확대(2026년 통합돌봄 보편적 실행)

정답 ③

기출키워드 28: 사회복지공동모금회

07 지역사회복지실천의 추진체계 및 지역사회운동

최근 7개년 평균 출제문항 수 **0.6문항** 22회 기출

01 사회복지공동모금회

설립 근거	1997년 사회복지공동모금회를 사회복지법인으로 설립
설립 목적	• 민간 기부를 통해 사회복지 재원 마련 • 모금된 기부금(품)을 공정하고 투명하게 배분하여 사회복지 증진에 기여
주요 기능	• 사회복지 기금 모금 • 복지기관·사업 지원 • 배분 기준의 수립 및 심의 • 기부문화 조성과 사회적 연대 촉진
특징	• 민간 주도의 공익적 모금기관 • 정부와 분리된 독립적 비영리법인 • 지정·비지정기탁 병행 운영 • 지역 맞춤형 배분과 자율성 보장
소관 부처	보건복지부
조직 구조	• 중앙회(전국 총괄)와 17개 시·도 지회로 구성 • 지회는 지역별 모금과 배분 담당
회계 연도	매년 1월 1일~12월 31일
모금 유형	• 연말연시 집중모금(11월~1월) • 연중 상시모금 • 지정기탁: 기부자가 사용처를 특정함 • 비지정기탁: 공동모금회가 사업 심사 후 배분 결정
모금 형태	• 현금 기부, 온라인 기부, 정기기부 • 기업 사회공헌(CSR) 연계 • 기부 캠페인, 이벤트 • 고액기부자 클럽(예 아너 소사이어티)
복권기금 연계	• 2004년부터 복권위원회로부터 복권기금을 일부 배분받음 • 저소득층 지원, 사회서비스 확충 등에 사용
배분 형태	• 지정기탁: 기부자의 의도에 따라 특정 기관·사업에 사용 • 비지정기탁: 지역사회 욕구, 공익성, 효과성 등을 고려해 배분 • 배분심의위원회를 통한 공정하고 투명한 배분 진행

기출선지로 확인

사회복지공동모금회

01 「사회복지사업법」에 의한 사회복지법인이다.
19회, 22회

02 특별시·광역시·특별자치시·도·특별자치도 단위 사회복지공동모금지회를 둔다. 20회, 22회

03 회장, 부회장 및 이사의 임기는 3년으로 하며, 한 차례만 연임할 수 있다. 20회

04 모금회의 업무를 처리하기 위하여 사무총장 1명과 필요한 직원 및 기구를 둔다. 20회

05 기획, 홍보, 모금, 배분 업무를 수행한다. 19회

06 사회복지공동모금사업을 수행한다. 20회

07 지역사회의 자원을 동원하는 민간운동적인 특성이 있다. 19회

08 사회복지 프로그램의 전문성 제고에 기여할 수 있다. 19회

09 사회복지활동 등을 지원하기 위한 재원을 조성하기 위하여 복권을 발행할 수 있다. 22회

10 모금회가 아닌 자는 사회복지공동모금 또는 이와 유사한 명칭을 사용하지 못한다. 22회

대표기출로 확인

01 사회복지공동모금회에 관한 설명으로 옳지 않은 것은? 19회
① 기획, 홍보, 모금, 배분 업무를 수행한다.
② 사회복지사업법에 의한 사회복지법인이다.
③ 지정기부금 모금단체이다.
④ 사회복지 프로그램의 전문성 제고에 기여할 수 있다.
⑤ 지역사회의 자원을 동원하는 민간운동적인 특성이 있다.

> 사회복지공동모금회는 「사회복지공동모금회법」에 따른 법정기부금 단체이다.
> 정답 ③

02 사회복지공동모금회법상 사회복지공동모금회에 관한 설명으로 옳지 않은 것은? 22회
① 사회복지공동모금회는 사회복지법인이다.
② 특별시·광역시·특별자치시·도·특별자치도 단위 사회복지공동모금지회를 둔다.
③ 임원의 임기는 2년으로 하며, 한 차례만 연임할 수 있다.
④ 모금회가 아닌 자는 사회복지공동모금 또는 이와 유사한 명칭을 사용하지 못한다.
⑤ 사회복지활동 등을 지원하기 위한 재원을 조성하기 위하여 복권을 발행할 수 있다.

> 임원의 임기는 3년으로 하며, 한 차례만 연임할 수 있다.
> 정답 ③

07 지역사회복지실천의 추진체계 및 지역사회운동

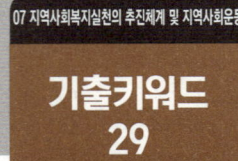

지역사회복지운동

최근 7개년 평균 출제문항 수 **0.9문항**

01 지역사회복지운동

정의	• 지역사회의 사회적·경제적·환경적 문제를 해결하고 복지 수준을 향상시키기 위한 주민·단체·기관의 협력적이고 지속적인 조직적 활동을 의미함 • 지역 주민의 자발적 참여와 연대를 기반으로 건강하고 지속 가능한 공동체 형성을 추구함
목표	• 지역 내 빈곤, 차별, 환경문제 등 복합적인 사회문제 해결 • 주민의 자립성과 문제 해결 능력 향상 • 구성원 간 협력과 연대를 통한 공동체 의식 강화 • 취약계층 보호 및 지역 복지서비스 확대 • 장기적으로 자립 가능한 지역사회 구축
특징	• **주민 중심성**: 문제 정의부터 실행까지 주민이 주체가 됨 • **협력과 네트워크**: 공공·민간·주민 간 협력을 통해 복지 실현 • **자원 활용**: 지역 내 인적·물적·재정 자원을 적극 활용 • **지속 가능성**: 일시적 개입이 아닌 구조적 변화와 지속성 지향 • **교육과 인식 제고**: 주민의 복지 감수성과 실천 참여를 유도함
주요 활동	• **문제 인식 및 요구 분석**: 지역 욕구 조사, 통계 분석 등을 통해 지역문제를 파악함 • 주민 참여와 조직화: 주민협의체, 실천조직 구성 및 참여 유도 • **복지 프로그램 개발**: 지역 특성에 맞춘 맞춤형 복지서비스 기획 • 자원 동원: 기부, 공공예산, 민간 자원 등 확보 및 배분 • 연대와 협력: 다양한 이해관계자 간 파트너십 형성 • 성과 평가와 개선: 활동 결과에 대한 평가와 개선안 도출
주요 사례	• **환경 개선 운동**: 쓰레기 줄이기, 마을공원 조성 등 지역 환경의 개선 활동 • **노인 복지 운동**: 돌봄 서비스 제공, 노인 일자리 창출 등 • 취약계층 지원 운동: 무료급식, 교육지원, 주거지원 등 생활보장 중심의 연대활동

기출선지로 확인

지역사회복지운동

01 지역사회 문제를 해결하기 위한 목적지향성을 가진다. 17회

02 지역주민의 삶의 질과 관련된 생활영역을 포함한다. 17회, 20회

03 지역사회의 부당한 권력구조를 변화시키기 위해 노력한다. 23회

04 「국민기초생활 보장법」 시행 이후 자활후견기관(지역자활센터)이 설치·운영되어 자활운동이 공적 전달체계에 편입되었다. 17회

05 복지권리·시민의식을 배양하는 사회권 확립 운동이다. 19회

06 조례제정운동과 같은 제도변화 과정을 예로 들 수 있다. 23회

07 지역사회의 다양한 자원 활용 및 조직 간 유기적 협력이 이루어진다. 20회

08 지역주민 참여를 위한 수요자 중심의 활동이 이루어진다. 23회

09 지역사회복지운동에는 다양한 이념이 사용될 수 있다. 20회

10 지역사회복지운동의 주체는 사회복지전문가, 지역활동가, 지역사회복지이용자 등 다양하다. 20회

지역사회복지운동이 갖는 의의

11 복지권리의식과 시민의식을 배양하는 복지권 확립 18회

12 지역사회의 다양한 자원활용 및 관련 조직 간의 협력을 통한 지역자원 동원 18회

13 지역사회의 정체성 확인과 역량강화를 통해 지역사회 변화를 주도 18회

14 사회복지가 추구하는 사회적 가치로서 사회정의 실현 18회

대표기출로 확인

01 지역사회복지운동이 갖는 의의에 관한 설명으로 옳은 것을 모두 고른 것은? 18회

> ㄱ. 복지권리의식과 시민의식을 배양하는 복지권 확립
> ㄴ. 지역사회의 다양한 자원활용 및 관련 조직 간의 협력을 통한 지역자원 동원
> ㄷ. 지역사회의 정체성 확인과 역량강화를 통해 지역사회 변화를 주도
> ㄹ. 사회복지가 추구하는 사회적 가치로서 사회정의 실현

① ㄱ   ② ㄱ, ㄹ   ③ ㄴ, ㄷ
④ ㄱ, ㄴ, ㄷ   ⑤ ㄱ, ㄴ, ㄷ, ㄹ

> 지역사회복지운동의 의의는 다음과 같다.
> • 지역주민의 정체성 강화, 지역사회 변화 주도
> • 시민의식 및 복지권리 의식 배양
> • 지역사회 생활 운동으로 확대
> • 다양한 자원 활용 및 유관기관의 유기적 연대 제고
> • 사회정의 실현
>
> 정답 ⑤

02 지역사회복지운동에 관한 설명으로 옳은 것은? 19회

① 계획되지 않은 조직적 활동이다.
② 사회복지 전문가 중심의 활동이다.
③ 개인의 성장과 변화에 우선적인 초점을 둔다.
④ 노동자, 장애인 등 일부 주민을 대상으로 한다.
⑤ 복지권리·시민의식을 배양하는 사회권 확립운동이다.

> ① 지역주민의 역량강화와 지역사회 변화를 위한 계획된 조직적 활동이다.
> ② 사회복지 전문가 포함 비전문가까지 모두가 중심이 되는 활동이다.
> ③ 개인의 성장과 변화보다 사회적 약자의 보호 및 서비스 제공에 우선적인 초점을 둔다.
> ④ 노동자, 장애인을 포함한 지역주민 전체를 대상으로 한다.
>
> 정답 ⑤

07 지역사회복지실천의 추진체계 및 지역사회운동

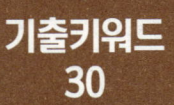 **주민참여 8단계**

최근 7개년 평균 출제문항 수 **0.7문항**

01 아른스테인의 주민참여 8단계

8단계: 주민통제	주민이 스스로 입안하고, 결정에서 집행 그리고 평가단계까지 통제함
7단계: 권한위임	주민들이 특정한 계획에 관해서 우월한 결정권을 행사하고 집행 단계에 있어서도 강력한 권한을 행사함
6단계: 협동관계	행정기관이 최종결정권을 가지고 있지만, 필요한 경우 주민들이 그들의 주장을 협상으로 유도할 수 있음
5단계: 회유	각종 위원회 등을 통해 주민의 참여범위가 확대되지만 최종적인 판단은 행정기관이 한다는 점에서 제한적임
4단계: 상담	공청회나 집회 등의 방법으로 행정에 참여하기를 유도하고 있으나 형식적인 단계에 그침
3단계: 정보제공	행정기관이 주민에게 일방적으로 정보를 제공하며 환류는 잘 일어나지 않음
2단계: 치료	주민의 욕구불만을 일정한 사업에 분출시켜서 치료하는 단계로서 행정의 일반적인 지도에 그침
1단계: 조작	행정과 주민이 서로 간의 관계를 확인하는 것에서 의의를 찾을 수 있으며, 공무원이 일방적으로 교육·설득하고 주민은 단순히 참석하는 수준에 그침

기출선지로 확인

주민참여

01	정보제공	22회
02	주민회유	22회
03	협동관계	22회
04	권한위임	22회
05	지방자치제도의 발달	20회
06	마을만들기 사업(운동)	20회
07	지역사회복지 정책결정과정	20회
08	아른스테인(S. Arnstein)의 주장	20회

조작

09	행정기관과 주민이 서로 간의 관계 확인	17회
10	행정기관이 일방적으로 주민들을 교육, 설득시키고 주민은 단순히 참여하는 수준	17회
11	주민참여에서 권력분배정도가 가장 낮은 수준	17회

대표기출로 확인

01 다음 사례에서 설명하는 아른스테인(S. Arnstein)의 주민참여 수준은? 19회

> A시(市)는 도시재생사업과 관련하여 주민들과 갈등을 겪고 있다. B씨는 A시의 추천으로 도시재생사업 추진위원회에 주민 대표로 참여하였다. 하지만 회의는 B씨의 기대와는 달리 A시가 의도한 방향대로 최종 결정되었다.

① 조작　② 회유　③ 주민통제
④ 권한위임　⑤ 정보제공

> 제시된 사례에서 설명하는 아른스테인(S. Arnstein)의 주민참여 8단계 수준은 회유에 해당한다. 회유는 주민자치위원회, 추진위원회 등에 지역주민을 참여시키지만 최종적인 의사결정은 공공기관에 있는 형태이다.
>
> 정답 ②

02 아른스테인(S. Arnstein)이 분류한 주민참여 단계에 해당하지 않는 것은? 22회

① 협동관계　② 정보제공　③ 주민회유
④ 주민동원　⑤ 권한위임

> 주민동원은 아른스테인의 주민참여 단계에 해당하지 않는다.
>
> 정답 ④

6영역
사회복지정책론

최근 7개년(23~17회) 기출키워드

'★' 별 표시는 7개년간 자주 출제된 이론과 키워드입니다. 빈출 이론과 키워드를 중심으로 전략적, 효율적으로 학습해 보세요.

구분		기출키워드	최근 7개년 평균 출제문항 수	최근 3개년 출제		
				23회	22회	21회
01 사회복지정책의 개념	1	사회복지정책의 특성 ★	1.3문항	☺		☺
	2	사회복지정책의 가치 ★	1.1문항	☺		☺
	3	사회복지의 국가 개입 ★	1문항		☺	☺
02 사회복지정책의 역사적 전개	4	영국의 사회복지	0.7문항		☺	☺
	5	미국과 독일의 사회복지	0.1문항		☺	
	6	복지국가	0.4문항	☺		
03 사회복지정책의 이론과 사상	7	사회복지정책 발달이론	0.9문항		☺	☺
	8	사회복지정책 이데올로기	0.7문항			☺
	9	복지국가 유형화이론	0.7문항		☺	☺
04 사회복지정책의 정책과정	10	사회복지정책의 평가	0.4문항			☺
	11	사회복지정책의 결정	0.6문항	☺		☺
05 사회복지정책의 분석틀	12	길버트와 테렐의 사회복지정책 분석 ★	3.6문항	☺	☺	☺
	13	사회복지정책의 대상 ★	1문항		☺	☺
06 사회보장	14	사회보장의 개념 ★	1.4문항	☺	☺	
	15	사회보장제도의 유형 및 특징 ★	1.7문항	☺		☺

과락은 피하고! 합격선은 넘는! 1트 합격 TIP

- 사회복지정책론은 수험생들이 가장 어려워하는 영역 중 하나입니다. 이념, 이론, 과정, 모형, 원칙, 제도, 평가 등을 종합적으로 파악해야 하기 때문입니다.
- 최근 시험에서 사회복지제도의 출제비중이 높았습니다. 특히 사회보장급여법(약칭), 사회보장위원회, 긴급복지지원제도, 기초연금제도 등이 보기 제시형 문항으로 난도 높게 출제되고 있습니다.
- 꾸준히 빈출되는 개념인 노인장기요양보험제도, 공적연금제도, 에스핑-안데르센 국가 모형, 길버트 스펙트 산출분석 모형도 사례형 또는 보기 제시형 문항으로 출제되니 꼼꼼하게 학습해야 합니다.
- 실제 생활과 관련 있는 빈곤율, 소득분위, 기준중위소득, 근로장려세제 등이 자주 출제되니 눈여겨 보아야 합니다.

구분		기출키워드	최근 7개년 평균 출제문항 수	최근 3개년 출제		
				23회	22회	21회
07 사회보험제도와 공공부조제도	16	공적연금의 특징	0.4문항			☺
	17	국민연금제도	0.4문항	☺		
	18	국민건강보험제도	0.7문항	☺		☺
	19	산업재해보상보험제도	0.6문항	☺		
	20	고용보험제도	0.4문항			
	21	노인장기요양보험제도	0.6문항	☺		
	22	공공부조제도 ★	2문항	☺	☺	☺
	23	근로장려금	0.4문항		☺	☺
08 빈곤과 소득불평등	24	빈곤의 개념과 측정 ★	1.7문항	☺	☺	☺

시험에 꼭 나오는 기출키워드

6영역 강의 ①

6영역 강의 ②

01 사회복지정책의 개념

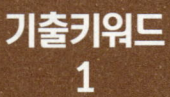

사회복지정책의 특성 ★빈출

최근 7개년 평균 출제문항 수 **1.3문항**

01 사회복지정책의 개념

협의의 개념	• 소득보장정책: 사회보험, 공공부조, 각종 수당제도 등 • 건강보장정책: 국민건강보험, 의료보호, 보건의료서비스 등 • 사회서비스: 아동, 청소년, 노인, 장애인, 여성복지 등 • 주택정책: 공공임대주택, 국민주택, 주거환경개선사업 등 • 교육정책: 영유아보육, 학교급식, 학비지원 등
광의의 개념	• 조세정책: 소득공제, 조세감면, 근로소득공제 등 • 노동정책: 고용정책, 노사정책, 임금정책, 교육훈련정책 등

02 사회복지정책의 기능

기본적 목표	• **인간의 존엄성 유지**: 인간은 차별 없이 존엄한 가치를 지닌 존재로서 대우받아야 한다고 보고, 사회복지정책은 이를 보장하는 생활을 지원함 • **자립성의 증진**: 타인에 대한 의존에서 벗어나 개인 스스로 생활을 결정하고 성장할 수 있도록 지원함 • **개인의 성장과 발전**: 인간을 합리적이고 이성적인 존재로 보고, 자기결정 원리를 강조하며 문제를 스스로 해결할 수 있도록 지원함
사회 기능적 목표	• **사회통합의 증진**: 사회 내 갈등을 줄이고 사회적 응집력을 증대시키며, 사회적 약자들의 삶의 질 향상을 통해 사회적 통합을 도모함 • **공공재의 증진**: 사회복지서비스는 공공재로서, 비경합성·비배제성 특성을 가지고 모든 사람에게 혜택을 줄 수 있는 성격을 지님

기출선지로 확인

우리나라 사회복지정책

01 국가와 지방자치단체는 국가 및 지방자치단체의 사회복지사업과 민간부문의 사회복지 증진 활동이 원활하게 연계될 수 있도록 노력하여야 한다. 17회

02 국가와 지방자치단체는 사회복지를 필요로 하는 사람의 인권이 충분히 존중되는 방식으로 사회복지서비스를 제공하여야 한다. 17회

03 보건복지부장관은 사회복지시설에서 제공하는 사회복지서비스의 최저기준을 마련하여야 한다. 17회

04 국가나 지방자치단체가 설치한 사회복지시설은 사회복지법인이나 비영리법인에 위탁하여 운영하게 할 수 있다. 17회

사회복지서비스

05 사회복지서비스는 주로 이차분배에 관여한다. 17회

06 사회복지서비스는 사람들의 욕구를 직접적으로 충족하려는 경향이 있다. 17회

07 사회복지서비스는 개별적 욕구를 충족시키고자 한다. 17회

08 사회복지서비스는 사람들의 욕구를 주로 공식적 기구나 제도를 통해 충족한다. 17회

09 아동학대의 예방과 방지에 관한 관심을 높이기 위하여 아동학대 예방의 날을 지정하였다. 19회

10 아동보호전문기관의 장은 피해아동의 가족에게 상담, 교육 및 의료적·심리적 치료 등의 필요한 지원을 제공하여야 한다. 19회

대표기출로 확인

01 다음 중 사회복지정책이 필요한 이유를 모두 고른 것은? 21회

> ㄱ. 국민의 생존권 보장
> ㄴ. 사회통합의 증진
> ㄷ. 개인의 자립성 증진
> ㄹ. 능력에 따른 분배

① ㄱ, ㄴ ② ㄴ, ㄷ ③ ㄴ, ㄹ
④ ㄱ, ㄴ, ㄷ ⑤ ㄱ, ㄷ, ㄹ

> ㄹ. 능력에 따른 분배는 경제 정책의 논리이며 사회복지정책은 능력을 초월하는 국가에 의한 재분배(이전소득)를 강조한다.
>
> 정답 ④

02 사회복지정책의 목적으로 옳지 않은 것은? 23회

① 빈부 간 갈등 예방과 사회통합
② 개인의 자립과 성장
③ 소득재분배에 의한 평등 추구
④ 사회안전망 강화와 생존권 보장
⑤ 개인의 능력에 따른 분배구조 확대

> 개인의 능력에 따른 분배구조 확대는 경제(경영) 정책이다.
>
> 정답 ⑤

기출키워드1 사회복지정책의 특성 ★빈출

03 사회복지정책의 역기능

국가에 의한 사회복지정책의 한계		비효율성 발생: 사회복지정책의 재원을 국민들로부터 거두고 급여를 지급하는 과정에서 대상자 선정, 전달체계 구축 등의 운영비용이 발생하여 비효율성을 초래
빈곤의 함정 (Poverty Trap)	의미	임금근로자나 공공부조 대상자가 근로활동을 통해 일정 수준 이상의 소득을 얻을 경우, 복지 혜택이 줄어들거나 중단되어 오히려 실질소득이 감소하고, 그 결과 빈곤 상태에서 벗어나지 못하게 되는 현상
	나라별 정책	• 영국 노동당 정부의 일하는 복지(Workfare): 근로활동을 통해 빈곤을 벗어나도록 유도하는 복지정책 • 미국 클린턴 정부의 근로조건부 복지(Welfare to Work): 근로조건을 부여하고 이를 만족한 경우에만 복지를 제공하여 근로유인을 제공하는 정책 • 우리나라의 조건부 수급자 제도: 일정한 조건을 충족하는 수급자에게만 혜택을 제공하여 빈곤함정을 방지하려는 정책
사회복지정책과 경기변동		• 사회복지 재정수입의 감소: 소득수준 감소로 보험료 수입이 줄어들고, 실업자 증가로 보험료 납부자가 줄어드는 등 재정수입이 감소 • 사회복지 재정지출의 증가: 실업자가 증가하면 실업보험과 공공부조 지출이 늘어나고, 조기퇴직으로 노령연금 수급자가 증가하면서 관련 지출이 증가 • 사회보장 수입의 감소: 인플레이션으로 소득의 실질 가치가 하락하고, 사회보장기금의 실질 가치도 감소 • 사회보장 지출의 증가: 최저수준에서 생활하는 계층의 실질적 가치가 하락함에 따라 사회보장 지출이 증가

기출선지로 확인

사회복지정책의 필요성

11 국민의 생존권 보장 21회
12 사회통합의 증진 21회
13 개인의 자립성 증진 21회

사회복지정책의 원칙과 기능

14 소득을 재분배하는 기능을 한다. 19회
15 소득재분배에 의한 평등 추구 23회
16 경제의 자동안정화 기능을 한다. 19회
17 국민의 최저생활을 보장하는 기능을 한다. 19회
18 사회통합과 정치적 안정화 기능을 한다. 19회
19 빈부 간 갈등 예방과 사회통합 23회
20 개인의 자립과 성장 23회
21 사회안전망 강화와 생존권 보장 23회

대표기출로 확인

03 사회복지정책의 원칙과 기능에 관한 설명으로 옳지 않은 것은? 19회

① 능력에 비례한 배분을 원칙으로 한다.
② 소득을 재분배하는 기능을 한다.
③ 경제의 자동안정화 기능을 한다.
④ 국민의 최저생활을 보장하는 기능을 한다.
⑤ 사회통합과 정치적 안정화 기능을 한다.

> 능력에 비례한 배분을 원칙으로 하는 것은 경제(시장) 원칙이다.
>
> 정답 ①

01 사회복지정책의 개념

기출키워드 2: 사회복지정책의 가치 ★빈출

최근 7개년 평균 출제문항 수 **1.1문항**

01 평등

구분	개념 및 정의	특징	적용 및 사례
결과의 평등 (수량적·절대적 평등)	욕구나 능력에 관계없이 모든 사람에게 동일한 자원 분배	• 결과 중심 • 적극적 평등 • 강한 국가개입 필요 • 법적·정치적 수단 사용	• 소득재분배 정책 • 빈곤층에게 사회적 자원을 할당하여 소득격차 축소
비례적 평등 (공평·형평)	능력, 노력, 사회적 기여에 따라 자원 차등 분배	• 공정성 중시 • 사회적 기여에 비례 • '같은 것은 같게, 다른 것은 다르게' 분배	• 열등처우원칙(공공부조) • 근로능력자 대상 조건부 수급제도
기회의 평등 (소극적 평등)	기회를 균등하게 제공하고 결과는 자유경쟁에 맡김	• 과정 중심 • 최소한의 국가개입 • 시장기능 강조 • 소극적 평등	미국의 자유시장 중심 정책 (예 헤드 스타트)

02 효율성

효율의 개념	• 최소 자원으로 최대 성과를 달성하는 것 • '수단'으로서의 효율 강조(정책의 실행방식 비교 중심) • 평등을 달성하는 여러 정책 중 비용 대비 효과를 평가함
목표(대상) 효율성	• 자원이 정확한 대상에게 집중되어 분배되는 정도 • 선별주의, 현물급여에 적합 • 예 공공부조는 저소득층 집중 지원으로 목표효율성이 높음
운영효율성	• 정책을 운영하는 행정비용의 최소화 • 보편주의, 현금급여에 적합 • 예 공공부조는 자산조사·욕구조사 등으로 비용이 많이 들어 운영효율성이 낮음
배분적 효율성 (파레토 효율성)	• 자발적 시장 선택에 의한 자원 배분이 사회적으로 바람직함 • '누구도 손해 보지 않으면서 다른 사람의 효용을 높이는 상태' • 시장 기반 배분 → 공공개입 최소화 • 평등 가치와 충돌하며, 현실적으로 파레토 효율 실현이 어려우므로 공공에 의한 소득 분배가 이루어짐
평등과 효율의 관계	평등 추구가 경제적 효율을 저해할 수 있음

기출선지로 확인

평등

01 모든 사람에게 동등한 의료서비스를 제공하는 영국의 국민보건서비스(NHS)는 결과의 평등을 반영하는 것으로 볼 수 있다. 17회

02 보험료 수준에 따라 급여를 차등하는 것은 비례적 평등으로 볼 수 있다. 17회

03 공공부조의 급여는 산술적 평등을, 열등처우의 원칙은 비례적 평등을 반영하는 것이다. 17회

04 비례적 평등은 개인의 능력, 업적, 공헌에 따라 사회적 자원을 분배하는 것을 의미한다. 19회

05 형평성이 신빈민법의 열등처우원칙에 적용되었다. 20회

06 드림스타트(Dream Start) 사업은 기회의 평등을 반영하는 것으로 볼 수 있다. 17회

07 기회의 평등의 예로 사회적으로 취약한 아동을 위한 적극적 교육 지원을 들 수 있다. 20회

08 평등을 추구하는 사회복지정책은 선택의 자유를 제한한다는 비판이 있다. 20회

재분배와 파레토 효율

09 파레토 개선이란 다른 사람들의 효용을 감소시키지 않으면서 어떤 사람들의 효용을 증가시키는 것이다. 17회

10 파레토 개선의 예로 민간의 자선활동을 들 수 있다. 17회

11 파레토 효율은 완전경쟁시장에서 개인의 자발적인 선택을 전제로 한다. 17회

12 재분배를 통하여 빈곤층의 소득이 늘어나도 개인의 효용은 증가할 수 있다. 17회

대표기출로 확인

01 사회복지정책의 가치에 관한 설명으로 옳은 것은? 19회

① 비례적 평등은 개인의 능력, 업적, 공헌에 따라 사회적 자원을 분배하는 것을 의미한다.
② 적극적 자유는 타인의 간섭 혹은 의지로부터의 자유를 의미한다.
③ 결과의 평등을 달성하기 위해 부자들의 소득을 재분배하더라도 소극적 자유를 침해하지 않는다.
④ 결과가 평등하다면 과정의 불평등은 상관없다는 것이 기회의 평등이다.
⑤ 기회의 평등은 적극적인 평등의 개념이다.

> ② 소극적 자유는 타인의 간섭 혹은 의지로부터의 자유를 의미한다.
> ③ 결과의 평등을 달성하기 위해 부자들의 소득을 재분배하면 소극적 자유를 침해한다.
> ④ 결과가 평등하다면 과정의 불평등은 상관없다는 것이 결과의 평등이다.
> ⑤ 기회의 평등은 소극적인 평등의 개념이다.
> 정답 ①

02 재분배와 파레토(Pareto) 효율에 관한 설명으로 옳지 않은 것은? 17회

① 파레토 개선이란 다른 사람들의 효용을 감소시키지 않으면서 어떤 사람들의 효용을 증가시키는 것이다.
② 파레토 효율의 정의상 소득재분배는 매우 효율적이다.
③ 재분배를 통하여 빈곤층의 소득이 늘어나도 개인의 효용은 증가할 수 있다.
④ 파레토 개선의 예로 민간의 자선활동을 들 수 있다.
⑤ 파레토 효율은 완전경쟁시장에서 개인의 자발적인 선택을 전제로 한다.

> 파레토 효율의 정의상 공공에 의한 소득재분배는 매우 비효율적이다.
> 정답 ②

기출키워드2 사회복지정책의 가치 ★빈출

03 자유

구분	개념 및 정의	주요 사상/이념	주요 특징
소극적 자유	타인의 간섭 없이 방해받지 않을 자유	자유주의, 신보수주의	• 국가 개입 최소화 • 시장 자율성 강조
적극적 자유	자유를 실현할 수 있도록 조건을 보장하는 것	사회민주주의, 복지국가	• 국가의 적극적 개입 강조 • 복지정책을 통한 실질적 자유 보장

04 사회적 적절성

개념 및 정의	인간다운 생활을 위한 적절한 급여 수준 보장
기준	시대·사회적 환경에 따라 변동
주요 적용 제도	• 국민기초생활보장제도의 급여 기준 • 공공부조 및 사회보험의 급여 기준

기출선지로 확인

자유

13 적극적 자유의 관점에서 자유의 침해는 개인에게 필요한 자원이나 기회를 박탈당한 것을 의미한다. 18회

사회적 적절성

14 적절성은 일정한 수준의 신체적·정신적 복리를 제공하는 것을 의미한다. 20회

급여의 적절성

15 인간다운 생활을 할 수 있는 수준의 급여를 제공하는 것을 말한다. 21회

16 기초연금 지급액 인상은 적절성 수준을 높여줄 수 있다. 21회

17 급여를 받는 사람의 삶의 질에 대한 관심의 표현이다. 21회

18 일정한 수준의 물질적, 정신적 복지를 제공해야 한다는 것과 관련된다. 21회

대표기출로 확인

03 사회복지의 가치 중 '자유'에 관한 설명으로 옳은 것은? 18회

① 자유지상주의 관점에서는 적극적 자유를 옹호한다.
② 소극적 자유 보장을 위해서는 국가의 역할이 많을수록 좋다.
③ 적극적 자유의 관점에서 자유의 침해는 개인에게 필요한 자원이나 기회를 박탈당한 것을 의미한다.
④ 적극적 자유의 관점에서는 임차인의 주거 안정을 위해 임대인의 자유를 제약할 수 없다.
⑤ 개인의 행동에 대한 외적 강제가 없는 상태는 적극적 자유의 핵심이다.

① 자유지상주의 관점에서는 소극적 자유(간섭을 받지 않을 자유)를 옹호한다.
② 소극적 자유 보장을 위해서는 국가의 역할이 적을수록 좋다.
④ 적극적 자유(~할 수 있는 자유)의 관점에서는 임차인(세입자)의 주거 안정을 위해 임대인(집주인)의 자유를 제약할 수 있다.
⑤ 개인의 행동에 대한 외적 강제가 없는 상태는 소극적 자유의 핵심이다.

정답 ③

01 사회복지정책의 개념

기출키워드 3 — 사회복지의 국가 개입 ★빈출

최근 7개년 평균 출제문항 수 **1문항**

01 시장의 실패

구분	개념 및 정의	사례	사회복지정책 개입 필요성
공공재의 확보 실패 (공유지의 비극)	비경합성·비배제성·비분할성을 가진 공공재는 과소비로 인해 고갈 가능성이 있음	• 도로, 치안, 국방, 공공복지서비스 등 • 기업이 고가로 책정할 우려	공공재는 모두가 누려야 하므로 정부의 직접 공급 필요
외부효과	제3자에게 의도하지 않은 이익·피해를 주는 현상	• A지역 복지시설 → 주변 지역도 혜택 • B지역 공장 건립 → 공해 유발	• 사회복지서비스는 긍정적 외부효과가 많음 → 시장제공 어려움 • 정부의 개입 필요
정보의 비대칭성 (불완전한 정보)	소비자와 공급자 간 정보 격차로 인해 자원이 비효율적으로 배분됨	• 복지서비스 품질에 대한 정보 부족 • 공급자의 시장 왜곡 현상	정부가 정보를 제공하거나 직접 운영하여 효율성 제고
도덕적 해이	보험 가입 후, 개인의 예방·노력 감소로 위험 증가	실업급여 악용, 과잉진료로 인한 건강보험 재정 악화 등	실업급여 요건 강화, 본인부담금 부과 등 정부 통제를 통한 방지
역선택	정보의 비대칭으로 위험한 집단만 보험에 몰리는 현상	민간 보험사의 고위험군 가입 거부	강제가입 방식의 사회보험 실시 필요(국민연금, 건강보험 등)
규모의 경제	대규모 공급일수록 단가가 줄어드는 구조	건강보험, 국민연금, 고용보험 등 대규모 운영 시 저비용 실현	정부가 대규모 체계로 공급 시 효율성 높음 → 시장보다 우위
소득분배의 불평등	시장은 부의 불균형을 심화시킬 수 있음	부자와 빈자의 격차 확대	정부가 조세·공공부조 정책을 통해 소득 재분배 필요

02 정부의 실패

구분	개념	개선점
파생적 외부효과 (부메랑 효과)	수혜자를 위한 정책이 도리어 그들에게 피해를 주는 경우 예 최저 임금 대폭 상승 → 사용자의 고용부담 증가로 취업인원 축소 예 임대주택 밀집 → 주거지 낙인화	정책 설계 시 수혜자 반응과 장기적 영향 고려 필요
비효율성	명확한 원인을 파악하기 어렵지만 낭비적 지출 발생 예 복지 예산 중복지원, 불필요한 행정절차 증가	예산 감시, 성과기반 평가체계 필요
권력의 편재 (정책 일관성 결여)	정권교체나 인사 변화로 기존 정책이 중단 또는 왜곡됨 예 복지정책이 정권마다 폐지·변경됨, 전달체계 혼선 발생	정권과 무관한 정책 지속성 확보 장치 필요(예 법제화, 독립위원회 운영)
사회적 목표와의 괴리 (탁상공론)	정책이 수혜자의 현실과 괴리되어 실효성이 낮은 경우 예 현장과 동떨어진 설계, 수혜자 욕구 미반영, 저조한 참여율	정책 수립 전 수요자 중심 조사 및 의견 수렴 필수

기출선지로 확인

국가 주도 사회복지의 필요성

01 사회복지의 공공재적 성격 20회
02 긍정적인 외부효과 11회
03 전염병에 대한 치료의 긍정적 외부효과 발생 20회
04 정보의 비대칭 22회
05 정보의 비대칭성 문제 해결 11회
06 의료서비스에 대한 정보의 비대칭 문제 해결 20회
07 도덕적 해이 22회
08 역선택 22회
09 질병의 위험에 대한 보험방식의 역선택 문제 해결 20회
10 규모의 경제 22회

사회복지정책의 주체

11 사회복지정책의 주체는 국가, 지방자치단체, 공공복지기관 등 다양하다. 21회
12 공공재적 성격이 강한 재화나 서비스는 공공부문이 개입하는 것이 바람직하다. 21회
13 정보의 비대칭성이 강한 영역은 정부가 개입하는 것이 바람직하다. 21회
14 민간복지기관은 정부 및 공공기관에 의하여 권한을 위임받은 경우 사회복지정책의 주체가 될 수 있다. 21회

공공재

15 비경합적이고 비배제적인 성격을 지니고 있기 때문에 구성원이 각각 생산에 기여했는지 여부에 관계없이 모든 구성원이 활용할 수 있는 재화를 말한다. 19회

대표기출로 확인

01 국가가 주도적으로 사회복지를 제공해야 할 필요성으로 옳지 않은 것은? 22회
① 역선택
② 도덕적 해이
③ 규모의 경제
④ 능력에 따른 분배
⑤ 정보의 비대칭

> 능력에 따른 분배는 자본주의 시장에 의한 분배로 국가가 주도로 하는 사회복지 제공과 관련이 없다.
>
> 정답 ④

기출키워드 4 — 영국의 사회복지

02 사회복지정책의 역사적 전개

최근 7개년 평균 출제문항 수 **0.7문항**

01 영국의 구빈법 역사

법령명	세부 내용	의의/한계
엘리자베스 빈민법 (1601)	• 교회 대신 국가가 구빈책임 주체 • 교구에 구빈감독관 임명 • 구빈세 징수 • 빈민을 능력별로 구분: 노동능력자(작업장), 무능력자(구빈원), 아동(도제제도)	• 국가책임 최초 명문화 • 구빈의 제도화 시작 • 지방 중심의 구빈행정 원칙 정립
정주법 (1662)	• 도시로 유입되는 빈민 억제 • 빈민의 이동 제한 • 부랑자 송환 권한 부여	• 빈민의 자유 이동 제한 • 지역 간 구빈책임 전가 발생
작업장시험법 (1722)	• 작업장 테스트 통과 시 구호 허용 • 근로의욕 강화 목적 • 자활적 성격 강조	• 자활정책의 시초 • 현대의 직업훈련 정책과 유사함
길버트법 (1782)	• 작업장 구빈 개선 • 원외구호(재가 보호) 허용 • 교구 연합 결성 • 유급 구빈 공무원(사회복지사) 채용	• 인도주의적 접근 • 사회복지사의 기원 • 한계: 교구민의 구빈세 부담 증가
스핀햄랜드법 (1795)	• 세계 최초의 임금 보조 제도(빵가격·가족수에 따라 보조) • 원외구호 확대	• 최저생계 보장 제도의 선구 • 한계: 노동자의 근로의욕 저하 및 임금 억제 유도 등 비효율적 결과 초래
공장법 (1833)	• 아동복지법의 시초 • 9세 미만 아동 고용 금지 • 야간노동 금지, 작업환경 개선	• 산업사회 내 아동권리 보호 시작 • 복지의 영역이 노동조건으로 확장됨
신빈민법 (1834)	• 구빈세 급증에 따른 자본가 반발로 제정 • 목적: 구빈세 감소 • 구빈행정 3대 원칙 ① 전국 균일 처우 ② 열등 처우 ③ 원내 구호(작업장 활용)	• 중앙집권적 구빈행정 확립 • 복지에 대한 억제적 접근 강화 • 자본주의 논리 반영된 제한적 복지체계

기출선지로 확인

영국의 구빈법의 역사

01 1601년 엘리자베스 빈민법은 빈민을 노동능력 있는 빈민, 노동능력 없는 빈민, 빈곤아동으로 분류하였다. 21회

02 1662년 정주법은 부랑자들의 자유로운 이동을 금지하였다. 21회

03 길버트법은 빈민의 비참한 생활과 착취를 개선하기 위해 원외구제를 허용했다. 22회

04 스핀햄랜드법은 빈민의 임금을 보충하기 위해 가족 수에 따라 보조금을 지급할 수 있게 했다. 22회

신빈민법

05 1832년 왕립위원회(Royal Commission)의 조사를 토대로 1834년에 제정되었다. 19회

06 국가의 도움을 받는 사람의 처우는 스스로 벌어서 생활하는 최하위 노동자의 생활 수준보다 높지 않아야 한다는 원칙을 내용으로 하고 있다. 19회

07 구빈행정체계를 통일시키고자 하였다. 19회

08 빈민을 가치 있는 빈민과 가치 없는 빈민으로 분류하였다. 19회

09 1834년 신빈민법은 노동능력이 있는 빈민에 대한 원외구제를 폐지하였다. 21회

대표기출로 확인

01 사회복지역사에 관한 내용 중 연결이 옳은 것은? 18회

① 엘리자베스 구빈법(1601) - 열등처우의 원칙
② 길버트법(1782) - 원외구제 허용
③ 비스마르크 3대 사회보험 - 질병보험, 실업보험, 노령폐질보험
④ 미국 사회보장법(1935) - 보편적 의료보험 제도 도입
⑤ 베버리지 보고서(1942) - 소득비례방식의 사회보험

> ① 열등처우의 원칙은 개정 구빈법(신빈민법, 1834년)이다.
> ③ 비스마르크 3대 사회보험은 질병보험(1883년), 산재보험(1884), 노령폐질보험(1889년)이다.
> ④ 미국 사회보장법(1935)의 핵심 중 하나는 보건-복지프로그램(공공부조)이며, 의료보험은 포함되지 않았다.
> ⑤ 베버리지 보고서(1942)는 균일 기여-균일급여의 사회보험을 강조하였다.
>
> 정답 ②

기출키워드4 영국의 사회복지

02 베버리지 보고서

설치 배경 및 개요	• 1941년 6월 베버리지위원회 창설 • 1942년 11월 보고서 완성 • 전후 복지 재건 필요성 대두 • 노동당 집권 후 복지국가 정책 주도적으로 실행
별칭	"요람에서 무덤까지(From Cradle to Grave)" → 전 생애 보장 목표
주요 원칙	• 보편주의 → 낙인 제거, 평등정신 실현 • 국민최저수준 보장 → 자조의 원칙을 기반으로 자립 지원
5대 악	• 무지(Ignorance), 불결(Squalor), 나태(Idleness), 빈곤(Want), 질병(Disease) • 복지국가가 제거해야 할 사회적 문제
사회보장의 3대 전제조건	① 완전고용 ② 포괄적 보건서비스 ③ 보편적 가족수당 → 보편복지 실현을 위한 기반 조건
사회보험 운영의 6대 원칙	① 균일 기여 ② 균일 급여 ③ 급여의 적절성 ④ 대상 분류화 ⑤ 행정의 통일화 ⑥ 적용의 포괄화 → 평등성·효율성·통합성의 강조
대상 분류 예시	• 노인, 아동, 자영자, 피용자, 주부, 무직자 • 사회보험 수급자의 범주화
정책적 영향	• 1944년 사회보장청 설치 • 1945년 가족수당법, 1948년 국민부조법 제정 • 현대 영국 복지국가 체제의 기반 형성
역사적 결과	• 1948년 신빈민법 폐지 • 보편적 사회보장체계로 전환

기출선지로 확인

베버리지 보고서

10 아동(가족)수당　　　　　　　　18회
11 완전고용　　　　　　　　　　　18회
12 포괄적 의료 및 재활서비스　　　18회
13 베버리지보고서를 근거로 하여 가족수당법, 국민부조법 등이 제정되었다.　　22회

베버리지 보고서에서 규정한 5대 악

14 무지　　　　　　　　　　　　　21회
15 질병　　　　　　　　　　　　　21회
16 나태　　　　　　　　　　　　　21회
17 결핍(궁핍)　　　　　　　　　　21회

대표기출로 확인

02 베버리지(W. Beveridge)가 사회보장 프로그램의 성공을 위해 제시한 전제조건을 모두 고른 것은?　　18회

> ㄱ. 아동(가족)수당
> ㄴ. 완전고용
> ㄷ. 포괄적 의료 및 재활서비스
> ㄹ. 최저임금

① ㄹ　　　　　② ㄱ, ㄷ
③ ㄴ, ㄹ　　　 ④ ㄱ, ㄴ, ㄷ
⑤ ㄱ, ㄴ, ㄷ, ㄹ

> 베버리지의 3대 전제조건은 다음과 같다.
> • 아동(가족)수당 부활
> • 완전고용 확대
> • 포괄적 의료 및 재활서비스(국민보건서비스, NHS) 실시
>
> 정답 ④

03 1942년 베버리지 보고서에서 규정한 5대 악에 해당되지 않는 것은?　　21회
① 무지　　② 질병　　③ 산업재해
④ 나태　　⑤ 결핍(궁핍)

> 산업재해는 베버리지 보고서의 5대 악에 해당하지 않는다.
>
> 정답 ③

02 사회복지정책의 역사적 전개

기출키워드 5 미국과 독일의 사회복지

최근 7개년 평균 출제문항 수 **0.1문항**

01 미국의 사회보장법

구분		내용	세부 내용
제정 배경		1929년 대공황으로 국민 생존권 위협	국가의 초기 대응책은 매우 부족
		1933년 루즈벨트 대통령의 뉴딜 정책 시행	• 실업자 지원 및 공공사업 중심의 복지정책으로 전환 • 케인즈 이론 도입
		1933년 연방구호법 제정 → 1935년 사회보장법 제정 및 공포	• 법제화를 통한 사회복지체계의 기반 마련 • 뉴딜(New Deal), 연방구호법
		현대 미국 사회복지의 공공체계 기초 마련	• 현대 복지국가 형성의 시작점 • 사회보장법(SSA, 1935)
사회 보장법 구성	의의	미국 최초의 전국적 복지 프로그램 도입	• '광의의 사회보장' 개념 최초 명시 • 사회보장 개념 정립
	사회보험	연방노령보험체계, 연방·주 공동의 실업보험	소득보장형 사회보험 시스템 구축
	공공부조	노령부조, 맹인부조, 아동부조 등	취약계층 대상의 국가보조 프로그램
	보건 및 복지 서비스	모자보건, 아동복지, 직업재활, 공중보건서비스 등	예방 및 서비스 제공 중심의 복지서비스 포함
		케인즈식 국가개입주의 반영	경제 위기 극복을 위한 적극적 국가개입 인정
		연방정부의 사회복지 책임 확대	중앙정부 차원의 복지개입 본격화
		대공황으로 인한 사회문제 해결 위한 입법	위기 대응 복지입법

02 독일의 사회보험의 역사

시기	1880년대(의료 1883년, 산재 1884년, 노령폐질 1889년)	
목적	• 사회주의 확산 방지 • 경제적 효율성 증대	• 노동자 통합 및 생산 안정화

정치적 성격	• 권위주의적 개혁
	• 채찍과 당근 정책의 병행
	  – 채찍: 사회주의자 진압법
	  – 당근: 사회보험 입법
		• 비스마르크의 '위로부터의 혁명'

입법의 4대 원칙	① 강제보험 원칙: 특정 직종 노동자 의무 가입 ② 중앙통제 원칙: 정부 주도 및 행정통제 ③ 민간보험 배제: 국가 책임 강조, 상업성 차단 ④ 정부보조금 지급: 고용주 부담 + 정부의 지원 병행	
정책적 의의	• 세계 최초의 사회보험 제도 • 이후 자본주의 국가, 복지국가 형성의 모범 사례	• 사회통합 기능 수행

기출선지로 확인

1935년 미국의 사회보장법

01 대공황으로 인한 사회문제의 확산이 법 제정의 계기가 되었다. 9회

02 케인즈식 국가개입주의가 반영되었다. 9회

03 사회보장이라는 용어가 최초로 사용되었다. 9회

04 노령연금은 연방정부가 재정과 운영을 담당 12회

05 실업보험은 주정부가 운영 12회

06 사회복지에 대한 연방정부의 책임 확대를 가져 왔다. 9회

07 빈곤의 사회구조적 원인에 관한 인식 증가 12회

미국의 빈곤가족한시지원(TANF)

08 수급기간 제한 22회
09 개인 책임 강조 22회
10 근로연계복지 강화 22회
11 주정부의 역할과 기능 강화 22회

독일의 비스마르크 사회보험

12 1883년 제정된 질병(건강) 보험은 세계 최초의 사회보험이다. 11회

13 세계 최초로 사회보험제도를 도입하였다. 12회

14 비스마르크는 독일제국의 사회통합을 위해 사회보험을 도입하였다. 20회

15 상호부조 조직인 공제조합을 기원으로 하였다. 12회

16 노동자의 충성심을 국가로 유도하기 위해 기획되었다. 12회

대표기출로 확인

01 미국의 빈곤가족한시지원(TANF)에 관한 설명으로 옳지 않은 것은? 22회
① 수급기간 제한
② 개인 책임 강조
③ 근로연계복지 강화
④ 요보호아동가족부조(AFDC)와 병행
⑤ 주정부의 역할과 기능 강화

> TANF는 AFDC의 역차별 논란으로 등장하였으며, 근로연계복지의 대두와 함께 AFDC 폐지 및 TANF가 실시되었다.
> [정답] ④

02 사회복지 역사에 관한 설명으로 옳은 것을 모두 고른 것은? 20회

> ㄱ. 길버트법은 작업장 노동의 비인도적인 문제에 대응하여 원외구제를 실시하였다.
> ㄴ. 신빈민법은 특권적 지주계급을 위한 법으로 구빈업무를 전국적으로 통일하였다.
> ㄷ. 미국의 사회보장법(1935)은 연방정부의 책임을 축소하고 지방정부의 책임을 확대하였다.
> ㄹ. 비스마르크는 독일제국의 사회통합을 위해 사회보험을 도입하였다.

① ㄱ, ㄴ   ② ㄱ, ㄷ   ③ ㄱ, ㄹ
④ ㄴ, ㄷ   ⑤ ㄷ, ㄹ

> ㄴ. 특권적 지주계급은 엘리자베스 빈민법(1601년), 특권적 자본가 계급을 위한 법은 신빈민법(1834년)이다. 구빈업무를 전국적으로 통일한 것은 공통 사항이다.
> ㄷ. 미국의 사회보장법(1935)은 연방정부의 책임을 확대하고 지방정부의 책임을 축소하였다. 루즈벨트정부 시절 각 주(州)별로 다양하고 차이가 있던 개별법 형태를 종합하여 사회보장법을 제정하였다.
> [정답] ③

02 사회복지정책의 역사적 전개

기출키워드 6 — 복지국가

최근 7개년 평균 출제문항 수 **0.4문항**

01 로마니신의 사회복지의 변천

기존 복지 개념	→	변화된 복지 개념	주요 내용
보충적 (잔여적)	→	제도적	개인·가정의 기능 실패 시에만 개입하던 복지가 사회제도 안에서 항구적·정기적·국가책임으로 전환됨
자선 중심	→	시민의 권리	시혜나 동정에 의한 접근에서 벗어나, 사회권적 권리로서의 복지 보장이 강조됨
선별적 서비스	→	보편적 서비스	특정 대상만 혜택을 받는 복지에서 전 국민 대상의 보편적 접근으로 확대
최저조건 보장	→	최적조건 보장	단순 생계유지 수준의 보장에서 삶의 질 향상 및 자아실현을 도모하는 방향으로 발전
문제 해결 중심	→	문제 예방 중심	문제가 발생한 후에 개입하는 방식에서 사전예방과 조기개입 중심의 복지실천으로 변화

02 복지국가 확장기

시기	1945년(제2차 세계대전 종전)~1970년대 초반
개요 및 의의	• 국가·자본·노동의 코포라티즘(조합주의) 기반 • 전 국민 대상 보편복지체계 형성
주요 특성	• 중산층을 포함한 보편주의 복지 • 다양한 복지 프로그램 제공 • 복지지출 급증
정책 원리	• 최저생계비 보장 • 보편성 • 기회의 평등 강조
대표 국가 사례	영국, 스웨덴, 프랑스, 독일 등 유럽 복지국가 중심

기출선지로 확인

케인즈 경제이론

01 고용이 증가하면 소득이 증가하고, 소득이 증가하면 유효수요가 증가한다. 17회

02 유효수요가 감소하면 경기불황을 가져오고, 소득이 감소한다. 17회

03 저축이 증가하면 투자가 감소하고, 고용의 감소로 이어진다. 17회

04 유효수요가 증가하면 경기호황을 가져와 투자의 증가로 이어진다. 17회

사회복지정책의 최근 동향

05 4차 산업혁명, 일자리 감소, 소득 양극화 심화 등의 이슈는 '기본소득' 도입의 필요성과 관련되어 있다. 18회

06 민달팽이유니온, 복지국가청년네트워크 등은 청년 세대운동 조직이 출현한 사례에 해당한다. 18회

07 '마을만들기' 사업은 주민참여형 복지라고 할 수 있다. 18회

08 '커뮤니티 케어'는 탈시설화와 관련되어 있다. 18회

2차 세계대전 이후 서구 복지국가의 전개 과정

09 대규모 재분배를 가능하게 하는 케인즈주의 경제정책 23회

길버트의 권능부여국가

10 근로촉진, 선별적 표적화, 민영화, 사회적 의무와 연계된 급여 23회

대표기출로 확인

01 복지국가의 이론적 기초가 되는 케인즈(J. M. Keynes) 경제이론에 관한 설명으로 옳지 않은 것은? 17회

① 고용이 증가하면 소득이 증가하고, 소득이 증가하면 유효수요가 증가한다.
② 유효수요가 감소하면 경기불황을 가져오고, 소득이 감소한다.
③ 저축이 증가하면 투자가 감소하고, 고용의 감소로 이어진다.
④ 유효수요가 증가하면 경기호황을 가져와 투자의 증가로 이어진다.
⑤ 소득이 증가하면 저축이 감소하고, 투자의 감소로 이어진다.

> 케인즈는 소득이 증가하면 소비가 증가하고 투자의 확대로 이어진다고 하였다.
>
> 정답 ⑤

기출키워드6 복지국가

03 복지국가 위기(재편기)

구분	주요 내용	대표 사례/국가
시기적 전환점	• 1970년대 후반 이후 • 복지국가 황금기 → 조정기	서유럽, 미국, 동아시아 등
제도 변화(1970년대 후반 이후)		
수급 요건 강화	• 접근성 제한, 수급 기준 강화 • 장애심사 강화 및 등급 재조정 • 연금 수급 연령 상향 • 실업·질병수당 대기기간 연장	대부분의 복지국가 공통
급여 수준 하향	• 소득대체율 감소 • 미국 AFDC: 미국 AFDC 폐지 이후, 1996년 도입된 TANF의 급여 수준이 1970년대 AFDC 시절에 비해 절반으로 축소	미국
급여기간 단축	• 수급 제한, 기한 설정 • 실업급여 수급기간 단축 • 미국: AFDC 수급 기간은 평생 5년을 초과할 수 없음	독일, 덴마크, 이탈리아, 미국 등
체제 변화(1990년대 이후)		
패러다임 전환	• 복지국가 정당성 약화 • 포드주의(대량생산·국가복지 중심)의 위기 • 케인즈주의 복지국가 기반 동요	서유럽 등
대안 체제 등장	• 유연한 사회·노동체계 강조 • 포스트 포디즘: 유연 생산, 노동유연성, 신보수주의, 국가개입 축소	유럽, 미국 등

04 제3의 길

구분		주요 내용
개념		• 실용주의적 중도좌파 노선 • 자본주의와 사회주의의 한계를 극복하기 위한 새로운 이념 모델 • 앤서니 기든스(Anthony Giddens)에 의해 이론화 • 토니 블레어(Tony Blair)의 노동당 슬로건으로 적용
기존 노선과 대비		• 제1의 길: 사회민주주의(고복지·고부담·저효율 → 정부실패 초래) • 제2의 길: 신자유주의(시장실패 초래) • 제3의 길: 양 노선의 장점을 흡수하고 단점을 극복하는 실용주의적 복지국가 모델 → 유연성, 시장+복지의 조화
4대 핵심과제	근로와 복지의 연계	• 자립지원, 복지재정 효율화 • Workfare(일하는 복지): '소비적 복지' → '생산적 복지'로 전환(근로능력 있는 자는 근로를 통해 복지 수급) • 복지 축소 + 고용 확대 + 공공서비스 개선
	복지 주체의 다원화	중앙정부 외에 지방정부, 비영리조직, 기업 등 다양한 주체가 복지 공급에 참여
	직업 능력 개발	• 평생교육·재취업교육을 통한 인적 자본 강화 • 고용시장 유연화와 지속가능한 일자리 창출
	사회투자국가 전략	• 복지급여 대신 인적 자원에 대한 투자 강조 • 여성, 노숙인, 경력단절자 등 취약계층의 역량 개발

기출선지로 확인

복지국가 위기의 원인

11 경기침체와 국가재정위기 · 13회
12 관료 및 행정 기구의 팽창과 비효율성 · 13회
13 포디즘적 생산방식의 비효율성 · 13회
14 독점자본주의의 축적과 정당화 간의 모순 · 13회

복지국가의 위기론 등장 배경 – 사회경제적 배경

15 신자유(보수)주의 이념의 확산 · 9회
16 국가–자본–노동 간의 화해적 정치구조 균열 · 9회
17 스태그플레이션의 심화 · 9회
18 소품종 대량생산 체계의 약화 · 9회

복지국가의 재편기

19 공공서비스의 시장화 · 16회
20 노동시장의 유연화정책 · 16회
21 복지의 투자·생산적 성격 강조 · 16회
22 경제 활성화를 위한 법인세 인하 · 16회

제3의 길이 강조한 복지개혁의 방향

23 권리와 의무의 조화 · 11회
24 근로와 복지의 연계 · 11회
25 사회복지 공급주체의 다원화 · 11회
26 사회투자국가 · 11회

대표기출로 확인

02 제2차 세계대전 이후 서구 복지국가의 전개 과정에 관한 설명으로 옳은 것은? 23회
① 노동과 자본의 극단적인 대립
② 대규모 재분배를 가능하게 하는 케인즈주의 경제정책
③ 자유방임 자본주의를 옹호하는 사상 확산
④ 공공부조 위주의 사회보장체계 구축
⑤ 가족과 시장의 책임강조

> 제2차 세계대전 이후, 즉 1945년부터 1973년(1차 오일 쇼크 발생)까지 거의 30년간은 인류 역사상 찾아보기 힘든 복지국가 시대이다. 특징으로는 보편주의(사회보험, 사회수당), 국유화, 사회적 평등 추구, 노동자 우선(사회민주주의), 국민의 권리 강조, 복지이념으로 베버리즘, 케인즈주의 등이었다.
> 그 후 2차례의 오일쇼크, 중동 전쟁 등의 여파로 세계적인 스태그플레이션(물가상승, 경기침체)이 발생되었고 이는 신자유주의(공공부조, 선별주의, 개인, 가족, 시장중심, 자본주의 옹호, 기업우선 정책, 복지이념으로 슘페터리언, 대처리즘, 레이거 노믹스) 대두로 이어졌다.
>
> 정답 ②

기출키워드6 복지국가

05 사회투자국가 전략의 특징

지출의 목적성 강조	• 복지지출은 명확한 수익(Return)을 창출해야 함 • 단순 분배보다 생산성·효율성 중심의 복지지향
핵심 투자영역	• 인적 자본(예 경력 단절 여성, 노숙인, 구직자 등)과 사회적 자본(예 신뢰, 네트워크 등)에 대한 투자 중시 • 교육, 직업 훈련 강조 • 역량 강화 중심 복지, 자립 촉진형 복지국가 모델
선별주의 원칙 적용	소비성 복지(예 현금급여 등)는 선별적으로 제공
권리와 의무의 균형	• '권리 + 책임'의 조화 지향 • 복지 권리는 의무와 함께 작동해야 하며, 근로연계복지(Workfare)가 핵심 수단
기회의 평등 중시	• 능력과 참여, 기회 제공 중심 • 결과의 평등보다는 기회의 평등에 관심

기출선지로 확인

사회투자국가 전략

27 경제활동 참여기회 확대 　　　　14회
28 경제활동 참여를 활성화한다. 　　15회
29 경제성장과 사회통합 동시 추구 　14회
30 사회정책과 경제정책을 통합적으로 실시하여 사회적 목표를 추구한다. 　15회
31 인적자본 및 사회적 자본에 대한 투자 강조 　14회
32 불평등 해소보다 사회적 배제 감소에 더 큰 중요성 부여 　14회
33 현재 아동세대에 대한 선제적 투자를 중시한다. 　20회
34 아동 세대에게 교육기회를 제공하여 미래의 근로능력을 향상시킨다. 　15회
35 인적자본의 근본적 육성을 통해 사회참여 촉진을 목표로 한다. 　15회

대표기출로 확인

03 사회투자전략에 관한 설명으로 옳은 것은?
　　　　　　　　　　　　　　　　　　20회

① 인적자원에 대한 투자는 결과의 평등을 목적으로 한다.
② 사회적 약자 집단에 대한 현금 이전을 중시한다.
③ 현재 아동 세대에 대한 선제적 투자를 중시한다.
④ 사회정책과 경제정책을 분리한 전략이다.
⑤ 소득재분배와 소비 지원을 강조한다.

> ① 인적자원에 대한 투자는 기회의 평등을 목적으로 한다.
> ② 사회적 약자 집단에 대한 현금 이전보다 사회구성원의 기회 창출, 신뢰 형성, 네트워크 구축에 초점을 둔다.
> ④ 사회정책과 경제정책을 통합한 전략이다.
> ⑤ 소득재분배와 생태체계 관점에서의 생산과 소비를 강조한다.
>
> 정답 ③

03 사회복지정책의 이론과 사상

기출키워드 7

사회복지정책 발달이론

최근 7개년 평균 출제문항 수 **0.9문항**

01 사회양심이론

개념 및 정의	사회복지는 타인의 고통을 덜어주려는 개인의 이타심과 도덕적 양심이 집단적으로 형성되어 국가의 사회복지정책으로 제도화된 것이라고 보는 이론
주요 내용	• 집단양심이 사회복지 발전의 핵심 변수 • 복지는 국가의 자선활동이며, 온정주의적 관점에서 설명됨 • 사회복지는 국가를 통한 이타적 사랑의 구체화 • 복지 변화는 ① 사회적 의무감의 확대, ② 사회적 욕구에 대한 국민 인식에 따라 발생
이론적 배경	• 진화론적 관점에 기반: 사회적 양심이 자라면서 복지정책이 점진적으로 발전 • 변화는 누적적이며 비균일하게 진행
의의	• 1950년대 영국에서 가장 널리 사용됨 • 사회복지사 및 박애주의자들의 지지를 받음 • 복지의 윤리적·도덕적 정당성을 설명하는 이론 • 복지정책을 이타심의 제도화된 형태로 이해하는 데 기여

02 산업화이론(수렴이론)

개념 및 정의	국가의 경제가 일정 수준 이상으로 발전하면, 사회복지제도도 유사한 형태로 수렴된다는 이론
주요 내용	• 선진 자본주의 국가들 간 복지제도는 유사하게 발전 • 선진 사회주의 국가들 사이에서도 유사한 복지구조가 나타남
이론적 배경	• 경제발전론에 기반 • 산업화는 사회적 욕구를 증가시키며, 경제성장은 복지확충을 위한 재정적 기반을 제공
메커니즘 구조	산업화 → 도시화 → 경제발전 → 사회문제 발생 → 복지프로그램 확대 → 국가 간 복지제도 유사화(수렴)
복지 확대 요인	• 산업화로 인한 도시화·핵가족화·노동구조 변화 등으로 새로운 복지 수요 발생 • 경제성장은 복지재정 여력을 확보하게 함
의의	사회복지를 경제성장과 산업화의 결과물로 파악하며, 복지의 구조는 발전 수준에 따라 자연스럽게 수렴된다고 설명
한계	• 문화·정치·이념적 요인을 간과함 • 비서구권·개도국의 복지 다양성을 충분히 설명하지 못함

기출선지로 확인

사회양심이론

01 사회양심이론 – 사회복지는 이타주의가 제도화된 것임 *18회*

02 사회양심이론은 사회복지정책을 국가의 자선활동으로 본다. *9회*

03 사회양심이론은 인도주의에 입각한 사회적 의무감이 복지정책을 확대할 수 있다고 본다. *12회*

산업화이론(수렴이론)

04 수렴이론은 산업화로 인해 발생된 사회문제 해결을 위해 사회복지가 발달한다고 본다. *9회*

05 복지국가는 산업화로 발생된 사회적 욕구에 대한 대응이었다. *13회*

06 수렴이론 – 산업화를 이룬 나라들은 사회복지제도를 도입하게 됨 *18회*

07 산업화이론은 사회복지정책발달은 그 사회의 산업화 정도에 따라 결정된다고 보는 이론이다. *19회*

08 산업화론 – 농경사회에서 산업사회로 변화하면서 사회문제가 발생하였고, 그 대책으로 사회복지정책이 발달하였다. *20회*

09 수렴이론은 그 사회의 기술수준과 산업화 정도에 따라 사회복지의 발달이 수렴된다고 본다. *22회*

10 산업화이론의 대표적인 학자로는 윌렌스키(H. Wilensky)가 있다. *13회*

11 복지국가 발전은 산업화로 인한 경제성장과 함께 이루어지는 것으로 본다. *13회*

12 복지국가는 산업화의 발전으로 재정적 능력이 향상되어 가능해졌다. *13회*

13 수렴이론은 산업화와 이로 인한 인구사회 구조변화에 주목한다. *12회*

14 산업화 이론 – 산업화는 가족구조의 변화를 초래하여 복지에 대한 국가의 역할을 증대시킴 *14회*

대표기출로 확인

01 사회복지정책의 발달이론에 관한 설명으로 옳지 않은 것은? *20회*

① 산업화론 – 농경사회에서 산업사회로 변화하면서 사회문제가 발생하였고, 그 대책으로 사회복지정책이 발달하였다.

② 권력자원론 – 복지국가 발전의 중요 변수들은 노동조합의 중앙집중화 정도, 노동자 정당의 영향력 등이다.

③ 수렴이론 – 사회적 양심과 이타주의의 확대에 따라 모든 국가는 복지국가로 수렴한다.

④ 시민권론 – 마샬(T. H. Marshall)에 따르면 시민권은 공민권, 참정권, 사회권 순서로 발전하였고, 사회복지정책은 사회권이 발달한 결과이다.

⑤ 국가중심적 이론 – 적극적 행위자로서 국가를 강조하고 사회복지정책의 발전을 국가 관료제의 영향으로 설명한다.

> 수렴이론은 사회문제가 발생하면 각 나라들은 이를 해결하기 위해 체제와 무관하게 복지로 수렴한다고 하였다.
> ① 산업화론(수렴이론): 농경사회에서 산업사회로 변화하면서 사회문제가 발생하고 그 대책으로 사회복지정책이 발달했다고 본다(산업화 – 도시화 – 사회문제 발생 – 복지발달 순).
> ② 권력자원론: 복지국가 발전의 중요 변수들로 노동조합의 중앙집중화 정도, 노동자 정당의 영향력 등을 거론한다(사회민주주의이론이라고도 함).
> ④ 시민권론: 시민권 – 공민권(선거권) – 참정권(피선거권) – 사회권(복지권, 기본권) 순서로 발전하였고, 사회복지정책은 사회권이 발달한 결과로 보았다.
>
> 정답 ③

기출키워드7 사회복지정책 발달이론

03 근대화이론(확산이론, 전파이론)

개념 및 정의	한 국가의 사회복지정책이나 제도 혁신이 다른 국가에 영향을 미쳐 확산된다고 보는 이론
주요 내용	• 선진국의 제도·기술·가치가 후진국으로 전파됨 • 인접 국가로 제도가 모방되며, 지리적 영향을 받음
이론적 배경	근대화 이론, 정책이전 이론, 세계체제이론 등과 이론적 연계
메커니즘 구조	제도 혁신(선진국) → 국경 및 인접 국가로의 전파 → 제도적 유사성 확대
의의	• 복지제도의 국제적 영향력과 문화 간 모방 작용을 설명함 • 국제환경과 지리적 조건의 중요성 조명
사례	유럽국가들이 복지제도를 먼저 구축하고 복지지출이 높았던 것은 지리적·역사적 조건 때문이라고 설명함
한계	• 실제로는 내부 사회경제적 요인이 더 강력하게 작용하는 경우가 많음 • 국제적 영향이 정책으로 전환되는 과정에 대한 설명 부족

04 시민권이론

개념 및 정의	• 시민권은 산업혁명과 시민혁명의 결과로, 자유·평등·박애를 쟁취한 시민의 권리에서 비롯된 개념 • 사회복지정책의 출현을 설명하는 근거가 됨
주요 내용	• 시민권은 복지수급을 하나의 기본적 권리로 간주 • 사회권(복지권)은 자본주의 사회에서 평등을 추구하며, 사회적 불평등과 공존하고 있음
시민권의 3단계	① 공민권(18세기): 신체·언론·사유재산·계약의 자유 및 선거권 ② 정치권(19세기): 피선거권 및 정치참여권 ③ 사회권(복지권, 20세기): 생존권, 교육권, 근로권, 환경권 등
메커니즘 구조	산업혁명 및 시민혁명 → 시민권 발달 → 공민권 → 정치권 → 복지권 → 사회복지정책의 제도화
의의	사회복지를 단순한 자선이나 시혜가 아닌, 시민의 권리로 정당화하고 제도화할 수 있는 이론적 기반을 제공
사례	• 서구 복지국가에서는 복지수급을 시민의 기본권으로 간주 • 한국은 생활보호법에서는 권리로 보지 않았으나, 국민기초생활 보장법 제정으로 법적 권리화

기출선지로 확인

모방, 확산, 전파, 근대화이론

15 확산이론은 한 나라의 사회복지정책이 다른 나라에 미치는 영향을 강조한다. 12회

16 확산이론: 한 국가의 제도나 기술 혁신이 인근 국가에 영향을 준다. 16회

17 확산이론은 한 지역의 사회복지정책이 다른 지역으로 전파되어 나간다는 이론이다. 19회

18 확산이론은 사회복지의 발달이 국가의 지리적 위치와 관계가 있다고 본다. 9회

19 사회복지정책의 확대 과정은 국제적인 모방의 과정이다. 11회

시민권이론

20 시민권론 – 마샬(T. H. Marshall)은 사회권(social right)을 복지권(welfare right)이라 함 18회

21 시민권론 – 마샬(T. H. Marshall)에 따르면 시민권은 공민권, 참정권, 사회권 순서로 발전하였고, 사회복지정책은 사회권이 발달한 결과이다. 20회

대표기출로 확인

02 사회복지발달이론에 관한 설명으로 옳지 않은 것은? 18회
① 사회양심이론 – 사회복지는 이타주의가 제도화된 것임
② 수렴이론 – 산업화를 이룬 나라들은 사회복지제도를 도입하게 됨
③ 시민권론 – 마샬(T. H. Marshall)은 사회권(social right)을 복지권(welfare right)이라 함
④ 권력자원론 – 사회복지정책은 권력 엘리트의 산물임
⑤ 구조기능주의론 – 사회복지는 산업화, 도시화에 따른 사회문제에 대한 적응의 결과임

> 사회복지정책이 권력 엘리트의 산물이라고 하는 주장은 엘리트이론이다. 반면 권력자원론은 노동자 세력의 정치 세력화가 사회민주주의 형태로 복지발달을 가져왔다고 주장하였다.
> ① 사회양심이론: 사회복지는 이타주의가 제도화된 것. 국가의 자선활동으로 보았다(공공부조 강조).
> ② 수렴이론(산업화이론): 산업화(경제발전)를 달성한 국가들은 체제가 무엇이든 최종적으로 사회복지제도를 도입하게 된다는 이론이다(체제의 종말).
> ③ 시민권론: 사회진화론적으로 시민권 – 공민권 – 참정권 – 사회권(복지권, 기본권) 순으로 발전하였다고 강조한다.
> ⑤ 구조기능주의론: 사회복지는 기능별, 역할별 과업을 수행해나갈 때 기능적으로 발전한다는 이론이다.
>
> 정답 ④

기출키워드7 사회복지정책 발달이론

05 음모이론

개념 및 정의	사회복지정책은 기득권층의 이익 보호, 사회 통제, 질서 유지를 위한 수단이라는 비판적 시각에서 출발한 이론
주요 내용	• 복지는 약자 보호가 아닌 사회 통제를 위한 도구 • 사회양심이론과 달리, 도덕적 이타성보다는 정치적 계산에 의해 복지가 작동한다고 봄
이론적 시사점	• 사회복지의 정치적 도구화를 강조 • 정권 유지, 계급 통제, 사회 안정 유도를 위한 수단으로 기능한다는 입장
메커니즘 구조	사회 불만 고조/정치적 위기 발생 → 복지정책 도입 또는 확대 → 정권의 정당성 확보, 사회 안정, 기득권 재생산
의의	사회복지정책의 이면에 숨겨진 정치적 목적을 폭로하고, 비판적 사고를 자극하는 데 유용한 관점
사례	• 미국의 복지제도는 중산층의 자비가 아닌 빈민 통제 목적으로 도입되었다는 주장 • 사회복지 확대가 정권 재생산 도구로 작용한 사례 강조

06 종속이론

개념 및 정의	제2차 세계대전 이후 식민국가들의 사회복지제도 변천을 설명하며, 강대국에 종속된 구조 속에서 복지제도가 형성·유지된다고 보는 이론
주요 내용	• 식민지 시절 복지제도는 종주국의 이익에 맞춰 설계됨 • 독립 이후에도 그 구조와 형태가 그대로 모방·유지되는 경향을 설명
메커니즘 구조	식민통치 → 종주국 중심의 제도 수립 → 독립 이후에도 제도적 모방·유지 → 구조적 종속 상태 지속
의의	• 세계 복지체계를 비대칭적 권력구조 속에서 해석 • 강대국 주도의 복지모델 확산에 대한 비판적 시각 제시
사례	아프리카, 아시아, 중남미 국가들이 독립 이후에도 서구 복지제도를 그대로 이식하거나 정책을 구조적으로 의존하는 경향
한계	• 강대국들이 식민지 약탈을 정당화하기 위한 수단이라는 비판 제기 • 약소국 복지체계의 자율성과 내적 요인에 대한 고려가 부족하다는 지적

07 사회민주주의이론(권력자원이론)

개념 및 정의	노동계급의 정치적 세력화가 복지국가의 발전을 견인한다고 보며, 민주주의 심화와 사회연대 확대를 통해 점진적으로 사회민주주의에 도달하고자 하는 이론
주요 내용	• 복지확대를 주장하는 정당(노동당 등)이 정치적 영향력을 얻을수록 복지정책이 확대됨 • 복지국가는 정치적 힘의 분포와 계급권력 관계에 따라 성장함
주요 특징	• 혼합경제(국가 개입 + 시장 조화) • 정치민주주의 + 경제민주주의 지향 • 포괄적·보편적 복지정책 추구
메커니즘 구조	노동계급 성장 및 조직화 → 정치세력화 → 선거·정당 영향력 증가 → 복지국가 확대 및 제도화
의의	• 복지국가의 형성과 발전을 계급·권력의 분포로 설명 • 복지정책을 정치적 투쟁과 타협의 산물로 인식
사례	북유럽 국가(스웨덴, 노르웨이, 덴마크 등)의 사회민주주의 정당 주도하의 보편주의 복지체계

기출선지로 확인

음모이론

22 음모이론: 사회복지정책에 대해 사회 안정과 질서 유지를 위한 하나의 수단으로 보았다.
16회, 19회

구조기능주의론

23 구조기능주의론 – 사회복지는 산업화, 도시화에 따른 사회문제에 대한 적응의 결과임
18회

사회민주주의이론, 권력자원이론

24 권력자원론 – 복지국가 발전의 중요 변수들은 노동조합의 중앙집중화 정도, 노동자 정당의 영향력 등이다.
20회

25 권력자원이론은 노동조합의 중앙집중화 정도, 좌파정당의 집권을 복지국가 발달의 변수로 본다.
22회

대표기출로 확인

03 사회복지정책의 발달이론 중 의회민주주의의 정착과 노동자계급의 조직화된 힘을 강조하는 이론은?
21회
① 산업화론
② 권력자원이론
③ 확산이론
④ 사회양심이론
⑤ 국가중심이론

제시된 설명은 권력자원이론에 대한 설명이다.
정답 ②

기출키워드7 사회복지정책 발달이론

08 국가중심이론

개념 및 정의	사회복지정책은 독립적 주체로서의 국가가 사회문제를 인식하고 자체적으로 해결하려는 노력의 결과라고 보는 이론
주요 내용	• 국가(특히 중앙정부와 관료조직)가 정책 형성과 실행의 핵심 주체 • 문제의 인식, 해결책 도출, 수행 전반에 있어 국가의 능동성 강조
주요 특징	• 관료의 역할 중시, 이익집단의 영향력 축소 • 복잡해지는 사회문제를 효율적으로 처리할 수 있는 정부 중심의 정책조정 구조 선호
메커니즘 구조	사회문제 발생 → 국가(중앙정부)가 문제 인식 → 관료체계 주도로 정책 개발 및 집행
의의	복지정책의 형성을 국가의 자율성·주도성 관점에서 설명, 정치·이익집단 중심이론의 한계 보완
사례	프랑스, 일본 등 중앙집권적·관료주의적 행정국가에서 나타나는 강력한 국가 주도의 복지정책 형성 구조

09 이익집단이론(다원주의이론)

개념 및 정의	사회복지정책은 공통의 이익을 추구하는 다양한 조직(이익집단)들이 정부에 영향을 미치는 과정 속에서 형성된다고 보는 이론
주요 내용	• 이익집단은 개인들이 공공정책에 영향력을 행사하기 위해 결성한 조직체 • 이익집단은 계급·직능 외에도 연령·언어·종교 등 다양한 기반에서 형성됨
주요 특징	• 사회 내에는 다양한 이해관계자(다원주의)가 존재함 • 정부는 이들 간의 이익 충돌을 중립적으로 조정하는 역할을 수행해야 함
메커니즘 구조	다양한 사회집단의 요구 → 이익집단으로 조직화 → 정부에 정책 요구 및 영향력 행사 → 복지정책 형성
의의	복지정책을 다양한 사회적 요구의 집합적 결과로 해석하며, 정책 형성 과정에서의 시민사회의 역할과 정치참여 확대를 강조함
사례	노인단체, 여성단체, 노동조합, 장애인 단체, 산업별 직능단체 등이 복지정책에 영향력 행사

기출선지로 확인

국가중심이론

26 국가중심주의이론은 국가관료들의 자기이익 추구행위가 복지국가 발전을 가져온다고 본다.
9회

27 국가중심적 이론 - 적극적 행위자로서 국가를 강조하고 사회복지정책의 발전을 국가 관료제의 영향으로 설명한다.
20회

이익집단이론

28 이익집단이론은 다양한 이익집단들의 정치적 활동을 통해 복지국가가 발달한 것으로 본다.
22회

29 이익집단론은 노인복지의 확대를 설명하는 데 유용하다.
12회

30 이익집단이론: 현대사회에서 귀속적 차이 등에 따른 집단들 간의 정치적 행위가 커지고 있다.
16회

신마르크스주의

31 전통적 마르크스주의에 이론적 기초를 둔 갈등주의적 시각이다.
13회

32 복지국가 발전을 독점자본주의의 속성과 관련시켜 분석하였다.
13회

33 복지정책은 자본축적의 위기나 정치적 도전을 수정하기 위한 수단으로 본다.
13회

34 국가의 자율적 역할 정도에 따라 도구주의 관점과 구조주의 관점으로 대별된다.
13회

대표기출로 확인

04 사회복지정책의 발달을 설명하는 이론으로 옳은 것을 모두 고른 것은? 22회

> ㄱ. 시민권이론은 정치권, 공민권, 사회권의 순서로 발달한 것으로 본다.
> ㄴ. 권력자원이론은 노동조합의 중앙집중화 정도, 좌파정당의 집권을 복지국가 발달의 변수로 본다.
> ㄷ. 이익집단이론은 다양한 이익집단들의 정치적 활동을 통해 복지국가가 발달한 것으로 본다.
> ㄹ. 국가중심이론은 국가 엘리트들과 고용주들의 의지와 능력에 의해 결정된다고 본다.
> ㅁ. 수렴이론은 그 사회의 기술수준과 산업화 정도에 따라 사회복지의 발달이 수렴된다고 본다.

① ㄱ, ㄴ, ㄹ ② ㄱ, ㄷ, ㅁ ③ ㄴ, ㄷ, ㄹ
④ ㄴ, ㄷ, ㅁ ⑤ ㄷ, ㄹ, ㅁ

> ㄱ. 시민권이론은 시민권 - 공민권(선거권) - 참정권(정치권, 피선거권) - 사회권(복지권, 기본권) 순으로 발달한 것으로 본다.
> ㄹ. 사회복지정책의 발달이 국가 엘리트들과 고용주들의 의지와 능력에 의해 결정된다고 본 것은 신마르크스주의이다. 반면 국가중심이론은 중앙부처 공무원들(관료)에 의해 국가의 복지정책이 수립 및 시행된다고 본다.

정답 ④

03 사회복지정책의 이론과 사상

기출키워드 8

사회복지정책 이데올로기

최근 7개년 평균 출제문항 수 **0.7문항**

01 조지 - 윌딩의 사회복지정책 이데올로기

명칭	반집합주의	소극적 집합주의	페이비언 사회주의	마르크스 사회주의
사상	자유주의	수정자본주의	사회민주주의	공산주의
주요 내용	• 자유주의 이념 강조 • 국가 간섭 반대 • 복지국가 반대 • 최저수준의 복지정책 지향	• 조건부 국가 개입 인정 • 사회 안정과 질서 유지 목적 • 빈곤 완화를 위한 제한적 복지 수용	• 점진적 사회주의 지향 • 적극적 자유 강조 • 불평등 완화 강조 • 복지국가 적극 지지	• 자본주의 생산양식 전면 부정 • 복지정책은 자본주의 체제 유지 수단 • 빈곤 해결을 위해 체제 전복 필요
사례	미국 레이건 정부의 신자유주의 정책	영국 전후 노동당 정부의 케인즈주의적 복지정책	스웨덴, 노르웨이 등 북유럽 복지국가	초기 소련, 쿠바 등 공산주의 국가
복지 관점	• 시장 중심의 자율성 강조 • 개인 책임 중시 • 국가 개입 최소화	• 시장실패 시 국가는 보완적 개입 • 복지는 안정장치 역할	• 국가의 적극적 재분배 기능 강조 • 복지를 국민의 권리로 인식	• 계급 해체 및 체제 전복을 통한 문제 해결 • 복지는 과도기적 조치로 인식

02 조지 - 윌딩의 수정된 이데올로기

신우파	• 시장 중심의 자유주의 강조 • 개인 책임과 선택 강조, 국가 개입 최소화 • 복지의존 비판, 복지 축소와 민영화 추구(복지정책 반대)	• 복지를 시장 실패 시에만 보완적으로 허용 • 근로연계복지(workfare), 효율성 중심 정책 선호
중도주의	• 신우파(신자유주의)와 사회민주주의의 중간 입장 • 복지와 경제의 균형, 공공과 민간 협력 추구	• 시장의 역할 인정, 사회적 약자 보호는 국가의 책임(복지정책 찬성) • 노동시장 유연성과 복지국가 유지의 조화 강조
사회민주주의	• 자본주의 인정 + 국가의 재분배 기능 강조(복지정책 찬성) • 보편주의 복지, 조세를 통한 복지 확대	• 평등과 정의를 복지국가를 통해 실현 • 공공부문 주도, 적극적 고용정책 및 사회보장 강화
마르크스주의	• 자본주의 자체를 불평등 구조의 원인으로 비판(복지정책 반대) • 복지국가는 자본주의 체제 유지를 위한 도구로 간주	• 사적 소유 폐지, 생산수단의 공유 강조 • 계급해방과 구조적 변혁 강조
녹색주의	• 생태적 지속 가능성과 공동체 복지를 중시(복지정책 조건부 찬성) • 지역 중심, 탈중앙화, 대안적 사회경제 지향	• 경제성장보다 환경 보호, 생태 정의, 삶의 질 강조 • 약자·소수자 보호, 기후위기 대응 정책 강조
페미니즘	• 성별 불평등과 가부장제 구조를 비판 • 돌봄노동, 무급노동, 복지의 성별 영향 분석 강조	• 사회복지정책에서 젠더 관점의 재구성 요구(복지정책 조건부 찬성) • 여성의 경제적·정치적 권리와 자기결정권 강조

기출선지로 확인

반집합주의

01 반집합주의 - 사회복지는 개인의 자유와 선택을 제한한다. 13회

소극적 집합주의

02 소극적 집합주의 - 복지국가를 사회안정과 질서의 유지에 필요한 것으로 간주하여 제한적으로 지지 9회

03 시장의 약점을 보완하고 불평등과 빈곤에 대응하기 위하여 실용적인 국가개입이 필요하다. 21회

사회민주주의

04 사회민주주의는 사회통합과 평등 추구를 위한 사회복지정책 확대를 지지한다. 10회

마르크스주의

05 마르크스주의 - 복지국가를 자본주의 체제를 강화하는 수단으로 간주 9회

06 마르크스주의 - 자본주의 사회에서 빈곤 문제는 필연적으로 발생함 11회

07 마르크스주의 - 복지국가는 자본과 노동계급 간 갈등의 결과이다. 13회

신자유주의

08 시장의 자율적 경쟁을 강조한다. 13회
09 '작은 정부'를 지향한다. 13회
10 복지국가는 국민의 책임보다 권리는 강조한다고 비판한다. 13회
11 자본주의에 대해서는 긍정적 14회
12 사회복지정책에 대해서는 부정적 14회
13 시장개방, 노동의 유연성, 탈규제, 민영화 등의 정책을 선호 14회

대표기출로 확인

01 반집합주의가 선호하는 가치 영역이 아닌 것은? 17회
① 개인 ② 시장 ③ 평등
④ 가족 ⑤ 경쟁

> 평등은 사회주의(진보주의, 박애주의, 사회민주주의) 가치에 해당된다.
>
> 정답 ③

02 조지(V. George)와 윌딩(P. Wilding)이 제시한 이념 중 소극적 집합주의에 관한 설명으로 옳은 것은? 21회
① 시장에 대한 국가개입을 최소화하고 개인의 소극적 자유를 극대화하는 것이 바람직하다.
② 개인의 적극적 자유를 보장하기 위해서는 철저한 계획경제와 생산수단의 국유화가 필요하다.
③ 환경과 생태의 관점에서 자본주의의 성장과 복지국가의 확대는 지속가능하지 않다.
④ 복지국가는 노동의 성(gender) 분업과 자본주의 가부장제를 고착화시키는 역할을 한다.
⑤ 시장의 약점을 보완하고 불평등과 빈곤에 대응하기 위하여 실용적인 국가개입이 필요하다.

> ① 시장에 대한 국가개입을 최소화하고 개인의 소극적 자유를 극대화하는 것은 신우파이다.
> ② 개인의 적극적 자유를 보장하기 위해서 철저한 계획경제와 생산수단의 국유화가 필요하다고 주장하는 것은 마르크스 사회주의이다.
> ③ 환경과 생태의 관점에서 자본주의의 성장과 복지국가의 확대는 지속가능하지 않다는 것은 녹색주의이다.
> ④ 복지국가가 노동의 성(gender) 분업과 자본주의 가부장제를 고착화시키는 역할을 한다는 것은 페미니즘이다.
>
> 정답 ⑤

03 사회복지정책의 이론과 사상

기출키워드 9

복지국가 유형화이론

최근 7개년 평균 출제문항 수 **0.7문항**

01 에스핑 – 앤더슨의 복지국가 유형

구분	자유주의적 복지국가	조합주의(보수주의)적 복지국가	사회민주주의 복지국가
사상	자유주의	조합주의(보수주의)	사회민주주의
기본 개념	국민최저선 복지, 선별주의	직업·계층 중심 사회보험제도	보편주의, 평등주의 복지
복지배분 주체	시장 중심, 국가는 보조	가족, 직업 집단, 국가 병존	국가 중심, 보편적 책임 강조
탈상품화 수준	낮음	중간	높음
계층화 수준	높음 (빈곤층 중심 정책)	높음 (직업·소득에 따른 차등)	낮음 (계층 완화 지향)
급여 기준	선별적 급여, 빈곤층 대상의 국민최저 수준	기여 기반(사회보험 방식), 소득에 비례한 혜택	보편적 급여, 보편적 사회권 확대
주요 특징	• 공공부조 중심 • 복지의 오명화(Stigmatization) • 민영화·시장 중심	• 직업집단별 사회보험 강조 • 가족의 부양책임 강조 • 남성 부양자 모델	• 적극적 평등 실현 지향 • 전 국민 대상 복지 • 여성·가족 복지 강화
재분배 효과	약함	제한적	강함
대표 국가	미국, 캐나다, 호주 등	독일, 프랑스, 오스트리아 등	스웨덴, 덴마크, 핀란드, 노르웨이 등 북유럽 국가

02 미쉬라의 복지국가 모형

분화된 복지국가	통합된 복지국가
• 사회복지와 경제는 분리되어 독립적 기능을 수행 • 시장 실패·가족 실패에 대한 보완적 수단으로 기능 • 선별주의적, 보충적, 잔여적 복지 지향 • 복지는 중립적 서비스로서 기회만 제공 • 국가의 역할은 제한적이며, 기회의 평등 중심	• 사회복지와 복지는 상호 의존적이며, 긴밀히 통합되어 있음 • 복지를 통해 사회적 통합과 평등 실현, 구조적 불평등 해소를 추구 • 보편주의, 권리로서의 복지, 결과의 평등 중시 • 국가는 적극적 재분배 역할 강조 • 복지는 단순 지원이 아니라 구조 개혁과 권력 재조정 수단

기출선지로 확인

자유주의적 복지국가

01 탈상품화 정도, 계층화 정도 등에 따라 복지국가를 3가지 유형으로 분류하였다. 19회, 21회, 22회

02 자유주의 복지국가는 시장의 효율성을 중시한다. 16회

03 자유주의 복지국가는 저소득층에 초점을 맞춘다. 16회

04 자유주의 복지국가는 자산조사에 의한 공공부조의 비중이 큰 국가이다. 19회

05 자유주의 복지국가는 공공부조의 역할이 크고 탈상품화 정도는 낮다. 21회

06 자유주의 복지체제 국가의 사회보장급여는 잔여적 특성이 강하다. 20회

조합주의(보수주의)적 복지국가

07 보수주의 복지국가는 사회적 지위에 따라 사회보험 혜택의 차이가 있다. 16회

08 보수주의 복지체제 국가는 가족의 중요성을 강조한다. 20회

09 보수주의 복지체제 국가의 예로 독일, 프랑스, 이탈리아가 있다. 20회

10 보수주의 복지국가에서 사회보험은 직업집단 등에 따라 분절적으로 운영된다. 21회

사회민주주의 복지국가

11 사회민주주의 복지국가는 보편주의적 개입을 통해 가족과 시장을 대체하는 특성을 갖고 있다. 16회

12 사회민주주의 복지국가는 보편적 원칙과 사회권을 통한 탈상품화 효과가 크다. 19회

13 사회민주주의 복지체제 국가는 보편주의를 강조한다. 20회

14 미쉬라(R. Mishira)는 '분화된 복지국가'와 '통합된 복지국가'로 구분하였다. 13회

대표기출로 확인

01 에스핑-앤더슨(G. Esping-Andersen)의 세 가지 복지체제에 관한 설명으로 옳지 않은 것은? 20회

① 보수주의 복지체제 국가는 가족의 중요성을 강조한다.
② 자유주의 복지체제 국가에서 탈상품화 정도가 가장 높다.
③ 사회민주주의 복지체제 국가는 보편주의를 강조한다.
④ 보수주의 복지체제 국가의 예로 독일, 프랑스, 이탈리아가 있다.
⑤ 자유주의 복지체제 국가의 사회보장급여는 잔여적 특성이 강하다.

> 에스핑-앤더슨의 복지국가 유형에서 자유주의 복지국가는 탈상품화 정도가 가장 낮다. 반면 탈상품화 정도가 가장 높은 복지국가 유형은 사회민주주의 복지국가이다.
>
> 정답 ②

02 에스핑-안데르센(G. Esping-Andersen)의 복지국가 유형에 관한 설명으로 옳지 않은 것은? 21회

① 탈상품화 정도, 계층화 정도 등에 따라 복지국가를 3가지 유형으로 분류하였다.
② 탈상품화는 돌봄이나 서비스 부담을 가족에게 의존하지 않는 정도를 의미한다.
③ 사회민주주의 복지국가는 탈상품화 정도가 높고 보편적 사회서비스를 제공한다.
④ 보수주의 복지국가에서 사회보험은 직업집단 등에 따라 분절적으로 운영된다.
⑤ 자유주의 복지국가는 공공부조의 역할이 크고 탈상품화 정도는 낮다.

> 탈상품화는 개인이 시장에 상품을 내놓지 않아도 인간다운 삶을 누릴 수 있는 정도를 의미한다.
>
> 정답 ②

기출키워드9 복지국가 유형화이론

03 퍼니스 – 틸튼의 복지국가 유형

구분	적극적 국가	사회보장국가	사회복지국가
사상	자유주의	수정자본주의	사회민주주의
주요 개념	• 경제성장이 국가의 핵심 목표 • 정부–자본 공생 강조	• 국민 누구에게나 최저생활 보장 • 사회보험+공공부조 혼합	• 경제정책이 사회정책에 종속 • 사회통합과 평등 실현 강조
이념적 배경	자유방임주의, 개인주의	혼합경제, 실용주의	평등주의, 민주주의, 복지국가주의
복지관점	복지 최소화, 시장 중심	보충적 복지, 사회보험 중심 복지	적극적 복지, 국가 중심 보편적 복지
국가의 역할	제한적 개입, 시장 기능 존중	조건부 개입, 최소한의 보장 제공	적극 개입, 평등 실현 주도
경제–사회 관계	경제 우선, 사회정책은 부수적	경제·사회정책 병존	사회정책 우선, 경제정책 종속
정책 목표	효율성, 경쟁력 중심 경제 성장	기본생활 보장, 안정성 확보	평등, 사회통합, 민주주의 실현
복지 수혜자	경쟁에서 살아남은 사회적 강자 중심	전 국민 대상 보장 (선별+보편 혼합)	모든 국민 포함, 특히 약자까지 포괄하는 평등 보장

04 윌렌스키 – 르보의 사회복지 모형

구분	잔여적 모형	제도적 모형
복지형태	선별적 복지 강조	보편적 복지 강조
이념	자유주의·개인주의 기반	평등주의·사회민주주의 기반
빈곤의 책임	개인, 가족 및 시장	국가, 지역사회, 제도
국가의 역할	최저·최소한의 보장	최적·최대한의 보장
복지정책	사후치료적·임시적·현실적 역할	사전 예방적·지속적·이상적 역할
사례	사회사업(협의) 중심의 자선조직협회	사회복지(광의) 중심의 인보관

기출선지로 확인

윌렌스키와 르보의 사회복지 모형

15 잔여적 개념에 따르면 개인은 기본적으로 가족과 시장을 통해 욕구를 충족시킨다. 22회

16 잔여적 개념은 작은 정부를 옹호하고 시장과 민간의 역할을 중시하는 보수주의자들의 선호와 맥락을 같이한다. 22회

대표기출로 확인

03 사회복지의 잔여적 개념과 제도적 개념에 관한 설명으로 옳은 것을 모두 고른 것은? 22회

> ㄱ. 잔여적 개념에 따르면 개인은 기본적으로 가족과 시장을 통해 욕구를 충족시킨다.
> ㄴ. 제도적 개념에 따르면 가족과 시장에 의한 개인의 욕구 충족이 실패했을 때 국가가 잠정적·일시적으로 그 기능을 대신한다.
> ㄷ. 잔여적 개념은 작은 정부를 옹호하고 시장과 민간의 역할을 중시하는 보수주의자들의 선호와 맥락을 같이 한다.
> ㄹ. 제도적 개념은 사회복지를 시혜나 자선으로 보지 않지만 국가에 의해 주어진 것이므로 권리성은 약하다.

① ㄱ ② ㄹ ③ ㄱ, ㄷ
④ ㄴ, ㄷ ⑤ ㄴ, ㄷ, ㄹ

> ㄴ. 잔여적 개념에 따르면 가족과 시장에 의한 개인의 욕구 충족이 실패했을 때 국가가 잠정적·일시적으로 그 기능을 대신한다.
> ㄹ. 제도적 개념은 사회복지를 시혜나 자선으로 보지 않고 국가에 의해 주어진 것이므로 권리성은 강하다.
>
> 정답 ③

04 사회복지정책의 정책과정

기출키워드 10

사회복지정책의 평가

최근 7개년 평균 출제문항 수 **0.4문항**

01 정책평가의 기준

구분	주요 내용	사례/적용
효과성	• 목표 달성 여부 중심 평가 • 자원 투입과 무관하게 얼마나 목표에 도달했는지 판단 • 목표 설정 → 결과 비교 → 달성 정도 평가	정책 성과 측정, 목표달성 비율 분석
효율성	• 산출/투입의 비율 분석 • 최소 비용으로 최대 효과 실현 여부 평가 • 자원 투입 → 산출 계산 → 효율지표 도출	복지 예산 대비 효과, 비용–편익 분석 등
형평성	• 정책 효과가 공정하고 차별 없이 배분되었는가 평가 • 소외계층 배려 포함 여부 확인 • 수혜자 집단별 분포 분석 → 불균형 여부 판단	장애인·노인 대상 서비스 배분, 지역 격차 평가 등
적절성	• 정책 수단이나 방법이 문제 해결에 적합한가를 평가 • 문제–수단 간 연결 평가	복지전달체계의 방식 평가
대응성 (반응성)	• 정책이 수혜자 요구나 가치를 얼마나 반영했는지 평가 • 요구 분석 → 정책 반영 여부 측정 → 수용성 평가	국민의 정책 만족도 조사

02 정책평가의 필요성

책임성 확보	• 정책활동에 대한 공적 책임성 근거 마련 • 정책 담당자의 책무성을 높이고, 정당한 평가 기준 제공
정책 효과성 제고	정책이 원래 목적을 얼마나 달성했는지 평가함으로써 효과성 개선에 기여
통제 및 감사 기능	정책 집행과정을 감시·통제하고 불합리한 집행 방지
정책 결정 정보 제공	기존 정책의 개선, 대안정책 수립에 필요한 의사결정 자료 제공
정책 정당성 확보	정책이 공익에 부합하는지 검토하여 정치적·사회적 지지 확보
이론 형성 기여	실증적 평가를 통해 사회복지정책 이론 및 학문적 발전에 기여

03 정책평가의 유형

구분	주요 내용	사례/적용
총괄평가	• 정책 집행 후 성과 중심 평가 • 정책의 궁극적 효과를 판단 • 정책 완료 → 결과 분석 → 사회적 영향 평가	사업 종료 후 성과 측정

기출선지로 확인

정책평가의 기준

01 사회효과성은 보편주의에서, 비용효과성은 선별주의에서 더 중요시하는 기준이다. 9회

02 사회적 효과성은 정책대안이 가진 사회통합 기능에 주안점을 둔다. 10회

03 정책의 효과성과 효율성 제고를 위해 정책평가의 중요성이 강조되고 있다. 13회

정책평가의 필요성

04 정책평가는 정책활동에 대한 책임성이나 근거를 확보하기 위해 필요하다. 12회, 15회

05 정책프로그램의 효과성 증진 14회, 15회

06 정책활동 통제 및 감사의 필요성 14회

07 문제 해결을 위한 정책결정에 필요한 정보를 얻기 위함 17회

08 정책의 정당성 근거를 확보하기 위함 17회

09 정책평가는 사회복지정책 이론의 형성에 기여함 17회

정책평가의 유형

10 총괄평가는 정책이 집행되고 난 후 정책이 사회에 미친 영향을 평가하는 것이다. 19회

11 효율성 평가는 투입과 산출의 비율로 표현된다. 13회

12 효율성 평가는 정책목표 달성을 위한 비용 대비 편익을 비교하는 것이다. 11회

13 정책효과성 평가는 정책목표의 달성 여부를 판단하는 것을 의미한다. 13회

대표기출로 확인

01 사회복지정책 평가가 필요한 이유를 모두 고른 것은? 17회

> ㄱ. 문제해결을 위한 정책결정에 필요한 정보를 얻기 위함
> ㄴ. 기존 정책의 개선에 필요한 정보를 얻기 위함
> ㄷ. 정책의 정당성 근거를 확보하기 위함
> ㄹ. 정책평가는 사회복지정책 이론의 형성에 기여함

① ㄱ, ㄴ, ㄷ   ② ㄱ, ㄴ, ㄹ
③ ㄱ, ㄷ, ㄹ   ④ ㄴ, ㄷ, ㄹ
⑤ ㄱ, ㄴ, ㄷ, ㄹ

> ㄱ~ㄹ. 모두 사회복지정책 평가가 필요한 이유에 해당한다.
>
> 정답 ⑤

기출키워드10 사회복지정책의 평가

구분	주요 내용	사례/적용
과정평가	• 집행 과정 중의 활동과 운영 분석 • 실행 중 문제점 및 개선점 파악 • 집행단계 모니터링 → 실행성과·과정 분석	사업 진행 중의 문제점 확인
형성평가	• 정책 도중 전략 수정·보완이 목적 • 중단 또는 조정 판단 • 초기 실행 후 수정 필요성 분석 → 방향 조정	시범사업의 중간 점검
효율성 평가	• 산출 대비 투입 자원의 경제적 평가 • 자원 투입 분석 → 산출 대비 경제성 검토	예산 운용과 비용 대비 효과 평가
효과성 평가	• 설정된 정책 목표의 달성 정도 평가 • 성과 측정 기준 → 실제 결과 비교	목표 달성률 확인
대상효율성 평가	• 특정 대상군에 대한 자원 투입 대비 성과 분석 • 대상별 성과 분석	• 취약계층 대상 • 정책의 효율성 검토
형평성 평가	• 정책이 모든 집단에 공정하게 작용했는지 판단 • 수혜 분포도 분석 → 차별 여부 도출	지역 간, 계층 간 수혜 불균형 여부 확인
반응성 평가	• 국민이나 수혜자의 정책에 대한 만족도·반응성 평가 • 정책 → 수혜자 만족도 조사 → 요구 반영 여부 평가	국민 설문조사 기반 평가
민주성	• 정책 집행이 민주적 절차에 따라 이루어졌는지를 평가함 • 정책 수립 및 집행 과정의 공정성·투명성 평가	• 정책 형성과 집행 과정에서 이해관계자의 참여 여부 • 정보 공개, 시민 의견 수렴 등 절차적 정당성 여부 • 이해관계자 참여 분석 • 공청회 개최, 시민 설문 결과 반영 등
합법성	• 정책이 법적·제도적 절차에 부합했는지를 평가 • 관련 법령, 제도, 규정에 따라 적합하게 추진되었는지 확인 • 법적 근거의 충실성 및 준법성 판단	• 관련 법령 준수 여부 확인 • 행정절차법, 예산집행 규정 등 준수 분석

04 정책평가의 특성

가치지향적	정책의 성과와 가치를 판단하기 위한 정보 수집·해석 활동
정치적 성격	• 평가 목표, 기준 설정, 대상 선정 등에서 정치적 영향을 받음 • 정책 담당자, 대상자, 지역사회 이해관계자 등이 영향을 줌
실용적 성격	• 평가 결과는 실제 정책 개선·수정·폐지 등에 활용됨 • 평가 결과의 활용도를 높이기 위한 절차적 설계가 중요
종합 학문적	• 사회과학, 행정학, 통계학 등 다양한 학문을 통합 • 질적·양적 평가방법 병행 가능
기술적 성격	평가설계 시 인과모형 설정, 통계기법, 분석도구 활용 등 전문 기술 요구됨

☑ 3회독 Check ☐☐☐

기출선지로 확인

정책평가의 특성

14 정책평가란 정책활동의 가치를 가늠하기 위한 정보 수집·분석·해석 활동이다. 10회
15 정치적이다. 21회
16 평가목표는 정책평가자 결정이나 평가의 기준 설정에 영향을 미친다. 11회
17 평가는 정책 담당자, 정책 대상자 및 지역주민 등 다양한 인적 요인에 영향을 받는다. 11회
18 실용적이다. 21회
19 좁은 의미의 정책평가는 정책이 원래 해결하고자 했던 문제를 얼마나 해결했는지 평가하는 것이다. 10회
20 평가결과의 활용도를 높이는 기제를 마련하는 것이 바람직하다. 15회
21 종합학문적이다. 21회
22 정책평가는 정책수단인 사업평가와 연관되어 있다. 13회
23 산출과 영향에 대한 평가방법으로 양적·질적 평가를 병행할 수 있다. 15회
24 평가설계의 형태와 기법을 결정하기 위해 인과모형을 설정하여야 한다. 12회
25 통계기법 및 분석기법 등이 요구된다는 점에서 정책평가는 기술적(技術的) 성격을 띤다. 12회, 21회

대표기출로 확인

02 사회복지정책 평가유형에 관한 설명으로 옳은 것은? 19회
① 과정평가는 정책집행 후에 평가하는 활동을 말한다.
② 결과평가는 정책집행 중간의 평가로 전략 설계의 수정보완을 하지 못한다.
③ 총괄평가는 정책이 집행되고 난 후 정책이 사회에 미친 영향을 평가하는 것이다.
④ 효율성평가는 정책집행의 결과에 따라 정책의 목적이 달성되었는지를 평가하는 것이다.
⑤ 효과성평가는 정책의 효과를 투입된 자원과 대비하는 평가이다.

> ① 과정평가는 정책집행 중간에 평가하는 활동을 의미한다.
> ② 결과평가는 정책집행 완료 후 기획부터 종결까지의 전 과정에 대해 목적달성 여부를 평가한다.
> ④ 효과성평가는 정책집행의 결과에 따라 정책의 목적이 달성되었는지를 평가하는 것이다.
> ⑤ 효율성평가는 정책의 효과를 투입된 자원과 대비하는 평가이다.
> 정답 ③

03 사회복지정책 평가가 갖는 특징으로 옳지 않은 것은? 21회
① 정치적이다.   ② 실용적이다.
③ 종합학문적이다.   ④ 기술적이다.
⑤ 가치중립적이다.

> 가치중립적이 아니라 가치지향적(판단적)이다.
> 정답 ⑤

기출키워드10 **사회복지정책의 평가**

사회복지정책의 결정

04 사회복지정책의 정책과정
기출키워드 11

최근 7개년 평균 출제문항 수 0.6문항

01 정책결정모형

구분	사상	주요 내용	복지 관점
합리모형	이상적 합리주의	• 인간의 완전한 합리성과 이성을 전제로 함 • 모든 대안을 검토하여 최선의 대안 선택 • 경제적 합리성 중시	과학적 분석 중심 복지설계
만족모형	제한적 합리주의	• 완전한 합리성보다 제한적 합리성 강조 • 제한된 정보와 자원 속에서 '충분히 괜찮은' 대안을 선택 • 시간·비용 절약에 효과적	현실적·절충적 복지설계
점증모형	보수주의	• 기존 정책을 기초로 소폭 수정 • 매몰 비용 회피 가능 • 현실적이고 실현 가능성이 높음	보수적·점진적 복지 변화
혼합모형	절충주의	• 합리모형 + 점증모형의 혼합 • 기본적 결정은 합리적으로, 세부적 결정은 점증적으로 접근	방향성과 현실성 모두 고려
최적모형	질적 합리주의	• 경제적 합리성 + 초합리성(직관, 경험 등) • 정책성과 최적화(효과 > 투입)	질적 복지, 효과 중심
쓰레기통 모형	조직 무질서론	• 정책결정은 무질서 속에서 우연히 이루어짐 • 조직화된 무정부상태에서 문제, 대안, 참여자, 선택 기회가 임의적으로 결합	복지정책의 우발적 형성 가능성 강조
이익집단 모형	다원주의	• 다양한 이익집단의 상호작용 결과로 정책 결정 • 타협과 교섭, 집단 간 투쟁을 통해 결정	이익조정 중심 복지설계
공공선택 이론	신자유주의, 개인주의	• 국가는 개인의 집합일 뿐이라는 이론 • 공공부문에서도 개인은 이기적인 존재 • 정책 결정은 개인의 이해와 인기(포퓰리즘)에 따라 움직임	시장 논리 기반, 비합리적 인기 정책 우려

기출선지로 확인

합리모형

01 합리모형 - 목표달성을 극대화할 수 있는 최선의 정책대안을 찾을 수 있다. 10회

02 합리모형 - 주어진 상황 속에서 주어진 목표를 해결하기 위해 최선의 정책대안을 찾을 수 있다고 가정한다. 14회

03 합리모형: 인간의 이성과 합리성을 전제로 최선의 정책대안을 찾을 수 있다고 가정한다. 16회

만족모형

04 만족모형 - 정책결정자가 완전한 합리성을 가지고 있지는 않다. 10회

05 만족모형: 사람은 자신의 제한된 능력과 환경적 제약으로 모든 대안이 초래할 결과를 완전히 예측할 수는 없다. 16회

점증모형

06 점증모형 - 과거의 정책을 약간 수정한 정책결정이 이루어지고, 여론의 반응에 따라 정책 수정을 반복한다. 12회, 16회

최적모형

07 최적모형: 체계론적 시각에서 정책성과를 최적화하려는 정책결정 모형이다. 16회

08 합리모형과 점증모형의 단순혼합이 아닌 정책성과를 최적화하려는 데 초점을 둔다. 21회

09 합리적 요소와 초합리적 요소를 다 고려하는 질적 모형이다. 21회

10 정책결정을 체계론적 시각에서 파악한다. 21회

11 정책결정 과정에서 실현가능성이 낮다는 비판이 있다. 21회

대표기출로 확인

01 정책결정이론 모형에 관한 설명으로 옳은 것을 모두 고른 것은? 20회

> ㄱ. 합리모형은 인간의 이성과 합리성을 믿고 주어진 상황에서 목표 달성을 극대화하는 최선의 정책대안을 찾아낼 수 있다고 본다.
> ㄴ. 점증모형은 조직화된 무정부상태 속에서 점진적으로 질서를 찾아가는 과정을 정책결정과정으로 설명한다.
> ㄷ. 쓰레기통모형은 문제의 흐름, 정책대안의 흐름, 정치의 흐름이 우연히 결합하여 정책의 창이 열릴 때 정책이 결정된다고 본다.
> ㄹ. 혼합모형은 합리모형과 최적모형을 혼합하여 최선의 정책결정에 도달하는 정책결정모형이다.

① ㄱ, ㄷ   ② ㄱ, ㄹ
③ ㄴ, ㄹ   ④ ㄱ, ㄴ, ㄷ
⑤ ㄱ, ㄴ, ㄷ, ㄹ

> ㄴ. 쓰레기통 모형은 조직화된 무정부상태 속에서 우연히 정책 결정이 되는 것을 의미한다.
> ㄹ. 혼합모형은 합리모형과 점증모형을 혼합하여, 기본적인 사항은 합리모형, 세부적인 사항은 점증모형으로 이루어지는 형태이다.
>
> 정답 ①

05 사회복지정책의 분석틀

기출키워드 12

길버트와 테렐의 사회복지정책 분석 ★빈출

최근 7개년 평균 출제문항 수 **3.6문항**

01 사회복지정책 분석 유형

구분	과정분석	산물분석(산출분석)	성과분석
주요 내용	정책이 형성되고 실행되는 전반적인 과정에 대한 분석	정책이 만들어낸 결과(선택된 정책 자체)에 대한 분석	정책 실행의 성과 및 효과성에 대한 분석
분석 관점	계획자료의 투입, 집단 간 관계와 상호작용, 정치·기술적 요소 등	정책 내용의 4가지 선택차원(할당, 급여, 전달, 재원) 분석	프로그램 수행 정도, 목표 달성 수준 등
장점	정책에 영향을 미치는 사회적·정치적·경제적 요인 파악 가능	분석 틀이 명확하여 체계적 평가 가능	객관적이고 구조적인 분석 가능(대상이 명확)
단점	연구자의 주관이나 가치판단이 개입될 소지 있음	정책의 집행 결과나 효과성은 설명 부족	결과 중심 분석으로, 원인 분석은 제한적

02 길버트 – 테렐의 정책 분석틀

할당체계 (Allocation)	수급 자격 기준, 누구에게 급여를 줄 것인가에 대한 결정 예 소득기준에 따른 선별급여, 보편적 복지 등
급여체계 (Benefits)	어떤 급여를 줄 것인지, 급여의 형태와 내용 예 현금급여(생계급여), 현물급여(의료서비스) 등
전달체계 (Delivery)	급여를 어떤 방식으로 전달할 것인지에 대한 전략 예 공공기관 전달, 민간위탁, 전자바우처 등
재원체계 (Finance)	급여를 위한 재정을 어떻게 확보할 것인가에 대한 계획 예 조세, 사회보험료, 자발적 기부금 등

기출선지로 확인

과정분석

01 「노인장기요양보험법」 제정에서 이익집단의 영향 분석   14회

02 과정분석은 정책사정(Policy Assessment)이 어떻게 이루어지는지를 이해하기 위한 목적에서 이루어진다.   18회

03 과정분석은 정책형성에 영향을 미치는 사회정치적·기술적·방법적 변수를 중심으로 분석하는 접근방법이다.   19회

산물분석(산출분석)

04 기초연금과 국민연금의 대상자 선정기준 분석   11회

05 정책분석틀을 할당, 급여, 재정, 전달체계로 구분하는 것은 산물분석에 적합하다.   12회

06 산물분석은 정책선택에 관련된 여러 가지 쟁점을 분석하는 접근방법이다.   19회

07 산물분석 결과는 기존의 사회주류적 입장을 대변할 가능성이 높다.   21회

성과분석

08 성과분석은 실행된 정책이 낳은 결과를 기술하고 분석하는 접근방법이다.   19회

길버트-테렐의 정책 분석틀

09 할당 - 기여조건   20회
10 급여 - 현금급여, 현물급여   20회
11 전달체계 - 민간전달체계, 공공전달체계   20회
12 재정 - 보험료, 국고보조금, 이용료   20회

대표기출로 확인

01 길버트(N. Gilbert)와 스펙트(H. Specht) 등의 사회복지정책 분석에 관한 설명으로 옳지 않은 것은?   19회

① 과정분석은 정책형성에 영향을 미치는 사회정치적·기술적·방법적 변수를 중심으로 분석하는 접근방법이다.
② 산물분석은 정책선택에 관련된 여러 가지 쟁점을 분석하는 접근방법이다.
③ 성과분석은 실행된 정책이 낳은 결과를 기술하고 분석하는 접근방법이다.
④ 산물분석은 할당, 급여, 전달체계, 재정 차원으로 구분하여 분석한다.
⑤ 과정분석은 연구자의 주관을 배제해야 한다.

> 연구자의 주관을 배제해야 하는 것은 성과분석에 해당한다.
>
> 정답 ⑤

기출키워드12 길버트와 테렐의 사회복지정책 분석 ★빈출

03 할당체계

구분	주요 내용	자격 판단 기준	특징
귀속적 욕구	인구학적 기준에 따른 자동 자격 부여(연령, 출생 등) 예) 아동수당, 기초연금, 노령수당, 국민보건서비스 등	인구통계학적 조건(연령, 출생 등)	• 수직적 재분배 효과 낮음 • 수평적 재분배 효과 높음 • 사회통합 효과 높음
보상 (기여 포함)	• 공공의 이익을 위한 특별한 공헌 또는 피해에 대한 보상 • 사회보험 기여에 대한 반대급부 예) 국가유공자 보상, 5·18 민주화운동 보상, 국민연금, 건강보험, 고용보험 등	• 공헌 또는 피해 이력 • 사회보험 가입 및 보험료 납부 이력	• 국가 공헌에 대한 인정 • 사회보험의 기여 – 급여 체계
진단적 차등 (차별)	개인의 상태(질병, 장애 등)에 따라 전문가의 진단을 기반으로 판단 예) 장애연금, 장애수당, 정신질환자 지원 등	전문가 진단, 행정적 판단(의학적·기능적 상태)	• 기능적 상태 중시 • 개별화된 접근 필요
자산조사	경제적 능력 부족 여부를 조사하여 대상자 선정 예) 기초생활보장제도, 의료급여 등 공공부조	소득, 자산, 소비 등 경제적 조건	• 선별주의에 입각 • 수직적 재분배 효과 높음 • 매우 제한적 적용

기출선지로 확인

할당의 세부 원칙

13 귀속적 욕구의 원리에서 욕구는 규범적 기준에 의해 정해진다. 12회

14 시장을 통해 충족되지 않는 어떤 욕구를 공통적으로 가진 집단에 속하는지 여부에 근거하는 원칙을 귀속욕구(Attributed need)라고 한다. 14회

15 공헌 혹은 피해 집단에 속하는가에 따른 할당은 보상의 원리에 해당한다. 12회

16 보상(Compensation)이란 사회·경제적으로 특별한 공헌을 했는지 또는 사회로부터 부당한 피해를 입었는지 여부에 근거하는 원칙이다. 14회

17 진단적 구분(Diagnostic Differentiation)이란 개별사례에 대해 전문가가 어떤 재화 또는 서비스를 특별히 필요로 하는지를 판단하는 것이다. 14회

18 자산조사 원리는 욕구에 대한 경제적 기준과 개인별 할당이라는 두 가지 조건에 근거한다. 12회

19 자산조사 욕구(Means-tested Need)는 필요한 재화나 서비스를 구입할 능력이 없음을 나타내는 증거에 기초한다. 14회

복지다원주의 / 복지혼합

20 국가를 포함한 복지제공의 주체를 재구성하는 논리로 활용된다. 22회

21 비공식부문은 제도적 복지의 발달에도 불구하고 존재하는 비복지 문제에 대응하는 복지주체이다. 22회

22 시민사회는 사회적 경제조직을 구성하여 지역사회에서 공급주체로 참여하는 역할을 한다. 22회

23 복지제공의 주체로 국가 외에 다른 주체를 수용한다는 점에서 복지국가를 비판하는 논리로 쓰인다. 22회

대표기출로 확인

02 우리나라의 건강보험제도를 할당, 급여, 전달체계, 재정의 영역으로 구분한 것이다. 내용 연결이 옳은 것을 모두 고른 것은? 20회

ㄱ. 할당 - 기여조건
ㄴ. 급여 - 현금급여, 현물급여
ㄷ. 전달체계 - 민간전달체계, 공공전달체계
ㄹ. 재정 - 보험료, 국고보조금, 이용료

① ㄱ, ㄴ
② ㄱ, ㄷ
③ ㄱ, ㄴ, ㄷ
④ ㄴ, ㄷ, ㄹ
⑤ ㄱ, ㄴ, ㄷ, ㄹ

ㄱ. 할당: 누구에게 급여를 제공하는가? (기여, 즉 보험료 납부)
ㄴ. 급여: 무엇을 줄 것인가? (현금 - 상병수당, 요양비)/(현물 - 진찰, 간호, 수술, 이송 등)
ㄷ. 전달체계: 어떻게 전달하는가? (민간: 민간병원/공공: 국·공립 병원)
ㄹ. 재정: 재원은 어떻게 마련하는가? (보험료, 국고보조금, 이용료)

정답 ⑤

기출키워드12 길버트와 테렐의 사회복지정책 분석 ★빈출

04 급여체계

구분	주요 내용	장점	단점
현금급여	• 수급자가 화폐로 직접 필요한 재화·서비스를 구입 • 공공부조·사회보험에서 자금 직접 제공 예) 생계급여, 주거급여, 교육급여, 해산급여 등	• 자기결정권 및 선택권 강화 • 운영비 절감으로 운영효율성이 높음 • 낙인효과 적음 • 소비자 주권 존중	• 오·남용 가능 • 목적 외 사용 우려 • 사회적 효용이 낮을 수 있음
현물급여	필요한 물품과 서비스를 직접 제공 예) 의료서비스, 교육서비스, 시설급식 등	• 정책 목표 효율성 확보 • 대상자 소비 통제 • 대량구매로 비용 절감 • 정치적으로 선호	• 수급자 선택권 제한 • 낙인 가능 • 물류·관리비용 증가
증서 (바우처)	• 지정된 범위 내 선택 가능한 이용권 • 현금과 현물의 중간 형태 예) 교육바우처, 식료품권 등	• 일정 수준의 선택권 보장 • 공급자 경쟁 유발 • 운영비용 절감 • 정치적 효과가 큼	• 현금화(할인) 가능성 • 공급자의 차별·회피 가능성
기회	• 제도적 유인과 제재를 통해 기회를 제공 • 사회적 소수자에게 제도적 진입 기회 보장 예) 장애인 의무고용제, 여성할당제, 특례입학 등	• 부정적 차별에 대한 긍정적 보상 • 오남용 가능성이 적음 • 사회통합 효과 • 적극적 차별정책	• 결과의 평등은 보장하지 않음 • 정책 이해 부족 시 반감 초래 가능
권력	• 재화나 자원을 통제할 수 있는 영향력의 재분배를 의미함 • 의사결정권을 특정 집단에게 이양하는 정책을 통해 획득함 예) 중앙생활보장위원회 참여·주민자치위원회 참여 등	정책결정 과정에 수급자들이 적극적으로 참여함으로써 자신의 입장을 반영하게 됨	의사결정 과정에서 정보의 제한 등으로 단순히 참여한다는 데 국한되기도 함

기출선지로 확인

급여체계 - 현금급여

24 현금급여는 복지상품이나 서비스의 선택권을 보장할 수 있다. 15회

25 현금급여는 사회복지기관 관리운영비의 절감과 행정적 편의를 가져다 줄 수 있다. 15회

26 기회를 제공하는 프로그램의 예로 장애인 의무고용제를 들 수 있다. 20회

급여체계 - 현물급여

27 현물급여는 정책의 목표효율성을 높일 수 있다. 15회

28 현물급여는 개인들의 목지욕구와 괴리가 나타날 수 있다. 15회

29 노인장기요양보험의 재가급여 23회

30 산업재해보상보험의 요양급여 23회

31 국민건강보험의 건강검진 23회

급여체계 - 전자바우처

32 현금급여에 비해 목표달성에 효과적이다. 16회

33 현물급여에 비해 공급자 간 경쟁을 유도하는 데 유리하다. 16회

34 공급자가 소비자를 자의적으로 선택하는 현상이 발생할 수 있다. 16회

35 현물급여에 비해 서비스에 대한 충분한 정보 접근이 이루어져야 한다. 16회

36 급여형태는 신용카드 또는 체크카드로 구현한 증서이다. 22회

37 서비스 제공자의 도덕적 해이를 방지하기 위해 도입되었다. 22회

38 수요자의 선택권을 보장하기 위한 수단으로 활용되고 있다. 22회

39 금융기관 시스템을 활용하여 재정흐름의 투명성이 높아졌다. 22회

대표기출로 확인

03 사회복지 급여형태 중 운영효율성이 가장 높은 급여와 목표효율성이 가장 높은 급여를 순서대로 짝지은 것은? 23회

ㄱ. 현금   ㄴ. 증서(바우처)
ㄷ. 현물   ㄹ. 기회

① ㄱ, ㄴ   ② ㄱ, ㄷ   ③ ㄴ, ㄷ
④ ㄷ, ㄹ   ⑤ ㄹ, ㄷ

> 운영효율성이 가장 높은 것은 현금이며 그 다음 증서(바우처), 현물 순이다.
> 목표효율성이 가장 높은 것은 현물이며 그 다음 증서(바우처), 현금 순이다.
>
> 정답 ②

기출키워드12 길버트와 테렐의 사회복지정책 분석 ★빈출

05 전달체계

개념	• 서비스 제공자와 수급자 간의 조직체계와 이동통로 • 길버트와 스펙트의 "어떻게 급여를 제공하는가?" • 정책 목표의 효과적·효율적 달성 수단
주체	중앙정부, 지방정부, 민간기관
전달체계의 구분	• 공공복지: 정부 운영(소득보장, 보건, 교육, 사회서비스 등) • 민간복지: NGO, 자선사업, 기업복지 등

06 전달체계의 유형

중앙정부	장점	• 공공재 성격에 적합함 • 규모의 경제 실현 • 정책의 통합·조정 및 안정적 유지
	단점	• 획일성, 탄력성 부족 • 다양한 욕구 반영이 어려움 • 접근성이 낮음
지방정부	장점	• 지역 욕구 반영이 용이함 • 수혜자 참여 유리 • 경쟁 통한 질 향상
	단점	• 지역 간 불균형 발생 • 사회보험 시행이 어려움 • 지속성·안정성 보장이 어려움
민간부문	장점	효율성, 접근성, 경쟁성, 융통성, 소비자 선택권
	단점	• 재정 취약 • 전국 단위 적용이 어려움 • 평등 가치 실현의 한계

기출선지로 확인

전달체계

40 사회복지서비스의 제공자들 사이 또는 공급자와 수급자 사이를 연결하기 위한 조직적, 구조적, 기능적 장치이다. 23회

41 사회복지전달체계의 운영 주체는 크게 공공과 민간으로 나눌 수 있다. 23회

42 사회복지전달체계를 발전시키기 위해서는 서비스의 분열성, 불연속성, 무책임성, 비접근성을 배제해야 한다. 23회

43 비영리 민간 사회복지기관은 공공부문과 연계하여 서비스를 제공하기도 한다. 23회

전달체계 - 중앙정부

44 서비스의 지속성과 안정성 확보에 유리하다. 23회

대표기출로 확인

04 사회복지전달체계에 관한 설명으로 옳은 것을 모두 고른 것은? 23회

> ㄱ. 사회복지서비스의 제공자들 사이 또는 공급자와 수급자 사이를 연결하기 위한 조직적, 구조적, 기능적 장치이다.
> ㄴ. 사회복지전달체계의 운영 주체는 크게 공공과 민간으로 나눌 수 있다.
> ㄷ. 사회복지전달체계를 발전시키기 위해서는 서비스의 분열성, 불연속성, 무책임성, 비접근성을 배제해야 한다.
> ㄹ. 비영리 민간 사회복지기관은 공공부문과 연계하여 서비스를 제공하기도 한다.

① ㄱ　　② ㄱ, ㄹ
③ ㄴ, ㄷ　　④ ㄴ, ㄷ, ㄹ
⑤ ㄱ, ㄴ, ㄷ, ㄹ

> ㄱ~ㄹ. 모두 옳은 설명이다.
> ㄱ. 사회복지서비스의 제공자들 사이 또는 공급자와 수급자 사이를 연결하기 위한 조직적, 구조적, 기능적 장치(네트워크 원칙)
> ㄴ. 사회복지 전달체계의 운영 주체는 크게 공공과 민간으로 나눔(복지 다원주의로서 중앙정부와 지방자치단체, 공공과 민간, 비영리와 영리의 결합으로 이루어짐)
> ㄷ. 사회복지 전달체계를 발전시키기 위해서는 서비스의 통합성, 연속성, 책임성, 접근성을 포함해야 함
> ㄹ. 비영리 민간 사회복지기관은 공공부문과 연계하여 서비스를 제공(복지 다원주의)
> 정답 ⑤

기출키워드12 길버트와 테렐의 사회복지정책 분석 ★빈출

07 공공부문 재원

일반세	특징	• 용도를 정하지 않은 세금 • 평등, 소득재분배 용이 • 강제적 징수로 안정성·지속성 있음
	종류	• 과세대상별: 소득세(누진성이 강함), 소비세(역진성이 강함), 재산세 • 직접세: 누진세, 재분배 효과가 높음 • 과세주체별: 국세, 지방세 • 간접세: 역진적, 저항이 적음, 저소득층의 부담이 높음
목적세		• 용도가 정해진 세금 • 안정된 재원이나 확장성 낮음 • 비수혜자의 조세저항 가능성 있음
조세비용		• 조세 감면·공제 제도 • 정부 지출과 동일한 효과 • 고소득층에 유리, 역진성 문제 존재
사회보험료		• 국가가 강제 부과, 공공재원으로 분류 • 피용자·사용자·국가의 3자 부담 강조 • 강제가입으로 역선택 방지, 수용성 높음 • 사회보험료의 상한선이 있어 고소득층 유리
조세 vs 사회보험료		• 조세: 사회보험료보다 상대적으로 누진적, 소득상한 없음, 부담능력 고려, 재분배 효과 • 사회보험료: 역진적, 소득상한 존재, 급여가치 기준, 권리보장 중심

08 민간부문 재원

개념	• 공식 부문: 자발적 기여, 기업복지 등 • 비공식 부문: 가족, 이웃, 민간자선단체 등
장점	• 사용처 정보 제공, 유인 효과 → 지역사회 변화에 민감 • 공공재원보다 유연한 대응 가능
단점	환경 변화에 따른 변동성 → 책임성 부족, 오남용 가능성 존재
자발적 기여	• 자선·박애 목적 • 조세감면이 동기 부여 • 개인, 재단, 법인, 유산 등 다양한 형태 존재
사용자 부담금	• 서비스 이용료에 의한 서비스의 질 향상, 자긍심, 정부 부담 경감 • 역진성, 부담금이 높을 시 접근 편의성 제한
기업복지	• 근로자 대상 부가급여 • 주로 정규직 중심, 소득역진적 성격 있음 • 생산성·충성도·안정성 증진 목적
비공식부문	• 가족·이웃 중심 자원 • 신속성 있음 • 복지국가에서 비중 감소 추세

기출선지로 확인

재원체계

45 국고보조금은 중앙정부 각 부처가 지방자치단체에 지원하는 재원이다. 14회

46 사회복지재정이 수행하는 기능 가운데 하나는 소득재분배이다. 19회

47 개인소득세는 누진성이 강하고 일반소비세는 역진성이 강하다. 22회

대표기출로 확인

05 조세와 사회보험료에 관한 설명으로 옳은 것은? 22회

① 조세는 사회보험료에 비해 소득역진적이다.
② 조세와 사회보험료는 공통적으로 빈곤 완화, 위험분산, 소득유지, 불평등 완화의 기능을 수행한다.
③ 조세와 사회보험료는 공통적으로 상한선이 있어서 고소득층에 유리하다.
④ 사회보험료를 조세로 보기는 하지만 임금으로 보지는 않는다.
⑤ 개인소득세는 누진성이 강하고 일반소비세는 역진성이 강하다.

> ① 사회보험료는 조세에 비해 소득역진적(고소득에 유리한 소득 상한선제도)이다.
> ② 사회보험료는 위험분산, 소득유지의 기능이 있고, 공공부조는 빈곤 완화, 불평등 완화를 수행한다.
> ③ 사회보험료는 소득상한선이 있어서 고소득층에 유리하다.
> ④ 사회보험료를 준조세 및 임금으로 간주한다.
>
> 정답 ⑤

05 사회복지정책의 분석틀

기출키워드 13

사회복지정책의 대상 ★빈출

최근 7개년 평균 출제문항 수　**1문항**　

01 선별주의와 보편주의

구분	선별주의	보편주의
기준	특정 요건(예 소득, 자산 등) 충족 여부	시민권·국민 전체
수혜 대상	빈곤층, 저소득층 등 특정 집단	전체 국민 또는 거주자
특징	• 사회적 취약계층 보호 • 효율성과 형평성 강조	• 사회적 통합 및 평등 실현 • 평등성과 사회적 연대 강조
급여 방식	필요에 따라 차등 지급	동일하거나 보편적으로 지급
장점	• 재정 절약 가능 • 급여의 집중 지원 가능	• 낙인효과 방지 • 국민적 지지 확보 • 사회적 통합 강화
단점	• 낙인효과 발생 • 수혜자의 소외감 발생 가능성 • 행정비용 증가(대상 선정 과정)	• 높은 재정 부담 • 비효율적 사용 가능성
사례	• 국민기초생활보장제도 • 공공부조 프로그램	• 국민연금 • 무상교육 • 아동수당

02 사회복지정책의 대상선정 기준

인구학적 기준 (보편주의)	• 연령, 성별, 거주지, 가족 구성 등 객관적·일반적 특성에 따라 대상자 선정 • 보편주의 정책에 주로 사용됨 예 아동수당
보상(기여)	• 대상자가 이전에 일정 기간 동안 보험료 등 기여한 이력이 있는 경우 급여 제공 • 사회보험 방식의 주요 자격 기준 • 국가에 대한 유공자, 공권력에 의한 피해자 포함 예 사회보험 가입자, 국가유공자에 대한 급여 등
진단적 차등	• 신체적·정신적 상태나 질병 등 기능 상태에 따라 대상자 선정 • 전문적인 진단이나 등급 판정 필요 예 노인장기요양보험(요양등급), 장애인활동지원서비스 등
자산조사 (선별주의)	• 소득과 자산을 조사하여 수급자격 여부 결정 • 선별주의 정책에 주로 사용, 소득 하위계층 대상으로 설계 예 국민기초생활보장제도, 의료급여, 기초연금 등

기출선지로 확인

선별주의와 보편주의

01 선별주의는 수급자격이 제한된 급여를 제공하기 위해 자산조사 또는 소득조사를 한다. 22회

02 보편주의 - 사회적 통합 효과 13회

03 보편주의는 기여자와 수혜자를 구별하지 않는다. 22회

04 보편주의자와 선별주의자 모두 사회적 평등성 또는 사회적 효과성을 나름대로 추구한다. 22회

사회복지정책의 대상선정

05 아동수당은 인구학적 기준을 적용한 제도이다. 18회

급여자격 조건

06 기초연금은 인구학적 기준과 자산조사를 모두 고려한다. 11회

07 노인장기요양보험제도는 요양등급을 판정하여 급여를 제공하므로 진단적 구분이 적용된다. 20회

대표기출로 확인

01 보편주의와 선별주의에 관한 설명으로 옳은 것을 모두 고른 것은? 22회

> ㄱ. 보편주의는 시민권에 입각한 권리로서 복지를 제공하므로 비납세자는 사회복지대상에서 제외한다.
> ㄴ. 보편주의는 기여자와 수혜자를 구별하지 않는다.
> ㄷ. 선별주의는 수급자격이 제한된 급여를 제공하기 위해 자산조사 또는 소득조사를 한다.
> ㄹ. 보편주의자와 선별주의자 모두 사회적 평등성 또는 사회적 효과성을 나름대로 추구한다.

① ㄷ   ② ㄱ, ㄷ   ③ ㄴ, ㄹ
④ ㄱ, ㄴ, ㄹ   ⑤ ㄴ, ㄷ, ㄹ

> ㄱ. 보편주의는 시민권에 입각한 권리로서 복지를 제공하기에 납세자 또는 비납세자를 구분하지 않고 모두 사회복지대상에 포함시킨다.
>
> 정답 ⑤

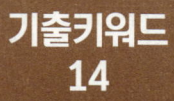

사회보장의 개념 *빈출

최근 7개년 평균 출제문항 수 **1.4문항**

01 사회보장의 기능

구분	내용
소득보장 기능	질병, 실업, 노령, 장애, 사망 등으로 인한 소득 상실을 보완하여 최소한의 생활을 유지하도록 지원
의료보장 기능	질병·부상·출산 등의 경우 필요한 의료서비스를 제공하여 건강 보호
고용보장 기능	실업 예방, 고용 촉진, 직업훈련 지원을 통해 안정적 일자리 제공
주거보장 기능	적정한 주거환경을 확보할 수 있도록 주택지원·주거비 보조 제공
교육보장 기능	아동·청소년을 위한 교육 기회 제공 및 평생학습 지원
사회통합 기능	사회적 소외·불평등 해소, 국민 통합과 연대감 증진
소득의 재분배	**수직적 재분배**: 고소득층에서 저소득층으로의 소득 재분배(주로 공공부조로 충당)
	수평적 재분배: 동일 소득계층 내에서 위험 발생에 대한 재분배(예 건강보험, 고용보험)
	세대 간 재분배: 근로세대와 퇴직세대, 현 세대와 미래세대 간 소득 재분배(예 건강보험의 부과방식)
	세대 내 재분배: 한 세대 내에서 젊은 시절 소득을 적립한 후 노년에 되찾는 소득 재분배(예 국민연금의 적립방식)
	장기적 재분배: 생애에 걸쳐 장기적으로 발생하는 소득의 재분배(예 국민연금 20년 적립)
	단기적 재분배: 단기적으로 사회적 욕구를 해결하기 위한 소득 재분배(예 공공부조, 국민연금을 제외한 사회보험)

02 사회보장의 운영 원칙

구분	내용
보편성의 원칙	모든 국민이 차별 없이 사회보장서비스를 이용할 수 있어야 함
형평성의 원칙	자원 배분과 지원이 공평하고 정의롭게 이루어져야 함
적정성의 원칙	급여 수준과 서비스가 인간다운 생활을 보장할 수 있을 만큼 충분해야 함
효율성의 원칙	자원을 최소한으로 사용하여 최대 효과를 얻어야 함
연대성의 원칙	사회 구성원 간 상호 지원과 공동 책임을 통해 사회적 유대를 강화해야 함
책임성의 원칙	서비스 제공자와 수급자가 각각 책임을 지고 투명하고 합리적으로 운영해야 함
전문성의 원칙	전문지식과 기술을 바탕으로 질 높은 사회보장서비스를 제공해야 함
민주성의 원칙	정책과 서비스 과정에 다양한 주체(예 국민, 전문가 등)의 참여를 보장해야 함
연계성의 원칙	복지서비스 간 유기적 연결을 통해 통합적 지원체계를 구축해야 함
공공성의 원칙	사회보장은 개인의 이익이 아니라 공익 증진과 사회 전체의 복지를 위해 운영되어야 함

기출선지로 확인

소득재분배 기능

01 조세를 재원으로 하는 공공부조제도에서 일반적으로 나타난다. 19회

02 사회적 취약계층을 대상으로 하는 사회복지서비스는 수직적 재분배 효과가 있다. 19회

03 위험 미발생집단에서 위험 발생집단으로 소득이 이전되는 것은 수평적 소득재분배에 해당한다. 19회

04 재원조달 측면에서 부조방식이 보험방식보다 재분배 효과가 크다. 19회

05 수직적 재분배의 예로 공공부조제도를 들 수 있다. 20회

06 세대 간 재분배는 부과방식 공적연금을 들 수 있다. 22회

07 건강보험은 건강한 사람으로부터 질병을 겪는 사람에게 자원을 재분배한다. 23회

사회보장제도 운영주체의 책임

08 사회보험은 국가의 책임으로 시행한다. 17회

사회서비스

09 대상은 도움이 필요한 모든 국민이다. 22회

10 분야는 복지, 보건, 의료, 교육, 고용, 주거, 문화, 환경 등이다. 22회

11 상담, 재활, 돌봄, 정보의 제공, 관련시설의 이용, 역량개발, 사회참여 지원 등을 내용으로 한다. 22회

12 인간다운 생활을 보장하고 국민의 삶의 질이 향상되도록 지원하는 제도이다. 22회

13 주로 바우처 방식으로 수요자를 지원한다. 23회

대표기출로 확인

01 우리나라의 사회보장기본법에 근거한 사회보장제도가 아닌 것은? 20회
① 고용보험　② 국민연금
③ 최저임금제　④ 국민기초생활보장
⑤ 보육서비스

> 최저임금제는 「최저임금법」에 해당된다.
>
> 정답 ③

02 우리나라 사회보장제도 운영주체의 책임에 관한 원칙으로 옳은 것은? 17회
① 사회보험은 국가의 책임으로 시행한다.
② 공공부조는 지방자치단체가 전적으로 책임지고 시행한다.
③ 사회서비스는 지방자치단체만의 책임으로 시행한다.
④ 국가는 사회보장에 관하여 민간단체의 참여를 제한한다.
⑤ 사회보험에 드는 비용은 국가가 전담한다.

> ② 공공부조는 국가 및 지방자치단체가 책임지고 시행한다.
> ③ 사회서비스는 국가 및 지방자치단체의 책임으로 시행하며 민간을 포함시킨다.
> ④ 국가는 사회보장에 관하여 민간단체의 참여를 증진시켜야 한다.
> ⑤ 사회보험에 드는 비용은 사용자, 피용자(被傭者) 및 자영업자가 부담하는 것을 원칙으로 하되, 관계 법령에서 정하는 바에 따라 국가가 그 비용의 일부를 부담한다.
>
> 정답 ①

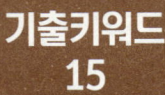

06 사회보장

기출키워드 15 — 사회보장제도의 유형 및 특징 ★빈출

최근 7개년 평균 출제문항 수 **1.7문항**

01 사회보험의 운영원리

구분	내용
운영 방식	다수 가입자가 보험료를 납부하여 위험 발생 시 급여를 제공함
특징	• 위험을 공동으로 분담하여 사회적 연대 강화 • 개인이 보험료를 내고 스스로 위험에 대비하는 성격
가입	사회 전체를 대상으로 의무가입을 원칙으로 함(강제가입)
기여와 급여의 관계	납부한 보험료에 비례하여 급여를 지급함(단, 급여의 종류에 따라 정률/정액 여부 달라질 수 있음)

02 사회보험과 공공부조의 비교

구분	사회보험	공공부조
대상	• 보험 가입자 및 가족 • 보편적	• 생활이 어려운 모든 국민(자산·소득 기준 충족자) • 선별적
급여 조건	보험료 납부 요건 충족 필요	소득·재산 기준 충족 필요
급여 형태	수급권 보장, 기여에 따른 급여	필요에 따른 급여, 기초생활 보장
재원 조달	• 보험료 납부 기반 • 가입자, 사용자, 정부 분담	• 조세 재원 기반 • 전액 정부의 재정으로 부담
사례	국민연금, 건강보험, 고용보험, 산재보험, 노인장기요양보험	국민기초생활보장제도, 의료급여제도

03 도덕적 해이

구분	내용
개념	보험에 가입한 후, 보험이 제공하는 보호에 의존하여 위험 회피 노력이 감소하거나 부주의하게 행동하는 현상
사례	• 건강보험 가입자가 과잉진료를 받거나 과도하게 의료서비스를 이용하는 경우 • 실업급여 수급자가 적극적으로 구직활동을 하지 않는 경우 예 자동차 보험 가입 후 사고 예방 노력 감소 등
대책	• 본인부담금 제도 • 급여 상한제 • 수급 자격 관리 강화

기출선지로 확인

사회보험의 운영원리

01 수익자 부담 원칙을 전제로 하고 있다. 　21회

02 사회보험은 수평적 또는 수직적 재분배 기능이 있다. 　21회

03 가입자의 보험료율은 사회보험 종류별로 다르다. 　21회

04 사회보험급여는 피보험자와 보험자 간 계약에 의해 규정된 법적 권리이다. 　21회

사회보험

05 한국의 사회보험제도는 의무가입 원칙을 적용한다. 　19회

06 사회보험제도는 위험의 분산이라는 보험 기술을 사용한다. 　19회

07 사회보험의 급여조건은 보험료 기여조건과 함께 사회적 위험에 직면해야 하는 조건이 부가된다. 　18회

공공부조

08 공공부조는 다른 두 제도에 비해 권리성이 약하다. 　18회, 22회

09 사회보험과 비교할 때 공공부조는 비용효과성이 높다. 　22회

10 대상효율성이 높다. 　21회

도덕적 해이

11 도덕적 해이는 보험계약이 가입자들의 행동에 영향을 미치는 현상이다. 　23회

12 도덕적 해이는 실업보험에서 발생할 가능성이 높다. 　23회

13 도덕적 해이는 건강보험 진료비 본인부담을 정당화하는 논리로 사용된다. 　23회

14 도덕적 해이가 심각해지면 민간보험사의 보험료 상승으로 이어질 수 있다. 　23회

대표기출로 확인

01 사회보험제도에 관한 설명으로 옳지 않은 것은? 　19회

① 사회보험제도는 위험의 분산이라는 보험 기술을 사용한다.
② 사회보험 급여를 받을 권리 여부는 자산조사 결과에 근거하여 결정된다.
③ 한국의 사회보험제도는 의무가입 원칙을 적용한다.
④ 사회보험은 위험이전과 위험의 광범위한 공동분담에 기초하고 있다.
⑤ 사회보험은 피보험자의 욕구에 기초하지 않고 사전에 결정된 급여를 제공한다.

> 사회보험 급여를 받을 권리 여부는 기여(보험료 납부)에 근거한다. 반면 자산조사 결과에 근거하여 결정되는 것은 공공부조이다.
> ① 사회보험제도는 위험의 분산이라는 보험 기술을 사용하며 수지상등의 원칙에 따른 비례적 평등을 기초로 한다.
> ③ 우리나라의 사회보험제도는 법령에 의한 의무가입(강제 가입) 원칙을 적용한다.
> ⑤ 대상자의 현재 드러난 욕구에 기초하여 지급되는 것은 공공부조이며, 사회보험은 피보험자의 현재 욕구에 기초하지 않고 사전에 결정된 급여(규정된 욕구)를 제공한다.
>
> 정답 ②

기출키워드 15 사회보장제도의 유형 및 특징 ★빈출

04 사회보험과 민간보험의 비교

구분	사회보험	민간보험
운영 방식	법에 의한 강제 가입	개인 선택에 따른 자율 가입
목적	사회적 위험에 대한 집단적 보호	개인적 위험에 대한 사적 대비
운영 주체	정부 또는 공공기관	민간 보험회사
보험료 산정	소득 수준에 따라 산정(일부 정액제도 있음)	위험도, 연령, 건강상태에 따라 차등 산정
급여 성격	일정한 사회적 기준에 따라 균등 지급 또는 비례 지급	계약 조건에 따른 지급
사례	국민연금, 건강보험	생명보험, 자동차보험, 개인연금보험

05 사회보험과 공공부조에 의한 소득보장제도

구분	사회보험에 의한 소득보장	공공부조에 의한 소득보장
운영 방식	• 권리로서 급여(납부 대가) • 납부한 보험료 및 가입기간에 따른 급여 지급	• 공공부조 특성상 수급자 선정 후 급여(구빈적 성격) • 소득기준 이하 대상자에 급여 지급
대상	보험 가입 이력이 있는 국민	소득 및 자산이 일정 기준 이하인 국민
급여 수준	기여도(보험료 납부기간 및 금액)에 비례	개인의 소득·재산 수준에 따라 차등 지급
재원 조달	보험료 + 일부 정부 지원	전액 조세(정부 재정)
사례	국민연금급여, 실업급여, 산재보험 보상금	생계급여, 의료급여, 주거급여

기출선지로 확인

사회보험과 민간보험

15 사회보험은 대부분 국가 또는 공법인이 운영하지만 민영보험은 사기업이 운영한다. 20회

16 사회보험은 국가가 주로 독점하지만 민영보험은 사기업들이 경쟁한다. 20회

17 사회보험은 강제로 가입되지만 민영보험은 임의로 가입한다. 20회

18 사회보험은 사회적 적절성을 강조하지만 민영보험은 개별 형평성을 강조한다. 20회

19 사회보험 급여는 민간보험 급여보다 법적 권리성이 강하다. 23회

소득보장제도

20 사회수당은 수평적 재분배 효과가 있다. 18회

21 사회수당은 기여 여부와 무관하게 지급된다. 18회

22 기초연금은 노인의 생활안정 지원을 목적으로 한다. 21회

23 장애정도가 심하지 않은 장애인은 장애인연금을 받을 수 없다. 21회

24 장애수당은 장애로 인해 발생하는 추가비용을 보전하기 위해 도입되었다. 21회

25 저소득 한부모가족에게는 아동양육비가 지급될 수 있다. 21회

대표기출로 확인

02 사회보험과 민간보험에 관한 설명으로 옳은 것은? 23회
① 사회보험은 조세를 주된 재원으로 한다.
② 민간보험은 사회보험보다 사회적 적절성이 중요하다.
③ 사회보험은 개인에게 발생할 수 있는 모든 위험을 대상으로 한다.
④ 민간보험은 물가상승에 따른 실질가치의 변동을 보장한다.
⑤ 사회보험 급여는 민간보험 급여보다 법적 권리성이 강하다.

① 사회보험은 보험료를 주된 재원으로 한다.
② 사회보험은 민간보험보다 사회적 적절성이 중요하다.
③ 민간보험은 개인에게 발생할 수 있는 모든 위험을 대상으로 한다.
④ 사회보험은 물가상승에 따른 실질가치의 변동을 보장한다.

정답 ⑤

03 우리나라에서 시행 중인 소득보장제도에 관한 설명으로 옳지 않은 것은? 21회
① 기초연금은 노인의 생활안정 지원을 목적으로 한다.
② 장애정도가 심하지 않은 장애인은 장애인연금을 받을 수 없다.
③ 장애수당은 장애로 인해 발생하는 추가비용을 보전하기 위해 도입되었다.
④ 만 10세 아동은 아동수당을 받을 수 있다.
⑤ 저소득 한부모가족에게는 아동양육비가 지급될 수 있다.

아동수당은 만 8세 미만의 아동을 대상으로 매월 10만 원을 지급하며, 보편적 프로그램 유형이다.

정답 ④

기출키워드 16 공적연금의 특징

07 사회보험제도와 공공부조제도

최근 7개년 평균 출제문항 수 **0.4문항**

01 공적연금의 부과방식 및 적립방식의 비교

구분	부과방식	적립방식
운용 구조	현재 근로세대가 낸 보험료로 현재 연금수급자에게 급여를 지급	개인 또는 집단이 낸 보험료를 적립·운용하여 미래에 본인에게 급여 지급
재원 운용	세대 간 이전(현 세대 → 고령 세대) 방식	자신이 낸 보험료를 연금공단이 축적·운용
재원 조달	매년 모은 보험료	장기간 누적된 적립금과 그 운용수익
재정 위험	인구구조 변화(고령화, 저출산)에 민감 → 재정 불안정 위험 높음	장기 투자성과에 따라 재정 안정성 좌우
재분배	세대 간 재분배(현 세대가 고령 세대 부양)	세대 내 재분배(자기 적립, 자기 노후 대비)
장점	• 초기 재정 부담이 적음 • 빠른 급여 지급 가능	• 장기적으로 안정적 운영 가능 • 자산 형성 효과
단점	• 인구변동에 민감 • 미래 세대의 부담 증가	• 초기 적립기간 동안 급여 지급 불가 • 인플레이션에 취약
사례	독일, 프랑스, 우리나라 건강보험	현재 우리나라 연금방식(수정 적립방식)

기출선지로 확인

공적연금

01 기여 여부에 따라 무기여 연금과 기여 연금으로 구분한다. 10회

02 급여의 소득비례 여부에 따라 정액연금과 소득비례연금으로 구분한다. 10회

03 재정방식에 따라 적립방식과 부과방식으로 구분한다. 10회

04 적립방식에 비해 부과방식(pay-as-you-go)이 인구 구성의 변동에 더 취약하다. 13회

05 기여와 급여 중 어느 것을 확정하는지에 따라 확정기여연금과 확정급여연금으로 구분한다. 10회

06 국민연금과 특수직역연금으로 구분하여 운영되고 있다. 21회

07 가입자의 노령(퇴직), 장애(재해), 사망으로 인한 소득중단 시 급여를 지급한다. 21회

부과방식

08 부과방식은 매년도 연금재정의 수입총액과 지출총액이 균형을 유지할 수 있도록 운영하는 방식이다. 15회

09 부과방식에서는 현재의 근로세대가 은퇴세대의 연금급여에 필요한 재원을 부담한다. 13회

10 부과방식의 연금제도는 도입 당시의 노인세대에게도 일정한 연금을 제공할 수 있다. 15회

적립방식

11 적립방식은 가입자들 각자가 보험료를 납부하여 축적한 적립기금으로 자신들의 노후를 보장하는 방식이다. 15회

12 적립방식의 연금제도는 저축 기능을 토대로 운영된다. 15회

13 적립방식은 부과방식에 비해 세대 내 소득재분배 효과가 크다. 19회

14 완전적립방식은 퇴직 후 생활보장을 위해 현재 소득의 일부를 저축하는 구조이다. 13회

대표기출로 확인

01 연금제도의 적립방식과 부과방식에 관한 설명으로 옳은 것을 모두 고른 것은? 19회

> ㄱ. 적립방식은 부과방식에 비해 세대 내 소득재분배 효과가 크다.
> ㄴ. 부과방식은 적립방식에 비해 자본축적 효과가 크다.
> ㄷ. 부과방식은 적립방식에 비해 기금확보가 더 용이하다.

① ㄱ   ② ㄴ   ③ ㄷ
④ ㄱ, ㄴ   ⑤ ㄱ, ㄷ

> ㄴ. 부과방식은 적립방식에 비해 자본축적 효과가 낮다.
> ㄷ. 부과방식은 적립방식에 비해 기금확보가 용이하지 않다.
>
> 정답 ①

기출키워드16 공적연금의 특징

02 확정급여형과 확정기여형의 비교

구분	확정급여형(DB)	확정기여형(DC)
운용 방식	• 퇴직 시 받을 급여 수준이 사전에 확정 • 집합적으로 운용, 위험 분산	• 납입하는 금액이 확정되고, 수령액은 운용 성과에 따라 변동 • 개인별로 별도 운용, 개인별 위험 존재
운용 주체	주로 사용자(기업)가 책임지고 운용	가입자(근로자)가 직접 운용하거나 관리기관을 선택하여 운용
급여 기준	근속기간, 평균 임금 등에 따라 퇴직급여 결정	개인이 적립하고 운용한 기금의 수익에 따라 퇴직급여 결정
비용 부담	사용자(기업)가 부담(수익률, 투자 위험)	가입자(근로자)가 부담(수익률, 투자 위험)
안정성	노후소득이 안정적(예측 가능)	노후소득이 불안정할 수 있음(시장 상황에 따라 수령액 변동)
장점	• 급여액이 확정되어 생활 안정성이 높음 • 은퇴 이후 소득 예측 가능	• 가입자가 운용 전략 선택 가능 • 이직 시 연금이 개인에게 귀속되어 이관 용이
단점	• 기업 부담 과중 가능 • 기업 파산 시 연금 지급의 불확실성 존재	• 투자 실패 시 수령액 감소 위험 • 개인의 금융지식 필요
사례	• 과거 한국 공무원연금, 군인연금 • 전통적 기업연금 제도	개인형 퇴직연금(IRP), 일부 퇴직연금 제도

기출선지로 확인

 대표기출로 확인

확정급여식 연금

15 확정급여식 연금은 주로 과거의 소득 및 소득활동 기간에 의해 결정된다. 13회

16 확정급여식 연금의 재정은 완전적립방식에서 부과방식까지 다양하게 운용될 수 있다. 17회

확정기여식 연금

17 확정기여식 연금의 급여액은 기본적으로 적립한 기여금과 기여금의 투자수익에 의해서 결정된다. 17회

02 확정급여식 연금과 확정기여식 연금에 관한 설명으로 옳은 것을 모두 고른 것은? 17회

> ㄱ. 확정급여식 연금의 재정은 완전적립방식에서 부과방식까지 다양하게 운용될 수 있다.
> ㄴ. 확정기여식 연금의 급여액은 기본적으로 적립한 기여금과 기여금의 투자수익에 의해서 결정된다.
> ㄷ. 확정급여식 연금제도에서는 투자위험에 대해서 개인이 전적으로 책임진다.
> ㄹ. 확정기여식 연금제도에서는 물가상승, 경기침체 등의 위험을 사회 전체적으로 분산대응하는 장점이 있다.

① ㄱ, ㄴ ② ㄱ, ㄷ
③ ㄴ, ㄹ ④ ㄱ, ㄴ, ㄷ
⑤ ㄱ, ㄴ, ㄷ, ㄹ

> ㄷ. 확정기여식 연금제도에서는 투자위험에 대해서 개인이 전적으로 책임진다.
> ㄹ. 확정급여식 연금제도에서는 물가상승, 경기침체 등의 위험을 사회 전체적으로 분산대응하는 장점이 있다.
>
> [정답] ①

07 사회보험제도와 공공부조제도

기출키워드 17 국민연금제도

최근 7개년 평균 출제문항 수 **0.4문항**

01 국민연금제도

목적	노령, 장애, 사망 등의 사회적 위험 발생 시 본인 또는 유족에게 소득을 보장하여 생활안정과 복지 증진을 도모
가입 대상	법령에 의거하여 일정 요건을 갖춘 국민은 의무가입(만 18세 이상 60세 미만의 국내 거주 국민, 사업장가입자, 지역가입자, 임의가입자, 임의계속가입자)
운용 방식	수정 적립방식
재원 조달	가입자가 납부하는 보험료 + 사용자 부담 + 정부 지원
보험료 산정	소득의 일정 비율(9%) → 가입자와 사용자 각각 4.5%씩 부담 ※ 사업장 가입자만 4.5% 부담, 지역가입자는 전액 본인 부담
급여 종류	• 노령연금: 일정 연령 이상 시 지급(완전노령연금, 조기노령연금) • 장애연금: 장애 발생 시 지급 • 유족연금: 가입자 사망 시 유족에게 지급(배우자, 자녀, 부모, 손자녀, 조부, 형제자매 순) • 반환일시금: 최소 가입기간을 채우지 못하고 탈퇴할 때 납부한 보험료를 일시금으로 지급
급여 기준	가입기간, 소득수준, 납입기간 등에 따라 급여액 결정
급여 수급 조건	최소 가입기간(10년) 이상이어야 연금 수급 가능
연대성 강조	소득재분배 기능: 저소득층에 유리한 급여설계(수직적 재분배)
국가 운영	공법인 국민연금공단이 관리·운영하며, 국가는 제도 운영과 재정 안정에 책임을 부담
투자 운용	국민연금 기금은 국내외 금융자산에 투자하여 수익을 창출(국민연금 기금운용본부가 담당)
도덕적 해이 대응	보험료 체납 관리 강화, 급여수급 기준 엄격 관리

02 국민연금 크레딧 제도(추가산입)

출산 크레딧	• 2008년 1월 1일 이후 출산 또는 입양한 자에게 적용되는 제도 • 자녀 1인당 12개월, 최대 50개월까지 가입기간 추가 산입 • 2026년부터 첫째 자녀부터 12개월 추가산입 적용(2025년 현재는 둘째 자녀부터 12개월 추가 산입) • 2026년부터 최대 50개월이 사라지고, 2자녀를 초과하는 자녀 1명마다 18개월을 더한 개월수 적용
군복무 크레딧	•「병역법」에 따른 현역병 대상으로 적용되는 제도(상근, 사회복무요원, 대체복무요원 제외) • 복무기간 전체를 산입하되, 2025년 최대 6개월, 2026년 최대 12개월 인정
실업 크레딧	•「고용보험법」에 따른 구직급여 수급자에게 적용되는 제도 • 구직급여 수급기간을 국민연금 가입기간에 추가 산입(추가로 산입하는 기간은 1년을 초과할 수 없음)

기출선지로 확인

국민연금

01 군복무자에게는 노령연금수급권 취득 시 6개월을 가입기간에 추가로 산입한다. 16회

02 「병역법」에 따라 현역병으로 병역의무를 수행한 경우 가입기간을 추가 산입한다. 17회

03 자녀가 두 명인 경우 12개월을 추가 산입한다. 17회

04 「고용보험법」에 따른 구직급여를 받는 경우 구직급여를 받는 기간을 가입기간에 추가 산입한다. 17회

05 사용자가 근로자의 임금에서 기여금을 공제하고 연금보험료를 내지 아니한 경우에는 그 내지 아니한 기간의 2분의 1에 해당하는 기간을 근로자의 가입기간으로 산입하되, 1개월 미만의 기간은 1개월로 한다. 17회

연금보험료와 연금급여액

06 저소득층에게 유리하게 설계되어 있다. 15회

07 기본연금액의 균등부분은 연금수급 전 3년간 전체 가입자 평균소득월액의 평균액이다. 23회

08 기본연금액의 균등부분에서 소득재분배 효과가 나타난다. 23회

09 연금액은 지급사유에 따라 기본연금액과 부양가족연금액을 기초로 산정한다. 15회

대표기출로 확인

01 국민연금제도에 관한 설명으로 옳은 것을 모두 고른 것은? 23회

ㄱ. 국민연금공단은 관리운영과 보험료 징수를 담당한다.
ㄴ. 기본연금액의 균등부분은 연금수급 전 3년간 전체 가입자 평균소득월액의 평균액이다.
ㄷ. 기본연금액의 균등부분에서 소득재분배 효과가 나타난다.
ㄹ. 기본연금액의 소득비례부분은 전체 가입자의 기준소득월액의 평균액이다.
ㅁ. 2028년 이후 국민연금의 소득대체율은 40년 가입 기준 40%이다.

① ㄱ, ㄷ ② ㄴ, ㄹ
③ ㄱ, ㄹ, ㅁ ④ ㄴ, ㄷ, ㅁ
⑤ ㄱ, ㄴ, ㄷ, ㄹ, ㅁ

ㄱ. 보험료 징수는 국민건강보험공단이 담당한다(통합 징수법에 근거).
ㄹ. 기본연금액의 소득비례부분은 가입자 본인의 가입 기간 중 기준소득월액의 평균액이다.

정답 ④

기출키워드 18 : 국민건강보험제도

07 사회보험제도와 공공부조제도

최근 7개년 평균 출제문항 수 **0.7문항**

01 국민건강보험제도

목적	질병, 부상, 출산 등으로 발생하는 고액의 의료비 부담을 경감하고, 국민의 건강권과 생존권을 보장하기 위해 운영
운영 방식	사회보험 방식(가입자 보험료 + 정부 지원금으로 재원 조달) → 개인별 보험료를 걷고, 위험을 공동으로 분담하여 의료비 지원
운영 주체	• 국민건강보험공단 • 단일보험자 제도(국민건강보험공단이 전국 단일 통합 운영)
가입 대상	대한민국에 거주하는 국민(모든 국민)과 일정 요건을 갖춘 외국인 의무가입(강제가입) ※ 6개월 이상 국내 체류 외국인은 건강보험 지역가입자나 자격 자동 적용
적용 대상	전국민(피보험자와 피부양자 포함) • 직장가입자(모든 사업장의 근로자 및 사용자와 공무원 및 교직원) • 지역가입자(직장가입자와 그 피부양자를 제외한 가입자)
재정 구조	• 가입자 보험료 + 국고 지원(국비) + 건강보험 진료비 적립금 • 보험료 부과 　- 직장가입자: 보수액 기준 보험료 부과(노사 각각 절반 부담) 　- 지역가입자: 소득, 재산, 자동차 등을 종합적으로 고려해 보험료 부과 • 본인부담금제도: 일부 본인부담금 존재(질병 및 기관 종류에 따라 상이)
정부 지원	지역가입자 보험료의 일부 및 건강보험 재정의 일부를 국가와 지방자치단체가 지원
급여 유형	• 요양급여: 진료비 일부 지원(외래, 입원, 약국) • 건강검진: 국가 건강검진 제공 • 예방접종 지원 • 산정특례 제도: 중증질환자 의료비 경감(예 암, 희귀질환 등) • 출산비용 지원(예 분만비, 난임치료 등) • 장기요양보험(노인성 질병 장기요양서비스 별도 운영) ※ 장기요양급여는 건강보험과 분리 운영되고, 별도 재원으로 관리됨
문제점	• 보장률(전체 의료비 대비 보험급여 비율)이 낮음(약 65% 수준) • 비급여 항목 과다(진료비 부담 가중) • 저출산·고령화로 재정 부담 증가
개선 방향	• 보장성 확대 • 비급여 관리 강화 • 지속 가능한 재정 운영 필요

기출선지로 확인

국민건강보험제도

01 조합방식 의료보험제도가 통합방식으로 전환되어 국민건강보험제도로 변경되었다. 19회
02 타 법령에 의한 의료급여(보호) 대상을 제외한 전 국민을 적용대상으로 한다. 11회
03 지역가입자와 직장가입자의 보험료 산정방식이 다르다. 11회
04 직장가입자의 보수월액은 직장가입자가 지급받는 보수를 기준으로 하여 산정한다. 18회
05 직장가입자의 보험료율은 건강보험정책심의위원회에서 심의·의결한다. 18회
06 사립학교 교원의 보험료는 가입자 본인, 사용자, 국가가 분담한다. 18회
07 본인부담금과 비급여 항목이 있다. 11회
08 국민건강보험공단의 회계연도는 정부의 회계연도에 따른다. 18회

대표기출로 확인

01 국민건강보험제도에 관한 설명으로 옳지 않은 것은? 18회
① 사립학교교원의 보험료는 가입자 본인, 사용자, 국가가 분담한다.
② 직장가입자의 보수월액은 직장가입자가 지급받는 보수를 기준으로 하여 산정한다.
③ 직장가입자의 보험료율은 건강보험정책심의위원회에서 심의·의결한다.
④ 부가급여로 임신·출산 진료비, 장제비, 상병수당을 지급하고 있다.
⑤ 국민건강보험공단의 회계연도는 정부의 회계연도에 따른다.

> 부가급여로 임신·출산 진료비, 장제비, 상병수당을 규정하나, 실제 장제비는 2008년도 폐지, 상병수당은 시범사업 및 사회적 논의 중이다. 현재 장제비(장의비) 지급은 「국민기초생활 보장법」과 「산업재해보상보험법」에서 실시되고 있다.
>
> 정답 ④

기출키워드18 국민건강보험제도

02 건강보험 수가제도 유형

구분	내용	특징
행위별 수가제	• 진료행위 1건당 수가를 책정하여 서비스별로 별도 보상 • 우리나라는 행위별수가제를 기본으로 하고, 포괄수가제를 일부 질병군에 적용	• 의료인의 수입 보장 • 서비스 다양성 보장 • 과잉진료 유도 가능
포괄수가제	질병군별로 진료비를 미리 정해 일괄 지급 ※ 7개 질병군 입원 진료에 한해 적용	• 의료비 억제 • 진료 효율성 증가 • 질적 저하 우려
인두제(주치의제)	등록된 환자 1인당 일정액을 정기적으로 지급	• 과잉진료 억제 • 예방진료 강화 가능 • 급성질환 집중 어려움
총액계약제	전체 의료기관에 대해 1년 단위로 총진료비 상한을 설정한 후 예산 한도 내에서 배분	• 의료비 총액 관리 용이 • 예산 예측 가능

기출선지로 확인

행위별 수가제

09 주된 진료비 지불방식은 행위별수가제와 포괄수가제이다. 11회

10 행위별 수가제는 의료기관의 과잉진료를 유도할 수 있다. 20회

11 행위별 수가제에서는 의료진의 진료행위에 대한 자율성이 확보된다. 20회

포괄수가제

12 포괄수가제는 주로 발생빈도가 높은 질병군에 적용한다. 20회

13 포괄수가제를 적용함으로써 환자의 본인부담금이 감소할 수 있다. 20회

14 우리나라는 포괄수가제를 일부 질병군에 적용하고 있다. 23회

대표기출로 확인

02 건강보험 진료비 지불제도에 관한 설명으로 옳은 것은? 23회

① 행위별 수가제는 질병 범주별로 구분하여 고정금액을 보수로 지불하는 방식이다.
② 포괄수가제는 의사가 담당하는 환자 수에 비례하여 일정 금액을 지급하는 방식이다.
③ 행위별 수가제는 행정절차가 간소하여 비용 절감효과가 있다.
④ 우리나라는 포괄수가제를 일부 질병군에 적용하고 있다.
⑤ 포괄수가제는 의료기관의 1년간 운영비를 포괄적으로 지불하는 제도이다.

> ① 질병 범주별로 구분하여 고정금액을 보수로 지불하는 방식은 포괄수가제이다.
> ② 의사가 담당하는 환자 수에 비례하여 일정 금액을 지급하는 방식은 인두제이다.
> ③ 행위별 수가제는 행정절차가 복잡하며 비용상승 효과가 발생한다.
> ⑤ 의료기관의 1년간 운영비를 포괄적으로 지불하는 제도는 총액 계약제이다.
>
> 정답 ④

07 사회보험제도와 공공부조제도

기출키워드 19

산업재해보상보험제도

최근 7개년 평균 출제문항 수 **0.6문항**

01 산업재해보상보험제도

구분	내용
목적	업무상 재해(업무 중 사고, 질병, 사망 등)로부터 근로자와 그 가족을 보호하고, 재해 근로자의 조속한 재활과 사회 복귀를 지원하기 위해 운영
법적 근거	「산업재해보상보험법」
운영 주체	고용노동부 소속 근로복지공단
특징	• 무과실책임 원칙(사업주의 과실 유무와 상관없이 보상) • 신속 보상 원칙(빠른 치료와 보상으로 사회복귀 지원) • 포괄 보장성(질병 · 사고 · 통근사고 모두 포함)
가입 대상	• 모든 사업장(상시 근로자 1인 이상 고용 사업장) ※ 1인 자영업자, 특수형태근로종사자도 일부 포함 가능 • 원칙적으로 사업장 단위 강제가입(사업주가 보험료 납부)
보험료 납부 주체	전액 사업주 부담(근로자는 보험료 부담 없음)
보험료 산정 기준	업종별 위험도(산재율)에 따라 차등 부과(위험 업종일수록 높은 보험료율 적용)
보장 대상 재해	• 업무상 사고(예 작업 중 부상, 기계 사고 등) • 업무상 질병(예 직업성 암, 근골격계 질환, 뇌혈관 · 심장질환(과로 관련 인정 기준 충족 시) 등) • 출퇴근 재해
급여 유형	• 요양급여: 치료비 전액 지원 • 휴업급여: 치료기간 동안 임금 손실 보전 (평균임금의 70%) • 장해급여: 치료 후 장해가 남은 경우 보상 • 유족급여: 재해로 사망 시 유족에게 지급 • 직업재활급여: 직업훈련, 재취업 지원 • 간병급여: 상시 간병이 필요한 경우 지급
수급 요건	업무와 재해 간 인과관계(업무상 기인성) 인정 필요
부가서비스	• 재활지원(직업훈련, 창업 지원 등) • 산재근로자 생활안정자금 대출 • 장해급여 수급자 대상 복지지원
적용 사례	• 특수형태근로종사자(예 택배기사, 대리운전기사 등)까지 적용 확대 • 「중대재해 처벌 등에 관한 법률」 시행(2022년) → 사업주의 안전관리 의무 강화

02 업무상 재해

구분	내용
업무상 사고	• 사업주의 지배 및 관리 하에 업무 수행(휴게시간, 출장 등 포함) 중 발생한 사고(예 기계에 끼임, 추락, 감전, 낙하물 사고 등) • 업무 장소 또는 직무수행 중 발생한 우연하고 외래적인 사고도 해당
업무상 질병	• 사업주의 지배 및 관리하에 직무 또는 작업환경에 기인한 건강장해(예 소음성 난청, 진폐증, 근골격계 질환, 직무 관련 정신질환 등) • 업무와 질병 간의 의학적 · 사회적 인과관계 필요
출퇴근 재해	사업주가 제공한 교통수단이나 그에 준하는 교통수단을 이용하는 등 사업주의 지배관리 하에서 출퇴근하는 중 발생한 사고(예 통근 중 교통사고, 도보 중 낙상사고 등)

기출선지로 확인

산업재해보상보험제도

01 「산업재해보상보험법」상 근로자란 근로기준법에 의한 근로자를 말한다. 11회
02 근로복지공단은 보험급여를 결정하고 지급한다. 18회
03 국민건강보험공단이 보험료를 징수한다. 18회
04 업무상의 재해란 업무상의 사유에 따른 근로자의 부상·질병·장해 또는 사망을 말한다. 18회
05 업무상 질병의 인정 여부를 심의하기 위하여 근로복지공단 소속기관에 업무상질병판정위원회를 둔다. 18회
06 60세 이상인 부모 또는 조부모는 유족보상연금의 수급자격자가 될 수 있다. 13회
07 특수형태근로종사자도 적용 대상이 될 수 있다. 11회
08 상병보상연금이 있다. 11회

산업재해보상보험 급여

09 장해급여는 등급에 따라 연금이나 일시금으로 지급된다. 15회
10 요양급여 20회
11 유족급여 20회
12 장례비 20회
13 직업재활급여 20회

업무상 재해 인정 기준

14 출퇴근 재해 17회
15 통상적인 경로와 방법으로 출·퇴근하는 중 발생한 사고 23회
16 업무상 질병 17회
17 업무상 사고 17회
18 사업주가 주관한 행사준비 중에 발생한 사고 23회
19 휴게시간 중 사업주의 지배관리하에 있다고 볼 수 있는 행위로 발생한 사고 23회
20 직장 내 괴롭힘으로 인한 업무상 정신적 스트레스가 원인이 되어 발생한 질병 23회

대표기출로 확인

01 산업재해보상보험제도에 관한 설명으로 옳지 않은 것은? 18회

① 근로복지공단은 보험급여를 결정하고 지급한다.
② 업무상의 재해란 업무상의 사유에 따른 근로자의 부상·질병·장해 또는 사망을 말한다.
③ 직장 내 괴롭힘, 고객의 폭언 등으로 인한 업무상 정신적 스트레스가 원인이 되어 발생한 질병은 업무상 재해로 인정되지 않는다.
④ 업무상 질병의 인정 여부를 심의하기 위하여 근로복지공단 소속 기관에 업무상질병판정위원회를 둔다.
⑤ 국민건강보험공단이 보험료를 징수한다.

> 「근로기준법」에 따른 직장 내 괴롭힘, 고객의 폭언 등으로 인한 업무상 정신적 스트레스가 원인이 되어 발생한 질병은 업무상 질병에 해당한다.
>
> 정답 ③

07 사회보험제도와 공공부조제도

기출키워드 20 고용보험제도

최근 7개년 평균 출제문항 수 **0.4문항**

01 고용보험제도

목적	실업 등으로 소득을 상실한 근로자를 보호하고, 구직활동 및 재취업을 지원하며, 고용안정 및 직업능력 개발을 촉진하기 위해 운영
법적 근거	「고용보험법」(1993년 제정, 1995년 시행)
운영 주체	고용노동부(관리 총괄) + 근로복지공단(실제 보험료 부과·징수 및 급여 지급)
특징	• 적극적 노동시장정책(ALMP, Active Labor Market Policy) 포함 • 실업 예방, 고용 촉진, 직업능력 개발까지 종합 지원 • 단순한 실업 보상제도가 아니라 재취업 촉진 기능 강화
가입 대상	원칙적으로 모든 사업장(근로자 1인 이상 고용 시) 강제가입 • 근로자 및 사업주 모두 보험료 납부 • 특수형태근로종사자(특고)와 예술인, 플랫폼 종사자도 단계적 적용 확대 중
보험료 납부 주체	근로자와 사업주 공동 부담(단, 실업급여 부분은 각각 50%씩, 고용안정·직업능력개발 사업은 사업주 전액 부담)
보험료율	• 실업급여 보험료율: 2025년 기준 1.8%(근로자 0.9% + 사업주 0.9%) • 고용안정·직업능력개발 사업 보험료율: 사업주 부담, 업종별 차등 적용
급여 유형	• 실업급여(구직급여, 취업촉진수당) • 고용안정사업(고용유지지원금, 무급휴직지원 등) • 직업능력개발사업(재직자·구직자 직업훈련비 지원) • 출산전후휴가급여, 육아휴직급여(일·가정 양립 지원)
수급 요건	• 이직 전 18개월 동안 고용보험 가입기간 180일 이상 • 비자발적 이직(예 회사 사정에 의한 해고, 권고사직 등) • 적극적인 구직활동 의지 증명 필요(구직활동 보고서 등)
급여 수준	퇴직 전 평균임금의 약 60%(상한·하한 설정)
지급기간	연령 및 가입기간, 장애유무 등에 따라 최소 120일~최대 270일
적용 사례	• 특수형태근로종사자(예 대리운전기사, 택배기사, 학습지교사 등) 고용보험 적용 확대 • 플랫폼 종사자 및 예술인 고용보험 가입 의무화되어 시행 중

기출선지로 확인

고용보험제도

01 '실업의 인정'이란 근로의 의사와 능력을 가지고 적극적으로 구직노력을 했음을 인정받는 것이다. 12회

02 구직급여를 받기 위해서는 이직일 이전 18개월 동안 180일 이상 근무하여야 한다. 12회

03 육아휴직급여의 육아휴직대상자는 남녀근로자 모두 해당된다. 12회

04 실업급여를 받을 권리는 양도 또는 압류하거나 담보로 제공할 수 없다. 18회

05 보험가입자는 사업주와 근로자 모두 포함한다. 19회

06 직업능력개발 훈련을 실시하는 사업주를 지원할 수 있다. 20회

07 실업 신고를 한 이후에 질병·부상 또는 출산으로 취업이 불가능하여 구직활동을 할 수 없는 경우 상병급여를 지급할 수 있다. 20회

고용보험과 산업재해보상보험

08 소득활동 중 발생할 수 있는 소득상실 위험에 대한 사회안전망이라는 공통점을 가지고 있다. 21회

자영업자의 고용보험

09 본인의 희망에 따라 가입이 가능하다. 15회

10 구직급여를 받기 위해서는 재취업을 위해 적극적으로 노력하여야 한다. 15회

11 자영업자도 직업능력개발훈련을 받을 수 있다. 15회

12 보험료를 체납한 사람에게는 실업급여를 지급하지 아니할 수 있다. 15회

대표기출로 확인

01 고용보험제도에 관한 설명으로 옳은 것은?
19회

① 고용보험료는 고용보험위원회에서 부과·징수한다.
② 고용보험의 가입대상은 모든 국민과 국내에 거주하는 외국인이다.
③ 고용보험 구직급여는 30일 동안의 구직기간에는 지급되지 않는다.
④ 보험가입자는 사업주와 근로자 모두 포함한다.
⑤ 고용보험의 재원은 사용자가 단독으로 부담한다.

① 고용보험료는 근로복지공단이 부과하고, 징수는 건강보험공단이 한다.
② 외국인근로자의 경우에는 「외국인근로자의 고용 등에 관한 법률」에 적용되는 외국인근로자만이 가입대상에 포함된다.
③ 고용보험 구직급여는 7일 동안의 구직기간에는 미지급된다.
⑤ 고용보험의 재원은 사용자와 근로자가 서로 분담한다.

정답 ④

기출키워드 21 노인장기요양보험제도

최근 7개년 평균 출제문항 수 **0.6문항**

01 노인장기요양보험제도

목적	고령이나 노인성 질병으로 일상생활이 어려운 노인에게 신체·가사활동을 지원하여 삶의 질 향상 및 가족 부양 부담 경감
법적 근거	「노인장기요양보험법」(2007년 제정, 2008년 시행)
운영 주체	국민건강보험공단
특징	• 건강보험료와 통합하여 징수하며, 이 경우 장기요양보험료와 건강보험료를 구분하여 고지하고, 각각의 독립회계로 관리함 • 예방적 관리 및 조기 개입 지향 • 가족 부양 부담 경감을 정책 목표로 설정
가입 대상	건강보험 가입자 및 피부양자는 자동 가입(별도의 가입 절차 없이 건강보험과 통합 운영)
보험료 납부	건강보험료에 장기요양보험료를 추가로 부과하여 납부(2024년 기준 건강보험료의 약 12.95% 추가 납부)
수급 대상자	• 65세 이상 노인 • 65세 미만이더라도 노인성 질병(치매, 뇌혈관성 질환 등)으로 장기요양이 필요한 자
장기요양 인정 절차	국민건강보험공단에 신청 → 방문조사 → 등급판정위원회 심의 → 장기요양등급 결정(1~5등급) 및 인지지원등급(경증 치매 대상자 등)
장기요양등급	• 1등급(가장 중증)~5등급: 신체·정신적 기능 저하 정도에 따른 구분 • 인지지원등급: 경증 치매로 일상생활에 일부 도움이 필요한 경우 인정
급여 종류	• 재가급여(예 방문요양, 방문목욕, 방문간호, 주야간보호, 단기보호 등) • 시설급여(예 요양시설 입소 등) • 특별현금급여(예 특례요양비, 가족요양비, 요양병원 간병비 등)
급여 대상 서비스	• 일상생활 지원(예 식사, 목욕, 배변 관리 등) • 간호 및 간병 • 인지기능 지원(예 치매 관리 프로그램 등) • 복지용구 제공(예 휠체어, 침대 등)

재정 조달 구조	• 가입자 보험료
	• 국고 지원
	• 본인부담금
	  - 재가급여: 급여비용의 15% 부담
	  - 시설급여: 급여비용의 20% 부담
	  - 저소득층 감면 제도 운영(기초생활수급자 및 차상위계층 등)

추진 배경	급속한 고령화와 가족구조 변화로 인해 노인 부양의 사회적 책임 필요성 증대

기출선지로 확인

노인장기요양보험제도

01 가족의 부담을 덜어줌으로써 국민의 삶의 질을 향상하는 것을 목적으로 한다. 20회

02 노인장기요양보험료는 국민건강보험료와 통합하여 징수한다. 20회

03 통합 징수한 장기요양보험료와 건강보험료를 각각의 독립회계로 관리하여야 한다. 18회

04 장기요양등급판정을 받은 65세 이상 노인은 소득수준과 상관없이 장기요양보험 급여를 받을 수 있다. 23회

05 노인장기요양보험에서는 재가급여를 시설급여에 우선한다. 15회

06 재가급여를 시설급여에 우선하여 제공하여야 한다. 20회

07 재가급여에는 방문요양, 방문목욕 등이 있다. 15회

08 재가급여로 분류되는 단기보호의 급여기간은 월 9일 이내를 원칙으로 하되 특별한 사유가 있는 경우 연장 가능하다. 23회

09 일반 노인장기요양보험 가입자는 재가급여를 이용할 경우 15%의 본인부담금을 부담하여야 한다. 23회

10 특별현금급여에는 가족요양비 등이 있다. 15회

11 가족에게 요양을 받을 때 지원되는 현금급여가 있다. 16회

12 가족요양비는 신체·정신 등의 사유로 인하여 가족에게 요양을 받아야 하는 자에게 지급할 수 있다. 23회

노인장기요양보험의 급여를 제공하는 장기요양기관

13 노인요양시설 17회
14 주·야간보호시설 17회
15 단기보호시설 17회
16 노인요양공동생활가정 17회

대표기출로 확인

01 노인장기요양보험제도에 관한 설명으로 옳은 것은? 18회

① 장기요양보험사업의 보험자는 보건복지부장관이다.
② 등급판정에 따른 장기요양인정의 유효기간은 최소 6개월 이상으로서 대통령령으로 정한다.
③ 통합 징수한 장기요양보험료와 건강보험료를 각각의 독립회계로 관리하여야 한다.
④ 재가 급여비용은 수급자가 해당 장기요양급여비용의 100분의 20을 부담한다.
⑤ 수급자는 시설급여와 특별현금급여를 중복하여 받을 수 있다.

① 장기요양보험사업의 보험자는 국민건강보험공단이다.
② 등급판정에 따른 장기요양인정의 유효기간은 최소 1년 이상으로서 대통령령으로 정한다.
④ 재가 급여비용은 수급자가 해당 장기요양급여비용의 100분의 15를 부담한다.
⑤ 수급자는 시설급여와 특별현금급여를 중복하여 받을 수 없다.

정답 ③

07 사회보험제도와 공공부조제도

기출키워드 22

공공부조제도 ★빈출

최근 7개년 평균 출제문항 수 **2문항**

01 공공부조제도

목적	빈곤하거나 생활이 어려운 국민에게 최저생활을 보장하고 인간다운 생활을 영위할 수 있도록 지원
법적 근거	국가 또는 지방자치단체가 법률에 따라 책임지고 지원(예 「국민기초생활보장법」)
특징	• 복지 형평성 강조: 경제적 약자 중심 지원, 사회적 형평성 실현 • 낙인효과: 수급자로 선정될 경우 사회적 낙인이나 편견을 받을 가능성 존재
운영 방식	조세 재원(국가 재정)으로 운영 → 보험료 없이 필요에 따라 급여 제공
대상자 선정	소득, 재산 등 경제적 상태를 조사하여 선정(자산조사 필수)
급여 형태	현금급여(예 생계비 등), 현물급여(예 의료비 지원, 주거 지원 등)
급여 수준	최저생활 보장을 목표로 하며, 개인·가구의 소득 및 필요 수준에 따라 결정
수급권의 성격	법적 권리 보장(수급자가 요건을 충족하면 국가에 급여를 청구할 권리 발생)
재원 조달	조세로 충당(국가 또는 지방자치단체)

02 국민기초생활보장제도

목적	최저생활을 보장하고 자립·자활을 지원
법적 근거	「국민기초생활 보장법」(1999년 제정, 2000년 시행)
운영 주체	국가와 지방자치단체
특징	• 권리성 보장(법적 권리로 급여 청구 가능) • 생존권 보장 중심 • 자활·자립 촉진 지원 병행
대상자 선정	소득인정액이 기준 중위소득 이하인 가구(생계·의료·주거·교육 급여별 기준 적용)
수급자 요건	• 소득 요건 충족 • 재산 요건 충족 ※ 생계급여·의료급여는 부양의무자 기준 대폭 완화(단, 고소득·고재산 예외 기준 적용)
급여 종류	• 생계급여 · 의료급여 · 주거급여 • 교육급여 · 자활급여 · 해산급여 • 장제급여
급여 형태	현금급여 + 현물급여
재원 조달	전액 조세(국비 + 지방비)

기출선지로 확인

국민기초생활보장제도

01 국민기초생활보장제도는 보충성의 원칙에 기반하고 있다. 18회

02 국민기초생활보장제도 부양의무자 기준은 복지사각지대 해소를 위해 단계적으로 완화되고 있다. 21회, 22회

03 수급권자와 그 친족, 그 밖의 관계인은 관할 시장·군수·구청장에게 수급권자에 대한 급여를 신청할 수 있다. 18회

04 국민기초생활보장제도 급여 신청은 신청주의와 직권주의를 병행하고 있다. 22회

05 급여는 개별가구 단위로 실시하되, 특히 필요하다고 인정하는 경우에는 개인 단위로 실시할 수 있다. 18회

06 생계급여는 수급자의 소득인정액 등을 고려하여 차등 지급할 수 있다. 18회

07 기준중위 소득은 2015년 이후 지속적으로 인상되었다. 21회

08 근로능력 평가 방식이 변화되었다. 21회

대표기출로 확인

01 우리나라 공공부조제도에 관한 설명으로 옳지 않은 것은? 22회

① 긴급복지지원제도는 현금급여와 민간기관 연계 등의 지원을 제공한다.
② 국민기초생활보장제도 부양의무자 기준은 복지사각지대 해소를 위해 단계적으로 완화되고 있다.
③ 긴급복지지원제도는 단기 지원의 원칙, 선심사 후지원의 원칙, 다른 법률 지원 우선의 원칙이 적용된다.
④ 의료급여 수급권자에는 「입양특례법」에 따라 국내 입양된 18세 미만의 아동이 포함된다.
⑤ 국민기초생활보장제도 급여 신청은 신청주의와 직권주의를 병행하고 있다.

> 긴급복지지원제도의 원칙은 다음과 같다.
> • 선지원, 후심사의 원칙
> • 단기 지원의 원칙
> • 타급여 중복 금지의 원칙
> • 가구 단위 지원의 원칙
>
> 정답 ③

기출키워드22 **공공부조제도** ★빈출

03 기초연금제도

제도 성격	• 무기여 방식의 노후소득보장제도로서, 만 65세 이상 저소득 고령층에게 소득지원 • 사회보험과 별개의 공공부조 성격의 현금 급여제도
목적	고령층의 기초생활 안정 및 빈곤 완화
지급 대상	• 만 65세 이상 노인 중 소득인정액이 일정 기준 이하인 자 • 군인연금, 공무원 연금, 교직원 연금 대상자는 원칙적으로 제외
기준	소득인정액이 70/100의 수준(부부가 모두 기초연금을 받을 경우 각각 20% 감액)

04 긴급복지지원제도

제도 성격	• 위기상황에 처한 국민에게 일시적·단기적으로 생계·의료·주거 등을 신속 지원하는 제도 • 본인 외에도 사회복지시설 종사자 등 제3자가 요청 가능 • 공적 부조의 사각지대 해소와 위기 개입의 선제성 강조
기본 원칙	신속성·일시성·단기적 위기 해결을 원칙으로 함
지원 대상	주소득자의 사망, 가출, 행방불명, 구금시설 수용 등으로 소득을 상실하는 경우 지원 대상
지원 내용	현금·현물 직접지원, 민간기관·단체와의 연계지원 모두 포함

05 의료급여제도

제도 성격	생활이 어려운 국민에게 국가가 진료비를 지원하는 공공부조 의료보장 제도
운영 주체	• 의료기관, 약국 등에서 실시됨 • 약국은 「약사법」에 따라 개설등록된 경우만 해당함
수급권자 구분	• 1종: 생계·의료·주거급여 수급자, 시설 수급자 등 • 2종: 차상위계층, 기타 의료급여 대상자
재원 조달	국고 + 지방자치단체 출연금으로 구성됨
부양의무 기준	수급권자의 1촌 직계혈족 및 그 배우자는 원칙적으로 부양의무자

기출선지로 확인

긴급복지지원제도

09 긴급지원은 위기상황에 처한 사람에게 일시적으로 신속하게 지원하는 것을 기본원칙으로 한다. 19회

10 긴급복지지원제도는 현금급여와 민간기관 연계 등의 지원을 제공한다. 22회

자활지원사업

11 자활급여는 근로능력이 있는 국민기초생활보장 수급자의 자활을 위한 각종 지원을 제공하는 급여이다. 19회

12 자활기업은 조합 또는 「부가가치세법」상의 사업자로 한다. 19회

의료급여제도

13 의료급여 수급권자의 1촌 직계혈족 및 그 배우자는 원칙적으로 부양의무가 있다. 20회

14 의료급여 수급권자에는 「입양특례법」에 따라 국내 입양된 18세 미만의 아동이 포함된다. 22회

대표기출로 확인

02 기초연금제도에 관한 설명으로 옳은 것은?
18회

① 65세 이상 모든 고령자에게 제공하는 사회수당이다.
② 무기여방식의 노후 소득보장제도이다.
③ 기초연금액의 산정 시 국민연금급여액을 고려하지 않는다.
④ 기초연금액은 가구유형, 소득과 상관없이 동일하다.
⑤ 기초연금의 수급권자가 사망하면 유족급여를 지급한다.

① 65세 이상 100분의 70 수준의 노인에게 제공하는 공공부조이다.
③ 기초연금액의 산정 시 국민연금급여액을 고려한다.
④ 기초연금액은 소득에 따라 차등 지급된다.
⑤ 기초연금의 수급권자가 사망하면 수급권은 소멸된다.

정답 ②

근로장려금

최근 7개년 평균 출제문항 수 **0.4문항**

01 근로장려세제

구분	내용	세부 내용
미국	Workfare → Welfare to Work	1960년대 닉슨 → 1990년대 클린턴
영국	Welfare to Work	1997년 블레어 정부
한국	자활사업(「국민기초생활 보장법」 기반)	1999년 법 제정, 2000년 시행
	근로장려세제(EITC)	2007년 「조세특례제한법」 도입

02 근로장려세제와 기초생활보장제도의 비교

구분	근로장려세제(EITC)	기초생활보장제도
목적	근로유인 및 소득지원	빈민 최저생활 보장
적용 대상	일정 소득 이하 근로가구	근로·비근로 수급가구
급여 방식	조세환급(차등)	현금·현물 급여(보충급여 방식)
자격 기준	소득, 부양자녀, 주택, 재산	총소득, 부양의무자 기준 등
신청 방식	신청주의	신청 및 직권주의 병행

기출선지로 확인

근로장려 세제

01 미국의 EITC 제도를 모델로 하였다. 12회, 18회

02 근로능력이 있는 빈곤층에 대해 근로의욕을 고취한다. 18회, 22회

03 근로빈곤층에게 실질적 혜택을 제공하여 빈곤 탈출을 지원한다. 18회

04 저소득층의 소득증대와 근로유인을 목표로 한다. 12회

05 근로장려금은 근로소득 외에 재산보유상태 등을 반영하여 지급한다. 18회, 22회

06 자녀수별로 급여액, 급여의 증가율, 급여의 감소율 등을 차등화하였다. 12회

07 소득재분배 효과를 기대할 수 있다. 22회

08 우리나라 근로장려세제의 모형은 점증구간·평탄구간·점감구간으로 되어 있다. 12회, 22회

대표기출로 확인

01 우리나라 근로장려세제(EITC)에 관한 설명으로 옳지 않은 것은? 22회
① 소득재분배 효과를 기대할 수 있다.
② 근로능력이 있는 저소득층의 근로유인을 제고한다.
③ 소득과 재산보유상태 등을 반영하여 지급한다.
④ 근로장려금 모형은 점증구간, 평탄구간, 점감구간으로 되어 있다.
⑤ 사업자는 근로장려금을 받을 수 없다.

> 사업자도 근로장려금을 수령할 수 있다(2015년부터 적용, 일부 전문직 제외).
> 정답 ⑤

08 소득과 소득불평등

기출키워드 24 빈곤의 개념과 측정 ★빈출

최근 7개년 평균 출제문항 수 **1.7문항**

01 절대적 빈곤

개념 및 정의	• 최소한의 신체적 효율성을 유지하기 위한 의식주를 충족하지 못한 상태 • 최저생활 기준 이하의 소득수준을 의미함		
기준 개념	절대적 빈곤선: 최소 생활수준 유지에 필요한 필수품(예 식료, 주거, 피복 등)을 구입하는 데 필요한 소득수준		
기원	• 부스(Booth): 과학적 사회조사를 통해 빈곤 개념 체계화 • 라운트리(Rowntree): 부스의 개념을 발전시켜 1차 빈곤(기초생필품 구입 불가)과 2차 빈곤(소득은 있지만 생필품 외 지출로 실질적 빈곤)에 따라 구분		
측정 방식	라운트리 방식 (전물량 방식, 마켓 바스켓 방식)	개념	필수품의 가격 × 최저소비량의 총합 → 인간 생활 필수 항목들을 최저수준으로 정하고, 이를 화폐 가치로 환산해 최저생계비 산정
		장점	가구유형별 급여 기준 설정에 유용 예 의료비, 교육비, 장애인·노인가구 추가 급여 등
		단점	필수품 선정 시 연구자의 자의성 개입 가능
	오샨스키 방식 (반물량 방식, 엥겔 방식)	개념	최저생계비 = 최저 식료품비 × 엥겔계수의 역수 참고 엥겔계수: 총지출 중 식비가 차지하는 비율
		장점	계산식이 단순하고 식비를 기준으로 실질적 생계비 파악 가능
		단점	생활수준 기준 설정의 자의성 존재, 가구유형별 적용이 어려움

02 상대적 빈곤

개념 및 정의	소득불평등 구조 속에서, 사회 평균 혹은 중위소득 수준 대비 낮은 소득으로 인해 상대적으로 박탈된 생활 상태
기준 개념	상대적 빈곤선: 일반적으로 평균소득 또는 기준 중위소득의 일정 비율 이하를 기준으로 설정됨(예 중위소득 50% 이하)
세부 기준	• 상대적 빈곤층: 기준 중위소득의 50% 이하 • 절대적 빈곤층 (수급자층): 기준 중위소득의 30% 이하
특징	• 생활수준 기준: 사회 전반의 생활수준과 연동됨. 경제·사회 발전에 따라 빈곤 기준도 변화함 • 상대적 박탈 강조: 단순한 생존보다는 '사회적 통합과 참여'가 가능하지 않은 상태를 중시함 • 소득불평등 영향: 빈곤 자체보다 불평등한 분배 구조에 따른 박탈감에 초점
측정 방식	타운젠트 방식: 사회적 평균소득과 비교해 상대적으로 열악한 수준을 빈곤선으로 설정하는 방식
정책 활용	복지정책의 범위 및 대상자 선정을 위한 기준으로 활용됨

기출선지로 확인

절대적 빈곤

01 절대적 빈곤은 육체적 효율성을 유지하기 위한 최소한의 생활필수품을 소비하지 못하는 상태이다. 18회

02 절대적 빈곤은 최소한의 생필품을 구입하는 데 필요한 비용으로 정한다. 20회

03 최저생계비를 계측하여 빈곤선을 설정하는 방식은 절대적 빈곤개념을 적용한 것이다. 18회

빈곤의 측정

04 빈곤율은 빈곤인구가 전체 인구에서 차지하는 비율로 정의된다. 17회

05 반물량 방식은 모든 항목의 생계비를 계산하지 않고 엥겔계수를 활용하여 생계비를 추정한다. 20회

06 반물량 방식은 엥겔계수를 활용하여 빈곤선을 추정한다. 22회

상대적 빈곤

07 상대적 빈곤은 한 사회의 평균적인 생활수준과 비교하여 빈곤을 규정한다. 18회, 20회

08 중위소득을 활용하여 상대적 빈곤선을 설정할 수 있다. 18회

09 기초생활보장제도의 수급자 선정기준은 상대적 빈곤 개념을 반영하고 있다. 19회

10 중위소득의 50%를 빈곤선으로 책정할 경우, 사회구성원 99명을 소득액 순으로 나열하여 이 중 50번째 사람의 소득 50%를 빈곤선으로 한다. 20회

대표기출로 확인

01 빈곤 또는 불평등의 측정에 관한 설명으로 옳지 않은 것은? 17회

① 로렌츠곡선은 가로축에는 소득이 낮은 인구로부터 가장 높은 순으로 비율을 누적하여 표시하고, 세로축에는 각 인구의 소득수준을 누적한 비율을 표시한 후 그 대응점을 나타낸 곡선이다.
② 지니계수가 1에 가까울수록 평등한 상태를 의미한다.
③ 10분위 분배율에서는 수치가 클수록 평등한 상태를 의미한다.
④ 5분위 분배율에서는 수치가 작을수록 평등한 상태를 의미한다.
⑤ 빈곤율은 빈곤인구가 전체 인구에서 차지하는 비율로 정의된다.

> 지니계수가 1에 가까울수록 불평등한 상태이다.
> 정답 ②

02 다음 중 상대적 빈곤선을 설정(측정)하는 방식으로 옳은 것을 모두 고른 것은? 21회

> ㄱ. 중위소득의 일정 비율
> ㄴ. 라이덴(Leyden) 방식
> ㄷ. 반물량 방식
> ㄹ. 라운트리(Rowntree) 방식
> ㅁ. 타운센드(Townsend) 방식

① ㄱ, ㄴ   ② ㄱ, ㅁ   ③ ㄴ, ㅁ
④ ㄷ, ㄹ   ⑤ ㄱ, ㄷ, ㄹ

> ㄴ. 라이덴 방식: 주관적 빈곤 측정방식
> ㄷ. 반물량(오샨스키) 방식: 절대적 빈곤 측정방식
> ㄹ. 라운트리(전물량) 방식: 절대적 빈곤 측정방식
> 정답 ②

기출키워드 24 빈곤의 개념과 측정 ★빈출

03 주관적 빈곤

개념 및 정의	• 객관적인 기준이 아닌, 개인이 스스로 느끼는 결핍 상태 • 타인의 판단이 아닌 자신의 인식과 기대에 근거하여 결정됨	
핵심 개념	• 자기인식 기반: 자신이 가진 것이 충분하지 않다고 '느끼는' 상태 • 절대적 또는 상대적 기준이 아닌 심리적·인지적 평가에 기반	
특징	• 인식 중심: 동일한 소득이라도 개인에 따라 빈곤하다고 느끼는 기준이 달라짐 • 환경 영향 수용: 사회 분위기, 주변 사람과의 비교, 삶의 질 기대 등에 따라 주관적 판단 변화 가능	
측정 방식	라이덴 방식	• 개인이 생각하는 최소한의 적정소득과 실제소득을 비교하여 빈곤선 설정 • 실제소득이 증가하면 '주관적 최소소득'도 함께 증가함을 전제로 함
	측정 질문 예시	"한 달 생활에 필요한 최소 소득은 얼마라고 생각하십니까?" + "현재 당신의 소득은 얼마입니까?"
정책 활용	소득 수준 외에 주관적 행복감·욕구 충족도 평가, 복지체계 보완 지표로 활용됨	

04 사회적 배제

개념 및 정의	다양한 사회적 영역에서의 구조적 박탈 및 차별로 인해 기본권조차 보장받지 못하는 상태
핵심 개념	기존 빈곤 개념을 확장한 다차원적 접근
특징	• 단순한 소득 부족이 아닌, 사회적 고립과 차별·배제 등 광범위한 결핍상태 포함 • 주거, 고용, 교육, 건강, 인간관계, 정치 참여 등에서의 박탈을 원인으로 봄 • 개별의 빈곤을 넘어 사회적 통합의 실패와 불평등 구조를 나타냄 • '사회 속에서의 소외'를 중심으로 하며, 비경제적 요소까지 포괄
정책 시사점	단순한 금전적 지원을 넘어서 사회적 관계망, 복지 접근성, 교육 기회 확대 등 다차원적 접근 필요

기출선지로 확인

사회적 배제

11 불평등과 빈곤 개념은 소득의 차원을 넘어 다양한 차원으로 확대되어야 한다. 23회

12 빈곤의 역동성과 동태적 과정을 강조한다. 22회

13 개인과 집단의 박탈과 불평등을 유발하는 다양한 영역을 포괄한다. 22회

14 생활수준은 소득이나 재화뿐만 아니라 개인역량의 실현을 중심으로 판단되어야 한다. 23회

15 사회적 배제의 범위에는 빈곤, 저학력, 열악한 주거환경 등 다양한 영역을 포괄한다. 23회

16 사회적 관계망으로부터의 단절 문제를 제기한다. 22회

17 사회적 배제는 기본적으로 소득빈곤 개념의 협소성에 대한 비판으로 이해될 수 있다. 23회

대표기출로 확인

03 빈곤의 기준을 정하는 방법에 관한 설명으로 옳은 것은? 19회
① 전(全)물량 방식은 식료품비를 계산하고 엥겔수의 역을 곱해서 빈곤선을 기준으로 측정하는 방식이다.
② 기초생활보장제도의 수급자 선정기준은 상대적 빈곤 개념을 반영하고 있다.
③ 라이덴 방식은 상대적 빈곤 측정방식이다.
④ 반물량 방식은 소득분배 분포상에서 하위 10%나 20%를 빈곤한 사람들로 간주한다.
⑤ 중위소득 또는 평균소득을 근거로 빈곤선을 측정하는 것은 절대적 빈곤 측정방식이다.

> ① 반물량 방식에 대한 설명이다.
> ③ 라이덴 방식은 주관적 빈곤 측정방식이다.
> ④, ⑤ 상대적 빈곤 측정방식에 대한 설명이다.
> [정답] ②

04 사회적 배제의 특성에 관한 설명으로 옳지 않은 것은? 22회
① 문제의 초점을 소득의 결핍으로 제한한다.
② 빈곤에 대해 다차원적으로 접근하는 개념이다.
③ 빈곤의 역동성과 동태적 과정을 강조한다.
④ 개인과 집단의 박탈과 불평등을 유발하는 다양한 영역을 포괄한다.
⑤ 사회적 관계망으로부터의 단절 문제를 제기한다.

> 사회적 배제는 빈곤이 소득의 절대적·상대적 궁핍이라기보다는 개인의 역량 박탈로 이해되어야 하며, 개인의 복리에 영향을 미치는 역량 박탈에 기여하는 요인에는 소득 외에도 다양한 요소가 존재한다는 개념이다. 아르마티아 센은 소득은 단지 역량을 만들어내는 하나의 도구일 뿐이라고 주장하였다.
> [정답] ①

기출키워드24 빈곤의 개념과 측정 ★빈출

05 소득불평등의 개념 및 유형

구분		내용
로렌츠곡선	개념	소득분포의 불평등 정도를 시각적으로 나타내는 곡선
	측정 방식	• 가로 축: 인구 누적 비율 • 세로 축: 소득 누적 비율 → 각 점을 연결하여 곡선 형성
	적용	완전 균등선과의 간격(곡선 아래 면적)이 클수록 불평등 심화
	특징	시각적 직관 제공, 지니계수 계산의 기초가 됨
지니계수	개념	소득 불평등 정도를 0~1 사이 수치로 정량화한 지표
	측정 방식	로렌츠곡선 아래 면적을 기준으로 계산
	적용	• 0에 가까울수록 평등, 1에 가까울수록 불평등 • 일반적으로 0.4 초과 → 심한 불평등
	특징	근로·사업소득, 자산 등 모든 소득·자산의 불평등 측정
10분위 분배율	개념	소득 하위 40%의 합계 ÷ 상위 20%의 합계
	측정 방식	전체 인구를 소득 순으로 나눠 10등분한 후 계산
	적용	• 수치가 낮을수록 불평등 심화, 높을수록 평등 • 0에서 2 사이의 값을 가짐(수치가 0에 가까울수록 불평등 심화, 2에 가까울수록 평등)
	특징	상·하위 격차를 직접 비교하는 지표
5분위 배율	개념	상위 20% 소득 ÷ 하위 20% 소득
	측정 방식	전체 인구를 5등분(20% 단위)하여 계산
	적용	• 수치가 높을수록 불평등 심화, 낮을수록 평등 • 0에서 1 사이의 값을 가짐(수치가 0에 가까울수록 평등, 무한대로 갈수록 불평등)
	특징	빈부격차의 극단을 보여주는 대표적 지표

기출선지로 확인

소득불평등의 측정

18 로렌츠곡선은 가로 축에는 소득이 낮은 인구로부터 가장 높은 순으로 비율을 누적하여 표시하고, 세로 축에는 각 인구의 소득수준을 누적한 비율을 표시한 후 그 대응점을 나타낸 곡선이다. 17회

19 로렌츠곡선의 가로 축은 소득을 기준으로 하위에서 상위 순서로 모든 인구의 누적분포를 표시한다. 20회

20 지니계수는 불평등도가 증가할수록 수치가 커져 가장 불평등한 상태는 1이다. 20회

21 10분위 분배율에서는 수치가 클수록 평등한 상태를 의미한다. 17회

22 5분위 분배율에서는 수치가 작을수록 평등한 상태를 의미한다. 17회, 20회

23 센(Sen) 지수는 빈곤집단 내의 불평등 정도를 반영한다. 18회

대표기출로 확인

05 소득불평등과 빈곤 측정에 관한 설명으로 옳은 것을 모두 고른 것은? 20회

ㄱ. 로렌츠곡선의 가로축은 소득을 기준으로 하위에서 상위 순서로 모든 인구의 누적분포를 표시한다.
ㄴ. 지니계수는 불평등도가 증가할수록 수치가 커져 가장 불평등한 상태는 1이다.
ㄷ. 빈곤율은 모든 빈곤층의 소득을 빈곤선 수준으로 끌어올리는 데에 필요한 총소득으로 빈곤의 심도를 나타낸다.
ㄹ. 5분위 배율에서는 수치가 작을수록 평등한 상태를 나타낸다.

① ㄱ, ㄴ   ② ㄱ, ㄷ   ③ ㄴ, ㄷ
④ ㄱ, ㄴ, ㄹ   ⑤ ㄱ, ㄷ, ㄹ

> ㄷ. 빈곤갭은 모든 빈곤층의 소득을 빈곤선 수준으로 끌어올리는 데에 필요한 총소득으로 빈곤의 심도를 나타낸다.
>
> 정답 ④

7영역
사회복지행정론

최근 7개년(23~17회) 기출키워드

'★' 별 표시는 7개년간 자주 출제된 이론과 키워드입니다. 빈출 이론과 키워드를 중심으로 전략적, 효율적으로 학습해 보세요.

구분		기출키워드	최근 7개년 평균 출제문항 수	최근 3개년 출제		
				23회	22회	21회
01 사회복지행정의 개념	1	사회복지행정의 특성 ★	1.3문항	☺	☺	☺
	2	사회복지행정의 과정	0.3문항			☺
02 사회복지행정의 역사	3	한국 사회복지행정의 역사 ★	1.4문항	☺	☺	☺
	4	미국 사회복지행정의 역사	0.3문항	☺		☺
03 사회복지행정의 이론적 배경	5	현대조직이론 ★	1.4문항	☺	☺	☺
	6	인간관계이론	0.4문항	☺	☺	☺
	7	고전이론	0.7문항		☺	☺
	8	조직환경이론	0.6문항		☺	
04 사회복지조직의 구조와 유형	9	조직의 구조적 요소	0.7문항	☺	☺	☺
	10	조직문화	0.3문항		☺	
	11	조직구조의 유형	0.9문항	☺	☺	☺
	12	사회복지조직의 유형	0.4문항	☺		☺
05 사회복지서비스의 전달체계	13	전달체계 구축의 원칙 ★	1.1문항	☺	☺	
	14	전달체계의 구분 및 역할	0.6문항	☺	☺	
06 사회조직의 기획과 의사결정	15	기획 기법	0.7문항	☺	☺	
	16	의사결정 기술 및 의사결정모형	0.4문항	☺	☺	☺
07 사회복지조직의 리더십	17	리더십이론 ★	1.3문항	☺	☺	☺
	18	리더십 유형	0.3문항			

과락은 피하고! 합격선은 넘는! 1트 합격 TIP

- ✅ 사회복지행정론은 리더십이론, 조직이론, 예산의 모형, 마케팅, 기획과 의사결정 등에서 평이하게 출제됩니다.
- ✅ 최근에 그동안 출제가 많이 되지 않았던 섬김이론, 퀸의 경쟁가치 등의 이론이 출제되고 있다는 점에 주목할 필요가 있습니다.
- ✅ 최근 사회복지조직의 동향 등이 자주 출제되고 있으니 관련 연대, 제정 및 실시 연도도 암기해 두어야 합니다.

구분		기출키워드	최근 7개년 평균 출제문항 수	최근 3개년 출제		
				23회	22회	21회
08 사회복지조직의 인적자원관리와 재정관리	19	인적자원관리 ★	2.1문항	☺	☺	☺
	20	동기부여	0.9문항	☺	☺	
	21	슈퍼비전	0.3문항	☺		☺
	22	재정관리 ★	2문항	☺	☺	☺
09 사회복지조직의 환경관리와 정보관리	23	환경변화의 흐름 및 대응 ★	1.1문항	☺	☺	☺
	24	일반환경과 과업환경	0.3문항			
	25	사회복지조직의 정보관리	0.4문항	☺		☺
10 프로그램 개발과 평가	26	프로그램 개발	0.6문항			
	27	프로그램 평가 ★	1.1문항	☺	☺	☺
11 사회복지조직의 책임성과 평가	28	성과평가 및 시설평가	0.6문항			
	29	사회복지조직의 책임성	0.4문항	☺		
12 사회복지조직의 마케팅	30	사회복지조직 마케팅의 특징 및 전략 ★	1.1문항	☺	☺	☺
	31	마케팅 기법	0.4문항		☺	

▶ 출제가능성 99%
시험에 꼭 나오는 기출키워드

7영역 강의 ①

7영역 강의 ②

01 사회복지행정의 개념

기출키워드 1 사회복지행정의 특성 ★빈출

최근 7개년 평균 출제문항 수 **1.3문항**

01 사회복지행정의 개념

광의의 사회복지행정	• 사회정책을 사회복지서비스로 전환시키기 위한 사회복지조직의 총체적 활동 • 목표 달성 책임을 구성원 전체에 두고 참여를 강조함
협의의 사회복지행정	• 사회사업의 간접적 실천방법으로, 관리자에 의해 수행되는 상호의존적 과업 중심 • 조직의 목적과 특성에 따라 행정활동이 이루어짐

02 사회복지행정과 일반행정의 비교

일반행정의 개념	관료제를 중심으로 한 공공행정 활동으로, 법무·인사·세무·교통 등 분야를 총괄함
사회복지행정의 개념	사회복지조직의 목표 달성을 위한 조정·협력·활동체계를 포함한 조직적 활동으로, 클라이언트에게 서비스를 전달하는 조직과 기구를 포함함
공통점	모두 문제 해결적 과정과 목표 달성을 위한 조력 과정이며, 공공의지 실현을 목적으로 함
차이점	• 사회복지행정은 일반행정보다 더 광범위한 지식과 사회복지사의 전문활동에 의존함 • 지역사회와 밀접하며, 조직 구성원 전체의 참여를 강조함

03 사회복지행정조직의 특징(하센펠트)

- 인간적인 가치를 중시하며 도덕적 정당성을 가지고 있고, 인간 사이의 상호작용을 바탕으로 운영됨
- 인간을 원료(Raw Material)로 하며, 클라이언트의 다양성과 개별성을 고려해 기술이 맞춤형으로 적용되고, 사람을 대상으로 하므로 목표 달성에 있어서 합의 도출이 어렵고 복잡성이 높음
- 한정된 예산 속에서 재정적 책임성과 투명성이 요구되며, 성과 평가 기준이 불명확해 증거기반 실천이 점차 강조됨
- 높은 수준의 전문성에 의존하며, 사회·경제적 변화에 민감하게 영향을 받는 특성이 있음

기출선지로 확인

사회복지행정

01 사회복지정책을 개별적이고 구체적인 서비스로 전환시키는 과정이다. 18회, 23회

02 사회복지제도와 정책을 서비스 급여, 프로그램으로 전환시키기 위한 전달체계이다. 18회

03 사회복지 과업수행을 위해서 인적·물적 자원을 체계적으로 결합·운영하는 합리적 행동이다. 18회

04 관리자가 조직목표를 달성하기 위해서 수행하는 과정, 기능 그리고 활동이다. 18회

05 사회복지조직의 관리자는 조직의 운영을 지역사회와 연관시킬 책임이 있다. 18회

06 지역사회 욕구를 충족시키기 위한 조직관리 기술을 필요로 한다. 18회

07 조직들 간의 통합과 연계를 중시한다. 18회

08 모든 구성원들이 조직운영 과정에 참여하여 일정 부분 영향을 미친다. 18회

09 서비스 성과를 평가하기 어렵다. 21회

사회복지조직의 특성

10 조직성과의 객관적 증명이 쉽지 않다. 17회

하센펠트(Y. Hasenfeld)가 제시한 휴먼서비스 조직의 특성

11 인간을 원료(Raw Material)로 한다. 21회

12 클라이언트와의 직접적 관계 속에서 활동한다. 21회

13 조직의 목표가 불확실하며 모호해지기 쉽다. 21회

14 조직의 업무 과정에서 주로 전문가에 의존한다. 21회

대표기출로 확인

01 사회복지행정의 개념에 관한 설명으로 옳지 않은 것은? 18회
① 사회복지정책을 개별적이고 구체적인 서비스로 전환시키는 과정이다.
② 사회서비스 활동으로 민간조직을 제외한 공공조직이 수행한다.
③ 관리자가 조직목표를 달성하기 위해서 수행하는 과정, 기능 그리고 활동이다.
④ 사회복지 과업수행을 위해서 인적·물적 자원을 체계적으로 결합·운영하는 합리적 행동이다.
⑤ 사회복지제도와 정책을 서비스 급여, 프로그램으로 전환시키기 위한 전달체계이다.

> 사회서비스 활동으로 민간조직을 포함한 공공조직이 함께 수행한다(다원주의).
> 정답 ②

02 사회복지행정의 개념에 관한 설명으로 옳은 것은? 23회
① 정부조직만을 대상으로 한다.
② 조직의 효과성보다 효율성이 중요하다.
③ 정부 재정 외에 민간 자원 활용은 배제한다.
④ 사회문제 해결 과정에서 가치판단을 배제한다.
⑤ 사회복지정책을 서비스로 전환하는 과정이다.

> ① 정부조직과 민간조직을 대상으로 한다.
> ② 조직의 효과성과 효율성 모두 중요시한다.
> ③ 정부 재정 및 민간 자원의 활용도 강조된다.
> ④ 사회문제 해결 과정에서 가치판단을 포함한다.
> 정답 ⑤

01 사회복지행정의 개념

기출키워드 2

사회복지행정의 과정

최근 7개년 평균 출제문항 수 **0.3문항**

01 사회복지행정의 과정(POSDCoRBE)

기획(Planning)	행정가가 목표를 설정하고 이를 달성하기 위한 활동을 사전에 결정하는 첫 번째 과정
조직(Organizing)	목표 달성을 위한 역할과 책임을 명확히 할당하여 갈등과 비효율을 예방하는 과정
인사(Staffing)	직원의 채용, 개발, 동기부여 등을 통해 인적 자원을 확보하고 관리하는 과정
지시(Directing)	행정책임자가 합법적으로 관리·감독을 수행하며, 위임능력과 창의성, 격려능력이 요구되는 과정
조정(Coordinating)	구성원 간 효과적인 의사소통과 협력을 유도하여 조직 내 활동을 통합하는 과정
보고(Reporting)	조직 내에서 발생한 내용을 문서화하여 상급자나 관계자에게 전달하고, 이를 기반으로 감사·점검을 실시함으로써 운영의 투명성과 책임성을 확보하는 과정
재정(Budgeting)	회계규정에 따른 예산 수립과 운용을 통해 조직의 재정적 건전성과 통제를 유지하는 과정
평가(Evaluating)	조직 활동의 효과성과 효율성을 목표에 비추어 판단하고 개선점을 도출하는 과정

기출선지로 확인

사회복지행정의 실행과정

01 과업 기획 – 과업 조직화 – 과업 촉진 – 과업 평가 – 환류 20회

사회복지행정의 기능

02 기획(Planning): 조직의 목적과 목표 달성방법을 설정하는 활동 21회

03 인사(Staffing): 직원 채용, 해고, 교육, 훈련 등의 활동 21회

04 평가(Evaluating): 설정된 목표에 따라 성과를 평가하는 활동 21회

조직화

05 조직의 공식구조를 통해 업무를 규정한다. 16회

06 조직목표와 과업 변화에 부응하여 조직구조를 확립한다. 16회

대표기출로 확인

01 사회복지행정의 기능에 관한 설명으로 옳은 것을 모두 고른 것은? 21회

> ㄱ. 기획(planning): 조직의 목적과 목표달성 방법을 설정하는 활동
> ㄴ. 조직화(organizing): 조직의 활동을 이사회와 행정기관 등에 보고하는 활동
> ㄷ. 평가(evaluating): 설정된 목표에 따라 성과를 평가하는 활동
> ㄹ. 인사(staffing): 직원 채용, 해고, 교육, 훈련 등의 활동

① ㄱ, ㄴ　　② ㄱ, ㄷ
③ ㄱ, ㄷ, ㄹ　　④ ㄴ, ㄷ, ㄹ
⑤ ㄱ, ㄴ, ㄷ, ㄹ

> ㄴ. 보고(reporting): 조직의 활동을 이사회와 행정기관 등에 보고하는 활동

정답 ③

02 사회복지행정의 역사

기출키워드 3

한국 사회복지행정의 역사 ★빈출

최근 7개년 평균 출제문항 수 **1.4문항**

01 한국 사회복지행정의 역사

구분	연도	내용
사회복지전문 활동의 시작	1944년	일제 하 조선 구호령 제정(근대적 공공부조법)
	1945년	광복 후 민간 구호활동 재개(적십자, 종교단체 등)
	1947년	조선구호협회 설립(미군정 주도 공공복지 조직)
	1948년	대한민국 정부 수립 및 보건후생부 폐지 후 사회부 신설
	1954년	「구호사업법」 제정(국가 주도 구호행정 법제화)
외원기관 / 사회복지행정의 출발	1961년	• 「생활보호법」 제정(우리나라 최초의 공공부조법) • 「아동복리법」 제정(국가 책임의 명시) • 보건사회부 설치(복지행정의 체계화)
	1963년	「의료보험법」·「산업재해보상보험법」 제정
	1970년	「사회복지사업법」 제정(복지시설의 법제화)
사회복지행정의 체계화와 본격화	1977년	국민의료보험 500인 이상 사업장 대상으로 시행
	1979년	의료보호사업 실시
	1987년	사회복지전문요원제도 시범 사업 도입(1992년: 사회복지전담공무원 법적 기반 설치)
	1988년	국민연금제도 시행
	1995년	고용보험제도 시행
사회복지행정의 확립	1999년	「국민기초생활 보장법」 제정
	2000년	국민기초생활보장제도 시행
	2005년	지역사회복지계획 수립 및 협의체 운영
	2007년	사회서비스 전자바우처 도입
	2010년	사회복지통합관리망(행복e음) 운영
	2012년	시·군·구 희망복지지원단 설치
	2016년	읍·면·동 복지 허브화 추진
	2019년	• 지역사회 통합돌봄 선도사업 실시 • 사회서비스원 출범
	2020년대	• 사회서비스원 설립 • 데이터 기반 행정 및 성과관리 강화

기출선지로 확인

한국 사회복지행정의 역사

01 1950~1960년대 사회복지서비스는 주로 외국 원조단체들에 의해 제공되었다. 21회

02 6·25전쟁 이후 외국원조기관을 중심으로 사회복지시설이 설립되었다. 22회

03 1950년대에는 긴급구호와 생활(수용)시설에서의 보호가 주를 이루었다. 23회

04 1970년대 「사회복지사업법」 제정으로 사회복지시설에 대한 제도적 지원과 감독의 근거가 마련되었다. 21회, 23회

05 1980년대 후반부터 지역사회 이용시설 중심의 사회복지기관이 증가했다. 22회

06 1980년대 후반부터 사회복지전문요원이 배치되기 시작했다. 21회, 22회

07 1990년대 후반에 사회복지시설 설치기준이 허가제에서 신고제로 바뀌었다. 22회

08 1997년 「사회복지사업법」 개정을 통해 사회복지시설 평가가 법제화되었다. 23회

09 1998년 사회복지공동모금회가 설립되었다. 23회

1950년대 한국 사회복지행정의 역사

10 외국민간원조기관협의회(KAVA)는 구호물자의 배분을 중심으로 사회복지행정 활동을 하였다. 18회

11 KAVA는 구호 활동과 관련된 조직관리 기술을 도입했다. 18회

12 사회복지기관들은 수용·보호에 바탕을 둔 행정관리 기술을 사용하였다. 18회

최근 한국 사회복지행정의 추세

13 민간부문과 공공부문의 협력이 강조되고 있다. 17회

14 공공성 강화방향으로 전달체계 개편이 이루어지고 있다. 17회

15 영리기관의 전달체계 참여가 증가하고 있다. 17회

대표기출로 확인

01 우리나라 사회복지 전달체계의 변화 과정을 순서대로 나열한 것은? 19회

ㄱ. 사회복지사무소 시범사업
ㄴ. 지역사회 통합돌봄
ㄷ. 읍·면·동 복지허브화
ㄹ. 사회복지통합관리망(행복e음) 개통
ㅁ. 보건복지사무소 시범사업

① ㄱ-ㅁ-ㄷ-ㄹ-ㄴ
② ㄴ-ㄱ-ㄹ-ㅁ-ㄷ
③ ㄷ-ㄴ-ㅁ-ㄹ-ㄱ
④ ㄹ-ㅁ-ㄱ-ㄷ-ㄴ
⑤ ㅁ-ㄱ-ㄹ-ㄷ-ㄴ

ㄱ. 사회복지사무소 시범사업: 2004년
ㄴ. 지역사회 통합돌봄: 2019년
ㄷ. 읍·면·동 복지허브화: 2016년
ㄹ. 사회복지통합관리망(행복e음) 개통: 2010년
ㅁ. 보건복지사무소 시범사업: 1995년
따라서 우리나라 사회복지 전달체계의 변화 과정은 'ㅁ-ㄱ-ㄹ-ㄷ-ㄴ' 순이다.

정답 ⑤

02 사회복지행정의 역사

기출키워드 4

미국 사회복지행정의 역사

최근 7개년 평균 출제문항 수 **0.3문항**

01 미국 사회복지행정의 역사

구분	내용
출현기 (1870년대~1920년대)	• 자선조직협회(COS), 인보관운동 등 민간 중심의 자선활동이 행정의 기초를 형성함 • 개인 사례 중심의 조직화된 접근 시도 • 메리 리치몬드 등을 중심으로 초기 전문직 기반 정립 시작 • 사회사업 교육의 등장과 행정 필요성의 인식 확산
발전기 (1930년대~1940년대)	• 대공황과 뉴딜정책을 계기로 공공부문 사회복지행정의 제도화 시작 • 「사회보장법」 제정(1935)으로 연방정부 중심의 복지행정 확대 • 연방 및 주정부의 행정적 책임 강화, 관리기법의 도입
확립기 (1950년대~1970년대)	• 조직이론, 행정학이론이 사회복지기관 운영에 적극 반영됨 • 사회복지행정을 하나의 전문 영역으로 정립하려는 시도 증가 • 프로그램 계획, 예산, 인사관리, 평가 등 전문화 진행 • 사회복지행정 교육과 연구 확장
도전과 모색기 (1980년대~현재)	• 레이건 정부 이후 복지 축소, 민영화, 시장원리에 따른 구조 변화 • 경쟁, 계약, 성과관리 등 신공공관리 방식 도입 • 사회복지조직 간 협력·통합·네트워크 중심의 행정 등장 • 정보화, 다양성 대응, 이용자 중심 서비스로 행정환경 변화 • 사회복지서비스의 공급주체 확대

기출선지로 확인

미국 사회복지행정의 역사

01 신보수주의의 등장으로 민간 사회복지기관들의 행정에 대한 관심이 증대되었다. 10회

02 1990년대 이후: 공공기관과 민간기관의 기능이 유사해졌다. 12회

신공공관리론

03 공공서비스 공급에 있어 정부실패를 해결하기 위해 대두하였다. 21회

04 신자유주의에 이론적 기반을 둔다. 21회

05 시장의 경쟁원리를 공공행정에 도입하였다. 21회

06 공공부문 조직운영에 시장원리를 적용한다. 23회

07 정부·시장·시민사회의 협치를 추구한다. 21회

08 행정 효율성과 고객에 대한 대응성을 중시한다. 23회

09 시민과 고객을 중심으로 서비스의 질적 수준 제고에 중점을 둔다. 23회

10 규제완화와 조직원 참여를 중시한다. 23회

대표기출로 확인

01 신공공관리론(New Public Management)에 관한 설명으로 옳지 않은 것은? 21회
① 공공서비스 공급에 있어 정부실패를 해결하기 위해 대두하였다.
② 신자유주의에 이론적 기반을 둔다.
③ 시장의 경쟁원리를 공공행정에 도입하였다.
④ 민간이 공급하던 서비스를 정부가 직접 공급하도록 하였다.
⑤ 정부, 시장, 시민사회의 협치를 추구한다.

> 정부가 직접 공급하였던 복지서비스를 민간 참여(위탁, 운영)로 확대하였다.
>
> 정답 ④

03 사회복지행정의 이론적 배경

기출키워드 5

현대조직이론 ★빈출

최근 7개년 평균 출제문항 수 **1.4문항**

01 총체적 품질관리이론(TQM)

개념	• 조직 전반의 품질 향상, 모든 부서와 과정에서 품질 개선을 지속적으로 추진 • **고객 중심**: 고객의 기대를 초과하는 품질을 제공하는 것을 목표로 함 • 직원 참여: 모든 구성원이 품질 개선 활동에 적극적으로 참여
특징	• **품질 향상은 고객 신뢰와 충성도를 높이는 데 기여함** • **모든 구성원이 품질 관리 활동에 참여하고, 책임감을 갖도록 유도함** • 경영진은 품질 관리의 주도적 역할을 담당하고, 조직 전체의 품질 향상을 리드함 • 팀워크와 협력을 통해 품질 목표를 달성함 • 정보 공유와 피드백을 통해 지속적인 품질 개선을 도모함
주요 품질차원 (SERVQUAL)	• **서비스의 퀄리티(질)를 강조하는 개념** • 유형성, 신뢰성, 반응성, 확신성, 공감성의 원리 강조
위험관리	• 사업 발전을 위한 일상적인 운영 기법으로서 위험발견 – 분석 – 평가의 과정을 거침 • 최적·최선의 위험 처리방법 선택을 강조함

02 목표관리이론

개념	• 조직과 개인의 목표가 일치하도록 명확한 목표를 설정함 • **목표 달성을 위한 구체적인 계획과 자원 배분** • 목표 설정에 참여적 접근을 강조하여 구성원의 동기부여
특징	• **조직의 전체 목표를 세부적이고 구체적인 개별 목표로 분해하여 설정함** • 목표 설정 과정에 구성원의 참여를 통해 목표에 대한 책임감과 동기부여 • **설정된 목표를 실행하고, 진행 상황을 모니터링하여 적시에 조정** • 목표 달성을 위한 자원 할당 및 진행 상황 점검 • 목표 달성 여부를 정기적으로 평가하고, 성과를 피드백함 • 평가를 통해 강점과 개선점을 분석함 • 목표 달성에 대한 성과를 인정하고 보상을 통해 동기를 부여함

03 학습조직이론

개념	• **조직의 구조적 변화가 아닌 인적 자원의 변화에 초점을 둠** • 개인 및 조직의 학습 공유를 통한 역량강화 강조
학습조직의 구축 요인	• **자기 숙련**: 구성원 개개인이 자신의 능력과 기술을 지속적으로 개발하려는 태도 • **사고모형**: 조직 내에서 기존의 사고방식이나 고정관념을 의심하고 재검토하는 과정 • **공유비전**: 모든 구성원이 동일한 목표와 비전을 공유하고, 이를 통해 협력과 동기부여를 강화함 • **팀 학습**: 조직 내에서 협력적 학습을 촉진하여 집단지성을 발휘하는 과정 • **시스템 사고**: 조직 내의 모든 활동이 서로 연결되어 있다는 관점을 갖고 문제를 해결하려는 접근법

기출선지로 확인

총체적 품질관리(TQM)

01 총체적 품질관리론: 지속적이고 총체적인 서비스 질 향상을 통한 고객만족 극대화 22회
02 총체적 품질관리(TQM)에서 서비스의 질은 고객의 결정에 의한다. 19회, 20회
03 서비스 이용자와 제공자 관점에서 질적 평가가 중요시되고 있다. 19회
04 지속적인 품질개선을 강조하는 일련의 과정이다. 20회
05 조직 구성원들의 집단적 노력을 강조한다. 18회
06 조직 구성원에 대한 훈련을 강조한다. 20회
07 자료와 사실에 기반한 의사결정을 중시한다. 20회

서브퀄(SERVQUAL) 구성 차원

08 서브퀄(SERVQUAL)에는 신뢰성과 확신성이 포함된다. 19회
09 유형성: 시설, 장비 및 서비스 제공자 용모 등의 적합성 20회

위험관리

10 안전 확보는 서비스 질과 연결된다. 16회
11 작업환경의 안전과 사고 예방책이다. 16회
12 이용자 권리옹호가 모든 대책에 포함된다. 16회
13 위험관리(Risk Management)는 이용자에 대한 서비스 관리 측면과 조직관리 측면을 모두 포함한다. 19회
14 서비스 질 관리를 위하여 위험관리가 필요하다. 21회

학습조직이론

15 학습조직이론: 개인 및 조직의 학습공유를 통해 역량 강화 22회
16 시스템사고(System Thinking): 전체와 부분 간 역동적 관계 이해 20회

대표기출로 확인

01 사회복지기관의 서비스 질에 관한 설명으로 옳지 않은 것은? 19회
① 서브퀄(SERVQUAL)에는 신뢰성과 확신성이 포함된다.
② 서비스 질은 사회복지평가의 기준이 될 수 없다.
③ 위험관리(Risk Management)는 이용자에 대한 서비스 관리 측면과 조직관리 측면을 모두 포함한다.
④ 총체적 품질관리(TQM)에서 서비스의 질은 고객의 결정에 의한다.
⑤ 서비스 이용자와 제공자 관점에서 질적 평가가 중요시 되고 있다.

> 서비스 질은 사회복지평가의 대표적인 기준이 된다.
> [정답] ②

02 총체적 품질관리(TQM)에 관한 설명으로 옳지 않은 것은? 20회
① 지속적인 품질개선을 강조하는 일련의 과정이다.
② 자료와 사실에 기반한 의사결정을 중시한다.
③ 좋은 품질이 무엇인지는 고객이 결정한다.
④ 집단의 노력보다는 개인의 노력이 품질향상에 더 기여한다고 본다.
⑤ 조직구성원에 대한 훈련을 강조한다.

> 총체적 품질관리는 모든 직원의 참여를 토대로 그들의 창의력과 전문 기술이 동원된다.
> [정답] ④

인간관계이론

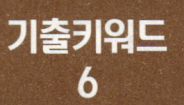

최근 7개년 평균 출제문항 수 **0.4문항**

01 인간관계이론의 개념 및 특징

개념	인간의 감정, 사회적 상호작용, 조직 내 관계가 생산성에 미치는 영향에 집중하는 이론
특징	• 호손 공장에서의 실험을 통해 작업 환경과 인간의 감정이 생산성에 큰 영향을 미친다는 결과 도출 • 경제적 보상뿐만 아니라 사회적 관계와 자존감도 중요한 동기 요인임 • 공식적인 업무 지시 외에도 비공식적인 사회적 관계가 조직 내에서 중요하다고 강조함 • 관리자는 단순히 지시를 내리는 존재가 아니라, 직원들과 인간적인 관계를 형성해야 한다고 주장함

02 맥그리거의 X · Y이론

구분	X이론	Y이론
직원 태도	일을 싫어하고 회피하려 함	일을 즐기며 자발적으로 동기를 부여함
관리자 역할	엄격하게 감독하고 지시함	자율성을 부여하고 지원함
동기부여 방식	보상과 처벌로 외적 동기를 부여함	내적 동기와 책임감으로 동기를 부여함
조직 분위기	권위적, 위계적	협력적, 창의적
리더십 스타일	명령적, 지시적	지원적, 참여적

기출선지로 확인

인간관계이론

01 인간관계론: 조직 내 인간을 심리적·사회적 욕구를 가진 전인격적 존재로 파악 23회

02 조직 구성원은 비공식 집단의 성원으로 행동하며, 이러한 비공식 집단이 개인의 생산성에 영향을 준다. 17회

03 조직 내 비공식 집단의 중요성 인식 21회

04 심리적 요인은 생산성 향상에 영향을 미친다. 22회

05 인간의 사회적·심리적·정서적 욕구 강조 21회

06 조직 내 개인은 감정적이며 비물질적 보상에 민감하게 반응 21회

07 X이론: 생산성 향상을 위해 조직 구성원에 대한 감독, 보상과 처벌, 지시 등이 필요 22회

인간관계이론에 기반한 관리자의 행동

08 사회기술(Social Skill)의 활용을 중시한다. 13회

09 맥그리거(D. McGregor)의 Y이론에 가까운 인간관에 입각한다. 13회

10 하급직원들과 비공식적인 방식을 통한 관계유지에도 관심이 있다. 13회

대표기출로 확인

01 다음에서 설명하는 이론은? 17회

> 조직구성원은 비공식 집단의 성원으로 행동하며, 이러한 비공식 집단이 개인의 생산성에 영향을 준다.

① 인간관계이론 ② 생산집단이론
③ 과학적 관리론 ④ 상황생태이론
⑤ 개방구조이론

인간관계이론에 대한 설명이다.

정답 ①

03 사회복지행정의 이론적 배경

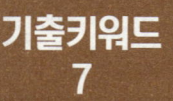

고전이론

최근 7개년 평균 출제문항 수 **0.7문항**

01 관료제 이론

개념	조직 내 효율성과 합리성을 증대시키기 위한 규칙·절차·계층구조의 중요성 강조
특징	• 명확한 계층적 구조(하위 계층은 상위 계층의 지시를 따름) • 조직 내 업무 수행을 위한 명확한 규칙과 절차 설정 • 각자의 전문성을 바탕으로 직무를 명확히 분담함 • 능력과 자격을 기준으로 한 인사 관리(친분이나 혈연 관계 배제) • 비합리적인 감정이나 개인적인 이해관계를 배제하고 규칙에 따라 결정
관료제의 유형 (베버)	• 직무 분화·분업화 • 계층적 구조 • 공식적 규칙과 규정 • 비민주성, 비인격성 • 직업적 경력(호봉제)

02 과학적 관리이론

개념	작업의 효율성을 높이기 위해 작업을 분석하고 표준화하여 생산성 증대
특징	• 각 작업을 세분화하고 분석하여 가장 효율적인 방법을 도출함 • 작업 절차와 도구를 표준화하여 효율성 극대화 • 각 작업에 소요되는 시간을 측정하고 최적의 시간을 계산함 • 노동자에게 적절한 보상을 제공하여 생산성을 높이기 위한 방법론 제시 • 관리자와 노동자의 역할을 명확히 구분하여 효율성 증가 • 업무에 맞는 직원 선발, 훈련 및 관리

기출선지로 확인

관료제의 주요 특성

01 조직 운영에서 구성원 개인의 사적 감정은 배제된다. 17회

02 직무 배분과 인력 배치는 공식적 규칙과 규정에 의해서 이루어진다. 17회

03 업무와 활동을 분업화함으로써 전문화를 추구한다. 17회

04 관료제이론: 표준 운영 절차를 통한 합리성과 전문성 추구 23회

베버의 이상적 관료제형

05 직무 범위와 권한의 명확화 21회

06 전문성에 근거한 분업구조 21회

07 공식적 위계와 업무처리 구조 21회

08 조직의 기능은 규칙에 의해 제한 21회

테일러(F. W. Taylor)의 과학적 관리론

09 조직 구성원의 업무를 과학적으로 분석하여 활용한다. 19회

10 직무의 과학적 분석: 업무시간과 동작의 체계적 분석 22회

11 과학적 관리론: 직무에 관한 과학적 연구와 분석 23회

12 경제적 보상을 통해 생산성을 극대화할 수 있다. 19회

13 경제적 보상: 직무성과에 따른 인센티브 제공 22회

대표기출로 확인

01 관료제의 주요 특성으로 옳은 것을 모두 고른 것은? 17회

> ㄱ. 조직 내 권위는 수평적으로 구조화된다.
> ㄴ. 조직 운영에서 구성원 개인의 사적 감정은 배제된다.
> ㄷ. 직무 배분과 인력 배치는 공식적 규칙과 규정에 의해서 이루어진다.
> ㄹ. 업무와 활동을 분업화함으로써 전문화를 추구한다.

① ㄱ, ㄴ ② ㄷ, ㄹ
③ ㄱ, ㄴ, ㄷ ④ ㄴ, ㄷ, ㄹ
⑤ ㄱ, ㄴ, ㄷ, ㄹ

> ㄱ. 조직 내 권위는 수직적으로 구조화된다.

정답 ④

02 테일러(F. W. Taylor)의 과학적 관리론에 관한 설명으로 옳은 것을 모두 고른 것은? 22회

> ㄱ. 직무의 과학적 분석: 업무시간과 동작의 체계적 분석
> ㄴ. 권위의 위계구조: 권리와 책임을 수반하는 권위의 위계
> ㄷ. 경제적 보상: 직무성과에 따른 인센티브 제공
> ㄹ. 사적 감정의 배제: 공식적인 원칙과 절차 중시

① ㄱ, ㄴ ② ㄱ, ㄷ
③ ㄴ, ㄹ ④ ㄱ, ㄴ, ㄷ
⑤ ㄱ, ㄷ, ㄹ

> ㄴ. 권위의 위계구조는 관료제 이론의 특징이다.
> ㄹ. 사적 감정의 배제는 관료제 이론의 특징이다.

정답 ②

03 사회복지행정의 이론적 배경

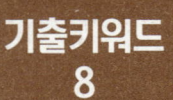

조직환경이론

최근 7개년 평균 출제문항 수 **0.6문항**

01 상황이론

개념	리더십은 상황, 상태, 조건에 따라 능동적으로 변화하고 대처해야 한다는 이론
특징	• 리더는 상황에 따라 다양한 방법을 적용할 수 있기 때문에 효과적인 리더십을 발휘할 수 있다는 전제 • 구성원의 능력과 의지에 맞는 스타일을 사용하여 개인의 잠재력을 끌어낼 수 있다고 봄 • 각 상황에 맞게 리더십 스타일을 조정해야 하므로 리더에게 많은 분석과 판단이 필요하다는 단점이 있음 • 리더의 스타일이 비고정적이며 리더의 통일성·일관성이 부족할 수 있다는 비판이 있음

02 정치경제이론

개념	• 자원의존이론이라고도 함 • 정치와 경제는 상호작용하며, 사회복지조직은 정치적·경제적 힘에 영향을 받음 • 자원 배분과 계급·권력이 사회복지 정책과 조직 운영에 중요한 역할을 함
특징	• 외부환경과 상호작용: 외부요인(법적 규제, 경제적 변화)에 따라 조직의 운영과 자원 확보 전략이 달라짐 • 외부자원 의존: 사회복지조직은 정부 지원, 기부금, 민간 후원 등 외부자원에 의존하며, 자원을 확보하기 위해 외부 이해관계자와의 협력 필요

기출선지로 확인

상황이론

01 효과적인 조직관리 방법은 조직이 처한 환경과 조건에 따라 달라진다. 19회

02 경직된 규칙과 구조를 가진 조직이 효과적일 경우도 있다. 19회

03 어느 경우에나 적용되는 최선의 조직관리이론은 없다. 19회

사회복지조직관리자가 상황이론을 활용할 때 고려할 사항

04 사회복지조직을 둘러싸고 있는 사회, 정치, 경제, 문화 변수 등을 고려한다. 20회

정치경제이론

05 자원을 소유하고 있는 이해관계집단이 조직에 영향력을 발휘한다. 16회

06 조직환경에서 재원을 둘러싼 권력관계를 부각시킨다. 16회

07 외부환경에 의존하는 사회복지조직의 현실을 설명할 수 있다. 16회

08 서비스 전달체계에서 업무환경을 강조한다. 18회

09 생존을 위해서 환경으로부터 합법성을 부여받아야 한다. 18회

10 조직의 내·외부 환경의 역학 관계가 서비스 전달체계에 영향을 미친다. 18회

11 경제적 자원과 권력 간 상호작용 강조 22회

대표기출로 확인

01 다음에서 설명하고 있는 이론은? 18회

- 서비스 전달체계에서 업무환경을 강조한다.
- 생존을 위해서 환경으로부터 합법성을 부여받아야 한다.
- 조직의 내·외부 환경의 역학 관계가 서비스 전달체계에 영향을 미친다.

① 관료제이론
② 정치경제이론
③ 인간관계이론
④ 목표관리이론(MBO)
⑤ 총체적 품질관리(TQM)

정치경제이론에 대한 설명이다.   정답 ②

기출키워드8 **조직환경이론**

03 (신)제도이론

개념	• 제도적 환경이 조직에 영향을 미침 • 조직은 효율성뿐만 아니라 사회적 승인, 정당성, 규범을 중시함 • 조직은 사회적 규범과 법적 요구사항에 맞추기 위해 형식적 규칙과 절차를 채택함
특징	• 조직은 법적 요구사항, 사회적 규범, 문화적 가치에 의해 압박을 받음 • 사회복지조직은 제도적 압력에 적응함으로써 정당성을 확보하고 사회적 승인 획득을 도모함 • 제도적 압력에는 강제적·모방적·규범적 압력이 있음 • 제도적 압력은 동형화(Isomorphism) 현상으로 나타날 수 있음 • 동형화: 조직이 서로 유사해지는 경향으로서 외부의 제도적 압력에 의해 조직이 비슷한 구조와 절차를 갖추는 현상

04 조직군 생태학 이론

개념	• 조직은 환경에 적응하며, 생태학적 원리에 따라 조직군 내에서 경쟁하고 진화함 • 조직의 생존과 변화는 환경적 선택 압력에 의해 주도됨 • 조직군은 비슷한 특성을 가진 조직들의 집합체 • 환경 변화에 따라 일부 조직은 생존하고, 일부는 소멸함

특징	• 사회복지조직은 사회적·경제적·법적 환경 변화에 의해 영향을 받음
	• 외부 환경의 변화는 조직의 구조적 변화, 운영 방침에 큰 영향을 미침
	• 조직군의 진화는 조직이 변화된 환경에 적응하거나 새로운 환경에 진입하면서 이루어짐
	• 조직은 적합성을 유지하려는 경향이 있으며, 변화에 반응하여 생존 전략을 모색함
	• 조직 소멸의 원인: 환경 변화, 자원의 부족, 경쟁
	  – 조직군 내에서 환경적 선택 압력에 의해 일부 조직은 소멸하고, 생존력이 있는 조직만 남음
	  – 조직군에 속한 조직들은 외부 환경의 변화에 따라 생존하거나 소멸(변화에 적응하지 못하면 소멸하거나 재편성됨)

기출선지로 확인

(신)제도이론

12 개방체계적 관점에서 조직에 대한 환경의 영향력을 설명한다. 13회

13 사회복지조직과 관련된 법적 규범이나 가치체계를 주요 설명요인으로 다룬다. 13회

14 유사 조직 간의 동형화(Isomorphism) 현상을 모범사례에 대한 모방과 전이 행동으로 설명한다. 13회

15 제도이론: 조직의 생존을 위한 적응기제를 주목한다. 14회

대표기출로 확인

02 조직이론에 관한 설명으로 옳지 않은 것은?
22회

① 학습조직이론: 개인 및 조직의 학습공유를 통해 역량강화
② 정치경제이론: 경제적 자원과 권력 간 상호작용 강조
③ 상황이론: 조직을 폐쇄체계로 보며, 조직 내부의 상황에 초점
④ 총체적 품질관리론: 지속적이고 총체적인 서비스 질 향상을 통한 고객만족 극대화
⑤ X이론: 생산성 향상을 위해 조직 구성원에 대한 감독, 보상과 처벌, 지시 등이 필요

> 상황이론은 조직을 개방체계로 보며, 조직 내부를 포함한 외부 상황도 고려한다.
>
> 정답 ③

04 사회복지조직의 구조와 유형

기출키워드 9

조직의 구조적 요소

최근 7개년 평균 출제문항 수 **0.7문항**

01 조직의 구성요소

구분	내용	특징
공식성	업무와 역할의 규정 정도, 규칙과 절차의 명확성	• 고공식화: 규정된 절차와 규칙에 따른 일의 처리 • 저공식화: 자율적이고 창의적인 환경(예 스타트업)
복잡성	조직 내 역할과 업무가 복잡하고 다양한 정도	• 수평적 복잡성: 다양한 부서나 직무의 존재 • 수직적 복잡성: 계층적 구조와 관리 수준 • 기능적 복잡성: 다양한 기능을 수행하는 부서
분화	조직 내 부서나 업무의 분화 정도	• 기능적 분화: 업무를 기능별로 나누는 구조 • 지리적 분화: 업무를 지역별로 나누는 구조 • 제품별 분화: 제품군에 따라 분리된 구조
통제 범위	한 명의 관리자가 관리하는 부하 직원의 수	• 좁은 통제 범위: 적은 수의 직원 관리(계층적 구조) • 넓은 통제 범위: 많은 수의 직원 관리(평평한 구조)
권한과 책임	직위와 역할에 따른 권한과 책임의 배분	• 권한은 각 지위에 맞게 명확히 분배되고, 책임도 이에 따라 분담됨 • 분권화 정도가 높을수록 직원의 권한과 책임의 범위가 모호해짐
의사소통 경로	상하 및 부서 간 의사소통 경로의 명확성	공식적인 경로와 비공식적인 경로가 모두 존재할 수 있음
조직의 목표와 전략	조직의 목표와 전략에 맞춰 설계된 구조	조직의 목표와 전략에 맞게 구조가 유연하게 조정됨

기출선지로 확인

조직의 구성요소

01 공식적 권한의 집중·분산은 조직관리의 효과성·효율성과 연관되어 있다. 14회

02 공식화는 구성원들의 업무 편차를 줄이는 데 효과적이다. 14회

03 공식화 정도가 높을수록 직원의 재량권이 줄어든다. 21회

04 수평적 분화에서는 통제의 범위를, 수직적 분화에서는 조정과 의사소통의 수준을 고려하여 설계한다. 14회

05 업무의 표준화는 조직운영의 경제성과 예측성을 높이기 위한 활동이다. 14회

06 직무표준화 정도가 지나치게 높으면 구성원의 재량권은 낮아진다. 17회

07 예산, 구성원 수 등으로 조직의 규모를 나타낼 수 있다. 17회

복잡성

08 수평적 분화가 증가하면 조정의 필요가 높아진다. 10회

09 수직적 분화가 많아질수록 의사소통의 절차가 복잡해진다. 22회

10 사업의 종류가 많을수록 조직의 복잡성이 증가한다. 17회

대표기출로 확인

01 조직 구성요소에 관한 설명으로 옳은 것은?
22회

① 집권화 수준을 높이면 의사결정의 권한이 분산된다.
② 업무가 복잡할수록 공식화의 효과는 더 크다.
③ 공식화 수준을 높이면 직무의 사적 영향력이 높아진다.
④ 과업분화가 적을수록 수평적 분화가 더 이루어진다.
⑤ 수직적 분화가 많아질수록 의사소통의 절차가 복잡해진다.

> ① 집권화 수준을 높이면 의사결정의 권한이 집중된다.
> ② 업무가 복잡할수록 공식화의 효과는 감소한다.
> ③ 공식화 수준을 높이면 직무의 사적 영향력이 감소한다.
> ④ 과업분화가 적을수록 수직적 분화가 증대한다.
> 정답 ⑤

기출키워드9 　 조직의 구조적 요소

02　조직의 형태

공식조직	• 법률, 규칙, 직제 등에 따라 형성된 인위적 조직 • 분업과 계층적 권한·책임 구조에 따라 목표 지향 • 인간관계를 규제하는 명확한 구조
비공식조직	• 공식구조 밖에서 자연스럽게 형성된 인간관계 중심의 조직 • 구성원 간 친근감과 자발적 상호작용을 기반으로 형성됨 • 구조는 불분명하나 신축성이 높고 실질적 영향력 존재
수평 조직	• 계층이 적고, 관리자가 적음 • 현장 중심의 의사결정과 자유롭고 열린 의사소통 • 자율적이고 분권화된 권한 부여, 높은 유연성과 창의적인 접근 가능 • 협력적이고 개방적인 형태 추구
수직 조직	• 계층이 많고, 관리자가 많음 • 권한과 책임이 상위 관리자가 주도하고 상하 관계로 제한된 공식적인 의사소통 강조 • 규칙과 질서 강조
집권적 조직	• 권한이 상위 계층에 집중되어 결정이 일원화됨 • 장점: 일관된 의사결정, 통제 용이 • 단점: 변화 대응력이 낮고, 의사소통 지연 및 경직된 체계
분권적 조직	• 권한이 하위 계층에 위임되어 의사결정 분산 • 변화 대응에 유리하고, 자율성과 현장 적응력이 높음
기능별 조직	• 유사한 업무를 기능별로 묶어 부서화한 전통적 구조 • 장점: 업무의 전문화·효율성·학습효과 증대 • 단점: 부서 간 갈등, 조정이 어려움, 외부환경에 대한 대응력이 낮음

기출선지로 확인

조직분권화

11 분권화는 책임과 권한을 조직 내에 분산하는 전략이다. 17회

12 최고관리자의 업무와 책임을 감소시킬 수 있다. 23회

13 직원들의 자발적 협조를 유도할 수 있다. 23회

14 부서 간 협조가 늘어날 수 있다. 23회

15 하위부서 재량권을 강화하는 효과가 있다. 23회

조직 내 비공식조직의 순기능

16 조직의 응집력을 높인다. 18회

대표기출로 확인

02 조직구조에 관한 설명으로 옳은 것은? 21회
① 조직규모가 커질수록 공식화 정도가 낮아진다.
② 공식화 정도가 높을수록 직원의 재량권이 줄어든다.
③ 과업의 종류가 많을수록 수직적 분화가 늘어난다.
④ 분권화 정도가 높을수록 최고관리자에게 조직 통제권한이 집중된다.
⑤ 집권화 정도가 높을수록 직원의 권한과 책임의 범위가 모호해진다.

> ① 조직규모가 커질수록 공식화 정도가 높아진다.
> ③ 과업의 종류가 많을수록 수평적 분화가 늘어난다.
> ④ 분권화 정도가 높을수록 직원들의 재량권이 높아진다.
> ⑤ 분권화 정도가 높을수록 직원의 권한과 책임의 범위가 모호해진다.
> [정답] ②

03 조직 구성요소에 관한 설명으로 옳은 것은? 22회
① 집권화 수준을 높이면 의사결정의 권한이 분산된다.
② 업무가 복잡할수록 공식화의 효과는 더 크다.
③ 공식화 수준을 높이면 직무의 사적 영향력이 높아진다.
④ 과업분화가 적을수록 수평적 분화가 더 이루어진다.
⑤ 수직적 분화가 많아질수록 의사소통의 절차가 복잡해진다.

> ① 집권화 수준을 높이면 의사결정의 권한이 집중된다.
> ② 업무가 복잡할수록 공식화의 효과는 감소한다.
> ③ 공식화 수준을 높이면 직무의 사적 영향력이 감소한다.
> ④ 과업 분화가 적을수록 수직적 분화가 증대한다.
> [정답] ⑤

기출키워드 10 조직문화

04 사회복지조직의 구조와 유형

최근 7개년 평균 출제문항 수 **0.3문항**

01 조직문화의 특징

개념	조직의 정체성과 행동 양식을 형성하는 공유된 가치, 신념, 규범의 체계
역할	• 사회복지서비스 체계의 규범과 가치로서 역할 • 사회복지서비스 제공자의 상황 인식에 중요한 역할 • 조직 구성원의 행태와 인식·태도를 통해서 조직 효과성과 성과를 연결하는 역할
특징	• 조직의 핵심가치를 공유하는 조직 구성원이 많을수록 조직성과가 향상됨 • 조직문화와 조직성과는 긴밀한 관계를 갖음 → 조직문화가 조직의 전략과 일치할수록 조직성과가 향상됨 • 환경적응적 조직문화는 조직 외부 이해당사자들의 기대실현을 적절한 수준으로 고려하여 조직성과를 향상시킴 • 조직 구성원의 소속감 및 정체성 형성에 영향을 미치는 요인을 설명함 • 조직과 일체감을 갖게 함으로써 구성원의 정체감 형성에 기여 • 조직의 믿음과 가치가 깊게 공유될 때 조직문화는 더 강해짐 • 조직 내에서 자연적으로 발생함 • 조직 구성원의 내적 통합과 변화된 환경에 대한 외적 적응의 관계를 주로 다룸

기출선지로 확인

조직문화

01 사회복지서비스 체계의 규범과 가치로서 역할을 한다. 18회

02 조직의 정체성을 결정하는 일련의 가치와 신념이다. 22회

03 조직 구성원의 행태와 인식, 그리고 태도를 통해서 조직효과성과 연결하는 역할을 한다. 18회

04 조직문화와 조직성과는 긴밀한 관계를 갖는다. 12회

05 조직문화가 조직의 전략과 일치할수록 조직성과를 향상시킨다. 12회

06 환경적응적 조직문화는 조직 외부 이해당사자들의 기대실현을 적절한 수준으로 고려하여 조직성과를 향상시킨다. 12회

07 조직과 일체감을 갖게 함으로써 구성원의 정체감 형성에 기여한다. 22회

08 조직의 믿음과 가치가 깊게 공유될 때 조직문화는 더 강해진다. 22회

09 조직 내에서 자연적으로 생길 수 있다. 22회

10 사회복지서비스 제공자의 상황인식에 중요한 역할을 한다. 18회

조직문화이론

11 조직 구성원의 내적 통합과 변화된 환경에 대한 외적 적응의 관계를 주로 다룬다. 13회

12 조직 구성원의 소속감 및 정체성 형성에 영향을 미치는 요인을 설명한다. 13회

13 새로운 기술도입에 따른 조직의 유연성 정도를 설명한다. 13회

14 최근에는 이직의 원인을 설명해주는 이론으로도 활용된다. 13회

대표기출로 확인

01 조직문화에 관한 설명으로 옳지 않은 것은?
22회

① 조직의 정체성을 결정하는 일련의 가치와 신념이다.
② 조직과 일체감을 갖게 함으로써 구성원의 정체감 형성에 기여한다.
③ 조직의 믿음과 가치가 깊게 공유될 때 조직문화는 더 강해진다.
④ 경직된 조직문화는 불확실한 환경에 대처하도록 돕는다.
⑤ 조직 내에서 자연적으로 생길 수 있다.

> 경직된 조직문화는 불확실한 환경에 신속히 대처할 수 없게 한다.
>
> 정답 ④

조직구조의 유형

최근 7개년 평균 출제문항 수 **0.9문항**

01 관료제의 특징

절차 중시	규칙과 절차를 지나치게 중시하여 유연성이 부족하고, 변화에 대한 적응이 어려워짐
비효율성	불필요한 문서 작업, 복잡한 승인 절차 등으로 인해 의사결정이 늦어지고, 조직의 효율성이 저하됨
의사소통 부족	각 부서 간의 소통이 단절되거나 형식적인 대화에 그쳐 실제로 중요한 정보가 전달되지 않거나 오해의 소지 존재
경직된 조직	변화나 혁신에 대한 저항이 크고, 기존의 방식에 집착하여 조직의 혁신과 성장을 방해함
구조적 비탄력성	지나치게 고정된 조직구조로 인해 새로운 문제나 상황에 대해 빠르게 대응하기 어려운 상황이 발생함
위임 부족	권한 위임이 부족하고, 모든 결정을 상위층에서 내리므로 과중한 업무 부담이 존재함
부서 이기주의	각 부서가 자신의 권한이나 이익만을 추구하여 조직 전체의 목표를 달성하기 위한 협력 부족
인간 소외 (비민주성, 비인격성)	규제된 환경 속에서 직원들이 자신들의 의견이나 창의성을 발휘하기 어려운 상황을 직면함

02 조직의 유형

동태적 조직	개념		환경 변화에 유연하게 대응할 수 있도록 설계된 조직형태
	유형	프로젝트 조직	• 특정 목표 달성을 위해 다양한 부서에서 전문가를 선발하여 구성한 조직 • 임무 종료 시 해산되며, 인력은 원부서로 복귀함 • 장점: 유연성, 자원 집중, 상호작용 강화 • 단점: 일관성 부족, 통합이 어려움, 일시적 조직 특성
		매트릭스 조직 (행렬조직)	• 기능별 조직과 프로젝트 조직을 결합한 이중적 구조 • 이중 소속(Two Boss System): 구성원이 기능 부서와 프로젝트 부서에 동시에 소속되어 두 명의 상사에게 보고 • 장점: 자원의 효율적 사용, 융통성, 경영자 전략 집중 가능 • 단점: 상사 간 권력 갈등, 권한 모호성, 조직 목표 혼선 가능
		태스크포스 (Task Force)	• 특정 문제를 해결하기 위한 임시 조직으로, 문제 해결 후 해체됨 • 다양한 분야의 전문가들로 구성됨 → 목표 달성을 위해 필요 부서에서 선발 • 문제 해결을 위한 빠른 의사결정과 실행 • 임시적이고 유연한 구조, 특정 과제에 집중 • 프로젝트 팀, 조사위원회 등에서 활용
위원회 조직	개념		의사결정은 위원회의 모든 구성원이 참여하여 이루어지며, 다수의 의견을 반영하여 결정
	특징		• 각 위원회 구성원에게 일정한 권한이 분배 • 집단적 권한으로 운영 • 다양한 분야의 전문가들이 모여 의견 제시

기출선지로 확인

관료제의 역기능

01 조직 운영규정 자체가 목적으로 인식될 수 있다. 18회

02 전달체계의 접근성을 높이기 위해서는 서비스 이용의 장애요인을 줄여야 한다. 20회

03 조직변화가 어렵다. 18회

04 부서 이기주의가 나타날 수 있다. 18회

05 서비스가 최저 수준에 머무를 수 있다. 18회

행렬조직

06 직무별 분업을 인정하면서 동시에 사업별 협력을 강조한다. 17회

태스크포스

07 특정 목표 달성을 위한 업무에 전문가들을 배치한다. 20회

08 특정 사업이나 활동수행을 위해 기존 부서에서 인력을 파견하여 구성함 23회

09 임시적으로 활동하고 과업이 종료되면 해체됨 23회

10 환경의 변화에 대응하기 위해서 만든 조직의 성격이 강하다. 20회

11 조직 구성원의 역량을 최대한 활용할 수 있음 23회

12 팀 형식으로 운영하는 조직이다. 20회

위원회 구조

13 일상 업무수행기구와는 별도로 구성 22회

14 특별과업이나 문제 해결을 위한 전문가 중심 조직 22회

15 낮은 수준의 수직적 분화와 공식화 22회

대표기출로 확인

01 행렬조직(matrix organization)에 관한 설명으로 옳은 것은? 17회

① 직무 배치가 위계와 부서별 구분에 따라 이루어지는 전형적 조직이다.
② 조직운영을 지원하는 비공식 조직을 의미한다.
③ 합리성을 강조하기 때문에 조직 유연성을 저하시킬 수 있다.
④ 직무별 분업을 인정하면서 동시에 사업별 협력을 강조한다.
⑤ 현실에서 작동하지 않는 가상의 사업조직을 일컫는다.

① 직무 배치가 위계와 부서별 구분에 따라 이루어지는 전형적 조직에 역동성, 창조성, 융통성을 강조하는 비전형적 조직이 결합된 형태이다.
② 조직운영을 지원하는 공식적 조직에 포함된다.
③ 합리성과 유연성(융통성)을 강조하여 조직의 능률을 향상시킬 수 있다.
⑤ 현실에서 충분히 작동하는 프로젝트 사업조직을 의미한다.

정답 ④

02 다음 사례에 해당하는 현상은? 21회

A사회복지기관은 프로그램 운영 성과를 높이기 위해 기부금 모금실적을 직원 직무평가에 반영하기로 했다. 직원들이 직무평가에서 높은 점수를 받기 위해 모금활동에 더 많은 시간과 노력을 기울이게 되면서 오히려 프로그램 운영 성과는 저조하게 되었다.

① 리스트럭쳐링(restructuring)
② 목적전치(goal displacement)
③ 크리밍(creaming)
④ 소진(burn out)
⑤ 다운사이징(downsizing)

목적전치에 해당하는 현상이다.

정답 ②

사회복지조직의 유형

최근 7개년 평균 출제문항 수 **0.4문항**

01 사회복지조직의 특징

공익 우선	사적 이익보다 사회적 가치와 공동체의 이익을 우선적으로 추구함
비영리성 및 회원 조직	• 수익사업은 필요시 제한적으로 운영함 • 일반적으로 비영리조직이며 회원제로 운영됨
재정 구조의 다양성	기부금, 후원금 등 외부 재원이 조직 운영의 중요한 기반이 됨
낮은 관료화 정도	정부조직에 비해 관료적 통제가 덜하며, 비교적 유연한 조직 구조를 가짐
공공서비스 보완 기능	국가와 시장이 제공하지 못하는 서비스를 대신 제공하며, 정부 및 시장 실패를 보완함
대상 맞춤형 서비스	특정 이익집단 또는 대상자를 위한 맞춤형 서비스 제공, 대상자 선정 방식이 특화됨
공식성과 구조 최소화	최소한의 공식성과 조직구조를 유지하며, 과도한 형식주의는 지양함

기출선지로 확인

민간 비영리조직의 특성

01 사적 이익보다는 공동체의 이익을 우선적으로 추구한다. 19회

02 필요에 따라 수익사업을 실시하기도 한다. 19회

03 회원 조직도 비영리조직에 포함된다. 19회

04 비영리조직 회원은 자발적으로 가입한다. 23회

05 기부금이나 후원금이 조직의 중요한 재원이다. 19회

06 지방자치단체 보조금을 받을 수 있다. 23회

07 정부조직에 비해 관료화 정도가 낮다. 21회

08 국가와 시장이 공급하기 어려운 서비스를 제공할 수 있다. 21회

09 특정 이익집단을 위한 서비스를 제공할 수 있다. 21회

10 개입대상 선정과 개입방법을 특화할 수 있다. 21회

11 시장과 정부실패를 보완할 수 있다. 23회

12 최소한의 조직구조와 운영 공식성을 갖는다. 23회

대표기출로 확인

01 민간 비영리조직의 특성에 관한 설명으로 옳지 않은 것은? 23회

① 이윤이 발생하면 구성원에게 균등하게 배당한다.
② 시장과 정부실패를 보완할 수 있다.
③ 최소한의 조직 구조와 운영 공식성을 갖는다.
④ 지방자치단체 보조금을 받을 수 있다.
⑤ 비영리조직 회원은 자발적으로 가입한다.

> 이윤이 발생하면 구성원에게 균등하게 배당하는 것은 영리 형태의 협동조합 또는 주식회사 등이다.
>
> 정답 ①

05 사회복지서비스의 전달체계

기출키워드 13

전달체계 구축의 원칙 ★빈출

최근 7개년 평균 출제문항 수 **1.1문항**

01 전달체계 구축의 원칙

전문성	서비스의 핵심업무는 사회복지 전문가가 수행해야 함
적절성	서비스의 양, 질, 제공 시기가 욕구 충족과 목표 달성에 충분해야 함
포괄성	• 클라이언트 중심 • 클라이언트의 다양한 욕구와 문제를 해결하기 위해 다각도의 서비스를 제공해야 함
통합성	• 기관 중심 • 기관 간 연계와 협조를 통해 서비스 중복과 누락을 방지해야 함
지속성	복합적 욕구에 대해 지역사회 연계를 통해 끊김 없이 지속적으로 서비스를 제공해야 함
평등성	연령, 성별, 소득, 종교, 지역, 지위 등에 관계없이 동일한 서비스를 제공해야 함
책임성	서비스 제공과정에 대한 책임 소재가 명확해야 함
접근성	클라이언트가 시간적·지리적·경제적·심리적으로 서비스를 쉽게 이용할 수 있어야 함

02 서비스의 과활용

비표적 인구의 접근	• 욕구에 해당되지 않는 사람들이 서비스를 이용하는 경우에 발생함(비표적 인구 대상) • 욕구가 없는데도 서비스를 과도하게 활용하는 문제가 생김(미해당 대상 과활용 문제) • 개인들의 기대와 동기에 의해 발생하는 '표현된 욕구(expresssed need)'와 실제 욕구가 다를 수 있는 경우임
사회적 자원의 낭비	서비스 과활용은 비효율성을 초래하여 예산이 불필요하게 소모되고, 이는 사회적 자원의 낭비를 유발함

기출선지로 확인

전달체계 구축의 원칙

01 전문성: 충분한 사회복지전문가의 확보가 필요하다. 19회

02 적절성: 사회복지서비스의 양과 질이 서비스 수요자의 욕구 충족과 서비스 목표 달성에 적합해야 한다. 19회

03 통합성: 서비스의 중복과 누락을 방지하고 다양한 서비스를 통합적으로 제공해야 한다. 19회

04 통합성: 지역사회통합돌봄(커뮤니티 케어) 23회

05 통합성: 원스탑서비스 제공 23회

06 통합성: 서비스 단편성과 비연속성 문제를 해결 23회

07 서비스 간 연계성을 강화함으로써 연속성을 높일 수 있다. 22회

08 이용자의 요구나 불만을 파악함으로써 책임성을 높일 수 있다. 22회

09 접근성: 서비스 이용자에게 공간·시간·정보·재정 등의 제약이 없는 서비스 제공을 의미한다. 19회

10 서비스 비용 부담을 낮춤으로써 접근성을 높일 수 있다. 22회

11 충분성: 치매예방서비스 양을 증가시킴 17회

12 서비스 제공기관을 의도적으로 중복해서 만드는 것이 전달체계를 개선해 줄 수도 있다. 20회

서비스의 과활용

13 비(非)표적 인구가 서비스에 접근하여 나타나는 문제 22회

14 사회적 자원의 낭비 유발 22회

대표기출로 확인

01 독거노인을 위한 복지서비스 전달체계 구축 원칙과 내용이 옳지 않은 것은? 17회
① 충분성: 치매예방서비스 양을 증가시킴
② 연속성: 치매예방 및 관리서비스를 중단 없이 이용하게 함
③ 접근성: 치매예방서비스 비용을 낮춤
④ 책임성: 치매예방서비스 불만사항 파악절차를 마련함
⑤ 통합성: 치매예방서비스를 적극적으로 홍보함

> 통합성은 서비스의 중복과 누락을 방지하기 위한 네트워크 및 종합적인 서비스의 제공을 의미한다.
> 정답 ⑤

02 사회복지 전달체계 구축 시 고려해야 할 사항으로 옳지 않은 것은? 19회
① 통합성: 서비스의 중복과 누락을 방지하고 다양한 서비스를 통합적으로 제공해야 한다.
② 포괄성: 클라이언트의 다양한 욕구 중 한 가지 욕구를 해결하기 위하여 전문가 집단이 개입하는 방식이다.
③ 적절성: 사회복지서비스의 양과 질이 서비스 수요자의 욕구 충족과 서비스 목표 달성에 적합해야 한다.
④ 접근성: 서비스 이용자에게 공간, 시간, 정보, 재정 등의 제약이 없는 서비스 제공을 의미한다.
⑤ 전문성: 충분한 사회복지전문가의 확보가 필요하다.

> 포괄성은 클라이언트의 다양한 욕구 충족을 위해 다양한 서비스를 포괄적으로 제공하는 것을 의미한다.
> 정답 ②

05 사회복지서비스의 전달체계

기출키워드 14

전달체계의 구분 및 역할

최근 7개년 평균 출제문항 수 **0.6문항**

01 전달체계의 구분 – 운영주체별 구분

공공 전달체계	• 주체: 중앙정부, 지방정부, 공공기관 등이 직접 운영 • 장점: 재정적으로 안정적임 • 단점: 관료적이며 복잡하고, 환경 변화에 둔감함
민간 전달체계	• 주체: 복지재단, 복지시설, 비영리단체, 개인 등이 운영 • 장점: 융통성 있고 창의적이며, 사회 변화에 민감하게 반응함 • 단점: 재정적으로 불안정하고 취약함

02 전달체계의 구분 – 구조·기능별 구분

행정체계	사회복지정책의 수립과 운영을 담당하며, 지역 단위에서 사회복지행정을 총괄함(시, 도, 보건복지부)
집행체계	사회복지서비스를 실제로 제공하며, 주민과 대면하여 서비스를 제공하는 현장 실무 조직(시, 군, 구)

03 공공과 민간의 역할

공공의 역할	복잡하고 분산된 민간 복지자원을 연계·조정하고, 보편적 기본 서비스 제공 및 민간과의 협력체계 구축
민간의 역할	다양한 민간 주체들이 자원조사 활동을 수행하고, 서비스 제공의 일선 현장에서 실질적인 전달 책임을 담당함
사회복지 재원 지원방법 (중앙정부 → 지방정부)	• 항목별(범주별) 보조금: 특정 용도에만 사용하는 조건부 보조금 • 기능별 보조금(포괄보조금): 용도에 유연성을 가진 기능 중심 보조금 • 특별보조금: 일시적, 긴급 상황에 지원되는 임시적 재정지원
민간 위탁·지역 중심 전달체계의 한계	• 지역 간 복지수준 격차 발생 • 분권교부금 방식에 따른 지방재정의 약화 • 타지역 주민의 서비스 이용 제한 • 복지기관 종사자의 열악한 근무 조건과 처우 문제 발생

기출선지로 확인

사회복지 전달체계

01 사회복지서비스 공급자와 소비자를 연결하는 조직적·체계적 장치이다. 23회

02 운영주체에 따라서 공공체계와 민간체계로 구분할 수 있다. 19회, 20회

03 중앙정부의 사회복지 담당 부처는 보건복지부이다. 19회

04 지역사회복지협의체가 지역사회보장협의체로 명칭이 변경되었다. 22회

05 공공 전달체계, 민간 전달체계, 공공과 민간 혼합 전달체계로 구분한다. 23회

06 우리나라 사회복지서비스는 공공과 민간의 혼합 전달체계로 제공된다. 23회

07 구조·기능 차원에서 행정체계와 집행체계로 구분할 수 있다. 20회

08 지방자치단체의 사회복지 행정체계는 일반 행정체계에 포함되어 있다. 19회

09 집행체계는 수급자와 대면 관계를 통해 서비스를 제공한다. 23회

10 사회복지행정체계에는 영리 사업자도 참여하고 있다. 19회

민간 사회복지조직

11 사회서비스 공급에 영리 기관도 참여하고 있다. 17회

12 사회복지법인 이외에도 사회복지시설을 운영할 수 있다. 17회

13 지방자치단체와의 위·수탁 계약을 통해 서비스를 제공하는 경우가 있다. 17회

14 정부보조금, 후원금, 이용료 등 재원이 다양하다. 17회

대표기출로 확인

01 사회복지 전달체계에 관한 설명으로 옳지 않은 것은? 23회

① 공공 전달체계, 민간 전달체계, 공공과 민간 혼합 전달체계로 구분한다.
② 집행체계는 수급자와 대면 관계를 통해 서비스를 제공한다.
③ 행정복지센터, 공단, 사회복지법인은 공공 전달체계이다.
④ 사회복지서비스 공급자와 소비자를 연결하는 조직적·체계적 장치이다.
⑤ 우리나라 사회복지서비스는 공공과 민간의 혼합 전달체계로 제공된다.

> 행정복지센터, 공단은 공공 전달체계이며 사회복지법인은 민간 전달체계이다.
>
> 정답 ③

06 사회조직의 기획과 의사결정

기출키워드 15 기획 기법

최근 7개년 평균 출제문항 수 **0.7문항**

01 기획 기법

구분	내용
간트 차트 (Gantt Chart)	• 막대 도표 형식으로 일정과 활동을 시간 축에 따라 시각적으로 정리 • 세로 축에 활동 항목, 가로 축에 시간 단위 배열 • 각 활동의 시작과 종료 시점을 명확히 표현 가능 • 장점: 단기·단순 프로젝트에 유용하며 작성이 쉽고 직관적임 • 단점: 과업 간 선후 관계나 임계경로 파악이 어려움
프로그램평가검토기법 (PERT)	• 활동 간의 순서, 상호 의존성, 소요 시간 등을 네트워크 도표로 구성 • 최종 목표 도달까지 필요한 모든 활동을 분석하고 배치 • 임계경로(Critical Path): 전체 일정에 영향을 미치는 핵심 활동 경로로, 지연 시 전체 프로젝트 지연 발생 • 장점: 자원 및 시간 관리에 효율적이며 복잡한 프로젝트에 적합함 • 단점: 도표 작성이 복잡하고 시간이 많이 소요됨
월별 활동계획 카드 (Shed – U Graph)	• 월별 일정 계획을 카드 형식으로 가시화하여 활동을 구성함 • 활동 카드를 시간표 아래 붙여 시각적으로 정리하고 이동 가능 • 장점: 일정 조정이 쉽고 유연성 높아 반복 작업 및 단기 계획에 유용함 • 단점: 과업 간 연계성 및 임계경로 파악에는 적절하지 않음
방침관리기획 (PDCA)	• 조직의 최상위 목표(방침)를 하위 목표 및 과업으로 세분화하고 연계하여 기획 • 목표 일관성 확보: 전체 조직이 동일한 방향성을 갖고 움직일 수 있도록 구조화 • 각 부서 및 개인별 실행계획이 상위 목표와 연결되므로 책임과 역할이 명확해짐 • P-D-C-A 사이클 포함: 계획(Plan) → 실행(Do) → 점검(Check) → 개선(Action)의 순환을 통해 지속적 성과 개선 유도 • 장점: 전략적 조직 운영 및 중장기 기획에 효과적이며, 행정적 책임성과 참여 유도에 적합함 • 단점: 임계경로 자체는 설정되지 않지만, 핵심 목표와 실행단위를 연계하며 중점 과업 도출 가능
책임행렬표	• 특정한 업무나 프로젝트에서 달성해야 할 최종 목표 중심 • 목표를 달성하기 위해 수행해야 할 각종 작업이나 활동 강조 • 각 활동을 담당하는 구성원이나 부서 중심 • 각 활동에 대해 구성원이 맡을 책임의 유형별로 진행
총괄진행표	• 프로그램이나 프로젝트의 진행과정을 시작에서 종료까지 각 단계를 시각적으로 표현함 • 각 단계가 어떤 순서로 이루어지는지, 어떤 활동이 포함되는지 파악이 용이함

기출선지로 확인

간트 차트

01 간트 도표(Gantt Chart)는 사업별로 진행시간을 파악하여 각각 단계별로 분류한 시간을 단선적 활동으로 나타낸다. 19회

02 헨리 간트(H. Gantt)에 의해 최초로 개발되었다. 18회

03 간트 차트(Gantt Chart)는 사업을 계획할 때 쉽고 간단하게 작성할 수 있다. 23회

04 활동과 활동 사이의 상관관계를 파악하기 힘들다. 18회

05 간트 차트(Gantt Chart)는 일정계획 변경을 유연하게 수용하기 어렵다. 23회

프로그램평가검토기법

06 프로그램평가검토기법(PERT)은 일정한 기간에 추진해야 하는 행사에 필요한 복잡한 과업의 순서가 보이도록 하고 임계통로를 거친다. 19회

07 프로그램 진행 일정을 관리하는 목적으로 많이 활용됨 22회

08 프로그램을 구성하는 활동들 간 상호관계와 연계성을 명확하게 보여줌 22회

09 임계경로와 여유시간에 대한 정보를 파악할 수 있음 22회

10 프로그램평가검토기법(PERT)은 업무를 체계적으로 수행하는 데 도움이 된다. 23회

책임행렬표

11 책임행렬표는 목표, 활동, 책임유형을 구성원별로 제시한다. 17회

총괄진행표

12 총괄진행표(Flow Chart)는 프로그램 제공과정을 시작부터 종료까지 한눈에 볼 수 있다. 23회

대표기출로 확인

01 시간별 활동계획도표(Gantt Chart)의 설명으로 옳은 것을 모두 고른 것은? 18회

> ㄱ. 시간별 활동계획의 설계는 확인-조정-계획-실행의 순환적 과정으로 이루어진다.
> ㄴ. 헨리 간트(H. Gantt)에 의해 최초로 개발되었다.
> ㄷ. 목표달성 기한을 정해놓고 목표달성을 위해 설정된 주요활동과 시간계획을 연결시켜 도표로 나타낸 것이다.
> ㄹ. 활동과 활동 사이의 상관관계를 파악하기 힘들다.

① ㄱ, ㄴ   ② ㄱ, ㄷ   ③ ㄴ, ㄷ
④ ㄴ, ㄹ   ⑤ ㄷ, ㄹ

> ㄱ. 확인-조정-계획-실행의 순환적 과정으로 이루어지는 것은 방침관리기획(PDCA기획)이다.
> ㄷ. 목표달성 기한을 정해놓고 목표달성을 위해 설정된 주요활동과 시간계획을 연결시켜 도표로 나타낸 것은 프로그램 평가검토기법(PERT)이다.

정답 ④

02 다음 설명에 해당하는 프로그램 관리기법은? 22회

> • 프로그램 진행 일정을 관리하는 목적으로 많이 활용됨
> • 프로그램을 구성하는 활동들 간 상호관계와 연계성을 명확하게 보여줌
> • 임계경로와 여유시간에 대한 정보를 파악할 수 있음

① 프로그램평가검토기법(PERT)
② 간트 차트(Gantt Chart)
③ 논리모델(Logic Model)
④ 임팩트모델(Impact Model)
⑤ 플로우 차트(Flow Chart)

> 프로그램평가검토기법(PERT)에 대한 설명이다.

정답 ①

기출키워드 16 — 의사결정 기술 및 의사결정모형

06 사회조직의 기획과 의사결정

최근 7개년 평균 출제문항 수 **0.4문항**

01 의사결정의 유형

유형	내용
직관적 결정	• 의사결정 근거로 감정·직감·경험에 의존함 • 긴급하거나 복잡한 정보 부족 시 적용 • 장점: 빠르고 직관적인 결정 가능 • 단점: 주관적이고 불확실성 존재
문제 해결적 결정	• 의사결정 근거로 정보 수집, 연구, 분석 등 합리적인 절차에 따름 • 데이터나 정보에 의존한 결정이 필요한 경우 적용 • 장점: 체계적이고 논리적인 접근 • 단점: 시간이 많이 걸리고, 비효율적일 수 있음
판단적 결정	• 합리적 분석과 경험적 직관의 결합 형태 • 충분한 정보가 있으나, 여전히 직관적 판단이 중요한 상황에 적용 • 장점: 직관과 분석을 결합한 균형 잡힌 의사결정 가능 • 단점: 판단자의 경험과 직관에 의존하므로 주관적일 수 있음
정형적 의사결정	• 명확한 기준과 표준화된 절차에 따라 판단 • 규칙·매뉴얼·지침에 근거하여 결정 • 의사결정자가 판단 없이 규정대로 수행 가능
비정형적 의사결정	• 정형화된 기준이나 지침이 부재하거나 미흡함 • 다수의 선택지 중 최선의 해결책을 찾아야 함 • 상황 판단, 직관, 경험, 전문가 의견에 의존함

02 의사결정 기술

기법	내용
델파이기법	전문가의 의견을 여러 차례 반복하여 수집하고 합의를 도출하는 방법
명목집단기법	그룹 내에서 개인적으로 아이디어를 제시하고, 그 후 그룹 토의를 통해 우선순위를 결정하는 방법
초점집단기법	소수의 참가자들과 심층적으로 의견을 교환하며 특정 주제에 대해 심도 있는 토의를 하는 방법
브레인스토밍	참가자들이 자유롭게 아이디어를 제시하고, 그 중에서 최적의 해결책을 찾는 창의적 사고 기법
변증법적 토의	상반된 의견을 통해 토의하면서 논리적으로 진리를 추구하는 방법

기출선지로 확인

의사결정의 유형

01 직관적(Intuitive) 방법은 합리성보다는 감정이나 육감에 근거하여 결정된다. 14회

02 문제 해결적(Problem-solving) 방법은 정보 수집, 연구, 분석과 같은 합리적인 절차를 통해 이루어진다. 14회

03 정형적(Programmed) 의사결정은 절차·규정·방침에 따라 규칙적인 의사결정행위가 전개된다. 14회

04 비정형적(Non-programmed) 의사결정은 사전에 결정된 기준 없이 이루어지며 보통 단발적이고 예상하지 못한 상황에 대한 결정이다. 14회

05 비정형적(Non-programmed) 의사결정은 의사결정자의 직관과 판단에 의해 이루어진다. 15회

의사결정 기술

06 델파이기법은 전문가로부터 정보를 수집하여 합의를 얻으려 할 때 적용할 수 있다. 14회

07 변증법적 토의는 사안의 찬성과 반대를 이해함을 기본으로 한다. 14회

08 대안선택 흐름도표는 '예'와 '아니오'로 답할 수 있는 연속적 질문을 통해 예상되는 결과를 결정한다. 14회

명목집단기법

09 명목집단기법은 감정이나 분위기상의 왜곡현상을 피할 수 있다. 14회

10 대면하여 의사결정 22회

11 집단적 상호작용의 최소화 22회

12 민주적 방식으로 최종 의사결정 22회

대표기출로 확인

01 사회복지조직의 의사결정모형에 관한 설명으로 옳은 것은? 21회

① 점증모형은 여러 대안을 평가하여 합리적 평가 순위를 정하는 모형이다.
② 연합모형은 경제적·시장 중심적 시각에서 이루어지는 모형이다.
③ 만족모형은 주로 해결해야 할 문제가 분명하고 단순한 의사결정에 적용된다.
④ 쓰레기통모형은 조직의 목표가 모호하고, 조직의 기술이 막연한 경우에 적용되는 모형이다.
⑤ 공공선택모형은 시민들을 공공재의 생산자로 규정하고 정부를 소비자로 규정한다.

> ① 점증모형: 기존의 결정 사항에 대해 약간만 수정하여 진행하는 모형
> ② 연합(혼합)모형: 경제적·시장 중심적 시각에서 탈피하여 목표의 변동, 기대감, 조직의 구조 파악 등에 주안을 두는 모형
> ③ 만족모형: 제한적 합리성을 기반으로 어느 정도 만족할 만한 수준에서 의사결정을 함
> ⑤ 공공선택모형: 포퓰리즘이라고도 하며 민간의 이기심이 공공에서도 발휘되는 것을 의미함
>
> [정답] ④

07 사회복지조직의 리더십

기출키워드 17

리더십이론 ★빈출

최근 7개년 평균 출제문항 수 **1.3문항**

01 특성이론

개념	• 리더는 타고나는 것이라는 이론 • 효과적인 리더는 일반 구성원과 구별되는 고유한 특성(성격, 능력, 신체적 특성 등)을 가짐 • 리더십 자질을 측정하고 분석하여 이상적 리더의 공통 특성을 찾고자 함
리더 특성	• 지적 능력: 높은 지능, 분석력, 문제 해결 능력 • 성격 특성: 외향성, 자기신뢰, 안정성, 책임감 • 인간관계 능력: 사교성, 감정통제력, 공감 능력 • 동기: 성취욕구, 영향력 행사 욕구 • 신체적 요인: 키, 체력, 외모 등도 일부 연구에서 고려됨
특징	• 보편적인 리더 특성 규명에 실패함 • 리더십은 상황적 요인과의 상호작용 속에서 발현됨 • 후천적 학습과 경험, 인간관계를 과소평가함 • 특정한 특성이 있어도 항상 효과적인 리더가 되는 것은 아님 • 현재는 특성이론을 단독으로 사용하기보다 상황이론·행동이론과 통합적으로 활용하고 있음 • 리더십 역량 기반의 역량모델(Competency Model)에 응용됨
장점	• 리더십 연구의 초기 기반 제공 • 리더십 개발 및 인재 선발 기준으로 활용 가능 • 효과적인 리더의 특성을 정량적·과학적으로 분석하려는 시도

02 행동이론

개념		• 리더십의 효과성을 과업에 대한 관심(생산)과 인간에 대한 관심(사람)의 두 축으로 설명함 • 두 변수를 각각 1~9까지의 점수로 설정하여, 총 81가지(9×9)의 리더십 유형 도출 가능 → 이 중 대표적이고 핵심적인 5가지 리더십 유형을 중심으로 설명
특징		• 리더의 행동을 두 차원으로 체계화하여 시각적으로 제시함 • 리더십 개발 및 교육에서 이상형 리더(9,9)를 목표로 함 • 팀워크와 생산성을 동시에 강조할 수 있는 통합적 접근
관리격자 모형	무기력형(1,1)	• 생산과 인간 모두에 대한 관심이 적음 • 직무유지 최소 수준의 노력만 하는 소극적·무관심형 리더
	한거형 / 컨트리클럽형(1,9)	• 인간에 대한 관심이 높고, 생산성에 대한 관심은 낮음 • 친근한 분위기 조성에 집중하며, 업무성과는 저조할 수 있음
	과업지향형(9,1)	• 생산성과 업무 중심의 리더십 • 인간관계는 무시하거나 수단화, 권위주의적 리더 경향
	중도형(5,5)	• 과업과 인간 양쪽에 균형을 맞추려는 절충형, 평균적 성과를 지향 • 갈등을 피하는 타협형 리더
	팀형(9,9)	• 과업 성과와 인간관계를 모두 중시하는 이상적 리더 • 상호 신뢰, 공동 목표 강조, 높은 동기와 성과 유도

기출선지로 확인

특성이론

01 특성이론 – 리더십은 타고나야 한다. 12회

행동이론

02 행동이론 – 바람직한 리더십 행동은 훈련을 통해서 개발된다. 12회

03 특성이론의 비판적 대안으로 행동이론이 등장하였다. 18회

04 행동이론에서 과업형은 일에만 관심이 있고 사람에 대해서는 전혀 관심이 없는 리더이다. 21회

대표기출로 확인

01 리더십이론에 관한 설명으로 옳은 것은? 17회
① 블레이크와 머튼(R. Blake & J. Mouton)의 관리격자이론에 의하면 과업형(1,9)이 가장 이상적인 리더이다.
② 피들러(F. E. Fiedler)의 상황이론에 의하면 상황의 호의성이 모두 불리하면 리더가 인간중심의 행동을 해야 효과적이다.
③ 허시와 블랜차드(P. Hersey & K. H. Blanchard)의 상황이론에 의하면 구성원의 성숙도가 낮을 경우 위임형 리더십이 적합하다.
④ 퀸(R. Quinn)의 경쟁적 가치 리더십에 의하면 동기부여형 리더십은 목표달성가 리더십과 상반된 가치를 추구한다.
⑤ 배스(B. M. Bass)의 변혁적 리더십에 의하면 변혁적 리더는 구성원의 욕구와 보상에 주된 관심을 갖는다.

① 블레이크와 머튼의 관리격자이론에 의하면 팀형(9,9)이 가장 이상적인 리더이다.
② 피들러의 상황이론에 의하면 상황의 호의성이 모두 불리하면 리더가 과업중심의 행동을 해야 효과적이다.
③ 허시와 블랜차드의 상황이론에 의하면 구성원의 성숙도가 낮을 경우 지시형 리더십이 적합하다.
⑤ 구성원의 욕구와 보상에 주된 관심을 갖는 것은 거래적 리더십에 해당된다.

정답 ④

기출키워드17 리더십이론 ★빈출

03 경쟁가치 리더십

주요 요소	• 수평 축: 내부지향(통제, 안정) ↔ 외부지향(적응, 변화) • 수직 축: 유연성(참여, 창의성) ↔ 통제성(규율, 효율성) • 이를 조합하여 4가지 리더십 영역 제시
특징	• 리더는 상충되는 역할과 가치를 동시에 조율할 수 있어야 함 • 리더십은 단일 스타일이 아닌 균형의 기술임 • 조직 상황에 따라 유연하게 리더십 전략을 전환해야 함 • 모든 조직은 4가지 가치 영역을 일정 비율로 포함하고 있음 • 효과적인 리더는 자신의 선호 영역을 인식하고, 부족한 리더십 영역을 보완·통합하는 노력이 필요함 • 단일 리더십 유형이 아닌 다차원적·통합적 리더십 프레임 제시 • 조직의 안정성과 변화 요구를 동시에 고려한 현실적 리더십 모델 • 리더에게 복합적 역할 수행능력을 요구하여 실천의 난이도가 높음 • 상황 진단과 균형 조절능력이 부족한 경우 오히려 혼란 유발 가능
유형	**비전제시가** (Innovator / Visionary)	• 외부지향 + 유연성 • 변화, 혁신, 환경 적응, 장기적 비전 제시 예 새로운 서비스 개발, 정책 참여, 클라이언트 옹호
	목표달성가 (Producer / Director)	• 외부지향 + 통제성 • 생산성, 목표지향, 실적 관리 예 기관의 성과 달성, 사업계획 추진, 목표 우선순위 설정
	분석가 (Monitor / Analyst)	• 내부지향 + 통제성 • 분석, 체계화, 규정 강화, 효율적 관리 예 사업 평가, 예산 분석, 규정 수립 및 준수 점검
	동기부여가 (Facilitator / Mentor)	• 내부지향 + 유연성 • 팀워크, 협동, 관계 형성, 자율성 촉진 예 구성원 간 갈등 조정, 자율적 분위기 조성, 동기 고양

04 허시와 블랜차드의 상황이론

지시형 리더십	• 능력 없음 • 책임 회피 경향	• 의지와 동기가 없음 • 지시형 리더십 필요
설득형 (제시형) 리더십	• 능력 부족 • 제시형 리더십 필요	• 학습 의욕이 있고 적극적임
참여형 리더십	• 능력 있음 • 참여형 리더십 필요	• 의욕과 책임감이 낮고 자신감이나 몰입도 부족
위임형 리더십	• 능력 있음 • 리더의 감독 없이도 과업 수행 가능	• 책임감, 자신감, 자율성이 높음 • 위임형(자율형) 리더십 필요

기출선지로 확인

경쟁가치 리더십

05 퀸(R. Quinn)의 경쟁적 가치 리더십에 의하면 동기부여형 리더십은 목표달성가 리더십과 상반된 가치를 추구한다. _{17회}

허시와 블랜차드의 상황이론

06 상황이론 – 업무의 환경 특성에 따라서 필요한 리더십이 달라진다. _{12회}

07 리더의 지위권력 정도, 직원과의 관계, 과업의 구조화가 중요하다. _{16회}

08 한 조직에서 성공한 리더가 타 조직에서도 반드시 성공하는 것은 아니다. _{16회}

09 상황이론은 과업환경에 따라 적합하게 대응하는 리더십이 효과적이라고 가정한다. _{18회, 21회}

10 허시와 블랜차드(P. Hersey & K. H. Blanchard)의 상황적 리더십 모형에서는 구성원의 성숙도를 중요하게 고려한다. _{16회, 20회}

대표기출로 확인

02 리더십이론에 관한 설명으로 옳은 것은? _{20회}
① 블레이크와 머튼(R. Blake & J. Mouton)의 관리격자 모형은 자질이론 중 하나이다.
② 블레이크와 머튼의 관리격자 모형에서 가장 바람직한 행동유형은 극단에 치우치지 않은 중도형이다.
③ 허시와 블랜차드(P. Hersey & K. H. Blanchard)의 상황적 리더십 모형에서는 구성원의 성숙도를 중요하게 고려한다.
④ 퀸(R. Quinn)의 경쟁가치 리더십 모형은 행동이론의 대표적 모형이다.
⑤ 퀸의 경쟁가치 리더십 모형에서는 조직환경의 변화에 따라 리더십이 달라져서는 안 된다는 것을 강조한다.

> ① 블레이크와 머튼(R. Blake & J. Mouton)의 관리격자 모형은 행동이론 중 하나이다.
> ② 블레이크와 머튼의 관리격자 모형에서 가장 바람직한 행동유형은 팀형(9,9)이다.
> ④ 퀸(R. Quinn)의 경쟁가치 리더십 모형은 현대 리더십이론에 속한다.
> ⑤ 조직환경의 변화에 따라 리더십이 달라져서는 안 된다는 것을 강조하는 것은 폐쇄합리적 이론이다.
>
> 정답 ③

03 다음에 해당하는 리더십 유형은? _{19회}

> • 조직의 목표에 대한 구성원의 참여동기가 증대될 수 있다.
> • 조직의 리더와 구성원 간 의사소통이 활발해질 수 있다.
> • 집단의 지식, 경험, 기술의 활용이 용이하다.

① 지시적 리더십 ② 참여적 리더십
③ 방임적 리더십 ④ 과업형 리더십
⑤ 위계적 리더십

> 제시된 내용은 참여적 리더십의 특징에 해당한다.
>
> 정답 ②

기출키워드 17 · 리더십이론 ★빈출

05 피들러의 상황적합이론

개념	• 리더의 성향은 고정되며, 상황과의 적합성이 리더십 효과를 결정함 • 특정 상황에서 적합한 리더 유형이 존재함
주요 요소	리더-구성원 관계, 과업 구조화 수준, 직위 권력의 강도
특징	• 리더의 행동은 고정적이며, 상황에 따라 바꾸기 어렵다는 전제 • 리더와 상황의 상호작용을 구조화하여 적합성의 중요성을 강조함 • 리더의 성향이 변하지 않는다는 전제가 비현실적임 • 상황 변화에 대응하기 어려움
유형	• 과업지향형: 성과 중심, 과업 수행 우선 → 상황이 매우 호의적이거나 매우 비호의적일 때 효과적 • 관계지향형: 인간관계 중시, 팀워크 강조 → 상황이 중간 정도일 때 효과적

06 변혁적 리더십

개념		• 리더가 구성원의 가치, 신념, 동기, 잠재력에 영향을 미쳐 내적 변화를 유도하고, 조직 전체의 혁신을 이끌어냄 • 리더와 추종자 간의 상호작용을 통해 서로를 고양시키는 관계 형성 • 단순한 성과 달성을 넘어서 비전 공유, 신념 강화, 조직 몰입을 유도함
주요 요소	이상적 영향력	• 리더가 도덕적 모범, 신뢰, 존경을 통해 구성원에게 영향력을 발휘함 • 구성원이 리더를 동경하거나 본보기로 삼음
	영감적 동기부여	• 강력한 비전과 목표 제시, 의미 있는 미래에 대한 신념 공유 • 구성원의 조직 몰입과 목표 지향성 강화
	지적 자극	• 창의성, 문제 해결능력 자극 • 구성원이 고정관념을 탈피하고 새로운 아이디어와 접근을 시도하도록 격려
	개별적 배려	• 구성원 개개인의 욕구, 능력, 성장 수준을 고려한 맞춤형 지도 • 상담, 코칭, 멘토링 등을 통해 개별 역량 강화
특징		• 조직 혁신과 비전 중심: 조직의 비전 공유, 문화 혁신, 장기적 발전 유도, 공공·복지조직 및 조직 변화기에 적합 • 구성원 성장과 내적 동기 자극: 잠재력 개발, 자아실현 지원, 자율성·창의성·몰입도 향상 • 관계 중심 리더십: 상호작용적 관계 중시, 비전 제시 + 관계 강화 + 창의성 촉진 전략 • 리더 개인의 영향력 중요: 도덕성, 역량에 대한 의존도 높음, 권위적 리더가 카리스마로 포장될 경우 왜곡 가능성 존재 • 성과와 시간의 한계: 단기성과 측정 어려움, 지속 가능한 변화 유도에는 시간 소요

07 서번트(섬김) 리더십

힘과 권력에 의한 지배 지양	조직을 지배하는 방식으로서 힘이나 권력의 사용 지양
인간 존중, 정의, 정직성, 공동체적 윤리성 강조	• 구성원들의 인간적인 가치 존중 • 윤리적이고 정의로운 행동을 중요시함
청지기 책무 활동	리더는 조직과 구성원들의 복지를 책임지는 책무 강조
사회복지조직 관리에 적합한 리더십	사회복지조직에서 사람 중심의 접근을 통해 효과적인 관리 적용
자발적 행동의 정도 중시	리더는 구성원의 자발적인 참여와 행동을 중요시하며, 자율성을 강조함

기출선지로 확인

거래적 리더십

11 거래적 리더십은 교환관계를 기반으로 하여 조직성과를 높이고자 한다. 18회

변혁적 리더십

12 변혁이론 – 리더십은 지도자와 추종자가 협력하는 과정에서 형성된다. 12회

13 변혁적 리더십이론: 리더의 개혁적·변화지향적인 모습과 비전 제시는 조직 구성원에게 높은 수준의 동기를 부여한다. 14회

14 새로운 비전 제시 및 지적 자극, 조직문화 창출을 지향한다. 18회

15 구성원들 스스로 혁신할 수 있도록 비전을 제시해주는 것을 강조한다. 20회

서번트(섬김) 리더십

16 섬김의 리더십(Servant Leadership)은 힘과 권력에 의한 조직지배를 지양한다. 18회

17 인간 존중, 정의, 정직성, 공동체적 윤리성 강조 22회

18 청지기(Stewardship) 책무 활동 22회

19 서번트 리더십(Servant Leadership)은 사회복지조직 관리에 적합한 리더십이 될 수 있다. 21회

20 생산성 측면에서 서번트 리더십은 자발적 행동의 정도를 중시한다. 21회

대표기출로 확인

04 변혁적 리더십에 관한 설명으로 옳은 것을 모두 고른 것은? 18회

> ㄱ. 새로운 비전제시 및 지적 자극, 조직 문화 창출을 지향한다.
> ㄴ. 성과에 대한 금전적인 보상이 구성원의 높은 헌신을 가능하게 한다.
> ㄷ. 조직목표 중 개인의 사적이익을 가장 우선시한다.

① ㄱ ② ㄴ ③ ㄱ, ㄷ
④ ㄴ, ㄷ ⑤ ㄱ, ㄴ, ㄷ

> ㄴ. 성과에 대한 금전적인 보상이 구성원의 높은 헌신을 가능하게 하는 것은 거래적 리더십이다.
> ㄷ. 조직목표 중 개인의 사적이익을 가장 우선시하는 것은 거래적 리더십이다.
>
> 정답 ①

05 섬김 리더십(servant leadership)에 관한 설명으로 옳은 것을 모두 고른 것은? 22회

> ㄱ. 인간 존중, 정의, 정직성, 공동체적 윤리성 강조
> ㄴ. 가치의 협상과 계약
> ㄷ. 청지기(stewardship) 책무 활동
> ㄹ. 지능, 사회적 지위, 교육 정도, 외모 강조

① ㄱ, ㄷ ② ㄴ, ㄹ
③ ㄷ, ㄹ ④ ㄱ, ㄴ, ㄷ
⑤ ㄱ, ㄴ, ㄷ, ㄹ

> ㄴ. 가치의 협상과 계약 등을 바탕으로 하는 것은 거래적 리더십이다. 반면 섬김 리더십은 구성원의 일체감, 단결력, 공감대, 연대의식을 통한 목표 달성을 강조한다.
> ㄹ. 지능, 사회적 지위, 교육 정도, 외모를 강조하는 것은 특성이론이다.
>
> 정답 ①

07 사회복지조직의 리더십

기출키워드 18

리더십 유형

최근 7개년 평균 출제문항 수 **0.3문항**

01 칼리슬의 리더십 유형

개념			· 리더십은 의사결정 과정에서 상급자와 하급자의 권한 분포에 따라 구분됨 · 주로 조직 내 통제 정도와 구성원 참여 수준을 기준으로 리더십 유형을 분류함 · 리더십을 단순히 리더의 특성이나 상황에 따른 것이 아닌, 권한과 책임의 분배 관점에서 분석함
리더십 유형	지시형 리더십	개념	· 상급자 중심의 의사결정 · 리더가 계획·지시·통제를 담당하고 하급자는 지시에 따름
		장점	일관성, 신속한 결정
		단점	구성원의 창의성 저하, 반감 유발 가능
	참여형 리더십	개념	· 상급자가 방향은 제시하되 하급자의 의견을 수렴하여 결정 · 의사결정 과정에서 상하 간 상호작용 존재
		장점	팀워크 강화, 책임감 증대
		단점	결정하는 데 시간 소요, 리더의 조정 능력 요구
	자율형 (위임형) 리더십	개념	· 하급자 중심의 의사결정 · 리더는 최소한의 개입만 하고 권한과 책임을 전적으로 위임함
		장점	창의성과 자율성 강화
		단점	조직 혼란 가능성, 명확한 리더십 부재로 목표 달성이 어려움
적용			· 실제 조직에서는 지시형과 참여형 리더십이 가장 일반적으로 활용됨 · 자율형 리더십은 특별한 전문성·자율성·책임감이 높은 팀에만 제한적으로 적용됨 · 조직 상황과 구성원 성숙도에 따라 리더십 유형 선택의 기초를 제공함

기출선지로 확인

참여형 리더십

01 기술수준이 높고, 동기부여된 직원들이 있을 때 효과적이다. 16회

02 직원들을 의사결정에 참여시켜 일에 대한 적극적 동기부여가 가능하다. 16회

03 조직의 목표에 대한 구성원의 참여동기가 증대될 수 있다. 19회

04 조직의 리더와 구성원 간 의사소통이 활발해질 수 있다. 19회

05 집단의 지식·경험·기술의 활용이 용이하다. 16회, 19회

06 하급자가 의사결정에 참여하는 것을 강조한다. 20회

07 동기부여 수준이 높은 업무자로 구성된 조직에서 효과적이다. 20회

08 사회복지의 가치와 부합한다. 20회

09 소요시간과 책임소재 문제 등이 단점이다. 16회

10 책임성 소재가 모호해질 수 있다. 20회

대표기출로 확인

01 참여적 리더십에 관한 설명으로 옳지 않은 것은? 20회

① 의사결정의 시간과 에너지가 절약될 수 있다.
② 하급자가 의사결정에 참여하는 것을 강조한다.
③ 동기부여 수준이 높은 업무자로 구성된 조직에서 효과적이다.
④ 책임성 소재가 모호해질 수 있다.
⑤ 사회복지의 가치와 부합한다.

> 참여적 리더십의 경우 민주적 리더십으로 의사결정에 있어서 시간과 에너지가 많이 소요되기도 한다.
>
> 정답 ①

08 사회복지조직의 인적자원관리와 재정관리

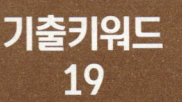

인적자원관리 ★빈출

최근 7개년 평균 출제문항 수 **2.1문항**

01 인적자원관리의 개념 및 기능

개념		조직 목표 달성을 위해 인적 자원을 확보·배치·개발·평가·보상·유지하는 전과정을 의미함
핵심 기능	확보 기능	필요한 인력을 모집하고 선발하여 적절히 배치하는 기능 예) 직원모집, 심사, 채용
	개발 기능	조직 구성원의 능력 향상을 위한 교육·훈련 및 전문성을 개발하는 기능 예) 오리엔테이션, 직무교육, 계속교육, 자기개발 기회 제공 등
	유지 기능	유능한 인재가 조직에 지속적으로 근무하도록 만족도와 동기를 높이는 기능 예) 복리후생, 근무환경 개선, 조직문화 조성 등
	활용 기능	직원의 능력을 조직의 목표 달성에 효과적으로 활용하도록 지원하는 기능 예) 직무 재설계, 인사이동, 직무확대, 직무풍요화 등
	평가 기능	직원의 근무성과와 능력을 합리적 기준에 따라 평가하는 기능 예) 인사고과, 역량평가, 피드백 제공 등
	보상 기능	조직 내 구성원이 수행한 업무에 대해 금전적·비금전적으로 보상하는 기능 예) 임금, 인센티브, 승진, 포상 등
	이직 관리	퇴직, 전직, 해고 등과 관련된 인적 자원의 이탈을 관리하는 기능 예) 원활한 퇴직 절차, 인수인계, 정서적 지원 등
구성 요소		확보(채용 및 선발), 개발(훈련, 교육), 유지(이직관리, 인원자원 유지), 평가(정기적·비정기적 평가), 보상(임금, 보너스, 복리후생)
과정		직무설계 → 직무분석 → 직무기술서 작성 → 직무명세서 작성 → 모집과 선발

02 직무기술서와 직무명세서

구분	직무기술서	직무명세서
정의	특정 직무에 대해 무엇을, 어떻게, 왜 수행하는지를 기술한 문서	해당 직무를 수행하기 위해 필요한 자격요건과 조건을 명시한 문서
목적	직무 자체의 성격과 내용을 명확히 하기 위함 예) 직무평가, 교육훈련, 업무 분석	직무 수행에 적합한 사람을 선정하기 위한 기준 제공 예) 인력 모집, 선발 기준 설정
주요 내용	직무의 목적, 수행할 업무의 내용, 사용 도구·장비, 보고 체계 및 감독 관계, 근무 환경 등	요구되는 학력·경력, 자격증, 신체적 조건, 성격적 특성, 기술 및 능력 등

기출선지로 확인

인적자원관리 구성요소

01 확보: 직원모집, 심사, 채용　　22회
02 개발: 직원훈련, 지도, 감독　　22회
03 유지: 인적자원 유지, 이직관리　　22회
04 보상: 임금, 복리후생　　22회

직무분석

05 인적자원관리의 기초가 된다.　　17회
06 직무에 대한 업무내용과 책임을 종합적으로 분류한다.　　17회
07 직무명세서 작성의 전 단계이다.　　17회

직무평가

08 직무평가에서는 조직목표 달성에 대한 구성원의 기여도를 고려한다.　　20회

직무설계

09 직무설계 – 직무내용, 수행방법, 직무 간의 관계 등 설정　　23회

직무기술서

10 작업조건을 파악해서 작성한다.　　21회
11 직무수행을 위한 책임과 행동을 명시한다.　　21회
12 직무의 성격, 내용, 수행방법 등을 정리한 문서이다.　　21회

직무명세서

13 직무명세는 특정 직무수행을 위해 필요한 지식과 기능, 능력 등을 작성하는 것이다.　　20회

대표기출로 확인

01 직무기술서에 관한 설명으로 옳은 것을 모두 고른 것은?　　21회

> ㄱ. 작업조건을 파악해서 작성한다.
> ㄴ. 직무수행을 위한 책임과 행동을 명시한다.
> ㄷ. 종사자의 교육 수준, 기술, 능력 등을 포함한다.
> ㄹ. 직무의 성격, 내용, 수행 방법 등을 정리한 문서이다.

① ㄱ, ㄴ　　② ㄱ, ㄷ
③ ㄱ, ㄴ, ㄹ　　④ ㄴ, ㄷ, ㄹ
⑤ ㄱ, ㄴ, ㄷ, ㄹ

> ㄷ. 교육 수준, 기술, 능력 등은 종사자의 자격 요건에 해당하는 것으로 이는 직무명세서에 포함되는 내용이다.

정답 ③

02 직무수행평가 순서로 옳은 것은?　　22회

> ㄱ. 실제 직무수행을 직무수행 평가기준과 비교
> ㄴ. 직원과 평가결과 회의 진행
> ㄷ. 평가도구를 사용하여 직원의 실제 직무수행을 측정
> ㄹ. 직무수행 기준 확립
> ㅁ. 직무수행 기대치를 직원에게 전달

① ㄷ – ㄹ – ㅁ – ㄱ – ㄴ
② ㄹ – ㄷ – ㄴ – ㅁ – ㄱ
③ ㄹ – ㅁ – ㄷ – ㄱ – ㄴ
④ ㅁ – ㄱ – ㄷ – ㄴ – ㄹ
⑤ ㅁ – ㄹ – ㄴ – ㄷ – ㄱ

> 직무수행평가의 순서는 다음과 같다.
> 직무수행 기준 확립(ㄹ) → 직무수행 기대치를 직원에게 전달(ㅁ) → 평가도구를 사용하여 직원의 실제 직무수행 측정(ㄷ) → 실제 직무수행을 직무수행 평가기준과 비교(ㄱ) → 직원과 평가결과 회의 진행(ㄴ) → 직무수행 기준 수정 및 보완

정답 ③

기출키워드 19 인적자원관리 ★빈출

03 직원능력개발

사전교육 (오리엔테이션)	신규 직원에게 조직의 철학, 구조, 업무 흐름 등을 안내하여 조직에 빠르게 적응하도록 돕는 초기 교육
직무교육 (OJT)	• 실무 현장에서 상급자나 동료의 지도 아래 직접 업무를 수행하면서 배우는 방식 • 실무 중심 학습, 직속 지도, 멘토링 등 포함
직장 외 교육	외부 교육기관이나 별도 장소에서 이론 중심으로 실시하는 교육 예 워크숍, 세미나, 연수, 자격과정 등
보수교육 (계속교육)	재직자를 대상으로 지식 갱신, 법제 변화, 직무 심화능력 향상을 위한 정기적 교육
자기개발 지원	직원이 자발적으로 역량을 개발할 수 있도록 조직이 비용·시간 등 자원을 지원 예 학자금, 외부강의 참여 등
순환보직	다양한 부서 및 직무를 경험하도록 하여 전반적인 역량과 조직 이해도를 높이는 전략적 인사관리 방식
포럼	• 다양한 의견을 자유롭게 제시하는 공개 토론 방식 • 조직 구성원 간 문제 인식 공유 및 사고 확장 유도
신디게이트 (분임토의)	소그룹별 과제를 나눠 해결하고, 결과를 전체와 공유하여 집단적 사고를 강화하는 학습 방식
사례발표	실제 또는 가상 사례를 발표하고 토론을 통해 문제 해결력과 분석력을 기르는 방법
역할연기	• 특정 상황을 설정하고 역할을 부여하여 실천적 대응능력과 공감능력을 체득하는 방법 • 감정이입, 의사소통 훈련 등에 효과적

04 직무수행평가

자체 평가	• 직원 스스로 자신의 직무 수행을 평가하는 방법 • 자기 반성과 개선의 기회 제공
상사 평가	• 상급자가 직원의 직무 수행을 평가하는 방법 • 관리자의 평가 기준 반영
동료 평가	• 동료들이 서로의 업무 수행을 평가하는 방법 • 상호작용과 협업을 기준으로 평가
다중 평가	자신, 상사, 동료, 하위 직원, 외부 고객 등 다양한 평가자의 의견을 종합적으로 반영
메타 평가	평가의 평가, 자체 내부평가를 외부에 의뢰하여 평가받는 형태

기출선지로 확인

직무교육(OJT)

14 일반적으로 조직의 상사나 선배를 통해 이루어진다. 19회

15 일상적인 업무를 통해 이루어지는 경우가 많다. 19회

계속교육

16 지속적이고 새로운 전문지식 습득 방법 18회

17 지역사회의 필요 및 구성원의 욕구에 따라 융통성 있게 실시 가능 18회

18 사회복지사에게 직무연수 방식으로 제공 18회

직무수행평가

19 조직원들에게 직무수행의 기대치를 전달하는 목적을 지니고 있다. 18회

대표기출로 확인

03 다음에서 설명하는 직원능력개발 방법은?
18회

- 지속적이고 새로운 전문지식 습득 방법
- 지역사회의 필요 및 구성원의 욕구에 따라 융통성 있게 실시 가능
- 사회복지사에게 직무연수 방식으로 제공

① 패널토의(Panel Discussion)
② 순환보직(Job Rotation)
③ 계속교육(Continuing Education)
④ 역할연기(Role Playing)
⑤ 분임토의(Syndicate)

제시된 설명은 계속교육에 해당한다.
① 패널토의(Panel Discussion): 특정 과제를 상정하고 집단에서 조직적으로 토의하여 의견일치를 도모하는 형태
② 순환보직(Job Rotation): 특정 보직에 머무르게 하는 것이 아닌, 부서 내 각 보직을 담당하게 순환시키는 것
④ 역할연기(Role Playing): 경험적 가족치료모델의 대표적 기법이며 서로의 역할을 변환시켜 연기하게 하는 것
⑤ 분임토의(Syndicate): 특정 주제에 대해 몇 개의 분임(조)으로 분류하고 각 분임에서 나온 의견을 발표하게 하는 형태

정답 ③

04 인적자원관리의 영역에 해당하지 않는 것은?
19회

① 채용 ② 배치 ③ 평가
④ 승진 ⑤ 재무

재무는 재정관리(예산, 회계) 영역으로 분류된다.

정답 ⑤

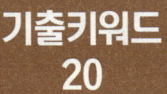

동기부여

최근 7개년 평균 출제문항 수 **0.9문항**

01 내용이론

허즈버그의 동기-위생이론	• 직무만족과 불만족은 서로 다른 요인에서 비롯됨 • 동기요인: 성취, 인정, 책임, 승진 등 → 만족 유발 • 위생요인: 급여, 직무환경, 상사, 정책 등 → 불만 해소(하지만 만족은 아님) • 위생요인이 충족되어도 불만족을 예방할 뿐, 동기를 높이지는 못함
알더퍼의 ERG이론	• 매슬로우의 욕구 5단계를 3단계로 재분류한 이론 • E(Existence): 생존 욕구 → 생리적 욕구, 안전 욕구 포함 • R(Relatedness): 관계 욕구 → 타인과의 상호작용, 존중 등 • G(Growth): 성장 욕구 → 자아실현, 성장, 능력 발휘
맥클리랜드의 성취동기이론	• 개인마다 강하게 작용하는 동기가 다르며, 학습된 욕구로 설명 • 성취 욕구: 도전적 과제 선호, 책임감 있는 직무 선호 • 권력 욕구: 타인에 영향력을 행사하고 통제하려는 욕구 • 친화 욕구: 타인과 긍정적 관계 유지, 소속감 욕구
맥그리거의 X·Y이론	• 인간에 대한 기본 가정을 바탕으로 관리자 유형을 구분함 • X이론: 인간은 본래 일을 싫어하며, 외적 통제가 필요 → 권위적 관리방식 • Y이론: 인간은 적절한 조건에서 자율적·창의적으로 일함 → 참여적 관리방식
룬트쉬테트의 Z이론	• 사회복지조직의 동기부여는 이념(가치)에 대한 헌신과 전문성에서 비롯됨 • 외적 보상보다 사회적 사명, 헌신성, 직업윤리 등이 주요 동기 요인 • 사회복지조직 특유의 비영리성과 가치 지향성에 기반한 동기모형

02 과정이론

아담스의 공정성이론 (형평성이론)	• 개인은 자신의 노력과 보상의 비율을 타인의 그것과 비교하여 공정성을 판단함 • 자기 투입 대비 보상 비율이 타인과 다르다고 느끼면 불공정성 인식 • 불공정성에 대한 반응: 노력 조절, 보상 요구, 비교 대상 변경 등
브룸의 기대이론	• 동기는 기대치, 수단성, 유인가의 곱으로 결정됨 → 세 요소 중 하나라도 약하면 전체 동기도 약해짐 • 기대치: 노력이 성과로 이어질 것이라는 믿음 • 수단성: 성과가 보상으로 연결된다는 믿음 • 유인가: 보상이 개인에게 얼마나 가치 있는지에 관한 매력도
로크의 목표설정이론	• 명확하고 도전적인 목표가 동기를 유발하고 성과를 높임 • 구체적이고 어렵지만 달성 가능한 목표가 가장 효과적 • 목표 수용, 피드백 제공, 자기 효능감이 동기 강화에 중요함

기출선지로 확인

동기부여

01 과업환경상의 동기부여를 위해서는 작업환경의 개선이 필요하다. 10회

허즈버그의 동기 - 위생이론

02 허즈버그(Herzberg)의 이론에서 봉급과 작업조건은 위생요인에 해당된다. 10회

03 허즈버그(F. Herzberg)의 동기 - 위생이론에 의하면 감독, 안전은 위생요인에 해당한다. 17회

알더퍼의 ERG이론

04 알더퍼(C. Alderfer)의 ERG이론은 인간의 욕구를 세 가지 범주로 나누었다. 17회

05 알더퍼(C. Alderfer)의 ERG이론은 고순위 욕구가 충족되지 못하면 저순위 욕구를 더욱 원하게 된다는 좌절퇴행(Frustration Regression) 개념을 제시한다. 20회

맥그리거의 X·Y이론

06 X이론의 인간관은 생리적 수준에서 동기가 부여되므로 하위욕구 관리전략이 필요하다. 10회

아담스의 공정성이론

07 공평성이론은 개인의 투입·산출에 대해 형평에 맞게 보상하는 동기부여를 강조한다. 10회

08 아담스(J. S. Adams)는 공평성이론에서 조직이 공평성을 실천함으로써 구성원을 동기부여할 수 있다고 하였다. 17회

로크의 목표설정이론

09 인지에 초점을 둔 이론이다. 16회

10 동기 형성을 위한 목표설정이 필요하다고 본다. 16회

11 의미 있는 목표는 동기유발을 일으켜 조직성과 달성에 기여한다고 본다. 16회

대표기출로 확인

01 동기부여이론에 관한 설명으로 옳지 않은 것은? 17회

① 매슬로우(A. Maslow)의 욕구단계이론에서 최상위 단계는 자아실현욕구이다.
② 알더퍼(C. Alderfer)의 ERG이론은 인간의 욕구를 세 가지 범주로 나누었다.
③ 허즈버그(F. Herzberg)의 동기 - 위생이론에 의하면 감독, 안전은 위생요인에 해당한다.
④ 맥클리랜드(D. McClelland)의 성취동기이론에 의하면 성장욕구는 관계욕구보다 상위단계이다.
⑤ 아담스(J. S. Adams)는 공평성이론에서 조직이 공평성을 실천함으로써 구성원을 동기부여할 수 있다고 하였다.

> 성장욕구를 관계욕구보다 상위단계로 언급한 것은 알더퍼의 ERG이론이다.
>
> 정답 ④

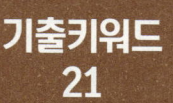

슈퍼비전

최근 7개년 평균 출제문항 수 **0.3문항**

01 슈퍼비전의 기능

교육적 기능	• 슈퍼바이저(슈퍼비전을 받는 자)의 직무능력 향상에 초점을 둠 • 교육적 기능 강조, 지식·기술의 습득 중심
행정적 기능	• 업무의 효율성과 질적 관리, 책임 있는 실천을 위한 행정 지도 중심 • 행정적 기능 강조, 업무지시·통제에 초점을 둠
지지적 기능	• 슈퍼바이저의 감정, 스트레스, 역할 갈등 등을 완화하여 지속적 업무 수행을 돕는 데 중점을 둠 • 지지적 기능 강조
통합적 기능	• 교육, 행정, 지지 기능을 균형 있게 통합하여 적용 • 현대 사회복지실천에서 가장 보편적으로 권장되는 방식

02 슈퍼비전의 모델(왓슨)

동료집단 슈퍼비전	• 같은 수준의 실무자들끼리 서로의 실천을 검토하고 피드백을 주는 방식 • 수평적 관계 기반, 비공식적이고 자율적인 운영
직렬 슈퍼비전	• 상급자가 하급자에게 단계적으로 지시와 피드백을 주는 공식적·계층적 구조의 슈퍼비전 • 일반적 조직 내에서 흔히 사용됨
팀 슈퍼비전	• 사례관리 또는 서비스 단위별 팀 단위로 구성되어 팀장이 전체를 슈퍼비전 • 다학제적 접근이나 집단적 의사결정 상황에서 유용
개인교습 모델	• 슈퍼바이저가 특정 슈퍼바이저에게 1:1로 지도하는 방식 • 밀착형 교육이 가능하나 시간·자원 부담이 큼
슈퍼비전 집단	• 슈퍼바이저 1명이 다수의 슈퍼바이저를 대상으로 교육과 피드백을 제공하는 집단 중심 슈퍼비전 • 교육효율성은 높으나 개인화에는 한계가 있음
케이스 상담	• 특정 사례를 중심으로 문제 해결과 실천방향을 논의하는 방식 • 교육적·실천적 목적 동시 달성, 사례회의와 유사함

기출선지로 확인

슈퍼비전

01 소진 발생 및 예방에 영향을 미친다. 21회

02 슈퍼바이저는 직속상관이나 중간관리자가 주로 담당한다. 21회

03 직무를 수행하면서 훈련을 받을 수 있다는 장점이 있다. 21회

사회복지서비스 기관에서의 슈퍼비전

04 카두신(A. Kadushin)은 슈퍼비전을 행정적·지지적·교육적 기능으로 설명한다. 13회, 21회

05 긍정적 슈퍼비전은 사회복지사의 소진 예방에 도움을 준다. 13회

06 사회복지사의 관리 및 통제의 수단으로도 활용된다. 13회

07 슈퍼비전의 질은 슈퍼바이저의 역량에 좌우된다. 13회

대표기출로 확인

01 사회복지 슈퍼비전에 관한 설명으로 옳지 않은 것은? 21회

① 행정적 기능, 교육적 기능, 지지적 기능이 있다.
② 소진 발생 및 예방에 영향을 미친다.
③ 동료집단 간에는 슈퍼비전이 수행되지 않는다.
④ 슈퍼바이저는 직속상관이나 중간관리자가 주로 담당한다.
⑤ 직무를 수행하면서 훈련을 받을 수 있다는 장점이 있다.

> 동료집단 간에도 슈퍼비전이 수행될 수 있다(동료집단 슈퍼비전).
>
> 정답 ③

08 사회복지조직의 인적자원관리와 재정관리

기출키워드 22

재정관리 ★빈출

최근 7개년 평균 출제문항 수 **2문항**

01 예산

목적	조직의 재정상태, 생산성, 효과성 등을 검토하고 평가하는 도구
예산의 원칙	• 공개성: 예산안을 지역사회에 투명하게 공개해야 함 • 명료성: 투입과 산출이 명확하게 구분되어야 함 • 사전의결: 서비스 제공 전에 예산이 확정되어야 함 • 정확성: 프로그램 및 예산내용이 정확히 기술되어야 함 • 한정성: 조직의 목표에 맞는 예산을 편성해야 함 • 통일성: 전체 목표에 기반한 통합적 예산을 편성해야 함 • 단일성: 예산 항목이 중복 없이 명확히 정리되어야 함 • 포괄성: 필요한 모든 분야의 비용이 포함되어야 함
예산통제의 원칙	개별화, 강제, 예외, 보고, 개정, 효율성, 의미, 환류, 생산성 등 통제 측면에서 예산 집행의 책임성과 피드백 강조

02 재무·회계 규칙

투명성의 특징	모든 수입과 지출은 정확하게 기록되고, 일정 주기마다 보고서를 작성하여 공개
적정성의 특징	예산을 철저히 수립하고, 이를 기준으로 수입과 지출을 관리하여 예산 초과 방지
공정성의 특징	기부금 및 후원금은 해당 목적에 맞게 사용되며, 그 내역을 주기적으로 공개하여 투명성을 보장
개선 및 유지의 특징	재정 관리 시스템을 계속해서 개선하고, 필요 시 회계 소프트웨어 등을 활용하여 재정 관리의 효율성 제고

03 재정의 원천

공공 재정의 원천	• 국고보조금: 국가가 지방자치단체에 교부하는 보조금으로, 국가 정책 추진의 장려 목적 • 정부 위탁사업: 정부가 특정 서비스를 사회복지기관에 위탁하여 재정 지원 • 정부 서비스 대금: 공공서비스 제공에 따른 정부 보상금 또는 수익
민간 재정의 원천	• 기부금: 개인 또는 기업이 자발적으로 제공한 재정 지원 • 후원금: 정기적·지속적으로 제공되는 민간 지원금 • 특별행사 수익: 후원의 밤, 자선바자회 등 행사로 발생한 수익 • 회비: 기관 구성원 또는 회원의 정기적 납부금 • 공동모금 배분금: 사회복지공동모금회 등을 통해 배분되는 지원금 • 유료서비스 수익: 클라이언트 또는 이용자가 직접 비용을 부담하는 서비스 • 기타 자체 수입: 이자 수입, 부대사업 수익 등 자체적으로 창출한 재원

기출선지로 확인

예산통제의 원칙

01 개별화의 원칙 20회
02 강제의 원칙 20회
03 예외의 원칙 20회
04 효율성의 원칙 20회

예산집행의 통제 기제

05 개별 기관의 제약조건, 요구사항 및 기대사항에 맞게 고안되어야 한다. 22회
06 예외적 상황에 적용되는 규칙을 명시해야 한다. 22회
07 필요할 경우 규칙은 새로 개정할 수 있다. 22회
08 보고의 규정을 두어야 한다. 22회

사회복지조직의 재원

09 후원금은 증가하거나 감소하는 유동적인 재원이다. 19회

대표기출로 확인

01 사회복지법인 및 사회복지시설 재무·회계규칙상 사회복지관의 결산보고서에 첨부해야 하는 서류가 아닌 것은? 18회
① 과목 전용조서
② 사업수입명세서
③ 사업비명세서
④ 세입·세출명세서
⑤ 인건비명세서

> 「사회복지법인 및 사회복지시설 재무·회계규칙」상 세입·세출 명세서는 예산 서류에 첨부해야 한다.
> 정답 ④

02 예산통제의 원칙으로 옳지 않은 것은? 20회
① 강제의 원칙
② 개별화의 원칙
③ 접근성의 원칙
④ 효율성의 원칙
⑤ 예외의 원칙

> 예산통제의 원칙으로는 개별화, 강제, 예외, 보고, 개정, 효율성, 의미, 환류, 생산성 등이 있다.
> 정답 ③

04 예산의 유형

구분	내용
품목별 예산 (항목별 예산)	• 지출 항목 중심으로 구성하며 전년도 예산을 근거로 함 • 점증주의적 특성이 강하며 회계처리에 유리함 • 예산 통제는 용이하나, 목표·성과 중심 접근은 부족함 • 예산 증감의 신축성이 낮고 변화 대응력이 떨어짐
성과주의 예산	• 활동별·기능별·세부 프로그램 단위로 편성 • 산출물과 비용을 연계하며 단위원가 기반을 책정함(단위원가 × 업무량 = 예산액) • 과정 중심의 예산모형으로 조직의 책임성 강조 • 직접비와 간접비 구분이 어렵고 계산이 복잡함 • 장기적 기획을 세우고 이를 실천하기 위해 단기적 예산 편성을 결합
기획예산	• 프로그램 목표 중심 예산 편성으로 합리적 자원배분 가능 • 결과 중심이며 중·장기 계획 반영 가능 • 중앙집권적 의사결정 구조를 가짐 • 업무에 중점을 두는 관리지향의 효과성 중심 평가가 가능하지만, 권력 집중 가능성이 존재함
영기준 예산	• 전년도 예산 고려 없이 현재의 필요성과 시급성 기준 • 프로그램의 효과성과 효율성에 따라 예산 전면 재검토 • 자원의 탄력적 배분 가능 • 관리자의 전문성·객관성이 요구되며 가장 혁신적인 예산 방식 • 점증주의와 대비되는 방식이나 장기 계획에는 적합하지 않음

기출선지로 확인

예산 유형

10 품목별 예산(Line Item Budgeting)은 전년도 예산을 근거로 한다. 19회

11 품목별 예산(Line Item Budgeting)은 수입과 지출을 항목별로 명시하여 수립한다. 21회

12 품목별 예산은 수입과 지출목록마다 예상되는 금액을 명시한다. 23회

13 성과주의 예산(Performance Budgeting)은 업무에 중점을 두는 관리지향의 예산제도이다. 19회

14 성과주의 예산은 '단위원가 × 업무량 = 예산액'으로 편성한다. 23회

15 기획예산제도(PPBS)는 장기적 기획과 단기적 예산 편성을 프로그램 작성을 통해 결합한다. 23회

16 영기준 예산(Zero Based Budgeting)은 예산의 효율성을 중요시한다. 19회

17 영기준 예산은 전년도 예산을 고려하지 않고 편성한다. 19회, 23회

대표기출로 확인

03 예산에 관한 설명으로 옳은 것은? 21회

① 영기준 예산(Zero Based Budgeting)은 전년도 예산 내역을 반영하여 수립한다.
② 계획 예산(Planning Programming Budgeting System)은 국가의 단기적 계획 수립을 위한 장기적 예산편성 방식이다.
③ 영기준 예산(Zero Based Budgeting)은 비용 - 편익분석, 비용 - 효과분석을 거치지 않고 수립한다.
④ 성과주의 예산(Performance Budgeting)은 전년도 사업의 성과를 고려하지 않고 수립한다.
⑤ 품목별 예산(Line Item Budgeting)은 수입과 지출을 항목별로 명시하여 수립한다.

① 영기준 예산(Zero Based Budgeting)은 전년도 예산 내역과 무관하게 새로이 예산을 편성한다.
② 계획(기획) 예산(Planning Programming Budgeting System)은 국가의 중·장기적 계획 수립을 위한 예산 편성 방식이다.
③ 영기준 예산(Zero Based Budgeting)은 비용-편익분석, 비용-효과분석을 통해 예산 편성이 이루어진다.
④ 성과주의 예산(Performance Budgeting)은 전년도 사업의 성과를 기반으로 예산을 수립한다.

정답 ⑤

기출키워드 23 환경변화의 흐름 및 대응 ★빈출

최근 7개년 평균 출제문항 수 **1.1문항**

01 하센펠트의 사회복지조직의 환경관리 전략

권위주의 전략	• 법적 권한, 지위, 명령을 통해 외부 환경이나 이해관계자를 통제하는 전략 • 일방적 지시, 규제 강화, 표준화 등 • 상명하달식 접근, 관료적 조직에서 주로 사용
경쟁적 전략	• 외부 자원 확보나 영향력 확대를 위해 경쟁과 차별화를 추구하는 전략 • 서비스 질 개선, 브랜드 강화, 마케팅 강화 등 • 동일 분야 기관 간 경쟁 구조 형성
협동적 전략	• 외부 환경과의 상호이익을 위한 협력과 네트워크를 통해 불확실성을 줄이려는 전략 • 상호 의존성과 신뢰 기반
방해전략	• 외부 환경의 영향이나 간섭을 의도적으로 차단하거나 최소화하려는 전략 • 정보통제, 비공개 의사결정, 자율성 강화 등 • 조직 내부 보호와 독립성 확보 목적

02 사회복지조직 혁신의 방해요인

무사안일주의	조직 구성원들이 변화에 대한 적극적인 참여를 하지 않고, 현상 유지에 안주하는 태도
비전의 영향력 과소평가	조직의 비전이 직원들에게 충분히 전달되지 않거나, 비전의 중요성이 간과되어 조직이 방향성을 잃을 위험이 있음
비전에 대한 불충분한 의사소통	조직의 비전이나 목표에 대해 직원들과 충분한 의사소통이 이루어지지 않아 목표 달성에 대한 혼란이 발생
변화를 막는 조직구조나 보상체계의 유지	기존의 조직구조나 보상체계가 변화에 적응하지 못하고, 저항하는 경향을 보임
낮은 직무만족도	직무에 대한 만족도가 낮을 경우, 직원들이 업무에 적극적으로 참여하지 않으며 생산성이 떨어질 수 있음
관리자의 리더십 부족	관리자들이 리더십을 발휘하지 못하거나 일관성 없는 결정을 내리면 직원들은 방향과 동기를 잃음
자원의 부족	재정적·인적 자원의 부족이 변화를 추진하는 데 필요한 기반을 제공하지 못하게 할 수 있음
갈등과 충돌	조직 내에서 갈등이 해결되지 않으면 직원들 간 협업이 어려워지고, 변화에 대한 저항이 심해질 수 있음
불명확한 역할과 책임	각 구성원의 역할이 명확하지 않으면 책임을 다하지 않거나 혼란을 초래하여 조직 목표를 달성하기 어려움

기출선지로 확인

하센펠트(Y. Hasenfeld)의 조직환경 대응전략

01 권위주의 전략 — 18회
02 경쟁전략 — 18회
03 협동전략 — 18회
04 방해전략 — 18회

사회복지조직 혁신의 방해요인

05 무사안일주의 — 22회
06 비전의 영향력을 과소평가 — 22회
07 비전에 대한 불충분한 의사소통 — 22회
08 변화를 막는 조직구조나 보상체계의 유지 — 22회

대표기출로 확인

01 하센필드(Y. Hasenfeld)가 주장하는 조직환경 대응전략이 아닌 것은? — 18회
① 권위주의 전략   ② 경쟁전략
③ 협동전략   ④ 방해전략
⑤ 전문화 전략

> ① 권위주의 전략: 명령에 수긍하도록 법적, 윤리적 제재를 가하는 형태
> ② 경쟁전략: 다른 조직들과 경쟁하여 능력을 증가시키는 형태
> ③ 협동전략: 다른 조직들과 협력, 협업하여 능력을 증가시키는 형태
> ④ 방해전략: 조직의 자원생산 능력을 위협하는 행동을 의도적으로 하는 전략
>
> 정답 ⑤

02 사회복지조직 혁신의 방해요인으로 옳지 않은 것은? — 22회
① 무사안일주의
② 비전의 영향력을 과소평가
③ 비전에 대한 불충분한 의사소통
④ 핵심 리더의 변화 노력에 대한 구성원의 공개 지지
⑤ 변화를 막는 조직구조나 보상체계의 유지

> 핵심 리더의 변화 노력에 대한 구성원의 공개 지지는 사회복지조직 혁신의 핵심요소이다.
>
> 정답 ④

기출키워드23 환경변화의 흐름 및 대응 ★빈출

03 사회복지조직의 환경변화

지역 중심	• 중앙집권적 전달체계에서 벗어나 지방자치단체와 지역사회 중심의 분권화된 복지 실현 • 지역사회 욕구 반영, 주민 참여 기반 강화 • 지역사회보장협의체, 지역사회복지계획 등 등장
클라이언트 중심	• 공급자 중심에서 클라이언트(이용자)의 권리와 선택이 강조되는 체계로 변화 • 서비스 선택권, 정보 접근권, 자기결정권 강화 • 사례관리 및 개별화된 접근 확대
수요 중심	• 서비스 제공자의 기준이 아닌 수요자의 욕구와 필요에 따라 정책과 서비스 구조 재편 • 복지 욕구 조사, 수요자 만족도 조사, 맞춤형 서비스 강화
자립 중심	• 수급자 보호 중심에서 벗어나 자립과 자활을 목표로 하는 정책 강화 • 자활사업, 취업연계, 소득보전보다는 역량강화 강조
기관의 투명성	• 서비스 제공기관의 책임성과 공공성 요구 증대 • 정보공개, 평가제도, 성과관리, 윤리경영 강화 • 외부 감시와 참여 구조 확대
민영화	• 공공부문 서비스의 효율성과 유연성 강화를 위해 민간이 참여함 • 사회서비스 위탁운영, 민간기관 중심의 공급 확대 • 사회복지법인·비영리단체·영리기업의 참여 증가
기업경영론	• 사회복지조직에서도 기업적 효율성과 전략경영 도입 • 성과관리, 고객관리, 품질경영, 리더십 이론 적용 • 경쟁 구조 도입, 마케팅·홍보 전략 강화

기출선지로 확인

사회복지조직의 환경변화

09 사회서비스 확대로 사회적 일자리가 창출되고 있다. 19회

10 지방자치단체에서 주민참여를 활성화하고 있다. 19회

11 주민센터를 행정복지센터로 개편하는 추세이다. 19회

12 지역사회 통합돌봄 도입으로 전문직종 간 서비스를 연계하여 제공한다. 19회

13 책임성 요구가 높아지고 있다. 21회

14 서비스 이용자의 소비자주권이 강해지고 있다. 21회

15 빅데이터 활용이 증가하고 있다. 21회

16 사회서비스 공급에 민간의 참여가 증가하고 있다. 21회

17 기업경영 방식 활용이 늘어나고 있다. 23회

대표기출로 확인

03 최근 사회복지행정환경 변화에 관한 설명으로 옳은 것은? 23회

① 기업경영 방식 활용이 늘어나고 있다.
② 국가가 직접 제공하는 서비스가 늘어나고 있다.
③ 성과(outcome) 중심 평가에서 산출(output) 중심 평가로 전환되고 있다.
④ 사회복지행정의 이론적 준거틀이 필요 없게 되었다.
⑤ 사회복지서비스가 다양화되면서 전문가 활용이 감소하고 있다.

> ② 국가가 직접 제공하는 서비스보다 지방자치단체 또는 민간이 제공하는 서비스가 늘어나고 있다.
> ③ 산출(output) 중심 평가에서 성과(outcome) 중심 평가로 전환되는 추세이다.
> ④ 사회복지행정의 이론적 준거틀이 더욱 강조되고 있다(경영이론, 행정이론, 사회학이론 등).
> ⑤ 사회복지서비스가 다양화되면서 전문가 활용 역시 다양성을 강조하고 있다(하나의 자격요건에서 사회복지사＋노인요양보호사, 사회복지사＋청소년 지도사, 사회복지사＋법무사 등으로 변화).
>
> 정답 ①

기출키워드 24 일반환경과 과업환경

최근 7개년 평균 출제문항 수 **0.3문항**

01 사회복지조직의 환경(하센펠트, 홀)

조직환경의 기본 유형		• 상위기관·동급기관·상사·동료·업무환경 등 다양한 관계 포함 • 내부환경과 외부환경으로 구분됨
외부환경의 분류		• **일반환경**: 사회 전체 조직에 광범위하게 영향을 미치며, 간접적 영향을 미치는 환경 • **과업환경**: 조직의 목표설정·달성에 직접적 영향을 미치는 환경
하센펠트	일반환경	• **인구사회학적 조건**: 연령, 성별, 가족구성, 거주지 등 인구 특성이 장기적 수요 변화에 영향을 미침 • **경제적 조건**: 경기변동, 지방정부 재정상황 등 자원 공급과 서비스 수요에 영향을 미침 • **문화적 조건**: 사회 가치·규범 변화가 조직 목표·기술에 영향을 미침 • **정치·법적 조건**: 관련 법령·정책의 변화가 자원 통제 및 운영 기준에 영향을 미침 • **기술적 조건**: 과학기술 발달이 조직 운영 방식과 서비스 전달 방식에 영향을 미침
	과업환경	• **재정자원 지원자**: 정부, 기업, 단체, 개인후원자, 유료 이용자 등이 자금 제공 주체 • **합법성·권위 제공자**: 법적·사회적 정당성을 부여하는 기관(예 정부, 의회, 전문협회 등) • **클라이언트 제공자**: 클라이언트를 조직에 연결하거나 의뢰하는 집단과 개인 • **보충적 서비스 제공자**: 조직이 업무를 원활히 수행하도록 지원하는 외부 서비스 제공자 • **서비스 소비자**: 조직의 개입 결과를 수용하고 변화된 상태를 인수하는 주체 • **경쟁조직**: 동일 자원(클라이언트, 재정 등)을 두고 경쟁하는 타 조직
홀	일반환경	• 기술, 정치, 경제, 인구통계, 생태학, 문화 등 거시적 사회환경 요소 전반 • 산업요소, 원자재, 시장, 정보, 국제상황 등 포괄 • 간접적으로 과업환경 및 조직운영에 영향을 미침
	과업환경	• **고객환경**: 서비스 수요자와의 관계 • 경쟁자 환경: 유사 서비스 제공 기관과의 경쟁 • **공급자 환경**: 자원 제공자 및 협력업체 • 정치·사회 환경: 제도적 승인, 시민 인식, 공공정책 등 • 기술 환경: 변화하는 기술 조건과 적용 가능성

기출선지로 확인

사회복지조직의 환경

01 인구사회학적 조건은 사회문제와 욕구를 가늠할 수 있게 한다. 17회

02 사회인구적 특성은 사회문제와 밀접한 관계가 있다. 19회

03 경제적 상황은 서비스 수요에 영향을 미친다. 19회

04 빈곤이나 실업에 대한 사람들의 태도는 정책 수립과 실행에 영향을 미친다. 17회

05 법적 규제가 많을수록 서비스에 대한 클라이언트의 접근이 제한된다. 19회

06 과학기술 발전 정도는 사회복지조직 운영에 영향을 미친다. 17회

07 과학기술의 발전은 사회복지기관의 서비스에도 영향을 미친다. 19회

08 조직에 미치는 영향에 따라 일반환경과 과업환경으로 구분할 수 있다. 17회

대표기출로 확인

01 사회복지조직의 환경에 관한 설명으로 옳지 않은 것은? 19회

① 다른 기관과의 경쟁은 고려하지 않는다.
② 과학기술의 발전은 사회복지기관의 서비스에도 영향을 미친다.
③ 사회인구적 특성은 사회문제와 밀접한 관계가 있다.
④ 경제적 상황은 서비스 수요에 영향을 미친다.
⑤ 법적 규제가 많을수록 서비스에 대한 클라이언트의 접근이 제한된다.

> 다른 기관과의 경쟁을 고려(이익집단이론, 다원주의)한다.

정답 ①

09 사회복지조직의 환경관리와 정보관리

기출키워드 25

사회복지조직의 정보관리

최근 7개년 평균 출제문항 수 **0.4문항**

01 사회복지정보관리의 의의와 정보시스템의 유형

사회복지정보관리의 의의	• 사회복지조직에서 클라이언트, 자원, 예산, 프로그램 등의 정보를 체계적으로 수집·분석·활용하여 정책결정, 서비스 질 향상, 성과관리 등에 기여하는 활동 • 과학적 행정 실현, 맞춤형 복지 구현, 의사결정 지원의 기반 역할
거래처리시스템 (TPS)	서비스 제공, 회계, 후원, 통계 등 일상적·반복적인 업무 처리에 사용되는 기초시스템 예 상담 일지 입력, 회계처리, 출석부 등록 등
경영정보시스템 (MIS)	관리자들이 조직 운영을 계획·통제하기 위해 사용하는 정보를 제공하는 시스템 예 사업별 예산집행현황, 업무성과 통계표 등
의사결정지원시스템 (DSS)	복잡하거나 비정형적인 문제를 분석하고 의사결정을 지원하기 위한 분석적 도구를 제공하는 시스템 예 시뮬레이션, 자원배분 우선순위 분석 등
전문가시스템 (ES)	특정 분야 전문가의 판단과 추론 과정을 전산화하여 자동으로 조언을 제공하는 시스템 예 사례관리 진단 모델, 자립계획 추천시스템
지식기반시스템 (KBS)	조직 내외의 경험, 사례, 연구자료 등 지식자산을 축적·공유·활용할 수 있도록 지원하는 시스템 예 우수 사례 데이터베이스, 상담매뉴얼 공유시스템
클라이언트 정보관리시스템 (CIS)	클라이언트의 개인정보, 서비스 이력, 욕구, 개입 결과 등을 통합 관리하는 시스템 예 사례관리 전산시스템, 서비스 연계기록시스템
지역사회복지정보 시스템	지역 내 다양한 기관·자원·프로그램 정보를 연계하여 지역사회 차원의 복지정보를 통합 제공하는 시스템 예 복지자원 지도, 민관 서비스 매핑시스템

기출선지로 확인

사회복지정보화

01 조직의 업무 효율성을 증대시킬 수 있다. 21회

02 대상자 관리의 정확성·객관성을 확보할 수 있다. 21회

03 클라이언트에 대한 사생활 침해 가능성이 높아졌다. 21회

04 사회복지행정가가 정보를 체계적으로 다룰 수 있다. 21회

05 사회보장정보시스템(범정부): 사회복지사업 정보와 지원대상자의 자격정보, 수급이력정보 등을 통합관리하는 시스템 20회

06 사회보장정보시스템(범정부): 대상자의 소득, 재산, 인적 자료, 수급이력정보 등을 연계하여 정확한 사회복지 대상자 선정 및 효율적 복지 업무 처리 지원 20회

사회복지조직에서 정보관리의 중요성

07 사회복지조직의 책임성을 강화할 수 있기 때문이다. 23회

08 업무수행을 위한 적절한 정보체계를 구축할 수 있기 때문이다. 23회

09 종사자의 전문성을 강화할 수 있기 때문이다. 23회

10 사회복지조직의 효과성을 높이기 때문이다. 23회

대표기출로 확인

01 사회복지정보화에 관한 설명으로 옳지 않은 것은? 21회
① 조직의 업무 효율성을 증대시킬 수 있다.
② 대상자 관리의 정확성, 객관성을 확보할 수 있다.
③ 클라이언트에 대한 사생활 침해 가능성이 높아졌다.
④ 학습조직의 필요성이 감소하였다.
⑤ 사회복지행정가가 정보를 체계적으로 다룰 수 있다.

> 학습조직 필요성이 증대하였다.
> 사회복지정보화의 특징은 다음과 같다.
> - 조직의 업무 효율성 증대
> - 대상자 관리의 정확성, 객관성 확보
> - 클라이언트에 대한 사생활 침해 가능성 증가
> - 사회복지행정가가 정보를 체계적으로 다룰 수 있음
> - 서비스의 만족도 제고를 위한 능률적 수단
> - 책임성 제고
>
> 정답 ④

10 프로그램 개발과 평가

기출키워드 26

프로그램 개발

최근 7개년 평균 출제문항 수 **0.6문항**

01 프로그램 개발과 대상자 선정

프로그램 설계 과정	사회문제 및 욕구 확인 → 목표 설정 → 이론적 근거 설정 → 프로그램 구성요소 개발(내용, 방법, 일정 등) → 실행계획 수립(인력, 예산, 홍보 등) → 평가계획 수립(성과지표, 평가도구 등) → 프로그램 실행 → 평가
일반집단	행정구역 또는 모집단 전체에 해당하는 사람들로, 문제 여부와 관계없이 모두 포함됨
위기집단	일반집단 중에서 특정 문제에 노출되었거나 문제를 경험한 이들이 포함됨
표적집단	문제 해결의 주요 대상으로, 서비스 개입이 필요한 사람들로 구성된 집단
클라이언트 집단	프로그램에 실제로 참여하여 서비스를 제공받는 최종 수혜자 집단

02 논리모델

투입	프로그램 수행에 필요한 자원 예 인력, 예산, 시간, 시설, 장비 등
활동	자원을 활용한 구체적 실행 내용 예 교육, 상담, 훈련, 캠페인 등
산출	활동을 통해 직접 산출된 수치적 결과 예 참여자 수, 교육 횟수, 상담 건수 등
성과	• 프로그램을 통해 나타나는 변화 결과 • 단기: 인식·지식·태도 변화 • 중기: 행동 변화, 기능 향상 • 장기: 삶의 질 향상, 사회문제 완화 등

03 욕구의 유형

규범적 욕구	전문가가 정한 기준이나 사회적 표준에 따라 필요하다고 판단되는 욕구 예 의료 기준 미달, 빈곤선 이하 인구 등
인지된 욕구 (느낀 욕구)	개인이 주관적으로 느끼는 욕구 예 설문조사, 면접을 통해 파악 가능
표현된 욕구	실제로 서비스 신청이나 이용 형태로 드러난 욕구 예 대기자 수, 진료 신청 건수 등
비교적 욕구	유사한 집단 간 자원이나 서비스 접근의 격차를 비교하여 도출되는 욕구 예 A지역에는 요양시설이 있으나, B지역에는 없는 경우

기출선지로 확인

기획 과정에서 대상 인구 규정

01 클라이언트인구란 프로그램에 실제 참여하는 사람을 말한다. 17회

논리모델

02 투입: 독거노인 20명, 사회복지사 2명 15회
03 활동: 자원봉사자 모집, 사회성 향상 프로그램 실시 15회
04 산출: 교육시간, 출석률 15회
05 산출: 이용자의 서비스 참여 횟수 13회
06 산출: 서비스 종료 여부 13회
07 산출: 서비스 제공자와 이용자 간 접촉 건수 13회
08 산출: 이용자가 서비스를 활용한 총시간 13회
09 영향: 지역의 독거노인 관심도 향상 15회

욕구의 유형

10 규범적 욕구: 정부가 제시한 노인인구 천 명당 적정 병원수로 A지역의 보건의료서비스 욕구를 파악하였다. 10회
11 느껴진(Felt) 욕구는 잠재적 대상자들이 스스로 인지하는 것을 기준으로 삼는다. 13회
12 표현된(Expressed) 욕구는 대기자 명단 등에 나타난 사람들의 요구 행위를 근거로 한다. 13회
13 비교적(Comparative) 욕구는 집단 간 상대적 수준의 차이를 고려한다. 13회
14 위의 욕구들이 중첩될수록 프로그램화의 필요성은 증가한다. 13회

대표기출로 확인

01 논리모델을 적용하여 치매부모부양 가족원 스트레스 완화 프로그램을 설계했을 때, 옳은 것을 모두 고른 것은? 17회

> ㄱ. 투입: 스트레스 완화 프로그램 실행 비용 1,500만원
> ㄴ. 활동: 프로그램 참여자의 스트레스 완화
> ㄷ. 산출: 상담전문가 10인
> ㄹ. 성과: 치매부모부양 가족원 삶의 질 향상

① ㄱ   ② ㄱ, ㄹ   ③ ㄴ, ㄷ
④ ㄷ, ㄹ   ⑤ ㄴ, ㄷ, ㄹ

> ㄴ. 프로그램 참여자의 스트레스 완화는 성과이다.
> ㄷ. 상담전문가 10인은 투입이다.
>
> 정답 ②

02 사회복지프로그램 기획 과정에서 대상 인구 규정에 관한 설명으로 옳은 것은? 17회

① 위험인구란 프로그램 수급 자격을 갖춘 사람을 말한다.
② 클라이언트인구란 프로그램에 실제 참여하는 사람을 말한다.
③ 일반인구란 프로그램이 해결하려는 문제에 취약성이 있는 사람을 말한다.
④ 일반적으로 표적인구가 일반인구보다 많다.
⑤ 자원이 부족하면 클라이언트인구가 표적인구보다 많아진다.

> ① 표적인구란 프로그램 수급 자격을 갖춘 사람을 말한다.
> ③ 위험인구란 프로그램이 해결하려는 문제에 취약성이 있는 사람을 말한다.
> ④ 일반적으로 일반인구가 표적인구보다 많다.
> ⑤ 자원이 부족하면 표적인구가 클라이언트인구보다 많아진다.
>
> 정답 ②

04 욕구조사의 방법

구분	내용
지표 분석	인구통계, 건강, 실업률 등 객관적 통계를 활용하여 지역문제를 파악하는 방식 예 보건지표, 빈곤율, 교육수준
사회조사 방법	• 설문지, 인터뷰, 전화조사 등을 통한 정량적 또는 정성적 데이터 수집 • 일반 대중이 느낀 욕구 파악에 유용함
지역사회집단 접근	주민 회의나 간담회 형식으로 지역사회 구성원들이 모여 욕구를 공유하고 도출하는 방식 예 마을회의, 실천포럼 등
델파이기법	• 익명성을 바탕으로 전문가들에게 반복적으로 질문하고 의견을 종합·수렴하는 방식 • 미래 예측, 정책 제안에 적합
명목집단기법	• 소집단에서 각자의 의견을 명확히 제시하고 순위화하는 절차적 집단토의 방식 • 참여자 간 발언 기회를 균등하게 보장
초점집단조사	• 소수, 대표, 주요한 특성을 가진 사람들을 모아 특정 주제에 대해 자유롭게 토론하도록 유도하는 방식 • 다수보다 소수의견 반영이라는 한계가 있음
주요 정보제공자 면접	• 지역 내 사정에 밝은 인물(예 통장, 교사, 의료인 등)을 대상으로 한 면접조사 • 간접적·대리적 정보 수집에 효과적
공식 및 비공식 인터뷰	• 공식 인터뷰: 구조화된 질문지 기반 면접 • 비공식 인터뷰: 자연스러운 대화 속에서 욕구를 파악하는 방식
참여관찰	• 지역사회 현장에 직접 참여하여 행동·상황을 관찰하며 욕구를 파악하는 방식 • 정성적·맥락적 분석에 유용함
포럼	• 개방된 공간에서 주민들이 자유롭게 의견을 제시하고 공유하는 공개 토론 형식 • 주민 주도형 욕구 도출
공청회	• 주로 공공이 주도하며 특정 정책이나 사업을 주제로 일반 시민과 전문가의 의견을 청취하는 방식 • 계획 수립 전 의견 수렴 및 반영에 유리함

기출선지로 확인

초점집단조사

15 소수의 이해관계자(12~15명 정도)를 모아 자유롭게 의견을 개진하고 토론하게 하여 문제를 깊이 파악할 수 있는 욕구조사 방법 12회

16 중·장년 고독사 예방 프로그램을 기획하기 위해 사회복지관에서 근무하는 사회복지사, 사회복지전담공무원, 보건소 간호사 등이 모여 상호 간 질의와 응답을 통해 자료를 수집하는 방법 18회

대표기출로 확인

03 중·장년 고독사 예방 프로그램을 기획하기 위해 사회복지관에서 근무하는 사회복지사, 사회복지전담공무원, 보건소 간호사 등이 모여 상호 간 질의와 응답을 통해 자료를 수집하는 방법은? 18회

① 패널 조사 ② 초점집단 조사
③ 델파이기법 ④ 사회지표 조사
⑤ 서베이 조사

초점집단조사에 대한 설명이다.

정답 ②

기출키워드 27

10 프로그램 개발과 평가

프로그램 평가 ★빈출

최근 7개년 평균 출제문항 수 **1.1문항**

01 프로그램 평가의 유형

형성평가	프로그램 진행 중에 실시하여 과정을 점검하고 수정·보완하기 위한 평가 예 모니터링, 중간 점검 등
총괄평가	프로그램 종료 후 실시되며, 전반적인 효과성과 성과를 종합적으로 판단하는 평가
메타평가	평가 그 자체의 타당성과 신뢰성을 검토하는 평가 예 평가 설계·절차·도구 등의 적절성 평가

02 프로그램 평가의 기준

효과성	프로그램이 설정한 목표를 얼마나 달성했는지 여부 평가
효율성	투입 자원 대비 산출물의 비율 평가 예 비용 대비 효과 분석
노력성	프로그램 수행 중 제공된 서비스의 양과 범위의 평가 예 활동 횟수, 참여율 등
공평성	프로그램 서비스가 대상자들에게 공정하게 분배되었는지 여부 평가
서비스의 질	제공된 서비스가 대상자의 기대와 전문적 기준을 충족했는지 여부 평가
과정	프로그램이 성공 또는 실패한 원인을 중심으로 구조와 절차 평가

기출선지로 확인

프로그램 평가

01 효과발생의 인과 경로를 밝히는 것은 형성평가이다. 23회

02 총괄평가는 성과와 비용에 관심이 크다. 17회

03 프로그램 종결 후 실시하는 성과평가는 총괄평가이다. 23회

04 효과성 평가는 프로그램의 목표 달성 정도를 평가한다. 21회

05 비용-편익분석은 프로그램의 비용과 결과를 금전적 가치로 환산하여 평가한다. 21회

06 비용-편익분석은 효율성 평가이다. 23회

07 노력성 평가는 프로그램 수행에 투입된 인적·물적 자원 등을 기준으로 평가한다. 21회

08 책임성 이행: 재무·회계적, 전문적 책임 이행 22회

효율성

09 사회복지조직의 책임성 평가 방식이다. 19회

10 투입한 자원과 산출된 결과의 비율을 측정한다. 19회

11 자금이나 시간의 투입과 서비스 제공 실적의 비율을 파악한다. 19회

12 최소한의 비용으로 최대한의 효과를 거둘 수 있도록 한다. 19회

대표기출로 확인

01 사회복지평가의 유형에 관한 설명으로 옳은 것은? 17회

① 총괄평가는 주로 프로그램 개발을 목적으로 한다.
② 형성평가의 대표적인 예는 효과성 평가이다.
③ 총괄평가는 모니터링 평가라고도 한다.
④ 형성평가는 목표달성도에 주된 관심을 갖는다.
⑤ 총괄평가는 성과와 비용에 관심이 크다.

> ① 총괄평가(성과평가)는 주로 프로그램의 목적 달성 또는 성패여부 확인을 목적으로 한다.
> ② 총괄평가(성과평가)의 유형에 효과성 평가가 포함된다.
> ③ 과정평가는 모니터링 평가라고도 한다.
> ④ 총괄평가(성과평가)는 목표달성도에 주된 관심을 갖는다.
>
> 정답 ⑤

02 프로그램 평가에 관한 설명으로 옳은 것을 모두 고른 것은? 23회

> ㄱ. 비용-편익분석은 효율성 평가이다.
> ㄴ. 비용-효과분석은 효과성 평가이다.
> ㄷ. 프로그램 종결 후 실시하는 성과평가는 총괄평가이다.
> ㄹ. 효과발생의 인과 경로를 밝히는 것은 형성평가이다.

① ㄱ, ㄴ
② ㄱ, ㄷ
③ ㄱ, ㄷ, ㄹ
④ ㄴ, ㄷ, ㄹ
⑤ ㄱ, ㄴ, ㄷ, ㄹ

> ㄴ. 비용-효과분석은 효율성 평가이다.
>
> 정답 ③

11 사회복지조직의 책임성과 평가

기출키워드 28

성과평가 및 시설평가

최근 7개년 평균 출제문항 수 **0.6문항**

01 성과평가 및 시설평가

주요 내용	• 개별 사회복지시설의 고유성을 충분히 반영하지 못하는 점이 평가의 한계 • 평가지표 선정 과정에서 현장의 의견을 수렴하여 실제 현장의 특성과 요구를 반영함 • 사회복지시설에 대한 평가는 3년마다 실시함 • 평가 결과는 시설 운영 지원에 반영되어, 개선사항을 지원하는 형태로 활용됨
평가의 근거	1997년 개정된 「사회복지사업법」에 근거
평가의 목적	사회복지시설 운영의 효율성 및 서비스 품질 향상 도모

02 사회복지시설의 서비스 최저기준

- 시설 이용자의 인권
- 시설의 환경
- 시설의 운영
- 시설의 안전관리
- 시설의 인력관리
- 지역사회 연계
- 서비스의 과정 및 결과
- 그 밖에 서비스 최저기준 유지에 필요한 사항

기출선지로 확인

사회복지시설평가

01 평가의 근거는 1997년 개정된 「사회복지사업법」이다. 18회
02 평가의 목적은 시설운영의 효율화 등을 위한 것이다. 18회
03 개별 사회복지시설의 고유성이 반영되지 못하는 점은 평가의 한계점으로 여겨진다. 18회
04 평가지표 선정 시 현장의견수렴 절차가 필요하다. 18회
05 3년마다 평가 실시 19회
06 평가 결과를 시설 지원에 반영 19회

사회복지관에서 제공해야 하는 서비스의 최저기준

07 시설의 환경 20회
08 시설의 안전관리 20회
09 시설의 인력관리 20회
10 시설 이용자의 인권 20회

기준행동

11 사회복지서비스 평가로 인해 발생 가능한 부정적 현상이다. 17회
12 양적 평가지표가 많을 때 증가되기 쉽다. 17회
13 평가지표 충족에만 관심이 집중되어 서비스 효과성이 낮아질 수 있다. 17회

대표기출로 확인

01 다음에서 공통적으로 설명하는 것은? 17회

- 사회복지서비스 평가로 인해 발생 가능한 부정적 현상이다.
- 양적 평가지표가 많을 때 증가되기 쉽다.
- 평가지표 충족에만 관심이 집중되어 서비스 효과성이 낮아질 수 있다.

① 레드테이프 ② 모듈화 ③ 옴부즈맨
④ 기준행동 ⑤ 분절성

제시된 설명은 기준행동에 대한 설명이다.

정답 ④

02 우리나라의 사회복지시설 평가제도에 관한 설명으로 옳은 것은? 19회

ㄱ. 3년마다 평가 실시
ㄴ. 5년마다 평가 실시
ㄷ. 평가 결과의 비공개원칙
ㄹ. 평가 결과를 시설 지원에 반영

① ㄱ, ㄷ ② ㄱ, ㄹ ③ ㄴ, ㄷ
④ ㄴ, ㄹ ⑤ ㄷ, ㄹ

ㄴ. 3년마다 평가 실시(보건복지부장관 및 시·도지사 주관)
ㄷ. 평가 결과의 공개 원칙(보건복지부장관과 시·도지사는 평가 후 그 결과를 공개해야 함)

정답 ②

기출키워드 29
사회복지조직의 책임성

최근 7개년 평균 출제문항 수 **0.4문항**

01 사회복지조직의 책임성

사회복지법인 이사회의 구성	• 대표이사를 포함한 각 이사와 실무 담당자 관리 • 법인의 비전과 운영 방침 설정
사회복지법인의 역할	• 비영리 성격에 부합되는 사회적 약자에 대한 복지서비스 제공 • 지역사회 복지 증진에 기여 및 법인 운영의 투명성과 효율성 제고
사회복지시설의 예산 편성 및 재무 관리	• 사회복지법인 및 사회복지시설 재무·회계규칙에 근거하여 예산 편성 및 세입과 세출 구분 작성 • 정기적인 감사와 회계 보고로 투명성 유지
배분사업 공모 및 재정지원	배분사업 공모를 통해 사회복지 프로그램에 재정 지원 및 공정·투명한 절차 강조
주민참여제도와 예산 수립	주민참여제도를 통해 지역 복지 요구를 반영한 예산 수립

기출선지로 확인

사회복지조직의 책임성

01 형성평가는 과정을 파악하는 동태적 분석으로 프로그램 진행 중에 실시할 수 있다. 19회

02 사회복지 프로그램 평가를 통하여 프로그램 수정과 정책 개발 등에 활용한다. 19회

03 사회복지전달체계는 사회복지의 책임성을 이행할 수 있도록 구축되어야 한다. 19회

04 정부 및 재정자원제공자, 사회복지조직, 사회복지전문직, 클라이언트 등에게 책임성을 입증해야 한다. 20회

05 우리나라의 사회복지시설 평가는 「사회복지사업법」에 근거하여 실시한다. 19회

06 업무수행 결과에 대한 책임뿐만 아니라 업무과정에 대한 정당성을 의미한다. 20회

07 지역사회와의 관계뿐만 아니라 조직 내 상호작용에서도 정당성을 확보해야 한다. 20회

08 클라이언트 집단의 욕구를 충족시키고 당면한 사회문제를 해결하고 있다는 증거를 보여줘야 한다. 20회

사회복지조직의 책임성을 확보하기 위한 노력

09 「사회복지사업법」에 따른 사회복지법인 이사회 구성 18회

10 「사회복지법인 및 사회복지시설 재무·회계규칙」에 근거한 예산 편성 18회

11 배분사업 공모를 통한 사회복지 프로그램 재정지원 시행 18회

12 사회복지예산 수립을 위한 주민참여제도 시행 18회

대표기출로 확인

01 사회복지조직의 책임성을 확보하기 위한 노력이 아닌 것은? 18회
① 개인정보 보호를 위해 사회복지조직 후원금 사용 정보의 미공개
② 「사회복지사업법」에 따른 사회복지법인 이사회 구성
③ 「사회복지법인 및 사회복지시설 재무·회계규칙」에 근거한 예산 편성
④ 배분사업 공모를 통한 사회복지 프로그램 재정지원 시행
⑤ 사회복지예산 수립을 위한 주민참여제도 시행

> 사회복지조직은 책임성과 투명성 등을 확보하기 위해 후원금 사용 정보를 공개해야 한다.
> 정답 ①

02 사회복지조직의 책임성에 관한 설명으로 옳지 않은 것은? 20회
① 업무수행 결과에 대한 책임뿐만 아니라 업무과정에 대한 정당성을 의미한다.
② 책임성 이행 측면에서 효율성을 배제하고 효과성을 극대화해야 한다.
③ 지역사회와의 관계뿐만 아니라 조직 내 상호작용에서도 정당성을 확보해야 한다.
④ 정부 및 재정자원제공자, 사회복지조직, 사회복지전문직, 클라이언트 등에게 책임성을 입증해야 한다.
⑤ 클라이언트 집단의 욕구를 충족시키고 당면한 사회문제를 해결하고 있다는 증거를 보여줘야 한다.

> 책임성 이행 측면에서 효율성과 효과성을 극대화해야 한다.
> 정답 ②

12 사회복지조직의 마케팅

기출키워드 30

사회복지조직 마케팅의 특징 및 전략 ★빈출

최근 7개년 평균 출제문항 수 **1.1문항**

01 사회복지조직 마케팅

개념	사회복지조직이 클라이언트와 지역사회의 욕구를 효과적으로 충족시키기 위해 사용하는 전략적 기법
특징	• 비영리 목적 중심: 이윤 추구가 아닌 사회적 가치와 복지 향상에 목적이 있음 • 쌍방향 관계 강조: 클라이언트와의 신뢰 및 지속적 관계 형성 중시 • 욕구 중심 전략: 클라이언트의 다양한 욕구와 문제 해결을 우선함 • 사회적 가치 전달: 조직의 비전과 공익적 가치를 널리 알리는 기능 포함
기능	• 서비스 품질 향상과 접근성 강화를 도모함 • 사회복지에 대한 부정적 인식 해소와 접근성 제고 • 클라이언트 및 지역사회의 자발적 참여 유도 • 민간후원자, 자원봉사자, 정책결정자 등 다양한 이해관계자와의 협력 증진 • 제한된 자원 속에서 효과적인 자원배분과 전달체계 운영 가능

02 마케팅 전략

환경분석	외부 환경(정책, 지역사회, 경쟁기관 등)과 내부 자원(인력, 예산, 시설 등)을 분석하여 마케팅 전략의 기초자료 확보
시장 세분화 및 표적 설정	클라이언트 집단의 특성과 욕구에 따라 시장을 세분화하고, 조직의 역량에 적합한 표적집단(Target Group)을 선정함
욕구조사 및 문제 파악	선정된 표적집단의 서비스 욕구, 문제, 기대 등을 다양한 조사기법을 활용해 파악함
마케팅 목표 설정	조사 결과에 기반하여 구체적이고 측정 가능한 마케팅 목표 설정 예 이용자 수 증가, 이미지 개선, 후원자 확대 등
마케팅 전략 수립(4P)	제품, 가격, 장소(유통), 촉진 전략을 통합적으로 설계하여 목표 달성을 위한 실행계획 수립
실행	수립된 전략에 따라 서비스 제공, 홍보, 협력, 유통 등의 활동 실천
평가 및 피드백	• 마케팅 활동의 성과를 측정하고 문제점을 개선함 • 서비스 만족도, 참여율, 인지도 등 지표 활용

03 마케팅 믹스(4P)

상품(Product)	• 사회복지조직이 제공하는 서비스 자체(예 상담, 교육, 주거지원, 자활사업 등) • 유형(물품)뿐만 아니라 무형(서비스)까지 포함
가격(Price)	• 클라이언트가 서비스를 이용하기 위해 지불하거나 감수해야 하는 모든 비용 • 금전적 비용 외에 시간, 심리적 부담, 이동거리 등도 포함
장소, 유통(Place)	• 서비스가 전달되는 장소 또는 접근 경로(예 복지관, 지역거점시설, 온라인 플랫폼 등) • 접근 용이성, 분포의 균형성 등 고려
촉진(Promotion)	서비스에 대한 인지도를 높이고 참여를 유도하는 홍보 및 커뮤니케이션 활동 예 캠페인, 광고, 설명회, SNS 홍보, 입소문 등

기출선지로 확인

비영리조직 마케팅

01 공익사업과 수익사업의 적절한 운영을 위하여 필요하다. 19회

02 이윤추구보다는 사회적 가치 실현에 주안점을 둔다. 21회

03 마케팅에서 교환되는 것은 유형의 재화보다는 무형의 서비스가 대부분이다. 21회

04 서비스의 생산과 소비의 동시성을 고려한다. 21회

05 영리조직에 비해 인간의 태도나 행동을 변화시키는 것이 어렵다. 21회

06 비영리조직의 책임성과 효과성이 강조되면서 중요성이 커졌다. 23회

마케팅 믹스(4P)

07 상품(Product) 17회

08 제품(Product): 고객의 욕구를 충족시키기 위하여 제공하는 재화나 서비스 21회

09 가격(Price) 17회

10 유통(Place) 17회

11 유통(Place): 고객이 서비스를 쉽게 이용할 수 있도록 하는 조직적 활동 21회

12 촉진(Promotion) 17회

대표기출로 확인

01 일반적인 마케팅 믹스(4P) 전략에 포함되지 않는 것은? 17회
① 가격(Price)
② 촉진(Promotion)
③ 성과(Performance)
④ 유통(Place)
⑤ 상품(Product)

> 마케팅 믹스(4P) 전략에 해당하는 요소는 다음과 같다.
> - 제품(Product)
> - 가격(Price)
> - 유통, 판매, 입지(Place)
> - 촉진, 홍보활동(Promotion)
>
> 정답 ③

02 마케팅 믹스 4P에 관한 설명으로 옳은 것을 모두 고른 것은? 21회

> ㄱ. 유통(Place): 고객이 서비스를 쉽게 이용할 수 있도록 하는 조직적 활동
> ㄴ. 가격(Price): 판매자가 이윤 극대화를 위하여 임의로 설정하는 금액
> ㄷ. 제품(Product): 고객의 욕구를 충족시키기 위하여 제공하는 재화나 서비스
> ㄹ. 촉진(Promotion): 판매 실적에 따라 직원을 승진시키는 제도

① ㄱ, ㄴ   ② ㄱ, ㄷ
③ ㄱ, ㄴ, ㄷ   ④ ㄴ, ㄷ, ㄹ
⑤ ㄱ, ㄴ, ㄷ, ㄹ

> ㄴ. 가격(Price)은 소비자가 지불해야 하는 제품의 가치이다.
> ㄹ. 판매 실적에 따라 직원을 승진시키는 제도는 촉진(Promotion)이 아니라 인사업무이다.
>
> 정답 ②

마케팅 기법

기출키워드 31

12 사회복지조직의 마케팅

최근 7개년 평균 출제문항 수 **0.4문항**

01 사회복지 마케팅의 주요 방법

구분	내용
다이렉트 마케팅	• 기관이 클라이언트 또는 후원자에게 직접 접촉하여 메시지를 전달하는 방식 • 빠른 반응의 유도가 가능하지만 반발의 위험도 있음 예) 전화, 우편, 이메일, 문자메시지, 직접 방문 등
고객관계관리 마케팅	• 기존 클라이언트, 후원자, 자원봉사자와의 지속적 관계 유지와 만족도 제고에 중점 • 장기적 신뢰 형성에 효과적 예) 생일 축하 메시지, 기부 후 감사 편지, 활동 내역 안내 등
공익연계 마케팅	• 기업·단체와 협력하여 사회적 가치를 창출하는 공동 마케팅 전략 • 공공성과 기업 마케팅이 결합된 형태 예) 기업 제품 판매 수익의 일부를 복지기관에 기부, 사회 캠페인과 연계한 홍보
데이터베이스 마케팅	클라이언트·후원자 등의 정보를 체계적으로 수집·분석하여 개별 맞춤형 홍보와 전략 수립에 활용함 예) 이용자 유형별 선호도 분석, 맞춤형 안내문 발송
인터넷 마케팅	• 홈페이지, 블로그, SNS, 이메일 등 온라인 매체를 통한 마케팅 활동 • 접근성·속도·확산력이 높고, 젊은 세대에 효과적 예) 유튜브 사례영상, 페이스북 복지소식 공유
사회 마케팅	• 개인의 태도와 행동 변화를 유도하여 사회적 문제를 해결하려는 마케팅 전략 • 공익 목적이 뚜렷하며 비영리기관의 핵심 전략으로 사용됨 예) 금연 캠페인, 자살예방 캠페인, 장애인 인식 개선 홍보

기출선지로 확인

사회복지 마케팅 기법

01 다이렉트 마케팅: 사회복지관에서 우편으로 잠재적 후원자에게 기관의 현황이나 정보 등을 제공하여 후원자를 개발하는 마케팅 방법
18회

02 고객관계관리 마케팅은 개별 고객특성에 맞춘 서비스를 지속적으로 제공하는 방식이다. 22회

03 기업연계 마케팅은 명분 마케팅이라고도 한다.
22회

04 데이터베이스 마케팅은 이용자에 대한 각종 정보를 수집·분석하여 활용하는 방식이다. 22회

05 사회 마케팅은 대중에 대한 캠페인 등을 통해 행동변화를 유도하는 방식이다. 22회

대표기출로 확인

01 사회복지 마케팅 기법에 관한 설명으로 옳지 않은 것은?
22회

① 다이렉트 마케팅은 방송이나 잡지 등 대중매체를 활용하는 방식이다.
② 기업연계 마케팅은 명분 마케팅이라고도 한다.
③ 데이터베이스 마케팅은 이용자에 대한 각종 정보를 수집, 분석하여 활용하는 방식이다.
④ 사회 마케팅은 대중에 대한 캠페인 등을 통해 행동변화를 유도하는 방식이다.
⑤ 고객관계관리 마케팅은 개별 고객특성에 맞춘 서비스를 지속적으로 제공하는 방식이다.

> 다이렉트 마케팅은 후원자들에게 소식지, 알림 메시지 등을 발송하는 형태의 마케팅 기법이다.
>
> 정답 ①

8영역
사회복지법제론

최근 7개년(23~17회) 기출키워드

'★' 별 표시는 7개년간 자주 출제된 이론과 키워드입니다. 빈출 이론과 키워드를 중심으로 전략적, 효율적으로 학습해 보세요.

구분		기출키워드	최근 7개년 평균 출제문항 수	최근 3개년 출제		
				23회	22회	21회
01 사회복지법 개관	1	법의 체계	0.7문항	☺	☺	
	2	헌법상의 사회복지법원	0.9문항		☺	☺
02 사회복지법 발달사	3	한국 사회복지법 발달사 ★	1.3문항	☺	☺	☺
03 사회보장기본법	4	사회보장기본법 ★	2.6문항	☺	☺	☺
04 사회복지사업법	5	사회복지사업법 ★	2.4문항	☺	☺	☺
05 사회보장급여법	6	사회보장급여 ★	1.3문항		☺	☺
06 사회보험법	7	산업재해보상보험법	0.9문항	☺		☺
	8	국민연금법	0.6문항		☺	
	9	고용보험법 ★	1.1문항	☺	☺	☺
	10	국민건강보험법	0.9문항	☺	☺	
	11	노인장기요양보험법	0.9문항	☺	☺	☺
07 공공부조법	12	국민기초생활 보장법 ★	1.9문항	☺	☺	☺
	13	의료급여법	0.4문항	☺	☺	
	14	긴급복지지원법	0.6문항			☺
	15	기초연금법	0.9문항	☺	☺	

과락은 피하고! 합격선은 넘는! 1트 합격 TIP

- 사회복지법제론은 최근에 난도가 높게 출제되고 있습니다.
- 전반적인 내용이 골고루 출제되나, 특히 각 법률의 정의, 용어, 급여의 유형, 실태조사 및 기본계획의 주체, 기간 등이 자주 출제되니 반드시 숙지해야 합니다.
- 사회복지서비스법에서 각 법률의 시설 유형(장애인복지법, 노인복지법, 아동복지법 등)을 눈여겨 보아야 합니다.
- 시험에서 지문의 주어 또는 서술어를 살짝 바꾸거나 숫자를 변형하여 출제되고 있으니 주의해야 합니다.

구분		기출키워드	최근 7개년 평균 출제문항 수	최근 3개년 출제		
				23회	22회	21회
08 사회복지서비스법	16	장애인복지법	0.6문항	☺		
	17	노인복지법	0.9문항	☺	☺	
	18	아동복지법 ★	1문항	☺	☺	☺
	19	한부모가족지원법	0.6문항	☺	☺	☺
	20	가정폭력 및 성폭력 관련법	0.9문항	☺		
	21	기타 사회복지서비스 관련법 ★	1.1문항		☺	☺

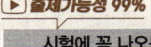

시험에 꼭 나오는 기출키워드

8영역 강의 ①   8영역 강의 ②

01 사회복지법 개관

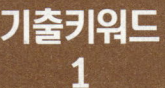

법의 체계

최근 7개년 평균 출제문항 수 **0.7문항**

01 법원의 유형 및 특징

법원 (법의 원리)	• 성문법: 헌법, 법률, 명령(시행령, 시행규칙), 자치법규(조례, 규칙), 일반적으로 승인된 국제법규 • 불문법: 관습, 판례, 조리 등도 법원으로 인정되는 보충적 역할 • 법률 적용의 원칙: 상위법 우선, 신법 우선, 특별법 우선 • 헌법 제34조: 모든 국민은 인간다운 생활을 할 권리를 가지며, 국가의 의무로 사회보장·사회복지의 증진이 규정됨 • 헌법의 6대 기본권: 자유권, 평등권, 참정권, 청구권, 사회권, 경제권
성문법의 순서	헌법 → 법률 → 명령(시행령, 시행규칙) → 자치법규(조례, 규칙)
법률 제정기관	국회: 법률 제정의 주체(국회에서 1/2 참석과 1/2 찬성으로 의결, 대통령 거부권 (재)행사 시 1/2 참석과 2/3 찬성 필요)

명령	• 명령: 법률에 따라 행정부가 제정한 규범(대통령령, 총리령, 부령)
	  – 대통령령: 대통령이 발하는 명령(시행령)
	  – 총리령: 국무총리가 발하는 명령
	  – 부령: 장관이 발하는 명령(시행규칙)
	• 명령은 상위법원에서의 위임 여부에 따라 위임명령과 집행명령으로 구분됨

자치법규	• 지방자치단체는 법령의 범위 안에서 자치에 관한 규정을 제정할 수 있음 • 조례: 지방의회가 제정하는 자치법규 • 규칙: 지방자치단체장이 제정하는 자치법규

기출선지로 확인

사회복지법의 성문법원

01 법규범 위계에서 최상위 법규범은 헌법이다. 19회
02 법률은 법규범의 위계에서 헌법 다음 단계의 규범이다. 19회
03 법률은 국회에서 제정하거나 행정부에서 제출하여 국회의 의결을 거쳐 제정된다. 19회
04 명령에는 시행령과 시행규칙이 있다. 19회
05 일반적으로 승인된 국제법규 20회
06 지방자치단체의 조례는 성문법원이다. 20회, 22회
07 대통령은 법률에서 구체적으로 위임받은 사항과 법률을 집행하기 위하여 필요한 사항에 관하여 대통령령을 발할 수 있다. 23회

자치법규

08 조례는 지방의회에서 제정하는 자치법규이다. 19회
09 규칙은 지방자치단체의 장이 법령이나 조례가 위임한 범위에서 그 권한에 속하는 사무에 관하여 제정할 수 있는 자치법규이다. 19회
10 시·군 및 자치구의 조례나 규칙은 시·도의 조례나 규칙을 위반하여서는 아니 된다. 19회, 21회
11 조례안이 지방의회에서 의결되면 의장은 의결된 날부터 5일 이내에 그 지방자치단체의 장에게 이를 이송하여야 한다. 19회
12 사회복지시설의 설치·운영 및 관리는 주민의 복지증진과 관련된 지방자치단체의 사무이다. 21회
13 지방자치단체는 법령의 범위 안에서 자치에 관한 규정을 제정할 수 있다. 21회, 23회
14 주민은 지방자치단체의 조례를 제정할 것을 청구할 수 있다. 21회
15 조례는 지방의회의 의결을 거쳐 제정한다. 23회

대표기출로 확인

01 우리나라 법체계에 관한 설명으로 옳지 않은 것은? 19회
① 법규범 위계에서 최상위 법규범은 헌법이다.
② 법률은 법규범의 위계에서 헌법 다음 단계의 규범이다.
③ 법률은 국회에서 제정하거나 행정부에서 제출하여 국회의 의결을 거쳐 제정된다.
④ 시행령은 국무총리나 행정각부의 장이 발(發)하는 명령이다.
⑤ 명령에는 시행령과 시행규칙이 있다.

> 시행령은 대통령령이며, 국무총리나 행정각부의 장이 발(發)하는 명령은 시행규칙이다.
> 정답 ④

02 우리나라 사회복지법의 법원에 관한 설명으로 옳은 것은? 22회
① 관습법은 사회복지법의 법원이 될 수 없다.
② 법률은 정부의 의결을 거쳐 제정·공포된 법을 말한다.
③ 지방자치단체의 조례는 성문법원이다.
④ 명령은 행정기관이 제정한 법규로 국회의 의결을 거쳐야 한다.
⑤ 일반적으로 승인된 국제법규는 사회복지법의 법원에 포함되지 않는다.

> ① 관습법은 사회복지법의 법원이 될 수 있다.
> ② 법률은 국회의 의결을 거쳐 제정·공포된 법을 말한다.
> ④ 명령은 행정기관이 제정한 법규로 국회의 의결 없이 제정된다.
> ⑤ 일반적으로 승인된 국제법규는 사회복지법의 법원에 포함된다.
> 정답 ③

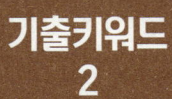

헌법상의 사회복지법원

최근 7개년 평균 출제문항 수 **0.9문항**

01 헌법상의 사회복지법원

헌법 제10조 (행복추구권)	• 모든 국민은 인간으로서의 존엄과 가치를 가지며, 행복을 추구할 권리를 가짐 • 국가는 개인이 가지는 불가침의 기본적 인권을 확인하고 이를 보장할 의무를 짐
헌법 제34조 (생존권)	• 모든 국민은 인간다운 생활을 할 권리를 가짐 • 국가는 사회보장·사회복지의 증진에 노력할 의무를 짐 • 국가는 여자의 복지와 권익의 향상을 위하여 노력하여야 함 • 국가는 노인과 청소년의 복지향상을 위한 정책을 실시할 의무를 짐 • 신체장애자 및 질병·노령 기타의 사유로 생활능력이 없는 국민은 법률이 정하는 바에 의하여 국가의 보호를 받음 • 국가는 재해를 예방하고 그 위험으로부터 국민을 보호하기 위하여 노력해야 함
헌법 제35조 (환경권)	• 모든 국민은 건강하고 쾌적한 환경에서 생활할 권리를 가지며, 국가와 국민은 환경보전을 위하여 노력하여야 함 • 환경권의 내용과 행사에 관하여는 법률로 정함 • 국가는 주택개발정책등을 통하여 모든 국민이 쾌적한 주거생활을 할 수 있도록 노력하여야 함
헌법 제36조 (가족권)	• 혼인과 가족생활은 개인의 존엄과 양성의 평등을 기초로 성립되고 유지되어야 하며, 국가는 이를 보장해야 함 • 국가는 모성의 보호를 위하여 노력해야 함 • 모든 국민은 보건에 관하여 국가의 보호를 받음

기출선지로 확인

헌법 제10조

01 모든 국민은 인간으로서의 존엄과 가치를 가지며, 행복을 추구할 권리를 가진다. 22회

헌법 제34조

02 국가는 사회보장·사회복지의 증진에 노력할 의무를 진다. 18회

03 신체장애자 및 질병·노령 기타의 사유로 생활능력이 없는 국민은 법률이 정하는 바에 의하여 국가의 보호를 받는다. 17회, 18회

헌법 규정의 사회적 기본법

04 국가는 여자의 복지와 권익의 향상을 위하여 노력하여야 한다. 20회

05 지방자치단체는 주민의 복리에 관한 사무를 처리하고 재산을 관리하며, 법령의 범위 안에서 자치에 관한 규정을 제정할 수 있다. 17회

06 국가는 근로자의 고용의 증진과 적정임금의 보장에 노력하여야 한다. 20회

07 국가는 평생교육을 진흥하여야 한다. 20회

08 국가는 모성의 보호를 위하여 노력하여야 한다. 20회

대표기출로 확인

01 헌법 제34조 규정의 일부이다. ( )에 들어갈 내용이 순서대로 옳은 것은? 18회

- 국가는 사회보장·( )의 증진에 노력할 의무를 진다.
- 신체장애자 및 질병·노령 기타의 사유로 생활능력이 없는 국민은 ( )이 정하는 바에 의하여 국가의 보호를 받는다.

① 공공부조, 헌법 ② 공공부조, 법률
③ 사회복지, 헌법 ④ 사회복지, 법률
⑤ 자원봉사, 법률

> 주어진 법 규정은 다음과 같다.
> - 국가는 사회보장·사회복지의 증진에 노력할 의무를 진다.
> - 신체장애자 및 질병·노령 기타의 사유로 생활능력이 없는 국민은 법률이 정하는 바에 의하여 국가의 보호를 받는다.
>
> 정답 ④

02 헌법 제10조의 일부이다. ( )에 들어갈 내용으로 옳은 것은? 22회

> 모든 국민은 인간으로서의 존엄과 가치를 가지며, ( )을 추구할 권리를 가진다.

① 자유권 ② 생존권
③ 인간다운 생활 ④ 행복
⑤ 인권

> 주어진 법 규정은 다음과 같다.
> 모든 국민은 인간으로서의 존엄과 가치를 가지며, 행복을 추구할 권리를 가진다.
>
> 정답 ④

기출키워드 3: 한국 사회복지법 발달사 ★빈출

최근 7개년 평균 출제문항 수 **1.3문항**

01 한국 사회복지법의 역사적 변천

법률명	제정 연도
「근로기준법」	1953년
「공무원연금법」	1960년
「생활보호법」	1961년
「재해구호법」	1962년
「산업재해보상보험법」, 「의료보험법」	1963년
「사회복지사업법」	1970년
「국민복지연금법」	1973년
「의료보호법」	1977년
「노인복지법」, 「심신장애자복지법」, 「아동복지법」	1981년
「국민연금법」	1986년
「장애인복지법」	1989년
「영유아보육법」	1991년
「고용보험법」	1993년
「정신보건법」	1995년
「사회보장기본법」	1995년
「사회복지공동모금회법」	1997년
「국민기초생활 보장법」	1999년
「국민건강보험법」	1999년
「의료급여법」	2001년
「긴급복지지원법」	2005년
「노인장기요양보험법」, 「기초노령연금법」, 「한부모가족지원법」	2007년
「다문화가족지원법」	2008년
「장애인연금법」	2010년
「기초연금법」, 「사회보장급여의 이용·제공 및 수급권 발굴에 관한 법률」	2014년
아동수당법	2018년

기출선지로 확인

법률의 제정 순서

01 「산업재해보상보험법」 – 「국민연금법」 – 「고용보험법」 – 「국민건강보험법」 17회

02 「고용보험법」, 「사회복지공동모금회법」 – 1990년대 19회

03 「산업재해보상보험법」 – 「사회복지사업법」 – 「노인복지법」 – 「고용보험법」 – 「국민기초생활보장법」 21회

사회복지법의 역사적 변천

04 1973년 제정된 「국민복지연금법」은 1986년 「국민연금법」으로 전부 개정되었다. 21회

05 1981년 「노인복지법」이 제정되었다. 23회

06 1981년 제정된 「심신장애자복지법」은 1989년 「장애인복지법」으로 개정되었다. 23회

07 2007년 「노인장기요양보험법」이 제정되었다. 23회

대표기출로 확인

01 법률의 제정 연도가 빠른 순서대로 나열된 것은? 17회

ㄱ. 국민연금법   ㄴ. 고용보험법
ㄷ. 국민건강보험법 ㄹ. 산업재해보상보험법

① ㄱ – ㄴ – ㄷ – ㄹ ② ㄱ – ㄷ – ㄹ – ㄴ
③ ㄹ – ㄱ – ㄴ – ㄷ ④ ㄹ – ㄱ – ㄷ – ㄴ
⑤ ㄹ – ㄴ – ㄱ – ㄷ

> ㄱ. 「국민연금법」: 1986년
> ㄴ. 「고용보험법」: 1993년
> ㄷ. 「국민건강보험법」: 1999년
> ㄹ. 「산업재해보상보험법」: 1963년
> 따라서 법률의 제정 연도가 빠른 순서는 'ㄹ – ㄱ – ㄴ – ㄷ'이다.
>
> 정답 ③

02 법률의 제정 연도가 빠른 순서대로 옳게 나열된 것은? 21회

ㄱ. 국민기초생활 보장법
ㄴ. 산업재해보상보험법
ㄷ. 사회복지사업법
ㄹ. 고용보험법
ㅁ. 노인복지법

① ㄱ – ㄴ – ㄷ – ㄹ – ㅁ
② ㄴ – ㄱ – ㅁ – ㄷ – ㄹ
③ ㄴ – ㄷ – ㅁ – ㄹ – ㄱ
④ ㄷ – ㄱ – ㄹ – ㅁ – ㄴ
⑤ ㄷ – ㅁ – ㄴ – ㄹ – ㄱ

> ㄱ. 「국민기초생활 보장법」: 1999년
> ㄴ. 「산업재해보상보험법」: 1963년
> ㄷ. 「사회복지사업법」: 1970년
> ㄹ. 「고용보험법」: 1993년
> ㅁ. 「노인복지법」: 1981년
> 따라서 제정 연도가 빠른 순서는 'ㄴ – ㄷ – ㅁ – ㄹ – ㄱ'이다.
>
> 정답 ③

사회보장기본법 ★빈출

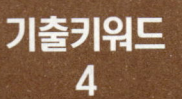

최근 7개년 평균 출제문항 수 **2.6문항**

01 사회보장기본법의 개요

기본 이념	사회보장은 모든 국민이 다양한 사회적 위험으로부터 벗어나 행복하고 인간다운 생활을 향유할 수 있도록 자립을 지원하며, 사회참여·자아실현에 필요한 제도와 여건을 조성하여 사회통합과 행복한 복지사회를 실현하는 것을 기본 이념으로 함
목적	사회보장에 관한 국민의 권리와 국가 및 지방자치단체의 책임을 정하고 사회보장정책의 수립·추진과 관련 제도에 관한 기본적인 사항을 규정함으로써 국민의 복지증진에 이바지하는 것
국가와 지방자치단체의 책임	• 국가와 지방자치단체는 모든 국민의 인간다운 생활을 유지·증진하는 책임을 가짐 • 국가와 지방자치단체는 사회보장에 관한 책임과 역할을 합리적으로 분담해야 함 • 국가와 지방자치단체는 국가 발전수준에 부응하고 사회환경의 변화에 선제적으로 대응하며 지속가능한 사회보장제도를 확립하고 매년 이에 필요한 재원을 조달해야 함
외국인에 대한 적용	국내에 거주하는 외국인에게 사회보장제도를 적용할 때에는 상호주의의 원칙에 따르되, 관계 법령에서 정하는 바에 따름

02 용어의 정의

사회보장	출산, 양육, 실업, 노령, 장애, 질병, 빈곤 및 사망 등의 사회적 위험으로부터 모든 국민을 보호하고 국민 삶의 질을 향상시키는 데 필요한 소득·서비스를 보장하는 사회보험, 공공부조, 사회서비스
사회보험	국민에게 발생하는 사회적 위험을 보험의 방식으로 대처하여 국민의 건강과 소득을 보장하는 제도
공공부조	국가와 지방자치단체의 책임 하에 생활 유지 능력이 없거나 생활이 어려운 국민의 최저생활을 보장하고 자립을 지원하는 제도
사회서비스	국가·지방자치단체 및 민간부문의 도움이 필요한 모든 국민에게 복지, 보건의료, 교육, 고용, 주거, 문화, 환경 등의 분야에서 인간다운 생활을 보장하고 상담, 재활, 돌봄, 정보 제공, 관련 시설의 이용, 역량 개발, 사회참여 지원 등을 통하여 국민의 삶의 질이 향상되도록 지원하는 제도
평생사회안전망	생애주기에 걸쳐 보편적으로 충족되어야 하는 기본욕구와 특정한 사회위험에 의하여 발생하는 특수욕구를 동시에 고려하여 소득·서비스를 보장하는 맞춤형 사회보장제도
사회보장 행정데이터	국가, 지방자치단체, 공공기관 및 법인이 법령에 따라 생성 또는 취득하여 관리하고 있는 자료 또는 정보로서 사회보장 정책 수행에 필요한 자료 또는 정보

기출선지로 확인

사회보장기본법

01 국가와 지방자치단체는 모든 국민의 인간다운 생활을 유지·증진하는 책임을 가진다. 20회

02 국가와 지방자치단체는 사회보장에 관한 책임과 역할을 합리적으로 분담하여야 한다. 17회, 20회

03 국가와 지방자치단체는 지속가능한 사회보장제도를 확립하고 매년 이에 필요한 재원을 조달하여야 한다. 20회

04 국가와 지방자치단체는 평생사회안전망을 구축하여야 한다. 22회

05 모든 국민은 자신의 능력을 최대한 발휘하여 자립·자활할 수 있도록 노력하여야 한다. 17회

06 보건복지부장관은 사회보장정보시스템의 구축·운영을 총괄한다. 17회, 18회

07 사회보장에 관한 다른 법률을 개정하는 경우에는 이 법에 부합되도록 하여야 한다. 22회

08 국내에 거주하는 외국인에게 사회보장제도를 적용할 때에는 상호주의의 원칙에 따르되, 관계 법령에서 정하는 바에 따른다. 17회

용어의 정의

09 '사회보험'이란 국민에게 발생하는 사회적 위험을 보험의 방식으로 대처함으로써 국민의 건강과 소득을 보장하는 제도를 말한다. 19회, 23회

10 '공공부조'(公共扶助)란 국가와 지방자치단체의 책임 하에 생활 유지 능력이 없거나 생활이 어려운 국민의 최저생활을 보장하고 자립을 지원하는 제도를 말한다. 19회, 23회

11 '평생사회안전망'이란 생애주기에 걸쳐 보편적으로 충족되어야 하는 기본욕구와 특정한 사회위험에 의하여 발생하는 특수욕구를 동시에 고려하여 소득·서비스를 보장하는 맞춤형 사회보장제도를 말한다. 19회

대표기출로 확인

01 사회보장기본법의 내용으로 옳지 않은 것은? 18회

① 사회보장위원회의 위원장은 보건복지부장관이 된다.
② 사회보장위원회는 30명 이내의 위원으로 구성한다.
③ 사회보장 기본계획은 5년마다 수립하여야 한다.
④ 보건복지부장관은 사회보장정보시스템의 구축·운영을 총괄한다.
⑤ 모든 국민은 사회보장 관계 법령에서 정하는 바에 따라 사회보장급여를 받을 권리를 가진다.

> 사회보장위원회의 위원장은 국무총리가 된다.

정답 ①

02 사회보장기본법상 용어의 정의에 관한 내용으로 옳은 것을 모두 고른 것은? 19회

> ㄱ. "사회보험"이란 국민에게 발생하는 사회적 위험을 보험의 방식으로 대처함으로써 국민의 건강과 소득을 보장하는 제도를 말한다.
> ㄴ. "공공부조"(公共扶助)란 국가와 지방자치단체의 책임하에 생활 유지 능력이 없거나 생활이 어려운 국민의 최저생활을 보장하고 자립을 지원하는 제도를 말한다.
> ㄷ. "평생사회안전망"이란 생애주기에 걸쳐 보편적으로 충족되어야 하는 기본욕구와 특정한 사회위험에 의하여 발생하는 특수욕구를 동시에 고려하여 소득·서비스를 보장하는 맞춤형 사회보장제도를 말한다.

① ㄱ ② ㄱ, ㄴ ③ ㄱ, ㄷ
④ ㄴ, ㄷ ⑤ ㄱ, ㄴ, ㄷ

> ㄱ. 「사회보장기본법」 제3조 제2호의 내용이다.
> ㄴ. 「사회보장기본법」 제3조 제3호의 내용이다.
> ㄷ. 「사회보장기본법」 제3조 제5호의 내용이다.

정답 ⑤

기출키워드4 사회보장기본법 ★빈출

03 사회보장수급권

수준	• 국가와 지방자치단체는 모든 국민이 건강하고 문화적인 생활을 유지할 수 있도록 사회보장급여의 수준 향상을 위해 노력함 • 국가는 매년 최저보장수준과 최저임금을 공표하고, 이를 고려하여 사회보장급여의 수준을 결정함
신청	• 원칙: 사회보장급여를 받으려는 사람은 관계 법령에 따라 국가나 지방자치단체에 신청함 • 예외: 관계 법령에서 따로 정하는 경우 국가나 지방자치단체가 대신 신청할 수 있음
사회보장을 받을 권리	모든 국민은 사회보장 관계 법령에서 정하는 바에 따라 사회보장급여를 받을 권리(사회보장수급권)를 가짐
사회보장수급권의 보호	• 사회보장수급권은 관계 법령에 따라 다른 사람에게 양도하거나 담보로 제공할 수 없음 • 사회보장수급권은 압류할 수 없음
사회보장수급권의 제한	• 사회보장수급권은 제한되거나 정지되지 않음. 다만, 관계 법령에 따로 정한 경우 제한 또는 정지될 수 있음 • 사회보장수급권이 제한되거나 정지되는 경우, 그 목적에 필요한 최소한의 범위에서만 제한됨
사회보장수급권의 포기	• 사회보장수급권은 정당한 권한이 있는 기관에 서면으로 통지하여 포기할 수 있음 • 사회보장수급권의 포기는 취소될 수 있음 • 사회보장수급권을 포기하는 것이 다른 사람에게 피해를 주거나 법령에 위반되는 경우에는 포기할 수 없음

04 권리구제

건강보험	• 공단의 처분: 자격, 보험료, 보험급여, 보험급여 비용 등에 대한 가입자·피부양자 • 심사평가원의 처분: 요양급여비용, 적정성 평가 등에 대한 공단, 요양기관 등 • 처분이 있음을 안 날부터 90일 이내(처분이 있었던 날부터 180일이 경과하면 제기 불가. 단, 정당한 사유가 소명되면 예외 인정 가능) • 이의신청의 방법, 결정, 결정 통지 등 구체적 사항은 대통령령으로 규정
고용보험	• 피보험자격 취득·상실 확인 • 실업급여 관련 처분 • 육아휴직 급여, 출산전후휴가 급여 등에 관한 처분 • 원처분이 있음을 안 날부터 90일 이내 제기(「고용보험법」 제89조의 심사관에게 청구) • 재심사청구: 심사결정이 있음을 안 날부터 90일 이내 제기(「고용보험법」 제99조의 심사위원회에 청구)
산업재해보상보험	• 공단의 보험급여 관련 결정에 불복하는 자가 공단에 제기하는 불복 절차 • 공단 소속 기관을 거쳐 본부에 청구, 소속 기관은 5일 내 의견서를 첨부하여 본부에 송부 • 재심사청구: 심사 청구에 대한 결정에 불복하거나 판정위원회 결정에 불복 시 산업재해보상보험 재심사위원회에 제기

기출선지로 확인

사회보장수급권

12 모든 국민은 사회보장 관계 법령에서 정하는 바에 따라 사회보장급여를 받을 권리인 사회보장수급권을 가진다. 19회

13 사회보장수급권은 다른 사람에게 양도하거나 담보로 제공할 수 없다. 21회, 23회

14 사회보장수급권은 제한되거나 정지될 수 없다. 다만, 관계 법령에서 따로 정하고 있는 경우에는 그러하지 아니하다. 17회, 21회

15 사회보장수급권이 제한되는 경우에는 제한하는 목적에 필요한 최소한의 범위에 그쳐야 한다. 22회

16 사회보장수급권은 정당한 권한이 있는 기관에 서면으로 통지하여 포기할 수 있다. 23회

17 사회보장수급권의 포기는 취소할 수 있다. 17회, 21회

18 사회보장수급권을 포기하는 것이 다른 사람에게 피해를 주게 되는 경우 사회보장수급권을 포기할 수 없다. 22회, 23회

19 사회보장제도를 운영하는 자는 불법행위의 책임이 있는 자에 대하여 구상권을 행사할 수 있다. 22회

각 법률의 권리구제 절차

20 「국민연금법」에 따르면 심사청구와 재심사청구의 순으로 진행된다. 19회

대표기출로 확인

03 사회보장기본법상 사회보장에 관한 국민의 권리의 내용으로 옳지 않은 것은? 17회
① 사회보장수급권의 포기는 취소할 수 있다.
② 모든 국민은 사회보장 관계 법령에서 정하는 바에 따라 사회보장급여를 받을 권리를 가진다.
③ 국가는 관계 법령에서 정하는 바에 따라 최저보장수준과 최저임금을 매년 공표하여야 한다.
④ 사회보장수급권은 다른 사람에게 양도하거나 담보로 제공할 수 있다.
⑤ 사회보장수급권은 제한되거나 정지될 수 없다. 다만, 관계 법령에서 따로 정하고 있는 경우에는 그러하지 아니하다.

> 사회보장수급권은 다른 사람에게 양도하거나 담보로 제공할 수 없다.
> 정답 ④

04 사회보장기본법상 사회보장수급권에 관한 설명으로 옳지 않은 것은? 21회
① 사회보장급여를 받으려는 사람은 국가나 지방자치단체에 신청하는 것을 원칙으로 하고 있다.
② 사회보장수급권은 다른 사람에게 양도하거나 담보로 제공할 수 없다.
③ 사회보장수급권은 원칙적으로 제한되거나 정지될 수 없다.
④ 사회보장수급권은 구두로 통지하여 포기할 수 있다.
⑤ 사회보장수급권의 포기는 취소할 수 있다.

> 사회보장수급권은 서면으로 통지하여 포기할 수 있다.
> 정답 ④

05 사회보장제도의 운영

사회보장제도의 운영원칙 (제25조)	• 국가와 지방자치단체가 사회보장제도를 운영할 때에는 이 제도를 필요로 하는 모든 국민에게 적용해야 함 • 국가와 지방자치단체는 사회보장제도의 급여 수준과 비용 부담 등에서 형평성을 유지해야 함 • 국가와 지방자치단체는 사회보장제도의 정책 결정 및 시행 과정에 공익의 대표자 및 이해관계인 등을 참여시켜 이를 민주적으로 결정하고 시행해야 함 • 국가와 지방자치단체가 사회보장제도를 운영할 때에는 국민의 다양한 복지 욕구를 효율적으로 충족시키기 위하여 연계성과 전문성을 높여야 함 • 사회보험은 국가의 책임으로 시행하고, 공공부조와 사회서비스는 국가와 지방자치단체의 책임으로 시행하는 것을 원칙으로 함. 다만, 국가와 지방자치단체의 재정 형편 등을 고려하여 이를 협의·조정할 수 있음
협의 및 조정 (제26조)	• 국가와 지방자치단체는 사회보장제도를 신설하거나 변경할 경우 기존 제도와의 관계, 사회보장 전달체계에 미치는 영향, 재원의 규모·조달방안을 포함한 재정에 미치는 영향 및 지역별 특성 등을 사전에 충분히 검토하고 상호협력하여 사회보장급여가 중복 또는 누락되지 아니하도록 해야 함 • 중앙행정기관의 장과 지방자치단체의 장은 사회보장제도를 신설하거나 변경할 경우 신설 또는 변경의 타당성, 기존 제도와의 관계, 사회보장 전달체계에 미치는 영향, 지역복지 활성화에 미치는 영향 및 운영방안 등에 대하여 대통령령으로 정하는 바에 따라 보건복지부장관과 협의해야 함 • 중앙행정기관의 장과 지방자치단체의 장은 위에 따른 업무를 효율적으로 수행하기 위하여 필요하다고 인정하는 경우에는 관련 자료의 수집·조사 및 분석에 관한 업무를 기관 또는 단체에 위탁할 수 있음
비용의 부담 (제28조)	• 사회보장 비용의 부담은 각각의 사회보장제도의 목적에 따라 국가, 지방자치단체 및 민간부문 간에 합리적으로 조정되어야 함 • 사회보험에 드는 비용은 사용자, 피용자(被傭者) 및 자영업자가 부담하는 것을 원칙으로 하되, 관계 법령에서 정하는 바에 따라 국가가 그 비용의 일부를 부담할 수 있음 • 공공부조 및 관계 법령에서 정하는 일정 소득 수준 이하의 국민에 대한 사회서비스에 드는 비용의 전부 또는 일부는 국가와 지방자치단체가 부담함 • 부담 능력이 있는 국민에 대한 사회서비스에 드는 비용은 그 수익자가 부담함을 원칙으로 하되, 관계 법령에서 정하는 바에 따라 국가와 지방자치단체가 그 비용의 일부를 부담할 수 있음

기출선지로 확인

국가와 지방자치단체가 구축·운영해야 하는 사회보장급여의 관리체계

21 사회보장수급권자 권리구제 　17회
22 사회보장급여의 사각지대 발굴 　17회
23 사회보장급여의 부정·오류 관리 　17회

사회보장제도의 운영원칙

24 사회보장제도의 급여수준과 비용부담 등에서 형평성을 유지하여야 한다. 　21회
25 국민의 다양한 복지욕구를 효율적으로 충족시키기 위하여 연계성과 전문성을 높여야 한다. 　21회
26 사회보험은 국가의 책임으로 시행하고, 공공부조와 사회서비스는 국가와 지방자치단체의 책임으로 시행하는 것을 원칙으로 한다. 　20회, 21회

협의 및 조정

27 국가와 지방자치단체는 기존 제도와의 관계, 사회보장 전달체계와 재정 등에 미치는 영향 등을 사전에 충분히 검토하여야 한다. 　18회
28 중앙행정기관의 장은 협의에 관련된 자료의 수집·조사 및 분석에 관한 업무를 한국사회보장정보원에 위탁할 수 있다. 　18회

비용의 부담

29 사회보장 비용의 부담은 국가, 지방자치단체 및 민간부문 간에 합리적으로 조정되어야 한다. 　23회
30 사회보험에 드는 비용의 일부를 관계 법령에서 정하는 바에 따라 국가가 부담할 수 있다. 　23회
31 부담 능력이 있는 국민에 대한 사회서비스에 드는 비용은 그 수익자가 부담함을 원칙으로 한다. 　23회

대표기출로 확인

05 사회보장기본법상 사회보장제도의 신설 또는 변경에 따른 협의 및 조정에 관한 내용으로 옳지 않은 것은? 　18회

① 국가와 지방자치단체는 기존 제도와의 관계, 사회보장 전달체계와 재정 등에 미치는 영향 등을 사전에 충분히 검토하여야 한다.
② 지방자치단체의 장은 국무조정실장과 협의하여야 한다.
③ 중앙행정기관의 장은 보건복지부장관과 협의하여야 한다.
④ 국가와 지방자치단체는 사회보장급여가 중복 또는 누락되지 아니하도록 하여야 한다.
⑤ 중앙행정기관의 장은 협의에 관련된 자료의 수집·조사 및 분석에 관한 업무를 한국사회보장정보원에 위탁할 수 있다.

> 지방자치단체의 장은 주무 부처 장관인 보건복지부장관과 협의하여야 한다.
>
> 　정답 ②

06 사회보장기본법상 국가와 지방자치단체의 사회보장 운영 원칙에 관한 설명으로 옳지 않은 것은? 　21회

① 사회보험은 지방자치단체의 책임으로 시행하는 것을 원칙으로 한다.
② 공공부조와 사회서비스는 국가와 지방자치단체의 책임으로 시행하는 것을 원칙으로 한다.
③ 사회보장제도의 급여수준과 비용부담 등에서 형평성을 유지하여야 한다.
④ 사회보장제도를 필요로 하는 모든 국민에게 적용하여야 한다.
⑤ 국민의 다양한 복지욕구를 효율적으로 충족시키기 위하여 연계성과 전문성을 높여야 한다.

> 사회보험은 국가의 책임으로 시행하는 것을 원칙으로 한다.
>
> 　정답 ①

기출키워드4 **사회보장기본법** ★빈출

06 사회보장 기본계획

- 보건복지부장관은 관계 중앙행정기관의 장과 협의하여 사회보장 증진을 위하여 사회보장에 관한 기본계획을 5년마다 수립하여야 함
- 기본계획에 포함되어야 하는 사항
  - 국내외 사회보장환경의 변화와 전망
  - 사회보장의 기본목표 및 중장기 추진방향
  - 주요 추진과제 및 추진방법
  - 필요한 재원의 규모와 조달방안
  - 사회보장 관련 기금 운용방안
  - 사회보장 전달체계
  - 그 밖에 사회보장정책의 추진에 필요한 사항

07 사회보장위원회

설치	국무총리 소속으로 설치됨
기능	사회보장 관련 주요 시책을 심의·조정하는 기능을 수행함
구성	• 위원장: 국무총리 • 부위원장: 기획재정부장관, 교육부장관, 보건복지부장관 • 위원: 행정안전부, 고용노동부, 여성가족부, 국토교통부 등 관계부처 장관을 포함하여 30명 이내로 구성 • 임기: 일반 위원은 2년, 공무원은 재직 기간, 기관 대표는 대표직 유지 기간과 동일
심의 및 조정 사항	• 사회보장 증진을 위한 기본계획 • 사회보장 관련 주요 계획 • 사회보장제도의 평가 및 개선 • 사회보장제도의 신설 또는 변경에 따른 우선순위 • 둘 이상의 중앙행정기관이 관련된 주요 사회보장정책 • 사회보장급여 및 비용 부담 • 국가와 지방자치단체의 역할 및 비용 분담 • 사회보장의 재정추계 및 재원조달 방안 • 사회보장 전달체계 운영 및 개선 • 사회보장통계 • 사회보장정보의 보호 및 관리

기출선지로 확인

사회보장 기본계획

32 보건복지부장관은 관계 중앙행정기관의 장과 협의하여 사회보장 증진을 위하여 사회보장에 관한 기본계획을 5년마다 수립하여야 한다.
15회, 18회, 23회

33 사회보장에 관한 기본계획은 다른 법령에 따라 수립되는 사회보장에 관한 계획에 우선하며 그 계획의 기본이 된다.
14회

34 사회보장 기본계획에는 사회보장 관련 기금 운용방안이 포함되어야 한다.
22회

사회보장위원회

35 사회보장에 관한 주요 시책을 심의·조정하기 위해 국무총리 소속으로 두고 있다.
23회

36 사회보장위원회는 30명 이내의 위원으로 구성한다.
18회, 23회

37 관계 중앙행정기관의 장과 지방자치단체의 장은 위원회의 심의·조정 사항을 반영하여 사회보장제도를 운영해야 한다.
21회, 23회

38 실무위원회를 두며 실무위원회에 분야별 전문위원회를 둘 수 있다.
23회

사회보장위원회 위원

39	행정안전부장관	20회
40	고용노동부장관	20회
41	기획재정부장관	20회
42	국토교통부장관	20회

대표기출로 확인

07 사회보장기본법과 사회보장급여의 이용·제공 및 수급권자 발굴에 관한 법률에 명시되어 있는 사회보장 관련 계획에 관한 설명으로 옳은 것은?
23회

① 사회보장 기본계획은 7년 주기로 수립된다.
② 보건복지부장관은 관계 중앙행정기관의 장과 협의하여 사회보장 기본계획을 수립하여야 한다.
③ 사회보장 기본계획은 사회보장위원회의 심의사항이 아니다.
④ 지방자치단체의 장은 지역사회보장계획을 5년마다 수립해야 한다.
⑤ 시·도 지역사회보장협의체와 시·군·구의 사회보장위원회는 지역사회보장계획을 심의·의결한다.

> ① 사회보장 기본계획은 5년 주기로 수립된다.
> ③ 사회보장 기본계획은 사회보장위원회의 주요 심의사항이다.
> ④ 지방자치단체의 장은 지역사회보장계획을 4년마다 수립해야 한다.
> ⑤ 시·군·구 지역사회보장협의체와 시·도의 시·도사회보장위원회는 지역사회보장계획을 심의·조정하며 의결은 해당 지방의회에서 한다.
>
> 정답 ②

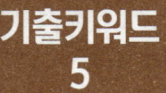

기출키워드 5 — 사회복지사업법 ★빈출

최근 7개년 평균 출제문항 수 **2.4문항**

01 사회복지사업법의 개요

기본 이념 (제1조의2)
- 사회복지를 필요로 하는 사람은 누구든지 자신의 의사에 따라 서비스를 신청하고 제공받을 수 있음
- 사회복지법인 및 사회복지시설은 공공성을 가지며 사회복지사업을 시행하는 데 있어서 공공성을 확보해야 함
- 사회복지사업을 시행하는 데 있어서 사회복지를 제공하는 자는 사회복지를 필요로 하는 사람의 인권을 보장해야 함
- 사회복지서비스를 제공하는 자는 필요한 정보를 제공하는 등 사회복지서비스를 이용하는 사람의 선택권을 보장해야 함

관련 법률 (제2조)
- 「국민기초생활 보장법」
- 「아동복지법」
- 「노인복지법」
- 「장애인복지법」
- 「한부모가족지원법」
- 「영유아보육법」
- 「성매매방지 및 피해자보호 등에 관한 법률」
- 「정신건강증진 및 정신질환자 복지서비스 지원에 관한 법률」
- 「성폭력방지 및 피해자보호 등에 관한 법률」
- 「국내입양에 관한 특별법」 및 「국제입양에 관한 법률」
- 「일제하 일본군위안부 피해자에 대한 생활안정지원 및 기념사업 등에 관한 법률」
- 「사회복지공동모금회법」
- 「장애인·노인·임산부 등의 편의증진 보장에 관한 법률」
- 「가정폭력방지 및 피해자보호 등에 관한 법률」
- 「농어촌주민의 보건복지증진을 위한 특별법」
- 「식품등 기부 활성화에 관한 법률」
- 「의료급여법」
- 「기초연금법」
- 「긴급복지지원법」
- 「다문화가족지원법」
- 「장애인연금법」
- 「장애인활동 지원에 관한 법률」
- 「노숙인 등의 복지 및 자립지원에 관한 법률」
- 「보호관찰 등에 관한 법률」
- 「장애아동 복지지원법」
- 「발달장애인 권리보장 및 지원에 관한 법률」
- 「청소년복지 지원법」
- 그 밖의 대통령령으로 정하는 법률

02 사회복지서비스 제공의 원칙(제5조의2)

- 사회복지서비스를 필요로 하는 사람에 대한 사회복지서비스 제공은 현물(現物)로 제공하는 것을 원칙으로 함
- 시·군수·구청장은 국가 또는 지방자치단체 외의 자로 하여금 서비스 제공을 실시하게 하는 경우에는 보호대상자에게 사회복지서비스 이용권을 지급하여 국가 또는 지방자치단체 외의 자로부터 그 이용권으로 서비스 제공을 받게 할 수 있음
- 국가와 지방자치단체는 사회복지서비스의 품질향상과 원활한 제공을 위하여 필요한 시책을 마련해야 함
- 국가와 지방자치단체는 사회복지서비스의 품질을 관리하기 위하여 사회복지서비스를 제공하는 기관·법인·시설·단체의 서비스 환경, 서비스 제공 인력의 전문성 등을 평가할 수 있음
- 보건복지부장관은 평가를 위하여 평가기관을 설치·운영하거나, 평가의 전부 또는 일부를 관계 기관 또는 단체에 위탁할 수 있음
- 보건복지부장관은 평가를 위탁한 기관 또는 단체에 대하여 그 운영에 필요한 비용을 지원할 수 있음

기출선지로 확인

사회복지사업법상 기본 이념

01 사회복지를 필요로 하는 사람은 누구든지 자신의 의사에 따라 서비스를 신청하고 제공받을 수 있다. 20회

02 사회복지서비스를 이용하는 사람의 선택권 보장 19회

사회복지의 날

03 국가는 매년 9월 7일을 사회복지의 날로 한다. 17회, 19회

사회복지사업법 관련 법률

04 「국민기초생활 보장법」 22회
05 「아동복지법」 18회, 22회
06 「노인복지법」 18회
07 「장애인복지법」 22회
08 「사회복지공동모금회법」 18회
09 「기초연금법」 22회

사회복지서비스 제공의 원칙

10 사회복지서비스는 현물로 제공하는 것이 원칙이다. 19회, 21회

11 시장·군수·구청장은 보호대상자에게 사회복지서비스 이용권을 지급할 수 있다. 21회

12 지방자치단체는 사회복지서비스의 품질향상을 위하여 필요한 시책을 마련하여야 한다. 21회

13 지방자치단체는 사회복지시설의 서비스 환경 등을 평가할 수 있다. 21회

14 사회복지서비스를 제공하는 자는 사회복지서비스를 이용하는 사람의 선택권을 보장하여야 한다. 17회

대표기출로 확인

01 사회복지사업법의 내용으로 옳지 않은 것은?
20회

① 보건복지부장관은 사회복지사가 거짓으로 자격을 취득한 경우 그 자격을 취소하여야 한다.
② 사회복지법인을 설립하려는 자는 대통령령으로 정하는 바에 따라 시·도지사의 허가를 받아야 한다.
③ 사회복지법인이 설립 후 기본재산을 출연하지 아니한 때 시·도지사는 시정명령을 내릴 수 있다.
④ 누구든지 정당한 이유 없이 사회복지시설의 설치를 방해하여서는 아니 된다.
⑤ 사회복지를 필요로 하는 사람은 누구든지 자신의 의사에 따라 서비스를 신청하고 제공받을 수 있다.

> 사회복지법인이 설립 후 기본재산을 출연하지 아니한 때 시·도지사는 설립허가를 취소해야 한다.
>
> 정답 ③

기출키워드5 사회복지사업법 ★빈출

03 사회복지사

자격증 발급	• 보건복지부장관은 사회복지에 관한 전문지식과 기술을 가진 사람에게 사회복지사 자격증을 발급할 수 있음. 다만, 자격증 발급 신청일 기준으로 결격사유에 해당하는 사람에게 자격증을 발급해서는 아니 됨 • 사회복지사의 등급은 1급·2급으로 하되, 정신건강·의료·학교 영역에 대해서는 영역별로 정신건강사회복지사·의료사회복지사·학교사회복지사의 자격을 부여할 수 있음 • 사회복지사 1급 자격은 국가시험에 합격한 사람에게 부여하고, 정신건강사회복지사·의료사회복지사·학교사회복지사의 자격은 1급 사회복지사의 자격이 있는 사람 중에서 보건복지부령으로 정하는 수련기관에서 수련을 받은 사람에게 부여함 • 사회복지사의 등급별·영역별 자격기준 및 자격증의 발급절차 등은 대통령령으로 정함
결격사유	• 피성년후견인 • 금고 이상의 실형을 선고받고 그 집행이 끝나거나(집행이 끝난 것으로 보는 경우 포함) 집행이 면제되지 아니한 사람 • 금고 이상의 형의 집행유예를 선고받고 그 유예기간 중에 있는 사람 • 법원의 판결에 따라 자격이 상실되거나 정지된 사람 • 마약·대마 또는 향정신성의약품의 중독자 • 「정신건강증진 및 정신질환자 복지서비스 지원에 관한 법률」에 따른 정신질환자. 다만, 전문의가 사회복지사로서 적합하다고 인정하는 사람은 그러하지 아니함
자격취소	• 거짓이나 그 밖의 부정한 방법으로 자격을 취득한 경우 • 자격증을 대여·양도 또는 위조·변조한 경우 • 사회복지사의 업무수행 중 그 자격과 관련하여 고의나 중대한 과실로 다른 사람에게 손해를 입힌 경우 • 자격정지 처분을 3회 이상 받았거나, 정지기간 종료 후 3년 이내에 다시 자격정지 처분에 해당하는 행위를 한 경우
보수교육	• 보건복지부장관은 사회복지사의 자질 향상을 위하여 필요하다고 인정하면 사회복지사에게 교육을 받도록 명할 수 있음. 다만, 사회복지법인 또는 사회복지시설에 종사하는 사회복지사는 정기적으로 인권에 관한 내용이 포함된 보수교육(補修敎育)을 받아야 함 • 사회복지법인 또는 사회복지시설을 운영하는 자는 그 법인 또는 시설에 종사하는 사회복지사에 대하여 교육을 이유로 불리한 처분을 하여서는 아니 됨 • 보건복지부장관은 교육을 보건복지부령으로 정하는 기관 또는 단체에 위탁할 수 있음
채용시설	사회복지법인 및 사회복지시설을 설치·운영하는 자는 대통령령으로 정하는 바에 따라 사회복지사를 그 종사자로 채용하고, 보고방법·보고주기 등 보건복지부령으로 정하는 바에 따라 특별시장·광역시장·특별자치시장·도지사·특별자치도지사 또는 시장·군수·구청장에게 사회복지사의 임면에 관한 사항을 보고해야 함. 다만, 대통령령은 정하는 사회복지시설은 그러하지 아니함

04 사회복지법인

설립허가	• 사회복지법인을 설립하려는 자는 대통령령으로 정하는 바에 따라 시·도지사의 허가를 받아야 함 • 허가를 받은 자는 법인의 주된 사무소의 소재지에서 설립등기를 해야 함
정관사항	• 목적 • 명칭 • 주된 사무소의 소재지 • 사업의 종류

기출선지로 확인

사회복지사업법상 사회복지사

15 사회복지사의 등급은 1급·2급으로 한다. 21회
16 보건복지부장관은 정신건강사회복지사·의료사회복지사·학교사회복지사의 자격을 부여할 수 있다. 21회
17 자신의 사회복지사 자격증은 타인에게 빌려주어서는 아니 된다. 21회
18 보건복지부장관은 사회복지사가 거짓이나 그 밖의 부정한 방법으로 자격을 취득한 경우 사회복지사 자격을 취소하여야 한다. 20회, 23회
19 보건복지부장관은 사회복지사가 법원의 판결에 따라 자격이 정지된 경우에는 그 자격을 취소하여야 한다. 17회
20 보건복지부장관은 자격이 취소된 사람에게는 그 취소된 날부터 2년 이내에 자격증을 재교부하지 못한다. 23회
21 보건복지부장관은 사회복지사가 자격정지 처분기간에 자격증을 사용하여 자격 관련 업무를 수행한 경우 그 자격을 취소하거나 1년의 범위에서 정지시킬 수 있다. 23회
22 사회복지법인에 종사하는 사회복지사는 정기적으로 인권에 관한 내용이 포함된 보수교육을 받아야 한다. 21회, 23회
23 사회복지법인을 설립하려는 자는 대통령령으로 정하는 바에 따라 시·도지사의 허가를 받아야 한다. 20회

사회복지법인

24 정관에는 회의에 관한 사항이 포함되어야 한다. 22회
25 법인은 대표이사를 포함한 이사 7명 이상과 감사 2명 이상을 두어야 한다. 20회
26 법인은 임원을 임면하는 경우에 지체 없이 시·도지사에게 보고하여야 한다. 22회
27 이사는 법인이 설치한 사회복지시설의 장을 겸직할 수 있다. 18회

대표기출로 확인

02 사회복지사업법상 사회복지사에 관한 설명으로 옳지 않은 것은? 23회
① 피성년후견인 또는 피한정후견인은 사회복지사가 될 수 없다.
② 보건복지부장관은 사회복지사가 거짓이나 그 밖의 부정한 방법으로 자격을 취득한 경우 사회복지사 자격을 취소하여야 한다.
③ 보건복지부장관은 사회복지사가 자격정지 처분 기간에 자격증을 사용하여 자격 관련 업무를 수행한 경우 그 자격을 취소하거나 1년의 범위에서 정지시킬 수 있다.
④ 보건복지부장관은 자격이 취소된 사람에게는 그 취소된 날부터 2년 이내에 자격증을 재교부하지 못한다.
⑤ 사회복지법인에 종사하는 사회복지사는 정기적으로 인권에 관한 내용이 포함된 보수교육을 받아야 한다.

> 피성년후견인은 사회복지사가 될 수 없다. 예전의 법률 조항에는 피한정후견인도 포함되었지만 개정으로 인해 현재는 삭제되었다.
> 정답 ①

기출키워드5 사회복지사업법 ★빈출

정관사항	• 자산 및 회계에 관한 사항 • 임원의 임면(任免) 등에 관한 사항 • 회의에 관한 사항 • 수익(收益)을 목적으로 하는 사업이 있는 경우 그에 관한 사항 • 정관의 변경에 관한 사항 • 존립시기와 해산 사유를 정한 경우에는 그 시기와 사유 및 남은 재산의 처리방법 • 공고 및 공고방법에 관한 사항 • 법인이 정관을 변경하려는 경우에는 시·도지사의 인가를 받아야 함. 다만, 보건복지부령으로 정하는 경미한 사항의 경우에는 그러지 아니함
임원	• 법인은 대표이사를 포함한 이사 7명 이상과 감사 2명 이상을 두어야 함 • 법인은 이사 정수의 3분의 1 이상을 지역사회보장협의체 등의 기관이 3배수로 추천한 사람 중에서 선임해야 함 • 이사회의 구성에 있어서 대통령령으로 정하는 특별한 관계에 있는 사람이 이사 현원(現員)의 5분의 1을 초과할 수 없음 • 이사의 임기는 3년으로 하고 감사의 임기는 2년으로 하며, 각각 연임할 수 있음 • 외국인인 이사는 이사 현원의 2분의 1 미만이어야 함 • 법인은 임원을 임면하는 경우에는 보건복지부령으로 정하는 바에 따라 지체 없이 시·도지사에게 보고해야 함 • 이사 또는 감사 중에 결원이 생겼을 때에는 2개월 이내에 보충해야 함 • 이사는 법인이 설치한 사회복지시설의 장을 제외한 그 시설의 직원을 겸할 수 없음 • 감사는 법인의 이사, 법인이 설치한 사회복지시설의 장 또는 그 직원을 겸할 수 없음 • 감사는 이사와 특별한 관계에 있는 사람이 아니어야 하며, 감사 중 1명은 법률 또는 회계에 관한 지식이 있는 사람 중에서 선임하여야 함
재산	• 재산은 기본재산과 보통재산으로 구분하며, 기본재산은 그 목록과 가액(價額)을 정관에 적어야 함 • 해산한 법인의 남은 재산은 정관으로 정하는 바에 따라 국가 또는 지방자치단체에 귀속됨

05 사회복지시설의 설치·운영

설치·운영	• 국가나 지방자치단체는 사회복지시설을 설치·운영할 수 있음
	• 국가 또는 지방자치단체 외의 자가 시설을 설치·운영하려는 경우에는 보건복지부령으로 정하는 바에 따라 시장·군수·구청장에게 신고해야 함. 다만, 다음의 어느 하나에 해당하는 자는 시설의 설치·운영 신고를 할 수 없음
	  – 폐쇄명령을 받고 3년이 지나지 아니한 자
	  – 임원의 결격사유에 해당하는 개인 또는 그 개인이 임원인 법인
	• 시장·군수·구청장은 신고를 받은 경우 그 내용을 검토하여 이 법에 적합하면 신고를 수리해야 함
	• 시설을 설치·운영하는 자는 보건복지부령으로 정하는 재무·회계에 관한 기준에 따라 시설을 투명하게 운영해야 함

위탁운영	• 국가나 지방자치단체가 설치한 시설은 필요한 경우 사회복지법인이나 비영리법인에 위탁하여 운영하게 할 수 있음 • 위탁운영의 기준·기간 및 방법 등에 관하여 필요한 사항은 보건복지부령으로 정함

기출선지로 확인

사회복지법인

28 파산선고를 받고 복권되지 아니한 사람은 임원이 될 수 없다. 20회

29 법인은 수익사업에서 생긴 수익을 법인 또는 법인이 설치한 사회복지시설의 운영 외의 목적에 사용할 수 없다. 17회

30 법인은 사회복지사업의 운영에 필요한 재산을 소유하여야 한다. 22회

31 해산한 법인의 남은 재산은 정관으로 정하는 바에 따라 국가 또는 지방자치단체에 귀속된다. 20회

설립허가의 취소

32 법인이 목적사업 외의 사업을 하였을 때 설립허가가 취소될 수 있다. 22회

33 거짓이나 그 밖의 부정한 방법으로 설립허가를 받았을 때 23회

34 법인 설립 후 기본재산을 출연하지 아니한 때 23회

사회복지시설

35 국가는 시설을 운영할 수 있다. 22회

36 국가 또는 지방자치단체 외의 자가 시설을 설치·운영하려는 경우에는 시장·군수·구청장에게 신고하여야 한다. 23회

37 누구든지 정당한 이유 없이 사회복지시설의 설치를 방해하여서는 아니 된다. 20회

38 시설을 설치·운영하는 자는 시설에 근무할 종사자를 채용할 수 있다. 20회

39 사회복지시설은 둘 이상의 사회복지사업을 통합하여 수행할 수 있다. 21회

40 사회복지관은 직업 및 취업 알선이 필요한 지역주민에게 사회복지서비스를 우선 제공하여야 한다. 22회

41 회계부정이 발견되었을 때 보건복지부장관은 시설의 폐쇄를 명할 수 있다. 22회

사회복지시설의 운영위원회

42 시설 종사자의 근무환경 개선에 관한 사항은 운영위원회에서 심의한다. 22회

43 시설 거주자의 보호자 대표는 운영위원이 될 수 있다. 18회

대표기출로 확인

03 사회복지사업법상 사회복지법인(이하 '법인'이라 한다)에 관한 설명으로 옳은 것은? 17회

① 법인을 설립하려는 자는 시장·군수·구청장의 허가를 받아야 한다.
② 법인은 대표이사를 제외하고 이사 7명 이상을 두어야 한다.
③ 이사의 임기는 4년으로 하고 연임할 수 있다.
④ 법인은 수익사업에서 생긴 수익을 법인 또는 법인이 설치한 사회복지시설의 운영 외의 목적에 사용할 수 없다.
⑤ 이사는 법인이 설치한 사회복지시설의 장 또는 그 시설의 직원을 겸할 수 있다.

> ① 법인을 설립하려는 자는 시·도지사의 허가를 받아야 한다.
> ② 법인은 대표이사를 포함하여 이사 7명 이상을 두어야 한다.
> ③ 이사의 임기는 3년으로 하고 연임할 수 있다.
> ⑤ 이사는 법인이 설치한 사회복지시설의 장을 제외한 그 시설의 직원을 겸할 수 없다.
>
> 정답 ④

사회보장급여 ★빈출

05 사회보장급여법
기출키워드 6

최근 7개년 평균 출제문항 수 **1.3문항**

01 사회보장급여의 이용·제공 및 수급권자 발굴에 관한 법률(사회보장급여법)

개념	• 사회보장급여의 이용·제공 기준과 절차를 규정하고, 지원대상자를 발굴·지원하여 인간다운 생활권 보장 • 다른 법률에 특별규정이 없으면 본 법 우선 적용
용어의 정의	• <mark>사회보장급여</mark>: 보장기관이 제공하는 현금, 현물, 서비스 및 그 이용권 • <mark>수급권자</mark>: 사회보장급여를 제공받을 권리를 가진 사람 • <mark>수급자</mark>: 사회보장급여를 받고 있는 사람 • <mark>지원대상자</mark>: 사회보장급여를 필요로 하는 사람 • <mark>보장기관</mark>: 사회보장급여를 제공하는 국가기관과 지방자치단체
기본 원칙	• 사회보장급여가 필요한 사람은 누구든지 자신의 의사에 따라 사회보장급여를 신청할 수 있으며, 보장기관은 이에 필요한 안내와 상담 등의 지원을 충분히 제공해야 함 • 보장기관은 지원이 필요한 국민이 급여대상에서 누락되지 아니하도록 지원대상자를 적극 발굴하여 이들이 필요로 하는 사회보장급여를 적절하게 제공받을 수 있도록 노력해야 함 • 보장기관은 국민의 다양한 복지욕구를 충족시키고 생애주기별 필요에 맞는 사회보장급여가 공정·투명·적정하게 제공될 수 있도록 노력해야 함 • 보장기관은 사회보장급여와 사회복지법인, 사회복지시설 등 사회보장 관련 민간 법인·단체·시설이 제공하는 복지혜택 또는 서비스를 효과적으로 연계하여 제공할 수 있도록 노력해야 함 • 보장기관은 국민이 사회보장급여를 편리하게 이용할 수 있도록 사회보장 정책 및 관련 제도를 수립·시행하기 위하여 노력해야 함 • 보장기관은 지역의 사회보장 수준이 균등하게 실현될 수 있도록 노력해야 함

사회보장 급여의 이용	• 신청 주체
	  - 지원대상자·친족·후견인·보호자 등
	  - 주소지·실거주지 관할 기관 신청 가능, 필요한 경우 직권 신청
	• 신청 시 고지사항: 근거법령, 조사 목적, 신고의무, 정보 보유기간
	• 조사: 소득·재산·근로능력·취업상태 파악
	• 결정: 중복 금지, 의견청취, 통지 방식 병행, 기준 이하 일부 조사 생략

지원대상자 발굴	• 관계기관 정보·전산자료로 위기가구 발굴 • 자살·자살시도 가구별 대통령령 기준 적용 • <mark>누구나 발견 시 신고할 의무 부담</mark> • 민관협력: 지역사회보장협의체 참여, 예산 지원
수급권자 지원	• 지원계획 수립: 급여 유형·방법·수량·기간·제공기관·연계방안 포함 • 정기 평가, 계획 변경, 정보 공유, 전문성 위탁 • 보호자 부담 경감을 위한 상담·금전지원
이의신청·관리	• <mark>처분을 받은 날로부터 90일 이내 이의신청, 10일 이내 처리·통지</mark> • 적정성 확인조사로 급여 부정수급·변동 신고 반영 • 급여 변경·중지 시 이유를 명시하여 통지 • 맞춤형 급여 안내: 수급가능성 주기적 확인·안내

기출선지로 확인

사회보장급여

01 모든 국민은 사회보장 관계 법령에서 정하는 바에 따라 사회보장급여를 받을 권리를 가진다. 17회, 18회

02 국가는 관계 법령에서 정하는 바에 따라 최저보장수준과 최저임금을 매년 공표하여야 한다. 17회

03 사회보장급여를 받으려는 사람은 국가나 지방자치단체에 신청하는 것을 원칙으로 하고 있다. 21회

사회보장급여의 이용·제공 및 수급권자 발굴에 관한 법률

04 수급자란 사회보장급여를 받고 있는 사람을 말한다. 19회

05 '지원대상자'란 사회보장급여를 필요로 하는 사람을 말한다. 17회

06 '보장기관'이란 관계 법령 등에 따라 사회보장급여를 제공하는 국가기관과 지방자치단체를 말한다. 17회

07 보장기관은 지역의 사회보장 수준이 균등하게 실현될 수 있도록 노력하여야 한다. 20회, 22회

08 누구든지 사회적 위험으로 인하여 사회보장급여를 필요로 하는 지원대상자를 발견하였을 때에는 보장기관에 알려야 한다. 20회

09 보장기관의 장은 지원대상자를 발굴하기 위하여 사회보장급여의 제공 규모에 대한 정보의 제공과 홍보에 노력해야 한다. 22회

10 「청소년 기본법」에 따른 청소년상담사는 지원대상자의 사회보장급여를 신청할 수 있다. 22회

11 이의신청은 그 처분을 받은 날로부터 90일 이내에 처분을 결정한 보장기관의 장에게 할 수 있다. 20회

12 사회서비스 제공기관의 운영자는 위기가구의 발굴 지원업무 수행을 위해 사회서비스정보시스템을 이용할 수 있다. 20회

대표기출로 확인

01 사회보장급여의 이용·제공 및 수급권자 발굴에 관한 법률의 내용으로 옳지 않은 것은? 20회

① 보장기관의 장은 「긴급복지지원법」 제7조의2에 따른 발굴조사를 실시한 경우를 제외하고 지원대상자에 대한 발굴조사를 1년마다 정기적으로 실시하여야 한다.
② 보장기관은 지역의 사회보장 수준이 균등하게 실현될 수 있도록 노력하여야 한다.
③ 누구든지 사회적 위험으로 인하여 사회보장급여를 필요로 하는 지원대상자를 발견하였을 때에는 보장기관에 알려야 한다.
④ 이의신청은 그 처분을 받은 날로부터 90일 이내에 처분을 결정한 보장기관의 장에게 할 수 있다.
⑤ 사회서비스 제공기관의 운영자는 위기가구의 발굴 지원업무 수행을 위해 사회서비스정보시스템을 이용할 수 있다.

> 보장기관의 장은 「긴급복지지원법」 제7조의2에 따른 발굴조사를 실시한 경우를 제외하고 지원대상자에 대한 발굴조사를 분기마다 정기적으로 실시하여야 한다.
>
> 정답 ①

기출키워드6 사회보장급여 ★빈출

정보시스템·포털	• 사회보장정보시스템 및 업무시스템 연계 활용 • 대국민 포털 구축·관리·활용 촉진 • 협의·조정: 사회보장위원회 조정 기능
사회보장 정보원 운영	• 한국사회보장정보원 설립·법인화 • 시스템 운영, 정보처리, 전자업무지원, 통계, 포털 운영 • 비용 지원, 비밀유지 의무
지역사회 보장 계획	• 4년마다 계획 수립, 매년 시행계획 작성 • 주민 의견·협의체 심의·보고 절차 • 자료·정보 제공 요청 가능
지역사회 보장 운영체계	• 시·도사회보장위원회: 계획·조사·급여·연계 심의·자문 • 지역사회보장협의체: 시·군·구 단위 설치, 실무협의체, 예산·인력 지원 • 사무 전담기구 설치 가능, 정보 안내, 신청 편의 지원
통합사례 관리·전담인력	• 복합 특성 지원 통합 연계 제공 • 통합사례관리사 배치·위탁 지원(시·군·구) • 사회복지전담공무원 배치, 전문 업무 수행, 보수 보조, 교육훈련
균형발전 지원	• 예산·기관 배치로 지역 격차 최소화 • 균형발전지원센터 설치·위탁 가능 • 중앙기관의 지방자치단체 지원 반영

기출선지로 확인

사회보장급여의 이용·제공 및 수급권자 발굴에 관한 법률

13 특별자치시 지역사회보장계획은 사회보장급여 담당 인력의 양성 및 전문성 제고 방안을 포함하여야 한다. 22회

14 통합사례관리를 실시하기 위하여 필요한 경우에는 특별자치시 및 시·군·구에 통합사례관리사를 둘 수 있다. 17회

15 보건복지부장관은 사회보장급여 부정수급 실태조사를 3년마다 실시하고 그 결과를 공개하여야 한다. 21회

지원대상자와 그 부양의무자에 대하여 조사할 수 있는 사항

16 인적사항 및 가족관계 확인에 관한 사항 20회

17 소득·재산·근로능력 및 취업상태에 관한 사항 20회

18 사회보장급여 수급이력에 관한 사항 20회

19 수급권자를 선정하기 위하여 보장기관의 장이 필요하다고 인정하는 사항 20회

사회복지전담공무원

20 사회복지전담공무원은 「사회복지사업법」에 따른 사회복지사의 자격을 가진 사람으로 한다. 18회

21 시·도지사 및 시장·군수·구청장은 「지방공무원 교육훈련법」에 따라 사회복지전담공무원의 교육훈련에 필요한 시책을 수립·시행하여야 한다. 18회

한국사회보장정보원

22 한국사회보장정보원은 법인으로 한다. 18회

23 정부는 한국사회보장정보원의 설립에 필요한 비용을 출연할 수 있다. 18회

24 한국사회보장정보원에 관하여 이 법에서 규정한 사항 외에는 「민법」 중 재단법인에 관한 규정을 준용한다. 18회

25 한국사회보장정보원의 임직원은 그 직무상 알게 된 비밀을 다른 용도로 사용하여서는 아니 된다. 18회

대표기출로 확인

02 사회보장급여의 이용·제공 및 수급권자 발굴에 관한 법률상 수급자격 확인을 위해 지원대상자와 그 부양의무자에 대하여 조사할 수 있는 사항을 모두 고른 것은? 20회

> ㄱ. 인적사항 및 가족관계 확인에 관한 사항
> ㄴ. 소득·재산·근로능력 및 취업상태에 관한 사항
> ㄷ. 사회보장급여 수급이력에 관한 사항
> ㄹ. 수급권자를 선정하기 위하여 보장기관의 장이 필요하다고 인정하는 사항

① ㄱ, ㄴ　　② ㄷ, ㄹ
③ ㄱ, ㄴ, ㄷ　　④ ㄴ, ㄷ, ㄹ
⑤ ㄱ, ㄴ, ㄷ, ㄹ

> 지원대상자 및 부양의무자 자격조사 사항(수급자격의 조사 제7조)은 다음과 같다.
> • 인적사항 및 가족관계 확인에 관한 사항
> • 소득·재산·근로능력 및 취업상태에 관한 사항
> • 사회보장급여 수급이력에 관한 사항
> • 수급권자를 선정하기 위하여 보장기관의 장이 필요하다고 인정하는 사항
>
> 정답 ⑤

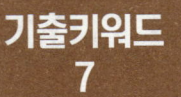

산업재해보상보험법

최근 7개년 평균 출제문항 수 **0.9문항**

01 산업재해보상보험법

목적	• 업무상 재해에 대한 신속·공정한 보상 • 재해근로자의 재활 및 사회 복귀 촉진 • 재해 예방 및 근로자 복지 증진을 통해 근로자 보호
관장	고용노동부장관이 보험사업을 관장함
보험연도	정부의 회계연도와 동일
국가의 책임	• 사무 집행 비용은 국가가 일반회계에서 부담 • 기타 사업 비용은 예산 범위 내 지원 가능
보험료	「고용보험 및 산업재해보상보험의 보험료징수 등에 관한 법률」에 따라 징수
용어의 정의	• **업무상의 재해**: 업무상의 사유에 따른 근로자의 부상·질병·장해 또는 사망 • **치유**: 부상 또는 질병이 완치되거나 치료의 효과를 더 이상 기대할 수 없고 그 증상이 고정된 상태에 이르게 된 것 • **장해**: 부상 또는 질병이 치유되었으나 정신적 또는 육체적 훼손으로 인하여 노동능력이 상실되거나 감소된 상태 • **중증요양상태**: 업무상의 부상 또는 질병에 따른 정신적 또는 육체적 훼손으로 노동능력이 상실되거나 감소된 상태로서 그 부상 또는 질병이 치유되지 아니한 상태 • **진폐**: 분진을 흡입하여 폐에 생기는 섬유증식성(纖維增殖性) 변화를 주된 증상으로 하는 질병 • **출·퇴근**: 취업과 관련하여 주거와 취업장소 사이의 이동 또는 한 취업장소에서 다른 취업장소로의 이동
적용 범위	• 모든 사업에 적용됨 • 위험률·규모·장소 등을 고려해 대통령령으로 일부 사업은 적용 제외 가능
업무상 재해 인정 기준	• 근로자가 근로계약에 따른 업무나 그에 따르는 행위를 하던 중 발생한 사고 • 사업주가 제공한 시설물 등을 이용하던 중 그 시설물 등의 결함이나 관리소홀로 발생한 사고 • 사업주가 주관하거나 사업주의 지시에 따라 참여한 행사나 행사준비 중에 발생한 사고 • 휴게시간 중 사업주 지배관리 하에 있다고 볼 수 있는 행위로 발생한 사고 • 사업주가 제공한 교통수단이나 그에 준하는 교통수단을 이용하는 등 사업주의 지배관리하에서 출퇴근하는 중 발생한 사고 • 그 밖에 업무와 관련하여 발생한 사고
급여의 유형	• **요양급여**: 업무상 부상·질병에 대해 진찰, 치료, 입원, 이송, 재활 등 의료서비스 제공 • **휴업급여**: 요양으로 취업하지 못한 기간에 대해 평균임금의 70% 지급 • **장해급여**: 치유 후 장해가 남은 경우 장해등급별 연금 또는 일시금 지급 • **간병급여**: 치유 후 상시·수시 간병이 필요한 경우 실제 간병받는 자에게 지급 • **유족급여**: 업무상 사망 시 유족에게 연금 또는 일시금 지급 • **상병보상연금**: 요양 2년 이상, 치유되지 않은 중증요양상태 지속 시 지급 • **장례비**: 업무상 사망 시 평균임금 120일분 지급 • **직업재활급여**: 장해자 대상 직업훈련비, 직장복귀지원금 등 지급 • **직업훈련수당**: 훈련기간 중 취업을 못한 경우 최저임금액 수준 지급

기출선지로 확인

산업재해보상보험법

01 근로복지공단은 법인으로 한다. 20회

02 '업무상의 재해'란 업무상의 사유에 따른 근로자의 부상·질병·장해 또는 사망을 말한다. 20회

03 '출퇴근'이란 취업과 관련하여 주거와 취업장소 사이의 이동 또는 한 취업장소에서 다른 취업장소로의 이동을 말한다. 20회

업무상 사고

04 근로자가 근로계약에 따른 업무나 그에 따르는 행위를 하던 중 발생한 사고 18회, 19회

05 사업주가 제공한 시설물 등을 이용하던 중 그 시설물 등의 결함이나 관리소홀로 발생한 사고 18회, 19회

06 사업주가 주관하거나 사업주의 지시에 따라 참여한 행사나 행사준비 중에 발생한 사고 18회, 19회

07 휴게시간 중 사업주의 지배관리 하에 있다고 볼 수 있는 행위로 발생한 사고 18회, 19회

요양급여

08 요양급여는 근로자가 업무상의 사유로 부상을 당하거나 질병에 걸린 경우에 그 근로자에게 지급한다. 20회

유족급여

09 근로자가 업무상의 사유로 사망한 경우 유족에게 지급한다. 21회

10 유족보상연금 수급권자가 2명 이상 있을 때 그중 1명을 대표자로 선임할 수 있다. 21회

11 근로자와 「주민등록법」상 세대를 같이 하고 동거하던 유족으로서 근로자의 소득으로 생계의 상당 부분을 유지하고 있던 사람은 유족에 해당한다. 21회

12 유족보상연금 수급 권리는 배우자·자녀·부모·손자녀·조부모 및 형제자매의 순서로 한다. 21회

대표기출로 확인

01 산업재해보상보험법상 '업무상 사고'에 해당하지 않는 것은? 19회
① 근로자가 근로계약에 따른 업무나 그에 따르는 행위를 하던 중 발생한 사고
② 사업주가 제공한 시설물 등을 이용하던 중 그 시설물 등의 결함이나 관리소홀로 발생한 사고
③ 사업주가 주관하거나 사업주의 지시에 따라 참여한 행사나 행사준비 중에 발생한 사고
④ 비통상적인 경로와 방법으로 출퇴근하는 중 발생한 사고
⑤ 휴게시간 중 사업주의 지배관리하에 있다고 볼 수 있는 행위로 발생한 사고

> 업무상 사고의 '출퇴근 재해'와 관련된 내용으로 통상적인 경로와 방법으로 출퇴근하는 중 발생한 사고가 해당된다.
>
> 정답 ④

02 산업재해보상보험법의 내용으로 옳지 않은 것은? 20회
① "업무상의 재해"란 업무상의 사유에 따른 근로자의 부상·질병·장해 또는 사망을 말한다.
② 보험급여에는 간병급여, 상병보상연금, 실업급여 등이 있다.
③ 근로복지공단은 법인으로 한다.
④ "출퇴근"이란 취업과 관련하여 주거와 취업장소 사이의 이동 또는 한 취업장소에서 다른 취업장소로의 이동을 말한다.
⑤ 요양급여는 근로자가 업무상의 사유로 부상을 당하거나 질병에 걸린 경우에 그 근로자에게 지급한다.

> 보험급여에는 간병급여, 상병보상연금, 장해급여, 유족급여, 휴업급여, 장례비, 직업재활급여 등이 있다. 반면 실업급여는 고용보험법의 급여에 해당한다.
>
> 정답 ②

06 사회보험법

기출키워드 8

국민연금법

최근 7개년 평균 출제문항 수 **0.6문항**

01 국민연금법

목적	국민의 노령, 장애 또는 사망에 대비하여 연금급여를 실시함으로써 국민의 생활안정과 복지 증진에 기여함
관장	보건복지부장관이 관장함
용어의 정의	• 근로자: 직업 종류와 무관하게 노무를 제공하고, 임금을 받아 생활하는 사람(법인의 이사·임원 포함, 일부 제외 가능) • 사용자: 근로자가 속한 사업장의 사업주 • 소득: 일정 기간의 근로를 제공하고 얻은 수입에서 비과세소득 및 필요경비를 제외한 금액 • 평균소득월액: 매년 사업장가입자, 지역가입자 전원의 기준소득월액 평균액 • 기준소득월액: 연금보험료·급여 산정을 위한 가입자의 기준이 되는 소득월액 • 사업장: 근로자를 사용하는 사업소·사무소 • 수급권: 「국민연금법」에 따라 급여를 받을 권리 • 수급권자: 수급권을 가진 자 • 수급자: 「국민연금법」에 따른 급여를 받고 있는 자 • 연금보험료: 사업장가입자의 경우 사용자 부담금 + 근로자 기여금, 지역가입자·임의가입자· 임의계속가입자의 경우 사용자가 부담하는 금액 • 부담금: 사용자가 부담하는 금액 • 기여금: 근로자가 부담하는 금액
가입자 유형	• 사업장가입자: 사업장에 고용된 근로자 및 사용자로 국민연금에 가입된 자 • 지역가입자: 사업장가입자가 아닌 자로 국민연금에 가입된 자 • 임의가입자: 가입 의무가 없으나 자발적으로 가입한 자 • 임의계속가입자: 자격 상실 후 계속 가입한 자(특정 조건 충족 시)
가입 대상기간	• 대상기간: 18세부터 초진일 혹은 사망일까지의 기간 중 일부 제외기간을 뺀 기간 • 제외기간: 가입 제외기간, 18세 이상 27세 미만인 기간 중 지역가입 제외기간, 보험료 미납기간 등 • 추후 납부된 보험료 해당 기간은 포함 가능
특례사항	• 사실혼 배우자도 배우자로 인정 • 가입자 또는 그 자녀가 태아였을 경우에도 생계를 유지한 자녀로 간주 • 가입자의 종류별 소득 범위, 산정 방법 등은 대통령령으로 규정

02 국민연금의 급여 유형 및 수급권

급여의 종류	노령연금, 장애연금, 유족연금, 반환일시금
급여 지급 방식	• 수급권자의 청구에 따라 국민연금공단이 지급 • 연금액은 기본연금액과 부양가족연금액을 기초로 산정함
수급권 보호	• 수급권은 양도·압류·담보 제공 불가 • 일정 금액 이하 급여 및 급여수급 전용계좌의 입금 급여는 압류 불가

기출선지로 확인

국민연금법

01 가입자는 사업장가입자, 지역가입자, 임의가입자 및 임의계속가입자로 구분한다. 13회

02 연금액은 지급사유에 따라 기본연금액과 부양가족연금액을 기초로 산정한다. 13회

03 가입자의 가입 종류가 변동되면 그 가입자의 가입기간은 각 종류별 가입기간을 합산한 기간으로 한다. 13회, 22회

04 수급권을 취득할 당시 가입자였던 자의 태아가 출생하면 그 자녀는 가입자였던 자에 의하여 생계를 유지하고 있던 자녀로 본다. 17회

05 국민연금공단은 법인으로 한다. 13회

지역가입자

06 18세 이상 27세 미만인 자로서 학생이거나 군복무 등의 이유로 소득이 없는 자(연금보험료를 납부한 사실이 있는 자는 제외한다)는 지역가입자에서 제외한다. 14회

국민연금기금의 운용방법

07 「은행법」에 따른 은행에 대한 예입 또는 신탁 10회

08 공공사업을 위한 공공부문에 대한 투자 10회

09 기금의 본래 사업 목적을 수행하기 위한 재산의 취득 및 처분 10회

10 「노인복지법」에 따른 노인복지시설의 설치·공급·임대 10회

대표기출로 확인

01 국민연금법의 내용으로 옳은 것은? 17회
① 이 법을 적용할 때 배우자의 범위에는 사실상의 혼인관계에 있는 자를 제외한다.
② 수급권을 취득할 당시 가입자였던 자의 태아가 출생하면 그 자녀는 가입자였던 자에 의하여 생계를 유지하고 있던 자녀로 본다.
③ 가입자의 종류는 사업장가입자와 지역가입자의 2가지로 구분된다.
④ 지역가입자가 사업장가입자의 자격을 취득한 때에는 그에 해당하게 된 날의 다음 날에 지역가입자의 자격을 상실한다.
⑤ 수급권자가 사망한 경우 그 수급권자에게 미지급 급여가 있으면 그 급여를 받을 순위는 자녀, 배우자, 부모의 순으로 한다.

① 이 법을 적용할 때 배우자의 범위에는 사실상의 혼인관계에 있는 자를 포함한다.
③ 가입자의 종류는 사업장가입자, 지역가입자, 임의가입자 및 임의계속가입자로 구분한다.
④ 지역가입자가 사업장가입자의 자격을 취득한 때에는 그에 해당하게 된 날에 지역가입자의 자격을 상실한다.
⑤ 수급권자가 사망한 경우 그 수급권자에게 미지급 급여가 있으면 그 급여를 받을 순위는 배우자, 자녀, 부모, 손자녀, 조부모, 형제자매의 순으로 한다.

정답 ②

기출키워드8 국민연금법

03 노령연금

일반 노령연금	가입기간 10년 이상인 자가 60세(특수직종은 55세)부터 생존기간 동안 수급 가능
조기 노령연금	가입기간 10년 이상, 55세 이상이며 일정 소득이 없는 경우, 본인 희망 시 60세 이전 조기 수급 가능
분할연금	• 혼인기간 5년 이상, 이혼 후 60세 도달 시 전 배우자의 노령연금을 일정 비율로 분할 수급 가능 • 수급 요건 충족 후 5년 이내 청구 필요 • 분할연금 수급 중 배우자 연금이 정지되어도 영향 없음 • 분할연금과 노령연금은 합산 지급 가능

04 장애연금

수급 요건	• 초진일 기준 18세 이상, 노령연금 지급 연령 미만
	• 다음 중 하나를 충족할 것
	  ① 가입대상기간의 1/3 이상 보험료 납부
	  ② 직전 5년 중 3년 이상 납부(체납 3년 이상 시 제외)
	  ③ 가입기간 10년 이상

장애결정 기준일	• 완치 시: 완치일 • 미완치 시: 초진일로부터 1년 6개월 경과일의 다음 날 • 이후 악화 시: 청구일 또는 완치일 중 빠른 날
제외 사유	• 초진일이 가입 제외기간, 국외 이주, 국적상실기간 중일 경우 • 반환일시금 수령자
장애등급	1급~4급으로 구분하며, 심사 기준은 대통령령에 따름

05 유족연금

수급 요건	다음 중 하나에 해당하는 자가 사망한 경우 ① 노령연금 수급자 ② 가입기간 10년 이상 ③ 가입대상기간의 1/3 이상 보험료 납부 ④ 사망 전 5년간 3년 이상 보험료 납부(체납 3년 이상 시 제외) ⑤ 장애등급이 2급 이상인 장애연금 수급권자
지급 제외	• 가입 제외기간 중 사망한 경우 • 국외 이주, 국적 상실기간 중 사망한 경우
유족 범위 및 순위	• 배우자, 25세 미만 또는 장애 자녀, 60세 이상 또는 장애 부모, 19세 미만 또는 장애 손자녀, 60세 이상 또는 장애 조부모 • 최우선 순위자 1인에게 지급 동일 순위 2인 이상 시 균등 분할 지급

06 반환일시금

지급 요건	• 가입기간 10년 미만 + 60세 도달 • 가입자 또는 가입자였던 자가 사망한 경우(유족연금 미지급 시) • 국적 상실 또는 국외 이주
지급액	납부한 연금보험료 + 이자(사업장가입자: 사용자 부담금 포함)
유족 청구	유족 청구 시 유족연금과 동일한 범위·우선순위 적용

기출선지로 확인

국민연금법상 급여의 종류

11 노령연금 12회, 19회, 20회
12 장애연금 12회, 20회
13 유족연금 12회, 19회
14 반환일시금 12회, 19회, 20회

유족연금

15 노령연금 수급권자가 사망하면 그 유족에게 유족연금이 지급된다. 15회
16 가입기간이 10년 이상인 가입자가 사망하면 그 유족에게 유족연금이 지급된다. 15회
17 장애등급이 3급인 장애연금 수급권자가 사망하면 그 유족에게 유족연금이 지급되지 아니한다. 15회
18 유족연금 수급권자인 배우자가 재혼한 때에는 그 수급권은 소멸한다. 15회

대표기출로 확인

02 국민연금법상 급여의 종류에 해당하는 것을 모두 고른 것은? 19회

ㄱ. 노령연금 ㄴ. 장해급여
ㄷ. 유족연금 ㄹ. 반환일시금

① ㄱ, ㄴ, ㄷ
② ㄱ, ㄴ, ㄹ
③ ㄱ, ㄷ, ㄹ
④ ㄴ, ㄷ, ㄹ
⑤ ㄱ, ㄴ, ㄷ, ㄹ

ㄴ. 장해급여는 「산업재해보험법」상의 급여에 해당된다.

정답 ③

03 국민연금법상 급여의 종류에 해당하는 것을 모두 고른 것은? 20회

ㄱ. 노령연금 ㄴ. 장애인연금
ㄷ. 장해급여 ㄹ. 장애연금
ㅁ. 반환일시금

① ㄱ, ㄴ, ㄹ
② ㄱ, ㄴ, ㅁ
③ ㄱ, ㄷ, ㅁ
④ ㄱ, ㄹ, ㅁ
⑤ ㄴ, ㄷ, ㄹ

ㄴ. 장애인연금 → 「장애인연금법」상의 급여
ㄷ. 장해급여 → 「산업재해보험법」상의 급여

정답 ④

기출키워드 9 — 고용보험법 ★빈출

06 사회보험법

최근 7개년 평균 출제문항 수 **1.1문항**

01 고용보험법

목적	실업 예방, 고용 촉진, 직업능력 개발 및 생활안정 등을 통해 경제·사회 발전에 기여함
관장	고용노동부장관이 관장함
용어의 정의	• 피보험자: 「고용보험 및 산업재해보상보험의 보험료징수 등에 관한 법률」상 가입되거나 가입된 것으로 보는 근로자, 예술인, 노무제공자 • 이직: 고용관계 또는 계약관계 종료 • 실업: 근로 의사·능력이 있음에도 취업하지 못한 상태 • 실업의 인정: 직업안정기관의 장이 수급자격자가 실업한 상태에서 적극적으로 직업을 구하기 위하여 노력하고 있다고 인정하는 것 • 보수: 근로소득에서 일정 금품 제외한 금액 • 일용근로자: 1개월 미만 고용된 자
보험사업 내용	• 고용안정 사업 • 직업능력개발 사업 • 실업급여 • 육아휴직 급여 • 출산전후휴가 급여 등 실시 • 보험연도는 정부 회계연도와 동일
국고 부담	• 국가가 보험사업 비용의 일부를 일반회계에서 매년 부담 • 관리·운영 비용도 예산 범위 내에서 부담 가능
보험료 징수	• 보험료 및 징수금은 「고용보험 및 산업재해보상보험의 보험료징수 등에 관한 법률」에 따라 운영 • 고용안정·직업능력개발·실업급여 보험료는 해당 사업 비용에 충당 • 실업급여 보험료는 국민연금 보험료 지원, 육아휴직 및 출산급여 비용에도 사용 가능
자영업자 관련	• 자영업자 보험료는 자영업자 대상 사업비용으로만 사용 가능 • 고용보험 재원 일부는 자영업자의 국민연금 보험료 지원에 충당 가능
국제협력	고용보험사업 관련 국제기구, 외국 정부, 기관과 교류·협력 가능

기출선지로 확인

고용보험법

01 고용보험기금은 고용노동부장관이 관리·운용한다. 22회

02 '실업'이란 근로의 의사와 능력이 있음에도 불구하고 취업하지 못한 상태에 있는 것을 말한다. 17회

03 '일용근로자'는 1개월 미만 동안 고용되는 자를 말한다. 17회

04 고용보험사업으로 고용안정·직업능력개발 사업, 실업급여, 육아휴직 급여 및 출산전후휴가 급여 등을 실시한다. 18회, 23회

05 국가는 매년 보험사업에 드는 비용의 일부를 일반회계에서 부담하여야 한다. 20회

06 65세 이후에 고용되거나 자영업을 개시한 자에 대한 고용안정·직업능력개발 사업에 관하여는 이 법을 적용한다. 17회

대표기출로 확인

01 고용보험법의 내용으로 옳지 않은 것은? 17회
① "일용근로자"는 1개월 미만 동안 고용되는 자를 말한다.
② 실업급여에는 취업촉진 수당이 포함되지 않는다.
③ "실업"이란 근로의 의사와 능력이 있음에도 불구하고 취업하지 못한 상태에 있는 것을 말한다.
④ 구직급여를 지급받으려는 자는 이직 후 지체없이 직업안정기관에 출석하여 실업을 신고하여야 한다.
⑤ 65세 이후에 고용되거나 자영업을 개시한 자에 대한 고용안정·직업능력개발 사업에 관하여는 이 법을 적용한다.

실업급여에는 취업촉진 수당이 포함된다.
정답 ②

02 고용보험법의 내용으로 옳은 것은? 20회
① 고용보험기금은 기획재정부장관이 관리·운용한다.
② 국가는 매년 보험사업에 드는 비용의 일부를 일반회계에서 부담하여야 한다.
③ 취업촉진 수당의 종류로는 구직급여, 직업능력개발 수당 등이 있다.
④ "실업"이란 근로의 의사와 능력이 없어 취업하지 못한 상태에 있는 것을 말한다.
⑤ "일용근로자"란 6개월 미만 동안 고용되는 사람을 말한다.

① 고용보험기금은 고용노동부장관이 관리·운용한다.
③ 취업촉진 수당의 종류로는 조기재취업 수당, 이주비, 광역 구직활동비, 직업능력개발 수당이 있다.
④ "실업"이란 근로의 의사와 능력이 있음에도 불구하고 취업하지 못한 상태에 있는 것을 말한다.
⑤ "일용근로자"란 1개월 미만 동안 고용되는 사람을 말한다.
정답 ②

기출키워드9 고용보험법 ★빈출

02 실업급여(구직급여, 취업촉진수당)의 유형 및 특징

실업급여의 정의		실업자의 생활안정과 재취업 촉진을 위한 급여로서, 구직급여와 취업촉진수당으로 구성됨
구직급여	수급요건	• 기준기간 중 피보험 단위 기간이 180일 이상일 것 • 근로 의사와 능력이 있으나 실업상태일 것 • 수급자격 제한 사유에 해당하지 않을 것 • 적극적인 재취업 노력을 할 것 • 일용근로자일 경우 별도의 출근일수 조건 충족 필요
	기준기간 특례	• 질병 등으로 30일 이상 근로하지 못한 경우 기준기간 연장 • 단시간·단일 근로형태의 경우 24개월로 기준기간 연장 가능
	피보험 단위기간	보수지급의 기초가 된 날로 계산하며, 과거 구직급여 수급과 관련된 기간은 제외
	실업 신고	• 이직 후 지체 없이 직업안정기관에 신고해야 하며, 온라인 신고 가능 • 구직신청과 수급자격 신청을 포함함
	수급자격 인정	직업안정기관장이 수급요건 충족 여부를 확인한 후 인정 여부 결정
	실업 인정	실업상태의 수급자격자가 지정일에 출석하고 재취업 활동을 신고하면 실업으로 인정
	대기기간	최초 실업 신고일부터 7일간은 구직급여 미지급(건설일용근로자는 예외)
취업촉진수당	조기재취업 수당	일정 요건 충족 시 안정된 재취업 또는 자영업 시작 시 미지급 일수에 비례하여 지급함
	직업능력개발 수당	직업안정기관이 지시한 훈련을 이수하는 기간 중 지급
	광역 구직활동비	광역권 구직활동 시 필요성이 인정되면 지급 가능
	이주비	취업 또는 훈련 등을 위해 주거지를 이전할 경우 일반적 이주비용 지급 가능

기출선지로 확인

구직급여

07 구직급여를 지급받으려는 자는 이직 후 지체 없이 직업안정기관에 출석하여 실업을 신고하여야 한다. 17회, 19회

중대한 귀책사유로 해고된 피보험자로서 구직급여 수급자격의 제한사유

08 「형법」을 위반하여 금고 이상의 형을 선고받은 경우 21회

09 정당한 사유 없이 근로계약을 위반하여 장기간 무단 결근한 경우 21회

10 사업기밀을 경쟁관계에 있는 사업자에게 제공한 경우 21회

취업촉진수당

11 조기재취업 수당 22회
12 직업능력개발 수당 22회
13 광역 구직활동비 22회
14 이주비 22회

대표기출로 확인

03 고용보험법의 내용으로 옳은 것은? 22회
① "실업의 인정"이란 근로의 의사와 능력이 있음에도 불구하고 취업하지 못한 상태에 있는 것을 말한다.
② "일용근로자"란 3개월 미만 동안 고용되는 사람을 말한다.
③ 지방자치단체는 매년 보험사업에 드는 비용의 일부를 일반회계에서 부담하여야 한다.
④ 고용보험기금은 고용노동부장관이 관리·운용한다.
⑤ 실업급여를 받을 권리는 양도 또는 압류하거나 담보로 제공할 수 있다.

> ① 근로의 의사와 능력이 있음에도 불구하고 취업하지 못한 상태에 있는 것은 실업이다.
> ② "일용근로자"란 1개월 미만 동안 고용되는 사람을 말한다.
> ③ 국가는 매년 보험사업에 드는 비용의 일부를 일반회계에서 부담하여야 한다.
> ⑤ 실업급여를 받을 권리는 양도 또는 압류하거나 담보로 제공할 수 없다.
> 정답 ④

04 고용보험법상 실업급여의 종류로 취업촉진 수당에 해당하는 것을 모두 고른 것은? 22회

ㄱ. 이주비
ㄴ. 광역 구직활동비
ㄷ. 직업능력개발 수당
ㄹ. 조기재취업 수당

① ㄱ, ㄴ, ㄷ   ② ㄱ, ㄴ, ㄹ
③ ㄱ, ㄷ, ㄹ   ④ ㄴ, ㄷ, ㄹ
⑤ ㄱ, ㄴ, ㄷ, ㄹ

> 실업급여에는 구직급여와 취업촉진 수당이 있으며 그중 취업촉진 수당에는 이주비, 광역 구직활동비, 직업능력개발 수당, 조기재취업 수당이 해당된다.
> 정답 ⑤

국민건강보험법

06 사회보험법
기출키워드 10

최근 7개년 평균 출제문항 수 **0.9문항**

01 국민건강보험법

구분	내용
목적 및 관장	• 질병, 부상, 출산, 사망, 건강증진 등에 대한 보험급여를 통해 국민보건 향상과 사회보장 증진에 기여하고자 함 • 건강보험사업은 보건복지부장관이 주관함
용어의 정의	• 근로자: 보수를 받고 일하는 자로, 공무원 및 교직원은 제외됨 • 사용자: 사업주, 공무원 소속 기관의 장, 사립학교의 설립·운영자 • 사업장: 사업소 또는 사무소 • 공무원: 국가나 지방자치단체 소속 상시 공무 종사자 • 교직원: 사립학교 및 그 경영기관의 교원과 직원
적용 대상	• 국내 거주 국민은 원칙적으로 건강보험 가입자 또는 피부양자가 됨 • 적용 제외 대상: 의료급여 수급권자, 유공자 등 의료보호 대상자(단, 유공자 중 신청자 또는 기존 건강보험 적용자는 가입 가능)
가입자 유형	• 직장가입자: 근로자, 사용자, 공무원, 교직원 • 지역가입자: 직장가입자 및 그 피부양자를 제외한 가입자 • 직장가입자 제외 대상: 1개월 미만 일용직, 병역 복무자, 보수 없는 선출직 공무원 등
보험 급여 — 요양급여	• 진찰·검사, 약제·치료재료 지급, 처치·수술 등 치료, 예방·재활, 입원, 간호, 이송 • 방법, 절차, 범위, 상한 등은 보건복지부령으로 정함 • 요양기관은 정당한 사유 없이 요양급여를 거부할 수 없음
보험 급여 — 요양비	• 부득이한 사유로 준요양기관(업무정지된 요양기관 포함) 또는 자택 출산 시 요양비 지급 가능 • 명세서·영수증 제출 필요 • 위임 있는 경우 준요양기관이 공단에 직접 청구 가능
보험 급여 — 부가급여	임신·출산 진료비, 장제비, 상병수당, 기타 대통령령으로 정하는 급여 가능
국민건강보험 종합계획 — 계획의 수립	• 보건복지부장관은 건강보험의 건전한 운영을 위해 5년마다 국민건강보험 종합계획을 수립해야 함 • 건강보험정책심의위원회의 심의를 거쳐 수립 및 변경 • 종합계획에는 정책 목표, 보장성 강화, 재정 전망, 보험료 부과, 요양급여비용, 건강증진, 취약계층 지원, 통계·정보 관리 등이 포함됨
국민건강보험 종합계획 — 시행계획 및 실적 평가	• 종합계획에 따라 매년 시행계획 수립 및 시행 • 매년 시행 실적을 평가하고 국회에 보고 • 필요한 경우 관계기관에 자료 제출 요구 가능
건강보험 정책심의위원회 — 설치	건강보험 정책의 주요 사항을 심의·의결하기 위해 보건복지부장관 소속으로 설치
건강보험 정책심의위원회 — 심의 사항	• 종합계획·시행계획 • 보험료 부과 제도 개선 • 요양급여 기준 및 비용 • 그 밖에 건강보험에 관한 주요 사항으로서 대통령령으로 정하는 사항 • 직장·지역가입자의 보험료율

기출선지로 확인

국민건강보험법

01 건강보험 지역가입자는 직장가입자와 그 피부양자를 제외한 가입자를 말한다. 22회

02 「의료급여법」에 따라 의료급여를 받는 사람은 건강보험의 가입자가 될 수 없다. 22회

자격 상실 시기

03 사망한 날의 다음 날 17회

요양급여

04 약제(藥劑)·치료재료의 지급 18회
05 처치·수술 및 그 밖의 치료 18회
06 예방·재활 18회
07 이송(移送) 18회

국민건강보험종합계획

08 보험료 부과체계에 관한 사항 16회
09 요양급여비용에 관한 사항 16회
10 취약계층 지원에 관한 사항 16회
11 건강보험에 관한 통계 및 정보의 관리에 관한 사항 16회
12 보건복지부장관은 국민건강보험종합계획에 따라 연도별 시행계획에 따른 추진실적을 매년 평가하여야 한다. 22회

건강보험정책심의위원회

13 건강보험정책에 관한 사항을 심의·의결하기 위하여 보건복지부장관 소속으로 건강보험정책심의위원회를 둔다. 22회

대표기출로 확인

01 국민건강보험법상 요양급여에 해당하지 않는 것은? 18회
① 예방·재활
② 이송(移送)
③ 요양병원간병비
④ 처치·수술 및 그 밖의 치료
⑤ 약제(藥劑)·치료재료의 지급

> 요양병원간병비는 「노인장기요양보험법」상의 급여 유형이다.
>
> 정답 ③

기출키워드10 국민건강보험법

02 보험료

보험료 징수 원칙	공단은 건강보험사업 비용 충당을 위해 보험료 납부의무자로부터 보험료를 징수함
직장가입자 보험료	• 보수월액보험료: 보수월액 × 보험료율 • 보수 외 소득월액보험료: 보수 외 소득월액 × 보험료율
지역가입자 보험료	• 소득 보험료: 연소득 / 12개월 × 보험료율 • 재산 보험료: 재산점수 × 점수당 금액 • 세대 단위로 산정

03 국민건강보험공단과 건강보험심사평가원의 업무

국민건강보험공단	건강보험심사평가원
• 가입자·피부양자 자격 관리 • 보험료 및 기타 징수금의 부과·징수 • 보험급여의 관리 및 비용 지급 • 건강검진 결과 및 급여자료 활용한 질병 예방사업 • 자산의 관리·운영 및 증식사업 • 의료시설 운영 • 교육훈련 및 홍보, 조사연구, 국제협력 • 관련 법령에 따른 위탁 업무 수행 • 「국민연금법」, 고용보험·산재보험 등 징수위탁법 관련 업무 수행 • 보건복지부장관이 인정하는 기타 건강보험 관련 업무 수행	• 요양급여비용 심사 • 요양급여의 적정성 평가 • 심사기준 및 평가기준 개발 • 관련 조사연구 및 국제협력 • 다른 법률에 따른 급여비용 심사 또는 의료 적정성 평가 • 법령 또는 보건복지부장관의 위탁 업무 수행 • 보험급여 심사 및 적정성 평가 관련 대통령령이 정하는 업무 수행

기출선지로 확인

국민건강보험공단의 업무

14 가입자 및 피부양자의 자격 관리 19회

15 보험료 등의 납부의무자가 납부기한까지 보험료 등을 내지 아니하면 그 납부기한이 지난 날부터 매 1일이 경과할 때마다 연체금을 징수한다. 23회

16 가입자와 피부양자에 대하여 질병의 조기 발견과 그에 따른 요양급여를 하기 위하여 건강검진을 실시한다. 23회

17 자산의 관리·운영 및 증식사업 19회

18 의료시설의 운영 19회

19 건강보험에 관한 교육훈련 및 홍보 19회

20 요양급여 외에 임신·출산 진료비, 장제비, 상병수당, 그 밖의 급여를 실시할 수 있다. 23회

21 고의 또는 중대한 과실로 인한 범죄행위에 그 원인이 있는 경우 보험급여를 하지 아니한다. 23회

건강보험심사평가원의 업무

22 요양급여의 적정성 평가 20회

대표기출로 확인

02 국민건강보험법상 건강보험심사평가원의 업무에 해당하는 것은? 20회
① 요양급여의 적정성 평가
② 가입자의 자격 관리
③ 보험급여의 관리
④ 보험급여 비용의 지급
⑤ 보험료의 부과·징수

> ②, ③, ④, ⑤ 모두 국민건강보험공단의 주요 업무 내용에 해당한다.
> 정답 ①

03 국민건강보험법상 국민건강보험공단에 관한 설명으로 옳지 않은 것은? 23회
① 요양급여 외에 임신·출산 진료비, 장제비, 상병수당, 그 밖의 급여를 실시할 수 있다.
② 가입자와 피부양자에 대하여 질병의 조기 발견과 그에 따른 요양급여를 하기 위하여 건강검진을 실시한다.
③ 회계연도마다 예산안을 독자적으로 편성하고 지출할 수 있다.
④ 고의 또는 중대한 과실로 인한 범죄행위에 그 원인이 있는 경우 보험급여를 하지 아니한다.
⑤ 보험료등의 납부의무자가 납부기한까지 보험료등을 내지 아니하면 그 납부기한이 지난 날부터 매 1일이 경과할 때마다 연체금을 징수한다.

> 국민건강보험공단의 예산은 회계연도마다 예산안을 편성하여 이사회의 의결을 거쳐 보건복지부장관의 승인을 받아야 확정된다.
> 정답 ③

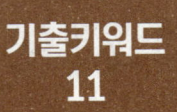

06 사회보험법

기출키워드 11 노인장기요양보험법

최근 7개년 평균 출제문항 수 **0.9문항**

01 노인장기요양보험법

목적	고령이나 노인성 질병 등으로 일상생활 수행이 어려운 노인등에게 신체활동 또는 가사활동 등을 지원
용어의 정의	• **노인등**: 65세 이상 또는 65세 미만 중 노인성 질병(예 치매, 뇌혈관성질환 등)을 가진 자 • **장기요양급여**: 신체활동·가사활동 지원 또는 이에 상응하는 현금 등으로 6개월 이상 일상생활 곤란 시 제공되는 서비스 • **장기요양사업**: 장기요양보험료, 국비·지방비로 운영되는 장기요양급여 제공 사업 • **장기요양기관**: 장기요양급여 제공을 위해 보건복지부 지정을 받은 기관 • **장기요양요원**: 장기요양기관 소속으로 실제 급여를 제공하는 인력
장기요양급여 제공원칙	• 노인등이 자신의 의사와 능력에 따라 최대한 자립적으로 일상생활을 수행할 수 있도록 제공해야 함 • 노인등의 심신상태·생활환경과 노인등 및 그 가족의 욕구·선택을 종합적으로 고려하여 필요한 범위 안에서 이를 적정하게 제공해야 함 • 노인등이 가족과 함께 생활하면서 가정에서 장기요양을 받는 재가급여를 우선적으로 제공해야 함 • 노인등의 심신상태나 건강 등이 악화되지 아니하도록 의료서비스와 연계하여 이를 제공해야 함
장기요양보험	• 장기요양보험사업은 보건복지부장관이 관장함 • 장기요양보험사업의 보험자는 공단으로 함 • 장기요양보험의 가입자는 「국민건강보험법」에 따른 가입자로 함 • 건강보험공단은 장기요양사업에 사용되는 비용에 충당하기 위하여 장기요양보험료를 징수함
장기요양 기본계획	5년마다 장기요양기본계획 수립(급여 대상, 인력·시설 관리 등 포함)
실태조사	3년마다 장기요양인정에 관한 사항, 급여의 수준 및 만족도에 관한 사항, 장기요양기관에 관한 사항, 장기요양요원의 근로 조건, 처우 및 규모에 관한 사항 등에 대한 실태조사를 정기적으로 실시하고 그 결과를 공표해야 함

02 장기요양사업의 관리운영기관

관리운영기관	국민건강보험공단이 장기요양사업의 관리운영기관 역할을 수행함
주요 업무	• 자격관리 및 보험료 부과·징수 • 급여비용 심사 및 지급, 부당이득금 환수 • 장기요양급여 신청 조사 및 등급판정위원회 운영 • 제공내용 확인, 조사연구, 홍보, 국제협력 • 장기요양인정서 작성 및 이용계획서 제공 • 급여제공기준 개발 및 적정성 검토 • 급여의 관리 및 평가 • 보건복지부장관 위탁업무 수행 • 수급자 안내·상담 등 이용 지원

기출선지로 확인

노인장기요양보험법

01 '노인등'이란 65세 이상의 노인 또는 65세 미만의 자로서 치매·뇌혈관성질환 등 대통령령으로 정하는 노인성 질병을 가진 자를 말한다. 　22회

02 장기요양사업이란 장기요양보험료, 국가 및 지방자치단체의 부담금 등을 재원으로 하여 노인 등에게 장기요양급여를 제공하는 사업을 말한다. 　16회

03 장기요양보험사업은 보건복지부장관이 관장한다. 　20회, 22회

04 보건복지부장관은 장기요양사업의 실태를 파악하기 위하여 3년마다 장기요양인정에 관한 사항 등에 관한 조사를 정기적으로 실시하고 그 결과를 공표하여야 한다. 　16회

05 국가는 노인성 질환예방사업을 수행하는 지방자치단체에 대하여 이에 소요되는 비용을 지원할 수 있다. 　16회

장기요양급여 제공의 기본 원칙

06 노인등이 자신의 의사와 능력에 따라 최대한 자립적으로 일상생활을 수행할 수 있도록 제공하여야 한다. 　18회

07 노인등의 심신상태·생활환경과 노인등 및 그 가족의 욕구·선택을 종합적으로 고려하여 필요한 범위 안에서 이를 적정하게 제공하여야 한다. 　18회

08 노인등의 심신상태나 건강 등이 악화되지 아니하도록 의료서비스와 연계하여 이를 제공하여야 한다. 　18회

09 노인등이 가족과 함께 생활하면서 가정에서 장기요양을 받는 재가급여를 우선적으로 제공하여야 한다. 　16회, 18회, 22회

대표기출로 확인

01 노인장기요양보험법의 내용으로 옳지 않은 것은? 　22회
① "노인등"이란 65세 이상의 노인 또는 65세 미만의 자로서 치매·뇌혈관성질환 등 대통령령으로 정하는 노인성 질병을 가진 자를 말한다.
② 장기요양급여는 노인등이 가족과 함께 생활하면서 가정에서 장기요양을 받는 재가급여를 우선적으로 제공하여야 한다.
③ 장기요양보험사업은 보건복지부장관이 관장한다.
④ 장기요양급여를 받고 있는 수급자는 장기요양등급의 내용을 변경하여 장기요양급여를 받고자 하는 경우 국민건강보험공단에 변경신청을 하여야 한다.
⑤ 재가급여에는 방문요양, 방문목욕, 특별현금급여가 포함된다.

> 재가급여에는 방문요양, 방문목욕, 방문간호, 주·야간보호, 단기보호, 기타 재가급여가 포함된다.
> 정답 ⑤

기출키워드 11 노인장기요양보험법

정관 포함사항	보험료, 급여, 예산 및 결산 등 장기요양사업 관련 항목 포함
조직 구분	장기요양사업 조직은 건강보험 조직과 구분하여 운영(단, 자격관리 및 보험료 부과·징수는 예외 적용 가능)
장기요양사업 회계 운영	• 독립회계를 운영해야 함 • 보험료 재원 사업과 국비·지방비 재원 사업은 재정을 구분하여 운영(단, 관리운영 재정은 구분하지 않을 수 있음)
권한의 위임 및 준비금	「국민건강보험법」 규정을 준용하여 이사장의 권한 위임 및 준비금 운영 가능

등급판정위원회	• 목적: 장기요양인정 및 등급판정을 심의하기 위해 공단 소속 심의기구로 설치함
	• 위원회 설치 단위
	  – 특별자치시·특별자치도·시·군·구 단위로 설치 가능
	  – 인구 수 등을 고려하여 통합 또는 복수 설치 가능
	• 구성
	  – 위원장 포함 15인 구성
	  – 공단 이사장이 위촉하며, 공무원 추천 위원 7인, 의사 또는 한의사 포함 필수
	• 자격: 의료인, 사회복지사, 지방자치단체 공무원, 관련 학식·경험자 등

03 장기요양인정의 신청

신청 자격	• 장기요양보험가입자 또는 그 피부양자 • 의료급여수급권자
신청 절차	• 신청인은 공단에 신청서와 의사 또는 한의사가 발급한 의사소견서를 첨부하여 제출 • 거동불편자 또는 도서·벽지 거주자 등은 의사소견서 제출 생략 가능 • 발급비용, 부담방법, 발급자의 범위 등은 보건복지부령으로 규정
신청 후 조사	• 공단은 신청서를 접수한 후 직원으로 하여금 심신상태, 필요급여 등 사항을 조사 • 지리적 사정 등으로 어려울 경우 특별자치시·특별자치도·시·군·구에 의뢰하거나 공동조사 가능 • 조사자는 조사일시, 장소, 담당자 정보 등을 신청인에게 사전 통보 • 조사가 완료되면 조사결과서를 작성하고 공단에 송부

기출선지로 확인

회계 운영

10 통합 징수한 장기요양보험료와 건강보험료를 각각 독립회계로 관리하여야 한다. 12회

장기요양인정의 신청

11 65세 이상의 노인으로 「국민건강보험법」 제5조에 따른 건강보험 가입자의 피부양자 17회

12 65세 미만의 자로서 대통령령으로 정하는 노인성 질병을 가진 자로 「의료급여법」 제3조 제1항에 따른 수급권자 17회

13 신청자가 직접 신청할 수 없는 사유가 있을 때에는 그 가족이나 친족, 그 밖의 이해관계인이 대리 신청할 수 있다. 11회

14 대통령령으로 정하는 경우를 제외하고, 장기요양인정을 신청하는 자는 국민건강보험공단에 장기요양인정 신청서에 의사 또는 한의사가 발급하는 소견서를 첨부하여 제출하여야 한다. 11회, 23회

15 국민건강보험공단은 장기요양인정 신청서를 접수한 때 소속 직원으로 하여금 신청인의 심신상태, 신청인에게 필요한 장기요양급여의 종류 및 내용 등에 대하여 조사하게 하여야 한다. 23회

16 국민건강보험공단은 등급판정위원회가 장기요양인정 및 등급판정의 심의를 완료한 경우 지체 없이 장기요양인정서를 작성하여 수급자에게 송부하여야 한다. 23회

17 등급판정위원회는 신청인이 신청자격요건을 충족하고 6개월 이상 동안 혼자서 일상생활을 수행하기 어렵다고 인정하는 경우 등급판정기준에 따라 수급자로 판정한다. 23회

18 장기요양급여를 받고 있는 수급자는 장기요양 등급의 내용을 변경하여 장기요양급여를 받고자 하는 경우 국민건강보험공단에 변경신청을 하여야 한다. 22회

대표기출로 확인

02 노인장기요양보험법상 장기요양인정에 관한 설명으로 옳지 않은 것은? 23회

① 장기요양기관은 수급자를 대리하여 장기요양인정을 신청한다.
② 대통령령으로 정하는 경우를 제외하고, 장기요양인정을 신청하는 자는 국민건강보험공단에 장기요양인정신청서에 의사 또는 한의사가 발급하는 소견서를 첨부하여 제출하여야 한다.
③ 국민건강보험공단은 장기요양인정 신청서를 접수한 때 소속 직원으로 하여금 신청인의 심신상태, 신청인에게 필요한 장기요양급여의 종류 및 내용 등에 대하여 조사하게 하여야 한다.
④ 등급판정위원회는 신청인이 신청자격요건을 충족하고 6개월 이상 동안 혼자서 일상생활을 수행하기 어렵다고 인정하는 경우 등급판정기준에 따라 수급자로 판정한다.
⑤ 국민건강보험공단은 등급판정위원회가 장기요양인정 및 등급판정의 심의를 완료한 경우 지체 없이 장기요양인정서를 작성하여 수급자에게 송부하여야 한다.

> 장기요양기관은 수급자를 대리하여 장기요양인정을 신청할 수 없다. 수급자를 대리하여 신청할 수 있는 자격 요건자는 부양가족, 후견인, 대리인, 치매안심센터의 장, 특별자치시장·특별자치도지사·시장·군수·구청장이 지정하는 자, 사회복지전담공무원 등이다.

정답 ①

기출키워드 11 노인장기요양보험법

04 장기요양급여

장기요양 급여의 구분	재가급여	• **방문요양**: 요양요원이 가정 방문해 신체·가사활동 지원 • **방문목욕**: 목욕설비 차량을 이용한 방문 목욕 서비스 • **방문간호**: 간호사 등이 지시에 따라 간호, 진료보조, 구강위생 제공 • **주·야간보호**: 하루 중 일정 시간 동안 기관 내 보호 및 교육·훈련 제공 • **단기보호**: 일정 기간 기관 내 보호 및 기능유지 프로그램 제공 • **기타 재가급여**: 용구 제공, 재활지원 등으로 대통령령에서 정함
	시설급여	장기요양기관에 입소한 수급자에게 제공되는 생활지원 및 기능회복 중심의 급여
	특별현금 급여	• **가족요양비**: 방문요양을 가족이 수행한 경우 지급 • **특례요양비**: 장기요양기관 외 기관에서 유사급여를 받은 경우 • 요양병원간병비: 요양병원 입원 시 일부 비용 보전(미시행) • 수급자의 신청 시 전용계좌로 이체(특별현금급여만 입금되도록 금융기관이 관리) • 불가피한 경우 현금 지급 가능
통합재가 서비스		• 재가급여 중 일부 또는 전부를 통합해 제공하는 서비스 • 해당 기관은 인력·시설·운영 기준을 보건복지부령에 따라 충족해야 함
급여 제공 개시 시점		• 인정서와 이용계획서가 수급자에게 도달한 날부터 가능 • 돌봄 가족 부재 등 일정 요건 충족 시 신청일부터 급여 개시 가능
급여 제공 절차		• 수급자는 장기요양기관에 인정서와 이용계획서를 제시해야 함 • 제시하기 어려운 경우 기관이 공단에 자격 여부 확인 가능 • 기관은 이를 바탕으로 급여 제공 계획서를 작성한 후 동의를 받아 공단에 통보
월 한도액 기준		• 장기요양등급, 급여 종류 등을 고려해 월 한도액을 산정하여 급여 제공 • 산정 기준과 방법은 보건복지부령으로 정함
급여 외 행위 금지		• 가족만을 위한 행위 • 수급자 또는 가족의 생업지원 행위 • 일상생활에 지장 없는 행위 등은 제공·요구 금지 대상
급여 제공 제한 사유		• 정당한 사유 없이 조사·요구에 불응하거나 거부한 경우 급여 전부 또는 일부 제한 가능 • 부정수급 가담 시 급여 중단 또는 횟수·기간 제한 가능
보험료 체납 관련 제한		「국민건강보험법」 규정을 준용하여 체납 시 장기요양급여 제한 또는 정지 가능

기출선지로 확인

장기요양급여

19 시설급여 · 14회
20 가족요양비 · 14회
21 특례요양비 · 14회
22 요양병원간병비 · 14회

주·야간보호

23 수급자를 하루 중 일정한 시간 동안 장기요양기관에 보호하여 신체활동 지원 및 심신기능의 유지·향상을 위한 교육·훈련 등을 제공하는 장기요양급여 · 15회

장기요양요원지원센터

24 장기요양요원의 권리 침해에 관한 상담 및 지원 · 21회

25 장기요양요원의 역량강화를 위한 교육지원 · 21회

26 장기요양요원에 대한 건강검진 등 건강관리를 위한 사업 · 21회

대표기출로 확인

03 노인장기요양보험법의 내용으로 옳은 것은?
20회

① 장기요양보험사업은 보건복지부장관이 관장한다.
② "장기요양급여"란 장기요양등급판정 결과에 따라 1개월 이상 동안 혼자서 일상생활을 수행하기 어렵다고 인정되는 자에게 신체활동·가사활동의 지원 또는 간병 등의 서비스를 말한다.
③ 장기요양기관은 수급자에게 재가급여 또는 시설급여를 제공한 경우 시·도지사에게 장기요양급여비용을 청구하여야 한다.
④ "노인등"이란 60세 이상의 노인 또는 60세 미만의 자로서 치매·뇌혈관성질환 등 대통령령으로 정하는 노인성 질병을 가진 자를 말한다.
⑤ 재가급여에는 방문요양, 방문목욕, 특별현금급여가 있다.

> ② "장기요양급여"란 장기요양등급판정 결과에 따라 6개월 이상 동안 혼자서 일상생활을 수행하기 어렵다고 인정되는 자에게 신체활동·가사활동의 지원 또는 간병 등의 서비스나 이에 갈음하여 지급하는 현금 등을 말한다.
> ③ 장기요양기관은 수급자에게 재가급여 또는 시설급여를 제공한 경우 국민건강보험공단에 장기요양급여비용을 청구하여야 한다.
> ④ "노인등"이란 65세 이상의 노인 또는 65세 미만의 자로서 치매·뇌혈관성질환 등 대통령령으로 정하는 노인성 질병을 가진 자를 말한다.
> ⑤ 재가급여에는 방문요양, 방문목욕, 방문간호, 주·야간보호, 단기보호, 기타 재가급여(보장구 대여 등) 등이 있다.
> 반면 특별현금급여에는 가족요양비, 특례요양비, 요양병원간병비가 있다.
>
> 정답 ①

07 공공부조법

기출키워드 12

국민기초생활 보장법 ★빈출

최근 7개년 평균 출제문항 수 **1.9문항**

01 국민기초생활 보장법

목적	생활이 어려운 사람에게 필요한 급여를 실시하여 이들의 최저생활을 보장하고 자활을 돕는 것을 목표로 함
용어의 정의	• **보장기관**: 국민기초생활보장제도를 운영하고 급여를 실제로 제공하는 주체로서, 국가 또는 지방자치단체가 이에 해당함 • **부양의무자**: 수급권자를 부양할 법적 책임이 있는 사람으로, 수급권자의 1촌 직계혈족 및 그 배우자가 포함되나, 사망한 1촌의 직계혈족의 배우자는 제외됨 • **최저보장수준**: 국민의 소득·지출 수준과 수급권자의 가구 유형 등 생활실태, 물가상승률 등을 고려하여 제6조에 따라 급여의 종류별로 공표하는 금액이나 보상수준 • **최저생계비**: 국민이 건강하고 문화적인 생활을 유지하기 위해 필요한 최소한의 비용으로 제20조의2제4항에 따라 보건복지부장관이 계측하는 금액 • **개별가구**: 이 법에 따른 급여를 받거나 이 법에 따른 자격요건에 부합하는지에 관한 조사를 받는 기본단위로서 수급자 또는 수급권자로 구성된 가구(이 경우 개별가구의 범위 등 구체적인 사항은 대통령령으로 정함) • **소득인정액**: 보장기관이 급여의 결정 및 실시 등에 사용하기 위하여 산출한 개별가구의 소득평가액과 재산의 소득환산액을 합산한 금액 • **차상위계층**: 수급권자(제14조의2에 따라 수급권자로 보는 사람은 제외함)에 해당하지 아니하는 계층으로서 소득인정액이 대통령령으로 정하는 기준 이하인 계층 • **기준 중위소득**: 보건복지부장관이 급여의 기준 등에 활용하기 위하여 제20조제2항에 따른 중앙생활보장위원회의 심의·의결을 거쳐 고시하는 국민 가구소득의 중위값
급여 기준의 설정	수급자의 연령, 가구규모, 지역 등의 생활 여건을 고려하여 급여의 기준이 설정되며, 이는 보건복지부장관 또는 해당 소관 중앙행정기관의 장이 보건복지부장관과 협의하여 정함

02 수급권자의 권리와 의무

급여 변경금지	• 수급자에게 제공 중인 급여는 정당한 사유 없이 불리하게 변경할 수 없음 • 급여 축소·중단 시 반드시 합리적인 근거가 필요함
수급품 압류금지	수급자에게 지급된 수급품 및 이를 받을 권리는 압류할 수 없으며, 지방자치단체가 제공하는 급여도 동일하게 보호됨
수급계좌 압류금지	지정된 급여수급 전용 계좌에 있는 예금은 압류 대상이 아니며, 수급자의 생활 보장을 위한 예외적 보호를 받음
급여 권리 양도금지	수급자가 본인의 급여를 타인에게 양도하거나 양수하게 할 수 없으며, 개인 권리로만 보장됨
변동사항 신고의무	수급자는 거주지 이전, 세대 구성 변화, 임대차 계약사항의 변경, 소득·재산의 변동 등 주요 사항이 있을 경우 즉시 관할 보장기관에 신고해야 함

기출선지로 확인

국민기초생활 보장법

01 수급권자를 부양할 책임이 있는 부양의무자에는 수급권자의 손자는 포함되지 않는다. 13회

02 수급권자의 친족도 수급권자에 대한 급여를 신청할 수 있다. 13회

03 부양의무자의 부양은 「국민기초생활 보장법」에 따른 급여에 우선하여 행하여진다. 13회

04 이 법에 따른 급여는 건강하고 문화적인 최저생활을 유지할 수 있는 것이어야 한다. 17회

05 소득인정액이란 보장기관이 급여의 결정 및 실시 등에 사용하기 위하여 산출한 개별가구의 소득평가액과 재산의 소득환산액을 합산한 금액을 말한다. 18회

06 수급자에 대한 급여는 정당한 사유 없이 수급자에게 불리하게 변경할 수 없다. 17회

07 소관 중앙행정기관의 장은 수급자의 최저생활을 보장하기 위하여 3년마다 소관별로 기초생활보장 기본계획을 수립하여 보건복지부장관에게 제출하여야 한다. 16회

08 수급자가 검진 지시에 따르지 아니한 것을 이유로 보장기관이 수급자에 대한 급여 결정을 취소하려면 청문을 하여야 한다. 13회

외국인에 대한 특례를 적용할 수 있는 자

09 대한민국 국민과 혼인하여 본인 또는 배우자가 임신 중인 자 23회

10 대한민국 국적의 미성년 자녀를 양육하고 있는 자 23회

11 배우자의 대한민국 국적인 직계존속과 생계를 같이하고 있는 자 23회

12 배우자의 대한민국 국적인 직계존속과 주거를 같이하고 있는 자 23회

대표기출로 확인

01 국민기초생활 보장법의 내용으로 옳지 않은 것은? 17회

① 수급자에 대한 급여는 정당한 사유 없이 수급자에게 불리하게 변경할 수 없다.
② "수급자"란 이 법에 따른 급여를 받는 사람을 말한다.
③ 이 법에 따른 급여는 건강하고 문화적인 최저생활을 유지할 수 있는 것이어야 한다.
④ 수급자 및 차상위자는 상호 협력하여 자활기업을 설립·운영할 수 있다.
⑤ 교육급여는 보건복지부장관의 소관으로 한다.

> 교육급여는 교육부장관의 소관으로 한다.
> 정답 ⑤

02 국민기초생활 보장법상 5년 이하의 징역 또는 5천만원 이하의 벌금에 처해지는 경우는? 19회

① 부정한 방법으로 급여를 받은 경우
② 수급권자의 금융정보를 사용·제공한 경우
③ 지급받은 급여를 용도 외로 사용한 경우
④ 직무상 알게 된 비밀을 누설한 경우
⑤ 종교상의 행위를 강제한 경우

> ① 부정한 방법으로 급여를 받은 경우: 1년 이하의 징역, 1천만원 이하의 벌금, 구류 또는 과료
> ③ 지급받은 급여를 용도 외로 사용한 경우: 1년 이하의 징역, 1천만원 이하의 벌금, 구류 또는 과료
> ④ 직무상 알게 된 비밀을 누설한 경우: 1년 이하의 징역 또는 1천만원 이하의 벌금
> ⑤ 종교상의 행위를 강제한 경우: 300만원 이하의 벌금, 구류 또는 과료
> 정답 ②

기출키워드12 국민기초생활 보장법 ★빈출

03 급여

급여의 기본원칙	• 공공책임의 원칙 • 개별성의 원칙 • 최저 생활 보장의 원칙 • 가족 부양 우선의 원칙 • 보충 급여의 원칙 • 타급여 우선의 원칙 • 자립 지원의 원칙 • 보편성의 원칙
생계급여	• 의복, 음식물 및 연료비와 그 밖에 일상생활에 기본적으로 필요한 금품을 지급하여 그 생계를 유지할 수 있도록 하는 급여 • 수급권자는 부양의무자가 없거나, 부양의무자가 있어도 부양능력이 없거나 부양을 받을 수 없는 사람으로서 그 소득인정액이 제20조제2항에 따른 중앙생활보장위원회의 심의·의결을 거쳐 결정하는 금액 이하인 사람(이 경우 생계급여 선정기준은 기준 중위소득의 100분의 30 이상으로 함) • 최저보장수준은 생계급여와 소득인정액을 포함하여 생계급여 선정기준 이상이 되도록 함 • 보장시설에 위탁하여 생계급여를 실시하는 경우에는 보건복지부장관이 정하는 고시에 따라 그 선정기준 등을 달리 정할 수 있음
주거급여	수급자의 주거 안정을 위한 임차료, 수선비, 기타 주거 관련 수급품을 지원하는 급여로 별도의 법률에 의해 운영됨(국토교통부 소관)
교육급여	• 입학금, 수업료, 학용품비 등 학교생활에 필요한 교육 관련 비용을 지원함 • 교육부장관이 소관하며, 지급 절차는 「초·중등교육법」상의 교육비 지원 절차를 준용함 • 부양의무자가 없거나 부양을 받을 수 없으며, 소득인정액이 교육급여 선정기준 이하인 경우(기준 중위소득의 50% 이상 수준)
의료급여	• 수급자가 건강한 생활을 유지하기 위한 각종 진료, 검사, 치료 등을 지원하는 급여 • 부양의무자 미존재 또는 부양불가 상태이며, 소득인정액이 의료급여 선정기준 이하인 경우(기준 중위소득의 40% 이상 수준) • 별도의 법률에 의해 구체적인 내용과 절차가 정해짐
해산급여	• 조산, 분만 전후 필요한 조치와 보호 등 출산 관련 지원으로, 생계·주거·의료급여 중 하나 이상을 받고 있는 수급자에게 제공됨 • 별도의 법률에 의해 구체적인 내용과 절차가 정해짐 • 보장기관이 지정한 의료기관을 통해 위탁 방식으로 실시 가능하며, 수급자 또는 세대주에게 수급품을 지급하거나 의료기관에 직접 지급 가능함
장제급여	• 수급자가 사망한 경우, 시신 검안, 운반, 화장 또는 매장 등 장례에 필요한 비용이나 물품을 제공함 • 실제 장례를 수행한 사람에게 비용을 지급하거나, 필요 시 물품으로 대신 지급할 수 있음
자활급여	수급자의 자립을 돕기 위한 다양한 지원으로 구성되며, 금품, 훈련, 취업알선, 근로기회 제공, 자산형성지원 등이 포함됨

기출선지로 확인

급여의 기본원칙

13 근로능력 활용   21회
14 보충 급여   21회
15 타법 우선   21회
16 급여는 건강하고 문화적인 최저생활을 유지할 수 있는 것이어야 한다.   10회

급여

17 부양의무자의 부양은 급여에 우선하여 행하여지는 것으로 한다.   10회
18 국내에 체류하는 외국인의 일부도 수급권자가 될 수 있다.   10회
19 생계급여는 금전을 지급하는 것을 원칙으로 하지만, 이에 의할 수 없다고 인정되는 경우에는 물품을 지급함으로써 행할 수 있다.   10회
20 보장기관은 차상위자의 가구별 생활여건을 고려하여 예산의 범위에서 급여의 전부 또는 일부를 실시할 수 있다.   21회
21 자활급여는 관련 비영리법인에 위탁하여 실시할 수 있다.   22회

대표기출로 확인

03 국민기초생활 보장법상 급여의 종류와 방법에 관한 설명으로 옳은 것은?   22회
① 생계급여는 물품으로는 지급할 수 없다.
② 생계급여는 수급자에게 주거 안정에 필요한 임차료, 수선유지비, 그 밖의 수급품을 지급하는 것으로 한다.
③ 장제급여는 자활급여를 받는 수급자가 사망한 경우 장제조치를 하는 것으로 한다.
④ 자활급여는 관련 비영리법인에 위탁하여 실시할 수 있다.
⑤ 교육급여는 보건복지부장관의 소관으로 한다.

> ① 생계급여는 물품으로도 지급할 수 있다.
> ② 주거급여는 수급자에게 주거 안정에 필요한 임차료, 수선유지비, 그 밖의 수급품을 지급하는 것으로 한다.
> ③ 장제급여는 생계급여, 의료급여, 주거급여 중 하나 이상의 급여를 받는 수급자가 사망한 경우 장제조치를 하는 것으로 한다.
> ⑤ 교육급여는 교육부장관의 소관으로 한다.
>
> 정답 ④

기출키워드12 국민기초생활 보장법 ★빈출

04 자활지원

한국자활복지개발원	• 수급자 및 차상위자의 자활 촉진을 위한 정책 연구, 사업 지원, 교육 등을 수행하는 법인 • 주된 사무의 소재지에서 설립등기함으로써 성립되며 보건복지부장관의 지도·감독을 받음
광역자활센터	• 시·도 단위로 지정되며 자활기업 창업, 수급자 및 차상위자의 취업·창업 지원, 자활센터 종사자 교육훈련, 지역특화 자활 프로그램 개발 등을 수행함 • 사회복지법인, 사회적협동조합 등 비영리법인과 단체를 법인 등의 신청을 받아 시·도 단위로 지정되며, 성과 부진 시 보장기관은 지정을 취소할 수 있음
지역자활센터	• 지역사회 내에서 수급자 및 차상위자의 자활을 위해 교육, 상담, 직업훈련, 창업지원, 자활기업 설립 지원 등을 수행하며, 사회복지법인, 사회적협동조합 등 비영리법인과 단체를 법인 등의 신청을 받아 지정할 수 있음 • 설립·운영비용 지원, 국·공유재산 무상임대, 위탁사업 우선권 등의 지원을 받을 수 있음
지역자활센터협회	지역자활센터 간 상호 협력 및 정보 공유, 발전을 위한 협의체로 지역자활센터들이 자율적으로 설립 가능
자활기관협의체	시장·군수·구청장은 자활지원사업의 효율적 추진을 위해 지역자활센터, 직업안정기관, 사회복지시설의 장 등과 상시적 협의체계를 구축하여 운영해야 함
자활기업	• 수급자 및 차상위자가 2인 이상 참여하여 공동으로 설립·운영하는 기업으로, 조합 또는 사업자 형태를 갖추어야 하며 보장기관의 인정을 받아야 함 • 설립 및 운영 주체는 수급자 또는 차상위자 2인 이상 포함하여 구성 • 보건복지부가 정한 운영기준 충족 등 자격 요건을 갖추어야 함 • 자활사업자금 융자, 국공유지 우선 임대, 공공사업 우선 위탁, 경영·세무 교육 및 컨설팅 등 다양한 행정·재정적 지원 가능
자산형성지원	수급자 및 차상위자가 자활에 필요한 자산(예 목돈, 저축 등)을 형성할 수 있도록 지원금 및 교육을 제공하는 제도
자산형성특례	• 「청년기본법」상 청년으로서 소득·재산 기준을 충족하는 경우에는 일반 수급자가 아니더라도 자산형성지원 대상이 될 수 있음 • 지원으로 형성된 자산은 수급자의 재산 소득인정액 산정 시 제외되므로 수급자격 유지에 불리하지 않음 • 자산형성지원 대상자에게 저축, 금융관리, 재무교육 등 자립을 위한 교육 실시 가능 • 자산형성지원과 교육은 자활복지개발원 등 법인이나 단체에 위탁하여 수행 가능 • 자산형성지원의 기준, 교육 내용, 신청·지급 절차 및 지원금 반환은 각각 대통령령 및 보건복지부령에서 정함

기출선지로 확인

지역자활센터의 사업

22 자활을 위한 정보제공, 상담, 직업교육 및 취업알선 22회

23 생업을 위한 자금융자 알선 22회

24 자활기업의 설립·운영 지원 22회

25 자영창업 지원 및 기술·경영 지도 22회

자활기업

26 수급자 및 차상위자는 상호 협력하여 자활기업을 설립·운영할 수 있다. 17회

자활지원사업 수행기관에게 요구되는 개인정보보호

27 수행기관은 보건복지부장관에게 통합정보전산망 사용을 요청하는 경우 보안교육 등 자활지원사업 참여자의 개인정보에 대한 보호대책을 마련하여야 한다. 23회

28 수행기관은 통합정보전산망을 이용하고자 하는 경우 사전에 정보주체의 동의를 받아야 한다. 23회

29 사회보장급여 수급이력 등 개인정보는 수행기관에서 자활지원사업을 담당하는 자 중 해당 기관의 장으로부터 개인정보 취급승인을 받은 자만 취급할 수 있다. 23회

30 자활지원사업 업무에 종사하였던 자는 자활지원사업 업무 수행과 관련하여 알게 된 개인·법인의 정보를 다른 용도로 사용해서는 아니 된다. 23회

벌칙

31 수급권자의 금융정보를 사용·제공한 경우 「국민기초생활 보장법」상 5년 이하의 징역 또는 5천만원 이하의 벌금 19회

대표기출로 확인

04 국민기초생활 보장법상 자활지원사업 수행기관에게 요구되는 개인정보보호에 관한 설명으로 옳지 않은 것은? 23회

① 보건복지부장관은 수행기관의 통합정보전산망 사용 요청에 대하여 특별한 사정이 없는 한 모든 정보를 제공하여야 한다.

② 수행기관은 보건복지부장관에게 통합정보전산망 사용을 요청하는 경우 보안교육 등 자활지원사업 참여자의 개인정보에 대한 보호대책을 마련하여야 한다.

③ 수행기관은 통합정보전산망을 이용하고자 하는 경우 사전에 정보주체의 동의를 받아야 한다.

④ 사회보장급여 수급이력 등 개인정보는 수행기관에서 자활지원사업을 담당하는 자 중 해당 기관의 장으로부터 개인정보 취급승인을 받은 자만 취급할 수 있다.

⑤ 자활지원사업 업무에 종사하였던 자는 자활지원사업 업무 수행과 관련하여 알게 된 개인·법인의 정보를 다른 용도로 사용해서는 아니 된다.

> 보건복지부장관은 수행기관이 통합정보전산망을 이용하거나 관할 전산망과 연계하여 이용하게 하는 경우 업무에 필요한 최소한의 정보만 제공하여야 한다.

정답 ①

기출키워드12　국민기초생활 보장법 ★빈출

05　보장기관 및 생활보장위원회

보장기관	• 급여는 수급권자 또는 수급자의 거주지를 관할하는 시·도지사 및 시장·군수·구청장이 실시하며, 교육급여의 경우에는 해당 지역의 시·도교육감이 실시함 • 주거가 불명확할 경우 실제 거주지를 기준으로 실시함 • 보건복지부장관, 소관 중앙행정기관의 장, 시·도지사는 국가 또는 지방자치단체가 직접 운영하거나 다른 보장시설에 수급자를 위탁하여 급여를 제공할 수 있음 • 수급권자 또는 수급자가 거주지를 옮기는 경우의 업무처리 방법과 보장기관 간 협조 사항은 보건복지부령으로 정함 • 보장기관은 수급자 조사, 급여 결정 및 실시 등의 보장업무를 수행하기 위해 사회복지 전담공무원을 배치해야 하며, 자활급여 업무는 별도로 담당자를 두어야 함
생활보장 위원회	• 보건복지부와 시·도 및 시·군·구에 생활보장위원회를 설치하여 생활보장사업의 기획·조사·실시 등에 관한 사항을 심의·의결함. 단, 해당 기능을 담당하기에 적합한 다른 위원회가 있고 관련 위원 구성이 적합할 경우 시·도 또는 시·군·구의 조례로 정하는 바에 따라 그 위원회가 생활보장위원회의 기능을 대신할 수 있음 • 필요 시 관련 보장기관에 소속 공무원의 출석이나 자료 제출을 요청할 수 있으며, 정당한 사유 없이 거부할 수 없음

기출선지로 확인

보장기관

32 보장기관은 자활지원사업의 원활한 추진을 위하여 자활기금을 적립한다. 18회

33 보장기관은 지역자활센터에 국유·공유 재산의 무상임대 지원을 할 수 있다. 18회

34 보장기관은 수급자 및 차상위자가 자활에 필요한 자산을 형성할 수 있도록 재정적인 지원을 할 수 있다. 18회

35 보장기관은 수급자 및 차상위자의 자활 촉진에 필요한 사업을 수행하게 하기 위하여 법인 등의 신청을 받아 지역자활센터를 지정할 수 있다. 18회

36 생계급여는 수급자의 거주지를 관할하는 시·도지사와 시장·군수·구청장이 실시한다. 21회

보장시설

37 「장애인복지법」 제58조 제1항 제1호의 장애인 거주시설 20회

대표기출로 확인

05 국민기초생활 보장법상 보장기관에 관한 설명으로 옳은 것은? 21회

① 교육급여 및 의료급여는 시·도교육감이 실시한다.
② 생계급여는 수급자의 거주지를 관할하는 시·도지사와 시장·군수·구청장이 실시한다.
③ 보장기관은 위기개입상담원을 배치하여야 한다.
④ 생활보장위원회는 자문기구이다.
⑤ 소관 중앙행정기관의 장은 5년마다 기초생활보장 시행계획을 수립하여야 한다.

> ① 「국민기초생활 보장법」상 급여는 수급자의 거주지를 관할하는 시·도지사와 시장·군수·구청장이 실시하되 교육급여는 교육부에서 지급한다.
> ③ 보장기관은 사회복지전담 공무원을 배치하여야 한다.
> ④ 생활보장위원회는 심의·의결기구이다.
> ⑤ 소관 중앙행정기관의 장은 3년마다 기초생활보장 기본계획을 수립하여야 한다.
>
> 정답 ②

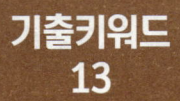

07 공공부조법

의료급여법

최근 7개년 평균 출제문항 수 **0.4문항**

01 의료급여

개념	• 생활이 어려운 사람에게 의료급여를 제공하여 국민 보건을 향상시키고 사회복지 증진에 기여함 • 진찰, 검사, 약제·치료재료 지급, 처치·수술, 예방·재활, 입원, 간호, 이송 등 의료 전반을 포괄함 • 의료급여의 방법, 절차, 범위, 한도는 보건복지부령으로 정하며, 일상생활에 지장이 없는 질환 등은 의료급여 대상에서 제외 가능함
주요 개념	• **의료급여기관**: 수급권자에 대해 진료·조제·투약 등을 담당하는 의료기관, 약국 등 • **부양의무자**: 수급권자의 1촌 직계혈족 및 그 배우자로서 부양 책임이 있는 사람 • **수급권자의 범위**: 「국민기초생활 보장법」상 의료급여 수급자, 재해이재민, 의사상자, 입양아동, 국가유공자 및 가족, 무형유산 보유자, 북한이탈주민, 5·18 민주화운동 관련자, 노숙인 등으로서 보건복지부장관이 인정한 자(1종, 2종으로 구분) • **수급자 인정기준**: 특정 법령에 따른 대상자의 구체적 인정기준과 절차는 보건복지부장관이 정함
보장기관	• 수급자의 거주지를 관할하는 시·도지사, 시장·군수·구청장이 보장업무를 담당하며, 주거 불명확 시에는 실제 거주지 기준으로 수행함 • 보장기관은 수급권자의 건강 유지 및 증진을 위한 각종 사업을 시행해야 함
의료급여 심의위원회	• 이 법에 따른 의료급여사업의 실시에 관한 사항을 심의하기 위하여 보건복지부, 시·도 및 시·군·구에 각각 의료급여심의위원회를 설치함. 다만, 의료급여심의위원회의 경우에는 그 기능을 담당하기에 적합한 다른 위원회가 있고 그 위원회의 위원 자격이 적합한 경우 시·도 또는 시·군·구의 조례로 각각 정하는 바에 따라 그 위원회가 의료급여심의위원회의 기능을 대신할 수 있음 • 의료급여사업의 기본방향 및 대책 수립에 관한 사항, 의료급여의 기준 및 수가에 관한 사항 심의 • 보건복지부장관이 의약계 대표 및 사회복지계 대표, 공익대표, 관계 공무원 중에서 위촉하며, 의료급여심의위원회 위원장은 보건복지부차관임 • 의료급여심의위원회는 필요한 경우 보장기관에 공무원 출석이나 자료 제출을 요구할 수 있으며, 보장기관은 이에 응해야 함
의료급여 기관	• 「의료법」에 따라 개설된 의료기관, 「지역보건법」에 따라 설치된 보건소·보건의료원 및 보건지소, 「농어촌 등 보건의료를 위한 특별조치법」에 따라 설치된 보건진료소, 「약사법」에 따라 개설등록된 약국 및 같은 법 제91조에 따라 설립된 한국희귀·필수의약품센터 • 의료급여기관은 정당한 사유 없이 의료급여를 거부할 수 없음 • 1차(의원, 보건소), 2차(병원급), 3차(지정된 전문병원)로 나뉘며, 진료 범위는 보건복지부령에 따름 • 의료급여기관의 개설·설치·변경 시 보건복지부령에 따라 급여비용 심사·지급기관에 통보해야 함

기출선지로 확인

의료급여법상 의료급여

01 진찰·검사   20회
02 예방·재활   20회
03 입원   20회
04 간호   20회

의료급여 1종 수급권자

05 65세인 자   15회
06 「장애인고용촉진 및 직업재활법」에 따른 중증장애인   15회
07 임신 중에 있는 자   15회
08 「병역법」에 따른 병역의무를 이행 중인 자   15회

의료급여법

09 보건복지부에 두는 의료급여심의위원회는 의료급여의 수가에 관한 사항을 심의한다.   22회
10 수급권자가 업무 또는 공무로 생긴 질병·부상·재해로 다른 법령에 따른 급여나 보상을 받게 되는 경우에는 이 법에 따른 의료급여를 하지 아니한다.   23회

대표기출로 확인

01 의료급여법의 내용으로 옳은 것은?   22회
① 시·도지사는 의료급여증을 발급하여야 한다.
② 급여비용의 재원을 충당하기 위하여 보건복지부에 의료급여기금을 설치한다.
③ 보건복지부에 두는 의료급여심의위원회는 의료급여의 수가에 관한 사항을 심의한다.
④ 시·도지사는 상환받은 대지급금을 의료급여기금에 납입하여야 한다.
⑤ 수급권자가 의료급여를 거부한 경우 시·도지사는 의료급여를 중지해야 한다.

> ① 시장·군수·구청장은 의료급여증을 발급하여야 한다.
> ② 급여비용의 재원에 충당하기 위하여 시·도에 의료급여기금을 설치한다.
> ④ 시장·군수·구청장은 상환받은 대지급금을 의료급여기금에 납입하여야 한다.
> ⑤ 시장·군수·구청장은 수급권자가 의료급여를 거부한 경우 의료급여를 중지해야 한다.
>
> 정답 ③

07 공공부조법

기출키워드 14

긴급복지지원법

최근 7개년 평균 출제문항 수 **0.6문항**

01 긴급복지지원법

목적	생계곤란 등 위기상황에 처하여 도움이 필요한 사람을 신속하게 지원함으로써 이들이 위기상황에서 벗어나 건강하고 인간다운 생활을 하게 함을 목적으로 함
위기상황	• 수급자의 가족 또는 본인이 질병, 사망, 실직, 재해, 방임, 가출, 가정폭력, 사업 중단 등의 이유로 생계유지가 곤란해진 상태 • 위기상황자를 적극적으로 발굴하고, 안내·연계하며 필요한 경우 민간과 협력해 추가 지원 가능하도록 해야 함 • 국가 및 지방자치단체는 위기상황자에 대한 정기 및 수시조사를 실시하고, 협조를 위해 법인·기관 등에 자료 제출을 요청할 수 있음
기본 원칙	긴급지원은 일시적이고 신속하게 이루어져야 하며, 유사한 다른 법률에 의한 지원이 있을 경우 중복 지원은 하지 않음
지원대상자	• 위기상황에 처했고 긴급한 지원이 필요한 사람으로 한정됨 • 국내 체류 외국인 중 대통령령 기준을 충족하는 경우도 긴급지원 대상이 될 수 있음
긴급지원기관	원칙적으로 대상자의 거주지를 관할하는 시·군·구청장이 지원을 수행하며, 거주지가 불명확할 경우 실제 접수기관이 담당함
긴급지원 담당공무원	각 지방자치단체는 복지 관련 교육을 이수한 담당공무원을 지정하여 긴급지원업무를 전담하도록 해야 함
지원요청 및 신고	• 대상자 본인, 가족, 관계인, 누구든지 관할 지방자치단체에 지원을 요청하거나 신고할 수 있음 • 신고의무자 제도: 의료인, 교원, 사회복지사, 공무원, 학원 종사자 등 직무 중 긴급지원 대상자를 발견하면 시장·군수·구청장에게 신고해야 하며, 교육도 의무화됨
지원	• 금전 또는 현물 지원(생계, 의료, 주거, 교육, 연료비, 복지시설 이용 등), 민간기관과의 연계지원 및 상담·정보제공 • 생계지원, 사회복지시설 이용 지원, 그 밖의 지원은 각각 최대 6개월, 주거지원은 최대 12개월, 의료는 2회, 교육은 4회까지 가능하며, 연장은 심의위원회 심사를 거쳐야 함
긴급지원 심의위원회	연장, 적정성, 중단, 환수 여부 등을 심의하는 시·군·구 단위 위원회로, 위원장은 단체장, 위원은 전문가·단체·공무원 등으로 구성됨
예산 분담	긴급복지에 필요한 재정은 국가와 지방자치단체가 공동 분담해야 하며, 이는 법적 책무임

기출선지로 확인

긴급복지지원법

01 국가 및 지방자치단체는 위기상황에 처한 사람에 대한 발굴조사를 연 1회 이상 정기적으로 실시하여야 한다. 18회

02 위기상황에 처한 사람에게 일시적으로 신속하게 지원하는 것을 기본 원칙으로 한다. 18회

03 주거지가 불분명한 자도 긴급지원대상자가 될 수 있다. 18회

04 누구든지 긴급지원대상자를 발견한 경우에는 관할 시장·군수·구청장에게 신고하여야 한다. 18회

긴급복지법상 위기상황

05 주소득자가 사망, 가출, 행방불명 등으로 소득을 상실하여 생계유지가 어렵게 된 경우 21회

06 본인이 중한 질병 또는 부상을 당하여 생계유지가 어렵게 된 경우 21회

07 본인이 가구구성원으로부터 방임 등을 당하여 생계유지가 어렵게 된 경우 21회

08 본인이 가구구성원으로부터 성폭력을 당하여 생계유지가 어렵게 된 경우 21회

긴급지원 중 직접지원

09 생계지원 17회
10 의료지원 17회
11 교육지원 17회
12 사회복지시설이용 지원 17회

대표기출로 확인

01 긴급복지지원법의 내용으로 옳지 않은 것은?
18회

① 주거지가 불분명한 자도 긴급지원대상자가 될 수 있다.
② 국내에 체류하는 모든 외국인은 긴급지원대상자가 될 수 없다.
③ 위기상황에 처한 사람에게 일시적으로 신속하게 지원하는 것을 기본원칙으로 한다.
④ 누구든지 긴급지원대상자를 발견한 경우에는 관할 시장·군수·구청장에게 신고하여야 한다.
⑤ 국가 및 지방자치단체는 위기상황에 처한 사람에 대한 발굴조사를 연 1회 이상 정기적으로 실시하여야 한다.

> 국내에 체류하는 외국인 중 대통령령으로 정하는 사람은 긴급지원 대상자가 될 수 있다.
>
> 정답 ②

07 공공부조법

기출키워드 15

기초연금법

최근 7개년 평균 출제문항 수 **0.9문항**

01 기초연금법

목적	65세 이상 노인에게 안정적인 소득기반을 제공하여 생활안정과 복지 증진을 도모하기 위한 법적 근거 제공
소득인정액	본인과 배우자의 소득평가액 + 재산의 소득환산액을 합산한 금액으로, 선정기준액과 비교해 수급 여부 결정
수급자격 기준	• 만 65세 이상으로서 소득인정액이 보건복지부장관이 고시한 선정기준액 이하인 사람 • 기초연금 수급자 비율이 전체 65세 이상 인구의 약 70% 수준이 되도록 설정
연금 제외 대상	공무원·군인·사립학교·별정우체국 연금 수급권자 및 일부 연계퇴직연금 수급자 본인과 그 배우자
국가 및 지방자치단체 책무	• 노인의 생활안정을 지원하고 복지를 증진하는 데 필요한 수준이 되도록 최대한 노력하고, 필요한 비용을 부담할 수 있도록 재원(財源)을 조성해야 함(이 경우 「국민연금법」 제101조 제1항에 따라 설치된 국민연금기금은 기초연금 지급을 위한 재원으로 사용할 수 없음) • 기초연금의 지급에 따라 계층 간 소득역전 현상이 발생하지 아니하고 근로의욕 및 저축유인이 저하되지 아니하도록 최대한 노력해야 함
연금 종류	하나의 급여 형태로 금액은 기준연금액으로 설정되며, 일정 조건 하에 감액될 수 있음
감액 사유	• 부부 모두 수급자인 경우 각각 20% 감액 • 소득인정액이 기준 이상인 경우 일부 감액 가능
신청	• 본인 또는 보건복지부령에 따른 대리인이 지방자치단체에 신청 가능 • 지방자치단체장이 지정한 기관·단체 등에서 신청자가 요청하는 경우 신청을 지원할 수 있음 • 신청 시 본인과 배우자의 금융정보·신용정보·보험정보 제공에 대한 동의서 제출 필요
정보 제공 의무	65세 이상 국민에게 연금 관련 신청 방법, 금액, 지급 대상 등을 안내해야 함
수급권 상실 사유	사망, 국적 상실 또는 해외이주, 수급 자격 요건 미달 시 수급권 상실

기출선지로 확인

기초연금법

01 '소득인정액'이란 본인 및 배우자의 소득평가액과 재산의 소득환산액을 합산한 금액을 말한다. 17회

02 기초연금은 65세 이상인 사람으로서 소득인정액이 보건복지부장관이 정하여 고시하는 금액(이하 '선정기준액'이라 한다) 이하인 사람에게 지급한다. 19회

03 보건복지부장관은 선정기준액을 정하는 경우 65세 이상인 사람 중 기초연금 수급자가 100분의 70 수준이 되도록 한다. 18회, 19회

04 본인과 그 배우자가 모두 기초연금 수급권자인 경우에는 각각의 기초연금액에서 기초연금액의 100분의 20에 해당하는 금액을 감액한다. 18회, 22회

기초연금 지급정지 사유

05 기초연금 수급자가 금고 이상의 형을 선고받고 교정시설 또는 치료감호시설에 수용되어 있는 경우 20회

06 기초연금 수급자가 행방불명되거나 실종되는 등 대통령령으로 정하는 바에 따라 사망한 것으로 추정되는 경우 20회

07 기초연금 수급자의 국외 체류기간이 60일 이상 지속되는 경우 20회

기초연금 수급권의 상실

08 사망한 때 23회
09 국적을 상실한 때 23회
10 국외로 이주한 때 23회

대표기출로 확인

01 기초연금법의 내용이다. ( )에 들어갈 숫자가 순서대로 옳은 것은? 18회

- 보건복지부장관은 선정기준액을 정하는 경우 65세 이상인 사람 중 기초연금 수급자가 100분의 ( ) 수준이 되도록 한다.
- 본인과 그 배우자가 모두 기초연금 수급권자인 경우에는 각각의 기초연금액에서 기초연금액의 100분의 ( )에 해당하는 금액을 감액한다.

① 60, 40 ② 60, 50 ③ 70, 20
④ 70, 30 ⑤ 80, 10

주어진 법 규정은 다음과 같다.

- 보건복지부장관은 선정기준액을 정하는 경우 65세 이상인 사람 중 기초연금 수급자가 100분의 70 수준이 되도록 한다.
- 본인과 그 배우자가 모두 기초연금 수급권자인 경우에는 각각의 기초연금액에서 기초연금액의 100분의 20에 해당하는 금액을 감액한다.

정답 ③

08 사회복지서비스법

기출키워드 16

장애인복지법

최근 7개년 평균 출제문항 수 **0.6문항**

01 장애인복지법

목적	장애인의 인간다운 삶과 권리보장, 복지대책 종합 추진 및 생활안정·사회참여·통합 증진
주요 권리	존엄과 가치 존중, 평등한 대우, 모든 분야에의 참여권, 정책결정과정 참여권
차별 금지	모든 영역에서의 차별 금지, 비하·모욕·영리행위 금지, 장애 이해 노력 의무
국가·지방자치단체의 책임	예방, 조기 발견, 자립·보호 지원, 장애인복지 정책홍보 및 인식개선, 여성장애인 권익 보호
국민의 책임	장애 예방, 조기 발견 노력, 인격존중 및 장애인복지 향상에 협력
장애인 정책종합계획	• 보건복지부장관이 5년마다 수립 • 관계 중앙행정기관의 장 사업계획 매년 수립·시행 • 사업계획과 전년도 사업계획 추진실적 매년 보건복지부장관에게 제출 • 보건복지부장관 종합계획 추진성과 매년 평가 • 교육, 복지, 안전, 문화, 경제활동, 사회참여 종합계획 등 포함
장애인 정책조정위원회	• 국무총리 소속 • 실무위원회 구성 가능 • 정책수립·부처조정·이행감독 담당
장애인 권익옹호기관	• 중앙·지역 장애인권익옹호기관 설치 • 학대 예방, 응급보호, 상담, 사례판정, 교육·홍보 등 수행
학대 예방과 대응	• 피해장애인 쉼터 설치 가능 • 사후관리, 상담·교육·의료·심리치료 제공 • 사법기관은 학대 의심 시 통보 의무

02 장애인복지시설

복지시설의 원칙	• 선택권 보장, 인권 보호, 성별·연령·장애유형을 고려하여 정보 제공 • 국가·지방자치단체 설치 가능 • 민간은 신고제(시·구·구청장), 정원 기준(거주시설 30인 이내) 등 규정
장애인 거주시설	일반가정에서 생활하기 어려운 장애인을 위해 일정 기간 거주·요양·지원을 제공하며, 지역사회생활을 병행 지원함
장애인 지역사회 재활시설	상담·치료·훈련, 일상생활 및 여가활동, 사회참여활동 등을 통해 지역 내 생활능력 향상을 도모함
장애인 자립생활 지원시설	• 자립생활 역량 강화 목적 • 동료상담, 환경개선, 권익옹호, 장애인적합 서비스 제공
장애인 직업재활시설	• 일반 작업환경이 어려운 장애인을 대상으로 직업훈련 및 직업생활 지원 • 제조·가공·영업장 등 부속시설 포함 가능
장애인 의료재활시설	• 입원 또는 통원 형태로 상담·진단·판정·치료 등 의료재활서비스 제공 • 설치는 「의료법」에 따름

기출선지로 확인

장애인복지법

01 장애인은 장애인 관련 정책결정과정에 우선적으로 참여할 권리가 있다. 16회

02 중앙행정기관의 장은 해당 기관의 장애인정책을 효율적으로 수립·시행하기 위하여 소속공무원 중에서 장애인 정책책임관을 지정할 수 있다. 16회

03 국가와 지방자치단체는 장애 정도가 심하여 자립하기가 매우 곤란한 장애인이 필요한 보호 등을 평생 받을 수 있도록 알맞은 정책을 강구하여야 한다. 16회

04 국가는 「초·중등교육법」에 따른 학교에서 사용하는 교과용 도서에 장애인에 대한 인식개선을 위한 내용이 포함되도록 하여야 한다. 16회

05 장애인의 신체에 폭행을 가한 사람은 5년 이하의 징역 또는 5천만원 이하의 벌금에 처한다. 17회

06 「난민법」 제2조 제2호에 따른 난민인정자는 장애인등록을 할 수 있다. 20회

07 「장애인연금법」상의 중증장애인에게는 장애수당을 지급하지 아니한다. 23회

장애인 복지시설

08 장애인 거주시설 18회
09 한국장애인개발원 18회
10 장애인 권익옹호기관 18회
11 장애인 자립생활지원센터 18회

대표기출로 확인

01 장애인복지법의 내용으로 옳은 것은? 20회

① 「난민법」 제2조 제2호에 따른 난민인정자는 장애인등록을 할 수 있다.
② 보건복지부장관은 3년마다 장애인정책종합계획을 수립·시행하여야 한다.
③ 보건복지부장관은 5년마다 장애실태조사를 실시하여야 한다.
④ 보건복지부장관은 피해장애인의 임시 보호 및 사회복귀 지원을 위하여 장애인 쉼터를 설치·운영할 수 있다.
⑤ 장애인복지시설의 장은 장애인 거주시설에서 제공하여야 하는 서비스의 최저기준을 마련하여야 한다.

> ② 보건복지부장관은 5년마다 장애인정책종합계획을 수립·시행하여야 한다.
> ③ 보건복지부장관은 3년마다 장애실태조사를 실시하여야 한다.
> ④ 특별시장·광역시장·특별자치시장·도지사·특별자치도지사는 피해장애인의 임시 보호 및 사회복귀 지원을 위하여 장애인 쉼터를 설치·운영할 수 있다.
> ⑤ 보건복지부장관은 장애인 거주시설에서 제공하여야 하는 서비스의 최저기준을 마련하여야 한다.
>
> 정답 ①

기출키워드 17 · 08 사회복지서비스법

노인복지법

최근 7개년 평균 출제문항 수 **0.9문항**

01 노인복지법

목적	• 질환의 사전예방 및 조기발견, 적절한 치료·요양을 통해 노인의 심신 건강 유지 • 노후생활안정과 보건복지 증진 도모
용어의 정의	• 부양의무자: 배우자(사실혼 포함) 및 직계비속 및 그 배우자(사실혼 포함) • 보호자: 부양의무자 또는 사실상 보호자 • 치매: 「치매관리법」상 정의에 따름 • 노인학대: 신체·정신·정서·성적 폭력 및 경제적 착취, 유기, 방임 등 포함 • 노인학대 관련 범죄: 「형법」상 상해·유기·감금·공갈 등 다수 조항 명시 • 노인의 날: 매년 10월 2일
기본 이념	• 노인은 사회발전에 기여한 존재로 존경받아야 함 • 사회활동 및 일에 종사할 기회 보장 • 스스로 건강을 유지하며 사회에 기여하도록 노력
실태조사	• 보건복지부장관은 3년마다 보건복지 관련 실태조사 실시 및 공표 의무 • 관계 기관 등에 자료 제출 요청 가능 • 조사 방법과 내용은 보건복지부령으로 규정

02 노인복지시설

노인 주거복지시설	• 노인의 일상생활 지원과 주거 안정 보장을 위한 거주시설 • 양로시설, 노인공동생활가정, 노인복지주택이 해당함
노인 의료복지시설	• 노인성 질환 등으로 요양이 필요한 노인을 위한 장기요양시설 • 노인요양시설, 노인요양공동생활가정이 해당함
노인여가 복지시설	• 여가, 취미, 사회참여 등을 지원하는 시설 • 노인복지관, 경로당, 노인교실이 해당함 • 사회복지사 의무 채용시설에 미해당(노인복지관 제외)
재가노인 복지시설	• 가정 내 노인을 위한 방문형·단기형·보호형 서비스 제공 • 방문요양서비스, 기타 재가서비스 해당
노인보호전문기관	지역 간의 연계체계를 구축하고 노인학대를 예방하기 위한 업무 담당
「노인 일자리 및 사회활동 지원에 관한 법률」에 따른 노인일자리지원기관	• 노인 일자리 및 사회활동 지원을 위한 사업 실시 • 노인인력개발기관, 노인일자리지원기관, 노인취업알선기관

기출선지로 확인

노인복지법

01 지방자치단체는 65세 이상의 자에 대하여 건강진단과 보건교육을 실시할 수 있다. 20회

노인복지법상 노인학대

02 누구든지 노인학대를 알게 된 때에는 노인보호전문기관 또는 수사기관에 신고할 수 있다. 20회

03 「119구조·구급에 관한 법률」에 따른 119구급대의 구급대원은 65세 이상의 사람에 대한 노인학대 신고의무자에 속한다. 18회

04 법원이 노인학대 관련 범죄자에 대하여 취업제한명령을 하는 경우, 취업제한기간은 10년을 초과하지 못한다. 18회

05 노인학대신고를 접수한 노인보호전문기관의 직원은 지체 없이 노인학대의 현장에 출동하여야 한다. 18회

06 국가와 지방자치단체는 노인학대를 예방하고 수시로 신고를 받을 수 있도록 긴급전화를 설치하여야 한다. 18회

노인복지법상 금지행위

07 노인에게 성적 수치심을 주는 성폭행·성희롱 등의 행위 23회

08 노인에게 구걸을 하게 하거나 노인을 이용하여 구걸하는 행위 23회

09 노인을 위하여 증여 또는 급여된 금품을 그 목적 외의 용도에 사용하는 행위 23회

노인 복지시설

10 노인복지주택 입소자격자는 60세 이상의 노인이다. 20회

11 노인주거복지시설 19회

12 노인보호전문기관 19회

13 학대피해노인 전용쉼터 19회

14 노인일자리지원기관 19회

대표기출로 확인

01 노인복지법의 내용으로 옳은 것은? 22회

① 노인복지주택에 입소할 수 있는 자는 65세 이상의 노인으로 한다.
② 국가는 지역 간의 연계체계를 구축하고 노인학대를 예방하기 위하여 중앙노인보호전문기관을 설치·운영하여야 한다.
③ 노인취업알선기관은 지역사회 등에서 노인에 의한 재화의 생산·판매 등을 직접 담당하는 기관이다.
④ 노인요양공동생활가정은 노인들에게 일상생활에 필요한 편의를 제공함을 목적으로 하는 노인주거복지시설이다.
⑤ 지역노인보호전문기관은 시·군·구에 둔다.

> ① 노인복지주택에 입소할 수 있는 자는 60세 이상의 노인으로 한다.
> ③ 노인취업알선기관은 노인 일자리 및 사회활동 지원사업을 전문적·체계적으로 수행하는 기관으로 보건복지부장관이 중앙노인일자리전담기관(현재 한국노인인력개발원)을, 지방자치단체의 장은 지역노인일자리전담기관(현재 시니어클럽 등)을 설치·운영할 수 있도록 하고, 지방자치단체의 장이 지역노인일자리전담기관을 법인·단체에 위탁할 때의 절차를 마련한다.(2023.10.31. (시행 2024.11.1.)에 「노인 일자리 및 사회활동 지원에 관한 법률」이 제정되면서 「노인복지법」에서는 삭제됨)
> ④ 노인요양공동생활가정은 노인들에게 일상생활에 필요한 편의를 제공함을 목적으로 하는 노인의료복지시설이다.
> ⑤ 지역노인보호전문기관은 시·도에 둔다.
>
> 정답 ②

08 사회복지서비스법

기출키워드 18 — 아동복지법 ★빈출

최근 7개년 평균 출제문항 수 **1문항** 23회기출 22회기출 21회기출

01 아동복지법

목적	• 아동(만 18세 미만)의 건강한 출생 보장 • 행복하고 안전한 성장 지원 • 아동 복지 보장
기본 이념	• 성별·신분·장애 등 차별 금지 • 조화로운 인격발달을 위해 안전한 가정환경 제공 • 아동 이익 최우선 • 법에 따른 보호·지원을 받을 권리 보장
국가· 지방자치단체의 책무	• 아동·가정 지원 정책 수립·시행 • 보호대상·지원대상 권익 증진 • 가정 내 성장 지원, 분리 시 신속 복귀 지원 • 장애아동 권익 보호 • 차별 방지 시책 강구
보호자의 책무	• 건강·안전한 아동 양육 • 신체·정신적 폭력 금지 • 모든 국민의 아동 권익 존중
아동정책 기본계획	• 5년마다 수립 • 관계부처 협의, 조정위원회 심의 후 확정 • 이전 계획 평가·기본방향·추진목표·과제·재원조달 포함
연도별 시행계획	• 매년 기본계획에 따른 시행계획 수립·시행 • 전년 실적 및 차기 계획 제출·평가
아동정책 조정위원회	• 국무총리 소속 • 기본계획·예산·국제조약 이행 등 심의·조정 • 25명 이내 위원 구성(위원장 국무총리, 부처 장관, 민간 전문가) • 특별위원회 설치 가능 • 대통령령으로 절차 규정
아동권리보장원	• 아동정책 자료개발·분석·평가 지원 • 법인설립·기부금 모집 가능 • 보호서비스 기술지원·입양·가정위탁·통계·교육·홍보 업무 수행
아동종합 실태조사	• 결과 공표 및 계획 반영 • 분야별 조사 가능 • 3년마다 양육·발달·정서·신체·안전·학대 등 종합실태조사
아동복지 심의위원회	• 시·도, 시장·군수·구청장은 그 소속으로 아동복지심의위원회를 각각 둠 • 보호조치·퇴소·후견·지원대상 선정 등 심의 • 사례결정위원회 운영 • 조례로 구성·운영

기출선지로 확인

아동복지법

01 '아동'이란 18세 미만인 사람을 말한다. 17회

02 보건복지부장관은 5년마다 아동정책기본계획을 수립하여야 한다. 17회, 18회

03 아동정책조정위원회는 국무총리 소속으로 둔다. 17회, 18회

04 아동권리보장원의 장은 아동학대가 종료된 이후에도 아동학대의 재발 여부를 확인하여야 한다. 20회

05 보건복지부장관은 아동종합실태를 3년마다 조사하여 그 결과를 공표하여야 한다. 18회

06 시·도지사, 시장·군수·구청장 소속으로 아동복지심의위원회를 각각 둔다. 18회

대표기출로 확인

01 아동복지법의 내용이다. ( )에 들어갈 내용이 순서대로 옳은 것은? 18회

- 국무총리 소속으로 ( )를 둔다.
- 시·도지사, 시장·군수·구청장 소속으로 ( )를 각각 둔다.
- 보건복지부장관은 아동정책기본계획을 ( )년마다 수립하여야 한다.
- 보건복지부장관은 아동종합실태를 ( )년마다 조사하여 그 결과를 공표하여야 한다.

① 아동복지심의위원회, 아동정책조정위원회, 3, 5
② 아동정책조정위원회, 아동복지심의위원회, 3, 5
③ 아동복지심의위원회, 아동정책조정위원회, 5, 3
④ 아동정책조정위원회, 아동복지심의위원회, 5, 3
⑤ 아동정책조정위원회, 아동복지심의위원회, 5, 5

주어진 법 규정은 다음과 같다.
- 국무총리 소속으로 아동정책조정위원회를 둔다.
- 시·도지사, 시장·군수·구청장 소속으로 아동복지심의위원회를 각각 둔다.
- 보건복지부장관은 아동정책기본계획을 5년마다 수립하여야 한다.
- 보건복지부장관은 아동종합실태를 3년마다 조사하여 그 결과를 공표하여야 한다.

정답 ④

기출키워드18 아동복지법 ★빈출

전담공무원· 아동위원	• 상담·조사·시설지도·범죄예방 업무 수행 • 시·군·구에 아동위원 배치(명예직·수당 지급) • 시·도, 시·군·구별 전담공무원 배치(사회복지사 자격)
아동학대 예방·방지	• 예방정책·연구·홍보·실태조사 • 신고체계 구축(긴급전화 포함) • 피해아동 응급보호·상담·조사 • 학대전담공무원 지정 • 보호전문기관 지원·연계체계 구축
피해아동 보호조치	• 피해아동보호계획 수립·통보 • 전문가 자문단 의견 반영 • 사례관리계획 수립, 서비스 제공 후 보고 • 신분조회 등 행정 협조 요청
시설 설치·신고	• 국가·지방자치단체 설치 가능 • 시설기준은 보건복지부령에 따름 • 민간은 신고제로 설치, 휴·폐업 시 신고 의무
아동복지시설의 유형	• 아동양육시설: 보호대상 아동을 양육 및 취업훈련하고, 자립지원서비스 등을 제공하는 것을 목적으로 하는 시설 • 아동 일시 보호시설: 아동에 대해 일시적으로 보호하고 양육대책수립 및 보호조치를 행하는 것을 목적으로 하는 시설 • 아동보호 치료시설: 아동에게 보호 및 치료 서비스를 제공하는 시설 • 공동생활가정: 보호 대상아동에게 가정과 같은 주거여건과 보호, 양육, 자립지원서비스를 제공하는 것을 목적으로 하는 시설 • 자립지원시설: 아동복지시설에서 퇴소한 사람에게 취업준비기간 또는 취업 후 일정기간 동안 보호함으로써 자립을 지원하는 것을 목적으로 하는 시설 • 아동상담소: 아동과 그 가족의 문제에 관한 상담, 치료, 예방 및 연구 등을 목적으로 하는 시설 • 아동전용시설: 어린이공원, 어린이 놀이터, 아동회관, 야영장 등 각종 편의를 제공하고 건전한 놀이, 오락 등의 서비스 제공을 목적으로 하는 시설 • 지역아동센터: 지역사회 아동의 보호, 교육, 오락의 제공을 통해 아동의 건전한 육성을 위한 종합적인 서비스를 제공하는 시설 • 협동돌봄센터: 보호자 또는 보호자와 돌봄종사자가 조합을 결성하여 초등학교의 정규교육 이외의 시간 동안 방과 후 돌봄서비스를 제공하는 시설 • 아동보호전문기관 • 제48조에 따른 가정위탁지원센터 • 제10조의2에 따른 보장원 • 제39조의2에 따른 자립지원전담기관 • 제53조의2에 따른 학대피해아동쉼터

기출선지로 확인

아동복지시설

07 국가 또는 지방자치단체 외의 자는 관할 시장·군수·구청장에게 신고하고 아동복지시설을 설치할 수 있다. 17회

아동보호전문기관의 업무

08 피해아동, 피해아동의 가족 및 아동학대행위자를 위한 상담·치료 및 교육 23회
09 아동학대예방 교육 및 홍보 23회
10 피해아동 및 피해아동 가정의 기능 회복 서비스 제공 23회
11 피해아동 가정의 사후관리 23회

대표기출로 확인

02 아동복지법상 보호가 필요한 아동을 발견하고 양육환경을 개선할 수 있도록 지원하기 위하여 이용할 수 있는 자료와 정보에 해당하는 것을 모두 고른 것은? 21회

> ㄱ. 「국민건강보험법」 제41조 제1항 각 호에 따른 요양급여 실시 기록
> ㄴ. 「국민건강보험법」 제52조에 따른 영유아건강검진 실시 기록
> ㄷ. 「초·중등교육법」 제25조에 따른 학교생활기록 정보
> ㄹ. 「전기사업법」 제14조에 따른 단전 가구정보

① ㄱ, ㄴ, ㄷ
② ㄱ, ㄴ, ㄹ
③ ㄱ, ㄷ, ㄹ
④ ㄴ, ㄷ, ㄹ
⑤ ㄱ, ㄴ, ㄷ, ㄹ

> 아동보호 사각지대 발굴 및 실태조사(제15조의4)에 따르면 보건복지부장관은 다음의 자료 및 정보를 토대로 아동보호를 위한 실태조사 대상 아동을 선정할 수 있다.
> • 「국민건강보험법」 제41조 제1항 각 호에 따른 요양급여 실시 기록
> • 「국민건강보험법」 제52조에 따른 영유아건강검진 실시 기록 및 「의료급여법」 제14조에 따른 건강검진 실시 기록 중 6세 미만에 대한 기록
> • 「초·중등교육법」 제25조에 따른 학교생활기록 정보
> • 「사회보장급여의 이용·제공 및 수급권자 발굴에 관한 법률」 제12조 제1항 각 호에 따른 정보(「전기사업법」 제14조에 따른 단전 가구정보 등)
> • 「감염병의 예방 및 관리에 관한 법률」 제24조 제1항에 따른 필수예방접종 실시 기록
>
> [정답] ⑤

08 사회복지서비스법

기출키워드 19

한부모가족지원법

최근 7개년 평균 출제문항 수 **0.6문항**

01 한부모가족지원법

구분	내용
목적	한부모가족이 안정적 가족 기능을 유지하고 자립할 수 있도록 지원함으로써 생활안정과 복지 증진 도모
국가·지방자치단체의 책임	한부모가족의 복지 증진, 권익·자립 지원 여건 조성, 시책 수립·시행, 사회적 편견·차별 예방과 교육·홍보, 청소년 한부모 자립 지원, 모든 국민의 협력 의무
한부모가족의 권리·책임	• 합리적 이유 없는 교육·고용 차별 금지 • 정책결정과정 참여권 보장 • 자산·노동능력 활용한 자립 노력
용어의 정의	• 모·부: 이혼, 사별, 유기, 장기병역, 장애 배우자 보유, 미혼(사실혼 제외)에 해당 • 청소년 한부모: 24세 이하의 모 또는 부 • 한부모가족: 모자가족 또는 부자가족 • 모자가족 / 부자가족: 모·부가 세대주(혹은 사실상 부양) • 아동: 18세 미만(취학 중 22세 미만 / 병역 의무기간 가산) • 지원기관: 국가, 지방자치단체 • 복지단체: 한부모가족 복지 증진 목적 기관·단체
지원 대상자 범위	• 모·부 및 아동 정의 준용 대상 중 여성가족부령 기준에 해당하는 자 • 아동의 연령을 초과하는 자녀를 제외한 나머지 가족 구성원 지원
지원 대상자 특례	• (출산 전) 임신부 / (출산 후) 아동 미양육 모 • 조부모가 양육하는 부모 부재, 장기복역, 신체의 장애·질병으로 장기간 노동능력 상실, 이혼, 유기 아동 및 여성가족부령 준용자 • 국내 거주 외국인 중 대한민국 국적 아동 양육자
자료·정보 제공 및 홍보	• 지원대상자 발굴을 위해 지방자치단체·국가 차원 자료·정보 제공, 홍보 강화 • 청소년 한부모 출생신고 시 공공·민간 서비스 연계 정보 제공
한부모가족의 날	매년 5월 10일 지정, 기념 행사·사업 가능
한부모가족 정책에 관한 기본계획	• 5년 주기 수립 • 기본방향, 분야별 발전과제, 제도개선, 활동 증진, 재원 확보 및 배분 등 포함 • 시·도지사 의견청취 및 중앙기관 협의, 국회(상임위원회) 보고, 관계기관 자료제출 요구
연도별 시행계획	여성가족부장관, 관계중앙행정기관, 시·도지사는 매년 기본계획 연차별 시행계획 수립·시행·평가, 전년 실적·차기 계획은 여성가족부장관에게 제출
실태조사	3년마다 한부모가족 실태조사 및 공표
한부모 가족복지시설	• 출산지원시설: 임신·출산·영유아(3세 미만) 주거 지원 • 양육지원시설: 6세 미만 자녀 동반 주거 지원 • 생활지원시설: 18세 미만(취학 중 22세 미만) 자녀 동반 자립 준비 주거 지원 • 일시지원시설: 배우자 학대 등 위기 시 일시 주거 지원 • 한부모가족복지상담소: 위기·자립 상담 및 문제해결 지원 • 위 상담소를 제외한 시설의 입소 기간·연장 등은 여성가족부령으로 정함

기출선지로 확인

한부모가족지원법

01 '청소년 한부모'란 24세 이하의 모 또는 부를 말한다. 20회

02 '모' 또는 '부'에는 아동인 자녀를 양육하는 미혼자(사실혼 관계에 있는 자는 제외한다)도 해당된다. 22회

03 아동이란 18세 미만의 자를 말하되, 병역 면제인 자가 취학 중인 경우에는 22세 미만을 말한다. 23회

04 한부모가족의 모 또는 부와 아동은 한부모가족 관련 정책결정과정에 참여할 권리가 있다. 20회

05 여성가족부장관은 자녀양육비 산정을 위한 자녀양육비 가이드라인을 마련하여 법원이 이혼 판결 시 적극 활용할 수 있도록 노력하여야 한다. 20회

06 국가와 지방자치단체는 청소년 한부모의 건강증진을 위하여 건강진단을 실시할 수 있다. 20회

한부모가족지원법상 지원대상자 범위 특례

07 부모의 생사가 분명하지 아니한 아동 15회

08 부모가 유기하여 부양을 받을 수 없는 아동 15회

09 부모가 신체의 질병으로 장기간 노동능력을 상실한 아동 15회

10 부모가 가정의 불화로 가출하여 부모의 부양을 받을 수 없는 아동 15회

11 부모의 장기복역으로 부양을 받을 수 없는 아동 15회

대표기출로 확인

01 한부모가족지원법의 내용으로 옳은 것은?
23회

① 보건복지부장관은 한부모가족 지원을 위하여 한부모가족 정책에 관한 기본계획을 5년마다 수립하여야 한다.
② 청소년 한부모란 25세 이하의 모 또는 부를 말한다.
③ 아동이란 18세 미만의 자를 말하되, 병역 면제인 자가 취학 중인 경우에는 22세 미만을 말한다.
④ 혼인 관계에 있지 아니한 자로서 출산 전 임신부는 출산지원시설을 이용할 때에도 이 법에 따른 지원대상자가 될 수 없다.
⑤ 이 법에 따른 복지 급여는 생계비, 아동수당, 아동교육지원비, 아동양육비이다.

> ① 여성가족부장관은 한부모가족 지원을 위하여 한부모가족 정책에 관한 기본계획을 5년마다 수립하여야 한다.
> ② 청소년 한부모란 24세 이하의 모 또는 부를 말한다.
> ④ 혼인 관계에 있지 아니한 자로서 출산 전 임신부는 출산지원시설을 이용할 때에도 이 법에 따른 지원대상자가 될 수 있다.
> ⑤ 이 법에 따른 복지 급여는 생계비(생활보조금), 아동양육비, 아동교육지원비, 검정고시 준비생 및 재학생 등의 학습지원, 자립촉진수당이며 아동수당은 미포함이다.
>
> 정답 ③

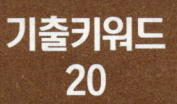

가정폭력 및 성폭력 관련법

최근 7개년 평균 출제문항 수 **0.9문항**

01 가정폭력방지 및 피해자보호 등에 관한 법률

구분	내용
목적	가정폭력을 예방하고 가정폭력의 피해자를 보호·지원함을 목적으로 함
이념	가정폭력 피해자는 피해 상황에서 신속하게 벗어나 인간으로서의 존엄성과 안전을 보장받을 권리가 있음
용어의 정의	• 가정폭력: 「가정폭력범죄의 처벌 등에 관한 특례법」의 행위 • 가정폭력행위자: 「가정폭력범죄의 처벌 등에 관한 특례법」의 자 • 피해자: 가정폭력으로 인하여 직접적으로 피해를 입은 자 • 아동: 18세 미만인 자
특징	• 여성가족부장관은 3년마다 가정폭력에 대한 실태조사를 실시하여 그 결과를 발표하고, 이를 가정폭력을 예방하기 위한 정책수립의 기초자료로 활용해야 함 • 여성가족부장관 또는 시·도지사는 '피해자의 신고접수 및 상담, 관련 기관·시설과의 연계, 피해자에 대한 긴급한 구조의 지원, 경찰관서 등으로부터 인도받은 피해자 및 피해자가 동반한 가정구성원의 임시 보호' 등을 수행하기 위하여 긴급전화센터를 설치·운영하여야 하고, 이 경우 외국어 서비스를 제공하는 긴급전화센터를 따로 설치·운영할 수 있음 • 국가나 지방자치단체는 가정폭력 관련 상담소를 설치·운영할 수 있음
보호시설의 유형	• **단기보호시설**: 피해자 등을 6개월의 범위에서 보호하는 시설 → 단기보호시설의 장은 그 단기보호시설에 입소한 피해자 등에 대한 보호기간을 여성가족부령으로 정하는 바에 따라 각 3개월의 범위에서 두 차례 연장할 수 있음 • **장기보호시설**: 피해자 등에 대하여 2년의 범위에서 자립을 위한 주거편의(住居便宜) 등을 제공하는 시설 • **외국인보호시설**: 외국인 피해자 등을 2년의 범위에서 보호하는 시설 • **장애인보호시설**: 「장애인복지법」의 적용을 받는 장애인인 피해자 등을 2년의 범위에서 보호하는 시설

기출선지로 확인

가정폭력방지 및 피해자보호 등에 관한 법률

01 피해자란 가정폭력으로 인하여 직접적으로 피해를 입은 자를 말한다. 23회

02 이 법에서의 '아동'이란 18세 미만인 자를 말한다. 18회

03 여성가족부장관 또는 시·도지사는 긴급전화센터를 설치·운영하여야 한다. 17회

04 시·도지사는 외국어 서비스를 제공하는 긴급전화센터를 따로 설치·운영할 수 있다. 18회

05 지방자치단체는 가정폭력 관련 상담소를 외국인, 장애인 등 대상별로 특화하여 운영할 수 있다. 18회

06 지방자치단체는 가정폭력 관련 상담원 교육훈련시설을 설치·운영할 수 있다. 18회

07 가정폭력의 예방과 방지에 관한 교육 및 홍보는 가정폭력 관련 상담소의 업무에 해당한다. 17회

08 사회복지법인과 그 밖의 비영리법인은 시장·군수·구청장의 인가를 받아 보호시설을 설치·운영할 수 있다. 17회, 23회

09 단기보호시설은 피해자 등을 6개월의 범위에서 보호하는 시설이다. 17회, 23회

10 국가나 지방자치단체는 피해자나 피해자가 동반한 가정 구성원이 아동인 경우 주소지 외의 지역에서 취학할 필요가 있을 때에는 그 취학이 원활히 이루어지도록 지원하여야 한다. 23회

대표기출로 확인

01 가정폭력방지 및 피해자보호 등에 관한 법률의 내용으로 옳지 않은 것은? 17회

① 단기보호시설은 피해자등을 6개월의 범위에서 보호하는 시설이다.
② 국가는 가정폭력 관련 상담소의 설치·운영에 드는 경비의 전부를 보조하여야 한다.
③ 여성가족부장관 또는 시·도지사는 긴급전화센터를 설치·운영하여야 한다.
④ 가정폭력의 예방과 방지에 관한 교육 및 홍보는 가정폭력 관련 상담소의 업무에 해당한다.
⑤ 사회복지법인은 시장·군수·구청장의 인가를 받아 가정폭력피해자 보호시설을 설치·운영할 수 있다.

> 국가나 지방자치단체는 가정폭력 관련 상담소의 설치·운영에 드는 경비의 일부를 보조할 수 있다.

정답 ②

기출키워드20 가정폭력 및 성폭력 관련법

02 성폭력방지 및 피해자보호 등에 관한 법률

목적	성폭력을 예방하고 성폭력피해자를 보호·지원함으로써 인권 증진에 이바지함
용어의 정의	• 성폭력: 「성폭력범죄의 처벌 등에 관한 특례법」에 규정된 죄에 해당하는 행위 • 성폭력행위자: 「성폭력범죄의 처벌 등에 관한 특례법」에 해당하는 죄를 범한 사람 • 성폭력피해자: 성폭력으로 인하여 직접적으로 피해를 입은 사람
특징	• 여성가족부장관은 성폭력의 실태를 파악하고 성폭력 방지에 관한 정책을 수립하기 위하여 3년마다 성폭력 실태조사를 하고 그 결과를 발표해야 함 • 국가 또는 지방자치단체는 성폭력피해상담소를 설치·운영할 수 있음
보호시설의 유형 및 입소기간	• 일반보호시설: 1년 이내. 다만, 여성가족부령으로 정하는 바에 따라 1년 6개월의 범위에서 한 차례 연장할 수 있음 • 장애인보호시설: 2년 이내. 다만, 여성가족부령으로 정하는 바에 따라 피해회복에 소요되는 기간까지 연장할 수 있음 • 특별지원 보호시설: 19세가 될 때까지. 다만, 여성가족부령으로 정하는 바에 따라 2년의 범위에서 한 차례 연장할 수 있음 • 외국인보호시설: 1년 이내. 다만, 여성가족부령으로 정하는 바에 따라 피해회복에 소요되는 기간까지 연장할 수 있음 • 자립지원 공동생활시설: 2년 이내. 다만, 여성가족부령으로 정하는 바에 따라 2년의 범위에서 한 차례 연장할 수 있음 • 장애인 자립지원 공동생활시설: 2년 이내. 다만, 여성가족부령으로 정하는 바에 따라 2년의 범위에서 한 차례 연장할 수 있음

기출선지로 확인

성폭력방지 및 피해자보호 등에 관한 법률상 국가와 지방자치단체의 책무

11 성폭력 신고체계의 구축·운영 17회

12 성폭력 예방을 위한 유해환경 개선 17회

13 성폭력 예방을 위한 조사·연구, 교육 및 홍보 17회

14 피해자에 대한 직업훈련 및 법률구조 등 사회복귀 지원 17회

성폭력방지 및 피해자보호 등에 관한 법률

15 보호시설의 장이나 종사자는 업무상 알게 된 비밀을 누설해서는 아니 된다. 19회

16 보호시설에 대한 보호비용의 지원 방법 및 절차 등에 필요한 사항은 여성가족부령으로 정한다. 19회

17 시장·군수·구청장은 민간의료시설을 피해자 등의 치료를 위한 전담의료기관으로 지정할 수 있다. 19회

18 국가 또는 지방자치단체는 이 법 제27조 제2항에 따른 치료 등 의료 지원에 필요한 경비의 전부 또는 일부를 지원할 수 있다. 19회

성폭력 피해자보호시설

19 일반보호시설 18회

20 특별지원 보호시설 18회

21 외국인보호시설 18회

22 자립지원 공동생활시설 18회

대표기출로 확인

02 성폭력방지 및 피해자보호 등에 관한 법률상 국가와 지방자치단체의 책무에 해당하는 것을 모두 고른 것은? 17회

> ㄱ. 성폭력 신고체계의 구축·운영
> ㄴ. 성폭력 예방을 위한 유해환경 개선
> ㄷ. 성폭력 예방을 위한 조사·연구, 교육 및 홍보
> ㄹ. 피해자에 대한 직업훈련 및 법률구조 등 사회복귀 지원

① ㄱ, ㄴ   ② ㄴ, ㄷ
③ ㄱ, ㄷ, ㄹ ④ ㄴ, ㄷ, ㄹ
⑤ ㄱ, ㄴ, ㄷ, ㄹ

> 국가와 지방단체는 성폭력을 방지하고 성폭력피해자를 보호·지원하기 위하여 ㄱ~ㄹ 등의 조치를 하여야 한다.
>
> 정답 ⑤

08 사회복지서비스법

기출키워드 21 — 기타 사회복지서비스 관련법 ★빈출

최근 7개년 평균 출제문항 수 **1.1문항**

01 사회복지공동모금회법

목적	사회복지공동모금회의 공동모금을 통하여 국민이 사회복지를 이해하고 참여하도록 함과 아울러 국민의 자발적인 성금으로 조성된 재원(財源)을 효율적이고 공정하게 관리·운용함으로써 사회복지 증진에 이바지함을 목적으로 함
기본 원칙	• 기부하는 자의 의사에 반하여 기부금품을 모집하여서는 아니 됨 • 조성된 재원은 지역·단체·대상자 및 사업별로 복지수요가 공정하게 충족되도록 배분하여야 하고, 목적 및 용도에 맞도록 공정하게 관리·운용해야 함 • 공동모금재원의 배분은 객관적인 기준에 따라 효율적으로 이루어지도록 하고, 그 결과를 공개해야 함

특징	• 사회복지공동모금사업을 관장하도록 하기 위하여 사회복지공동모금회를 둠
	• 모금회는 사회복지법인으로 함
	• 모금회는 정관을 작성하여 보건복지부장관의 인가를 받아 등기함으로써 설립됨
	• 모금회는 다음 사업을 수행함
	  – 사회복지공동모금사업
	  – 공동모금재원의 배분
	  – 공동모금재원의 운용 및 관리
	• 모금회는 사회복지사업이나 그 밖의 사회복지활동을 지원하기 위하여 연중 기부금품을 모집·접수할 수 있음
	• 모금회는 기부금품의 접수를 효율적이고 공정하게 하기 위하여 언론기관을 모금창구로 지정하고, 지정된 언론기관의 명의로 모금계좌를 개설할 수 있음
	• 모금회는 사회복지사업이나 그 밖의 사회복지활동 등을 지원하기 위한 재원을 조성하기 위하여 미리 보건복지부장관의 승인을 받아 복권을 발행할 수 있음

02 자원봉사활동 기본법

목적	자원봉사활동에 관한 기본적인 사항을 규정함으로써 자원봉사활동을 진흥하고 행복한 공동체 건설에 이바지함
기본 방향	• 자원봉사활동은 국민의 협동적인 참여 능력을 높일 수 있는 방향으로 추진해야 함 • 자원봉사활동은 무보수성, 자발성, 공익성, 비영리성, 비정파성(非政派性), 비종파성(非宗派性)의 원칙 아래 수행될 수 있도록 해야 함 • 모든 국민은 나이, 성별, 장애, 지역, 학력 등 사회적 배경에 관계없이 누구든지 자원봉사활동에 참여할 수 있도록 해야 함 • 자원봉사활동의 진흥을 위한 정책은 민·관 협력의 기본 정신을 바탕으로 하여 추진해야 함 • 자원봉사단체는 전국 단위의 자원봉사활동을 진흥·촉진하기 하기 위하여 한국자원봉사협의회를 설립할 수 있음 • 행정안전부장관은 관계 중앙행정기관의 장과 협의하여 자원봉사활동의 진흥을 위한 국가기본계획을 5년마다 수립해야 함

기출선지로 확인

사회복지공동모금회법

01 기부하는 자의 의사에 반하여 기부금품을 모집하여서는 아니 된다. 19회

02 공동모금재원은 지역·단체·대상자 및 사업별로 복지 수요가 공정하게 충족되도록 배분하여야 한다. 19회

03 공동모금재원의 배분은 객관적인 기준에 따라 효율적으로 이루어지도록 하고, 그 결과를 공개하여야 한다. 19회

04 모금회는 사회복지사업을 지원하기 위하여 연중 기부금품을 모집할 수 있다. 22회

05 국가나 지방자치단체는 모금회에 기부금품 모집에 필요한 비용과 모금회의 관리·운영에 필요한 비용을 보조할 수 있다. 19회, 20회, 22회

06 배분분과실행위원회는 20명 이상의 위원으로 구성된다. 22회

07 모금회는 매년 8월 31일까지 다음 회계연도의 공동모금재원 배분기준을 정하여 공고하여야 한다. 22회

자원봉사활동 기본법

08 자원봉사활동은 무보수성, 자발성, 공익성, 비영리성, 비정파성, 비종파성의 원칙 아래 수행될 수 있도록 하여야 한다. 19회

대표기출로 확인

01 사회복지공동모금회법의 내용으로 옳지 않은 것은? 19회

① 기부하는 자의 의사에 반하여 기부금품을 모집하여서는 아니 된다.
② 공동모금재원은 지역·단체·대상자 및 사업별로 복지수요가 공정하게 충족되도록 배분하여야 한다.
③ 공동모금재원의 배분은 객관적인 기준에 따라 효율적으로 이루어지도록 하고, 그 결과를 공개하여야 한다.
④ 이 법 또는 모금회의 정관으로 규정하지 아니한 사항은 「민법」중 사단법인에 관한 규정을 준용한다.
⑤ 국가나 지방자치단체는 모금회에 기부금품 모집에 필요한 비용과 모금회의 관리·운영에 필요한 비용을 보조할 수 있다.

> 이 법 또는 모금회의 정관으로 규정하지 아니한 사항은 「민법」중 재단법인에 관한 규정을 준용한다.
> 정답 ④

02 자원봉사활동의 기본방향에 관한 자원봉사활동 기본법 제2조 제2호 규정이다. ( )에 들어갈 내용이 아닌 하나는? 19회

> 자원봉사활동은 무보수성, 자발성, ( ), ( ), ( ), ( )의 원칙 아래 수행될 수 있도록 하여야 한다.

① 공익성 ② 비영리성
③ 비정파성(非政派性) ④ 비종파성(非宗派性)
⑤ 무차별성

> 자원봉사활동은 무보수성, 자발성, 공익성, 비영리성, 비정파성(非政派性), 비종파성(非宗派性)의 원칙 아래 수행될 수 있도록 하여야 한다(「자원봉사활동 기본법」제2조).
> 정답 ⑤

뿌리가 튼튼한 날개를 가지세요.

어떤 힘듦과 절망이 나를 통과해도
단단하게, 자유롭게

시대에듀의 합격력 끌어올림# 브랜드입니다.

2026 기분좋은 사회복지사 1급 한끝 핵심요약집
핵심이론 + 기출선지 + 대표기출 한 권으로 끝

초 판 인 쇄	2025년 05월 29일
초 판 발 행	2025년 07월 11일
발 행 인	박영일
출 판 책 임	이해욱
저 자	한국복지문제연구소
개 발 편 집	김기임 · 김선아 · 홍수옥 · 유소정 · 김소라
표 지 디 자 인	장미례
본 문 디 자 인	하한우
마 케 팅	박호진
발 행 처	㈜시대고시기획시대교육
출 판 등 록	제 10-1521호
주 소	서울시 마포구 큰우물로 75[도화동 성지빌딩]
전 화	1600-3600
홈 페 이 지	www.sdedu.co.kr

이 책은 저작권법의 보호를 받는 저작물이므로 무단 전재 및 복제, 배포를 금합니다.
파본은 구입하신 서점에서 교환해 드립니다.